STUDIEN ZUR DEUTSCHEN SPRACHE

35

Studien zur Deutschen Sprache
FORSCHUNGEN DES INSTITUTS FÜR DEUTSCHE SPRACHE

Herausgegeben von
Ulrike Haß, Werner Kallmeyer und Ulrich Waßner

Band 35 · 2006

Kristel Proost / Edeltraud Winkler
(Hrsg.)

Von Intentionalität zur Bedeutung konventionalisierter Zeichen

Festschrift für Gisela Harras
zum 65. Geburtstag

gnv Gunter Narr Verlag Tübingen

Bibliografische Information der Deutschen Bibliothek

Die Deutsche Bibliothek verzeichnet diese Publikation in der Deutschen Nationalbibliografie; detaillierte bibliografische Daten sind im Internet über <http://dnb.ddb.de> abrufbar.

© 2006 · Narr Francke Attempto Verlag GmbH + Co. KG
Dischingerweg 5 · D-72070 Tübingen

Das Werk einschließlich aller seiner Teile ist urheberrechtlich geschützt. Jede Verwertung außerhalb der engen Grenzen des Urheberrechtsgesetzes ist ohne Zustimmung des Verlages unzulässig und strafbar. Das gilt insbesondere für Vervielfältigungen, Übersetzungen, Mikroverfilmungen und die Einspeicherung und Verarbeitung in elektronischen Systemen.
Gedruckt auf säurefreiem und alterungsbeständigem Werkdruckpapier.

Internet: http://www.narr.de
E-Mail: info@narr.de

Satz: Volz, Mannheim
Druck und Bindung: Hubert & Co., Göttingen
Printed in Germany

ISSN 0949-409X
ISBN 3-8233-6228-3

Inhalt

Kristel Proost/Edeltraud Winkler
Vorwort 7

Peter Suchsland
Begegnungen mit Gisela H. 9

I. Lexikalische Semantik: Spezifische Wortschatzausschnitte

Dmitrij Olegovič Dobrovol'skij
Reguläre Polysemie und verwandte Erscheinungen 29

Klaus-Peter Konerding
Schichten, Grenzen, Gradationen. Plädoyer für eine performativ
bestimmte Mehr-Ebenen-Semantik von Nominalen 65

Gisela Zifonun/Gerhard Strauß
Achillesferse und Ariadnefaden. Antike Bilder in deutschen Texten 103

Christiane Fellbaum/Ekaterini Stathi
Idiome in der Grammatik und im Kontext: Wer brüllt hier die Leviten? ... 125

Angelika Storrer
Funktionen von Nominalisierungsverbgefügen im Text.
Eine korpusbasierte Fallstudie 147

Ludwig M. Eichinger
Wortbildung – ein Haus mit drei Nachbarn 179

II. Sprachliches Handeln

Beate Henn-Memmesheimer
Zum Status perlokutiver Akte in verschiedenen
sprachwissenschaftlichen Theorien 199

Andreas Böhn
Thesen zum Verhältnis von Indirektheit und Komik 219

Jürgen Landwehr
'Gedicht' ist ein performatives Verb. Über Handlungsanweisungen und
anderes Performative um und in Gedichten 227

Fritz Hermanns
Textsinn, Texterlebnis, symbolisches Handeln. Erklärt am Beispiel
eines Gedichtes 257

III. Methodologie und Theorievergleich

Wolfgang Teubert
Über den fragwürdigen Nutzen mentaler Konzepte 289

Wolfgang Motsch
Methodologische Aspekte der neueren Sprachforschung 327

Rudi Keller
Pfade des Bedeutungswandels 337

Rainer Wimmer
Sprachkritik und Sprachpflege 359

Michael Grabski
Invarianzen bei der Diskurskohärenz 371

Kristel Proost
Spuren der Kreolisierung im Lexikon des Afrikaans 391

IV. Interdisziplinäre Aspekte von Kommunikation

Theo Herrmann
Dilemmata der Sprachpsychologie 419

Joachim Grabowski
Mit Semantik zum Millionär? – Sprachbezogenes Wissen
in Quizshows 437

Rudolf Wille/Renate Wille-Henning
Beurteilung von Musikstücken durch Adjektive:
Eine begriffsanalytische Exploration 453

Vorwort

Die Beiträge des vorliegenden Bandes sind Gisela Harras zum 65. Geburtstag gewidmet. Inhaltlich spannen sie einen Bogen zwischen den verschiedenen Interessen- und Arbeitsgebieten der Jubilarin und spiegeln einzelne Fassetten der Zusammenarbeit mit ihr wider. Dementsprechend gliedert sich der Band in vier thematische Schwerpunkte: Lexikalische Semantik, sprachliches Handeln, Methodologie und Theorievergleich sowie interdisziplinäre Gesichtspunkte von Kommunikation.

Die Beiträge des ersten Teils knüpfen thematisch an zwei neuere Projekte der Jubilarin an. Das betrifft zum einen den Beitrag von Angelika Storrer sowie den von Christiane Fellbaum und Ekaterini Stathi gemeinsam verfassten Artikel, die sich beide mit besonderen Typen fester Wortverbindungen (Nominalisierungsverbgefüge bzw. Idiome) befassen und damit an ein Thema anschließen, mit dem sich Gisela vorwiegend im Rahmen des von ihr geleiteten DFG-Projekts „Tendenzen der Lexikalisierung kommunikativer Konzepte" beschäftigt hat. Zum anderen setzen sich Dmitrij Dobrovol'skij und Klaus-Peter Konerding mit Themen auseinander, die zu den zentralen Fragestellungen des derzeit von ihr geleiteten Projekts „Semantische Invarianz und Kontextuelle Varianz" gehören, das die Jubilarin konzipiert und auf den Weg gebracht hat. Mit einem spezifischen Aspekt lexikalischer Semantik, nämlich antiken Bildern in deutschen Texten, beschäftigen sich Gisela Zifonun und Gerhard Strauß. Der von Ludwig M. Eichinger verfasste Artikel zur Wortbildung rundet diesen Teil zur lexikalischen Semantik ab.

Die Theorie sprachlichen Handelns, die Gegenstand der Beiträge des zweiten Teils ist, stand von Anfang an im Mittelpunkt der Interessen von Gisela Harras. Die Beiträge von Beate Henn-Memmesheimer und Andreas Böhn befassen sich mit zwei Themen, perkolutiven Akten und Indirektheit, mit denen sich auch die Jubilarin in zahlreichen Publikationen beschäftigt hat. Jürgen Landwehr und Fritz Hermanns setzen sich in ihren Beiträgen mit dem Phänomen der Lektüre bzw. dem der Interpretation literarischer Texte auseinander und bedienen sich dabei sprechakttheoretischer Konzepte. Damit schließen sie insofern an Giselas eigene Arbeiten an, als auch sie sich in ihrer Habilitationsschrift bereits mit den Anwendungsmöglichkeiten kommunikativer Handlungskonzepte auf Theatertexte befasst hat.

Mit den Beiträgen des dritten Teils wird der Tatsache Rechnung getragen, dass Gisela immer auch verschiedene methodologische und theoretische Ansätze in ihre eigenen Arbeiten mit einbezogen hat. Diskutiert werden die Plausibilität von Modellen der kognitiven Semantik (Wolfgang Teubert), die Funktionsweise von Bedeutungswandel (Rudi Keller), Invarianzen bei der Diskurskohärenz (Michael Grabski), Entwicklungstendenzen der neueren Semantik- und Pragmatikforschung (Wolfgang Motsch) sowie Fragen der Sprachkritik und -pflege (Rainer Wimmer) und der Kontaktlinguistik (Kristel Proost).

Im thematischen Spektrum der Beiträge des vierten Teils widerspiegelt sich Giselas Vorliebe für leidenschaftliche Diskussionen auch mit fachfremden Kollegen. Immer wieder fand sich Gelegenheit zur Diskussion und Zusammenarbeit mit Psychologen: aus dem Weiterdenken gemeinsam diskutierter Probleme sind die Aufsätze von Theo Herrmann und Joachim Grabowski entstanden. Der Beitrag von Rudolf Wille und Renate Wille-Henning knüpft an eine langjährige Kooperation mit Mathematikern der TU Darmstadt an, die uns Linguisten durch ihre begriffsanalytischen Methoden zu neuen Einsichten verhalfen.

Eingeleitet wird der Band mit Peter Suchslands ganz persönlicher Darstellung seines Zusammentreffens und der darauf folgenden Zusammenarbeit und Freundschaft mit der Jubilarin.

Kristel Proost und Edeltraud Winkler   Mannheim, im Februar 2006

Peter Suchsland

Begegnungen mit Gisela H.[*]

Vorsätze

Die folgende Beschreibung der aus der Erinnerung abgerufenen und daher vielleicht nicht immer ganz authentisch dargestellten Episoden widme ich meiner sehr verehrten und bewunderten Kollegin und Freundin Gisela. Sie ist – oder sollte es wenigstens sein – ohnehin die Hauptfigur in diesen Szenarien. Mit der Darstellung, die gewissermaßen eine Reise in die Vergangenheit ist, möchte ich mich bei Gisela bedanken: für die vielen anregenden Gespräche über alle möglichen und unmöglichen Gegenstände unseres Faches, für ihre großzügige Gastfreundschaft, die sie mir und meiner Familie immer wieder hat zuteil werden lassen und für unsere Freundschaft, die, trotz einer Enttäuschung, die ich ihr ungewollt einmal bereitet habe (von der aber im Folgenden nicht die Rede sein soll), von der Art ist, die man früher in den östlichen Landesteilen als „unverbrüchlich" zu bezeichnen pflegte. Wahrscheinlich decken sich Giselas und meine Erinnerungen nicht immer vollständig, ich kann das nicht ändern und hier nur meine Rück-Sicht auf die Dinge wiedergeben.

1.

Schonen, Südschweden, im Mai 1984. Ein heißer Tag. Auf dem abgelegenen ländlichen Bahnhof Eslöv verlässt eine kleine Gruppe, vier oder fünf Männer und eine Frau, unter ihnen P.S., den Zug von Malmö nach Stockholm, um auf den nächsten Anschluss nach Röstanga zu warten. Sie kommen aus einem Land, das inzwischen aus den Atlanten verschwunden ist, haben eine lange Reise hinter sich aus der Provinz ihres Landes und aus seiner Hauptstadt, die eigentlich nur ein Stadtteil ist, bis an den äußersten Norden, weiter

---

[*] Der folgende Beitrag erscheint entgegen meinem ausdrücklichen Wunsch in der reformierten Rechtschreibung, obwohl ich zu den dezidierten Gegnern der neuen und den Befürwortern der traditionellen Orthografie gehöre. Weil die Herausgeberinnen meinen Beitrag unbedingt in der Festschrift haben wollen und weil ich selbst der Jubilarin eine Geburtstagsgabe präsentieren möchte, gehe ich ausnahmsweise auf die Bedingungen des Verlags und der Leitung des Instituts für Deutsche Sprache Mannheim ein. In einem anderen Fall hätte ich auf eine Publikation verzichtet.

mit der nächtlichen Fähre von Saßnitz nach Trelleborg (wobei einige von ihnen zum ersten Male die Kreidefelsen Rügens vom großen Wasser aus gesehen haben), schließlich mit der Bahn von Trelleborg nach Malmö.

Nun haben sie die letzte Etappe der Reise vor sich, die sie zu einer Tagung führen soll, die eine schwedische Kollegin, I.R., von der Universität Lund, in Röstanga, in südschwedischer Idylle, anberaumt hatte. I.R. hatte mit ihrer unaufhaltsamen Energie, unter anderem durch deutliche Anrufe beim Hochschulministerium der DDR, dafür gesorgt, dass die Gruppe, die soeben aus dem Zug gestiegen ist, die Reise vollzählig antreten durfte.

Nun also stehen die Leute am Ende des dörflichen Bahnsteigs und schauen sich um. Da entdecken sie am anderen Ende eine weitere, etwas größere Gruppe von Reisenden, die offensichtlich mit einem früheren Zug angekommen sein musste. Die beiden Gruppen gehen nach deutlich bemerkbarem Zögern langsam, Schritt für Schritt, aufeinander zu. Dieses langsame Aufeinanderzugehen im *High Noon* scheint etwas Bedrohliches zu haben. Sind es zwei feindliche Banden, die sich da einander nähern? Einige Männer beider Gruppen haben die eine Hand am Gepäck, die andere in den Taschen ihrer Hosen, Jacken oder Sommermäntel. Werden sie Waffen herausziehen und eine Schießerei in dieser Einöde beginnen?

Nun haben sich die Gruppen einander soweit genähert, dass die Gestalten einander genauer erkennen können. Da breitet sich hüben wie drüben auf einigen Gesichtern ein vergnügtes Lächeln aus, und man hört Stimmen sagen: „Sie sind es, sie sind es wirklich!" In der Tat kennen sich einige bereits; denn die schwedische Kollegin hatte schon zwei solcher Tagungen veranstaltet, auf denen sich mehrere Kolleginnen und Kollegen begegnen konnten. Aber das war keineswegs eine Selbstverständlichkeit. Denn die deutschen Teilnehmer an den früheren Tagungen, wie an der jetzigen, kamen aus verschiedenen Ländern, ja aus verschiedenen verfeindeten Welten: aus der „kapitalistischen" Bundesrepublik Deutschland und aus der „sozialistischen" Deutschen Demokratischen Republik. (Nicht ganz zu Unrecht hatten die obersten Dienstherren der Universitätskollegen der östlichen Gruppe geargwöhnt, dass es sich bei den Tagungen um gesamtdeutsche Veranstaltungen unter schwedischer Schirmherrschaft handele – die Akademie der Wissenschaften war damals schon etwas großzügiger gegenüber ihren Mitarbeitern.) Manche aus beiden Trüppchen, die zum ersten Mal eine Einladung von I.R.

erhalten haben, kennen nur die Namen der anderen. Zu ihnen gehören G.H. aus der westlichen und P.S. aus der östlichen Gruppe.

Am zweiten oder dritten Abend der Tagung findet – nach intensiver Arbeit – eine allgemeine Verbrüder- und Verschwisterung unter allen Teilnehmern statt. Wie sich herausstellt, hatten alle Gäste zu Hause unabhängig voneinander überlegt, was denn ein passendes Mitbringsel sei, und alle waren zu dem Schluss gekommen, dass man ins nahezu prohibitionistische Schweden etwas mehr oder weniger Prozenthaltiges zum Trinken mitbringen sollte. Und so packte am geselligen und arbeitsfreien Abend jeder, was er hatte, auf den Tisch. Pfälzer Rotwein und Nordhäuser Doppelkorn, sowjetischer Wodka und italienischer Grappa und andere Alkoholitäten versammelten sich in friedlicher Koexistenz auf der Tafel; es erklang immer wieder ein fröhliches „Skål" im Raume und verband sich mit dem Wunsch, der schwedischen Sitte gemäß, den Umgang miteinander zu vereinfachen und zum brüder- und schwesterlichen *Du* überzugehen. So geschah es, auch mit G.H. und P.S.

2.

1986, zwei Jahre später, wieder im Mai, wieder in Südschweden, wieder eine Tagung unter der Leitung von I.R., diesmal in Båstad. In einer Pause sitzt eine kleine Gruppe, darunter G.H., B.S., M.R., G.Ö. und P.S., auf der Terrasse. Das Gespräch dreht sich zunächst um ein Thema, das alle Europäer bewegt und das für Schweden besonders akut ist: Vor wenigen Tagen, am 26. April, hat sich das Reaktorunglück in Tschernobyl ereignet, und die radioaktive Wolke, die erhöhte Strahlung, ist zuerst über Schweden wahrgenommen worden. Die Ängste sind unterschiedlich groß; es ist unsicher, welche unmittelbaren und mittelbaren Wirkungen die Katastrophe auf Mensch und Tier, auf Äcker und Pflanzen haben würde – vieles, was bedacht und ausgesprochen wird, muss zu diesem Zeitpunkt spekulativ bleiben, aber immerhin beschließen mehrere westdeutsche Kolleginnen und Kollegen, nun doch lieber keine frisch geernteten Salate oder Gemüse mehr zu sich zu nehmen. Die ostdeutschen Kollegen scheinen in dieser Hinsicht weniger bedenklich zu sein.

Später wendet sich die Unterhaltung dem Verhältnis der beiden deutschen Staaten zu. Plötzlich sagt G.H. zu P.S.: „Vor kurzem ist das Kulturabkommen zwischen der Bundesrepublik und der DDR unterzeichnet worden. Sollten wir jetzt nicht den Versuch machen, dich zu Vorträgen einzuladen?" Der

Vorschlag findet Zustimmung in der Runde. P.S. hat Bedenken. Schon drei Jahre zuvor hatte er eine Einladung nach Duisburg erhalten. Die Reise war vom Hochschulministerium der DDR genehmigt worden, er hatte seinen Vortrag ausgearbeitet und wenige Wochen vor dem geplanten Reiseantritt nachgefragt, ob sein Ausreisevisum vorliege. Da war ihm eröffnet worden, dass er die Reise trotz der Genehmigung des Hochschulministeriums nicht antreten könne, weil seine Überprüfung als „Reisekader" noch nicht abgeschlossen sei. Er solle sich eine Erklärung für die einladenden Kollegen ausdenken, weshalb er nicht kommen könne. (Für die Überprüfung war ein anderes Ministerium zuständig, dessen Chef im Herbst 1989 erklären wird, dass er alle Bürger seines Landes liebe.) Trotz seiner Bedenken stimmt P.S. dem Vorschlag zu, dass man doch immerhin einen Versuch machen sollte. Und tatsächlich darf er ein Jahr später (über dreißig Jahre nach dem letzten Besuch bei Verwandten, damals war er noch Student) die Reise in die Bundesrepublik Deutschland antreten.

3.

Mai 1987. P.S. hat auf Anraten seiner Ehefrau einen alten Schulatlas und einen uralten gesamtdeutschen Straßenatlas studiert, der 1951 im Verlag *Neues Deutschland* erschienen ist, Kartenwerke also, in denen das westliche Deutschland noch vollständig enthalten ist mit Autobahnen, Straßen, Städten und Dörfern. (In den Fünfzigern wurde ja noch der Vers *Deutschland, einig Vaterland* der Hymne der DDR gesungen; spätere Autoatlanten der DDR zeigen jenseits der Staatsgrenze im Wesentlichen nur einen schmalen westdeutschen Streifen als Grünland mit einigen wenigen Straßen und einigen wenigen roten Punkten für Orte im „Zonenrand"-Gebiet – da war dann auch der Text der Nationalhymne nicht mehr zu hören.) Die geografischen Kenntnisse von P.S. mussten in westlicher Richtung erweitert werden (sie waren jedenfalls weniger tief als die Kenntnisse in östlicher Richtung – in der Volksrepublik Polen, in der Čecho-Slowakischen Sozialistischen Republik, in der Volksrepublik Bulgarien und sogar in der Union der Sozialistischen Sowjet-Republiken hatte er sie sich durch berufliche und private Reisen im buchstäblichen Sinne „erfahren" – oder auch „erflogen").

Jetzt soll er also nach Mannheim, nach Saarbrücken, nach Tübingen, sogar nach Duisburg, wo die ersten Kulturtage der DDR in Nordrhein-Westfalen stattfinden, zu denen auch ein kleines wissenschaftliches Randprogramm gehört, und schließlich nach Heidelberg reisen. Er kann es erst glauben, als er im Interzonenzug sitzt, in Gerstungen die Beine angehoben hat, um den Grenzpolizisten der DDR den Blick unter die Bank zu ermöglichen, und als er nach Nichtbeachtung durch den Bundesgrenzschutz in die westliche Welt gelangt ist. So rollt er denn nach einer Fahrt durch unbekannte Landschaft in Mannheim ein. Auf dem Bahnsteig stehen G.H. und G.S., der Direktor des Instituts für Deutsche Sprache (IDS). Die Begrüßung ist wohltuend freundlich. P.S. erfährt, dass er während der Tage in Mannheim Gast bei G.H. sein wird, dass es Ausflüge in die Umgebung geben wird, mit R.W., dem Stellvertreter des Direktors, der sich als glänzender Cicerone entpuppen wird (in Worms, in Speyer, in Ladenburg).

Auf dem Weg ins IDS erfährt P.S. schon etwas über den bundesdeutschen Sprachgebrauch. G.S. zeigt ihm das Schaufenster eines Geschäfts, das einige Wochen nach Ostern noch mit glitzernd verpackten Schokoladenhasen bestückt ist. G.S. fragt: „Gibt es das bei Ihnen auch: 'reduzierte Osterhasen'?" Die Antwort von P.S.: „Osterhasen schon, aber 'reduzierte' nicht." Damit beginnt für P.S. ein Lernprozess über das „Bundesdeutsch", der drei Jahre später in viel größeren Dimensionen seine Fortsetzung erfahren wird. – Der Vortrag am nächsten Tag wird von den Kollegen am IDS sehr wohlwollend aufgenommen, obwohl die grammatische Konfession von P.S. eine andere ist als die der meisten Mannheimer Kollegen. P.S. bewundert die Arbeitsbedingungen im IDS, das sich damals noch an anderer Stelle befindet als wenige Jahre nach diesem ersten Besuch, vor allem beeindruckt ihn die Bibliothek. Hier kann er mit eigenen Augen Bücher sehen und sie eigenhändig aus den Regalen ziehen, die er nur vom Hören und Sagen kennt.

Sehr angenehm ist die Gastfreundschaft von G.H. Abends lädt sie Freunde zum Essen und zum Trinken ein, Fachkollegen und Nachbarn, die P.S. offen in den Kreis aufnehmen. Es gibt viele Gespräche über Wissenschaft und Wissenschaftspolitik, über Politik überhaupt, über den dicken Pfälzer, der nicht weit von Mannheim wohnt und das Land regiert. Politische Witze werden erzählt, von denen die ostdeutschen in der Überzahl sind und meist auch bissiger. Alle fragen sich, wie es weitergehen wird – im ferneren Osten haben schon Glasnost' und Perestroika begonnen, im näheren Osten ist davon nicht viel zu verspüren. Niemandem fällt in den Sinn, dass wenige Jahre später die DDR verschwunden sein wird, am wenigsten P.S., dass auch ihn wenige Jahre danach der dicke Pfälzer regieren wird. – Der Abschied von Mannheim und von G.H. ist für diesmal nur vorläufig: Bei seinem Besuch in

Heidelberg, der letzten Station der Reise, wird er wieder Gast von G.H. sein. (Er wird es bis heute fast immer sein, wenn er nach Mannheim kommt.)

4.

Mitte August 1987, Berlin. In der Hauptstadt der DDR findet zum ersten Mal der *Internationale Linguistenkongreß* (*Fourteenth International Congress of Linguists*) statt. Die Sprachwissenschaftler der DDR betrachten das mit Recht als eine Anerkennung für ihre Arbeit in den vergangenen Jahrzehnten. P.S. und seine Ehefrau I.S. warten im Tagungsbüro – es befindet sich im Hotel *Stadt Berlin* – auf die Ankunft von G.H. und anderen bekannten und befreundeten Kollegen. Plötzlich zucken Blitze, rollen Donnerschläge, und eine Regenwand zeigt sich vor den Glasflächen des Hotels. Kein Mensch ist auf den Straßen zu sehen. Nach einiger Zeit öffnet sich die Eingangstür, und zwei Damen, nass wie begossene Pudel, betreten das Empfangsbüro. Erst bei genauerem Hinsehen erkennt P.S., dass es sich um G.H. und um B.S. aus Saarbrücken handelt, die beiden erwarteten Kolleginnen. Sie sind mit dem Flugzeug in Westberlin gelandet, mit der S-Bahn oder der U-Bahn bis Bahnhof Friedrichstraße gefahren und dann durch die taxi- und menschenleeren Straßen zum Hotel gelaufen. Die Begrüßung ist stürmisch, wenn auch mit einer Handbreit räumlicher Distanz: Die beiden Ankömmlinge sind zu feucht, als dass man sie so herzen könnte, wie man es eigentlich möchte. Am Tresen der Anmeldung stehend, verbreiten sie kleine Pfützen auf dem Boden der Halle. Nach Erledigung der Formalitäten wird beschlossen, sich nach einer Trocknungs- und Regenerierungspause für G.H. und B.S. wieder in der Halle zu treffen, um ein gemeinsames Abendessen einzunehmen. Als P.S. und I.S. zum verabredeten Zeitpunkt die Halle wieder betreten, sitzt G.H. bereits in einem Sessel, und inzwischen hat sich der Raum gefüllt. Es sind keineswegs nur Teilnehmer am Linguistenkongress, sondern es schwirren auch laut schwatzende Touristengruppen aus der Sowjetunion, aus Japan und aus mehreren anderer Herren Ländern herum, heftig bemüht, den Fähnchen schwenkenden Leithammeln ihrer jeweiligen Herde zu folgen. G.H. berichtet halb amüsiert, halb indigniert, dass sie von einem Herrn, offensichtlich südländischer Herkunft, ein unzweideutiges Angebot erhalten habe, das auszuschlagen sie einige Mühen gekostet habe. Nachdem auch B.S. hinzugekommen ist und sich überdies einige andere Kolleginnen und Kollegen dem kleinen Kreis angeschlossen haben, bricht man zum Abendessen auf. Das erste angesteuerte Lokal ist voll besetzt, der Hinweis, man werde demnächst platziert, ist angesichts der Fülle in den Galerie nicht aufmunternd, so dass man weiterzieht. Die gleiche Situation findet man in der zweiten und in der dritten Gaststätte vor. B.S., offensichtlich von Hunger und Ungeduld geplagt, lädt kurz entschlossen alle Streifzügler dazu ein, ihr in das Interhotel-Restaurant des Hotels *Stadt Berlin* zu folgen, in dem die Zeche freilich nur mit Devisen, in diesem Falle mit der Deutschen Mark der Bundesrepublik, beglichen werden kann. P.S. und I.S., in dieser Hinsicht mittellos, werden großzügig von G.H. und B.S. freigehalten.

Im Laufe des Abends wird der Gedanke erörtert, G.H. mit nach Jena zu nehmen, um ihr etwas von der Stadt und ihrer Umgebung zu zeigen. Fast allen ist klar, dass dies nicht ohne weiteres gehen wird, dass man dazu obrigkeitliche Erlaubnis einholen müsse. Am nächsten Tag schwänzt G.H. einige Veranstaltungen des Kongresses und begibt sich mit I.S. zur Polizeibehörde (weder G.H. noch I.S. wollen sich heute an diesen Gang erinnern). Die erweist sich gegenüber einer Professorin aus der Bundesrepublik, welche die DDR mit dem Besuch des Internationalen Kongresses beehrt (man wird weltläufiger), als sehr entgegenkommend. Die Aufenthaltserlaubnis für Berlin wird auf Jena erweitert. Allerdings gibt es einen Haken: G.H. soll die DDR wieder von der Hauptstadt aus verlassen. Glücklicherweise halten sich G.H. und I.S. nicht weiter mit Einwänden auf.

Am Ende der Tagung erfolgt dann die Reise mit dem PKW von P.S. nach Thüringen. Bei Bitterfeld, im baum- und strauchlosen Flachland gibt es einen langwierigen Stau, der mit geschäftlichen Unannehmlichkeiten für die Insassen verbunden ist, da sich keine „Devisentoilette" in erreichbarer Nähe befindet; aber die Reise findet ein glückliches Ende in Jena. Auch hier verläuft die Anmeldung bei der Behörde ohne Probleme, auch hier wird jedoch darauf verwiesen, dass G.H. über Berlin ausreisen müsse. Nach einigen Tagen folgt für G.H. die Heimreise. Sie denkt nicht daran, über Berlin zu fahren. Sie will die *Documenta* in Kassel beaugenscheinigen, und da liegt die Ausreise über Gerstungen nahe. In der Tat besteigt sie am Abschiedstag in Weimar den Zug nach Frankfurt am Main (Umsteigen nach Kassel im westlichen Grenzbahnhof Bebra). P.S. und I.S., zurück in Jena, warten gespannt am Telefon: Wann wird sich G.H. und unter welchen Umständen melden? Endlich, gegen Abend, kommt der Anruf aus Kassel. G.H. ist unangefochten und wohlbehalten in Kassel eingetroffen. Große Erleichterung auf beiden Seiten.

5.

1989 im April. P.S. macht auf dem Wege nach Saarbücken, zur Wahrnehmung seines inzwischen schon zweiten Lehrauftrags Zwischenstation in Mannheim, wieder bei G.H. An einem Nachmittag besucht er G.Ö. und seine Familie in Heidelberg. Nach der Rückkehr am Abend findet er G.H. vor dem Fernseher. Es läuft eine Sendung über Ludwig Wittgenstein. Anlass ist das Jahr seines 100. Geburtstags. Nach der Sendung gibt es zwischen G.H. und P.S. ein Gespräch über Wittgenstein und seine Auffassung von Sprache. P.S. äußert Unbehagen über den semantischen Relativismus des Philosophen („Die Bedeutung eines Wortes ist sein Gebrauch in der Sprache." [Philosophische Untersuchungen, Nr. 30]). Es entbrennt im Weiteren eine stürmische Diskussion darüber, was denn überhaupt der zentrale Gegenstand der Sprachwissenschaft sei. P.S. vertritt die Auffassung, dass dies die Grammatik, namentlich die Syntax, sein müsse (er ist ein Anhänger der Theorien von Noam Chomsky, und er hält nichts von „weichen" funktionalistischen und pragmatischen Vorstellungen). G.H. hingegen verteidigt vehement handlungsorientierte sprachwissenschaftliche Theorien, die von Wittgensteins Ideen ausgehen und erklärt plötzlich mit Nachdruck: „Ihr Sprachwissenschafler in der DDR habt doch keine Ahnung von Wittgenstein." P.S. gibt zu, dass an dieser Behauptung etwas sei, und gerät ins Nachdenken. Dann hat er einen Einfall: „Hör zu: An meiner Universität gibt es einen Gastlehrstuhl, der nach Gottlob Frege benannt ist und von den Philosophen und Mathematikern gemeinsam verwaltet wird. Der war noch nie mit einer Linguistin oder einem Linguisten besetzt, und jetzt, da sich die Beziehungen zwischen der Bundesrepublik und der DDR verbessert haben, besteht vielleicht keine schlechte Aussicht für einen Vorschlag, dich zur Besetzung dieses Frege-Lehrstuhls für ein Semester einzuladen. Dann könntest du ja uns und unsere Studenten über Wittgenstein und die Folgen etwas kundiger machen. Würdest du denn kommen, wenn der Vorschlag Erfolg hätte?" Ohne zu zögern sagt G.H. zu. Der Vorschlag sollte Erfolg haben, allerdings nicht schon 1989, sondern erst 1990, denn die Umbrüche in der DDR im Herbst des Jahres 1989 bewirken, dass statt der nahezu ausgedienten ideologischen Bremsen nunmehr ökonomische zu hemmen beginnen: Wer soll das bezahlen, wer hat so viel Geld?

Einige Tage später hat P.S. Geburtstag. G.H. hat ein Überraschungsgeschenk für ihn. Sie lädt ihn zu einer Fahrt ins Blaue ein. (Wie sich bald herausstellt, hat sie alles gut geplant.) Nach dem Frühstück geht es los. Mit der Bahn nach Mainz. (Diese Stadt hat P.S. zuletzt vor dreiunddreißig Jahren gesehen, als er seine damals dort lebenden Verwandten hat besuchen können.) Nach einem Rundgang in der Altstadt beginnt P.S. der Magen leicht zu knurren. G.H. vertröstet – aus Mangel an Zeit – auf die nächste Etappe: eine Fahrt auf dem Rhein.

So geht es denn bald mit dem Ausflugsschiff den Rhein hinab nach Koblenz. Für P.S. ist das ein großes Erlebnis. Zwar ist er schon einmal, eben vor dreiunddreißig Jahren, auf dem Soziussitz des vetterlichen Motorrades von Mainz auf rechtsrheinischer Straße bis Rüdesheim und in die Drosselgass gekommen; nun aber kann er sich auf gemächlicher Flussreise die Landschaft geruhsam betrachten. Hinter Rüdesheim ist alles Neuland. Da kommt zuerst mitten im Binger Loch der Mäuseturm in Sicht (zu Hause wird er in einem alten Lexikon von 1922 lesen: „Mäusesage gegenstandslos"). Was ihm noch aus der Studienzeit einfällt – alles war sehr weit weg: Hildegard von Bingen und Stefan George. Nun ist es in Blickweite. Dann Bacharach, Kaub und vor St. Goar die Loreley. Wieder wird Gelesenes anschaubar: der Ort, von dessen Rabbi einst Heine erzählte, der Fels der schönen Blondine, die der Dichter besang. Trotz allem knurrt P.S. der Magen immer heftiger. Leider gibt es auf dem Schifflein nur Säfte im kleinen Tetrapack zu kaufen. Aber das Boot nähert sich – neue Hoffnung für den Magen – dem vorläufigen Ziel Koblenz. Rechts erscheint die Feste Ehrenbreitstein, links das „Deutsche Eck" mit dem Denkmal für Kaiser Wilhelm I. Es ist jetzt „Mahnmal der deutschen Einheit", die – weder G.H. noch P.S. ahnen es an diesem sonnigen Tage – in neuer Gestalt nur noch siebzehn Monate entfernt ist.

Nach der Landung an der Anlegestelle Rundgang durch alte Gassen und über alte Plätze. Dann der Weg zum Bahnhof. Hier ahnt P.S. allerdings doch etwas: die Möglichkeit, seinen Magen zu beruhigen. Heimlich, um seine unermüdliche Reiseführerin nicht zu kränken und weder zu neuerlichen Ausgaben noch zur Änderung ihres Programms zu nötigen, schleicht er sich zu einem Bahnhofskiosk und erwirbt für ein Drittel seiner 15 DM legaler Devisen eine Bockwurst und eine Dose Selterswasser. Der Magen atmet auf, wenn man so sagen darf, und die Reise kann weitergehen.

Mit dem Bähnle entlang der Lahn geht es unter abendlicher Sonne in Richtung Marburg, wo G.H.s Freunde warten. G.H. zeigt mir vom Fenster aus Bad Ems, die Stadt ihrer Kindheit und frühen Jugend. In Wetzlar heißt es umsteigen. Es bleibt keine Zeit, den Spuren des jungen Goethe zu folgen oder „Lotte in Wetzlar" zu besuchen. Kurz nach Beginn der Weiterfahrt beobachten P.S. und G.H., wie ein unfreundlicher Bahnbeamter einen offensichtlich unkundigen „ausländischen Mitbürger" (werden die Ausländer schon damals so bezeichnet?) sehr barsch behandelt. G.H. zeigt Zivilcourage, schreitet ein und beschwert sich beim Schaffner über dessen unverständliche Grobheit. Der ausländische Mitreisende hat nun Ruhe, wenigstens bis zur nächsten Station, wo er den Zug verlässt.

Dann erreichen, nun schon in der Abenddämmerung, G.H. und P.S. die Universitätsstadt Marburg. Familie K. empfängt die beiden freundlich in einem Restaurant am Hang des Schlossbergs. Es gibt reichlich und gut zu essen und zu trinken, mehr als der Magen von P.S. nötig hat. Wie immer, wenn er mit Freunden von G.H. zusammentrifft, wird er sofort in die Runde aufgenommen und in die Gespräche einbezogen. Wie immer spielt Politik eine große Rolle. Besonderes Interesse wird den Entwicklungen in der DDR entgegengebracht, namentlich nach Perestroika und Glasnost' in der Sowjetunion. An eine Wiedervereinigung Deutschlands denkt auch in diesem Kreise niemand. Vier Tage später öffnet Ungarn die Grenze nach Österreich.

7.

Herbst 1989. Der Umbruch in der DDR ist im vollen Gange. Im Fernsehen sind seit Mai Botschaftsflüchtlinge in verschiedener Herren Ländern des Ostens zu besichtigen. Seit September gibt es die Montagsdemonstrationen, zuerst in Leipzig, dann in anderen Städten.

Mitte Oktober in Jena. P.S. hat zum ersten Male ein Symposium vorbereiten können, an dem auch Gäste aus dem westlichen Ausland – und dazu gehört im Herbst 1989 noch immer die Bundesrepublik Deutschland – teilnehmen dürfen: *Biologische und soziale Grundlagen der Sprache*. Hier trifft P.S. Freunde und Kollegen von Universitäten und von der Akademie der Wissenschaften der DDR, von Partneruniversitäten in Tiflis, Budapest und Veliko Tirnovo, von den Pragmatik-Tagungen in Schweden, vom Internationalen Linguistenkongress, Kollegen, die er auf seiner ersten Reise durch die Bundesrepublik kennengelernt hat, von seiner „zweiten" Universität in Saarbrücken und vom Institut für Deutsche Sprache in Mannheim. Unter ihnen ist G.H. Ihr Vortrag wirft schon einen Schatten auf ihre Gastprofessur am Frege-Lehrstuhl voraus (die ist noch immer nicht in Sack und Tüten) und ist letztlich wohl auch eine Frucht der im Frühjahr in Mannheim zwischen P.S. und G.H. geführten Streitgespräche: *Regeln und Fakten. Zur Auseinandersetzung Chomskys mit Kripkes Deutung der Spätphilosophie Wittgensteins.*

Das Symposium währt drei Tage. Am zweiten Tag verbreitet sich an der Universität wie ein Lauffeuer die Nachricht, dass Erich Honecker nicht mehr an der Macht ist. Sie erreicht auch die Teilnehmer des Symposiums. Am Abend dieses Tages, bei der geplanten geselligen Zusammenkunft, entsteht rasch eine lockere Atmosphäre. Manche Teilnehmer aus Deutschlands Westen erzählen ihre Biografien, erklären freimütig, welche Wurzeln sie in Deutschlands Osten haben. Alle sind sicher, dass es in naher Zukunft leichter sein wird, wissenschaftliche und persönliche Kontakte zu pflegen. Passauer Kollegen regen an, dass westdeutsche Kollegen Abonnements von Fachzeitschriften für die germanistischen Linguisten in Jena spendieren. Das wird in die Tat umgesetzt und dauert auch bis 1991 an, so lange, bis die Universitätsbibliothek in Jena eigene Mittel für solche Anschaffungen erhält. Auch jetzt denkt noch niemand an eine rasche Vereinigung Deutschlands. (Das lässt sich aus einem anderen, zeitlich noch späteren Faktum erschließen: Zu Beginn des Jahres 1990 wird von namhaften Kollegen der DDR die *Gesellschaft für Sprachwissenschaft der DDR* gegründet, die sich als Schwester der bundesdeutschen *Deutschen Gesellschaft für Sprachwissenschaft* sieht. Der DDR-Gesellschaft sollte keine lange Lebensdauer beschieden sein.)

Am Ende der Tagung findet sich ein kleiner Kreis von Kollegen, darunter G.H., in der Wohnung von P.S. und seiner Familie zum Abschied zusammen. Da erhält P.S. die Nachricht, dass er eine (bereits genehmigte) Einladung nach Paris bekommen hat, um im *Centre Culturel de RDA* im Dezember einen Überblickvortrag zu einem Grammatikthema für die Kandidaten der Staatsprüfung der französischen Germanistik des Jahres 1990 zu halten. Spontan sagt G.H.: „Ich habe noch ein paar Tage Urlaub, werde dich nach Paris begleiten und dir die Stadt zeigen. Wir können bei Freunden wohnen."

Vorerst aber reist P.S. für zwei Wochen zu einer Kurzdozentur nach Tiflis. Er tritt die Reise mit einem merkwürdigen Gefühl im Bauch an. Was wird er bei seiner Rückkehr vorfinden? Am Morgen des 10. November teilt ihm ein georgischer Kollege mit, dass am Vorabend die Mauer gefallen sei und P.S. nun fahren könne, wohin er wolle. Die Reaktion von P.S.: Ungläubigkeit. Hinweis des Kollegen: „Du kannst nicht Georgisch und auch nicht besonders gut Russisch, schau dir aber 22 Uhr das Moskauer Fernsehen mit den Bildern von der Mauer an, dann wirst du mir glauben." – Und so kam es auch.

8.

1989, November. Wenige Tage nach der Rückkehr aus Tiflis. Ende des Monats packt P.S. wieder Koffer und Reisetasche. Die Reise nach Paris beginnt. Am Morgen nach der Zwischenstation in Mannheim brechen G.H. und P.S. verabredungsgemäß gemeinsam zur Bahnfahrt auf. Am späten Nachmittag erreichen sie die *Gare de l'Est*. Ein Herr in mittleren Jahren, Vertreter des Kulturzentrums der DDR in Paris, nimmt die beiden in Empfang und sagt zu P.S.: „Schön, Sie haben Ihre Gattin mitgebracht." P.S. muss ihn korrigieren: „Das ist nicht meine Frau, sondern eine Kollegin vom Institut für Deutsche Sprache in Mannheim." Kurze Verblüffung des Herrn, die sich jedoch sofort legt: „Selbstverständlich ist auch die Kollegin gern gesehener Gast in unserem Hause." Und er ist vollends beruhigt, als G.H. ihm mitteilt, dass beide bei französischen Freunden von G.H. Quartier nehmen. Am ersten Abend, nach einem kurzen Aufenthalt im Kulturzentrum, ziehen P.S. und G.H. von der *Place de la Concorde* die *Avenue des Champs-Elysées* entlang bis zum *Arc de Triomphe de l'Etoile*. G.H., die eine längere Zeit in der Stadt gelebt hat, zeigt P.S. alle am Wege liegenden Sehenswürdigkeiten. Danach lädt G.H. zum Essen ein, in ein kleines Restaurant, *Val d'Isère*, P.S. isst – unter anderem – zum ersten (und letzten) Mal gedünstete Schnecken.

Am Vormittag und am Nachmittag des nächsten Tages werden die Rundgänge und Rundfahrten durch Paris fortgesetzt. *Montmartre* und sein Friedhof werden besichtigt, dabei wird Heinrich Heine, François Truffaut und anderen Zelebritäten die Ehre erwiesen, den beiden namentlich Genannten sogar mit Blumen. Dann zur weiß strahlenden Kirche *Sacre Cœur* mit einem bezaubernden Ausblick auf die Stadt. Am frühen Nachmittag fahren G.H. und P.S. mit der Métro zur *Place da la Bastille* mit dem hochmodernen, am 14. Juli 1989 – also gerade erst – eröffneten, neuen Opernhaus. Gegenüber steht das Restaurant *Bofinger* mit seiner prächtigen Jugendstilkuppel über dem Saal, der P.S. riesig vorkommt. Dort lassen es sich beide gut gehen.

Der Vortrag findet am Abend statt. Das Kulturzentrum der noch „real existierenden" DDR ist nobel untergebracht, in einer teuren Gegend, am *Boulevard St. Germain*. Außer einem guten Dutzend von Examenskandidatinnen und -kandidaten haben sich zwei bekannte französische Kollegen eingefunden, Monsieur V. und Monsieur Z. Nach der üblichen Begrüßung beginnt P.S. mit seinen Ausführungen. Als er schon etwa zehn Minuten geredet hat, fällt ihm ein, den Zuhörern anzubieten, falls nötig, Zwischenfragen zu stellen. Das erweist sich als verhängnisvoller Fehler. Professor Z. springt auf und hält eine wortgewaltige Philippika: Unten im Foyer des Hauses könne man eine Fotoausstellung betrachten, in der gezeigt werde, welch eine großartige Revolution sich in der DDR vollziehe, und im Gegensatz dazu trage P.S. hier völlig veraltete und vor allem falsche Theorien von Noam Chomsky vor, die gar nicht auf das Deutsche anwendbar seien wie etwa die Behauptung, dass im Deutschen die Negation am Anfang des Satzes stehe usw. usf. Das geht etwa zehn Minuten so, bis P.S. der Kragen platzt und er dem Kollegen Z. anbietet, statt seiner den Vortrag selbst zu halten. Und im Übrigen möge Herr Z. ihm nachweisen, wo Chomsky sich in dem von ihm behaupteten Sinne über das Deutsche geäußert habe. Das vermag Herr Z. nicht. P.S. kann seinen Vortrag fortsetzen, und in der anschließenden Debatte (Herr Z. hat inzwischen den Raum verlassen, um – wie er sagt – einer Verpflichtung an der Académie Française nachzukommen) trägt G.H. wesentlich dazu bei, das Gespräch in sachlichen Bahnen verlaufen zu lassen.

Nach einem abendlich-nächtlichen Stadtbummel im Zentrum der Stadt meldet sich bei P.S. und G.H. der Appetit. G.H. sucht ein ganz bestimmtes Lokal im Stadtzentrum. P.S. glaubt, es entdeckt zu haben. Beide steuern auf den Eingang zu. Kaum haben beide das Foyer betreten, erscheint der Garderobier, reißt ihnen geradezu die Mäntel herunter und komplementiert sie ins Lokal. Es ist natürlich das falsche, und dazu eines der nobelsten, nämlich *Le Procope*, ältestes Café von Paris (jetzt Restaurant) mit Tischen, an denen schon Voltaire, Balzac und Napoleon gesessen haben sollen. Sofort kommt die *Carte* mit den köstlichsten und kostspieligsten Gerichten. G.H. resigniert – aufzustehen und zu gehen ist wohl nicht *comme il faut* – und lädt P.S. zum wohl teuersten Abendessen ein – wenn die Erinnerung P.S. nicht täuscht, belief sich die Zeche auf umgerechnet etwa 200 DM. P.S. ist der Gedanke an das vorzügliche Lachsgericht und den exzellenten Wein noch heute peinlich.

Der dritte Tag ist frei von Verpflichtungen. Der Weg führt zur *Île-de-la-Cité*, zur *Sainte Chapelle* (die G.H. und P.S. nach gründlicher Kontrolle durch die Flics besuchen dürfen), schließlich zur Kathedrale *Nôtre Dame* (der Glöckner war auch auf dem Turm nicht zu finden) und zur *Île Saint Louis*. Am Nachmittag geht es entlang der linken Seine-Quais mit den Ständen der Bouquinisten (und mit dem wunderbaren Blick zurück auf den *Pont Neuf* und die dahinter emporragende *Nôtre Dame*) zuerst ins *Musée d'Orsay*. Hier sieht P.S. viele Gemälde der geliebten französischen Impressionisten zum ersten Mal im Original. (Im Übrigen hat hier G.H. Probleme mit ihrem Fotoapparat. Nach verschiedenen milden Versuchen, das Gerät gängig zu machen, reißt sie wütend den Film aus dem Gehäuse. Das bedeutet, wie sich zeigen wird, dass beide kein einziges selbst geschossenes Foto mit nach Hause bringen werden, wiewohl P.S. vorerst noch heftig knipsen kann.) Danach geht es zum *Dôme des Invalides* (P.S., ein großer Verehrer von *Napoléon*, steht ehrfürchtig vor dem gewaltigen roten Sarg des *Empereurs*). Weiter über das *Champ de Mars* bis zum *Tour Eiffel*. Der wird *per pedes* bis zur ersten Plattform bestiegen. Natürlich muss P.S. den *Pont d'Iena* besichtigen und überschreiten. Westlich der Brücke liegt das *Palais de Chaillot* schon im Schatten. Die Sonne beginnt zu schwinden, die Dezembernachmittage sind kurz. Dennoch ist dieser Tag nicht zu Ende. G.H. kauft am *Pont d'Iena* eine Tüte gebrannte Mandeln. Der Weg, wohl mit der Métro, denn Beine und Füße sind ganz ordentlich strapaziert, führt zum *Louvre*. Ein Blick in den Hof zeigt eine unendlich lange Menschenschlange, die es sinnlos erscheinen lässt, auf Einlass zu hoffen. Außerdem ist die Zeit knapp geworden. So reicht es nur zu einem raschen Gang auf der *Avenue de l'Opéra* mit einem Blick auf die alte Oper und für einen Kaffee im *Café de la Paix*, an einem Tisch, an dem einst Edith Piaf gesessen haben soll.

Nun erfährt P.S., warum die Zeit so knapp geworden ist. G.H. hat Karten für die *Comédie Française* besorgt. Das ist der Höhepunkt des Tages. Gegeben wird Molières *Misanthrope*. Erwartungsvoll schaut sich P.S. im Foyer um und ist überrascht, als er sieht und hört, dass ein Mann in dunkler Uniform mit einem Dreispitz auf dem Haupte und einem langen Stab in der Hand durch den Raum schreitet, mit dem Stab dreimal auf den Boden klopft und mit voll- und wohltönender Stimme ruft: „Mesdames et Messieurs, en quelques minutes, la présentation commencera!" oder so ähnlich. Die Inszenierung beeindruckt P.S. Sie ist durch ihre Werktreue Welten entfernt von den Auswüchsen des modernen so genannten Regietheaters, das durch die Willkür der Regisseure, ihre Sucht nach Profilierung mittels unnötiger und vordergründiger „Aktualisierung" die Werke der Dichter korrumpiert, so, als ob der Zuschauer nicht zu erkennen vermöchte, was an überzeitlicher Wahrheit in ihnen liegt. – In der Pause besehen sich G.H. und P.S. das Theater, und P.S. kann sich – es ist nicht verboten – für einige Augenblicke im großen Ledersessel (ist der wirklich echt?) von Molière niederlassen. (Wer dürfte sich an

Goethes Schreibtisch – auch wenn der nicht echt wäre – im Haus am Frauenplan setzen?)

Am vierten Tag naht die Abreise. Aber das Programm ist noch nicht abgearbeitet. G.H. führt am Vormittag P.S. zu den Röhren des *Centre Pompidou*. Noch ein rascher Gang durch die Ausstellungen mit Werken moderner Künstler und schließlich eine Stippvisite im *Forum des Halles*. Schließlich werden noch einige Einkäufe gemacht. G.H. erwirbt mehrere Bände von Werken des Romanciers Julien Greene im französischen Original, P.S. eine Schallplatte mit Mozartschen Violinkonzerten. Die Bücher werden in der Reisetasche von P.S. verstaut. Schließlich trotten beide etwas erschöpft (P.S. fragt sich noch heute, wie ein so reichhaltiges Programm in nur wenig mehr als drei Tagen zu bewältigen gewesen ist) zur *Gare de l'Est*. Beide wollen, es ist genügend Zeit, und auf den Bahnsteigen herrscht unangenehme Dezemberkälte, noch in aller Ruhe eine Zigarette in der Halle rauchen. Da tritt ein gut gekleideter junger Mann auf die beiden zu und fragt nach irgendeinem Weg. G.H. (die perfekt französisch spricht) und P.S. lassen sich auf das Gespräch ein, nicht bemerkend, dass der junge Mann allmählich und in kleinen Schritten rückwärts geht. Nach vielleicht einer Minute wendet er sich um und läuft davon. Davon gelaufen ist aber auch die Reisetasche von P.S. In die entgegengesetzte Richtung und mit einem neuen „Besitzer". Verfolgung sinnlos. Bleibt nur der Weg zur Bahnhofspolizei. Zum Glück haben G.H. und P.S. ihre Papiere an der Frau bzw. am Mann behalten. In aller Eile – der Zug wird bald abfahren – fertigt der leicht überfordert wirkende Polizist ein Protokoll an, das ebenso sinnlos ist, wie eine Verfolgung der Diebe es gewesen wäre. P.S. hört – wie zu erwarten – nie wieder etwas von seiner Reisetasche. Die größten Verluste waren die eben erst erworbenen Bücher von G.H. und alle Fotos, die P.S. während der Tage in Paris geschossen hat. Schließlich bringt der Zug die beiden nach Mannheim, und P.S. steigt aus mit nichts als der Plastiktüte in der Hand, in der sich die Mozartschallplatte für seine Frau befindet.

9.

Frühjahr 1990. P.S. hat ein vierwöchiges Forschungsstipendium vom Institut für Deutsche Sprache in Mannheim erhalten. Er genießt die Arbeitsmöglichkeiten des Instituts, der hervorragend ausgestatteten Bibliothek, die Bequemlichkeit der kleinen Gästewohnung im Hause und die Begegnungen und Gespräche mit den Kolleginnen und Kollegen. Ihn faszinieren die Möglichkeiten, die die Benutzung eines Computers für das Schreiben seiner Texte bietet. Er beschließt, von den Honoraren, die ihm für seine Lehrtätigkeit in Saarbrücken und seine Vorträge in Mannheim gezahlt worden sind, einen eigenen Rechner zu erwerben. G.H. erweist sich wieder als hilfreich. Der Computerkauf findet in einem Geschäft auf den *Planken* statt. In der Küche von G.H. erfolgt der erste Probelauf, und alles ist in Ordnung. Inzwischen ist auch I.S., die Ehefrau, mit Sohn und Hund und klapprigem Škoda nach Mannheim gekommen. Irgendwie kommt die ganze Familie in der Gästewohnung unter. G.H. und ihre Freundinnen und Freunde bereiten P.S. und den Seinen schöne Tage und Stunden in Mannheim, mit Ausflügen in die nahe Pfalz und in die weitere Umgebung. Sie erleben zum ersten Mal den Abschluss einer Fußballmeisterschaft mit all dem Jubel in den Straßen, den Autokorsos und deren Hupkonzerten, die bis tief in die Nacht gehen. Auf der Rückreise nach Hause liegt der Computer im Auto. P.S. hat ein wenig Bange, da ihn ein Experte gewarnt hat, es könne Schwierigkeiten an der Grenze geben, weil solche Geräte noch immer auf der Embargo-Liste stehen. Aber die bundesdeutschen Zöllner nehmen wieder einmal kaum Notiz von der Besatzung, und überhaupt keine vom Gepäck, das sich im Auto befindet.

10.

Herbst 1990. G.H. kann endlich die Gastprofessur für ein Semester in Jena antreten. Sie übernimmt eine Vorlesung und ein Seminar zur Einführung in die Sprachwissenschaft, ein Oberseminar über Wittgenstein und noch allerlei andere Verpflichtungen. Sie hat sofort die schönsten Kontakte mit den Studenten der verschiedensten Jahrgänge, die sich ein Hochschullehrer nur wünschen kann, vor allem natürlich mit Germanistik- und Philosophiestudenten. Sie wohnt in einem Gästehaus der Universität, am Hang des Landgrafenberges, und auch da findet sie genügend Gesprächspartner in Gastdozenten der verschiedensten Fakultäten. Aber selbst dort gehen Studentinnen und Studenten bei ihr ein und aus, sogar zu ungewöhnlicher Stunde. Eines Morgens, früh um 7 Uhr, so erzählt G.H., klopft es heftig an die Terassentür ihres Zimmers. Draußen steht eine nette junge Studentin und erklärt, dass sie zu dem verabredeten Termin erscheine, Frau H. habe doch gestern die interessierten Studentinnen und Studenten um 7 Uhr zu sich eingeladen, um im Seminar offen gebliebene Fragen zu klären. G.H. hatte freilich 7 Uhr abends gemeint. Es soll aber doch ein ertragreicher und vergnüglicher Morgen geworden sein

G.H. entlastet mit ihrer Arbeit P.S. erheblich. Denn der hat vieles andere zu tun als nur zu lehren oder gar zu forschen. Der Umbruch in der Universität ist in Gang gekommen. P.S. ist als basisdemokratisch gewählter Institutsdirektor bemüht, von der Germanistischen Sprachwissenschaft und von der Sprachwissenschaft anderer Philologien zu retten, was zu retten ist, namentlich zu verhindern, dass alles *in toto* „abgewickelt" wird (den Terminus „Abwicklung" kannten P.S. und seine Kollegen in der DDR nur als Bezeichnung für die Auflösung eines bankrotten kapitalistischen Unternehmens. Sie selbst empfanden sich – wohl mit Recht – nicht als Bankrotteure). P.S. läuft wochenlang mit dem „Einigungsvertrag" unterm Arm oder in der Tasche herum, um bei Diskussionen zwischen der Universitätsleitung und dem Personal, auf Vollversammlungen oder im kleineren Kreise gewappnet zu sein für alle Eventualitäten. Es beruhigt ihn, dass G.H. ihm in diesen Wochen und Monaten einiges abnimmt. Das war zwar nicht die eigentliche Intention der 1988 geborenen Idee von der Gastprofessur, aber die Arbeit von G.H. war – entgegen der ursprünglichen Absicht – zu einer echten „Aufbauhilfe Ost" geworden (und somit sicher wirkungsvoller, als einige Spezialveranstaltungen es gewesen wären). Wie wirkungsvoll und dankbar die Tätigkeit von G.H. in Jena vor allem von den Studierenden aufgenommen worden ist, zeigt der Umstand, dass sie zum (vorläufigen) Abschied so heftig gefeiert und reichlich beschenkt worden ist, dass sie aus mehreren Gründen Schwierigkeiten hatte, am letzten Abend ohne Schaden an Leib und Sache ihr Jenaer Domizil zu erreichen.

Nachsätze

In den folgenden fünfzehn Jahren hat es noch manche Begegnungen zwischen Gisela und mir gegeben. Sie waren wohl nicht mehr so häufig und so dicht wie in der Zeit von 1984 bis 1990, doch die Freundschaft ist so eng geblieben, wie sie sich damals entwickelt hat (es gab allerdings immer, in nahezu regelmäßigen Abständen, lange Telefongespräche über Linguistik, Gott und die Welt, insbesondere über die kleine der Linguistik). Ich bin dankbar dafür und hoffe, dass die Jubilarin mir auch in Zukunft gewogen bleibt. Wir wünschen ihr für die nächsten Jahre und Jahrzehnte Gesundheit, Glück im Privaten, Ideenreichtum für die Arbeit, vor allem geistige Munterkeit so wie bisher, auf welche Gegenstände sie sich auch immer richten möge. Uns beiden wünsche ich, dass die Freundschaft zwischen uns auch in Zukunft „unverbrüchlich" sein möge.

I.   Lexikalische Semantik: Spezifische Wortschatzausschnitte

Dmitrij Olegovič Dobrovol'skij

Reguläre Polysemie und verwandte Erscheinungen[1]

Jeder, der einmal einen Beitrag für eine Festschrift geschrieben hat, weiß, wie schwer es ist, ein passendes Thema zu finden. Auch dieses Mal habe ich mir lange überlegt, welche Fragen ich in der Festschrift für Gisela besprechen sollte. Dass sich Gisela für sehr viele linguistische Probleme interessiert, machte die Aufgabe nicht leichter. Zum Glück habe ich vor ein paar Monaten erfahren, dass Gisela ein neues Projekt startet, und zwar geht es um reguläre bzw. systematische Polysemie. Da mich dieses Thema auch seit langem beschäftigt, habe ich mich schnell dafür entschieden, einige Überlegungen zu dieser semantischen Erscheinung, insbesondere zu Problemen ihrer Abgrenzung von ähnlichen Phänomenen und ihrer lexikografischen Darstellung sowie zu ihren kontrastiven Aspekten niederzuschreiben. Ich hoffe sehr, dass diese, zum Teil sehr spontanen und fragmentarischen Überlegungen als Grundlage für unsere weiteren Diskussionen dienen werden. Darin sehe ich mein eigentliches Ziel, denn Gespräche mit Gisela sind nicht nur immer hilfreich und bringen neue Einsichten, sondern machen auch Spaß.

1. Reguläre Polysemie: Begriffsbestimmung und linguistischer Status

Es ist keine Übertreibung zu behaupten, dass die Polysemie heute das zentrale Problem der lexikalischen Semantik darstellt. Dafür gibt es mehrere Gründe. Zum einen hat die Entwicklung der kognitiven Semantik dazu beigetragen, dass die Fragen der semantischen Derivation in den Vordergrund gerückt sind. Die Fähigkeit der Sprecher/innen, das betreffende Zeichen in verschiedenen Lesarten[2] zu interpretieren, ohne dass seine innere Einheit

---

[1] Dieser Artikel ist im Rahmen des RGNF-Projektes 05-04-04026a entstanden.
[2] Die Termini *Bedeutung*, *Lesart* und *Bedeutungsposition* werden hier grundsätzlich quasisynonym gebraucht. Der Terminus *Bedeutung* ist am wenigsten technisch und bezieht sich auf alle möglichen Aspekte des Inhaltsplans der betreffenden Lexikoneinheit. Der Terminus *Lesart* betont die Interpretationsfreiheit im Dilemma „kontextuelle Realisationsvariante vs. selbstständiges Semem"; in Kontexten, in denen die *Lesarten* den *Bedeutungspositionen* gegenübergestellt werden, handelt es sich um die erstere Interpretation. Mit

dabei verloren geht, ist eine der wichtigsten Voraussetzungen des erfolgreichen Funktionierens der natürlichen Sprache. Eine der zentralen Heuristiken der kognitiven Linguistik besteht in der Annahme, dass die Sprecher/innen über produktive Mechanismen der semantischen Derivation verfügen. Zum anderen hat die Möglichkeit, große elektronische Textkorpora zu benutzen, überzeugende Evidenzen dafür gebracht, dass die lexikalische Bedeutung über enorme Flexibilität und Kontextsensitivität verfügt. Damit ist die Betrachtung des Inhaltsplanes eines polysemen Wortes als einer starren Struktur mit fixierten, gut isolierbaren Lesarten praktisch unmöglich geworden.

Die Annahme, dass die Entstehung der Mehrdeutigkeit nicht nur (und sogar nicht primär) das Ergebnis zufälliger historisch bedingter Entwicklungen darstellt, sondern durch mehr oder weniger produktive Mechanismen der semantischen Derivation gesteuert wird, legt nahe, dass es in diesem Bereich eine gewisse Regularität geben muss.[3] Dies rückte die Erscheinung der regulären Polysemie in den Vordergrund. Die lexikalischen Einheiten, die sich durch reguläre, systemhafte Mehrdeutigkeit auszeichnen, liefern Daten, die besser als alle anderen Arten der Polysemie dazu geeignet sind, das Funktionieren der Mechanismen, die die semantische Derivation steuern, aufzudecken.

Eine bekannte Definition der regulären Polysemie stammt von Apresjan (1974a, S. 189):

> Als *regulär* wird die Polysemie dann und nur dann bezeichnet, wenn das Wort *A* Sememe 'A_i' und 'A_j' aufweist und sich zumindest noch ein Wort *B* findet, dessen Sememe 'B_i' und 'B_j' in den gleichen semantischen Relationen zueinander stehen wie 'A_i' und 'A_j'. Dabei dürfen 'A_i' und 'B_i' sowie 'A_j' und 'B_j' untereinander nicht synonym sein.

Reguläre Polysemie kann auch *produktiv* sein, und zwar in dem Fall, wenn sich für jedes Wort mit der Bedeutung des Typs 'A_i' die Bedeutung des Typs 'A_j' vorhersagen lässt (Apresjan 1974a, S. 191). Vgl. dazu auch Apresjan (1974b).

---

    dem Terminus *Bedeutungsposition* werden nur selbstständige Sememe bezeichnet. Dementsprechend wird auch der Terminus *Semem* in diesem letztgenannten Sinn verwendet.

[3] Ob diese Annahme stimmt, d.h., inwieweit die Ableitung weiterer Bedeutungen von den bereits bestehenden in Termini produktiver Mechanismen beschrieben werden kann, bleibt offen. Diese Frage wird hier u.a. am Material des Deutschen und Russischen besprochen.

Klassische Beispiele der regulären produktiven Polysemie sind Wörter wie *Schule, Institut, Universität*, die alle zumindest die folgenden Lesarten haben: (a) 'Bildungseinrichtung': *Er hat die Schule vor zehn Jahren verlassen*, (b) 'Gebäude': *Er kam vor zehn Minuten aus der Schule*, (c) 'Menschen, die dazu gehören': *Die Schule macht einen Ausflug ans Meer*, (d) 'Lehr- und Lerntätigkeit an der entsprechenden Bildungseinrichtung': *Die Schule langweilt ihn*, (e) 'Typ der Bildungseinrichtung': *Die Schule ist eine der wichtigsten Erfindungen der menschlichen Zivilisation.*[4]

An diesem Beispiel kann bereits gezeigt werden, dass Mehrdeutigkeit dieser Art verschiedene Interpretationen zulässt. Einerseits können Wörter wie *Schule* als lexikalische Einheiten interpretiert werden, die mehrere aufeinander bezogene, jedoch selbstständige Bedeutungen aufweisen, andererseits als monoseme lexikalische Einheiten, deren Lesarten durch das kontextevozierte Weltwissen bedingt sind. Kiefer (1990) – Bierwisch (1983) folgend – spricht in diesem Zusammenhang vom „conceptual shift", d.h. von der konzeptuellen Modifikation einer unterspezifizierten lexikalischen Bedeutung. Demzufolge wird jede konkrete Lesart des Wortes *Schule* als Ergebnis der jeweiligen konzeptuellen Modifikation interpretiert.

> These meanings are derived by 'conceptual rules' from an underspecified core meaning which can be paraphrased as 'things whose goal is to provide for teaching and learning activities'. The noun 'university', too, has these meanings, the difference concerns the grade of learning [...] (Kiefer 1990, S. 3).

Eine ähnliche Beschreibung dieser beiden grundsätzlichen Möglichkeiten findet sich in Pustejovsky (1996). Er spricht vom *monomorphic model* einerseits, und vom *restricted polymorphic model* andererseits. Das erstgenannte Modell setzt die Existenz fixierter Bedeutungen voraus; vgl. die Behandlung der Polysemie in der Montague-Grammatik (Montague 1970). Das letztgenannte Modell verzichtet auf die Idee fixierter Bedeutungen und betrachtet die Polysemie als ein pragmatisches Phänomen; vgl. dazu z.B. Nunberg (1978) und Searle (1979). Pustejovsky (1996) zufolge sind die beiden Modelle wegen ihrer extremen Positionen, die zu unökonomischen Beschrei-

---

[4] Vgl. Kiefer (1990, S. 3): „The noun *school,* for example, may have at least the following literal meanings: (i) a regular course of meetings of a teacher or teachers and students for instruction, i.e. teaching and learning activities, (ii) a place or establishment where instruction is given, (iii) the institution itself, (iv) the body of students or pupils attending a school."

bungen führen, inadäquat. Er plädiert für ein *weak polymorphic model*, d.h. ein Modell, das einerseits fixierte Sememe, andererseits flexible Übergänge anerkennt. Vgl. dazu u.a. Paradis (2000). Primär geht es dabei um die Beschreibung der Anpassungsfähigkeit der bereits vorhandenen Sememe an die jeweils neuen kontextuellen Bedingungen – „the explanatory power necessary for making generalizations and/or predictions about how words used in a novel way can be reconciled with their currently existing lexical definitions" (Pustejovsky 1993, S. 74).

Abgesehen davon, dass diese Modelle aus der Perspektive ihrer kognitiven Adäquatheit und psychologischen Realität bzw. ihres Erklärungspotenzials im jeweiligen theoretischen Rahmen unterschiedlich beurteilt werden können (der mittlere Weg ist dabei, wie auch meistens sonst in der Linguistik, besonders „realistisch" und folglich überzeugend, obwohl nicht unbedingt am stärksten theoretisch stringent), bekommen sie je nach Zielsetzung unterschiedliche Gewichtung. Die Untersuchung und Beschreibung der Mehrdeutigkeit, darunter auch der regulären Polysemie, verfolgt mindestens zwei Ziele, die per se unterschiedlicher Natur sind. Das ist zum einen die lexikografische Darstellung des Wortschatzes und zum anderen eine kognitiv basierte Auseinandersetzung mit dem Phänomen der Mehrdeutigkeit. Dies sind, wenn auch nicht völlig isolierte, dennoch weitgehend autonome Ziele.

Die lexikografische Darstellung der Polysemie tendiert zum *monomorphic model*, das in Anlehnung an Fillmore auch als „Listen-Modell" bezeichnet werden kann. Diese Tendenz ist völlig unabhängig davon zu verzeichnen, welche theoretischen Positionen als Grundlage der jeweiligen lexikografischen Beschreibung proklamiert werden. Dies liegt im Wesen einer linearen und diskreten Darstellung nicht-linearer und nicht-diskreter Phänomene. Das „Listen-Modell" darf natürlich nicht in dem Sinne verstanden werden, dass es ungeordnete Listen von Lesarten fixiert. Die semantischen Derivationszusammenhänge zwischen einzelnen Sememen werden nach Möglichkeit expliziert. Unter *lexikografisch* ist dabei nicht eine vereinfachende, „wörterbuchgerechte" Darstellung zu verstehen. Es handelt sich vielmehr um ein theoretisches Konzept, das sich an strukturalistischen Idealen der Sprachanalyse orientiert. Eine Beschreibung dieser Art sieht selbstverständlich auch die Aufdeckung systemhafter Züge vor. Als „Listen-Modell" wird sie hier bezeichnet, weil sie als ihren Ausgangspunkt die Existenz (mehr oder weniger) isolierbarer Einzelbedeutungen bzw. „Bedeutungsgruppen" annimmt.

> With the benefit of corpus data, linguists and lexicographers alike are approaching a more sophisticated understanding of polysemy. Specifically, the notion that a word can be neatly divided into discrete, mutually-exclusive senses is giving way to a model that more accurately reflects what the linguistic data is telling us: a model in which meanings are discovered in *clusters* of instances that share enough common features to justify being treated as a coherent 'meaning group' (Hanks 2000, Kilgarriff 1997). This makes the task of sense differentiation both more complicated and more interesting, but does not invalidate it. (Atkins u.a. 2003, S. 334)

Eines der größten theoretischen Probleme des „Listen-Modells" besteht darin, dass dabei sowieso nicht alle Lesarten, die im jeweiligen Kontext als solche erkannt werden können, als Einzelsememe fixiert werden. Das wäre weder praktisch realisierbar noch theoretisch vertretbar. Aus der Notwendigkeit der Selektion ergibt sich die Frage nach Kriterien (dazu etwas mehr in Kap. 3.). Die reguläre Polysemie gerät dabei – schon wegen ihres systemhaften Charakters – in den Grenzbereich zwischen den klar abgrenzbaren und definierbaren Sememen und den kontextinduzierten Lesarten (vgl. dazu u.a. Padučeva 1998, S. 14, 22).

Die kognitiv orientierte Betrachtung der Mehrdeutigkeit beruht eher auf einer der Versionen des *polymorphic model*. Die entsprechende theoretische Grundlage kann als „Inferenz-Modell" bezeichnet werden, weil hier die Fähigkeit der Sprecher/innen, neue Lesarten abzuleiten, im Mittelpunkt steht. Für die kognitive Sprachbetrachtung ist diese Fähigkeit ein zentrales Moment der Theoriebildung (vgl. u.a. Fillmore 1982; Herskovits 1986; Brugman/Lakoff 1988; Rice 1992; Pustejovsky 1991; Geeraerts 1993). Sie liegt der Sprachdynamik (sowohl synchron als auch diachron gesehen) zugrunde, d.h., die kognitive Fähigkeit, vorhandene Zeichen verschiedenen Situationen anzupassen, führt zur Entstehung neuer Bedeutungsvarianten, die unter bestimmten Bedingungen als selbstständige Sememe lexikalisiert werden können.

> With the birth of cognitive semantics, new ideas from the field of theoretical semantics have found their way to the study of meaning changes, and that should not come as a surprise: since one of the major things cognitive semantics is interested in is polysemy – and polysemy is, roughly, the synchronic reflection of diachronic semantic change. (Geeraerts 1997, S. 6)

Aus kognitiver Sicht stellt die reguläre Polysemie eine zentrale Erscheinung dar, weil die Mechanismen der semantischen Derivation am Material von systematisch aufeinander bezogenen Sememen am deutlichsten zum Vorschein kommen. Die wichtigsten kognitiven Techniken *Fokussierung* und *Shift* (vgl. Kustova 2004, S. 28) kommen im Bereich der regulären Polysemie besonders klar zur Geltung. Dies kann an Beispielen des Typs *Schule* leicht gezeigt werden. Jede der oben besprochenen Lesarten entsteht durch das Fokussieren eines bestimmten Aspekts der Situation (in kognitiven Termini: eines Slots des gegebenen Frames), ohne dass dabei die übrigen Slots völlig ausgeblendet werden, und durch die Verschiebung des semantischen Akzents.

Das Phänomen der regulären Polysemie sowie ähnliche semantische Erscheinungen werden in der Fachliteratur der letzten Jahre aktiv besprochen, so dass es kaum möglich ist, sie alle aufzuzählen. Es sei hier lediglich auf einige einschlägige Arbeiten russischer Linguisten des letzten Jahrzehnts hingewiesen: Padučeva (1998; 2004), Uryson (1998; 2003), Rozina (1999; 2002), Kustova (2002; 2004), Zaliznjak (2001; 2004), Dobrovol'skij (2000; 2004b). Selbst das kurze Referieren nur dieser Arbeiten würde den Rahmen dieser Studie sprengen. In den folgenden Abschnitten werden einzelne Ideen dieser Arbeiten besprochen.

2. Typen regulärer Mehrdeutigkeit: lexikalische Polysemie oder kontextbedingte semantische Variation?

Die klassischen Beispiele der regulären Polysemie des Typs *Schule* können in kognitiven Termini wie folgt beschrieben werden. Verschiedene Lesarten entstehen durch das Fokussieren der entsprechenden Slots des gleichen Frames. Wenn die lokative Komponente von *Schule* profiliert wird, wird das Wort als die Bezeichnung des Gebäudes verstanden. Wenn die agentive Komponente in den Fokus rückt, kommt die Bedeutung 'Lehr- und Lerntätigkeit' zustande. Mit anderen Worten, es handelt sich um metonymische Bedeutungsverschiebungen auf Grund der Verschiebung des semantischen Akzents. Nach diesem Prinzip sind auch viele andere bekannte Beispiele der regulären Polysemie organisiert. So können die Bezeichnungen der 'Gefäße' (zumindest potenziell) die Bedeutung 'Inhalt des Gefäßes' entwickeln: *Ich habe eine ganze Flasche getrunken*. Zu weiteren semantischen Klassen, in denen reguläre Polysemie vorkommt, vgl. Apresjan (1974a; 1974b), Kustova (2004) und Padučeva (2004).

Es finden sich aber auch viele Polysemie-Typen, die zwar unter die Definition der regulären Polysemie fallen, jedoch im Vergleich zu den „klassischen"

Fällen relevante Unterschiede in der Technik der semantischen Derivation aufweisen. Auf solche Fälle wird in diesem Abschnitt eingegangen.

2.1 Metaphorische Erweiterung

Als Erstes seien hier metaphorisch basierte semantische Ableitungen erwähnt. Da die Metapher im Vergleich zur Metonymie bekanntlich weniger systematische Züge aufweist, ist die Antwort auf die Frage, ob es sich in diesem Bereich auch um (quasi)reguläre Polysemie handeln kann, gar nicht so selbstverständlich. Diese Frage ist in der Fachliteratur kaum besprochen worden. Vgl. zu dieser Problematik (Rozina 2002; Dobrovol'skij 2004a; 2004b).

In Untersuchungen zur kognitiven Metapherntheorie finden sich Hinweise auf die übereinzelsprachliche Produktivität bestimmter konzeptueller Metaphern bzw. metaphorischer Modelle. Vgl. z.B. die konzeptuelle Metapher UNDERSTANDING IS SEEING.

> The presence of conceptual metaphors like UNDERSTANDING IS SEEING explains not only how words change their meanings historically (i.e., why the physical sense of *see* gets regularly extended via metaphor at a later point to have a nonphysical meaning), but also motivates for contemporary speakers just why it is that polysemous words have the specific meanings they do (e.g., why it just makes sense to us to talk about understanding ideas using expressions like *I clearly see the point you're making in this essay*). (Gibbs 1996, S. 312)

Das Material der Idiome zeigt auch, dass die metaphorisch basierte semantische Derivation ebenfalls bestimmten Mustern folgt (ausführlicher dazu Dobrovol'skij 2004a, S. 123ff.; 2004b). So können z.B. alle Idiome mit der Bedeutung 'sterben' auf Grund der universellen konzeptuellen Metapher der Personifizierung weitere Bedeutungen entwickeln, nämlich 'kaputtgehen, nicht mehr funktionieren (von Geräten)' oder 'aufhören zu existieren (von Institutionen, Organisationen, Projekten) u.Ä.'. Vgl. Kontexte (1)-(8).

(1) [...] denn folgt man den in der Plattform festgeklopften Eckpunkten, dann muß *der Umlandverband als Gebietskörperschaft* demnächst *den Löffel abgeben.* (Frankfurter Rundschau, 14.05.1998)

(2) IG Farben sucht noch Rezepte. Deshalb haben sie Verfassungsbeschwerde gegen ein entsprechendes Urteil des Bundesverwaltungsgerichts eingelegt. Bei all diesen Bemühungen kommen Anträge von kritischen Aktionären, *der IG Farben,* deren Aktien derzeit zu knapp 4 DM gehandelt werden, endlich

das Lebenslicht auszuhauchen und ehemalige Zwangsarbeiter angemessen zu entschädigen, ungelegen. (Mannheimer Morgen, 10.08.1995)

(3) *Testautos*, von denen die großen Teams mindestens zwei, wenn nicht drei haben, werden meist zur Endstation für Triebwerke mit höherer Laufleistung. Dort kann man sie so lange fahren, bis sie *ihren Geist aushauchen* – ein Motorschaden bei Testfahrten ist schließlich kein großes Problem. (Frankfurter Rundschau, 23.07.1999)

(4) *Das sogenannte christliche Abendland* hat *seinen letzten Seufzer getan.* (Frankfurter Rundschau, 30.05.1998)

(5) Dies sind Fakten, die nicht übertünchen, daß es auch Fehlern der Banker zuzuschreiben ist, wenn *manche Firmen* – siehe Schneider – *über den Jordan gehen*. (Mannheimer Morgen, 12.11.1994)

(6) Auch wenn *sein letztes Stündlein geschlagen hat*, in den Sperrmüll-Container gehört *der Trabi* nicht. (Mannheimer Morgen, 09.04.1991)

(7) Intro Bulletin Ausgabe Februar 1999! Nach den Problemen mit dem [...] *hat mein MAC ins Gras gebissen*. (Internet-Beleg)

(8) *Das Scoreaddon* aus der alten Version *musste dran glauben*, wird aber nachgeliefert, wenn der CWC einwandfrei läuft. (Internet-Beleg)

Polyseme Weiterentwicklungen dieser Art liegen im kognitiv basierten quasiuniversellen semantischen Potenzial aller Einheiten dieses semantischen Feldes. Wie diese Potenzen konkret realisiert werden, kann natürlich nicht prognostiziert werden, denn darüber entscheidet letzten Endes der Usus (vgl. dazu auch unter 4.).

2.2 Semantisches „Verblassen"

Es finden sich auch Fälle semantischer Variation, die sich weder auf metonymische Verschiebung noch auf metaphorische Umdeutung zurückführen lassen. Es handelt sich dabei vielmehr um die Neutralisierung bestimmter Bedeutungskomponenten sowie die damit verbundene Modifikation der semantischen Struktur und Veränderung der kommunikativen Funktion der betreffenden lexikalischen Einheit. Dieser Typ kann am Beispiel bestimmter Intensivierer illustriert werden. Wortverbindungen wie *unheimlich gut, schrecklich interessant, furchtbar langweilig* enthalten Gradadverbien, die sich aus Adjektiven mit wertender Semantik entwickelt haben. Offensichtlich handelt es sich dabei um eine neue Bedeutung des betreffenden Adjektivs; vgl. *er sieht schrecklich aus – schrecklich interessant*. Semantische Entwicklung dieses Typs ist eine überaus häufige Erscheinung.

Im Deutschen finden sich recht viele Fälle, in denen ein Adjektiv mit dem konstitutiven Bedeutungselement 'sehr schlecht' die Bedeutung 'sehr' entwickelt hat. Vgl. den folgenden Ausschnitt aus der Liste der deutschen Intensivierer von van Os (1989): *abgründig, abscheulich, bestialisch, bestürzend, betörend, blödsinnig, blutig, bodenlos, bös(e), dämlich, diebisch, drakonisch, drastisch, drückend, eindringlich, ekelhaft, eklig, elend, elendig, entsetzlich, erbärmlich, erbittert, erschreckend, frappierend, frenetisch, fulminant, furchtbar, fürchterlich, furios, gottverdammt, grässlich, grauenhaft, grausam, grausig, grauslich, grob, haarsträubend, halsbrecherisch, heillos, höllisch, hoffnungslos, horrend, horribel, hundemäßig, hundsgemein, idiotisch, infam, infernalisch, irr(e), irreparabel, irrsinnig, jämmerlich* u. dgl. Der semantische Shift 'sehr schlecht' → 'sehr' ist also durchaus systematisch und fällt aus dieser Sicht unter den Begriff der regulären Polysemie. Auch manche quasiantonymischen Wörter, d.h. Adjektive mit positiv wertender Semantik, können als Intensivierer gebraucht werden. Vgl. aus van Os (1989): *bezaubernd, fabelhaft, faszinierend, glänzend, großartig, heilig, herrlich, hervorragend, hübsch* u. dgl.

Warum diese anscheinend paradoxe Erscheinung möglich ist und sich sogar in vielen verschiedenen Sprachen in recht systematischer Weise findet, erklärt sich durch die Spezifik der zugrunde liegenden semantischen Prozesse: Die Intensivierer-Bedeutung entsteht durch das Fokussieren des Sems 'sehr' und das Neutralisieren wertender Seme. Diese Neutralisierung ist aber in jedem konkreten Fall unterschiedlich stark ausgeprägt. Ihre Variation reicht vom völligen Verblassen wie in *unheimlich* bis hin zu einer deutlichen Bewahrung „wertender Spuren" wie in *phantastisch*. Diese Unterschiede im Neutralisierungsgrad manifestieren sich in kombinatorischen Beschränkungen. So verbindet sich *unheimlich* sowohl mit positiv als auch mit negativ wertenden Adjektiven: vgl. *unheimlich gut/schlecht*, während sich *phantastisch* nur mit positiv wertenden Wörtern verbindet: *phantastisch gut gelungen* vs. ??*phantastisch schlecht gelungen*. In den Fällen, in denen die Prozesse des semantischen „Verblassens" nicht endgültig vollzogen sind und die semantischen Strukturen der beiden Lesarten mehr Ähnlichkeiten als Unterschiede aufweisen, ist die Postulierung der Polysemie nicht ganz unproblematisch. Mit anderen Worten, in manchen Fällen dieser Art haben wir es zwar mit regulären semantischen Beziehungen zu tun, jedoch nicht unbedingt mit Polysemie. Bei der Beschreibung russischer Adverbien, die u.a. in intensivierender Funktion auftreten können, dabei aber klare Bezüge zu ihrer

Ausgangsbedeutung haben, plädiert Filipenko (2003) für Monosemie. Sie spricht in diesem Zusammenhang von Adverbien mit nichtfixiertem Skopus (narečija s plavajuščej sferoj dejstvija).

2.3 Konstruktiv bedingte Quasipolysemie

In MacWhinney (1989, S. 220-230) wird der Begriff *pushy polysemy* (vom Verb *to push*) eingeführt. Darunter werden heterogene Erscheinungen aus der Nachbarschaft der regulären Polysemie verstanden.

> The basic principle is this: any particular semantic relation between polysemes can be extended to another item. However, this extension must be based on the same overall activation properties. (MacWhinney 1989, S. 229f.)

Dazu wird u.a. der Diathese-Shift des Typs *to polish the table – the table polishes easily* gezählt. Dieser Derivationstyp ist im Englischen (nicht aber in Sprachen wie Deutsch oder Russisch) sehr produktiv; vgl. *this phone dials easily, this micro programs easily*. Das Verb ändert seine semantische Struktur, indem es Merkmale wie [+ potenziell] und [+ Zustand] dazu nimmt und das Merkmal [+ agentiv] löscht. Diese semantische Verschiebung unterscheidet sich von der Polysemie des Typs *Schule* zum einen dadurch, dass die betreffenden Merkmale sehr abstrakt sind (es handelt sich eigentlich um subkategoriale und nicht „lexikalisch-semantische" Merkmale), und zum anderen dadurch, dass die semantische Alternierung mit der Veränderung der syntaktischen Position des betreffenden Wortes einhergeht. Folglich handelt es sich primär nicht um die Entwicklung einer neuen lexikalischen Bedeutung, sondern um eine Fähigkeit der englischen Verben einer bestimmten semantischen Klasse, in Konstruktionen verschiedener Typen (im Sinne der Fillmoreschen *Construction Grammar*) aufzutreten. Vgl. auch deagentive Diathese-Verschiebungen des Typs *John opened the door – The door opened*, die für das englische Verbsystem in hohem Maße produktiv sind.

Semantisch-syntaktische Alternationen dieser Art sind von der „klassischen" regulären Polysemie abzugrenzen. Ich würde diese Erscheinung als *konstruktiv bedingte Quasipolysemie* bezeichnen.

Phänomene, die unter diesem Begriff subsumiert werden können, finden sich auch im Deutschen. Eine ganze Reihe von Verben lässt die Variierung der Diathese zu: In der Position des direkten Objekts kann sowohl THEMA als auch LOCUS stehen. Wenn diese Position durch THEMA belegt ist, wird LOCUS durch eine Präpositionalphrase ausgedrückt. Vgl. *Kisten auf einen*

LKW laden – den LKW laden; die Bücher vom Tisch räumen – den Saal räumen.

Ein anderer Fall der Diathese-Verschiebung ist die Transitiv-Intransitiv-Alternanz. Vgl. *den Tisch nach rechts rücken – kannst du bitte ein bisschen nach rechts rücken?; den Duft der Rosen riechen – Tulpen riechen nicht* oder auch einen komplizierteren Fall wie *das Flugzeug flog über den Wolken – eine Maschine zum ersten Mal fliegen – Medikamente in das Katastrophengebiet fliegen.*

Ob in solchen Fällen verschiedene Bedeutungen oder sog. „syntaktische Homonyme" postuliert werden oder ob Fälle dieser Art als konstruktionsbedingte Varianten der gleichen lexikalischen Bedeutung betrachtet werden, ist eine Frage der Interpretation. In einer verbozentrischen Sprachkonzeption führt die Alternation der Argumentstruktur des Prädikats immer zur Notwendigkeit, mehrere Bedeutungspositionen zu eröffnen, während im Paradigma der *Construction Grammar* eine andere Betrachtungsweise favorisiert wird. In der *Construction Grammar* (Fillmore/Kay/O'Connor 1988; Fillmore 1990) bildet bekanntlich nicht das Verb, sondern die jeweilige syntaktische Konstruktion den Ausgangspunkt. Demzufolge kann das Verb, ohne seine Bedeutung zu verändern, in verschiedene Konstruktionen „hineinmontiert" werden. Dies kann eine intransitive, aber auch eine transitive Konstruktion, ein AGENS-THEMA-LOCUS- oder ein semantisch korrelierender AGENS-LOCUS-Aktantenrahmen sein. Das Verb behält also in den jeweils alternierenden Konstruktionen die gleiche lexikalische Bedeutung bei und wird dementsprechend als monosem beschrieben.

Goldberg (1995, S. 11) illustriert diese Idee am Beispiel des Verbs *to kick*, das mindestens acht verschiedene Varianten des Aktantenrahmens aufweist.

1. *Pat kicked the wall.*
2. *Pat kicked Bob black and blue.*
3. *Pat kicked the football into the stadium.*
4. *Pat kicked at the football.*
5. *Pat kicked his foot against the chair.*
6. *Pat kicked Bob the football.*
7. *The horse kicks.*
8. *Pat kicked his way out of the operating room.*

Es wäre aber nicht unbedingt erforderlich, in diesem Fall acht verschiedene lexikalische Bedeutungen zu postulieren. Auch wenn diese Lesarten als selbstständige Bedeutungspositionen postuliert werden (was in dem entsprechenden theoretischen oder lexikografischen Modell sicher legitimiert werden könnte), handelt es sich hier um einen sehr spezifischen Polysemietyp. Im Zusammenhang mit Erscheinungen dieses Typs spricht Padučeva (1998) von semantischen Paradigmata und weist darauf hin, dass oft nicht festgestellt werden kann, was primär ist: das Variieren des syntaktischen Verhaltens des Verbs oder die Modifikation seiner lexikalischen Bedeutung.

Als Beispiel eines semantischen Paradigmas können hier akustische Verben genannt werden, die systematisch eine Bedeutung der Bewegung entwickeln, die durch die entsprechenden Laute begleitet wird. Vgl. im Deutschen *donnern* 'ein donnerähnliches Geräusch verursachen, hervorbringen' (*die Flugzeugmotoren donnern*) und 'sich mit donnerähnlichem Geräusch fort-, irgendwohin bewegen' (*der Zug donnert über die Brücke; eine Lawine war zu Tal gedonnert*). Mehrdeutigkeit dieses Typs findet sich in verschiedenen Sprachen. Die betreffenden Mechanismen basieren auf Weltwissen und sind deswegen quasiuniversell. Ihnen liegt die alltägliche Erfahrung zugrunde, dass die Bewegung gewöhnlich von bestimmten Lauten begleitet wird. Die Bewegung kann man deshalb oft nicht nur sehen, sondern auch hören. Dieser konzeptuelle Bezug manifestiert sich in der Fähigkeit der Verben, die genuin den betreffenden Laut bezeichnen, sich auch auf die Bewegung, die von diesem Laut begleitet wird zu beziehen. Vgl. dazu Padučeva (1998) und Rozina (1999).

Verben wie *donnern* werden traditionell als polysem beschrieben. Dafür sprechen u.a. relevante Unterschiede in ihren linguistisch relevanten Merkmalen, z.B. bildet *donnern* in der „Laut-Bedeutung" das Perfekt mit *haben* und in der „Bewegung-Bedeutung" mit *sein*. Dafür spricht auch das bekannte Prinzip der *lexicosemantic rules*, das verlangt, eine neue Bedeutungsposition zu eröffnen, jedes Mal wenn das Verb seine syntaktische Umgebung ändert. Dieses Prinzip basiert auf der Idee, dass die semantische Struktur des Verbs sein syntaktisches Verhalten vorhersagt. Vgl. das *Projection Principle* in der Government and Binding Theory (Chomsky 1981). Andererseits spricht die Weltwissenbasiertheit und entwickelte Systemhaftigkeit dieses semantischen Shifts eher dafür, hier eine pragmatische Implikatur zu sehen. In den Termini der *Construction Grammar*, die bekanntlich nicht das „Listen-Modell", sondern das „Inferenz-Modell" favorisiert, kann man hier von der Fähigkeit des akustischen Verbs sprechen, sich in die Konstruktion „jmd./etw. bewegt sich irgendwohin" einbetten zu lassen, wobei die akustische Bedeutung beibehalten wird. Vgl. grundsätzlich ähnliche Fälle wie *laufen – eine Runde laufen, schwimmen – zehn Längen schwimmen*, in denen die Wörterbücher in Bezug auf die Polysemie relativ inkonsequent verfahren. Die Entscheidung hängt primär vom Beschreibungsformat ab: Werden transitive und intransitive Verben immer separat behandelt (dies entspricht weitgehend der russischen lexikografischen Tradition) oder kann man die Lesarten unter der gleichen Position zusammenfassen, wenn die lexikalische Bedeutung dies gestattet, und die Transitivität als ein kontextuelles Epiphänomen einstufen?

Möglichkeiten der Erklärung auf Grund theoretischer Ansätze, die auf dem „Inferenz-Modell" basieren, sind auch in den Fällen gegeben, in denen es sich um relativ idiosynkratische Konstruktionen handelt. In der Konzeption von Pustejovsky (1991) werden argumentstrukturelle Alternierungen des Typs *to help somebody → to help somebody into the car* (vgl. auch dt. *jmdm. in den Mantel helfen*) als Ergebnis des Blending von zwei Propositionen erklärt, d.h., das Verb *to help* behält seine übliche Bedeutung bei, braucht also nicht als Verb der Bewegung beschrieben zu werden und damit die semantische Klasse zu wechseln. Die „Bewegungskomponente" kommt in die Äußerung aus der Präpositionalphrase *into the car*, der folglich ihr traditioneller Argumentstatus abgesprochen wird. Dagegen wird sie als Adjunkt mit der eigenen *event-structure* eingestuft. Vgl. auch das Beispiel von Goldberg (1995, S. 9): *he sneezed the napkin off the table*. Im Rahmen des „Listen-Modells" muss für die Beschreibung dieses Satzes für das Verb *to sneeze* eine neue Bedeutungsposition eröffnet werden, die sich von der Hauptbedeutung von *to sneeze* schon dadurch unterscheidet, dass dieses genuin intransitive Verb hier transitiv gebraucht wird (vgl. dazu auch Raxilina 1998, S. 315f.).

Für unsere weiteren Betrachtungen ist in diesem Zusammenhang besonders die Tatsache wichtig, dass es sich bei den Konstruktionen dieser Art um idiosynkratische Phänomene handelt. Talmy (1985) und Goldberg (1995, S. 155) betonen, dass z.B. die Wortverbindung *to help somebody into the car* eine Konstruktion darstellt, die im Englischen, Niederländischen und Chinesischen vorhanden ist, nicht aber in vielen anderen Sprachen.[5] Wenn also in

---

[5] Vgl. Goldberg (1995, S. 179): „it is an English construction, independent of the lexical items which instantiate it".

solchen Fällen die Beschreibung favorisiert wird, die von der regulären Polysemie und nicht von der konstruktionsspezifischen Einbettung ausgeht, muss sie dieser Tatsache Rechnung tragen. Polysemie dieser Art ist nicht regulär, produktiv und quasiuniversell wie die Polysemie des Typs *Schule* (zu Asymmetrien in diesem Bereich s. unter 4.), sondern regulär, produktiv und sprachspezifisch. Sie basiert nicht auf den allgemeingültigen Mechanismen der Wissensverarbeitung, sondern auf Möglichkeiten einer spezifischen sprachlichen „Wissensverpackung", die in einer bestimmten Sprache realisiert werden.

2.4 Alternierung semantischer Valenzen

Die unter 2.3 besprochenen Fälle des diathetischen Shifts können auch in Termini der Alternierung semantischer Valenzen beschrieben werden. Grundsätzlich ist die Alternierung semantischer Valenzen eine viel allgemeinere Erscheinung[6] und findet sich auch im nominalen Bereich. Der Unterschied zwischen den Fällen, die in diesem Abschnitt besprochen werden, und den unter 2.3 besprochenen semantischen Modifikationen, besteht vor allem darin, dass die ersteren nicht (effektiv genug) mit Hilfe des Apparats der *Construction Grammar* beschrieben werden können. In diesem Sinne handelt es sich zwar um Quasipolysemie, nicht aber um eine konstruktiv bedingte. Dazu ein Beispiel.

Das Wort *Vater* im Satz *Er ist Vater geworden* realisiert streng genommen eine andere Lesart als in der Wortverbindung *mein Vater*. Im letzten Fall hat *Vater* eine relationale Valenz und im ersten Fall nicht. Folglich kann die Bedeutung des Wortes *Vater* in Verbindungen wie *Vater werden* approximativ paraphrasiert werden mit 'Mann, der ein oder mehrere Kinder gezeugt hat', während seine Bedeutungsparaphrase in *mein/sein Vater* einen Bezug auf den Sprecher bzw. auf die Referenzperson, die in der betreffenden Äußerung als „Kind" auftritt, enthalten muss.

Šmelev, der in (1998) dieses Problem am Material des Russischen untersucht hat, unterscheidet bei den Verwandtschaftsbezeichnungen grundsätzlich zwischen absoluter und relationaler Bedeutung und weist darauf hin, dass die

---

[6] Auch bei der metaphorischen Derivation, die unter 2.1 besprochen wurde, handelt es sich um die Alternierung semantischer Valenzen, denn erst an der Veränderung des Aktantenpotenzials gegenüber der Ausgangsbedeutung wird die Metapher als solche überhaupt erkannt.

Wörterbücher diese Bedeutungen äußerst inkonsequent auseinander halten. Das Gleiche betrifft auch die deutsche lexikografische Tradition. So werden z.B. in den Wörterbüchern der Duden-Reihe diese Lesarten nicht explizit auseinander gehalten.

Die Frage, ob es sich dabei wirklich um zwei selbstständige Sememe handelt oder nicht, kann nur im Rahmen einer bestimmten semantischen Konzeption beantwortet werden und läuft letzten Endes auf die Gegenüberstellung des „Listen-Modells" und des „Inferenz-Modells" hinaus. Tatsache ist aber, dass unabhängig von der favorisierten Beschreibungstechnik die linguistisch relevanten Unterschiede zwischen der relationalen und absoluten Lesart kenntlich gemacht werden müssen. Hier haben wir es mit zwei Argumentstrukturen (i) und (ii) zu tun:

(i) Verwandtschaftsbeziehung (X)
(ii) Verwandtschaftsbeziehung (X, Y)

Die Y-Valenz muss nicht explizit mit Hilfe eines Possessivpronomens oder Genitivattributs ausgedrückt werden. Vgl. *er ist ganz der Vater*, in dem die Relation zwischen *er* (Y) und *der Vater* (X) klar gegeben ist.

Beim Monosemie-Ansatz ist es grundsätzlich möglich, die Y-Valenz als fakultativ zu qualifizieren. Genauer gesagt, die Y-Valenz ist in der konzeptuellen Struktur immer vorhanden, weil ein Konzept wie 'Vater' immer voraussetzt, dass es ein 'Kind' gibt. Die Y-Valenz kann aber auch ausgeblendet werden, wenn im Fokus nicht die Verwandtschaftsbeziehung zwischen X und Y steht, sondern eine relevante Eigenschaft von X, die X in den betreffenden Kontexten von Nicht-X unterscheidet.

Es gibt ernste Argumente für die explizite Unterscheidung der beiden Lesarten. Das ist vor allem die Tatsache, dass nicht alle Lexeme der betreffenden semantischen Klasse diese Quasipolysemie aufweisen. Für Wörter wie *Vater, Mutter, Opa, Oma* ist sie ganz natürlich, dagegen ist der absolute Gebrauch für Wörter wie *Sohn* und *Tochter* faktisch blockiert. Vgl. $^{??}$*er ist Sohn;* $^{??}$*sie ist Tochter*. In diesem Fall gibt es eine weltwissenbasierte quasi-universelle Erklärung. Jeder Mensch ist jemandes Sohn bzw. Tochter, deshalb ist der absolute Gebrauch der entsprechenden Wörter inhaltlich trivial. Dies erklärt aber nicht, warum Sätze wie $^{??}$*er ist Bruder (geworden);* $^{??}$*sie ist Schwester (geworden)* auch kaum akzeptabel sind. Es handelt sich hier also um nicht unbedingt triviale Asymmetrien. Eine besondere Beachtung verdient in diesem Zusammenhang die Asymmetrie von *Witwe* und *Witwer*. Das Wort *Witwe* lässt sowohl die absolute als auch die relationale Lesart zu, das Wort *Witwer* dagegen nur die absolute. Vgl. **er ist Annas Witwer*. Das Gleiche findet sich im Englischen (*his widow*, aber *her widower) und im Russischen (*ego vdova*, aber *ee vdovec – diese Beobachtung hat Šmelev in (1998) gemacht). Asymmetrien im Bereich der regulären Polysemie werden ausführlicher unter Kap. 4. behandelt.

2.5   Grenzfälle zwischen Semantik und Pragmatik

Wörter bestimmter semantischer Klassen entwickeln Lesarten, die mit ihren „Hauptbedeutungen" systematisch korrelieren und grundsätzlich auf Grund pragmatischer Implikaturen erklärbar sind. Dadurch bieten sich theoretisch zwei unterschiedliche Beschreibungswege an. Entweder handelt es sich um allgemeine pragmatische Prinzipien, die letzten Endes auf das Relevanzprinzip von Sperber/Wilson (1986) zurückgeführt werden können, oder um die reguläre Polysemie. Dabei stellt sich das Problem, dass es selbst innerhalb der gleichen semantischen Klasse Asymmetrien gibt, d.h., es finden sich einerseits parallele Lesarten, die auf natürlichere Weise als Ergebnis des Operierens mit Implikaturen interpretierbar sind, und andererseits Lesarten, die eher als verschiedene Bedeutungspositionen einzustufen sind.

Betrachten wir als Beispiel deutsche Verbalphrasen (Verben und Kollokationen), die mentale Zustände und Einstellungen bezeichnen, z.B. dt. *sehen* (in Verbindungen des Typs *keinen Grund sehen*), *meinen, finden* (in Verbindungen wie *Anlass finden*), *wahrnehmen, empfinden*. Diese Ausdrücke können systematisch eine Sprechakt-Interpretation zulassen, d.h., mentale Verben (und Kollokationen) fungieren oft auch als Kommunikationsverben (zu semantischen und konzeptuellen Aspekten der Kommunikationsverben vgl. vor allem Harras 2001 und Harras/Winkler/Erb/Proost 2004). Vgl. *Was meinst du dazu?* ≈ „Welche Einstellung hast du dazu?" vs. *Was meinst du damit?* ≈ „Was willst du damit sagen?".

Bei der Betrachtung dieser Erscheinung muss zunächst festgestellt werden, welche mentalen Verbalphrasen (VPen) grundsätzlich eine kommunikative Lesart zulassen. Dazu müssen Äußerungen mit mentalen VPen in Kontexte eingebettet werden, die diese Lesart eindeutig profilieren. Die betreffenden Äußerungen können z.B. im Kontext des Adverbiales *in seiner Rede* auf ihre Akzeptabilität hin überprüft werden. Dieses Adverbiale fokussiert die Ereignis-Lesart, d.h. die Lesart, die als Bezeichnung eines einzelnen Sprechereignisses und nicht primär eines mentalen Zustands interpretiert wird.

Dieser Test zeigt zunächst, dass es keine allgemeinen Regeln gibt, die die Interaktion aller mentalen VPen mit Kontexten dieses Typs steuern würden. Bestimmte mentale VPen verbinden sich nie mit dem Adverbiale *in seiner Rede*. Vgl. z.B. Verben wie *wahrnehmen*: *In seiner Rede nahm er die Ereignisse anders wahr*. Andere mentale VPen lassen sich mehr oder weniger problemlos mit dem Adverbiale *in seiner Rede* kombinieren, darunter sogar das nächste Synonym des Verbs *wahrnehmen*, nämlich *empfinden*; vgl. *In seiner Rede empfand er die Vorwürfe als gerechtfertigt*. Auf die Gründe, warum sich bestimmte deutsche Verben dieser semantischen Klasse mit Adverbialen, die die Ereignis-Lesart fokussieren, verbinden und andere nicht, gehe ich hier nicht ein. Wichtig ist die Tatsache, dass es bei der semantischen Derivation des Typs 'mentaler Zustand' → 'kommunikative Handlung' Asymmetrien gibt.

Betrachten wir noch einige Beispiele der Verwendung deutscher mentaler VPen im Kontext des Adverbiales *in seiner Rede*; vgl. (9-11).

(9) In seiner Rede *fand* er *keinen Anlass* zur Selbstkritik.

(10) In seiner Rede *meinte* er, dass es besser wäre, das Gesetz anzunehmen.

(11) In seiner Rede *bedauerte* er den jüngsten Korruptionsskandal.

Einige Kontexte wurden von den befragten Muttersprachlern als stilistisch anfechtbar, jedoch grundsätzlich akzeptabel beurteilt; vgl. (12).

(12) ?In seiner Rede *freute* er *sich* über die Erfolge seiner Partei bei der letzten Wahl.

Dieser Gedanke könnte mit Hilfe eines Sprechaktverbs wie z.B. *äußern* eleganter ausgedrückt werden; vgl. (13).

(13) In seiner Rede *äußerte* er *seine Freude* (oder *seine Genugtuung*) über die Erfolge seiner Partei bei der letzten Wahl.

Die Asymmetrie dieser Art erklärt sich dadurch, dass die reguläre Mehrdeutigkeit selten hundertprozentig produktiv ist, d.h. selten alle Ausdrücke einer bestimmten semantischen Klasse erfasst (s. auch unter 4.). Hier geht es uns, wie oben schon angedeutet, vor allem um eine Asymmetrie anderer Art. Sie besteht darin, dass sich bestimmte Fälle der semantischen Derivation dieses

Typs auf natürliche Weise in semantischen Termini beschreiben lassen, während andere eher als pragmatische Phänomene einzustufen sind.

Wenden wir uns den Kontexten zu, in denen die Interpretation des betreffenden Prädikats als kommunikative Handlung zulässig ist. Kontexte wie (9) sind akzeptabel, weil die Kollokation *Anlass finden* eine Ereignis-Interpretation unabhängig vom Grad der Profilierung der semantischen Komponente 'mentaler Zustand' erlaubt. Trotzdem ist es nicht nötig, Polysemie zu postulieren, weil diese semantische Variation als eine reguläre Implementierung einer Implikatur betrachtet werden kann, die universell zu sein scheint. Es scheint ganz natürlich, mentale VPen auch in dem Sinne zu interpretieren, dass die Person, die sich in einem bestimmten mentalen Zustand befindet, darüber auch etwas sagen kann.

In (10) sind die Gründe für die Akzeptabilität des Verbs *meinen* anderer Natur. Das deutsche Verb *meinen* hat eindeutig eine besondere lexikografisch fixierte Sprechaktbedeutung. So bedeutet *meinen* nicht nur '(in Bezug auf jmdn./etwas) eine bestimmte Ansicht haben' (wie z.B. in *Das meine ich auch* oder *Meinst du das im Ernst?*), sondern auch 'etwas (mit einer bestimmten Absicht) sagen'.

In diesem Zusammenhang stellt sich die Frage, auf Grund welcher Kriterien entschieden wird, dass das eine Verb (z.B. *meinen*) eine autonome Lesart mit der Semantik einer kommunikativen Handlung entwickelt hat und die andere VP (z.B. *Anlass finden*) für ihre ähnliche Interpretation die Hinwendung zu pragmatischen Prinzipien verlangt. Zum einen scheint es ziemlich offensichtlich, dass es zwischen den beiden Erscheinungen keine eindeutige Grenze gibt und dass man hier eher vom unterschiedlichen Grad der lexikalischen Verselbstständigung sprechen kann. Zum anderen spielt hier die Notwendigkeit einer kontextuellen Unterstützung der sekundären Lesart eine Rolle. So wird sie im Fall von *meinen* als von der primären Bedeutung weitgehend unabhängig empfunden. Das Verb *meinen* kann frei und ohne jegliche Restriktionen von der Zustand-Lesart '(in Bezug auf jmdn./etwas) eine bestimmte Ansicht haben' zur Sprechakt-Lesart 'etwas (mit einer bestimmten Absicht) sagen' umschalten. Der Gebrauch dieses Verbs in der letztgenannten Bedeutung ist ohne Hinwendung zur konzeptuellen Basis, die den beiden Lesarten gemeinsam ist, möglich.

Beispiel (11) macht einen komplizierteren Eindruck. Für das deutsche Verb *bedauern* postulieren die Wörterbücher keine selbstständige Sprechaktbedeutung (vgl. z.B. Duden 1996, S. 215). Folglich ist die Interaktion zwischen seiner semantischen Struktur und relevanten pragmatischen Konventionen hier anderer Natur als in (10). Sie ist aber auch mit (9) nicht identisch, weil es genug linguistische Evidenzen gibt, die dafür sprechen, dass das Verb *bedauern* in Sprechereignis-Kontexten nicht nur als 'seinem Bedauern Ausdruck geben' (diese Umdeutung könnte als eine universelle konversationelle Implikatur interpretiert werden), sondern auch im Sinne von 'sich entschuldigen' verstanden werden kann. Wenn dieses Verb in einer performativen Formel gebraucht wird, bedeutet es so etwas wie 'es tut mir leid'. (Duden 1996, S. 215 interpretiert diese Verwendungsweise allerdings als „Ausdruck einer Ablehnung".) In dieser Lesart lässt das Verb *bedauern* sogar die Eliminierung des Personalpronomens zu (*Bedaure!* statt *Ich bedaure!*), was im Deutschen eine eher seltene Ellipse ist.

Wenn dieses syntaktische Phänomen berücksichtigt wird, erscheint die Postulierung einer besonderen Bedeutung von *bedauern* als zweckmäßig. Polysemie dieser Art stellt sicherlich keinen parallelen Fall zur semantischen Struktur von *meinen* dar, die Unterscheidung zwischen der mentalen Lesart und der Sprechakt-Lesart würde aber gestatten, alle Verwendungsmöglichkeiten dieses Verbs ökonomischer zu beschreiben.

Grundsätzlich zeigt dieser Typ der semantischen Derivation, dass den pragmatischen Implikaturen und der lexikalischen Polysemie die gleichen Mechanismen zugrunde liegen. Probleme bei der Grenzziehung hängen also nicht nur (und nicht so sehr) mit Defiziten relevanter Analyseverfahren und Beschreibungstechniken zusammen, sondern liegen auch im Wesen dieses Phänomens.

Die Analyse dieser und ähnlicher Fälle erfordert die Hinwendung zur Problematik operationaler Kriterien für die Postulierung der Polysemie.

3. Polysemie vs. Monosemie: zu operationalen Kriterien

Bei der Behandlung der Polysemie stellt sich immer wieder die Frage nach brauchbaren operativen Kriterien. Grundsätzlich kann man hier drei Gruppen von Kriterien unterscheiden: *paradigmatische, syntagmatische* und *konzeptuelle* (vgl. Dobrovol'skij 2000).

Es handelt sich dabei um wesensverschiedene Kriterien, deren jedes in einem bestimmten Bereich gute Ergebnisse bringt, aber keinen Anspruch auf

Universalität erheben darf. Der Grund, warum ein universeller Polysemietest nicht möglich ist, liegt im Wesen der Polysemie. Vgl. dazu u.a. Behrens (2002, S. 332):

> There is no and cannot be such thing as a discriminating test for polysemy as a complex phenomenon displaying two properties which are not mutually exclusive: semantic relatedness of senses and linguistic relevance of the difference between senses.

Die paradigmatischen Kriterien beruhen auf der Beschaffenheit relevanter semantischer Beziehungen der jeweiligen Lexikoneinheit im Sprachsystem, d.h. ihrer synonymischen, antonymischen, (ko)hyponymischen, konversiven und derivativen Relationen. Das Vorhandensein unterschiedlicher Synonyme weist meistens darauf hin, dass es sich um verschiedene Bedeutungen handelt (vgl. das bekannte und viel diskutierte Polysemie-Prinzip von Kurylowicz-Smirnickij). Auch unterschiedliche Antonyme können als Indikator der Polysemie gewertet werden (Weinreich-Prinzip). Vgl. ferner unterschiedliche Derivate wie *irdisch* (im Sinne 'terrestrisch') und *erdig* von *Erde*, die darauf hindeuten, dass es sich dabei um zwei selbstständige Bedeutungen von *Erde* handelt. Alle genannten Kriterien kennen genug Ausnahmen, was die parallele Implementierung anderer Kriterien notwendig macht.

Die syntagmatischen Kriterien basieren auf der Annahme, dass das Wort in seinen verschiedenen Bedeutungen unterschiedliche Kombinationen eingeht. Das ist zweifelsohne eine brauchbare Heuristik, obwohl auch diese Kriterien keine hundertprozentige Treffsicherheit garantieren können; vgl. z.B. Valenzvariationen des Typs *er liest ein Buch* vs. *er liest viel*. Der Umstand, dass das gleiche Verb in bestimmten Kontexten ein direktes Objekt regiert und in anderen intransitiv-elliptisch gebraucht wird, bedeutet nicht, dass es sich hier um zwei verschiedene Sememe handelt.

Zu syntagmatischen Kriterien zählen neben den Besonderheiten der syntaktischen Verbindbarkeit auch relevante Unterschiede in der semantischen Kombinatorik. Als ein wichtiges Arbeitskriterium bei der Begründung der Notwendigkeit, verschiedene Bedeutungspositionen zu postulieren, dient das Vorhandensein einer exklusiven Disjunktion, d.h., wenn ein Wort entweder in der Lesart 'A' oder in der Lesart 'B' realisiert werden kann und es keine Realisierungsmöglichkeit gibt, die 'A' und 'B' gleichzeitig umfasst, ohne dass dabei ein Wortspiel entsteht, muss zwischen 'A' und 'B' als verschiedenen Bedeutungspositionen unterschieden werden. Wenn aber 'A' und 'B' in bestimmten Kontexten gleichzeitig realisiert werden können, ohne dass dabei Effekte der Ambiguität bzw. sprachspielerische Effekte eintreten, handelt es sich um die gleiche Bedeutungsposition, für die eine sowohl 'A' als auch 'B' umfassende Explikation gefunden werden muss. Dieses Prinzip ist als der sog. Zeugma-Test bekannt. Auf die Tatsache, dass dieses Kriterium nicht in allen Fällen anwendbar ist, wurde mehrfach hingewiesen (vgl. dazu Uryson 1998, S. 247; Dobrovol'skij 2000; Zaliznjak 2004).

Konzeptuelle Polysemie-Kriterien basieren auf dem Wissen der Sprecher über relevante Ähnlichkeiten und Unterschiede der Begriffe (und der entsprechenden Denotate), die mit dem betreffenden Wort bezeichnet werden; vgl. *scheinen* in der Bedeutung 'glänzen' und in der Bedeutung 'einen bestimmten Eindruck erwecken' oder *Erde* in der Bedeutung 'Erdboden' und in der Bedeutung 'Planet'. Konzeptuelle Kriterien sind offensichtlich primär im Vergleich zu paradigmatischen und syntagmatischen Kriterien. Um zu erkennen, dass das Wort *Erde* in den Wortverbindungen *ein Klumpen Erde* und *die Erde dreht sich um die Sonne* zwei verschiedene Bedeutungen realisiert, brauchen wir nicht seine Paradigmatik oder Syntagmatik zu analysieren. Unser intuitives Wissen darüber, dass es sich dabei um sehr unterschiedliche Entitäten handelt, ist eine ausreichende Grundlage für die Postulierung von zwei selbstständigen Bedeutungspositionen.

Allerdings ist eine konsequente Implementierung konzeptueller Kriterien oft problematisch, weil sie kaum formalisiert werden können. Welche konkreten konzeptuellen Unterschiede sind in jedem gegebenen Fall ausreichend, um eine neue Bedeutung zu postulieren? Wo verläuft die Grenze zwischen der semantischen Variierung im Rahmen der gleichen konzeptuellen Invariante und dem Übergang zu einem neuen Begriff? Wegen ihrer Nichtoperationalisierbarkeit wurden die konzeptuellen Kriterien in der theoretischen Semantik der letzten Jahrzehnte kaum benutzt.

Erst die Entwicklung des kognitiven Herangehens an die Lösung linguistischer Probleme ermöglichte es, den konzeptuellen Polysemie-Kriterien einen theoretischen Status zu verleihen. Der metalinguistische Apparat der Frames und Scripts gestattet, die konzeptuellen Strukturen zu beschreiben, die hinter den sprachlichen Ausdrücken stehen, und diese Beschreibungen in die linguistische Theoriebildung zu integrieren. Die Zugehörigkeit der betreffenden Lesarten zu verschiedenen Frames bildet oft (allerdings nicht immer) eine plausible Grundlage für die Postulierung selbstständiger Bedeutungspositionen (mehr dazu in Dobrovol'skij 2002).

Zusammenfassend sei nochmals darauf hingewiesen, dass die Anwendung der genannten Kriterien nicht an sich zu eindeutigen Ergebnissen führt, sondern eher eine Orientierungshilfe leistet. Dies liegt nicht an der Unzulänglichkeit der Kriterien, sondern am Wesen der Polysemie. Die gleichen Erscheinungen können grundsätzlich auf vielfache Weise interpretiert werden. Apresjan (1974a, S. 64, 90f., 187) betont, dass die gleichen Phänomene oft sowohl als Monosemie wie auch als Polysemie beschrieben werden können. Im ersten Fall sind zusätzliche konkrete Regeln notwendig, die die relevanten kontextuellen Bedingungen festhalten. Welche der beiden Möglichkeiten vorzuziehen ist, ist eine Frage der Beschreibungsökonomie. Je mehr grammatische, kombinatorische, prosodische und kommunikative Unterschiede die betreffenden Lesarten aufweisen, je unterschiedlicher ihre Synonyme, Antonyme, Konversive, Derivate u.Ä., desto größer die Wahrscheinlichkeit, dass es sich dabei um zwei unterschiedliche lexikalische Bedeutungen handelt (vgl. Apresjan 1999, S. 639).

Grundsätzlich liegen der Unterscheidung zwischen verschiedenen Sememen einerseits und verschiedenen Varianten des gleichen Semems andererseits die gleichen Oppositionen zugrunde. Es handelt sich um die Gegenüberstellung einzelner Lesarten nach konzeptuell-semantischen und konstruktiven Parametern. Entscheidend ist dabei die Anzahl und das Gewicht der betreffenden Parameter. Dabei kann der gleiche Parameter in verschiedenen Theorien unterschiedlich gewichtet werden, was die Entscheidung zugunsten der Polysemie bzw. Monosemie beeinflusst.

4. Asymmetrien der regulären Polysemie

Man könnte meinen, dass Informationen über die reguläre Polysemie in die sog. Grammatik des Lexikons gehören, d.h. durch ein spezifisches Regelwerk zu erfassen sind. Das Problem besteht aber darin, dass sich auch in diesem Bereich recht viele Asymmetrien und Unregelmäßigkeiten finden lassen, besonders wenn verschiedene Sprachen zur Analyse herangezogen werden.

Selbst „klassische" Beispiele für reguläre Polysemie wie *Schule, Universität* etc. weisen in der Usualisierung einzelner Lesarten spürbare Asymmetrien auf, vgl. (14)-(17).

(14) *Nach der Schule gehe ich Fußball spielen.*

(15) ?*Nach der Universität gehe ich Fußball spielen.*

(16) ??*Nach dem Institut gehe ich Fußball spielen.*

(17) **Nach der Fakultät gehe ich Fußball spielen.*

Das Wort *Schule* besitzt neben den Lesarten (a) 'Bildungseinrichtung', (b) 'Gebäude', (c) 'Menschen, die dazu gehören', (d) 'Lehr- und Lerntätigkeit an der entsprechenden Bildungseinrichtung', (e) 'Typ der Bildungseinrichtung' (vgl. unter 1.) auch eine gut entwickelte, lexikalisierte zeitliche Bedeutung. Das Wort *Universität* hat diese Lesart nicht vollkommen lexikalisiert, das Wort *Institut* noch weniger, und für *Fakultät* ist diese Lesart überhaupt blockiert (es sei denn, hier wäre etwas anderes gemeint, Fakultätssitzung zum Beispiel). Dies ist nicht die einzige Lesart, die in der betreffenden semantischen Klasse für Asymmetrien sorgt. Das Wort *Fakultät* hat die Bedeutungen (a) *Er hat die Fakultät vor zehn Jahren verlassen*, (b) *Die Fakultät ist abgebrannt*, (c) *Die Fakultät macht einen Ausflug ans Meer*, nicht aber (d) **Die Fakultät langweilt ihn* und nicht (e) **Die Fakultät ist eine der wichtigsten Erfindungen der menschlichen Zivilisation.*

In den Fällen, in denen die betreffende Bedeutung bei den Mitgliedern der jeweiligen semantischen Klasse regulär vertreten ist, kann man oft sowieso nicht von der totalen Symmetrie der Verteilung sprechen, weil die korrelierenden Sememe unterschiedlich stark profiliert sein können. Vgl. die Lesart 'Gebäude' in der semantischen Makrostruktur von *Theater* und *Oper*. Im Fall von *Theater* ist diese Bedeutung zentral (sowohl im Deutschen als auch im Russischen – vgl. das russische Wort *teatr*, das vor allem als 'Gebäude' verstanden wird), im Fall von *Oper* ist sie dagegen sehr marginal. Das entsprechende Gebäude heißt im korrekten Deutsch *Opernhaus*, kann umgangssprachlich auch *Theater* genannt werden. Im Russischen spricht man in diesem Fall auch eher von *zdanie opery* „Opernhaus" oder noch häufiger *opernyj teatr* „Operntheater" oder einfach *teatr*.

Wörter wie *Regierung* und *Parlament* weisen diesbezüglich noch stärkere Asymmetrien auf. Das Wort *Regierung* hat standardsprachlich überhaupt keine „Gebäude-Bedeutung", das Wort *Parlament* dagegen ist als 'Gebäude' auch kontextfrei interpretierbar. Vgl. **Ist das die Regierung oder das Parlament?* – richtig: *Regierungssitz*. Analoge ususbasierte Regeln gelten auch im Russischen: nicht möglich in der räumlichen Lesart wäre der Satz **On *vyšel iz pravitel'stva* „Er kam aus der Regierung" – richtig: *On vyšel iz zdanija pravitel'stva* „Er kam aus dem Regierungsgebäude". Dabei kann man im Russischen in bestimmten umgangssprachlichen Kontexten (besonders in Situationen mit ostensiven Komponenten und kontrastiven Elementen) das Wort *pravitel'stvo* „Regierung" auch in der „Gebäude-Lesart" interpretieren. Vgl. *Ėto pravitel'stvo ili Duma?* „Ist das die Regierung oder die Duma?".

Ähnliche Asymmetrien weisen im Russischen die Wörter *radio* „Radio, Rundfunk, Hörfunk" und *televidenie* „Fensehen" auf. In ostensiven Kontexten ist *radio* in der Bedeutung 'Gebäude' durchaus möglich, *televidenie* aber kaum. Vgl. *Čto ėto za zdanie? – Ėto radio.* „Was ist das für ein Gebäude? – Das ist das Radio." (Im korrekten Deutsch würde man hier eher das Wort *Rundfunk* oder *Rundfunkanstalt* gebrauchen.). Aber: *Čto ėto za zdanie? – ??Ėto televidenie.* „Was ist das für ein Gebäude? – Das ist das Fernsehen." Richtig: *Čto ėto za zdanie? – Ėto telecentr.* „Was ist das für ein Gebäude? – Das ist das Fernsehzentrum."

Dieses Wortpaar weist noch eine Asymmetrie auf, die in Bezug auf das Phänomen der regulären Polysemie relevant ist und die sich sowohl innersprachlich als auch zwischensprachlich manifestiert. Es handelt sich um die Lesart 'Gerät'. Sowohl das russische Wort *radio* als auch das deutsche Wort *Radio* weisen diese Bedeutung auf, die Wörter *televidenie* und *Fernsehen* aber nicht. Vgl. russ. **televidenie rabotaet* „das Fernsehen läuft" – richtig: *televizor rabotaet* „der Fernseher läuft". Dabei ist im Deutschen der Gebrauch von *Fernsehen* im Sinne von 'Fernseher' umgangssprachlich möglich (diese Bedeutung ist auch in Duden 1996 kodifiziert). Asymmetrien dieser Art hängen zum Teil mit den Unterschieden relevanter Benennungstechniken zusammen. Im Deutschen gibt es neben *Radio* auch *Rundfunk*, *Hörfunk*, *Funk* und *Sender*. Im Russischen übernimmt das Wort *radio* weitgehend diese Benennungsaufgaben. Dementsprechend hat es eine stärker entwickelte Mehrdeutigkeit. Dem russischen *televidenie* steht dagegen das Wort *televizor* (analog dem deutschen Wortpaar *Fernsehen* und *Fernseher*) gegenüber, darum ist die Bedeutung 'Gerät' bei *televidenie* blockiert. Dies erklärt allerdings nicht, warum diese Bedeutung beim deutschen *Fernsehen* nicht ganz blockiert ist. Das ist offensichtlich eine usuell bedingte Besonderheit. Ferner blockiert das Vorhandensein des Wortes *telecentr* „Fernsehzentrum" die „Gebäude-Bedeutung" bei *televidenie*.

Bekanntlich gibt es genügend Sprachen, in denen all diese Bedeutungen, die im Russischen mit Hilfe der Wörter *televidenie, televizor, telecentr* und im Deutschen mit Hilfe der Wörter *Fernsehen, Fernseher, Fernsehanstalt* wiedergegeben werden, mit ein und demselben Wort kodiert sind. Im Ungarischen beispielsweise entspricht dieser Dreiteilung das eine Wort *televízió* (vgl. Bibok 1996). Theoretisch ist zu erwarten, dass einerseits dieses Wort eine stärker entwickelte Polysemie hat als seine deutschen und russischen Quasiäquivalente und dass andererseits die entsprechenden Bedeutungen bei russ. *televidenie* und dt. *Fernsehen* blockiert sind. Das Argument des Blockierens einer bestimmten Bedeutung durch das Vorhandensein einer konkurrierenden Bezeichnung hat aber eine sehr begrenzte Gültigkeit und ist sowieso nur post factum anwendbar. Zum Beispiel hat sowohl das Deutsche als auch das Russische spezielle Komposita für die „Geräte-Bedeutung" beim *Rundfunk*: vgl. dt. *Rundfunkgerät, Rundfunkempfänger, Radioapparat* und russ. *radiopriemnik*. Trotzdem ist diese Bedeutung bei *Radio* bzw. *radio* nicht blockiert.

Es finden sich auch manche weiteren Beispiele für Asymmetrien im Bereich der regulären Polysemie. So erscheinen manche Beispiele der *pushy polysemy*, die MacWhinney (1989, S. 224) anführt, als mehr oder weniger zweifelhaft. Auf jeden Fall sind sie nicht übereinzelsprachlich gültig. So weist er darauf hin, dass Städtenamen wie *London* und *Buenos Aires* eine Mehrdeutigkeit entwickeln und für die entsprechenden Regierungen, Sender und Fußballmannschaften stehen können: „[...] stand for governments, radio stations and soccer teams. For example, we can say 'Buenos Aires informed Washington that it would soon withdraw from Malvinas conflict'". Der letzte Satz ist zwar vollkommen korrekt, es ist jedoch fraglich, ob diese und ähnliche Hauptstädtebezeichnungen auch für Rundfunksender und Fußballmannschaften stehen können. Auf jeden Fall geht das im Russischen nicht. *Moskau* bezeichnet (ohne einen stark unterstützenden spezifischen Kontext) nie einen Sender oder eine Fußballmannschaft, schon deshalb, weil es sehr viele davon gibt.

Beispiele dieser Art legen den Gedanken nahe, dass das Phänomen der regulären Polysemie oft einzelsprachspezifisch ist. Dies kann auf den ersten Blick als Widerspruch in sich erscheinen, weil die reguläre Polysemie, wie oben erwähnt, durch die universellen kognitiven Mechanismen *Fokussierung* und *Shift* erzeugt wird. Dieser scheinbare Widerspruch kann jedoch aufgehoben werden, wenn man berücksichtigt, dass die Lexikalisierungsmechanismen relativ spezifisch sind und selbst innerhalb einer semantischen Klasse zu Asymmetrien führen können, dies vor allem in einer übereinzelsprachlichen Perspektive. Die betreffenden kognitiven Mechanismen sorgen für das entsprechende semantische Potenzial, seine Realisierung hängt aber von vielen heterogenen (meistens einzelsprachspezifischen) Faktoren ab.

Die sprachspezifischen Mechanismen, die die reguläre semantische Derivation eines bestimmten Typs blockieren, können hier mit Hilfe eines weiteren Beispiels aus MacWhinney (1989, S. 229) illustriert werden. Er weist darauf hin, dass der Satz *I like dog* nur im Sinne von 'Hundefleisch' verstanden werden kann, denn sonst sollte man einen Determinator gebrauchen: *a dog* oder *dogs*. Demzufolge können Wörter, die Tiere und ihr Fleisch bezeichnen, im Englischen als regulär mehrdeutig interpretiert werden. Vgl. auch im Deutschen: *ich mag Kalb/Pferd* im Sinne von 'Kalbfleisch' bzw. 'Pferdefleisch'. Im Russischen entwickeln die Wörter dieser semantischen Klasse keine Polysemie dieser Art. Dies wäre allein deshalb kaum möglich, weil das Russische als eine artikellose Sprache keine formalen Mittel hat, zwischen den betreffenden Lesarten zu unterscheiden, was aber kommunikativ sehr wichtig ist.

Auch im Bereich der metaphorisch basierten semantischen Derivation finden sich Asymmetrien. In Abschnitt 2.1 wurde darauf hingewiesen, dass z.B. alle Idiome mit der Bedeutung 'sterben' auf Grund der universellen konzeptuellen Metapher der Personifizierung weitere Bedeutungen entwickeln können, nämlich 'kaputtgehen, nicht mehr funktionieren (von Geräten)' oder 'aufhören, zu existieren (von Institutionen, Organisationen, Projekten) u.Ä.'. Dieses kognitiv-semantische Potenzial wird jedoch sehr unterschiedlich realisiert.

> Auf die Frage, warum Idiome wie *den Geist aufgeben* oder *über den Jordan gehen* gut belegte sekundäre Lesarten entwickelt haben, Idiome wie *den Löffel abgeben* in sekundären Lesarten eher sporadisch vorkommen, Idiome wie *ins Gras beißen* in sekundären Verwendungen als nicht usuell empfunden werden und manche anderen Idiome aus dem betreffenden semantischen Feld überhaupt keine weiteren Lesarten usualisiert haben (bzw. in diesen Lesarten nicht belegt sind), kann die kognitive Theorie der Phraseologie im Normalfall nicht antworten. Das ist, wie gesagt, eine Erscheinung des Usus. (Dobrovol'skij 2004a, S. 124)

Fälle der betreffenden metaphorischen Erweiterung der Idiombedeutung finden sich zwar nicht nur im Deutschen, weisen aber auch kontrastiv unvorhersagbare Asymmetrien auf. Wenn man die deutschen Idiome des semantischen Feldes 'sterben' mit den entsprechenden russischen Idiomen vergleicht, registriert man zunächst relevante kombinatorische Unterschiede. So verbindet sich das russische Idiom *ispustit' dux* „den Geist aufgeben" in seiner sekundären figurativen Bedeutung nicht wie sein deutsches Pendant *den Geist aufgeben* mit Bezeichnungen von Geräten, sondern mit Bezeichnungen von Institutionen, Organisationen, Projekten, und bedeutet dementsprechend nicht 'kaputtgehen, nicht mehr funktionieren', sondern 'aufhören zu existieren'. Ferner gibt es im Russischen, genauso wie im Deutschen, Idiome dieses semantischen Feldes, die die entsprechenden regulär ableitbaren sekundären Bedeutungen entwickelt haben, und Idiome, die zwar potenziell in diesem Sinne verstanden werden könnten, die betreffende Lesart aber nicht lexikalisiert haben. In Bezug auf ihre bildliche Komponente weisen die Idiome der beiden Gruppen nicht unbedingt zwischensprachliche Parallelen auf.

Auch im Bereich pragmatischer Implikaturen, die in Kap. 2.5 besprochen wurden, finden sich zwischensprachliche Asymmetrien. Sätze wie (9), (10) oder (11) lassen sich nicht wörtlich ins Russische übersetzen. Vgl. (18)-(20).

(18) *V svoej reči on *ne našel povoda* dlja samokritiki.
(richtig: ...*skazal, čto ne naxodit*...)
In seiner Rede *fand* er *keinen Anlass* zur Selbstkritik.
(richtig: ...*sagte, dass er keinen Anlass findet*...)

(19) *V svoej reči on *sčital*, čto bylo by lučše prinjat' ètot zakon.
(richtig: ...*skazal, čto* ...)
In seiner Rede *meinte* er, dass es besser wäre, das Gesetz anzunehmen.
(richtig: ...*sagte, dass*...)

(20) *V svoej reči on *sožalel* po povodu poslednego skandala o korrupcii.
(richtig: ...*vyrazil sožalenie po povodu*...)
In seiner Rede *bedauerte* er den jüngsten Korruptionsskandal.
(richtig: ...*drückte sein Bedauern über... aus*)

Die einfachste Erklärung für zwischensprachliche Unterschiede dieses Typs würde darin bestehen, dass sie ausschließlich auf semantischen Besonderheiten der betreffenden Lexikoneinheiten beruhen. Grundsätzlich ist eine Situation möglich, in der ein bestimmtes L1-Verb (neben seiner „mentalen" Bedeutung) auch eine andere Bedeutung hat, die das korrelierende L2-Verb nicht aufweist. Wenn diese zweite Bedeutung in einem bestimmten Kontext realisiert wird, muss in der L2-Übersetzung des betreffenden L1-

Kontexts ein anderer Ausdruck gebraucht werden, um den gleichen Inhalt adäquat wiederzugeben. Einen solchen Fall stellen das Beispielpaar (10) und (19) sowie (11) und (20) dar. Die relevanten Unterschiede sind hier also auf die einzelsprachspezifischen Lexikalisierungsprozesse zurückzuführen.

Zwischensprachliche Unterschiede in diesem Bereich können aber auch in Termini spezifischer pragmatischer Konventionen erklärt werden. Wenn wir annehmen, dass die lexikalische Bedeutung der betreffenden Einheiten der zu vergleichenden Sprachen nahezu die gleiche ist, müssen die Gründe für die relevanten Unterschiede in der Pragmatik gesucht werden.

Es ist natürlich, anzunehmen, dass das Subjekt seinen mentalen Zustand in irgendeiner Weise verbal explizieren kann. Deshalb ist die Sprechakt-Lesart mentaler Prädikate wie *Anlass finden* (abgesehen davon, ob diese Lesart als eine selbstständige Bedeutungsposition lexikalisiert ist oder auf Grund pragmatischer Implikaturen inferiert wird) eine logisch zu erwartende semantische Erweiterung der konzeptuellen Ausgangsstruktur. Die Gründe für die betreffenden Unterschiede zwischen Deutsch und Russisch liegen also nicht im Vorhandensein prinzipiell unterschiedlicher pragmatischer Konventionen. Es wäre folglich falsch anzunehmen, dass es sich um einzelsprachspezifische konventionale Implikaturen handelt, die sich von universellen konversationellen Implikaturen grundsätzlich unterscheiden (im Sinne von Grice 1975, der *conversational implicatures* und *conventional implicatures* auseinander hält). Die Sprechakt-Lesart, die als Resultat der Wirkung einer allgemeinen pragmatischen Regel entsteht, ist in beiden Sprachen möglich, hat aber im Deutschen und Russischen unterschiedliches Gewicht.

Offensichtlich müssen in verschiedenen Sprachen verschiedene Bedingungen erfüllt werden, um die Sprechakt-Lesart akzeptabel zu machen. Im Unterschied zum Deutschen scheint das Russische diese Lesart nicht ohne weiteres zu akzeptieren. Im Russischen ist die Sprechakt-Lesart nur in den Fällen akzeptabel, in denen die Standard-Bedeutung, d.h. die mentale Lesart, gleichzeitig denkbar ist, d.h. in Kontexten, die eine gewisse semantische Ambivalenz zulassen und die mentale Lesart nicht völlig ausblenden; vgl. (21).

(21) On *ne videl pričin* dlja nedovol'stva.
    Er *sah keinen Grund*, unzufrieden zu sein.

In diesem Kontext sind beide Lesarten möglich. Satz (21) kann in dem Sinn verstanden werden, dass sich die betreffende Person im mentalen Zustand des „Zufriedenseins" befand, ohne darüber zu berichten, aber auch in dem Sinn, dass sich *ne videl pričin* auf den entsprechenden Sprechakt bezieht (ausführlicher dazu Dobrovol'skij 2001). Russische Sätze wie (20) lassen also entweder nur die mentale Lesart oder eine gewisse Mischung zu, d.h., mentale Lesart und Sprechakt-Lesart werden gleichzeitig realisiert. In den Kontexten, in denen (z.B. durch das Vorhandensein des entsprechenden Adverbiales) die mentale Lesart völlig unterdrückt wird, blockiert das Russische im Unterschied zum Deutschen die Wirkung der betreffenden Implikatur.

Beispiele wie (18) bis (21) zeigen, dass eine grundsätzlich universelle pragmatische Regel in verschiedenen Sprachen unterschiedliches Gewicht haben kann. Es handelt sich also um eine graduelle Opposition, in der die beiden Pole *universell* einerseits und *individuell-lexematisch* andererseits nicht die einzigen Möglichkeiten einer kontextuellen Interpretation einer Lexikoneinheit darstellen. In vielen Fällen erklären sich relevante zwischensprachliche Unterschiede dadurch, dass eine grundsätzlich universelle pragmatische Implikatur eine Tendenz zur Konventionalisierung aufweist. Mit anderen Worten, die betreffende konversationelle Implikatur ist prinzipiell überall applizierbar, wird jedoch de facto nur in bestimmten Fällen als usuell und normgerecht akzeptiert.

Ferner zeigen diese Beispiele, dass die Grenze zwischen Semantik und Pragmatik nicht immer klar und deutlich ist und oft von der favorisierten Beschreibungsstrategie abhängt.

5. Fazit

Das Phänomen der Polysemie kann auf unterschiedliche Weise beschrieben werden. Wenn im Fokus des Interesses die Fähigkeit der Sprecher/innen steht, spielt die Grenze zwischen lexikalischer Mehrdeutigkeit, die die Postulierung mehrerer Bedeutungspositionen verlangt, und kontextbedingter semantischer Variation keine Rolle. Entscheidend sind die Prozesse der semantischen Derivation und die ihnen zugrunde liegenden kognitiven Mechanismen. Wenn sich aber die Beschreibung an lexikografischen Formaten orientiert, wird die Frage der Grenzziehung zu einer zentralen Angelegenheit. Wichtig ist dabei die linguistische Relevanz der betreffenden Unterschiede zwischen den jeweiligen Lesarten. Es handelt sich dabei nicht nur um zwei verschiedene Beschreibungsmodelle, die hier als „Inferenz-Modell" und „Listen-Modell" bezeichnet wurden, sondern um grundsätzlich unterschiedliche Zielsetzungen: Aufdeckung der (universellen?) Mechanismen der semantischen Derivation bzw. Beschreibung des sprachlichen Verhaltens (vor allem der semantischen, pragmatischen und kombinatorischen Besonderheiten) aller lexikalisierten Lesarten polysemer Wörter. Beim letztgenannten Herangehen stellt sich die Frage der Operationalisierung: Auf Grund welcher Kriterien wird der Status einzelner Lesarten bestimmt? Die Antwort auf diese Frage hängt von der jeweiligen semantischen Theorie ab.

Die Polysemie ist grundsätzlich eine objektiv gegebene Realität in dem Sinne, dass die sprachlichen Zeichen durch einen „asymmetrischen Dualismus" (vgl. Karcevskij 1929) gekennzeichnet sind: Das Bezeichnete tendiert dazu, durch verschiedene Bezeichnende ausgedrückt zu werden (mit dem Ergebnis, dass (quasi)synonyme Ausdrücke entstehen), während das Bezeichnende im Normalfall verschiedene Bezeichnete ausdrückt (daraus resultieren Polysemie und Homonymie). Wann und wo aber in jedem konkreten Fall die Grenze zwischen einzelnen Sememen gezogen wird, ist eine interpretationsbasierte, theoriesensitive Entscheidung. In diesem Sinne kann zwar nicht die Polysemie selbst, aber ihre Darstellung primär als Artefakt der linguistischen Beschreibung betrachtet werden.

Dies darf im Grunde nicht verwundern, denn für die Postulierung der Polysemie sind bekanntlich zwei Bedingungen ausschlaggebend. Zum einen muss es zwischen den postulierten Bedeutungen eines polysemen Wortes einen semantischen Zusammenhang geben, sonst würde es sich nicht um Polysemie, sondern um Homonymie handeln. Zum anderen müssen die postulierten Bedeutungen eines polysemen Wortes klar nachvollziehbare linguistisch relevante semantische Unterschiede aufweisen, sonst würde es sich nicht um Polysemie, sondern um Monosemie handeln. Somit findet die Polysemie per definitionem ihren Platz zwischen Homonymie und Monosemie. Der Status von Entitäten, von denen verlangt wird, dass sie sich unterscheiden und gleichzeitig nichttriviale ähnliche Züge[7] aufweisen, ist per se problematisch. Je nach Sichtweise können entweder Unterschiede oder Ähnlichkeiten fokussiert werden. Dies hat zur Folge, dass die gleichen Fälle grundsätzlich als polysem, monosem oder auch homonym eingestuft werden können. Genauer gesagt: Es gibt relativ große Grenzbereiche zwischen Poly-

---

[7] Es handelt sich dabei nicht unbedingt um gemeinsame Seme, sondern um eine gemeinsame konzeptuelle Basis, die einzelne Lesarten eines mehrdeutigen Wortes zusammenhält.

semie und Homonymie sowie zwischen Polysemie und Monosemie. Das Phänomen der regulären Polysemie ist innerhalb des letzteren Grenzbereichs zu platzieren.

Die reguläre Polysemie gehört in die Grammatik des Lexikons. Ihre adäquate Beschreibung verlangt demzufolge Instrumentarien, die sich am „Inferenz-Modell" orientieren. Die kognitiven Techniken *Fokussierung* und *Shift*, die für die Entstehung der Mehrdeutigkeit jeder Art grundsätzlich verantwortlich sind, manifestieren sich im Bereich der regulären Polysemie als quasiuniverselle Regeln, und zwar kann eine neue Bedeutung entweder dadurch entstehen, dass eine konversationelle Implikatur in den Status einer Bedeutungskomponente erhoben wird, oder dadurch, dass eine neue Bedeutungskomponente hinzu kommt (vgl. Rozina 1999; 2003). Der linguistische Apparat für die Untersuchung der regulären Polysemie soll demzufolge im Stande sein, sowohl die einheitliche konzeptuelle Basis des mehrdeutigen Wortes als auch das dazugehörige Inventar kognitiver Operationen zu erfassen, die die betreffende konzeptuelle Struktur modifizieren. Dies wäre jedoch nur die eine (sozusagen die kognitive) Seite dieses Phänomens. Es gibt auch die zweite, eigentlich linguistische Seite, und zwar eine möglichst vollständige Erfassung einzelner Lesarten, die z.T. als separate Bedeutungspositionen darzustellen sind.

Theoretisch gesehen könnte diese Aufgabe als überflüssig erscheinen. Das ist aber nicht der Fall, weil es sich dabei um eine nur grundsätzlich regelbasierte Erscheinung handelt. Die einzelnen semantischen Paradigmata kennen viele Ausnahmen und weisen bedeutende Asymmetrien auf, d.h., die Regeln, die die reguläre Polysemie steuern, sind als allgemeine Prinzipien zu sehen, deren Realisierung durch individuelle Faktoren jedes Mal modifiziert wird. Besonders deutlich wird das, wenn mehrere Sprachen miteinander verglichen werden.

Lehrer (1990) weist darauf hin, dass die einzige Art der semantischen Derivation, die anscheinend wirklich keine Ausnahmen kennt, die Benutzung des gleichen Wortes für das gegebene Objekt und seine Abbildung (z.B. Zeichnung) ist. Das bedeutet aber nicht, dass die Aufdeckung systemhafter Züge in dieser Sphäre keinen Sinn hat. Es handelt sich dabei um ein universelles *Prinzip*, nicht aber um universelle *Regeln*. Die entsprechenden Regeln sind eher als Erklärungen ex post factum zu verstehen.

Die Sprache ist in diesem Bereich weder völlig arbiträr noch völlig prädiktabel. Es handelt sich um *motivierte* Erscheinungen (im Sinne von Saussure). Diese Idee (bezogen auf die radiale Polysemie) findet sich auch bei Lakoff (1987, S. 460): „[...] in case of radial polysemy, the central meaning cannot predict all the other meanings, but it motivates them. The lexicon is not arbitrary."

Die Aufgabe, durch die Überführung der regulären Polysemie in den Bereich regelgeleiteter Phänomene das Lexikon zu entlasten, ist theoretisch attraktiv, aber aus lexikografischer Sicht kaum realistisch. Dennoch ist die Aufdeckung systemhafter Mechanismen der semantischen Derivation nicht nur von Bedeutung für die Theorie, sondern auch für die Anwendung. Regeln, auch wenn sie Ausnahmen haben, organisieren die lexikografische Darstellung der Polysemie auf systemhafte Weise, indem sie ein bestimmtes Raster für die Vertreter der jeweiligen semantischen Klasse liefern.

Noch bedeutender ist die Untersuchung der regulären Polysemie aus theoretischer Perspektive. Die damit verbundene Erkenntnis, dass das Lexikon seine Grammatik hat, ermöglicht eine effiziente Anwendung kognitiver Heuristiken in diesem Bereich. Die Aufdeckung verschiedener Typen der regulären Polysemie scheint hier besonders wichtig zu sein, weil sich die zwischensprachlichen Unterschiede oft darin manifestieren, dass die jeweilige Sprache ganz bestimmte Typen der semantischen Derivation bevorzugt. Dies liefert eine brauchbare Grundlage für eine Sprachtypologie, die auf lexikalisch-semantischen Kriterien beruht.

6. Literatur

Apresjan, Jurij (1974a): Leksičeskaja semantika. Sinonimičeskie sredstva jazyka. Moskva.

Apresjan, Jurij (1974b): Regular Polysemy. In: Linguistics 142, S. 5-32.

Apresjan, Jurij (1999): Principy sistemnoj leksikografii i tolkovyj slovar'. In: Poètika. Istorija literatury. Lingvistika. Sb. k 70-letiju Vjač. Vs. Ivanova. Moskva. S. 634-650.

Atkins, Sue/Rundell, Michael/Sato, Hiroaki (2003): The Contribution of FrameNet to Practical Lexicography. In: International Journal of Lexicography 16, 3, S. 333-357.

Behrens, Leila (2002): Structuring of Word Meaning II: Aspects of Polysemy. In: Cruse, D. Alan/Hundsnurscher, Franz/Job, Michael/Lutzeier, Peter Rolf (Hg.): Lexikologie: ein internationales Handbuch zur Natur und Struktur von Wörtern und Wortschätzen. 1. Halbbd. Berlin/New York. S. 319-337.

Bibok, Károly (1996): Problema konceptual'noj semantiki russkogo i vengerskogo jazykov. In: Voprosy jazykoznanija 2, S. 156-165.

Bierwisch, Manfred (1983): Psychologische Aspekte der Semantik natürlicher Sprachen. In: Motsch, Wolfgang/Viehweger, Dieter (Hg.): Richtungen der modernen Semantikforschung. Berlin. S. 15-64.

Brugman, Claudia/Lakoff, George (1988): Cognitive Topology and Lexical Networks. In: Small, Steven/Cotrell, Garrison/Tannenhaus, Michael (Hg.): Lexical Ambiguity Resolution. Palo Alto. S. 477-508.

Chomsky, Noam (1981): Lectures on Government and Binding. Dordrecht.

Dobrovol'skij, Dmitrij (2000): Polisemija. In: Ėncyklopedija „Krugosvet". Lingvistika. Internet: www.krugosvet.ru (Stand: Juli 2005).

Dobrovol'skij, Dmitrij (2001): Pragmatische Konventionen aus kontrastiver Sicht. In: Schröder, Hartmut/Kumschlies, Petra/Gonzáles, María (Hg.): Linguistik als Kulturwissenschaft. Festschrift für Bernd Spillner zum 60. Geburtstag. Frankfurt a.M. u.a. S. 31-41.

Dobrovol'skij, Dmitrij (2002): Polysemie aus kontrastiver Sicht. In: Barz, Irmhild/Fix, Ulla/Lerchner, Gotthard (Hg.): Das Wort in Text und Wörterbuch. (= Abhandlungen der Sächsischen Akademie der Wissenschaften zu Leipzig, Philologisch-historische Klasse 76, 4). Stuttgart/Leipzig. S. 49-61.

Dobrovol'skij, Dmitrij (2004a): Idiome aus kognitiver Sicht. In: Steyer, Kathrin (Hg.): Wortverbindungen – mehr oder weniger fest. (= Jahrbuch des Instituts für Deutsche Sprache 2003). Berlin/New York. S. 117-143.

Dobrovol'skij, Dmitrij (2004b): Reguljarnaja mnogoznačnost' v sfere idiomatiki. In: Sokrovennye smysly. Slovo. Tekst. Kul'tura. Sbornik statej v čest' N. D. Arutjunovoj. Moskva. S. 77-88.

Duden (1996): Duden. Deutsches Universalwörterbuch. Auf der Grundlage der neuen amtlichen Rechtschreibregeln. Bearb. v. Günther Drosdowski u. der Dudenredaktion. 3. Aufl. Mannheim/Leipzig/Wien/Zürich.

Filipenko, Marina (2003): Semantika narečij i adverbial'nyx vyraženij. Moskva.

Fillmore, Charles J. (1982): Frame Semantics. In: Linguistic Society of Korea (Hg.): Linguistics in the Morning Calm. Seoul. S. 111-137.

Fillmore, Charles J. (1990): Construction Grammar. Course Reader for Linguistics 120 A. University of California, Berkeley.

Fillmore, Charles J./Kay, Paul/O'Connor, Mary Catherine (1988): Regularity and Idiomaticity in Grammatical Constructions. The Case of 'Let Alone'. In: Language 64, 3, S. 501-538.

Geeraerts, Dirk (1993): Vagueness's Puzzles, Polysemy's Vagaries. In: Cognitive Linguistics 4-3, S. 223-272.

Geeraerts, Dirk (1997): Diachronic Prototype Semantics. A Contribution to Historical Lexicology. (= Oxford Studies in Lexicography and Lexicology). Oxford.

Gibbs, Raymond W. (1996): Why Many Concepts are Metaphorical. In: Cognition 61, S. 309-319.

Goldberg, Adele E. (1995): Constructions: A Construction Grammar Approach to Argument Structure. Chicago/London.

Grice, H. Paul (1975): Logic and Conversation. In: Cole, Peter/Morgan, Jerry L. (Hg.): Syntax and Semantics. Bd. 3. New York/London. S. 41-58.

Hanks, Patrick (2000): Do Word Meanings Exist? In: Computers and the Humanities 34, S. 205-215.

Harras, Gisela (Hg.) (2001): Kommunikationsverben: Konzeptuelle Ordnung und semantische Repräsentationen. Tübingen.

Harras, Gisela/Winkler, Edeltraud/Erb, Sabine/Proost, Kristel (2004): Handbuch deutscher Kommunikationsverben. (= Schriften des Instituts für Deutsche Sprache 10). Berlin/New York.

Herskovits, Annette (1986): Language and Spatial Cognition. Cambridge.

Karcevskij, Serge (1929): Du dualisme asymétrique du signe linguistique. In: Travaux du Cercle Linguistique de Prague 1, S. 88-93.

Kiefer, Ferenc (1990): Linguistic, Conceptual and Encyclopedic Knowledge: Some Implications for Lexicography. In: Magay, Tamás/Zigány, Judit (Hg.): BudaLEX '88 Proceedings. Papers from the 3rd International EURALEX Congress, Budapest, 4-9 September 1988. Budapest. S. 1-10.

Kilgarriff, Adam (1997): I Don't Believe in Word Senses. In: Computers and the Humanities 31, 2, S. 91-113.

Kustova, Galina (2002): O tipax proizvodnyx značenij s ėksperiencial'noj semantikoj. In: Voprosy jazykoznanija 2, S. 16-34.

Kustova, Galina (2004): Tipy proizvodnyx značenij i mexanizmy jazykovogo rasširenija. Moskva.

Lakoff, George (1987): Women, Fire, and Dangerous Things. What Categories Reveal About the Mind. Chicago/London.

Lehrer, Adrienne (1990): Polysemy, Conventionality, and the Structure of the Lexicon. In: Cognitive Linguistics 1-2, S. 207-246.

MacWhinney, Brian (1989): Competition and Lexical Categorization. In: Corrigan, Roberta/Eckman, Fred/Noonan, Michael (Hg.): Linguistic Categorization. (= Amsterdam Studies in the Theory and History of Linguistic Science, Series IV: Current Issues in Linguistic Theory 61). Amsterdam. S. 196-241.

Montague, Richard (1970): Universal Grammar. In: Theoria 36, S. 373-398.

Nunberg, Geoffrey (1978): The Pragmatics of Reference. Bloomington.

Os, Charles van (1989): Aspekte der Intensivierung im Deutschen. Tübingen.

Padučeva, Elena (1998): Paradigma reguljarnoj mnogoznačnosti glagolov zvuka. In: Voprosy jazykoznanija 5, S. 3-23.

Padučeva, Elena (2004): Dinamičeskie modeli v semantike leksiki. Moskva.

Paradis, Carita (2000): Reinforcing Adjectives. A Cognitive Semantic Perspective on Grammaticalization. In: Bermúdez-Otero, Ricardo/Denison, David/Hogg, Richard M. (Hg.): Generative Theory and Corpus Studies: A Dialogue from 10 ICEHL. Topics in English Linguistics. Berlin. S. 233-258.

Pustejovsky, James (1991): The Syntax of Event Structure. In: Cognition 41, S. 47-81.

Pustejovsky, James (1993): Type Coercion and Lexical Selection. In: Pustejovsky, James (Hg.): Semantics and the Lexicon. Dordrecht/Boston/London. S. 73-94.

Pustejovsky, James (1996): The Generative Lexicon. Cambridge, MA/London.

Raxilina, Ekaterina (1998): Kognitivnaja semantika: istorija, personalii, idei, rezul'taty. In: Semiotika i informatika 36, S. 274-323.

Rice, Sally (1992): Polysemy and Lexical Representation: The Case of Three English Prepositions. In: Proceedings of the 14th Annual Conference of the Cognitive Science Society. Hillsdale. S. 206-217.

Rozina, Raisa (1999): Konceptual'nye struktury i jazykovye pravila poroždenija značenij: glagoly dviženija vniz. In: Jazyk, kul'tura, gumanitarnoe znanie. Moskva. S. 161-173.

Rozina, Raisa (2002): Kategorial'nyj sdvig aktantov v semantičeskoj derivacii. In: Voprosy jazykoznanija 2, S. 3-15.

Rozina, Raisa (2003): Glagol'naja metafora v literaturnom jazyke i slénge: taksonomičeskie sdvigi v pozicii ob"ekta. In: Russkij jazyk v naučnom osveščenii 1, 5, S. 68-84.

Searle, John R. (1979): Expression and Meaning. Cambridge.

Šmelev, Aleksej (1998): Tipy „nevyražennyx valentnostej". In: Semiotika i informatika 36, S. 167-176.

Sperber, Dan/Wilson, Deirdre (1986): Relevance: Communication and Cognition. Oxford.

Talmy, Leonard (1985): Lexicalization Patterns: Semantic Structure in Lexical Forms. In: Shopen, Timothy (Hg.): Language Typology and Syntactic Description. Bd.3: Grammatical Categories and the Lexicon. Cambridge. S. 57-149.

Uryson, Elena (1998): „Nesostojavšajasja polisemija" i nekotorye ee tipy. In: Semiotika i informatika 36, S. 226-261.

Uryson, Elena (2003): Problema issledovanija jazykovoj kartiny mira: analogija v semantike. Moskva.

Zaliznjak, Anna (2001): Semantičeskaja derivacija v sinxronii i diaxronii: proekt „Kataloga semantičeskix perexodov". In: Voprosy jazykoznanija 2, S. 13-25.

Zaliznjak, Anna (2004): Fenomen mnogoznačnosti i sposoby ego opisanija. In: Voprosy jazykoznanija 2, S. 20-45.

Klaus-Peter Konerding

Schichten, Grenzen, Gradationen
Plädoyer für eine performativ bestimmte Mehr-Ebenen-Semantik von Nominalen

0. Einleitung

In der Tradition zur Theoriebildung der lexikalischen Semantik im 20. Jahrhundert sind eine Vielzahl von Modellen entwickelt worden, die die Bedeutung lexikalischer Einheiten in ihrer Konstitution erfassen und beschreiben sollen. Im Anschluss an den Strukturalismus mit seinen Überlegungen zur oppositiven Systemdetermination und zur Distribution, der in seiner britischen Variante immer auch ein weit gefasster „Kontextualismus" war, entwickelten die Modellbildungen zur logischen und generativ bestimmten Semantik mit ihrer strikten Modularitätsorientierung eine sehr restriktiv, vom Umfang her minimalistisch gehaltene lexikalische Semantik, die bis heute auf eine weitgehend wahrheitsfunktional bestimmte Komponente beschränkt blieb. Im Unterschied etwa zum (britischen) Kontextualismus spielen hier nur syntagmatisch kombinatorische und paradigmatisch differenzielle „Merkmale" eine Rolle, letztere aggregiert in Merkmals-Clustern bzw. -Mengen primär zur Markierung der verbalen Subkategorisierung und der Selektion von (verbalen) Argumenten. Der weitere Anteil einer kontextbezogen angereicherten oder modifizierten Bedeutung wird nicht dem Modul der lexikalischen Semantik zugerechnet, sondern einem an Umfang und Differenziertheit kaum überschaubaren Modul der Pragmatik zugewiesen, das in den Randbereich der generativ-linguistischen Forschung abgedrängt war und lange Zeit nur stiefmütterlich behandelt wurde (woran unter anderem das automatentheoretische Vorgehen Chomskys, sein striktes Performanzverdikt und sein a priorischer Universalismus nicht unbeteiligt waren). Gerade die letzten 10 Jahre der so genannten Schnittstellenprobleme speziell im generativen Bereich haben gezeigt, dass dieses Vorgehen vielleicht zunächst heuristisch vertretbar, empirisch aber wenig angemessen war. Parallel zu den Entwicklungen im generativen Paradigma der letzten 20 Jahre hielt ein dem Paradigma der informationellen Parallelverarbeitung folgender Kognitivismus Einzug in die Linguistik, der zusammen mit der neu entstandenen Korpuslinguistik die im Hintergrund der Diskurse verbliebenen sozio-

und historiogenetischen Traditionen der Betrachtung von Grammatik und Semantik wieder rehabilitierte, im Bereich der ontogenetischen Studien eine zunehmende Abkehr vom Generativismus bedingte und eine nachhaltige Neu-Orientierung auf die Erforschung des Performativen einleitete. Die neuesten Entwicklungen in diesem Bereich sind die gebrauchsbasierten Ansätze, die sich insbesondere in den sog. konstruktionsgrammatischen Theoriebildungen zunehmend ausgestalten und Schriftlichkeit wie Mündlichkeit unter Berücksichtigung funktionaler wie situativer Rahmenbedingungen differenziert und kontrastiv betrachten. Sie heben darüber hinaus die strikte Trennung von Lexikon und Grammatik auf.

Die nachfolgenden Überlegungen berücksichtigen diese Entwicklungen insofern, als sie für eine Neubewertung des Verhältnisses von Semantik und Pragmatik unter Bezug auf Elemente des lexikalischen Bereichs plädieren. Im Folgenden wird keine strenge Trennung mehr zwischen Semantik und Pragmatik vorgesehen; eine a priori bestimmte strikte Modularisierung ignoriert die sprachliche Datenlage nahezu vollständig. Semantik sollte entsprechend als spezieller Teil der Pragmatik verstanden werden, mit einer mehr oder weniger offenen Übergangszone zu den übrigen, traditionell bestimmten Bereichen der Pragmatik. Diese Konzeption, die durch die Sprachdaten wie durch zahllose konvergente Ergebnisse aus unterschiedlichsten Bereichen der linguistischen Forschung gestützt wird, ist nicht neu, Forscher wie z.B. Peirce, Malinowski, Firth, Harris, Miller, Gumperz u.a. haben diesen Standpunkt immer schon begründet und mit Nachdruck vertreten (vgl. z.B. Peirce 1931, Malinowski 1930, Firth 1957, Harris 1951, Miller 1993, Gumperz 1993).

Im Folgenden soll nach einem möglichen Ansatzpunkt der plausiblen Modellierung einer in die Pragmatik eingebetteten lexikalischen Semantik gesucht werden. Aus nahe liegenden Gründen soll hier als Ausgangspunkt gerade ein zeitgenössischer Ansatz aus dem weiteren Bereich der generativistischen und der logisch-semantischen Forschungstradition gewählt werden, und zwar einer, der die gegenwärtigen Veränderungen in der paradigmenbestimmten Forschungslandschaft besonders deutlich und repräsentativ kennzeichnet. Darüber kann am Beispiel des gewählten Ansatzes, der in der einschlägigen Debatte, vor allem in den USA, sehr prominent ist, treffend gezeigt werden, wie gegenwärtige Entwicklungen aus dem Bereich der formalen lexikalischen und der formalen Diskurssemantik mit performanz- und korpuslinguistischen Beschreibungsansätzen kompatibel gemacht werden können und so ein mögliches gemeinsames Fundament für eine übergeordnete Theoriebildung freigelegt und definiert werden kann. Als nahe liegender Schlüssel dient zu diesem Zweck die Untersuchung der Rolle sortaler Informationen und konventioneller Implikaturen im Bereich der lexikalischen Semantik, hier exemplifiziert und diskutiert primär am Fall der nominalen Lexik. Ausgangspunkt der Überlegungen ist eine differenzierte Betrachtung des Phänomens der Kompositionalität.

1. Lexik, Syntagmatik, Kompositionalität

Traditionelle Betrachtungen der Kompositionalität beschränken sich nahezu ausschließlich auf Phänomene, die durch Argumentstrukturen bestimmt sind. Ich möchte hier eine Anzahl von Beobachtungen und Argumenten zusammenführen, die darlegen, dass eine derart beschränkte Betrachtungsweise zentrale Aspekte der Kompositionalität im Bereich von Satz und Diskurs außer Acht und damit fruchtbares Erklärungs- und Modellierungspotenzial unberücksichtigt lässt. In diesem Zusammenhang werde ich einige Phänomene anführen, die von James Pustejovksy und anderen Forschern in den letzten 20 Jahren eingehend untersucht worden sind.

Nach Pustejovsky hat schon Hjelmslev (1961 [1943]) zwischen zwei möglichen Typen von Relationen zwischen Einheiten in Syntagmen unterschieden: Interdependenz und Determination. Die (bilateral bestimmte) Interdependenzrelation wurde von Coseriu (1967) *Solidarität* genannt, die (unilaterale) Determinationsrelation von Chomsky (1965) und anderen *Selektion*. Die am meisten studierten Selektionsphänomene betreffen Beschränkungen zu adjazenten Phrasen durch ein Wort. So verlangt z.B. das Verb *sterben* in der Regel eine nominale Subjektphrase, wobei der nominale Kern das semantische Merkmal [+belebt] aufweisen muss. Untersucht wurden bisher vor allem die sog. Argumentselektion bei Verben und dann die Selektion nominaler Modifikanden bei Adjektiven. Kaum Zuwendung erfuhr hingegen bisher auch der Bereich der Semantik der Solidaritäten. Eine Solidarität liegt nach Pustejovsky (2002) dann vor, wenn eine Interdependenzrelation zwischen mindestens zwei Einheiten in einem Syntagma besteht. Man betrachte hierzu Verb-Argument-Konstruktionen: Im Normalfall liege hier die unilaterale Beziehung der Selektion vor (als typische Instanzen des semantischen Kompositionalitätsprinzips). Es gebe jedoch eine signifikante Anzahl von Ausnahmen:

(1) a. Marie öffnete den Brief/die Tür/die Geldbörse.
    b. Johannes backt einen Kuchen/Kartoffeln.
    c. Johannes schneidet Brot/Haare/Reet.

(2) a. Johannes benötigt für den Truthahn ein Messer.
    b. Dieser Motor benötigt unverbleites Benzin.
    c. Marie benötigt seit ihrer Schulzeit eine Brille.

Nach Pustejovsky dokumentieren diese Beispiele eine bilaterale semantische Selektion zwischen dem Verb und seinem Komplement, *Ko-Kompositionalität* genannt. Die betreffenden Komplemente verändern danach die jeweilige (semantische) Lesart des Verbs im Sinne einer „graduellen Durchlässigkeit", ohne dabei genau eine eindeutige distinkte/diskrete Lesart als Bedeutung pro Komplement festzulegen. Pustejovsky folgert daraus, dass für den Aufbau der Verbalphrase bzw. von Verb-Komplement-Strukturen zwischen Argument und Verb eine bilaterale Selektionsbeziehung vorliegen muss. Zur angemessenen Erfassung des identifizierten Phänomens wird entsprechend eine Theorie benötigt, die die zuvor dokumentierte systematische Variation der Bedeutung beschreiben und erklären kann, d.h., die Theorie muss die Kompositionalität als prinzipiell kontextsensitiv bestimmt modellieren.

Die Grundidee, die hier Pustejovskys Intuitionen leitet, ist diejenige, die bei Porzig (1934), Trier (1931), Coseriu (1967) und anderen bereits eine wesentliche Rolle spielte und die implizit Chomskys Konzeption der Subkategorisierung und der Selektionsrestriktionen bestimmt hat: Es handelt sich um die durchaus nahe liegende und gängige Annahme, dass die syntagmatischen Beziehungen zwischen lexikalischen Einheiten nicht absolut idiosynkratisch bestimmt sind, sondern dass sie in der Regel durch allgemeine semantische Prinzipien gesteuert werden, auch wenn – wie dies derzeit etwa besonders explizit in der Konstruktionsgrammatik (speziell Fillmore 1988, Goldberg 1995, Croft 2001, Tomasello 2003 u.a.) vertreten wird – durch performanzgesteuerte „Kollokabilität" graduelle syntagmatische Festigkeit und semantische Amalgamierung zwischen lexikalischen Einheiten immer auch eine nicht zu unterschätzende Rolle spielen. Diese Prinzipien manifestieren sich darin, dass die syntagmatischen Kombinationen lexikalischer Einheiten, die aufgrund von Distributionsinvarianz eine relative, kontextklassenrestringierte, semantische Unabhängigkeit von den jeweiligen Spezifika des Kontexts erlangen, in eben dieser Distribution abstrakten Regelmäßigkeiten folgen, die letztlich mit allgemeinen epistemischen Grundentscheidungen korrespondieren bzw. diese reflektieren. Dies manifestiert sich sprachlich darin, dass als distinktive Kriterien der Distribution die Zugehörigkeit der lexikalischen Einheiten zu allgemeinen semantischen Typen oder Sorten bestimmt werden kann. Diesen Sorten entsprechen auf der epistemisch-kognitiven Seite allgemeine „ontologische" Kategorien, die sprachgebunden und -vermittelt in Erscheinung treten.

Man erinnere sich etwa kurz daran, dass Handlungsverben im Normalfall ein belebtes „Agens", wenn nicht sogar ein der Intentionalität fähiges Wesen für die unmarkierte Subjektskodierung „fordern" – als Selektionsmerkmal etwa noch restriktiver durch [+ menschlich] stilisiert. Anders herum kann man natürlich sagen, dass Substantive, die Denotate spezifizieren, die die Eigenschaft aufweisen, intentionale Wesen zu sein, als Kerne von Subjektnominalen aller Verben erscheinen können (Distribution), die Handlungen bezeichnen. Auf diese Weise gelangt man zu semantisch bestimmten abstrakten Sortierungen von Substantiven und Verben, die allgemeinste Regularitäten der syntagmatischen Kombination steuern.

Asher und Pustejovsky (2000) – Nicholas Asher ist einer der maßgebenden Forscher im Bereich der formalen Diskurssemantik – erwägen in einem gemeinsam verfassten programmatischen Beitrag weiterführend, auf der Grundlage sog. „Rhetorischer Funktionen" – nach der zugehörigen Theorie Manns und Thompsons (Mann/Thompson 1988) – diskursorganisierende Regularitäten im Lexikon zu verankern, etwa um die folgenden Sequenzen auf der Grundlage verschiedener temporaler und kausaler Interpretationsprinzipien erklären zu können:

(3) a. John entered. Max greeted him.
    b. John fell. Max pushed him.

Auch hier gilt, dass eine Erfassung und Modellierung zugehöriger Prinzipien sowie derjenigen Prinzipien, die Anaphernresolutionen steuern, ohne die Berücksichtigung der Rolle allgemeiner lexikalischer Sorten hoffnungslos erscheint:

> [...] without generalization on lexical types, the axioms needed to derive the appropriate discourse structures are hopelessly specific. [...] A lexical theory should be sensitive to facts about discourse interpretation as well as sentential composition. (Asher/Pustejovsky 2000, S. 3)

Wesentlich ist, dass beide Autoren dafür plädieren, entsprechende Informationen nicht in den Bereich rein pragmatisch bestimmter Inferenzen und des allgemeinen Weltwissens zu verweisen, eine Position, die etwa Blutner und Dölling in Anlehnung an Hobbs u.a. (1993) heute in der deutschen Forschung einnehmen. Bestimmte Kompositionsstrukturen auf Phrasen- und Diskursebene weisen deutlich erkennbare Regularitäten auf, die gegen eine jeweilige, rein pragmatisch bestimmte 'Neuberechnung' qua „konversationeller" Implikatur auf der Grundlage von Weltwissen sprechen. Hier ist als plausibel anzunehmen, dass weitgehend routinisiert vollzogene Inferenzen (Enthymeme als inferenzielle *Shortcuts*) und zugehöriges „Weltwissen" anteilig bzw. graduell ins Lexikon integriert sind.

Dass diese Konzeption bzw. diese Position wesentlich mehr als bloß eine These darstellt, zeigen gerade die Ergebnisse der Grammatikalisierungsforschung (wie übrigens auch der Forschungen zum Erstspracherwerb) der letzten 20 Jahre, die die genannten Autoren nicht heranziehen. Letztere Teildisziplin konnte deutlich nachweisen, dass und wie spezifische Kategorien und sortale Informationen enzyklopädischen Wissens sowie pragmatische Inferenzen (bzw. Implikaturen) qua kontextbezogener Routinisierung sukzessive ins Lexikon bzw. in den morphologischen Bestand einer Sprache integriert werden und dort Kompositionalitätsphänomene grundlegend mitbestimmen. Je nachdem, welche Grade an Lexikalisierung von pragmatischen Inferenzen man jeweils berücksichtigen möchte – wobei spezifische Interaktionsbereiche mit unspezifischeren Formen enzyklopädischen Wissens zunächst unbestimmt bleiben müssen, was einer offenen, „grünen" Grenze zwischen Semantik und Pragmatik und damit einer historisch-dynamischen Sprachauffassung entspricht –, kann man hier von einer mehr oder weniger weiten Fassung der Semantik sprechen. Und dies ist keine rein heuristische Stipulation, die den technischen Beschränkungen einschlägiger Modellierungsmittel und formaler Simulation entgegenkäme (die bei Pustejovsky und Asher mit dem Fernziel der Algorithmisierung zugestandenermaßen im Vordergrund steht), sondern eine den Ergebnissen detaillierter empirischer Forschung zu Sprachwandel und Grammatikalisierung entsprechende sachbedingte Notwendigkeit. Aufgrund der empirisch breit belegten Einsichten der Grammatikalisierungsforschung ist klar (vgl. dazu etwa Heine/Claudi/Hünnemeyer 1991, Traugott/Heine 1991 oder Hopper/Traugott 1993), dass zugehörige Prozesse der Lexikalisierung bzw. Grammatikalisierung kontinuierliche und graduell emergente Prozesse sind, die, unter Bezug auf spezifische Performanzkonstellationen, welche an Kommunikationsbereiche, Sprechergemeinschaften und Textsorten rückgebunden sind, durchaus auch mehr oder weniger diskret erscheinende Sprünge aufweisen können. All dies lässt sich letztlich an sich historisch ändernden distributionellen Korrelationsphänomenen relativ deutlich ablesen (vgl. Konerding 2004a zu einem Beispiel aus dem Bereich der Synsemantika).

2. Sorten, Typen, Qualia-Rollen

Die grundlegende Idee bei Pustejovsky und Asher zu einem notwendigerweise erweiterten Verständnis von Kompositionalität ist, die Bedeutungskomponente lexikalischer Einheiten im Sinn der vorausgegangenen Überlegungen sorten- bzw. typengebunden um distributionell invariante Informationen zu Kontextklassen zu erweitern. Die zugehörigen Informationen sind in dem – minimal gehaltenen – Umfang als „Defaults" zu berücksichtigen, die ganz generell Voraussagen über die Kombinierbarkeit von lexikalischen Einheiten und ihrer jeweiligen Interaktion sowie über zugehörige Möglichkeiten zu Prädikationen gestatten (Asher/Pustejovsky 2000, S. 5 bzw. Pustejovsky 1995, S. 58), etwa im Sinne „konventioneller Implikaturen", wie sie gerade und vor allem aus dem Bereich der Grammatikalisierungsforschung bekannt sind. Man betrachte dazu etwa die folgenden Aussagen:

(4) a. Mary enjoyed the movie last night. (*watching*)
    b. John quite enjoys his morning coffee. (*drinking*)
    c. Bill enjoyed Steven King's last book. (*reading*)

Pustejovsky stellt in diesem Sinne fest:

> Although there are certainly any number of ways of enjoying something, our understanding of these sentences is facilitated by default interpretation of properties and activities associated with objects. The qualia of an object can be seen as the initial points from which to construct interpretations that would otherwise be ill-formed. (Pustejovsky 1995, S. 88)

Diese *properties* und *activities* – von Pustejovsky *Qualia* genannt – sollten, soll das zuvor umrissene Modell erfolgreich sein, nicht proliferant jede individuelle Eigenschaft einer speziellen Entität per Default reflektieren (was mit obigen Überlegungen im Widerspruch stände). Sie sollten vielmehr allgemeine, d.h. sorten- bzw. typenspezifisch invariante „Beschaffenheits-Rollen" erfassen, Rollen, die es möglich machen, „to *project* the activities of watching the movie, drinking his morning coffee, and reading Steven King's last book, respectively, to the interpretation of the VP" (ebd.). Um dieses Ziel erreichen und derartige Beschaffenheits- bzw. Qualia-Rollen sortenspezifisch bestimmen zu können, vollzieht Pustejovsky einen gewagten, wenn auch heuristisch fruchtbaren Argumentationsschritt: Er beruft sich auf Aristoteles, ein häufig genutzter Topos in der Geistesgeschichte des Abendlandes. Er bezieht sich speziell auf einen Abschnitt aus der Metaphysik des Aristoteles, der die vorgeblichen vier Gründe alles Seienden spezifiziert: *causa materialis* (*ungeformter Stoff oder Substanz*), *causa formalis* (*Form oder formende Kraft*), *causa finalis* (*Zweckursache*), *causa efficiens* (*Wirkursache oder hervorbringender Grund*). Pustejovsky handhabt den Abschnitt unter Rückgriff auf eine Interpretation von Moravcsik (1975) allerdings ausgenommen praktisch für seine Zwecke, indem er hier von den grundlegenden „Erzeugungsfaktoren" bzw. – abgeleitet – von grundlegenden „Erklärungsweisen" für Entitäten spricht (vgl. Pustejovsky 1995, S. 76ff. bzw. 85ff.):

> Aristotle's notion of modes of explanation [d.h.: *causa materialis, causa formalis, causa finalis, causa efficiens*] (or generative factors), as pointed out by Moravcsik (1975), can be viewed as a system of constructive understanding and inference. These four factors drive our basic understanding of an object or a relation in the world. They furthermore contribute to (or, in fact determine) our ability to name an object with a certain predication. (Pustejovsky 1995, S. 85)

Nach Pustejovsky sind es die sich aus den vier aristotelischen *causa* speisenden *Qualia*-Rollen, zusammengefasst in der *Qualia-Struktur*, die die „relationale Kraft" lexikalischer Einheiten im Sinne prädikativer Kompatibilität und Kohärenz (s.o.) letztlich begründen:

> Briefly, Qualia structure specifies four essential aspects of a word's meaning (or qualia):
> - CONSTITUTIVE: the relation between an object and its constituent parts;
> - FORMAL: that which distinguishes it within a larger domain;
> - TELIC: its purpose and function;
> - AGENTIVE: factors involved in its origin or 'bringing it about'
>
> [...]
> There are two general points that should be made concerning qualia roles:
> (1) Every category expresses a qualia structure;
> (2) Not all lexical items carry a value for each qualia role.
>
> (Pustejovsky 1995, S. 76)

An anderer Stelle heißt es dann etwas ausführlicher mit Bezug auf mögliche Konkretisierungen dieser Rollen:

> Now let us elaborate on what these roles are and why they are a necessary component of semantics. [...]
>
> 1. CONSTITUTIVE: the relation between an object and its constituents, or proper parts.
>   i. Material
>   ii. Weight
>   iii. Parts and component elements
>
> 2. FORMAL: That which distinguishes the object within a larger domain.
>   i. Orientation
>   ii. Magnitude
>   iii. Shape
>   iv. Dimensionality
>   v. Color
>   vi. Position
>
> 3. TELIC: Purpose and function of the object.
>   i. Purpose that an agent has in performing an act.
>   ii. Built-in function or aim which specifies certain activities.
>
> 4. AGENTIVE: Factors involved in the origin or "bringing about" of an object.
>   i. Creator
>   ii. Artifact
>   iii. Natural Kind
>   iv. Causal Chain
>
> (Pustejovsky 1995, S.85f.)

Hierzu sind zwei Anmerkungen zu machen: Zum einen sind hier zweifellos lexikalische bzw. phrasale „Kategorien" gemeint, und zwar solche, die semantisch bestimmte Referenzpotenziale auf perzeptive bzw. konzeptuelle Entitäten (= *objects*) aufweisen müssen; ansonsten erübrigte sich die gesamte Argumentation. Daraus aber folgt für diesen Anteil der lexikalischen Kategorien, dass syntagmatische bzw. paradigmatische Relationen lexikalischer Einheiten wesentlich durch Qualia-Rollen und damit durch referenzorientierte semantische Eigenschaften bestimmt sind: Typische Qualitätsdimensionen von typischen Referenzentitäten im Sinne einer aristotelisch geprägten Metaphysik. Zweitens sind für Pustejovsky diese Qualia-Rollen sortenübergreifend für jede einschlägige sprachliche Kategorie verbindlich, wobei einschränkend hinzugefügt wird, dass nicht für jede Kategorie eine Relevanz garantiert wird: Nicht jede lexikalische Einheit muss tatsächlich auch eine *Type*-bezogene Spezifikation qua (Default-)Wert (= *value*) für jede dieser abstrakten Rollen aufweisen. Diese Indifferenz wird vor allem durch den strikt stipulativen und streng kalkülbestimmten Charakter des vorliegenden Ansatzes sowie die damit einhergehende Empirieferne erkauft. Diesem etwas problematischen Vorgehen soll später als Alternative ein empiriegestützter, sprachdatenorientierter sowie diskurstyprelativierter Ansatz gegenübergestellt werden (Konerding 1993, 1996, 2002, 2004b).

Für nominale Einheiten gibt Pustejovky unter anderem eine Erläuterung zu den „semantisch verwandten" Substantiven *novel* und *dictionary* zu Illustrationszwecken: Beide Substantive verfügen über identische Werte für die Qualia-Rolle FORMAL (für das Folgende vgl. Pustejovsky 1995, S.76ff.):

- [FORMAL(*novel*) = **book**]   [FORMAL(*dictionary*) = **book**]

Sie unterscheiden sich jedoch in den übrigen drei Rollen:

- [CONST(*novel*) = **narrative or story**]   [CONST(*dictionary*) = **listing of words**]
- [TELIC(*novel*) = **reading**]   [TELIC(*dictionary*) = **consulting**]
- [AGENT(*novel*) = **writing**]   [AGENT(*dictionary*) = **compiling**]

Herkunft und divergente Präsentationsformen der betreffenden Rollen-Werte werden bei Pustejovsky nicht weiter reflektiert oder problematisiert. Für die weiterführende Algorithmisierung werden die entsprechenden Rollen in einer generischen Merkmals-Struktur – gemäß den geläufigen Notationskonventionen von HPSG oder LFG – übersichtlich formal fixiert.

Qualia-Strukturen von Nomina und sie enthaltende NPen ermöglichen es z.B., regierende Verben mit unterspezifizierter Semantik wie *beginnen* oder *beenden* zu „kontextualisieren", indem sie in Frage kommende Aktivitäten/Prozesse aus der Qualia-Struktur des zugehörigen Arguments selegieren und diese hinsichtlich ihrer Verlaufsform modifizieren:

(5) $\begin{bmatrix} \textbf{novel} \\ ... \\ \text{QUALIA} = \begin{bmatrix} \text{CONST} = \textbf{narrative (x)} \\ \text{FORMAL} = \textbf{book (x)} \\ \text{TELIC} = \textbf{read (y,x)} \\ \text{AGENT} = \textbf{writing (z,x)} \end{bmatrix} \end{bmatrix}$

(6) $\begin{bmatrix} \textbf{dictionary} \\ ... \\ \text{QUALIA} = \begin{bmatrix} \text{CONST} = \textbf{listing (x)} \\ \text{FORMAL} = \textbf{book (x)} \\ \text{TELIC} = \textbf{consulting (y,x)} \\ \text{AGENT} = \textbf{compiling (z,x)} \end{bmatrix} \end{bmatrix}$

(7) a. Mary *began* a **novel**. (TELIC *reading*, AGENT *writing*)
 b. John *finished* a **cigarette**. (TELIC *smoking*, AGENT *producing*)
 c. John *began* his second **beer**. (TELIC *drinking*, AGENT ??)

Qualia-Strukturen sind gemäß den genannten Postulaten auch für Verben vorzusehen, etwa des kausativen Typs. Kausative Verben werden herkömmlich hinsichtlich ihres Verlaufs (ihrer „Ereignisstruktur") so analysiert, dass auf einen initialen Akt E_1 hin sich ein resultierender Zustand E_2 einstellt. Diese beiden Phasen E_1 und E_2 der Ereignisstruktur (*EVENTSTR*) sollen nach Pustejovsky durch die Werte für die Qualia-Rollen AGENT und FORMAL (kausierender Akt bzw. resultativer Zustand) gebunden werden. Man betrachte dazu etwa das Verb *break* in der einschlägigen formalisierten Beschreibung des Lexikoneintrags (kausierender Akt: AGENT = **break_act** (e_1,x,y), resultativer Zustand: FORMAL = **broken** (e_2,y)):

(8)
$$\begin{bmatrix} \textbf{break} \\ \ldots \\ \text{EVENTSTR} = \begin{bmatrix} E_1 = e_1\text{: process} \\ E_2 = e_2\text{: state} \\ \text{RESTR} = <_\alpha \end{bmatrix} \\ \text{QUALIA} = \begin{bmatrix} \text{CONST} = \ldots \\ \text{FORMAL} = \textbf{broken (e}_2\textbf{,y)} \\ \text{TELIC} = \ldots \\ \text{AGENT} = \textbf{break\_act (e}_1\textbf{,x,y)} \end{bmatrix} \end{bmatrix}$$

Weiterhin ist die jeweilige Argumentstruktur (*ARGSTR*) von der Qualia-Struktur gebunden, hier exemplifiziert am Beispiel des als kausativ spezifizierten Verbs *build* (initialer Akt E_1 gefolgt von einem Zustand E_2):

(9)
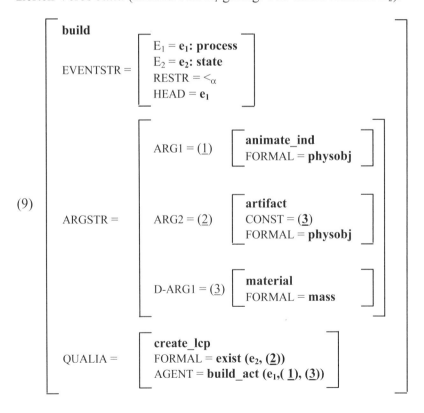

Die Qualia-Struktur von *build* bindet nach Pustejovsky die Elemente, d.h. Phasen der Ereignisstruktur e_1 und e_2 und die Elemente der Argumentstruktur (1), (2) und (3) insofern, als die Handlung des Bauens in zwei simultan verfügbaren wesentlichen Dimensionen verstanden wird, zum einen im Vollzug der Tätigkeiten des Bauens e_1 durch ein Agens (1) einschließlich der Verarbeitung von unspezifiziertem Material (3) in Form eines nicht notwendigerweise an der syntaktischen Oberfläche realisierten „Schattenarguments" (etwa ... *mit Holz*), zum anderen in simultan inkrementell sich ändernden Zuständen e_2 eines geformten Gebildes (2). „$<_\alpha$" denotiert dabei eine strikte Ordnung auf wechselseitig disjunkten Ereignisphasen. „lcp" – in „**create_lcp**" – meint hier *lexical conceptual paradigm*: die qualiabestimmten Komponenten/Dimensionen sind dabei konzeptuell immer simultan verfügbar, wie bei einer Gestalt-Wahrnehmung, sie werden jedoch distributionell in unterschiedlichen Kontextklassen präferent relevant – etwa durch Modifikation/Prädikation (*Er baut ein Haus* vs. *Er baut schon fünf Jahre lang*). In neueren Arbeiten nennt Pustejovsky durch lcp's konstituierte Entitäten „Dot-Objekte", nach dem zugehörigen „Dot"-Operator '⊗', der komplexe lcp-Objekte aus Qualia-Rollenwerten synthetisiert, zum o.g. Beispiel etwa das **create_lcp** als Resultat der Verknüpfung *exist$_F$* ⊗ *build_act$_T$* (vgl. zum Detail Pustejovsky 2001).

In diesem Sinne stellt Pustejovsky fest, dass die Semantik von Verben primär durch die zugehörige Qualia-Struktur definiert werde, beschränkt bzw. spezifiziert lediglich durch die sortenspezifische Information, die durch die in ihr erscheinenden Argumentpositionen/-parameter bei Prädikaten als Qualia-Rollenwerte (*values*) aus der Ereignis- und der Argumentstruktur übernommen werden (vgl. dazu auch nochmals (9)):

[ARGSTR = ARG_1, ..., ARG_n]
[EVENTSTR = $EVENT_1$, ..., $EVENT_m$]
[**QUALIA** = Q_1, ..., Q_4] mit Q_i = [PRED ($EVENT_j$, ARG_k)]

Die Angemessenheit der präsentierten Beispiel-Analyse soll hier nicht zur Debatte stehen. Wichtiger erscheint in diesem Zusammenhang, dass die jeweiligen Argumente und Phasen in den Merkmalsmatrizen generische bzw. sortale Kennzeichnungen beinhalten (*process*, *state*, *animate_ind*, *artifact*, *material*), und dass in den zugehörigen Qualia-Strukturen dieser sortalen Kennzeichnungen wiederum sortale bzw. generische Kennzeichnungen erscheinen (*physobj*, *mass* etc.). Dies entspricht grosso modo der Konzeption

Pustejovskys, dass das Lexikon gemäß einer allgemeinen semantischen Typen- bzw. Sortenhierarchie bzw. hierarchischen Ontologie organisiert ist, in der qua Hierarchie semantische Erblichkeitsrelationen vorliegen: Die semantischen Eigenschaften hierarchisch höher stehender Einheiten vererben sich danach vollständig auf die unter ihnen stehenden. Dies erscheint zumindest für Nomina und Adjektive nicht unrealistisch, wenn man die Ontologie als sprachinduziert bzw. -abhängig postuliert, ein Aspekt, der bei Pustejovsky und anderen problematischerweise vernachlässigt wird.

Im Prinzip ist der Wert einer lexikalischen Einheit für die Qualia-Rolle FORMAL identisch mit der sortalen Typisierung des betreffenden Elements. Die Rolle AGENT unterscheidet natürliche Arten von Artefakten: Natürliche Arten fordern bei der Wertzuweisung (Spezifikation) lediglich Zustandswechsel-Prädikate, während Artefakte kausative Prädikate verlangen. CONST wird über die allgemeine *part_of*-Relation spezifiziert. Damit sollen konkrete wie abstrakte Konstitutions-Relationen erfasst werden. Schließlich spezifiziert der Wert für die Rolle TELIC, die Rolle, die eine Entität in einem Prozess, in einer Aktivität spielen soll. Es soll hier offen bleiben, inwiefern eine *ex cathedra* derart strikte und zweifellos Indifferenzen generierende Reduktion der an sich gut motivierbaren wie auch fruchtbaren Idee einschlägiger sortenspezifischer Spezifikation distributioneller semantischer Invarianzen berechtigt erscheint. Dem Autor geht es hier ersichtlich nur darum, das Prinzip der qualiageleiteten Kontextualisierung von lexikalischen Bedeutungen – er unterscheidet hier die *Sorten-Selektion*, die *Ko-Kompositionalität* und die *selektive Bindung* (*Type Coercion, Co-Compositionality* bzw. *Selective Binding*) – zu demonstrieren:

> What qualia structure tells us about a concept is the set of semantic constraints by which we understand a word when embedded within the language. [...] The qualia provide the structural template over which semantic transformations may apply to alter the denotation of the lexical item or phrase. These transformations are the generative devices such as type coercion, selective binding, and co-composition, which formally map the expression to a new meaning. These operations apply only by virtue of lexical governance relations; that is, their application is conditioned by the syntactic and semantic environment within which the phrase appears. For example, when we combine the qualia structure of an NP with that of a governing verb, we begin to see a richer notion of compositionality emerging, one which captures the creative use of words and the „sense in context" phenomena […] (Pustejovsky 1995, S. 86)

Man betrachte zunächst den Fall der Sorten-Selektion (= *Type Coercion*):

(10) John read The Tractatus on holiday.
 The Tractatus ≤ *book* ≤ ... ≤ *text* ≤ ...
 [Ausschnitt aus der sortalen Typisierung]

(11) a. John began reading a book.
 b. John began to read a book.
 c. John began a book.
 ...≤ *book* ≤ *info-physobj_lcp* ≤ *text* ≤ ...
 [Ausschnitt aus der sortalen Typisierung]

Die Varianzen in der syntaktischen Form in (11) werden dadurch erklärt, dass das Verb *begin* in erster Linie die semantische Sorte seines Komplements determiniert, und diese Sorte ist als *Ereignis* bestimmbar. D.h., das Komplement muss lexikalsemantische Information bereithalten, die dieser Selektionseigenschaft des dominierenden Verbs entspricht. Im Falle der Komplement-NP *a book* ist eine entsprechende sprachlich bestimmte Information in *book* zuweisbaren allgemeinen Qualia-Rollen verfügbar, hier in denen der übergeordneten allgemeineren Sorte der *info-physobj_lcp*, d.h. des lcp-Gestaltkonzepts aus *Information* und physikalischer Informationsmanifestation in *Objektform*, der lexikalischen Sorte, der *book* prinzipiell zuweisbar ist: Ein *Buch* wird in der Regel *geschrieben* (AGENT), *gelesen* (TELIC) bzw. *besessen* (FORMAL). Diese Rollen werden partiell sogar aus der Qualia-Struktur der noch allgemeineren Sorte *Text* ererbt (z.B. TELIC). Mit anderen Worten: „the verb coerces the NP into an event denotation, one which is available from the NP's qualia structure" (Pustejovsky 1995, S. 116), und zwar gemäß der sortalen Einordnung/semantischen Typisierung der NP in die lexikalisch bestimmte Sorten-/Typenhierarchie und hierarchiebestimmter Erblichkeitsrelationen.

Eine ähnlich zentrale Rolle spielt die Qualia-Struktur im Rahmen der Ko-Komposition zwischen Matrixverb und Komplement:

(12) a. John baked the potato.
 b. John baked the cake.

Nach Pustejovsky sind hier nicht zwei Lesarten bzw. lexikalische Varianten von *bake* anzusetzen, nämlich eine resultative und eine nichtresultative. Es sei vielmehr nur eine einzige, nämlich die nichtresultative Lesart lexikalisch spezifiziert, die resultative – die ein Artefakt effizierende bzw. kreierende

Tätigkeit – ergäbe sich als musterbildendes Ergebnis durch eine qualiastrukturbestimmte bilaterale Selektion bzw. Ko-Kompositionalität zwischen Verb und Verb-Komplement (im Sinne einer „Qualia-Unifikation"): „the complements carry information which acts on the governing verb, essentially taking the verb as argument and shifting its event type" (Pustejovsky 1995, S. 123).

Man betrachte dazu zunächst die semantischen Beschreibungen von *bake* und *cake* nach Pustejovsky separat:

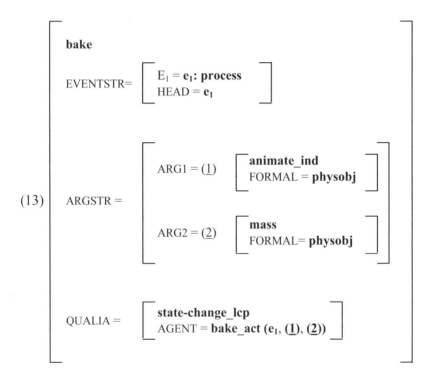

Die resultativ-effizierende Bedeutung von *bake a cake* ergibt sich nun aus der Tatsache, dass *cake* neben seiner Typisierung als food_ind allgemein als *Artefakt* sortal typisiert ist, und dass für Artefakte das *create_lcp* semantisch verbindlich ist, indem dies eine spezifische Wertkombination für die Qualia-Rollen FORMAL und AGENT semantisch determiniert. Darüber ist der Typus des Verbs *bake* gemäß Pustejovsky als „aktiver Prozess" zu bestimmen (etwa im Gegensatz zu „passiven Prozessen" wie *sleep*, deren AGENT-Rolle in

(14)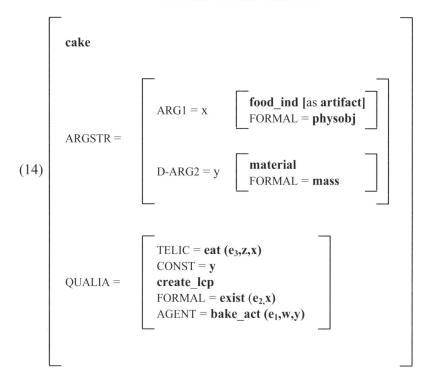

der Regel unspezifiziert bleibt), d.h., die AGENT-Rolle ist als genuine Handlung des bake_act zu bestimmen. Die zugehörige FORMAL-Rolle wird im Falle derartiger „aktiver Prozesse" durch die Insertion einer Argumentstelle auf dem Wege der Ko-Komposition spezifiziert, in dem nämlich das spezifische (nominale) interne Argument einen resultierenden Zustand für die Handlung festlegt (vgl. etwa *run – run to the store* bzw. *bake – bake a cake*), der ohne die Realisierung des Arguments nur virtuell und unspezifiziert bleiben würde (etwa im Sinne des bloßen state_change_lcp bei *bake*). Für *bake a cake* erhält man hingegen im Sinne dieser Ko-Kompositionalität, die auf der Unifikation von AGENT-Rollenfüllung beim Matrixverb und AGENT-Rollenfüllung bei der zugehörigen Arguments-NP gründet (d.h. Q_{AGENT} (*bake*) = Q_{AGENT} (*a cake*)), dann die folgende Charakterisierung, – wobei das nominal induzierte create_lcp, das eine resultative Komponente über die Füllung der FORMAL-Rolle spezifiziert, und die Einbindung des nominal bestimmten D-ARG sich gerade aus der Ko-Kompositionalität von Verb und zugehöriger Objekts-NP ergeben:

(15)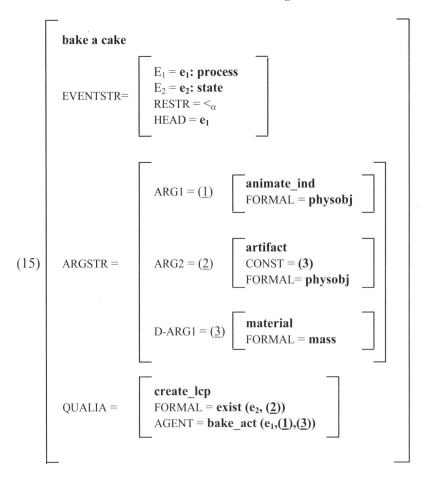

In ähnlicher Weise nehmen adjektivische Modifikatoren in *long book* und *bright bulb* Bezug auf die durativen Dimensionen derjenigen Prozesse, die durch TELIC-Rollen-Füllungen der jeweiligen Nomina festgelegt werden, d.h. hier *read* bzw. *illuminate*. Ein Phänomen, das Pustejovsky mit *Selective Binding* bezeichnet.

Betrachtet man nochmals die Gesamtargumentation, so wird deutlich, welche Plausibilität und Erklärungskraft von einer lexikalischen Bedeutungskomponente ausgeht, die prinzipiell sortal bestimmte Informationen vorsieht und integriert. Mit Pustejovskys und Ashers Worten:

> [...] we need certain type hierarchical organizational properties in the lexicon to get a proper theory of discourse structure construction; without generalization on lexical types, the axioms needed to derive the appropriate discourse structures are hopelessly specific (Asher/Pustejovsky 2000, S. 3).

Und weiter:

> [...] by developing a strongly typed theory of lexical items and a theory of how such lexical items combine and interact in the process of semantic composition and or discourse interpretation, we can constrain the lexical semantics with predictions of semantically well-formed or ill-formed predications and word combinations. [...] The [...] explanatory device for these data about semantic composition is to exploit type structure and the accessibility of the qualia structure in composition. [...] We will argue that information encoded in metaphysical categories is conventionally „lifted" into the type structure and then exploited in semantic composition (ebd., S. 5).

3. Sortale Selektionsbeschränkung, semantische Sorten und sortale Restriktionen

In ähnlicher Weise wie Pustejovsky plädierte in den 1990er-Jahren in Deutschland Johannes Dölling für ein Konzept, das sortale Information an zentraler Stelle bei der Verarbeitung von lexikalsemantischem Wissen berücksichtigt (vgl. z.B. Dölling 1992, 1994). Dölling ist im Gegensatz zu Pustejovsky jedoch stark einer modularen Tradition des kompositionellen Aufbaus semantischer Strukturen nach Bierwisch/Lang verpflichtet, die der genuin semantischen Komponente lexikalischer Einheiten nur einen minimalen Anteil an Information zugestehen will, insofern dieser für den „grammatisch determinierten" Teil der Bedeutung verantwortlich zeichnen soll. Dies steht noch in der Tradition des Chomskyschen Universalismus, einer Position, die sich in dieser extremen Form inzwischen als nicht haltbar erwiesen hat. Bierwisch und Lang plädieren bekanntermaßen für eine sog. Zwei-Ebenen-Semantik, die zwischen der Ebene der „semantischen Form" (eben dem grammatisch determinierten Anteil der Bedeutung) und der „konzeptuellen Struktur" unterscheidet. Die Ebene der konzeptuellen Struktur wird als „crosslinguistisch" invariant und weitgehend unabhängig von der Ebene der semantischen Form modelliert, eine Annahme, die schon damals häufig als recht problematisch und wenig plausibel betrachtet wurde (vgl. dazu etwa Lang 1994) und die heute aufgegeben worden ist (dazu etwa Dölling 2005). Es ist mittlerweile weitgehend Konsens in der einschlägigen Forschung, dass die semantische Komponente lexikalischer Einheiten einen ausgezeichneten

Teil der Konzeptebene darstellt, und dass die Konzeptebene keinesfalls als (einzel)sprachunabhängig anzunehmen ist (zu radikaleren Positionen vgl. etwa Croft 2001 oder Becker 1993). Die ursprüngliche Trennung der Ebenen hat bei Dölling zur Folge, dass dieser in seinen Arbeiten aus den 1990er-Jahren – ähnlich dem Vorgehen von Ansätzen in der Künstlichen-Intelligenz-Forschung – eine relativ sprachunabhängig existente „Ontologie" postuliert, die die genannten Sorten definiert und hierarchisch organisiert. Eine Besonderheit der semantischen Komponente lexikalischer Einheiten besteht nun insbesondere darin, dass diese die sortale Spezifikation der Einheiten relativ zu der vorgängig und als sprachunabhängig stipulierten Ontologie vorsieht, etwa in Funktionsanalogie der Qualia-Rolle FORMAL bei Pustejovsky. Subkategorisierungs- und Selektionsmerkmale erschienen bei Dölling entsprechend als Sortenspezifikationen. Dölling unterscheidet die folgenden – letztlich dann aber doch über sprachliche Spezifika manifesten – Sorten der *Dinge T*, *Substanzen S*, *Konfigurationen C*, *Gruppen G*, *Institutionen IS* und *Personen PS*. Er motiviert die Stipulation dieser Kategorien wie folgt:

> Folgt man der sich im semantischen Verhalten der Ausdrücke manifestierenden Sortierung, so wird deutlich, dass wir in unserer gewöhnlichen Kognition zwischen verschiedenen ontologischen Domänen bzw. Sorten unterscheiden. Hinweise finden sich in der sprachlichen Differenzierung zwischen Arten bzw. Instanzen von Dingen (Münze, Brot, Bank, Zeitung), Substanzen (Gold, Brot), Konfigurationen (Haufen, Stapel), Gruppen (Familie, Team), Institutionen (Bank, Zeitung) und Personen (Schüler, Linguist) wie auch in der sprachlichen Differenzierung zwischen einzelnen Entitäten und Pluralitäten solcher Entitäten. (Dölling 1994, S. 48)

Während bei Pustejovsky weitere Informationen, insbesondere zu Konstitutions-, Kausal- und Funktionsrelationen, durch die allgemeinen Qualia-Rollen CONST, AGENT und TELIC für jeden lexikalischen Eintrag potenziell vorgesehen sind, bleiben die entsprechenden Relationen im Modell von Dölling implizit und werden ontologieimmanent durch eine Art allgemeiner Sorten-(Interdependenz-)Postulate bestimmt: Die zugehörigen relationalen Vernetzungen beschränken sich dabei allerdings fast ausschließlich auf Konstitutionsrelationen mereologischer Natur – in Analogie zur Qualia-Rolle CONST bei Pustejovsky – sowie die genuine Sortenzuweisung bei konkreteren ontologischen Kategorien wie *münze* oder *bank* – in Analogie zu Wertzuweisungen für die Qualia-Rolle FORMAL bei Pustejovsky: So gehören *münze* und eine Kategorie *bank1* zur Sorte der Dingarten und eine andere

Kategorie *bank2* zur Sorte der Institutionen, wobei *bank1* und *bank2* als hybride Art im Sinne einer booleschen Summe von Dingart und Institutionsart angesetzt wird (Banken als Institutionen haben – in der Regel – Niederlassungen, lokalisiert in Gebäuden). Dies wird bei Dölling zur Rekonstruktion des Bierwisch'schen Phänomens der konzeptuellen Verschiebung bei Cluster-Konzepten wie *schule* oder *bank* benötigt, die als Institutionen sortiert sind. Dasselbe Phänomen wird, darauf sei hier nochmals hingewiesen, bei Pustejovky über die Definition von lcps elegant und gut motiviert gelöst (s.o.). Allgemeine Konstitutionsrelationen zwischen Sorten spielen bei Dölling die zentrale Rolle: *Dinge* konstituieren *Konfigurationen* und *Institutionen*, *Stoffe* konstituieren wiederum *Dinge*; *Personen* konstituieren *Gruppen* und sind darüber hinaus „assoziiert" mit *Institutionen*. Unter Berücksichtigung dieser Konstitutionsrelationen ist es für Dölling möglich, ähnlich wie bei Pustejovsky, semantische Sortenverschiebungen auf metonymischer Grundlage wie die Folgenden zu lizensieren: *Die Münze ist geschmolzen, Das Team ist rothaarig* (*schmelzen* verlangt gemäß Dölling eigentlich ein Argument der Sorte der *Substanzen S, rothaarig* eines der Sorte *Personen PS*).

Relationen, die den Qualia-Rollen AGENT und TELIC bei Pustejovsky entsprechen, sind in Döllings „Ontologie" nicht berücksichtigt, auch sind keine Berücksichtigungen von Analoga zu konkreten Qualia-Rollen-Werten bei Pustejovsky vorgesehen. Insofern ist Döllings Ansatz schwächer dimensioniert und explanativ weniger anspruchsvoll als der von Pustejovsky, letztlich behandelt Dölling nur einen Ausschnitt aus dem Phänomenbereich des *type-* bzw. *sort-coercions*. Wesentlich und in Übereinstimmung mit dem Ansatz von Pustejovsky ist jedoch hier das konzeptionelle Vorgehen, sortale Information im Rahmen der Modellierung der lexikal-semantischen Komponente an zentraler Stelle zu berücksichtigen.

In einer neueren Arbeit hat sich Dölling vom Prinzip der Integration sortaler Information in die Komponente der semantischen Form verabschiedet, weil sonst, wie er feststellt, „Kontextwissen herangezogen werden muss und damit das Kompositionalitätsprinzip der Semantik verletzt wird" (Dölling 2005, S. 18). Dölling sieht in der semantischen Form nur noch abstrakte „Pointer" auf Kontexte und Sorten vor. Hier erhebt sich jedoch unmittelbar die Frage, ob es überhaupt sinnvoll ist, eine „semantische Form", „radikal unterspezifiziert" und entsprechend gänzlich inhaltsentleert, unabhängig von jedem Aspekt von Kontext betrachten und isolieren zu wollen, ein Versuch, dem die modernen performanzorientierten Linguisten wohl begründet widersprechen würden. Selbst eine „grammatisch determinierte Bedeutung", reduziert auf „Pointer" zu Subkategorisierung und Selektion, bleibt letztlich auf fortgesetzte, performanzbegründete Lexikalisierungsprozesse und damit auf Kontextwissen und „konventionelle" (eben partiell bzw. vollständig lexikalisierte) Implikaturen verwiesen – s.o. zu den Erkenntnissen der diachronen Dimension von Grammatik und Semantik und ihrer Kontinua im Übergangsbereich zur Pragmatik. Kompositionalität im Sinne eines strikten „logischen" Frege'schen Kompositionalitätsprinzips ist damit für natürliche Sprachen undenkbar.[1] Hier ist zu überlegen, ob die lexikalische Semantik, wie die Semantik überhaupt, nicht wie skizziert als ein spezieller Bereich der Pragmatik verstanden werden sollte, was dann im Prinzip den zuvor genannten Positionen von Asher und Pustejovsky sowie dem zunehmend Gewicht erlangenden Performanz-Paradigma entspräche bzw. nahestände, eine Position, die der Natur der offenen Grenze zwischen Semantik und Pragmatik in hohem Maße gerecht werden würde. Um hier mit Miller zu sprechen: „Wenn es um die Verwendung von Wörtern geht, muss man die Antwort im Bereich der Kontexte, in denen sich Wörter verwenden lassen, suchen." Und weiter: „Ein Wort zu kennen heißt, die Kontexte zu kennen, in denen es vorkommen kann" und das heißt letztlich, ihre „kontextuelle Distribution"[2] zu kennen (vgl. 1993, S. 288/289).

Miller spricht in diesem Sinne von einer *Kontextrepräsentation* eines Wortes. Zu wissen, wie ein Wort verwendet wird, heißt, die Kontextrepräsentation dieses Wortes zu kennen. Kontextrepräsentationen nach Miller umfassen neben der Information zu Kollokationen (und syntaktischer Kontextinformation zur Subkategorisierung) insbesondere Informationen zu den semantischen und pragmatischen Kontexten (vgl. Miller 1993, S. 291f.). Semantische Kontexte umfassen speziell und prominent Selektionsrestriktionen, pragmatische Kontexte determinieren darüber hinaus referenzielle (synmo-

---

[1] Es ist allenfalls denkbar, zu Zwecken einer bereichsbeschränkten maschinellen Manipulation nachgeordnete modularisierungsorientierte Idealisierungen vorzunehmen, die die eigentlich empirisch-graduellen Verhältnisse durch diskrete „Module" abstraktiv approximieren, aber auch ein solches Modell scheint aus der Perspektive der praktischen computationellen Erfordernisse nicht unproblematisch (dazu eben Asher/Pustejovsky 2000).

[2] „The distribution of an element is the total of all environments in which it occurs, i.e. the sum of all the (different) positions (or occurrences) of an element relative to the occurrence of other elements." (Harris 1951, S. 15f.)

dale), situative und registerbezogene Verwendungsrestriktionen. Somit erscheint es durchaus gerechtfertigt, festzustellen, „dass die einzelnen Aspekte der Beziehungen zwischen einer lexikalischen Einheit und ihren tatsächlichen und möglichen Kontexten alle semantischen Eigenschaften dieser Einheit voll und ganz widerspiegeln" (Miller 1993, S. 293). Dass ein solcher Ansatz nicht vollkommen neu ist und gerade auch in der Tradition des modernen – nicht nur britischen – Strukturalismus steht, wurde bereits eingangs angedeutet; derzeit wird dieser Ansatz von so prominenten Forschern wie Fillmore, Langacker, Croft und Tomasello u.a. im Sinne einer komplexen Sprachtheorie umfassend ausgebaut.

Ich möchte an dieser Stelle den Gedanken einer Semantik, die als ausgezeichneter Bereich mit offenen Rändern hin zu einer sie einbettenden Pragmatik verstanden werden sollte, vor dem Hintergrund des nachhaltig emergenten Paradigmas einer empirienahen „Usage Based Linguistics" (Croft 2001, Tomasello 2003), als äußerst fruchtbar und empiriebezogen adäquat einstufen und mit Krämer (1999) als einen ersten wesentlichen Schritt in die Richtung einer neuen und erklärungskräftigeren Theoriebildung gegenüber der empiriefernen theorieprägenden Kalkülmetaphorik des letzten Jahrhunderts verstehen. Algorithmisierung sollte einer empirienahen Theoriebildung nach- und nicht dieser vorgeordnet werden (die Kardinalproblematik des Chomsky-Paradigmas). Die entscheidenden Gründe für diese fundamentale Revision traditioneller Konzeptionen sind, wie zuvor ausgeführt, vor allem in den Erkenntnissen zu finden, die in den letzten Jahrzehnten die detaillierten Untersuchungen der allgegenwärtigen und sich kontinuierlich vollziehenden Prozesse von gradueller Grammatikalisierung und Lexikalisierung kontextueller Informationen und zugehöriger Implikaturen erbracht haben. Für den vorliegenden Zusammenhang bedeutet dies zunächst, dass die zuvor präsentierten Ansätze, sortale Informationen aus dem weiteren Bereich der Pragmatik in den Bereich einer pragmatisch eingebetteten Semantik zu verlagern, nicht nur – wie dargelegt – grundlegende methodische Probleme der Erklärung von Kompositionalitätsphänomenen auf intra- und transphrastischer Ebene lösen, sondern darüber hinaus als empirisch umfassend begründet und motiviert gelten können.

4. Sorten, Typen, Qualia-Rollen – Empirische Fundierung und semantische Verankerung

Es bleibt im vorliegenden Zusammenhang die bisher weitgehend unbeantwortete Frage zu klären, wie die Bestimmung und Ermittlung von „Qualia-Rollen" bzw. von globalen semantischen „Sortierungen" – die in der weiteren Forschung natürlich noch einer wesentlich genaueren Spezifikation und Untersuchung bedürfen – auf eine empirisch und sprachtheoretisch angemessene Grundlage gestellt werden können. Hinweise auf ein mögliches Verfahren kann man in Ansätzen bei zahlreichen Forschern finden, so auch bei George A. Miller:

> Die Subkategorisierung nimmt an, daß die Information [der verbal bestimmten Kookkurrenz-Beschränkungen – KPK] beim Lexikoneintrag des Verbs gespeichert ist, die Selektionsbeschränkungen nehmen jedoch an, daß die Information beim Verb und bei den Nomina gespeichert ist. Wenn also das Verb *heiraten* etwa Argumente braucht [= Selektionspräferenz], die mit [+menschlich] markiert sind, dann muß es möglich sein zu bestimmen, welche Nomina diese Markierung tragen. Tatsächlich haben einige Theoretiker behauptet, das Lexikon der Nomina sei anhand der Verben und Adjektive organisiert, die den einzelnen Nomina prädiziert werden können. Die semantische Grundunterscheidung zwischen [+belebt] und [–belebt] leitet sich beispielsweise aus der Tatsache ab, daß man *leben, sterben* und *lebendig sein* nur einer Klasse von Nomina zuschreiben kann, nicht aber der anderen. Das soll heißen, daß Selektionsbeschränkungen etwas von den grundlegendsten Begriffsunterscheidungen widerspiegeln, die man über die Welt treffen kann. (1993, S. 258)

In Konerding (1993) und zugehörigen Anschlussarbeiten (vgl. etwa Konerding 1996, 1997, 1999, 2002, 2004b) wurden derartige Überlegungen ernst genommen und ein sprachtheoretisch begründeter Ansatz entwickelt, der die Bestimmung semantischer Sorten und zugehöriger „Qualia"-Rollen an die Analyse (einzel-)sprachlicher Daten bindet. Entsprechende Konstrukte erhalten damit eine umfassende empirische Fundierung. Ontologien und epistemische Grund-Kategorien sind nicht absolut und direkt oder auf dem Wege philosophischer Spekulation gesichert gegeben, sondern nur über das jeweilige sprachliche Material bestimmbar. Der Sprachphilosoph Quine hat dies in der 60er-Jahren des 20. Jahrhunderts sehr pointiert im Sinne von „To be is to be in the range of a quantifier" festgestellt (vgl. Quine 1969). Ontologien bzw. Sortierungen manifestieren sich ausschließlich im Rahmen sprachlicher Diskurse. Sie sind kultur- und sprachrelativ (Variation von

Klassifikatorsystemen) und keinesfalls a priori gegebene Entitäten, sondern an kommunikative und kulturelle Traditionen gebunden. Dies ist gerade eine der zentralsten epistemologischen Erkenntnisse des 20. Jahrhunderts, hinter die man nicht ohne Not zurücktreten sollte. Dieses Faktum wird implizit auch von Dölling respektiert, der seine „Ontologie" letztlich doch über eine (nicht overte) Analyse sprachlicher (indoeuropäischer?) Phänomene gewonnen haben mag (man vergleiche nochmals obiges Zitat: „Folgt man *der sich im semantischen Verhalten der Ausdrücke manifestierenden Sortierung ...* ").

Das Vorgehen, das in Konerding (1993) und Folgearbeiten exemplarisch skizziert wurde, geht von einem korpusbasierten Bestimmungsverfahren aus. Die Kernideen – ganz in Analogie zu den zitierten Überlegungen bei Miller und den Überlegungen zur Solidarität bzw. Ko-Kompositionalität bei Pustejovsky – sind die diskurstyprelativierte Reduktion von Hyperonymen bei Nominalen und die diskurstyprelativierte Reduktion zugehöriger Typen verbal bestimmter Prädikatsgruppen, die entsprechende Nominale selegieren. Hyperonyme bei Nominalen sind diskursiv prototypisch in generischen „individual-level" Kopula-Nominal-Prädikationen (*Ein Hund ist ein Tier, Ein Tier ist ein Lebewesen*) manifest (Hyperonymenhierarchie: ... ≤ *Hund* ≤ ... ≤ *Tier* ... ≤ *Lebewesen* ≤ ...); diskursiv präsupponierte oder elizitierte Prädikationen spezifizieren derartige Hyperonymketten, die letztlich in allgemeinsten Sorten terminieren, – wohlgemerkt in einem ersten Schritt nur diskurstyp- und domänenspezifisch relativiert. In Konerding (1993) wurde im Rahmen einer Pilotstudie zunächst auf repräsentatives lexikografisches Material zurückgegriffen, das seinerseits schon ein – wenn auch vorwissenschaftliches – Elaborat umfassender Korpusanalysen darstellt. Als allgemeine Hyperonymtypen entsprechender Reduktionsketten, die Vererbungsstrukturen involvieren (in der Regel gilt die Transitivität der Hyperonymenrelation), resultieren bezeichnenderweise mehr oder weniger diejenigen sprachlich motivierten Sorten, die auch bei Dölling postuliert wurden (wobei die Sorten Döllings geringer im Umfang sind). Dies ist ein Indiz für entsprechende Validität, gerade weil unterstellt werden kann, dass die bei Dölling verfolgten (nicht overten) Bestimmungsverfahren unabhängig von den bei Konerding (1993) eingesetzten Verfahren gewählt wurden:[3]

---

[3] Zum Zusammenhang zwischen den Sorten nach Konerding und gängigen Ontologien vgl. auch Lönneker (2003, Kap. 3).

Nominale Sorten (Konerding 1993)	**„Ontologische" Sorten** (Dölling 1994)
Gegenstand (unbelebt) als nat. Art-Individuativum	„**Ding**" ([?])
Gegenstand (ub.) als Artefakt-Individuativum	„**Ding** (Münze, Brot, Bank, Zeitung)"
Gegenstand (ub.) als nat. Art-Kontinuativum	„**Substanz** (Gold, [?]Brot)"
Gegenstand (ub.) als Artefakt-Kontinuativum	„**Substanz** (Gold, [?]Brot)"
Organismus/Lebewesen (Amöbe, Palme)	∅
Person	„**Person** (Schüler, Linguist)"
Soziale Gruppe	„**Gruppe** (Familie, Team)"
Institution	„**Institution** (Bank, Zeitung)"
Ereignis (Brand, Auflauf)	∅
Handlung (Wohnungsbau, Demonstration)	∅
Zustand/Eigenschaft (Weisheit, Verwertbarkeit)	∅
Teil (Bein, Feder, Klinke, Öffnung, Motor)	∅
Gesamtheit/Ganzes (Motor, Wissenschaft)	„**Konfiguration** (Haufen, Stapel)"

Dass Selektionsmerkmale selbst als nominale Sorten auftreten und eine erste globale Spezifikation derartiger Sorten nach Konerding (1993) bestätigen, ist letztlich durch das Vorgehen bei der Ermittlung der Sortenhierarchie selbst – auf dem Weg der zuvor skizzierten methodischen Verfahrensweise – begründet. Entsprechendes lässt sich gemäß den Überlegungen von Miller (1993, vgl. obiges Zitat) leicht illustrieren:

Selektion von verbalen Argumenten nach den ermittelten Sorten (gemäß Miller 1993):

Gegenstand als nat. Art-Individuativum:	sammeln, ergreifen, bearbeiten, ...
Gegenstand als Artefakt-Individuativum:	hervorbringen, produzieren, schmieden, ...
Gegenstand als nat. Art-Kontinuativum:	schmelzen, fließen, rieseln, ...
Gegenstand als Artefakt-Kontinuativum:	legieren, vergären, brauen, ...
Organismus/Lebewesen:	schauen, fressen, wurzeln, eingehen, ...
Person:	beten, begrüßen, sprechen, unterrichten, ...
Soziale Gruppe:	aufnehmen, beitreten, austreten, ausschließen, zerschlagen, ...
Institution:	gründen, auflösen, einsetzen, ermächtigen, einrichten, ...
Ereignis:	eintreten, geschehen, losbrechen, ablaufen, sich ereignen, entstehen, vergehen, ...
Handlung:	planen, beabsichtigen, unterbrechen, kontrollieren, beenden, ...
Zustand/Eigenschaft:	sich befinden, aufweisen, verfügen über, haben, ...
Teil:	einsetzen, einfügen, montieren, fungieren, abtrennen, herausnehmen, ergänzen, ...
Gesamtheit/Ganzes:	zerlegen, zusammenfügen, zusammenstellen, kompilieren, demontieren, analysieren, ...

Mit der Bestimmung allgemeiner Sorten ist zunächst nur der erste Schritt gemäß den Hinweisen Millers vollzogen worden. Zur sprachdatenbezogenen Fundierung sortenspezifischer Qualia-Rollen bedarf es darüber hinaus der Berücksichtigung des besonderen Stellenwerts, den Miller – das Lexikon der Nomina sei anhand der Verben und Adjektive organisiert, „die den einzelnen Nomina *prädiziert* werden können" (Miller 1993, S. 258) – wie auch Pustejovsky – „qualia structure, representing the different modes of *predication* possible with a lexical item" (Pustejovsky 1995, S. 58) – mehr oder weniger explizit der Prädikation zuweisen. Beide, Miller wie Pustejovsky, bleiben allerdings die Konkretisierung und faktische Ausgestaltung dieser Thesen schuldig. Wie zuvor erwähnt, bietet das in Konerding (1993) und Folgearbeiten entwickelte Verfahren einer lexikon- und korpusbezogenen Ermittlung und Spezifikation von semantischen Sorten und zugehörigen Makro- bzw. Qualia-Rollen auch hier einen konstruktiven Zugang in einem zweiten Schritt: Mit Hilfe von Korpusanalysen und linguistischen Tests wird zunächst die Gesamtheit der lexikografisch verzeichneten Verben bzw. Verbschemata der deutschen Standardsprache dahingehend geprüft, für welche typischen Referenten der jeweils in Frage stehenden nominalen Sorten diese als *prädizierbar* ausgewiesen sind (Selektion). Die referenteninvariant als prädizierbar fixierbaren verbalen Schemata werden sortenbezogen in feldspezifischen Synonymen- bzw. Ähnlichkeitsgruppen zusammengefasst, ihrer Relevanz nach gewichtet und durch Repräsentation über verbale Schemata mit quasihyperonymer Qualität auf eine epistemisch sinnvolle und praktisch kontrollierbare Menge reduziert. Nach Instantiierung der externen Argumentstelle der erhaltenen verbalen Schemata mit dem in Frage stehenden Substantiv – gegebenenfalls nach Änderung der Diathese – resultieren Mengen verbal spezifizierter Attributrollen semantisch bestimmter sortaler Konzepte. Diese erfassen die zentralen Dimensionen sortenspezifischer Prädikation und bestimmen damit Qualia-Rollen gemäß Pustejovskys Konzeption: „qualia structure, *representing the different modes of predication possible with a lexical item*" (s.o. – Hervorhebung KPK).

Die jeweiligen prädikativen Makro- bzw. Qualia-Rollen-Kandidaten, die in Konerding (1993) – dort im Rahmen einer Pilotstudie in sog. *Matrixframes* zusammengefasst – zunächst jeweils separat und individuell für die wichtigsten nominal bestimmten Sorten GEGENSTAND-NAT. ART, GEGENSTAND-ARTEFAKT (jeweils INDIVIDUATIVUM vs. KONTINUATIVUM), ORGANISMUS/ LEBEWESEN, PERSON, SOZIALE GRUPPE, INSTITUTION, EREIGNIS, HANDLUNG, ZUSTAND/EIGENSCHAFT, TEIL, GESAMTHEIT/GANZES konstruktiv abstrahiert und spezifiziert wurden, bedürfen weitergehender Überprüfung und gegebenenfalls partiell einiger Modifikation und Ergänzung. Dies sollte im Zusammenhang mit Korpora geschehen, die Textsorten und Kommunikationsdomänen differenzieren sowie – damit zusammenhängend – dezidierte Frequenzanalysen gestatten. Es steht aber zu erwarten, das zeigten bereits die provisorischen und noch methodisch ungeschärften Ergebnisse der Pilotstudie in Konerding (1993), dass sich die bei Pustejovsky sortenbezogen indifferent aufgeführten Qualia-Rollen sortenabhängig differenzieren und datengetrieben verankern lassen, dies unter zentraler Berücksichtigung relevanter Kontextklassen/Distributionen (vgl. Konerding 1993).

Sortenrelativierte Qualia-Strukturen vererben sich – im Sinne von globalsten kontextuellen Makrostrukturen – auf speziellere Sorten des gleichen allgemeinen semantisch bestimmten Typs (via Hyponymie). Aufgrund der Vererbungseigenschaften beanspruchen die sortenzugehörigen Rollenkandidaten Gültigkeit für die Gesamtheit des entsprechend typisierbaren Anteils der substantivischen Lexik (hier der deutschen Standardsprache). Entscheidend bei dem vorgestellten Verfahren ist, dass Sortenhierarchien und Qualia-Askriptionen sprachrelativ erfolgen. Potenzielle „Universalien" als „crosslinguistische" Invarianzen ergeben sich überhaupt erst als Resultat einer umsichtigen Approximation qua Analogie auf komparativer Grundlage. Dieses induktive, datengetriebene Vorgehen steht ganz in der neuen Tradition der „Usage-Based-Linguistics" und vermeidet damit jede Hypothek auf a priorische Axiome der Existenz jeder Art zweifelhafter Universalien oder sprachunabhängiger „Ontologien".

Zur groben Exemplifikation des Vorgehens bei der Konstruktion von Rollenkandidaten aus dem zugrunde gelegten Sprachmaterial betrachte man die Skizze eines Beispiels: Zunächst spezifiziere man einen (proto)typischen Referenten eines Substantivs aus einer in Frage stehenden Sorte (1) in einer einschlägigen (proto)typischen Verwendung. Anschließend bestimme man auf der Grundlage von Korpusanalysen und linguistischen Tests die zuordnungsfähige Ähnlichkeitsgruppe verbaler Prädikatorenschemata (2). Die Ähnlichkeitsgruppe wird über ein (quasi-)hyperonymes Verbschema repräsentiert (3) und schließlich im Sinne der Spezifikation einer Qualia-Rolle einschlägig paraphrasiert (4):

1. Nominaltyp (Zuordnung z.B. via Hyperonymtypenreduktion – vgl. Konerding 1993):

   GEGENSTAND (INDIVIDUATIVUM/ARTEFAKT), konkretisiert etwa am Beispiel *Auto/PKW*

2. Ähnlichkeitsgruppe relevanter verbaler Prädikatorenschemata:
   beinhalten etw. (*Nom*) *etw.* (*Akk*)
   einschließen etw. (*Nom*) *etw.* (*Akk*)
   enthalten etw. (*Nom*) *etw.* (*Akk*)
   inkludieren etw. (*Nom*) *etw.* (*Akk*)
   inkorporieren etw. (*Nom*) *etw.* (*Akk*)
   involvieren etw. (*Nom*) *etw.* (*Akk*)
   etc.

3. Prädikatorenschemata mit hyperonymer Qualität:
   als Teil haben etw. (*Nom*) *etw.* (*Akk*)

4. Qualia-Rollen-konstitutives Prädikatorenschema für den Nominaltyp GEGENSTAND:
   (INDIVIDUATIVUM/ARTEFAKT)
   Ein Gegenstand hat als Teil etw. (*Akk*)

5. Zur Spezifikation der Rolle (Wert-Zuweisung) sind gefordert:
   Prädikatoren zur Charakterisierung von *Teilen* des Gegenstands der Sorte GEGENSTAND (INDIVIDUATIVUM/ARTEFAKT)

Gemäß der skizzierten Methode resultiert mit dem Beispiel gerade die sprachdatenbezogene Fundierung und Rekonstruktion eines zentralen Anteils der Qualia-Rolle CONST (= CONSTITUTIVE) bei Pustejovsky (vgl. u.). Diese ist allerdings zunächst relativiert auf die nominale Sorte GEGENSTAND (INDIVIDUATIVUM/ARTEFAKT), eine Differenzierung, die bei Pustejovsky aufgrund einer problematisch bleibenden Indifferenz von Qualia-Rollen gegenüber Sorten nicht berücksichtigt wurde und nicht berücksichtigt werden konnte, da lediglich historische Topoi (Aristoteles) unreflektiert ins Spiel gebracht wurden. Es bleibt hier festzuhalten, dass eine allgemeine abstrakte lexikalische Sorte TEIL – und komplementär dazu GESAMTHEIT – auch bei Konerding (1993), dort allerdings strikt sprachdatenbezogen, ermittelt wurde. Diese ist natürlich von ihrer Natur her prinzipiell von der Qualia-Rolle CONST zu unterscheiden, da Qualia-Rollen und Sorten einer anderen empirisch und theoretisch bestimmten Grund-Kategorie des hier präsentierten Beschreibungsmodells zugehören. In diesem Sinne kann auch die Sorte TEIL im Prinzip über eine Qualia-Rolle CONST verfügen; dies haben aber empirische Untersuchungen im zuvor skizzierten Stil zu erbringen. Man vergleiche dazu kontrastiv das spekulativ-stipulative Vorgehen Pustejovskys:

> Aristotle's notion of modes of explanation (or generative factors), as pointed out by Moravcsik (1975), can be viewed as a system of constructive understanding and inference. These four factors drive our basic understanding of an object or a relation in the world. They furthermore contribute to (or, in fact determine) our ability to name an object with a certain predication.
>
> Following our earlier discussion, assume that […] there are four basic roles that constitute the qualia structure Q for a lexical item. [...] below, the qualia

are given an informal interpretation, with possible values that each role may assume.

1. CONSTITUTIVE: the relation between an object and its constituents, or proper parts.
   i. Material
   ii. Weight
   iii. ⇒ Parts and component elements
2. FORMAL: ...

(Pustejovsky 1995, S. 85)

Ein grundlegendes Problem bei Pustejovsky bleibt entsprechend die Bestimmung der Rollen und Rollenwerte. Ein Teilproblem betrifft die Bestimmung von Qualia-Rollen für Verbbedeutungen (und allgemeinen Charakterisierungen für alternative Klassen zugehöriger Werte): Reine Verbformen – anders als nominale Ereignis-, Handlungs- oder Zustandsbezeichnungen – finden so gut wie nie als Topikausdrücke kategorischer Satzprädikationen Verwendung. Gleiches gilt für Adjektive und die jeweils denotierten Qualitäten. Verben dienen der Kommentierung von Topiks, sie werden außerhalb von metakommunikativen Diskursen selten Medium des Gegenstands kommunikativer Kommentierung. Verbbedeutungen werden nicht wie Nominalbedeutungen qua Prädikation analytisch spezifiziert, sondern durch Argumentstellensättigung und Adjunktion modifiziert. Weiterhin ist zu beachten, dass die meisten Simplexverben keine mereologischen Qualitäten der jeweils denotierten Ereignisse, Handlungen oder Zustände spezifizieren, solange jene nicht weitergehend phrasal projiziert werden und entsprechend kompositionell modifiziert sind (s.o.: *bake* vs. *bake a cake*). Obwohl es nahe liegt anzunehmen, dass Verben und Adjektive keinen so reichhaltig differenzierten Bestand an Qualia-Rollen-Spezifikationen wie Substantive aufweisen, insofern der semantische Gehalt der Qualia-Rollen-Aspekte diskursbezogen nicht durch Prädikation, sondern primär durch Modifikation differenziert wird (wozu ich auch die Argumentstellensättigung im Sinne der Ko-Kompositionalität bzw. der bilateralen Interdependenz rechne), ist es doch wahrscheinlich, dass im Rahmen einer metakommunikativen Problematisierung der Semantik von Verben und Adjektiven derjenige sortale Bestand an Qualia-Rollen als semantisch-konzeptueller Verstehenshintergrund relevant wird, der für die Substantive der betreffenden semantischen Sorte (hier Ereignis-, Handlungs- oder Zustandsbezeichnungen) spezifiziert wurde: Die metakommunikative Problematisierung bedingt eine pragmatische Topikalisierung der semantischen Komponente von Verben und Adjektiven, womit pragmatisch eine Quasi-Nominalisierung einhergeht, die auch syntaktisch realisiert sein kann. Damit erscheint es aber gerechtfertigt, nominal derivierte Qualia-Rollen und deren Spezifikationen, wie gerade im Rahmen des Vorgehens bei Pustejovsky, auch für Verb- und Adjektivbedeutungen vorzusehen (vgl. dazu etwa Konerding 1993, 2002).

Es sei an dieser Stelle darauf hingewiesen, dass sich die spezifizierten semantischen Sorten unter Einschluss ihrer Qualia- bzw. Frame-Strukturen im Rahmen einer Vererbungshierarchie anordnen lassen, die der Organisation von klassischen Ontologien gleicht, aber eben in einer umfassenden sprachlichen Datenanalyse konstruktiv gründet und einzelsprachbezogen bestimmt ist. Es ist davon auszugehen, dass Hierarchien sehr fremder Sprachen vor allem in spezielleren Hierarchiestufen recht schnell deviant sind. Ein Vorschlag zu einer möglichen und heuristisch fruchtbaren hierarchischen Anordnung semantischer Sorten, die Qualia-Strukturen zentral berücksichtigt, ist wiederum bei Pustejovsky zu finden (vgl. Pustejovsky 2001, S. 32 – in der folgenden Abb. leicht modifiziert; *Complex* ist jeweils für lcps wie *Schule, Fenster, lesen* etc. reserviert, *Functional* involviert intentionale Komponenten: z.B. Artefaktbezeichnungen, Handlungsverben, evalutive Adjektive). Vorschläge zu derartigen Vererbungshierarchien sind allerdings noch genauer zu spezifizieren und auch sprachdatenbezogen im Detail zu begründen.

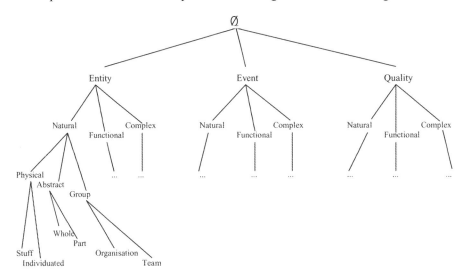

Abb. 1:   Ausschnitt aus einer möglichen sortalen Vererbungshierarchie (in Anlehnung an Pustejovsky 2001)

Auf der Grundlage des skizzierten Vorgehens ist es letztlich möglich, auf methodisch gesicherte Weise ein sprachdatenbezogenes Fundament für eine Erweiterung der lexikalischen Semantik im Sinne einer semantischen Qualia-Struktur nach Pustejovsky bereitzustellen. Entsprechend lässt sich der Bereich der lexikalischen Semantik als ausgezeichneter Bereich einer linguistischen Pragmatik bestimmen, nämlich als derjenige Bereich, der im Rahmen eines Kernes, wie z.T. bereits bisher vertreten, von einem minimalen, dabei weitgehend kontextinvarianten Merkmalsbestand bei den Verwendungsbedingungen lexikalischer Einheiten ausgeht (einbezogen sind hier auch die paradigmatisch kontrastierenden Merkmale: *Hund* vs. *Köter*). Dieser Kernbereich ist, dies zeigen die exemplarisch vorgestellten datenbezogenen Analysen und Betrachtungen nach Pustejovsky und Miller – die hier repräsentativ für eine paradigmenübergreifende Erkenntnistendenz stehen – sehr deutlich, von einem Bereich von Kontextualisierungsleistungen ermöglichenden Sorten- oder Qualia-Rollen-Daten umgeben, der seinerseits wiederum einen mehr oder weniger offenen Übergangsbereich gegenüber dem übrigen, d.h. traditionellen Bereich der Pragmatik aufweist (Zone der gradierten Lexikalisierung/„Konventionalisierung" von Implikaturen).

Wie die Sorten- bzw. Qualia-Rollen in Inhalt und Umfang und ihre jeweilige Interdependenz genauer bestimmt sind, welche zugehörigen Wertebereiche für sie vorzusehen sind und welchen Vererbungsrestriktionen sie im einzelnen unterliegen, ist im Detail noch zu erarbeiten. Hier werden detaillierte korpusorientierte Wortschatzanalysen und komplementär dazu syntagmatisch-kompositionell ausgerichtete Fallstudien notwendig werden, um einschlägige Antworten erhalten zu können.

5. Fazit

Als zentrales Ergebnis der vorausgegangenen Betrachtungen lässt sich Folgendes festhalten: Prinzipiell ergibt sich für den Bereich der Modellierung der Semantik von Nominalen und Substantiven, dass neben einer semantischen Kernstruktur mit den klassischen differenziellen, referenzsichernden Merkmalen eine umfangreiche semantische Kontextualisierungskomponente in Gestalt einer „Qualia"- oder semantischen Rahmen- bzw. „Frame"-Struktur vorzusehen ist, die sortale Information und zugehörige semantische Makrorollen an zentraler Stelle berücksichtigt sowie entsprechende Wertebereiche – im Sinne von wesentlichen, lexikalisch determinierten Kontextualisierungspotenzialen – für diese Rollen spezifiziert, dies im Range konventioneller Implikaturen (zu einem Ansatz mit lexikografischer Zielsetzung vgl. etwa Konerding 2002). Ob man dieses Modell im Rahmen einer modelltheoretischen Semantik oder in Form allgemeiner Gebrauchsbedingungen ausbuchstabiert, erweist sich zunächst als vollkommen nachrangig. Insofern resultiert für die Modellierung der lexikalischen Semantik nachhaltige Evidenz für eine „Mehr-Ebenen"-Semantik, allerdings in einem anderen Verständnis, als dieser Terminus in der traditionellen Verwendung nach Bierwisch und Lang geprägt worden ist. Strikte modulare Grenzen der semantikinternen Modellierung sowie der Abgrenzung zur Pragmatik erweisen sich vor dem Hintergrund der umfassenden empirischen Evidenzen als inadäquat; Semantik ergibt sich als ein spezieller Bereich einer sie einbettenden Pragmatik.

Die hier vorgestellte Konzeption wird der historisch-genetischen Beschaffenheit sprachlicher Phänomene gerecht, dass nämlich lexikalische Einheiten nur diskursvermittelt erscheinen und in diesen Diskursen und dem zugehörigen syntagmatischen Umfeld bedeutungskonstitutiv wirksam sind. Insofern erscheint es geradezu zwingend für die Modellierung der Semantik von lexikalischen Einheiten, dass im engeren Bereich der „Pragmatik von Wörtern", d.h. der kontextbezogen weitgehend invarianten Bedeutungszuschreibung, Anschlussstellen für die kontextuelle Verrechnung verfügbar sein sollten. Diese Anschlussstellen sollten, soweit die nominale Lexik betroffen ist, aus den dargelegten Gründen prinzipiell sortal bestimmt sein. Probleme der Ermittlung, des methodischen Zugangs, der Plausibilität und Legitimation der semantischen Sorten und der sortalen Organisation des Lexikons sind zu klären. Auch ist die prinzipielle Relevanz für Kompositionalitätsphänomene jeder Art im Detail weitergehend zu diskutieren, insbesondere ist zu prüfen, ob sich sortale Informationen in dem Sinne auf Verben und Adjektive übertragen lassen, wie dies, wie zuvor ausgeführt, vorgesehen ist. Zugleich ist zu prüfen, inwieweit sortale Informationen im Rahmen von Mehrwortlexemen und grammatischen Konstruktionen zum Tragen kommen. Ein möglicher Weg wurde zuvor skizziert. Es ist darauf hinzuweisen, dass das hier exemplarisch diskutierte Vorgehen nicht unbedingt als absolut zwingend erscheint. Es sollte jedoch deutlich geworden sein, dass es zahlreiche und gute Gründe gibt, das Verhältnis von Semantik und Pragmatik im zuvor skizzierten Sinne zu begreifen. Alternative Ansätze, die jenseits sprachlicher Strukturen und Daten auf rein konzeptueller Ebene inferenzielle Mechanismen postulieren, indifferent hinsichtlich ihres jeweiligen lexikalischen Konventionalisierungsgrades und enthymemischer Superformation, greifen aus den zuvor ausgeführten Gründen zu kurz (etwa Hobbs u.a. 1993, Blutner 1998, 2002, Dölling 2005 u.a.). Darüber hinaus bietet die zuvor skizzierte Konzeption den Zugang zu einer prinzipiell diskursbasierten lexikalischen Semantik, ein Faktum, das dem emergenten Paradigma der performanzbasierten Linguistik wesentlich gerecht wird. Ich schließe in diesem Sinne mit den programmatischen Worten von Pustejovsky und Asher, die die vorausgegangenen Überlegungen treffend kennzeichnen, wenn diese feststellen:

> We believe [...] that integrating discourse principles in the lexicon and a rich lexicon into the computation of discourse interpretation will greatly benefit from both areas of linguistics. (Asher/Pustejovsky 2000, S. 2)

6. Literatur

Hinweis: Bei der Wiedergabe von Internetadressen kennzeichnet das Trennzeichen ⌐ am Zeilenende einen layoutbedingten Umbruch, der nicht Bestandteil der Adresse ist. Bindestriche, die Bestandteil der Internetadresse sind, werden als „normale" Minuszeichen („-") wiedergegeben. Sie sind auch dann einzugeben, wenn sie am Zeilenende stehen.

Asher, Nicholas/Pustejovsky, James (2000): The Metaphysics of Words in Context. Internet: `www.cs.brandeis.edu/~jamesp/articles/metaphysics-wor⌐ds.pdf` (Stand: Juli 2005).

Becker, Alton (1993): The Elusive Figures of Burmese Grammar: An Essay. In: Foley, William (Hg.): The Role of Theory in Language Description. Berlin/New York. S. 29-46.

Blutner, Reinhard (1998): Lexical Pragmatics. In: Journal of Semantics 15, S. 115-162.

Blutner, Reinhard (2002): Lexical Semantics and Pragmatics. In: Hamm, Fritz/Zimmermann, Thomas Ede (Hg.): Semantics. In: Linguistische Berichte, Sonderh. 10, S. 158-168.

Chomsky, Noam (1965): Aspects of the Theory of Syntax. Cambridge.

Coseriu, Eugenio (1967): Lexikalische Solidaritäten. In: Poetica 1, S. 292-303.

Croft, William (2001): Radical Construction Grammar. Syntactic Theory in Typological Perspective. Oxford.

Dölling, Johannes (1992): Flexible Interpretation durch Sortenverschiebung. In: Zimmermann, Ilse/Strigin, Anatoli (Hg.): Fügungspotenzen. Berlin. S. 23-62.

Dölling, Johannes (1994): Sortale Selektionsbeschränkungen und systematische Bedeutungsvariation. In: Schwarz (Hg.), S. 41-59.

Dölling, Johannes (2005): Semantische Form und pragmatische Anreicherung: Situationsausdrücke in der Äußerungsinterpretation. Internet: www.uni-leipzig. de/~doelling/pdf/sempragsit.pdf (Stand: Juli 2005).

Fillmore, Charles (1988): The Mechanism of Construction Grammar. In: Berkeley Linguistic Society 14, S. 35-55.

Firth, John Rupert (1957): Papers in Linguistics 1934-1951. Oxford.

Goldberg, Adele (1995): Constructions. A Construction Grammar Approach to Argument Structure. Chicago.

Gumperz, John (1993): Culture and Conversational Inference. In: Foley, William (Hg.): The Role of Theory in Language Description. Berlin/New York. S. 193-214.

Harris, Zellig (1951): Methods in Structural Linguistics. Chicago.

Heine, Bernd/Claudi, Ulrike/Hünnemeyer, Frederike (1991): Grammaticalization. A Conceptual Framework. Chicago.

Hjelmslev, Louis (1961): Prolegomena to a Theory of Language. Revised English Edition. Madison. [Titel der dänischen Originalausgabe: Omkring sprogteoriens grundlæggelse. København 1943.]

Hobbs, Jerry/Stickel, Mark/Appelt, Douglas/Martin, Paul (1993): Interpretation as Abduction. In: Artificial Intelligence 63, S. 69-142.

Hopper, Paul/Traugott, Elisabeth Closs (1993): Grammaticalization. Cambridge.

Konerding, Klaus-Peter (1993): Frames und lexikalisches Bedeutungswissen. Untersuchungen zur linguistischen Grundlegung einer Frametheorie und zu ihrer Anwendung in der Lexikographie. Tübingen.

Konerding, Klaus-Peter (1996): Konzept, Bedeutung und sprachliche Handlung. Grundzüge einer methodisch fundierten Framesemantik für Sprechaktverben. In: Weigan, Edda/Hundsnurscher, Franz (Hg.): Lexical Structure and Language Use. Bd. 2. Tübingen. S. 77-88.

Konerding, Klaus-Peter (1997): Grundlagen einer linguistischen Schematheorie und ihr Einsatz in der Semantik. In: Pohl, Inge (Hg.): Methodologische Aspekte der Semantikforschung. Frankfurt a.M. S. 57-84.

Konerding, Klaus-Peter (1999): Merkmale, Bedeutungspostulate, Prototypen, Schemata – Aspekte der Kompatibilität prominenter Modelle in der Semantik. In: Pohl, Inge (Hg.): Interdisziplinarität und Methodenpluralismus in der Semantikforschung. Frankfurt a.M. S. 19-41.

Konerding, Klaus-Peter (2002): Semantische Kommentare im produktionsorientierten Wörterbuch. In: Ezawa, Kennosuke/Rensch, Karlheinz/Ringmacher, Manfred/Kürschner, Wilfried (Hg.): Linguistik jenseits des Strukturalismus. Akten des II. Ost-West Kolloquiums Berlin 1998. Tübingen. S. 293-319.

Konerding, Klaus-Peter (2004a): Semantische Variation, Diskurspragmatik, historische Entwicklung und Grammatikalisierung. Das Phänomenspektrum der Partikel *also*. In: Pohl, Inge/Konerding, Klaus-Peter (Hg.): Stabilität und Flexibilität in der Semantik. Strukturelle, kognitive, pragmatische und historische Perspektiven. Frankfurt a.M. S. 198-237.

Konerding, Klaus-Peter (2004b): Wortfelder im Kontext. Die Rollen von Diskurspragmatik, Informationsstruktur, Satzsemantik und lexikalischer Semantik für die Konstitution von Wortfeldern. In: Tóth, József (Hg.): Quo vadis Wortfeldforschung? Frankfurt a.M./Berlin/Bern/Wien u.a. S. 97-126.

Krämer, Sybille (1999): Gibt es eine Sprache hinter dem Sprechen? In: Wiegand, Herbert E. (Hg.): Sprache und Sprachen in den Wissenschaften. Geschichte und Gegenwart. Berlin/New York. S. 372-403.

Lang, Ewald (1994): Semantische vs. konzeptuelle Struktur: Unterscheidung und Überschneidung. In: Schwarz (Hg.), S. 25-40.

Lönneker, Birte (2003): Konzeptframes und Relationen. Extraktion, Annotation und Analyse französischer Korpora aus dem *World Wide Web*. Berlin.

Malinowski, Bronislav (1930): The Problem of Meaning in Primitive Languages. In: Ogden, Charles Kay/Richards, Ivor Armstrong (Hg.): The Meaning of Meaning. 2. Aufl. London. S. 296-336.

Mann, William/Thompson, Sandra (1988): Rhetorical Structure Theory. Toward a Functional Theory of Text Organization. In: Text 8, S. 243-281.

Miller, George A. (1993): Wörter. Heidelberg.

Moravcsik, Julius (1975): Aitia as Generative Factor in Aristotle's Philosophy. In: Dialogue 14, S. 622-636.

Peirce, Charles S. (1931): Collected Papers. Cambridge, MA.

Porzig, Walter (1934): Wesenhafte Bedeutungsbeziehungen. In: Beiträge zur Geschichte der deutschen Sprache und Literatur 58, S. 70-97.

Pustejovsky, James (1995): The Generative Lexicon. Cambridge, MA.

Pustejovsky, James (2001): Type Construction and the Logic of Concepts. Internet: `www.cs.brandeis.edu/~jamesp/articles/type-construction.pdf` (Stand: Juli 2005).

Pustejovsky, James (2002): Syntagmatic Processes. In: Cruse, Allan D./Hundsnurscher, Franz/Job, Michael/Lutzeier, Peter Rolf (Hg.): Lexikologie/Lexicology. Ein internationales Handbuch zur Natur von Wörtern und Wortschätzen. 1. Halbbd. (= Handbücher zur Sprach- und Kommunikationswissenschaft/ Handbooks of Linguistics and Communication Science 21). Berlin/New York. S. 565-570.

Quine, Willard (1969): Ontological Relativity and Other Essays. New York.

Schwarz, Monika (Hg.) (1994): Kognitive Semantik. Ergebnisse, Probleme, Perspektiven/Cognitive Semantics. Tübingen.

Tomasello, Michael (2003): Constructing a Language. A Usage Based Theory of Language Acquisition. Cambridge, MA.

Traugott, Elisabeth Closs/Heine, Bernd (Hg.) (1991): Approaches to Grammaticalization. Bd. 2. Amsterdam/Philadelphia.

Trier, Joost (1931): Der deutsche Wortschatz im Sinnbezirk des Verstandes. Heidelberg.

Gisela Zifonun / Gerhard Strauß

Achillesferse und Ariadnefaden
Antike Bilder in deutschen Texten

1. Kein Danaergeschenk

Giselas Faszination für die Ordnung der Wörter im Wortschatz hat sich im Laufe ihrer wissenschaftlichen Karriere nicht von ungefähr mehrfach auf einen eher unordentlichen Aspekt des Lexikons fokussiert: den Aspekt der Bildlichkeit bzw. Metaphorik und damit eng verknüpft den der Idiomatizität. Zu nennen sind u.a. ihr Beitrag zu „Metapher" in den „Brisanten Wörtern" (Strauß/Haß/Harras 1989) und der zusammen mit Kristel Proost verfasste Aufsatz „Strategien der Lemmatisierung von Idiomen" (Harras/Proost 2002). Diese Liebe zu den kreativen, spielerischen, anspielungsreichen, ja sinnlichen und schönen Fassetten von Sprachlichkeit ist Ausdruck eines sprachwissenschaftlichen Temperamentes, für das gerade die widerborstigen, schwer erklärbaren, aber vitalen Phänomene Reiz und Herausforderung bedeuten. Auch bei der Beschäftigung mit den Kommunikationsverben, einem von Giselas Hauptinteressengebieten, spielte dieses Moment der Widerständigkeit eine Rolle: Propositionale Einstellungen und damit kognitive Zustände, wie sie mit *lügen*, *versprechen* oder *gutheißen* evoziert werden, entziehen sich der kruden Mechanik von zeitlich und kausal aufeinander bezogenen Ereignissen der äußeren Wirklichkeit, die „der gewöhnliche formale Semantiker" so gern zum Objekt seiner Studien macht. Ebenso wenig ist Redewendungen wie *jemandem einen Bären aufbinden* oder *jemanden ins Bockshorn jagen* mit der schlichten Annahme Fregescher Kompositionalität so recht beizukommen. Und das Verständnis von Metaphern erfordert allemal über den intelligenten Einsatz des linguistischen Instrumentariums hinaus umfassendere hermeneutische Kunst.

Diesem Temperament einer 'anti-trivialen lexikalischen Semantik' soll der vorliegende Beitrag seine Reverenz erweisen.

2. Einstieg

Versetzen wir uns für einen Augenblick in die Welt der antiken Mythologie und nehmen wir an, Achilles hätte deutsch gesprochen. Ganz gewiss hätte er nicht den Ausdruck *Achillesferse* gebraucht – weder wenn er auf seinen Körperteil konkret Bezug nahm, noch wenn er sich dessen als seiner wunden Stelle bewusst wurde. Auch Ariadne hätte den Faden, mit dem sie Theseus aus dem Labyrinth leitete, nicht *Ariadnefaden* genannt.

Erst im Nachhinein, in der Rückschau auf eine mythologische Begebenheit, in der Deutung, wird die Ferse des Achilles zur Achillesferse, der Faden der Ariadne zum Ariadnefaden.

Metaphorische Namenkomposita stellen einen besonderen Typ metaphorischer Sprachverwendung dar. Der Typ ist uns nicht nur aus der antiken Mythologie und Geschichte (*Pyrrhussieg*) bekannt. Daneben finden sich solche Namenkomposita auch in der biblischen Tradition, z.B. *Hiobsbotschaft, Adamsapfel, Kainsmal*. In der Nachbarschaft dieses Typs orten wir die appellative Verwendung antiker oder biblischer Eigennamen wie etwa (*ein*) *Nestor, Methusalem, Adonis, Mentor, Krösus,* (*eine*) *Xanthippe* oder die Ableitungen zu solchen Eigennamen wie *Cäsarismus, Odyssee, Onanie*. Bestimmte ursprünglich metaphorische Bildungen haben sich auch zu festen fachsprachlichen Bezeichnungen weiterentwickelt, etwa *Ödipuskomplex, Adamsapfel, Adonisröschen* oder *Achillessehne* – im Gegensatz zu *Achillesferse*, wobei natürlich schon ein Zusammenhang besteht.

Generell gilt für alle diese Bildungen, dass der prägende Einfluss der antiken und der christlichen Tradition auf die europäische Kulturgeschichte sich auch in der Bild- und Metaphernwelt der europäischen Sprachen nachweisen lässt; beide Traditionen stellen wesentliche Spendbereiche dar, aus denen nicht nur die dichterische Bildphantasie, sondern auch der allgemein- oder bildungssprachliche Wortschatz sich speiste.

Das eigentliche Thema hier sind jedoch die zweiteiligen, metaphorisch verwendeten Namenkomposita antiken Ursprungs. Dazu gehören neben *Achillesferse* und *Ariadnefaden* auch *Argusauge, Augiasstall, Damoklesschwert, Danaergeschenk, Danaidenarbeit/-fass, Herkulesarbeit, Ikarusflug, Nessushemd, Prokrustesbett, Pyrrhussieg, Sisiphusarbeit* und *Tantalusqualen*. Ihr Aufbau ist stets gleichartig: Erster Kompositumteil, Determinans – Bestimmungswort – ist der antike Eigenname; zweiter Teil, Determinatum – Grundwort – ist ein konkretes (*Ferse, Faden, Auge, Stall, Schwert, Fass, Hemd,*

Bett) oder abstraktes (*Arbeit, Flug, Sieg, Qual*) Appellativum. (Bei *Geschenk* handelt es sich zwar um eine Verbableitung, Geschenke können aber sehr wohl konkrete Gegenstände sein, daneben aber auch Abstraktes wie Liebe oder Zuneigung.) Die semantische Beziehung zwischen beiden Teilen scheint ebenfalls gleichartig und recht simpel zu sein und in einer Zugehörigkeits- oder Possessivrelation zu bestehen. Umschreiben könnten wir also mit *Ferse des Achilles, Faden der Ariadne* usw.

Man beachte jedoch, dass nur beim Kompositum die metaphorische Verwendung verfestigt ist. Dies unterscheidet das deutsche *Achillesferse* vom englischen *heel of Achilles* bzw. *Achilles' heel* oder vom französischen *talon d'Achille*.[1] Während im Englischen und Französischen das Syntagma sowohl wörtlich als auch metaphorisch gebraucht werden kann, ist im heutigen Deutschen das Syntagma primär wörtlich, das Kompositum ausschließlich metaphorisch zu verstehen. Dies entspricht einer generellen Wortbildungsregel im Deutschen, derzufolge es kein produktives Wortbildungsmuster folgender Art gibt:

Eigenname + Appellativum
└─────┬─────┘
Deutung der Beziehung: Zugehörigkeitsrelation

Peterferse ist keine Wortbildungsalternative zu *Peters Ferse*, *Elisabethgeschenk* keine zu *Geschenk der Elisabeth*.

Allerdings ist nicht in allen vergleichbaren Fällen im Deutschen ein Kompositum in metaphorischer Verwendung usuell geworden. So ist *Pandorabüchse* gegenüber dem Syntagma *Büchse der Pandora* vergleichsweise ungewöhnlich.[2]

---

[1] Auch im Polnischen und Ungarischen, um die übrigen Kontrastsprachen des Projekts „Grammatik des Deutschen im europäischen Vergleich" zu nennen, sind die Übersetzungsäquivalente syntaktische Fügungen, keine Komposita. Dabei kennt das Polnische neben der genitivischen Attribution wie in *pięta Achillesa* 'Achillesferse' auch die Konstruktion Kopfsubstantiv + deonymisches Adjektiv wie bei *pięta achillesowa*, wörtlich: 'achilleische Ferse'. Im Ungarischen liegt die Konstruktion Attribut im Nominativ + Kopfsubstantiv mit Possessoraffix vor, die der deutschen Genitiv-Attribuierung entspricht: *Ariadné fonala* 'Ariadnefaden'.

[2] In dem Gesamtkorpus geschriebener Texte des IDS findet sich *Pandorabüchse* nur 35-mal gegenüber 353-mal für *Büchse der Pandora*.

3. Ausblick in die Historie

Wir möchten nun zunächst die Verwendung der Ausdrücke in deutschen Texten demonstrieren und folgen dabei u.a. den Belegrecherchen und der lexikografischen Beschreibung des „Deutschen Fremdwörterbuchs" (DFWB). Die bereits erschienenen fünf Bände der Neubearbeitung dieses Standardwerkes von Schulz/Basler (vgl. Strauß „Lexikografische Einführung" in Band I) enthalten auch Stichwörter wie *Achillesferse, Ariadnefaden, Argusauge, Augiasstall* und *Damoklesschwert*. Die historische Perspektive, die dort zugrunde liegt, wird hier nicht durchgehend mit berücksichtigt. Es kommt hier nicht auf eine Nachzeichnung der Verwendungsgeschichte an.

Bemerkenswert ist jedoch, dass die Komposita in der Regel erst ab der zweiten Hälfte des 17. Jahrhunderts im Deutschen nachzuweisen sind. So wird die von Diodor und Appollodor erzählte Geschichte von jenem Kraftakt des Herakles, bei dem dieser den 30 Jahre nicht ausgemisteten Stall des Königs von Elis an einem Tag reinigte, indem er zwei Flüsse hindurchleitete, schon von Lukian und Seneca als Parabel für Missstände gebraucht, das Kompositum *Augiasstall* wird jedoch erst im 18. Jahrhundert zum „geflügelten Wort".

Achillesferse erscheint – soweit wir wissen – zum ersten Mal 1805 in Jean Pauls „Flegeljahren". Auch *Ariadnefaden* wird in den „Flegeljahren" zum ersten Mal dem heutigen Gebrauch entsprechend als Kompositum verwendet – nach einem Vorlauf in der gelehrtenlateinischen Form *filum ariadnaeum/Ariadnes* und als Genitivphrase *Faden der Ariadne*.

Jean Paul übrigens 'entwickelt' die metaphorische Redeweise aus der Schilderung einer erotischen Situation, bei der die schöne Blondine Jakobine ihren Anbeter Walt mehr oder minder absichtsvoll in das Knäuel ihres Nähzeugs verwickelt und damit unauffällig und äußerst effektiv ein Näherkommen bewerkstelligt. Schließlich heißt es:

> (1) Er war am Ariadnens-Faden des Knäuls durch das Labyrinth des Rede-Introitus schon durch, so dass er im Hellen fragen konnte: „Was sind ihre Hauptrollen?" – „Ich spiele die unschuldigen und naiven sämtlich", versetzte sie, und der Augenschein schien das Spielen zu bestätigen. (Jean Paul, 1805, Flegeljahre II, S. 893)[3]

---

[3] Bei Quellenangaben schließen wir uns der Zitierweise des DFWB an. Man vergleiche das Quellenverzeichnis im Registerband des DFWB.

Auch den literaturwissenschaftlichen Nicht-Experten erfreut hier das literarische Spiel. Was war zuerst, fragt er sich: die Anspielung auf die mythologische Situation, die durch das konkrete Verwicklungsereignis parodierend in Szene gesetzt wird, oder die konkrete Szene mit anschließender mythologischer Anspielung? In jedem Fall wird die scheinbar unschuldig-naive Jakobine zur würdigen Schwester Ariadnes, die, wie jene ihren Theseus, ihren unerfahrenen Verehrer auf sachte Weise am Gängelband führt.

Von dieser spielerischen Leichtigkeit bleibt beim „geflügelten Wort" dann leider oft wenig erhalten. Trotz ihrer relativ kurzen Lebensgeschichte erscheinen die Ausdrücke in ihrer heutigen Verwendung oft abgegriffen, bloße Versatzstücke eines relativ billigen Redeschmuckes.

Dafür stehe stellvertretend der folgende Beleg aus dem Wirtschaftsteil des „Mannheimer Morgens":

> (2) Der Trend gehe zum Shopping, nicht zur Warenversorgung. „Und hier hat eindeutig die Innenstadt die erste Option". Vor allem beim Non-Food-Bereich, das wurde auf der Veranstaltung in Düsseldorf deutlich, liegt die **Achillesferse** der Branche. (Mannheimer Morgen, 3.3.1988, S. 7)

Hier wirkt die Diskrepanz zwischen der Trivialität der Warenwelt und dem pathetischen Anspruch der Metapher – wenn man denn noch an ihre Herkunft denkt – geradezu grotesk.

Thematisiert wird der Verschleiß tradierter Versatzstücke in dem folgenden kritischen „Zeit"-Zitat:

> (3) [aus einem „Zeit"-Artikel zur Aktualität der Bibel. Dort heißt es am Ende:]
>
> Was ist denn übrig geblieben von dieser ganzen Schöpfungs-, Sintflut-, Erzväter-Mythologie, mit der unsere Vorfahren lebten, als wäre die Genesis in Geltung? Und was sagen uns noch die vierzig Wüstenjahre, als dank Mose so viel Manna und Gesetze vom Himmel kamen, dass den Kindern Israels immer mal wieder schlecht davon wurde? Geblieben sind ein paar Sprüche, Gemeinplätze, Metaphern; ein Kainsmal, ein Linsengericht, ein Goldenes Kalb, abgegriffen wie die **Achillesferse** oder der **Augiasstall**. (Zeit, 20.12.1985, S. 43)

Dieser sprachkritische Aspekt soll jedoch hier nicht weiter verfolgt werden.

Apropos „geflügeltes Wort". Wir haben von Metaphern gesprochen, nun ist von geflügelten Worten die Rede, in Wörterbüchern findet sich oft die Charakterisierung als „sprichwörtlich". Der Versuch einer genaueren Bestimmung in oder zwischen diesen rhetorischen oder linguistischen Kategorien wird erst weiter unten vorgenommen. Zunächst einmal gehen wir davon aus, dass es sich um metaphorischen Sprachgebrauch handelt, und werden in der Analyse der Verwendungsbeispiele dafür stützende Argumente liefern.

Ebenso wenig wie die Verwendungsgeschichte können die kultur- und geistesgeschichtlichen Implikationen solchen Wortgebrauchs genügend gewürdigt werden. Das primäre Interesse gilt vielmehr der Klärung der sprachlichen Besonderheiten. Damit meinen wir die Beschreibung der Kollokationen und Kontexte, in denen die Ausdrücke typischerweise vorkommen, sowie – damit verbunden und daraus resultierend – die semantische und syntagmatische Analyse dieses speziellen Typs bildlichen Sprachgebrauchs.

4. Kontext und Kollokationen

Metaphern sind ein Kontextphänomen, eine „Transaktion zwischen Kontexten" (Ricoeur 1986), erkennbar daran, dass die Ausdrücke in konterdeterminierenden Kontexten (Weinrich 1976) erscheinen, also in Kontexten, die mit der wörtlichen Bedeutung semantisch inkompatibel oder inkongruent (Kurz 1993, S. 8) sind, die, wenn man so will, gegen die Selektionsrestriktionen des Ausdrucks verstoßen. Etwa:

(4) Das ist die schwächste Seite Berlins, seine **Achillesferse**. (Laube, 1836, Reisenovellen IV, S. 144)

Gehen wir von der wörtlichen Bedeutung des Determinatums *Ferse* aus, so liegt ein konterdeterminierender Kontext vor: Städte (wie Berlin) haben keine Fersen. Ähnlich auch bei den sehr häufigen Gleichsetzungen wie in Beleg (5) für *Achillesferse*:

(5) Diese Staatsschuldenmasse ist die **Achillesferse** [von Europas Staaten]. (Steinmann, 1857, Rothschild I, S. 129)

oder in Beleg (6) für *Ariadnefaden*:

(6) Die Straßen waren ein Wirrwarr, und die rot-weißen Einbahnpfeile waren für die Autofahrer der **Ariadne-Faden**, der durch das Labyrinth, aber zu keinem Ziel führte. (Koeppen, 1961, Frankreich, S. 23)

Staatsschuldenmassen sind keine Fersen, Einbahnpfeile keine Fäden.

Solche Gleichsetzungskontexte stellen den klassischen und den klassisch einfachen Fall metaphorischer Sprachverwendung dar (im Folgenden: Kontexttyp I): Die Metapher zeigt sich hier als prädikative Aussageform (Ricoeur 1986), bei der über einen außersprachlichen Gegenstand, das Subjekt der Metapher (Strauß 1991), in direkter Weise metaphorisch prädiziert wird. Dem nicht-metaphorischen Subjekt-Ausdruck wird durch die Kopula der metaphorische Prädikatsausdruck zugeordnet. Der Kopula kommt hier eine ausgezeichnete Funktion zu: Sie macht (nach Ricoeur 1986, S. 239) „die Spannung zwischen Identität und Differenz im Bewegungsfeld der Ähnlichkeit" bewusst. Durch die prädikative Zuschreibung wird auf eine bestimmte ungenannte Eigenschaft oder ungenannte Eigenschaften abgehoben, die identisch oder vergleichbar sind mit bestimmten Eigenschaften des Bezugsobjekts. Diese könnten gegebenenfalls auch nicht-metaphorisch benannt werden, sind aber hier auf dem Wege der Ableitung bzw. Inferenz aus einem Ausdruck mit anderer wörtlicher Bedeutung zu gewinnen. Statt direkt von einer wunden Stelle zu sprechen, wird der Ausdruck *Achillesferse* gebraucht. Folgt man der alten Tropenlehre des Quintilian, so beruht die Möglichkeit der Ableitung des Gemeinten auf einer Ähnlichkeitsbeziehung, hier einem verkürzten analogischen (nach Aristoteles vierteiligen) Vergleich. Für Beleg (5) lautet die zugrunde liegende vierteilige „Proportion" und die entsprechende Inferenz so:

> (5') Die Staatsschuldenmasse (A) ist die wunde Stelle von Europas Staaten (B), wie die Ferse (C) die wunde Stelle des Achilles (D) war.
>
> Daher kann die Staatsschuldenmasse als Achillesferse von Europas Staaten bezeichnet werden.

Die vierteilige proportionale Metapher kann (in Anlehnung an Eco 1985) so schematisiert werden:

$$A/B = C/D$$
daher für A von B: C von B

Für das ursprüngliche Beispiel des Aristoteles lauteten Proportion und Inferenz so:

$$\text{Schale/Dionysos} = \text{Schild/Ares}$$
daher für 'Schale des Dionysos': 'Schild des Dionysos'

Die Metapher *Abend des Lebens/Lebensabend* kann so aufgelöst werden:

$$\text{Alter/Leben} = \text{Abend/Tag}$$
daher für 'Alter (des Lebens)': 'Abend des Lebens'

Wie man feststellt, liegt bei unseren Kompositionsmetaphern eine Variante vor:

Schuldenmasse/Staaten Europas = Ferse/Achilles
daher für 'Schuldenmasse der Staaten Europas':
'Achillesferse der Staaten Europas'

Die Variation gegenüber dem aristotelischen Muster der vierteiligen Proportion besteht hier darin, dass aus dem Spendbereich der metaphorischen Beziehung, also aus dem zweiten Teil der Proportion, nicht nur der Anteil C in die Metapher eingeht, sondern auch der Anteil D: *Ferse* (C) ist das Grundwort der Metapher, das aber durch *Achilles* (D) determiniert werden muss, um überhaupt metaphorische Kraft zu erlangen.

Unsere Metaphern beruhen wie jede Metapher nun gerade auf der Aussparung des expliziten Vergleichs; das tertium comparationis wird vorausgesetzt – der Sprecher vertraut auf ein bestimmtes Auflösungswissen beim Hörer. Analogische oder Proportionsmetaphern unterscheiden sich von den einfachen Eigenschaftsmetaphern (*Achill ist ein Löwe.*, *Fritz ist ein rechter Fuchs.*) unter anderem dadurch, dass das tertium comparationis, der „ground" (Lipka 1988) oder das Übertragungsmotiv nicht aus einem einfachen metaphorischen Prädikator ('Löwe', 'Fuchs') gewonnen werden kann, sondern relational bestimmt werden muss aus der Beziehung zwischen C und D, die ihrerseits analogisch zu deuten ist.

Was das zur analogischen Deutung notwendige Auflösungswissen angeht, so handelt es sich in diesem speziellen Fall anders als im üblichen Fall der Metaphernverwendung um tradiertes Bildungsgut. Anders als bei der poetischen Metapher oder auch einer kreativen Metapher, mit der findige Sprecher uns neu konfrontieren können, geht solchen Bildungsmetaphern die interpretative Offenheit, das Vage und Changierende ab. Ihr Gehalt kann nicht mehr Gegenstand differenzierter Deutungsprozesse sein, bei denen je nach Kontext dieser oder jener Zug aus einem weiten Bedeutungsspektrum aktualisiert wird. Dieser spezielle Witz des Metapherngebrauchs, der kognitive Effekt, bei dem uns neue Sehweisen aufgehen, auf den in neueren Metapherntheorien (vgl. insbesondere auch den von Gisela Harras verfassten Artikel „Metapher" in Strauß/Haß/Harras 1989) immer wieder abgehoben wird, tritt hier in den Hintergrund. Das Auflösungswissen ist eindeutig enzyklopädischer, nicht im engeren Sinne semantischer Natur, und damit auch festgemacht an der Faktizität von Überlieferungen.

Das bedeutet auch, dass diese Kompositionsmetaphern tendenziell schon so verfestigt sind, dass sie als Lexikoneinheiten im Gedächtnis abgelegt werden können, denen als wörtliche Bedeutung eben jener ursprünglich metaphorisch entstandene Gehalt zugeordnet ist. Man kann sich dann das Verhältnis zwischen Ausdruck und Inhalt wie eine Übersetzungsbeziehung vorstellen: *Achillesferse* ist ein sondersprachlicher Ausdruck – eine Art bildungssprachliches Fachchinesisch – für *wunde Stelle*, unmotiviert und ohne Motivierungsbedarf. Die Wahrheit – dies zeigt aus unserer Sicht die Textanalyse – dürfte irgendwo in der Mitte zwischen der Auffassung als lebendige und noch motivierte Metapher und der Auffassung als tote Metapher mit fester, unmotivierter Bezeichnungsfunktion liegen.

Zu nennen ist ein weiterer Kontexttyp (Kontexttyp II): Die Kompositionsmetapher erscheint als beliebige Ergänzung oder Angabe in einem Satz mit einem Vollverb, nicht mit der Kopula *sein*. Hier werden vor allem bei *Ariadnefaden* und *Augiasstall* die typischen Kollokationen wichtig, die der Ausdruck aus seiner mythologischen „Geschichte" mitbringt. Die Kollokationen bleiben in der Regel im Bild, sie passen zu der wörtlichen Bedeutung des zweiten Kompositumbestandteils, also zu *Faden* bzw. *Stall*:

> (7) Während Lepsius in linguistischen Studien sogleich den **Ariadnefaden fand**, der ihn durch das Labyrinth der ägyptischen Götter- und Pharaonennamen **leitete**. (Lenz, 1911, Freiheit, S. 16)

Ein Ariadnefaden wird gefunden oder zumindest nicht verloren, ergriffen oder aber 'entwickelt'; er wird festgehalten oder aber er (ge)leitet uns – man denke auch an *Leitfaden* –, er führt uns heraus aus einem Labyrinth, einem Irrgarten. Die Bindung an die Vorstellung vom Labyrinth bleibt lebendig und damit auch die Bindung an den Rahmen der mythologischen Geschichte. Dabei kommt zu Hilfe, dass ja auch der Ausdruck *Labyrinth* selbst in vielfältiger Weise metaphorisch gebraucht wird, z.B. um auf die Verworrenheit von Lebensläufen und Schicksalen abzuheben; man denke auch an Ecos Redeweise von der Enzyklopädie als Labyrinth (Eco 1985).

Ähnlich bei *Augiasstall*:

Der Augiasstall wird ausgemistet, gereinigt, gesäubert, ausgefegt oder was der Quasisynonyme noch mehr sind. Häufig auch ist von Herkulesarbeit die Rede, möglicherweise auch noch von anderen herkulischen Taten; man vergleiche dazu die Belege (8) und (9).

(8) Habe einer die Stärke Hercules, ... er wird den **Augiasstall** [des gegenwärtigen Lebens] nicht **ausmisten**, er wird dieser Hyder nicht alle Köpfe abschlagen. (Burckhardt, 1844, Br. Kinkel)

(9) [der Boden, auf dem der Terrorismus gedeiht] Dieser Sumpf, Ergebnis gleichsam von fortgesetzter Nestbeschmutzung, also eine Art **Augiasstall**, sollte **trockengelegt** werden – eine wahre Herkulesarbeit. (FAZ, 1.1.1991)

Es gibt hier also eine unterschiedlich starke Tendenz zur Ausbildung usueller Kollokationen aus (Handlungs-)Verb und Kompositionsmetapher, schwach nur ausgeprägt bei *Achillesferse*, stärker bei *Ariadnefaden*, am deutlichsten bei *Augiasstall*. Nirgendwo aber ist die Entwicklung zu einer festen Verbindung, einem Phraseologismus, abgeschlossen, die Variationsbreite bleibt erhalten, der nominale Bestandteil steht als selbstständiges Bildelement zur Verfügung.

Wo jedoch Kompositionsmetapher und Handlungsverb in der beschriebenen Weise aus demselben Bildfeld stammen, stellen sie zunächst ein kohärentes oder kongruentes Stück Kontext dar. Sie stehen als fortgesetzte Metapher dem übrigen nicht-metaphorischen Kontext gegenüber, mit dem sie inkongruent sind.

Bei *Argusaugen* begegnet uns heute in der Regel die Verbindung *mit Argusaugen* + Handlungsverb wie *wachen, verfolgen, entdecken, beobachten*. So heißt es in einem Bericht über den Besuch eines „Zeit"-Redakteurs bei der Schauspielerin Liv Ullmann z.B.:

(10) Die Hausfrau ist Liv Ullmann aber noch nicht ganz los. Als ich meine Tasse Kaffee zu mir heranrücke, entdeckt sie mit **Argusaugen**, dass kein Zucker und keine Sahne auf dem Tisch stehen. (Zeit, 1.2.1985, S. 43)

Das heißt, zwar gibt es auch für *Argusauge* die Tendenz zur festen Kollokation; die hinzutretenden Verben jedoch sind im Gegensatz zu den Kollokationen gerade von *Augiasstall* nicht-metaphorisch gebraucht: Hier wird in der Tat *beobachtet, entdeckt, verfolgt* usw., während dort allenfalls in einem übertragenen Sinne *gereinigt, ausgemistet* wird. Aber vor allem zu Beginn der Belegungsgeschichte, gelegentlich auch heute noch, ist *Argusauge* freier und kreativer kombiniert, z.B. in:

(11) Wir leben in einer wunderlichen Zeit, die **Argusaugen** wohl nötig hat. (Gichtel, 1696, Br. X 38)

oder mit synekdochischer Übertragung, Beleg (12), wo vom Argusauge des Gesetzes die Rede ist, das Gesetz aber selbst gemeint ist:

(12) Sie ließ den Sohn jedoch zwanzig Minuten auf sich warten. Da ein Halteverbot vor dem Geschäft besteht, drehte er solange etliche Runden. Einmal, so monierte das **Argusauge** des laut Richter verfassungswidrigen Gesetzes, mussten einige Fußgänger am Bordstein ein paar Sekunden warten, um den „Hin- und Herfahrer" vorüber zu lassen. Der Polizist erstattete Anzeige, weil der junge Mann „andere", nämlich die Fußgänger, „belästigt" habe. Den von der Kreisverwaltung erlassenen Bußgeldbescheid hob der Cochemer Amtsrichter jetzt jedoch rechtsgültig auf und sprach den Betroffenen frei. Das Verbot des „unnützen Hin- und Herfahrens" verwehre die „ungestörte Teilnahme am Gemeingebrauch öffentlicher Straßen" und verstoße gegen die im Grundgesetz garantierte „freie Entfaltung der Persönlichkeit". (Mannheimer Morgen, 18.12.1986, S. 16)

Ein weiterer Kontexttyp (Kontexttyp III) sind Metaphern in einer erweiterten Nominalphrase, deren Kopf die Kompositionsmetapher darstellt. Selbstverständlich konstituieren sie nur mögliche Mikrokontexte innerhalb der beiden genannten übergreifenden Arten von Satzkontexten. Eine erweiterte Kompositionsmetapher kann in einer Kopulakonstruktion auftreten (*Dies ist ein moralischer Augiasstall*) oder aber als beliebige Verbergänzung oder Angabe zu einem anderen Verb (*Man hat den moralischen Augiasstall ausgemistet*). Interessant werden diese Mikrokontexte deshalb, weil sie häufig die Metapher konterkarieren. Hier fällt vor allem die Konstruktion mit Genitiv (Kontexttyp IIIa) auf. Häufig handelt es sich um den so genannten Definitionsgenitiv oder Genitivus explicativus wie in:

(13) ... den **Augias-Stall sophistischer Doctrinen** säubern. (Haller, 1820, Restauration I, Vorr. XXXVI)

(14) Demokratie ist von zwei Seiten her besonders gefährdet: von innen durch Korruption, von außen durch die Feindschaft der auf ihre Anfälligkeit spekulierenden Gegner. Die **Augias-Ställe der Korruption** räume man rücksichtslos aus. Jedoch auch die „externen" Gegner verdienen eine harte Hand. (Südd. Zeitung, 2.6.1951)

Hinter dem Genitivus explicativus verbirgt sich eine Gleichsetzung, in der der nicht-metaphorische Genitiv als Ausdruck für das Subjekt der Metapher fungiert, das Kompositum als metaphorisches Prädikat. D.h., die Nominalphrase *Augiasställe der Korruption* präsupponiert die Aussage *Die Korruption ist ein Augiasstall.*; somit Kontexttyp I. Man beachte jedoch, dass erst der Effekt der Nomination hier die Setzung des Plurals *Augiasställe* ermöglicht. Der größere Kontext NP – Verb (*Augiasstall – ausräumen*) ist, wie dargestellt, kongruent; der Mikrokontext der NP steht in der Spannung der Inkongruenz:

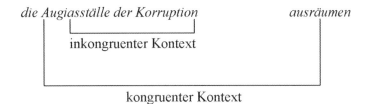

Wie die Beispiele zu dem Satzkontext Kontexttyp II oben zeigen, überlagern sich sehr häufig die beiden Kontextualisierungen des metaphorischen Ausdrucks in dieser Weise. Denn wird innerhalb eines Satzkontextes des Typs II zum metaphorischen Kompositum kein den Empfänger bezeichnendes Attribut hinzugesetzt, so bleibt das Subjekt der Metapher – zumindest an Ort und Stelle – offen. Bei einer solchen Metapher in absentia muss der Referent aus dem Vorkontext oder aus dem Wissen bekannt sein. Hieße es z.B. in Beleg (14) nur *Die Augiasställe räume man aus!* so würde man anders extensionalisieren und beide Gefährdungen der Demokratie als Gemeintes identifizieren.

Ähnliches wie für den Genitiv gilt auch für die Hinzusetzung eines attributiven Adjektivs zum metaphorischen Kompositum (Kontexttyp IIIb). Dieses kann wie der Genitivus explicativus einen konterdeterminierenden Kontext darstellen, wenn es indirekt den Empfangsbereich der Metapher benennt wie etwa, wenn vom *geistigen Augiasstall, der moralischen Achillesferse, vom konservativen Ariadnefaden* die Rede ist. Man vergleiche (15) bis (17):

(15) [aus einem „Spiegel"-Artikel über die Bildungsmisere]

Nun jammern und heulen die schlampigen Schlappschwänze ihr selbstverschuldetes Elend heraus, während die nachfolgenden Lehrergenerationen den angerichteten **geistigen Augiasstall** ausmisten dürfen. (Spiegel, 15.2.1993)

(16) Ich habe von jeher eine **moralische Achillesferse** besessen – und aus reiner Not, um nicht tödlicher getroffen zu werden, bedecke ich sie mit einer 5 Pf. Postkarte. (Benjamin, 1912, Bd. I, S. 41)

(17) [aus einem „Zeit"-Artikel über konservative intellektuelle Strömungen]

Tugenden, Werte, Weltbild – das fließt ineinander. Aus dem Sinn-Labyrinth führt bisher auch kein **konservativer Ariadne-Faden** heraus. (Zeit, 9.1.1987, S. 4)

Zum Abschluss der Kontextuntersuchung ist auf Beispiele zu verweisen, in denen mit den Kompositionsmetaphern sprachspielerisch umgegangen wird – Sprachspiele bieten sich ja gerade bei Redewendungen, Sprichwörtern und ähnlichen rhetorischen Formen besonders an. Der spielerische Effekt, oft auch der Sprachwitz, entsteht, wenn die Metapher – über den konventionalisierten Rahmen der Kollokationen hinaus – wörtlich genommen wird, wenn Kontradiktionen, Modifikationen oder Verdichtungen entstehen.

Zunächst ein ganz triviales Beispiel:

> (18) Die „**Achillesferse**" bei jugendlichen Fußballspielern ist das Knie. (Mannheimer Morgen, 14.1.1988)

Oder man denke an den Brecht'schen Gedichttitel „Achillesverse".

Ein Beispiel für extreme Mischung oder Verschmelzung von geflügelten Worten aus der antiken Mythologie analysiert Freud in seiner Abhandlung über den Witz und seine Beziehung zum Unbewussten:

> (19) „Wo ist der **Ariadnefaden**, der aus der Skylla dieses **Augiasstalles** herausleitet?" (Freud, Der Witz und seine Beziehung zum Unbewussten; Studienausgabe Bd. IV, S. 198)

Raffiniert hingegen der folgende, ebenfalls von Freud analysierte Witz von den 'vier Achillesfersen', der H. Heine zugeschrieben wird, nachzulesen in Beleg (20):

> (20) Ganz ähnlich, obwohl nicht unkompliziert, ist die Technik eines anderen Witzes. Herr N. sagt im Wechselgespräch über eine Person, an der manches zu rühmen und vieles auszusetzen ist: „Ja, die Eitelkeit ist eine seiner **vier Achillesfersen**."[4] Die leichte Modifikation besteht hier darin, dass anstatt der *einen Achillesferse*, die man ja auch beim Helden zugestehen muss, deren vier behauptet werden. Vier Fersen, also vier Füße hat aber nur das Vieh. Somit haben die beiden im Witz verdichteten Gedanken gelautet: „*Y ist bis auf seine Eitelkeit ein hervorragender Mensch; aber ich mag ihn doch nicht, er ist doch eher ein Vieh als ein Mensch.*" (Freud, Der Witz und seine Beziehung zum Unbewussten; Studienausgabe, Bd. IV, S. 28)

Nicht ausführlich berücksichtigt werden sollen die Komposita mit abstraktem Determinatum wie *Sisyphusarbeit*, *Tantalusqual*. Bei ihnen ist bei aller sonstigen Ähnlichkeit der metaphorische Status eher undeutlich; eine Sisy-

---

[4] [Zusatz 1912:] Dasselbe Witzwort soll schon vorher von H. Heine auf Alfred de Musset geprägt worden sein.

phusarbeit ist eine vergebliche Arbeit oder Mühe, also allemal eine Art Arbeit, eine Tantalusqual eine besonders schlimme Qual. Ein Verstoß gegen die semantischen Selektionsbeschränkungen des Determinatums ist hier also kaum zu erwarten. Dennoch evoziert natürlich auch hier das Determinans ein Bild mit allegorischer oder symbolischer Kraft, man denke an den Gebrauch, den Camus vom Sisyphus-Mythos macht.

5. Semantik und Syntagmatik (mit einer kleinen Typologie der Kompositionsmetaphern)

Wir kommen nun zu einer linguistischen Einordnung der Kompositionsmetaphern. Diese kann natürlich unter verschiedenen Gesichtspunkten geschehen. Berücksichtigt werden nur zwei Dimensionen: die semantische Dimension und die Dimension der Syntagmatik; zu analysieren wären weiter die kommunikative Funktion, Aspekte wie Usualität und Textsortenspezifik, vor allem auch die Symptomfunktion im Bühlerschen Sinne.

Die semantische Dimension führt zu einer Präzisierung des zugrunde liegenden Typs von Metaphorik: Metaphorische Namenkomposita wie *Achillesferse* und *Ariadnefaden* beruhen auf der analogischen Struktur einer (mythologischen) Begebenheit. Es sind im Gegensatz zum einfachen Typ der 'Eigenschaftsmetapher' (*Achill ist ein Löwe.*) 'episodische Metaphern': Sie fassen die zwei wichtigsten Elemente der Geschichte, den Protagonisten und sein wesentliches 'Requisit' in einem nach Maßgabe analogischer Proportion zu deutenden Ausdruck zusammen. Der erste Kompositumteil, der Eigenname, liefert eine Art Bereichs-Schlüssel zur Differenzierung; und der zweite Kompositumteil die genauere metaphorische Adresse: Mit *Ferse* oder *Stall* verbindet sich aber isoliert keine metaphorische Interpretationsanweisung, erst der Name verweist auf die Episode, etwa in folgendem Sinne: Denk daran, was es mit der Ferse des Achilles auf sich hat. Die im Gedächtnis aufgerufene Episode stellt den Auflösungshintergrund für die Metapher dar und löst das Rätsel: Achill ist bis auf die Ferse unverwundbar, Augias besitzt einen Stall, den Herakles ausmistet usw.

Die Präsenz der Episode im Kompositum zeigt, dass an der Beziehung der Kompositumteile selbst zueinander (anders als etwa bei *Bienenvolk*, *Gehirnwäsche* und *Asylantenflut* oder bei *Sackgasse* und *Schmutzliteratur*) nichts Metaphorisches ist, denn mit der konkret-physischen Ferse von Achill war ja etwas, Herakles hat – im Mythos – diese schmutzige Arbeit erledigt.

In extra-mythologischen Kontexten wie den hier untersuchten wird dann im Determinatum *Ferse, Stall* die Metaphorik manifest, die Ausdrücke werden in Kontexten in auffälliger Weise inkongruent, aber erst das Kompositum als Ganzes konstituiert die Metapher. Die Komposita bringen den gleichnishaften Gehalt der Episode auf den Punkt.

Der mythologische Eigenname und das appellativische Determinatum konstituieren, wie ausgeführt, in sich keinen metaphorischen, i.e. konterdeterminierenden Kontext. Sie „kongruieren" semantisch miteinander. Damit unterscheiden sich diese Komposita (aber auch metaphorische Syntagmen wie *Büchse der Pandora*) von dem Typ metaphorischer Eigennamenverwendung, der in Thurmair (2002) beschrieben wird. Wenn es z.B. heißt:

(21) „Jan-Ove Waldner ist **der Mozart des Tischtennisspiels**", hörten wir vor dem Finale. (SZ 8.1.2001, S.21) (vgl. Thurmair 2002, S. 23)

oder wenn Franziska van Almsick als „Harald Juhnke des Schwimmsports" bezeichnet wird, so konterdeterminiert hier bereits das Genitivattribut den Eigennamen; die gesamte Nominalphrase wiederum steht in konterdeterminierendem Verhältnis zum Subjekt der Metapher.

Aufgrund dieser Verdichtungsfunktion, dieser Pointierung sind die Komposita nur zum metaphorischen Gebrauch, nicht zur Verwendung in einem allegorischen Text geeignet. Wohlgemerkt: die Geschichte von Ariadne und Theseus, die Geschichte von der Ausmistung des Augiasstalles bieten sich zur Ausgestaltung als allegorische Texte an: Sie könnten jeweils gelesen werden als Allegorie auf die Rettung aus Verwirrung, Bedrängnis und Mühsal (durch weibliche Tatkraft und Umsicht) oder als Allegorie auf die Beseitigung äußerster Missstände, z.B. durch einen tatkräftigen Herrscher. Andererseits stellen diese Mythen aber – wie andere auch – bereits Verarbeitungen kollektiver Phantasien dar: Der Achillesmythos vom „vulnerable spot" findet sich in den Mythen zahlreicher Völker, nicht nur in der Siegfriedsage. Den in der Psychoanalyse behaupteten Zusammenhang zwischen der Herausbildung von Mythen und dem individuellen Traum sieht Freud gerade auch in den Mythen vom Labyrinth und von der Ausmistung des Augiasstalles bestätigt. Mythen erscheinen als kollektive Entsprechung zur Traumarbeit des Einzelnen. Es heißt in der „Revision der Traumlehre":

(22) So lässt sich z.B. die Labyrinthsage als Darstellung einer analen Geburt erkennen; die verschlungenen Gänge sind der Darm, der **Ariadnefaden**

die Nabelschnur." (Freud, Revision der Traumlehre, Studienausgabe 2000, Bd. I, S. 467)

Ähnlich anale Motive sieht er auch im Mythos vom Augiasstall. Herkules verkörpert dabei als Ausgeburt von Übermensch- und Übermacht-Phantasien den Träumer, in diesem Fall Freud selbst, die Beschäftigung mit dem Schmutz von Exkrementen erscheint als durchaus lustvolle Tätigkeit (vgl. Freud, Die Traumarbeit, Studienausgabe 2000, Bd. II, S. 452f.).

In einem allegorischen Text, in einer Freudschen Traumerzählung jedoch haben die Komposita – ähnlich wie in der fiktiven Rede eines Achill, einer Ariadne – nichts zu suchen. Die Episoden sind zur Metapher kondensiert und diese fordert den nicht-episodischen, inkongruenten Kontext, nicht den kongruenten, geschlossenen Text einer Allegorie, die auf einen anderen Text, den mitgemeinten Prätext, als ganze nur verweist.

In einem Satz zusammengefasst: Ausdrücke wie *Achillesferse* und *Ariadnefaden* sind verfestigte episodische Metaphern mit analogisch-proportionaler Natur, mit denen eine auf tradiertem Bildungswissen beruhende Auflösungsanweisung verbunden ist und die aufgrund der in ihrem Bildungsmuster festgeschriebenen metaphorischen Pointierung inkongruente, die Bildspender-Episode transzendierende Kontexte fordern.

Was eine Einordnung in der Dimension der Syntagmatik angeht, so bleibt eine Unsicherheit: Obschon es im Kern nur jeweils um **eine** lexikalische Einheit geht, finden *Achillesferse* usw. Erwähnung z.B. in Röhrichs „Lexikon der sprichwörtlichen Redensarten" (Röhrich 1973) oder in Büchmanns „Geflügelten Worten". Beides sind phraseologische Kategorien: Unter einer „sprichwörtlichen Redensart" ist Röhrich zufolge eine bildhafte prädikative Wortgruppe zu verstehen (etwa: *für jemanden die Kastanien aus dem Feuer holen, jemandem einen Bären aufbinden, jemandem einen Korb geben* usw.), für die außerdem gilt, dass sie in Sprechtraditionen verwurzelt ist und mit einer Art déjà-vu-Effekt reproduziert werden kann. Die kommunikativen Bestimmungen treffen sicher auf die Kompositionsmetaphern zu. Der Ausbau zu phraseologischen Mehrwortverbindungen ist jedoch nur ansatzweise, etwa bei *Augiasstall*, *Argusauge*, und auch dort nur mit breiter lexikalischer Variabilität verwirklicht. Die Einordnung in eine der Unterkategorien der Phraseologismen ist im strengen Sinn nur dann gerechtfertigt, wenn man die Komposita selbst als Phraseologismen auffasst. Dies tun z.B. Burger/ Buhofer/Sialm (1982, S. 47) in einem analogen Fall, wenn sie *Gretchenfrage* als „phraseologisiertes Kompositum" bezeichnen. Sicher gibt es Beziehungen zwischen einem bestimmten Typ von lexikalisiertem Kompositum und phraseologischer syntagmatischer Verbindung (dies zeigte ja bereits der Sprachvergleich mit den englischen und französischen Entsprechungen). Aber hier sind genauere Untersuchungen nötig; an dieser Stelle sollen nur einige Vorüberlegungen skizziert werden.

Nützlich können dabei sicher die Unterscheidungen werden, die Harras/ Proost (2002, S. 170f.) bei Idiomen vornehmen. Sie differenzieren zunächst zwischen teilidiomatischen und vollidiomatischen Idiomen. Teilidiomatisch sind Idiome dann, wenn sie Komponenten haben, die im Idiom „ihre freie Bedeutung (d.h. die Bedeutung, die sie außerhalb des Idioms haben) beibehalten." Ein Beispiel ist hier das Idiom *lügen wie gedruckt*. Hier kommt das Wort *lügen* in seiner freien Bedeutung vor. In einem nächsten Schritt werden die vollidiomatischen Idiome noch sortiert in teilbare und nicht teilbare. Teilbar sind vollidiomatische Idiome, wenn „zur Erklärung ihrer Bedeutung eine Paraphrase angegeben werden kann, in der Teile ihrer lexikalischen Struktur mit Teilen ihrer Bedeutung korrespondieren." Als Beispiel für ein teilbares Idiom wird *den Wald vor lauter Bäumen nicht sehen* genannt. Es korrespondiert in seiner lexikalischen Struktur mit der Struktur der Paraphrase 'das große Ganze nicht erkennen'. Dagegen ist ein vollidiomatisches Idiom wie *ins Gras beißen* nicht teilbar.

Bedenkt man nun, dass Kompositionsmetaphern generell mit Idiomen das Merkmal der lexikalischen Komplexität und der Nicht-Wörtlichkeit (in einem allgemeinen Sinn) teilen, so stellt sich folgende Frage: Sind die Differenzierungen, die Harras/Proost (2002) vornehmen, von den Idiomen auf Kompositionsmetaphern allgemein und auf die Kompositionsmetaphern des hier diskutierten Typs übertragbar? Unserem ersten Eindruck nach gilt dies zumindest für das Merkmal 'teilmetaphorisch' (in Analogie zu 'teilidiomatisch') versus 'vollmetaphorisch' (in Analogie zu 'vollidiomatisch'). Kompositionsmetaphern wie *Gehirnwäsche* oder *Asylantenflut* sind teilmetaphorisch, insofern als die jeweils ersten Bestandteile in ihrer freien, d.h. nicht-metaphorischen, Bedeutung gebraucht sind. Bei *Pyrrhussieg*, *Sisyphusarbeit* oder *Tantalusqual*, möglicherweise auch bei *Argusauge* sind die jeweils zweiten Bestandteile in ihrer freien Bedeutung gebraucht. Dagegen erscheinen *Achillesferse*, *Ariadnefaden* und *Augiasstall* als vollmetaphorisch; vgl. die Ausführungen oben. Keine direkte Entsprechung hingegen hat unserem ersten Eindruck nach die Merkmalsopposition 'teilbar' versus 'nicht teilbar' bei den Kompositionsmetaphern mit antiken Namen. Alle genannten Beispiele für vollmetaphorische Namenkomposita sind nicht teilbar: Gängige Paraphrasen für *Achillesferse* und *Augiasstall* sind jeweils (in Anlehnung an das DFWB) 'verwundbare Stelle, wunder Punkt' bzw. 'Missstand'. Bei *Ariadnefaden* ist kaum eine treffende Paraphrase mit einem näher spezifizierten Substantiv angebbar: Das DFWB paraphrasiert nicht ganz adäquat u.a. mit 'Ausweg aus einer verworrenen Lage'; das Duden-Wörterbuch gibt die Paraphrase: 'etwas, was jmdn. durch Wirrnis hindurchleitet'. Es ergibt sich in allen genannten Fällen keine (notwendige) strukturelle Analogie zwischen der Kompositionsmetapher und ihrer Paraphrase. Was hätte man sich unter teilbaren vollmetaphorischen Kompositionsmetaphern generell vorzustellen? Wie müsste eine teilbare vollmetaphorische Kompositionsmetapher gebaut sein? Beide Bestandteile müssten (da vollmetaphorisch) in einer nicht-wörtlichen Lesart gebraucht werden, ihre Beziehung müsste aber auf der metaphorischen Ebene eine analoge syntaktisch-semantische Beziehung in einer naheliegenden und offensichtlichen Paraphrase widerspiegeln. Am ehesten bieten sich hier so genannte Rektionskomposita mit metaphorischer Lesart an wie etwa *Nestbeschmutzer, Erbsenzähler*. Hier werden wir in der Regel so paraphrasieren, dass wir die metaphorische Agensbezeichnung, also *Beschmutzer* bzw. *Zähler* durch eine – nicht unbedingt wortförmige, sondern eher syntagmatische – Agensbezeichnung erklären, etwa durch 'jemand der etwas schlecht macht' bzw. 'jemand der etwas sehr genau nimmt oder überbetont' und wir werden den ersten Teil des metaphorischen Kompositums durch eine Bezeichnung für das Objekt der Tätigkeit erklären, so dass Paraphrasen entstehen wie 'jemand, der seine Heimat, seine unmittelbare Umgebung schlecht macht' für *Nestbeschmutzer* oder 'jemand, der Kleinigkeiten sehr genau nimmt und überbetont' für *Erbsenzähler*.

Fassen wir diese Überlegungen zur wortinternen metaphorischen Syntagmatik von Kompositionsmetaphern in einer kleinen, mit Sicherheit nicht erschöpfenden, Übersicht zusammen:

Typen von Kompositionsmetaphern:

a) teilmetaphorische Kompositionsmetaphern

1. mit nicht-metaphorischem erstem Bestandteil: *Gehirnwäsche, Asylantenflut*

2. mit nicht-metaphorischem zweitem Bestandteil: *Sackgasse, Schmutzliteratur, Pyrrhussieg, Sisiphusarbeit, Tantalusqual*

b) vollmetaphorische Kompositionsmetaphern

1. teilbare: *Nestbeschmutzer, Erbsenzähler*

2. nicht teilbare: *Augenblick, Fuchsschwanz, Achillesferse, Ariadnefaden, Augiasstall*[5]

Wie steht es abschließend mit der Einordnung als „geflügeltes Wort"? Versteht man darunter „literarisch belegbare allgemein geläufige Redensart" so mag es hingehen, wenn *belegbar* nicht – wie dies häufig geschieht – als 'zitiert' verstanden wird. Denn zitiert wird nichts, es wird auf eine literarisch belegte Geschichte angespielt. Ein Autorenphraseologismus, wie „geflügeltes Wort" auch bestimmt wird, liegt eigentlich nicht vor. Ein echter Autorenphraseologismus ist es, wenn statt *Achillesferse* zu gebrauchen, Schiller, Don Carlos I, 6 zitiert wird, wo König Philipp Elisabeth als „Stelle, wo ich sterblich bin" bezeichnet.

---

[5] Neben den Kompositionsmetaphern mit antiken Namen wurden weitere Beispiele aus Fleischer/Barz (1995, S. 99f.) herangezogen. Dort wird eine Typologie vorgelegt, die im Wesentlichen auf Ortner, H./Ortner L. (1984) zurückgeht. Bei den Komposita nach a) 1. werden „komparativ-endozentrische" wie *Asylantenflut, Beifallssturm, Kostenlawine* gegenüber Beispielen wie *Ölpest* oder *Gehirnwäsche* abgegrenzt: Bei den komparativendozentrischen „ist das Erstglied der Bildempfänger, das Zweitglied der Bildspender. Das Erstglied kann (...) für das Ganze stehen, was für Determinativkomposita bekanntlich ungewöhnlich ist." Bei *Ölpest, Gehirnwäsche* hingegen sei zwar auch das Zweitglied der Bildspender, das Erstglied sei aber „nicht ohne weiteres mit dem Bildempfänger gleichzusetzen." Bei den Komposita nach a) 2. sei im Unterschied zu a) 1. „das Erstglied der Bildspender und das Zweitglied der Bildempfänger." Hier könne, wie im Determinativkompositum üblich, das Zweitglied für das Ganze stehen. Bei vollmetaphorischen Kompositionsmetaphern nach b) sprechen Fleischer/Barz davon, dass diese „als Ganzes metaphorisiert" seien. Nach Ortner, H./Ortner, L. handle es sich um „komparativ-exozentrische" Bildungen.

Was bleibt also von der Sprichwörtlichkeit, der Redensartlichkeit, dem geflügelten Wort? *Achillesferse* und *Ariadnefaden* sind sprichwörtlich, wenn damit ihre bildhafte Prägung gemeint ist; aber sie sind nicht redensartlich, weil ein Wort alleine noch kaum eine Art zu reden darstellt; sie sind geflügelt, weil sie das kollektive Gedächtnis zumindest einer bestimmten Bildungsschicht ansprechen, jedoch ohne zu einer konkreten literarischen Stelle zu führen. Sie sprechen von den großen Bildphantasien der europäischen Kultur und sind doch oft – janusköpfig – zur Floskel verblasst.

6. Literatur

Burger, Harald/Buhofer, Annelies/Sialm, Ambros (1982): Handbuch der Phraseologie. Berlin/New York.

Deutsches Fremdwörterbuch. Begonnen von Hans Schulz, fortgeführt von Otto Basler. 2. Aufl. Völl. neu bearb. im Institut für Deutsche Sprache unt. d. Leitung v. Gerhard Strauß. Berlin/New York.

Eco, Umberto (1985): Semiotik und Philosophie der Sprachen. München.

Fleischer, Wolfgang/Barz, Irmhild (1995): Wortbildung der deutschen Gegenwartssprache. Tübingen.

Geflügelte Worte. Der klassische Zitatenschatz (1993): Gesammelt und erläutert von Georg Büchmann. Fortges. v. Walter Robert-Tornow. Neu bearb. v. Winfried Hofmann. Frankfurt a.M.

Harras, Gisela/Proost, Kristel (2002): Strategien der Lemmatisierung von Idiomen. In: Deutsche Sprache 30, 2, S. 167-183.

Kurz, Gerhard (1993): Metapher, Allegorie, Symbol. Göttingen.

Lipka, Leonard (1988): A Rose is a Rose is a Rose: On Simple and Dual Categorization in Natural Language. In: Hüllen, Werner/Schulze, Rainer (Hg.): Understanding the Lexicon. Meaning, Sense and World Knowledge in Lexical Semantics. (= Linguistische Arbeiten 210). Tübingen. S. 355-366.

Ortner, Hanspeter/Ortner, Lorelies (1984): Zur Theorie und Praxis der Kompositaforschung. Mit einer ausführlichen Bibliographie. Tübingen.

Ricoeur, Paul (1986): Die lebendige Metapher. München.

Röhrich, Lutz (1973): Lexikon der sprichwörtlichen Redensarten. 2 Bde. Freiburg/Basel/Wien.

Strauß, Gerhard (1991): Metaphern – Vorüberlegungen zu ihrer lexikographischen Darstellung. In: Harras, Gisela/Haß, Ulrike/Strauß, Gerhard: Wortbedeutungen und ihre Darstellung im Wörterbuch. (= Schriften des Instituts für Deutsche Sprache 3). Berlin. S. 125-211.

Strauß, Gerhard/Haß, Ulrike/Harras, Gisela (1989): Brisante Wörter von Agitation bis Zeitgeist. Ein Lexikon zum öffentlichen Sprachgebrauch. (= Schriften des Instituts für Deutsche Sprache 2). Berlin.

Thurmair, Maria (2002): *Der Harald Juhnke der Sprachwissenschaft*. Metaphorische Eigennamenverwendungen. In: Deutsche Sprache 30, 1, S. 1-27.

Weinrich, Harald (1976): Sprache in Texten. Stuttgart.

Christiane Fellbaum / Ekaterini Stathi

Idiome in der Grammatik und im Kontext: Wer brüllt hier die Leviten?*

0. Einleitung

Wer Gisela kennt, weiß, dass sie nur selten ein Blatt vor den Mund nimmt. Vielleicht sind Kommunikationshandlungen und die Lexeme, die sie ausdrücken, aus diesem Grund ein Schwerpunkt unter Giselas breit gestreuten Interessen (Harras 1996, 2001; Harras/Winkler/Erb/Proost 2004). Der deutsche Wortschatz ist reich an Kommunikationsverben und erlaubt dem Sprecher Spielraum für feine semantische Unterscheidungen, so wie z.B. zwischen *verulken*, *veräppeln* und *verarschen*. Man kann jemanden *kritisieren* oder *rügen* oder auch *anschnauzen*; in diesem Fall hängt die Wortwahl wohl teilweise davon ab, ob man den Standpunkt des Sprechers oder des Empfängers der Botschaft einnimmt. Die hohe Anzahl von Simplizia scheint dennoch nicht auszureichen, und Sprecher greifen häufig zu Mehrwortausdrücken wie „jemanden auf die Schippe nehmen" und „jemandem übers Maul fahren". Die Nichtkompositionalität solcher Phrasen suggeriert, dass sie fest sind und keine Variation zulassen. Diese Ansicht wird meist in linguistischen Arbeiten vertreten und ist zumindest implizit in der Lexikografie, wo notwendigerweise starre Nennformen präsentiert werden.

In unserem Beitrag möchten wir uns drei Themen aus dem Bereich der Idiomforschung widmen und anhand eines Korpus schauen, inwiefern Idiome den Regeln der Grammatik unterworfen sind und ob sich weit verbreitete Thesen zu diesem Thema durch die Daten bestätigen lassen. Im ersten Abschnitt wird das Verhältnis von Normalform (oder Nennform oder kanonischer Form) und Variation untersucht. Im zweiten Teil untersuchen wir, ob Passivierung bei Idiomen mit semantischer Teilbarkeit in Verbindung gebracht werden kann. Schließlich widmen wir unsere Aufmerksamkeit dem Begriff der Konstruktion bei Idiomen.

Die Auswahl der hier behandelten Daten wurde von Giselas Arbeiten über Kommunikationsverben inspiriert. Alle Beispiele stammen aus dem DWDS-

---

* Diese Arbeit wurde vom Wolfgang-Paul-Preis der Alexander-von-Humboldt-Stiftung (Zukunftsinvestitionsprogramm) unterstützt.

Korpus, das an der Berlin-Brandenburgischen Akademie der Wissenschaften beheimatet ist.[1]

1. Idiome im Lexikon

1.1 Normalform in Wörterbüchern

In Wörterbüchern sind Normen für den Gebrauch von Idiomen implizit. VP-Idiome werden meist als infinite Verben mit ihren Komplementen dargestellt. Diese Konvention suggeriert lexikalische Festigkeit und gibt keine Auskunft über den Grad der syntaktischen und morphologischen Freiheit. Printwörterbücher unterliegen starken Platzbeschränkungen, und bis vor wenigen Jahren hatten Lexikografen keinen Zugang zu breiten empirischen Daten, die eine Darstellung des tatsächlichen Sprachgebrauchs zugelassen hätten.

Selbstverständlich kann kein Printwörterbuch eine komplette Grammatik für jedes Idiom geben. Einerseits, weil es Platzbeschränkungen unterliegt, und zum anderen, weil die Abgrenzung zwischen Idiomen und frei benutzbaren Lexemen problematisch ist. Der traditionelle Lexikograf muss also versuchen, eine Nennform zu formulieren, die eine Gebrauchsnorm widerspiegelt. Ein gutes Kriterium für die Auswahl der Nennform wäre Vorkommenshäufigkeit, doch Häufigkeit kann nur durch sorgfältige Analysen von großen Korpora ermittelt werden. Aber auch die häufigste Form eines Idioms vermittelt oft die falsche Botschaft, dass das Idiom von den Regeln des freien Sprachgebrauchs völlig ausgeschlossen ist. Korpusanalysen zeigen, dass diese Annahme nicht zutrifft.

1.2 Normalformen in der Psycholinguistik

Eine wichtige Forschungsrichtung in der Psycholinguistik beschäftigt sich mit der Repräsentation von Idiomen im mentalen Lexikon und der Frage, wie Idiome gespeichert sind und von Sprechern abgerufen werden. Glucksberg (1993) vergleicht zwei konkurrierende Modelle. Auf der einen Seite gibt es Modelle, die sich unter dem Oberbegriff „Direct look-up"-Modelle subsumieren lassen (Swinney/Cutler 1979; McGlone/Glucksberg/Cacciari 1994 u.a.). Diesen Modellen zufolge sind Idiome als Wortliste im mentalen Lexikon gespeichert und werden vom Sprecher nicht on-line generiert, son-

---

[1] URL: http://www.dwds.de

dern als fertige Einheiten abgerufen. Für diese Theorie spricht experimentelle Evidenz, nach der Versuchspersonen Idiome in ihrer idiomatischen Lesart schneller verarbeiten als homonyme freie Verbindungen und als Idiome in „abgewandelter" Form (d.h. Variationen der Normalform). Diesen Theorien stehen die kompositionalen Modelle gegenüber. Hiernach wird das Idiom als Zeichenabfolge verarbeitet; die idiomatische Bedeutung wird einer Zeichenkette erst während der Verarbeitung on-line und nur dann zugeteilt, wenn das Idiom als Einheit erkannt wird (Cacciari/Tabossi 1988).

Beide Modelle setzen eine feste Normalform als verankerten Eintrag im mentalen Lexikon voraus und folglich eine klare Unterscheidung dieser Form von abgewandelten Verwendungen. Sie umgehen damit die Frage, ob und wie eine Normalform bestimmt werden kann, da für sie das gesamte Idiom ein Element des mentalen Lexikons ist. Ein Problem dieser Experimente ist die Vorgehensweise. Die in den zitierten Experimenten benutzten Variationen waren konstruiert; die schnellere Erkennung der Normalform mag daher auch ein Häufigkeitseffekt gewesen sein.

1.3 Normalform in der Sprachtheorie

Der Begriff der Idiomliste und des Idioms als langem Wort stammt eigentlich aus der generativen Tradition. Hier ist der Begriff der Produktivität zentral. Da Idiome nicht produktiv (oder nur semi-produktiv sind), können sie nicht durch die Regeln der Grammatik generiert werden. Sie müssen also separat in einer Idiomliste aufgelistet werden, versehen mit zusätzlichen Informationen über Restriktionen hinsichtlich ihrer Transformationsmöglichkeiten etc. (Moon 1998, S. 14f.).

Diese Auffassung wird heutzutage durch die Computerlinguistik und die maschinelle Sprachverarbeitung wieder eingeführt. Mehrworteinheiten können nicht Wort für Wort (Token für Token) verarbeitet werden, denn die Gesamtbedeutung ergibt sich nicht kompositional aus den einzelnen Tokens. Da Mehrworteinheiten ein Problem für die maschinelle Verarbeitung darstellen, werden sie üblicherweise als Gesamteinheiten in einer Liste gekennzeichnet und können dann von dieser Liste abgerufen werden. Auch diese Praxis verstärkt die Auffassung von Idiomen als langen Wörtern.

Die digitale Revolution hat die Bedingungen für eine breite, empirische Erschließung und Darstellung von Idiomen erfüllt. Unser Beitrag zeigt die Breite der lexikalischen und syntaktischen Variation von einer kleinen Anzahl von VP-Idiomen anhand von Korpusbelegen. Korpuslinguistische Analysen von Idiomen führen nämlich zu einer Relativierung von verbreiteten Annahmen über Idiome, ob sie aus dem Bereich der linguistischen Forschung, der Psycholinguistik, der Lexikografie oder anderen Bereichen stammen. In diese Richtung hat für das Englische Moon (1998) sowohl hinsichtlich der Methodologie als auch der daraus gewonnenen Erkenntnisse Maßstäbe gesetzt. Ihre Ergebnisse zum Englischen werden durch unsere korpusbasierten Beobachtungen zum Deutschen bestätigt und unterstützt. Ein wichtiges Ergebnis ist, dass Variation viel stärker repräsentiert ist als bisher angenommen. Tatsächlich scheint Variation ein notwendiges Mittel der Einbettung von Idiomen in Text bzw. Diskurs zu sein.

2. Idiome in der Grammatik

VP-Idiome sind wohlgeformte syntaktische Einheiten, die aus einem Verb und seinen Komplementen und eventuell Adjunkten bestehen. Untersucht man Idiome im Text – was bei Korpusanalysen notwendigerweise der Fall ist – so sieht man, dass VP-Idiome i.d.R. diskontinuierliche Einheiten sind. Ihre Darstellung als kontinuierliche Syntagmen in Form einer lexikografischen Nennform oder Normalform ist lediglich eine Abstraktion ihrer lexikalischen Form. Im Diskurs bilden sie keine Einheiten, die in einer linearen Abfolge nebeneinander erscheinen, sondern sind Verbalphrasen, die den syntaktischen Regeln des Satzes folgen (vgl. Wortstellung), wie aus (1) hervorgeht:

> (1) Sie nahm den neuen Vetter in Schutz, er könne doch noch werden. Aber da **fuhr** ihr Jason gehörig **über den Mund**, – er könne ihr das nicht alles so auseinandersetzen, und er wolle das auch nicht tun, aber er sehe die Sache mit anderen Augen an. Mitten in diesem erregten Disput kam Tante Riekchen.
> (Hermann, Georg [d.i. Georg Hermann Borchardt]: Jettchen Gebert. Berlin: Fleischel 1906, S. 176)

Korpusdaten stellen jedoch den Status von Beispielen wie (1) als Normalfall in Frage, denn im Diskurs werden Idiome mehr oder weniger stark verändert. Im Folgenden sollen die wichtigsten Variationstypen vorgestellt werden.

2.1 Lexikalische Variation

Korpusdaten zeigen, dass Sprecher Idiomkomponenten durch andere Lexeme austauschen oder modifizieren. Am häufigsten geschieht dies durch:

a) Paradigmatische Substitution

b) Substitution durch ein Kompositum

c) Modifizierung durch Adjektive.

a) Paradigmatische Substitution

Idiomkomponenten werden im Sprachgebrauch durch Wörter substituiert, die in paradigmatischer Relation zur wörtlichen Bedeutung der Idiomkomponenten oder zur Gesamtbedeutung des Idioms stehen. Am häufigsten werden Lexeme in Idiomen durch Synonyme oder Quasi-Synonyme, Hyperonyme, Hyponyme, manchmal auch Antonyme ausgetauscht.

> (2) Und es kam der Tag, an dem Lurche, Libellen und anderes Getier aus der Spezies der Lappalien genug erduldet hatten von Umweltschänder Ray Milland und seinen ruchlos emittierenden Schergen. So aber begab es sich, daß die gepeinigten Kreaturen allen Mut zusammennahmen und Milland auf seinem privaten Eiland heimsuchten, ihm einmal ganz gehörig **die Leviten** zu **quaken**...
> (o.A.: „Camilla Parker-Bowles ist paranoid". In: die tageszeitung, 07.07. 1997, S. 20)

> (3) Ein Spießer. Lambert Hamel, der Theatermacher, gönnt sich einen Jux. Wunderbar, wenn er feist und schwer Gelassenheit in seinen Körper zwingen will: Zwei Zentner Zen. Wenn er ausrastet und seinem Filius **die Leviten brüllt**: wutentbrannt, aggressiv. Der liberale Schwätzer läßt die versteckte radikale Sau raus. Und Sohnematz Markus greint.
> (o.A.: Gemogelt – und gewonnen. In: Süddeutsche Zeitung, 05.10.1996, S. 15)

Die Verben *quaken* und *brüllen* in den Beispielen (2) und (3) können nicht als Synonyme von *lesen* bezeichnet werden. Da aber das Idiom eine Sprechhandlung ausdrückt, wird das Verb *lesen* durch ein anderes Verb der verbalen (und kommunikativen) Äußerung ersetzt. Dadurch wird der Bedeutung des Idioms[2] auf ökonomische Weise eine weitere Komponente hinzugefügt,

---

[2] Nach Duden (2002): 'jmdn. wegen eines tadelnswerten Verhaltens gehörig zurechtweisen'.

nämlich die der Art und Weise, wie die Handlung des Tadelns geschieht. Beispiel (2) illustriert zudem die oben erwähnte Kontexteinbettung (Kontextualisierung), da von Tieren die Rede ist, die als personifizierte Kreaturen hier die Subjektposition einnehmen.

b) Substitution durch ein Kompositum

(4) Ob da eine Meßdienerjugend in Münster dahintersteht oder bloß Apothekersöhne aufs Exkrement klopfen, möchte man lieber nicht so genau wissen. Einziger Pluspunkt bleibt bei diesem tiefen Griff in die sanitären Anlagen, daß zwischen schlecht imitierten Punk- und Hardrockvorlagen immer wieder der Rammsteiner Brachialsound gnadenlos **auf den tätowierten Unterarm genommen wird**. Ansonsten gilt ausnahmsweise, bei aller Antipathie gegen bestimmte Teile einer gewissen Jugendbewegung: Ist es denn wirklich so schwierig zu kapieren?
(Wandler, Reiner: Analyse. In: die tageszeitung, 02.02.1998, S. 2)

(5) Gespannt wartet das Publikum. Dann tritt er auf. Bleibt der musikalische Medizinbericht der FAZ so vornehm zurückhaltend, wie es dem Stil dieser Allgemeinen Zeitung entspricht? Karajan ist abgemagert; der Kopf sitzt tief auf den Schultern, so **nimmt** der philharmonische Medizinalrat der Welt **kein Notenblatt vor den Mund**: Keine Rede davon, daß Karajan gut erholt zurückgekehrt sei. Er wirkt nach wie vor angegriffen und angestrengt, sogar mitleiderregend. Und die feine Zurückhaltung, mit der er den Begrüßungsorkan quittierte, schien denn auch beschwert mit Melancholie.
(o.A.: Zeitmosaik. In: Die Zeit, 12.03.1976, S. 34)

Die Substitution von Idiomkomponenten in den Beispielen (4) und (5) dient ebenfalls der Kontextualisierung des Idioms. In Beispiel (4) beruht die Substitution durch *Unterarm* auf der wörtlichen Lesart der Idiomkomponente. Durch die Abwandlung des Idioms wird ökonomisch sowohl der Sachverhalt der Kritik zum Ausdruck gebracht als auch auf eine Eigenschaft der beteiligten Personen Bezug genommen.[3] Damit ist das Idiom an den Kontext angepasst. Umgekehrt könnte die Verwendung des Idioms gerade deshalb erfolgen, weil der tätowierte Unterarm den Autor auf das Idiom bringt, d.h., von einer Reihe von Ausdrücken der Kritik passt gerade dieses Idiom in den Kontext, weil es die Bezugnahme auf eine typische Eigenschaft der Beteiligten erlaubt. Dieses Beispiel verdeutlicht in jedem Fall, dass bei der Sprach-

---

[3] Eine detailliertere Analyse des Belegs erfolgt unten in Abschnitt c.

produktion das Nomen des Idioms in seiner wörtlichen Bedeutung präsent ist, obwohl es sich hier um ein nicht transparentes Idiom handelt.

Ähnlich verhält es sich in Beleg (5). Durch das Nomen *Notenblatt* wird das Idiom in den Kontext der Musik eingebettet. Obwohl der Ursprung dieses Idioms, d.h. die ursprüngliche Metapher, synchron verblasst ist, ist die Bildlichkeit stark ausgeprägt und nachvollziehbar.[4] Der Autor kann mit dem Nomen *Blatt* des Idioms eine Reihe von Blättern assoziieren und für die Kontexteinbettung das geeignete verwenden. Dies wird durch die Polysemie von *Blatt* ermöglicht.[5] Auch hier könnte die Richtung der Assoziation umgekehrt verlaufen: vom Sachverhalt der gnadenlosen Kritik und dem Kontext der Musik zum Idiom, das kontextgerecht verändert wird.

c) Modifizierung durch Adjektive

Die Modifizierung von Idiomkomponenten durch adjektivische Attribute ist ein weiteres Mittel der Bezugnahme auf Gegebenheiten des Kontextes, wie anhand der folgenden Korpusbelege gezeigt werden soll.

>(6) So mußte der früher stets zum engsten Zirkel zählende Manager daheim am Telephon warten, derweil Präsidium und Trainer stundenlang konferierten. Und als Lemke in der Pressekonferenz am Montagabend gefragt wurde, wie er sich denn so gefühlt habe in diesen Tagen als Abfangjäger für die Presse, **fuhr** Vizepräsident Klaus-Dieter Fischer seinem Manager **über den schon halb geöffneten Mund**: 'Es geht hier um die Trainerfrage, und das ist Sache des Präsidiums.' Dazu habe Lemke sich ebenso wenig zu äußern wie der Rehhagel zur Managerfrage.
>(o.A.: Die Verlassenen zeigen Verständnis. In: Süddeutsche Zeitung, 15.02.1995, S. 36)
>
>(7) „Sehr wohl," lachte der Leutnant, „er ist gestern nacht ermordet worden und liegt kalt wie eine Kröte auf der Burg." Er habe nicht übel Lust, sagte Franz Albrecht, dem Herrn **über sein unverschämtes Maul zu fahren**. Das solle er lieber bleiben lassen, sagte der Leutnant.
>(Huch, Ricarda: Der große Krieg in Deutschland. Leipzig: Insel-Verl. 1912/1914)

---

[4] Das Bild stammt von der Gewohnheit der Theaterschauspieler, ein Blatt vor die untere Gesichtspartie zu halten, um später für ihre Äußerungen nicht zur Rechenschaft gezogen zu werden (Duden 2002, S. 124).

[5] Vgl. Wortspiele und Witze, die die Polysemie eines Lexems zu humorvollen Zwecken ausnutzen.

(8) Unangenehm ist auch Kotowskis Hang zu blumigen Formulierungen. Da **nimmt** ein Redner schon einmal „**kein Blatt vor seinen republikfeindlichen Mund**". Doch der Ertrag der Arbeit macht solche unglücklichen Formulierungen mehr als wett, zumal auch manch vorschnelles Urteil der bisherigen Forschung zur politischen Einordnung von Dozenten korrigiert wird.
(o.A.: Gralsritter am Neckar. In: Frankfurter Allgemeine Zeitung, 29.09. 1999, S. 11)

Die Belege (6) und (7) verdeutlichen, dass durch die Verwendung des Idioms und der zusätzlichen Modifizierung des Nomens zwei Sachverhalte ausgedrückt werden. In Beispiel (6) wird der Sachverhalt der scharfen Unterbrechung und Antwort bzw. Zurechtweisung mit dem Sachverhalt der Reaktion des Zurechtgewiesenen im Idiom verschmolzen (oder gebündelt). In Beleg (7) wird durch Gebrauch und Modifizierung des Idioms der gleiche Sachverhalt der Zurechtweisung mit einem Urteil über den Zurechtgewiesenen gebündelt. (8) bezieht sich durch das Attribut ebenfalls auf eine Eigenschaft des Redners. Die Information, dass er unverblümt die Wahrheit sagt und gleichzeitig republikfeindliche Ressentiments pflegt, verschmelzen innerhalb des Idioms. Die Lexeme *Mund* und *Maul* erhalten auf diese Weise spezifische Referenz, was in der „normalen" Verwendung des Idioms – wie in (1) – nicht der Fall ist.

Die Rolle der Modifizierung liegt also auch in diesen Belegen darin, über die Semantik des Idioms hinaus, auf ökonomische (und humorvolle, da auf die wörtliche Bedeutung anspielende) Art und Weise auf Sachverhalte des Kontextes zu verweisen und die Partizipanten zueinander in Beziehung zu setzen.

(9) Inzwischen ist es als solches so beliebt, dass die charmant-freche Doris Theimann zum jüngsten französischen Chansonabend „ihr" Publikum begrüßen konnte: Vom FDP-Vorsitzenden im Römer Franz Zimmermann über den Ortsvorsteher im „7er", Reinhard Pietsch SPD bis zum Vereinsringvorsitzenden Hans Heinz. Schüchtern unschuldig-verschämt fragt Doris im Sound der Zwanziger Jahre „Warum soll eine Frau denn kein Verhältnis haben?", am Klavier begleitet von Ehemann Bernd, den sie mehrmals an dem Abend im Kerzenschein **auf den musikalisch-erotischen Arm nahm**. Im zweiten Teil dann – „jetzt kommen die Lieder, auf die Sie gewartet haben" – sang sie mit rauchiger Stimme eindeutig zweideutige französische Songs, die unter die erotische Gürtellinie zielten.
(o.A.: Rödelheims Nachtleben bedroht. In: Frankfurter Rundschau, 16.11. 2000, S. 12)

(10) Dabei kümmert sich die Regie recht angelegentlich darum, dass trotz solcher Amüsements das Theater moralische Anstalt bleibt. Etwas hölzern **nimmt** die Rahmenhandlung die spaßorientierte Fernsehkonsumgesellschaft **auf die kulturkritische Schippe**, und wenn im weiteren das Königreich Hawaii gegen den Willen der imperialistischen Amerikaner wiederauferstehen soll, assoziiert natürlich jeder die Amis mit den Westdeutschen und die Südseeinsel mit der verflossenen DDR.
(o.A.: Sandra will mehr. In: Frankfurter Rundschau, 30.11.2000, S. 19)

Auch aus diesen Belegen wird die kontextuelle Relevanz der Attribuierung deutlich. Im Gegensatz zu (6) und (7) wird hier durch das adjektivische Attribut auf die geschilderte Situation Bezug genommen. Vergleicht man (9) mit dem in (2) erwähnten *tätowierten Unterarm*, so wird deutlich, dass Adjektivattribute zu Idiomkomponenten mehrere Funktionen erfüllen. Sieht man vom Kompositum ab, so lässt sich beobachten, dass in (2) das Adjektiv *tätowiert* das Nomen *Arm* modifiziert; *Arm* ist dabei tatsächlich wörtlich gemeint. In (9) hingegen gibt es eine Diskrepanz zwischen syntaktischer und semantischer Modifikation. Syntaktisch modifiziert das Attribut *musikalisch-erotischen* zwar das Nomen *Arm* (vgl. Kongruenz), semantisch jedoch bezieht es sich auf den Sachverhalt, den das Idiom als Ganzes bezeichnet, und die Situation, die geschildert wird. (10) zeigt ebenfalls die schon für (6) und (7) erwähnte Verschmelzung oder Bündelung semantischer Merkmale. Nicht die Schippe ist kulturkritisch, sondern der Sachverhalt der Verspottung wird insgesamt als kulturkritisch präzisiert.[6] Dies verdeutlicht, dass Attribute von Idiomkomponenten als Adjunkte (Adverbiale) der Gesamtbedeutung des verbalen Idioms fungieren. Der Skopus der Modifikation in (9) und (10) ist also die gesamte VP; *Arm* und *Schippe* haben hier keinen Referenten. Für Glucksberg (1993, S. 19) zeichnet das echte nicht-kompositionale (nicht-analysierbare) Idiome aus. Nimmt man jedoch (2) hinzu, wird deutlich, dass eine solche Aussage für ein bestimmtes Idiom nicht pauschal getroffen werden kann. Dieses Idiom ist übrigens kein Einzelfall. Obwohl Glucksbergs These eine Tendenz aufzeigt, kann sie die Analysierbarkeit von Idiomen bzw. Eigenständigkeit von Idiomkomponenten weder erklären noch voraussagen.

(11) Der dies forderte, war kein unverbesserlicher Restsozialist, der nichts dazugelernt hat. Der Mann kommt zwar aus der ehemaligen DDR, ist jetzt

---

[6] Ein äquivalenter Ausdruck wäre „nimmt ... kulturkritisch auf die Schippe". Tatsächlich findet sich im DWDS-Korpus eine Fülle von solchen Parallelen.

aber Verkehrsminister und regiert in Bonn. Da mußte ihm schon mal der grüne Ex-Abgeordnete Jo Müller **die marktwirtschaftlichen Leviten lesen**.
(Görgen, Rochus: Jäger und Sammler leeren die Berliner Hotels. In: die tageszeitung, 12.07.1991, S. 28)

In (11) wird das Nomen *Leviten* attribuiert, das ebenfalls keinen Referenten hat. Die Modifizierung bezieht sich hier auf den gesamten Sachverhalt (auf die Gesamtbedeutung des Idioms) und spezifiziert, in welcher Hinsicht der Sachverhalt geschieht. Sie hat also einschränkende Funktion.[7]

2.2 Syntax und Diskurs

Seit den Anfängen der Idiomforschung, insbesondere im generativen Rahmen, wird behauptet, Idiome (genauer gesagt: nominale Idiomkomponenten) entzögen sich syntaktischen Prozessen wie Passivierung, Pronominalisierung, Anaphorisierung, Fokussierung etc. Die Bezeichnung „transformationelle Defekte" hat sich auch in nicht-generativen Kreisen durchgesetzt. Auch hier zeigen die Daten, dass der lexikalische Bestand von Idiomen sehr wohl an syntaktischen Prozessen teilnimmt. Das Verhältnis von Transformationen und semantischer Kompositionalität kann an dieser Stelle nicht ausführlich thematisiert werden. Jedoch soll anhand der folgenden Beispiele illustriert werden, dass die Verwendung des Passivs weder als Kriterium für semantische Transparenz noch für Kompositionalität und Analysierbarkeit (Glucksberg 1993, u.a.) verwendet werden kann.

Es gibt eine semantische Korrelation zwischen einer Aktiv- und einer entsprechenden Passivkonstruktion. Wenn man aber über die formale Ebene hinausgeht, die Aktiv und Passiv als unterschiedliche Manifestationen an der Oberfläche einer abstrakten zugrunde liegenden Form sieht, erfüllt das Passiv kommunikative Funktionen und ist pragmatisch begründet. Das Passiv ist ein Mechanismus zur Hervorhebung eines Elements im Satz, das im Aktiv nicht hervorgehoben wird (Keenan 1985). Im Aktiv bezichnet das Subjekt im Deutschen i.d.R. den Agens. Mit Hilfe des Passivs wird ein anderer Aktant (außer dem Agens) topikalisiert und als Redegegenstand eingeführt, über den der Satz etwas aussagt. Umgekehrt bewirkt diese Verlagerung eines Aktanten in den Vordergrund die gleichzeitige Verlagerung des Agens in den Hintergrund. Formal kommt dies dadurch zum Ausdruck, dass der

---

[7] Ausführlich zur Funktion von adjektivischen Attributen bei Idiomen vgl. Stathi (2006), in: Fellbaum (Hg.) (2006).

Agens durch eine Konstruktion ausgedrückt wird, die im Satz eine marginale Position einnimmt, wie z.b. eine Präpositionalphrase. Die Verdrängung des Agens in den Hintergrund kann zur seiner Auslassung führen, was für Passivkonstruktionen typisch ist. Das geschieht v.a., wenn der Agens aus dem Kontext deutlich hervorgeht, als allgemein bekannt vorausgesetzt werden kann oder – im Gegenteil – nicht genannt werden darf, unbekannt oder irrelevant ist. Eine explizite Erwähnung des Agens wäre in diesen Fällen redundant und würde gegen kommunikative Prinzipien verstoßen. Die folgenden Beispiele illustrieren einige dieser Funktionen des Passivs:

(12) Massive Kritik an der neuen Asylregelung hat das Vorstandsmitglied des DGB-Landesbezirks, Jäckel, geübt. Auf einer vom DGB anläßlich des Antikriegstages initiierten Kundgebung sagte der Gewerkschafter gestern, die Auseinandersetzung um das Asylrecht habe die rassistische Stimmung in Deutschland angeheizt. Den Politikern müßten jetzt **die Leviten gelesen werden**, denn durch das neue Asylrecht sei „weder das Nord-Süd-Problem noch das Ost-West-Gefälle und damit das der Einwanderung" gelöst worden.
(Leonhard, Ralf: Dialog oder Trialog in Nicaragua? In: die tageszeitung, 02.09.1993, S. 9)

In (12) wird das Passiv verwendet, weil der Agens von *lesen* oder von *Leviten lesen* nicht explizit erwähnt werden soll. Durch das Passiv wird der Malefizient, der formal durch eine NP im Dativ ausgedrückt wird, ins Vorfeld gerückt und damit fokussiert. Eine explizite Bezugnahme auf den Agens ist überflüssig, da der Kontext auf den/die Handelnden schließen lässt (vgl. Kontextelemente wie *massive Kritik, auf einer ... Kundgebung, die rassistische Stimmung in Deutschland*).

(13) Kurzfassung: Baslers Manager Roger Wittmann hat mit einem italienischen Spielervermittler gesprochen. Der hat drei Vereine genannt, die möglicherweise Interesse an dem Spieler haben könnten – und Basler machte daraus sichere Angebote. Von denen kann aber nach wie vor keine Rede sein, berichten unisono „Sport-Bild" und die italienische „Gazetta dello Sport". Basler seien **„Flöhe ins Ohr" gesetzt worden**. Die italienische Sportzeitung hat gestern von einem Geheimtreffen am 6. Oktober auf dem Frankfurter Flughafen berichtet. Teilnehmer: Wittmann, der Ex-Nationalspieler Hans-Peter Briegel, früher Hellas Verona und Pfälzer Landsmann Baslers, und der italienische Spielerberater Moreno Roggi, der ist nebenbei sportlicher Leiter beim AC Florenz.
(o.A.[J.G.]: Baslerismen. In: die tageszeitung, 19.10.1995, S. 28)

In (13) wird *Basler*, die Hauptfigur dieses Artikels, ins Vorfeld gerückt, damit über ihn ausgesagt werden kann, dass ihm Flöhe ins Ohr gesetzt worden sind. Das ist die ausschlaggebende Information, die vermittelt werden soll. Die Urheber werden erst in den nachfolgenden Sätzen spezifiziert, da sie nicht im Fokus stehen sollen.

> (14) Das Papier fand seinen Weg zu den Aktivisten von Greenpeace, die Weltbank war peinlich berührt, und Summers **wurden die Leviten gelesen**. Seither weiss er, wie man eine Meinung in diplomatische Watte verpackt. Das schlägt auch im Gespräch immer wieder durch, wenn die Antworten etwas gar zu schablonenhaft ausfallen. Dass er die amerikanische Wirtschaft in glänzender Verfassung sieht, mag man ihm noch abnehmen.
> (o.A.: Wirtschaft im Gespräch. In: Neue Zürcher Zeitung, 08.01. 1996, S. 5)

Auch in (14) wird die von der Handlung betroffene Person in den Vordergrund gerückt. Zusätzlich sind hier Faktoren der Kohäsion ausschlaggebend. *Summers* kann an die vorherige Aufzählung angeknüpft und so zum Redegegenstand gemacht werden. So kann im darauf folgenden Satz durch das Pronomen *er* auf ihn referiert werden und die Übermittlung zusätzlicher Informationen über ihn fortgesetzt werden.

> (15) Fünfmal bereits hat sich Stemmle in diesem Winter unter die ersten zwölf geschoben; seit 1989 war ihm das insgesamt gerade zweimal gelungen. Der 30jährige Mann aus dem Norden Torontos findet problemlos eine Erklärung für seine jüngsten Leistungen. Seit Bernd Zobel als Cheftrainer die kanadischen Fahrer übernommen habe, sei das Herrenteam wieder organisiert und werde von harter Hand geführt, sagt er. Dies bekam in erster Linie Stemmle selber zu spüren, dem als notorisch Verspäteten vom einstigen Österreich-Trainer **die Leviten gelesen wurden**. Danach musste Stemmle sich auch trainingsmässig steigern, um vor Weihnachten die teaminternen Qualifikationen zu überstehen.
> (o.A.: Hauptartikel. In: Neue Zürcher Zeitung, 03.02.1996, S. 64)

(15) illustriert die Verlagerung des Agens in den Hintergrund. Durch die Verwendung der Präpositionalphrase (*vom ... Trainer*) wird dem Agens der Handlung eine weniger prominente Rolle im Satz eingeräumt. Denn das Subjekt des Hauptsatzes *Stemmle* soll weiterhin Redegegenstand bleiben. Dies geschieht durch die Verwendung der Relativsatzkonstruktion und des daher geforderten Passivs. Siehe auch die Verwendung des Passivs in Verbindung mit dem Relativsatz und der Bewahrung des Malefizienten als Redegegenstand in (16) und (17):

(16) Ostdeutschland: „Probleme mit Ausländern" Wenn in Rostock, Dresden oder Erfurt noch nicht einmal 2 Prozent der Gesamtbevölkerung Ausländer sind, aber dennoch 98 Prozent ein „Problem" mit dieser mikroskopischen Minorität haben, dann sträubt sich dieses Phänomen gegen jede Verharmlosung. Verharmlosen und Verschweigen ist aber die Methode der offiziellen Politik. Ist es doch schließlich die eigene Klientel, der hier **die Leviten gelesen werden** müssten und nicht die irgendeines Gegners ... Die der PDS ebenso wie der CDU und der SPD. Wer Wahlkämpfer an Haustüren in Ostdeutschland miterlebt hat, weiß, dass die Bedrohung ausgerechnet ostdeutscher Arbeitsplätze durch Ausländer zu den großen Sorgen des Wahlvolkes gehört. Manche Politiker reagieren gar nicht.
(o.A.: Erst raus, dann rein? In:: Frankfurter Rundschau, 17.03.2000, S. 22)

(17) Die Zeiten, in denen die wirklich guten Spieler tatsächlich die insgesamt möglichen vier Jahre am College spielen, sind lange vorbei, die besten Spieler werden bereits nach ein oder zwei Jahren Profi. Doch jedem erfolgreichen Frühabgänger stehen mindestens genauso viele gegenüber, denen von Agenten **ein Floh ins Ohr gesetzt wurde** und die bei keinem Profiteam unterkamen.
(Winkler, Thomas: Wer macht das Spiel? In: die tageszeitung, 21.01. 1999, S. 15f.)

Ein ähnliches Phänomen wird in (18) und (19) illustriert. In (18) erübrigt sich die Präzisierung des Agens, weil durch die Präpositionalphrase *bei BMW* der Rahmen etabliert wird, in dem sich die Handlung abspielt. In (19) werden die Handelnden im ersten Teilsatz genannt.

(18) Ein bekannter Segelflieger hat das 420-PS-Geschoss von Stuttgart nach Frankfurt gefahren: „Ich habe viel Gas gegeben, und es hat mir viel Spaß gemacht", erzählt er brav und belanglos. Bei BMW **wird kein Blatt vor den Mund genommen**: BMW-Fahrer, „das sind alles Leute, die Geld verdienen wollen", weiß der Mann mit dem Mikrofon. Vor allem wollen sie keine Zeit mit der Parkplatzsuche verplempern.
(o.A.: In den Messehallen stauten sich die Massen. In: Frankfurter Rundschau, 20.09.1999, S. 15)

(19) Wie es zwischen den Regierungschefs und Ministern von Bonn und Rom zugeht, wenn auf zweiseitigen Treffen **Süßholz geraspelt wird**, sagt wenig darüber aus, wie es zwischen den Völkern steht.
(o.A.: Europa von oben, Europa von unten. In: Frankfurter Allgemeine Zeitung, 24.05.1995, S. 14)

Zusammenfassend kann man sagen, dass das Passiv durch die Informationsstruktur und den Aufbau des Diskurses gefordert wird. Dass eine Idiomkomponente (das direkte Objekt) zum Subjekt des Satzes wird, führt nicht automatisch zu seiner Topikalisierung und/oder Fokussierung. Wie gezeigt wurde, kann ein anderer Aktant oder ein anderes Satzglied in den Vordergrund gerückt werden, in diesem Fall typischerweise der Malefizient. Daher erfordern Aussagen, die eine Korrelation zwischen Passivierung einer Idiomkomponente und der semantischen Teilbarkeit des Idioms sehen, die Berücksichtigung einer Reihe von pragmatischen Faktoren.

2.3 Frames

Vertreter der Konstruktionsgrammatik (Kay/Fillmore 1999; Goldberg 1995 u.a.) teilen syntaktischen Strukturen, unabhängig von spezifischen Lexemen, Bedeutungen zu. Ein gutes Beispiel ist die englische „Double Object"-Konstruktion, die mit der Semantik von Transfer assoziiert ist. Eine semantisch und syntaktisch verwandte Konstruktion ist die Benefaktivkonstruktion. Hier selegiert das Verb ein nicht-subkategorisiertes, fakultatives Argument, dessen semantische Rolle die eines Benefizienten oder Malefizienten ist. Unter den Idiomen, die Kommunikationshandlungen ausdrücken, gibt es eine Reihe von Benefaktiv-Konstruktionen, wie z.B.

(i) jmd. liest jmdm. die Leviten

(ii) jmd. fällt jmdm. ins Wort

(iii) jmd. hält jmdm. eine Gardinenpredigt/Standpauke/Moralpauke

(iv) jmd. macht jmdm. eine lange Nase

Die Dativergänzung drückt in diesen Idiomen meist einen Malefizienten aus, da die Kommunikationshandlung eine Aggression, Kritik oder Beschimpfung bezeichnet. Die Daten zeigen, dass das Argument nur unter bestimmten Bedingungen weggelassen wird. In diesem Sinn unterstützen diese Idiome eine Konstruktionsanalyse, denn die Syntax trägt einen zentralen Teil der Bedeutung des Idioms, nämlich dass die Handlung zu Gunsten oder Ungunsten eines Betroffenen ausgeführt wird. Damit stellt die Syntax eine für die idiomatische Lesart unentbehrliche Bedeutungskomponente dar. Diese These wird im Folgenden anhand zweier Idiome überprüft.

a) *jmd. liest jmdm. die Leviten*

Die 1021 Belege, die das Korpus für das Idiom *jmd. liest jmdm. die Leviten* lieferte, haben bezüglich ihrer syntaktischen Struktur folgende Verteilung:

Dativ	Struktur	Beleganzahl
Nein	*lassen*-Passiv	23
	bekommen-Passiv	14
	kriegen-Passiv	1
	Leviten	6
	Aktiv ohne Dativ	6
	Gesamt	*50*
Ja		971
Gesamtanzahl der Belege		1021

Tabelle 1: Syntaktische Strukturen von *jmd. liest jmdm. die Leviten*

Die typische Verwendung des Idioms (971 Belege = 95%) hat einen overten Dativ, wie (20) zeigt:

(20) Bundestrainer Zach muß *seiner Mannschaft* in der Kabine gehörig **die Leviten gelesen** haben, denn im zweiten Drittel spielte sie wie verwandelt.
(o.A.: Der Pflichtsieg gegen Ungarn ohne Glanz. In: Frankfurter Allgemeine Zeitung, 09.04.1999, S. 39)

Von den Belegen, die ohne Dativ erscheinen, ist die große Mehrzahl eine Passivkonstruktion, wie anhand der Beispiele in (21)-(23) deutlich wird. Die Valenzreduktion ist also strukturell bedingt. Entscheidend ist aber, dass die semantische Rolle des Malefizienten erhalten ist. Sie besetzt die Subjektposition.

(21) *Rund 100 mittelständische Unternehmer aus Bremen* **ließen sich** gestern nachmittag auf einer Tagung der CDU-nahen Konrad-Adenauer-Stiftung im Kongreß-Zentrum **die Leviten lesen**.
(o.A.[nh]: Mit DDT auf du und du. In: die tageszeitung, 25.06.1994, S. 7)

(22) Die Stiftung Warentest befragte 14 000 Autobesitzer
Termingerecht zu ihrer Glanz-und-Gloria-Schau IAA **bekamen** *die Automobilhersteller* von ihren Kunden **die Leviten gelesen**.
(Pidol, Benno: Ärger mit der Qualität. In: Frankfurter Rundschau, 13.09.1997, S. 10)

(23) Am bündigsten hat wohl Charlie Chaplin das Verhältnis vom Künstler zur industriellen Gesellschaft in Moderne Zeiten ausgedrückt. Vor einer gewaltigen Apparatur stehend, verfällt der verliebte Charlie ins Träumen. Dabei bleibt er an einem Hebel hängen, der ihn flugs ins Räderwerk der Maschine befördert, die der verdutzte Charlie dann in unnachahmbar komischer (und poetischer) Weise durchlaufen muß. Am Ende kommt wie-

der *ein ganzer Charlie* heraus, *der* von seinem Vorarbeiter sofort **die Leviten gelesen kriegt**.
(o.A.[h.h.]: Birgit Goldbreuel. In: die tageszeitung, 18.01.1992, S. 29)

Wenn man diese beiden Klassen, in denen ein Malefizient explizit ausgedrückt wird, als Dativergänzung oder als Subjekt, zusammenfasst, decken sie insgesamt fast 99% der Verwendung des Idioms ab. Damit kann anhand der Frequenz behauptet werden, dass die semantische Rolle des Malefizienten obligatorisch ist, der Dativ als Träger dieser Rolle dabei die präferierte oder typische Ausdrucksweise ist.

Zur Vollständigkeit der Ausführung werden in (24) und (25) auch zwei Beispiele für die autonomisierte Verwendung des Nomens *Leviten* illustriert, d.h. seiner Verwendung in der Gesamtbedeutung des Idioms.

(24) Als Prügelknabe der Nation liegt der Kanzler noch weit vor seiner geschundenen Partei. Seit Monaten vergeht kein Tag, an dem er nicht in egal welcher Tageszeitung, egal welchem Fernsehsender – oft unverhohlen hämisch – abgestraft wird. Was immer der Mann tut, **die Leviten** sind *ihm* garantiert.
(o.A.[thm]: Status quo. In: Frankfurter Rundschau, 21.09.1999, S. 9)

(25) Leser ist er obendrein, und zwar Leser selbstverfaßter **Leviten**, die er dann in einer größeren Boulevardzeitung publizieren läßt.
(o.A.: Letzte Chance für den Chef der Bücher. In: Süddeutsche Zeitung, 29.02.1996, S. 15)

Interessant sind aber die verbleibenden sechs Belege (0,5%), die eine aktivische Struktur, aber weder strukturell einen Dativ noch semantisch die Rolle des Malefizienten erkennen lassen. Vgl. dazu folgende Belege:

(26) Aber „die Roma müssen lernen, Rücksicht zu nehmen." Denn, und das sei auch die Einschätzung der Innenverwaltung, die Roma „sollten ihre Kinder in die Schule schicken, und ihre Jugendlichen sollten sich nicht herumtreiben". Kein Wort fand der Kardinal zu den Grausamkeiten, kein Wort zu den Ausweisungsbescheiden, kein Satz zu der Hoffnung vieler Gläubiger, endlich eine Betreuung durch die katholische Kirche zu finden. *Kardinal Sterzinsky war gekommen, um **die Leviten zu lesen**,* einseitig, in Inhalt und Wortwahl alle Vorverurteilungen bestätigend. Seine zweiminütige Ansprache endete genauso unerhört, wie sie begann. Er wünsche jetzt »fröhliche Stunden«, denn das hier sei ja »kein Arbeitstreffen, sondern eine Feier«. Zeit, um seinen Nachredner, den sensiblen protestantischen Bischof Kruse zu hören, fand der Kardinal nicht.
(Wegmann, Karl: Der Koch als Liebhaber. In: die tageszeitung, 19.12. 1991, S. 17)

(27) *Hans-Olaf Henkel genießt eine nachträgliche Genugtuung und **liest** querbeet **Leviten***

Sprechen sollte er über die „Globalisierung als Herausforderung für eine neue Innovationspolitik". Es wäre falsch zu behaupten, er hätte das nicht getan, doch die Akzente seiner Rede setzte Hans Olaf-Henkel auf andere Themen. Offenbar hatte zuvor Elke Wülfing, die Parlamentarische Staatssekretärin im Bonner Wissenschaftsministerium, den Präsidenten des Bundesverbandes der Deutschen Industrie (BDI) dadurch gereizt, daß sie ihn bei ihren Stichworten Hochkosten- und Hochlohnland und Klagen der Unternehmen darüber nicht nur anschaute, sondern auch ansprach.

(Klotz, Jürgen: Ein Industriepräsident ist sauer und rechnet ab. In: Frankfurter Rundschau, 20.09.1997, S. 11)

(28) Zunächst soll es darum gehen, mit welchen Teilen der osteuropäischen Opposition wir wirklich nichts zu tun haben wollten. Erinnern wir uns zunächst an die Intervention zahlreicher Bürgerrechtler, Oppositioneller und Dissidenten in die Friedensbewegung. Thesen, mit denen ein gestandener CSU-Reaktionär nur Pfiffe geerntet hätte, erhielten, sofern sie von „Verfolgten des Stalinismus" formuliert wurden, wenn nicht Zustimmung, so doch „Verständnis". *Auf einem Friedensfestival in Tübingen **las** der Solidarnosc-Vertreter **die Leviten**:* „Einseitige Abrüstung, der Glaube, daß die Sowjetunion freiwillig ihre Rüstung beschränkt, wenn der Westen abrüstet – das ruft bei uns nur ein Schulterzucken hervor. Zu gut kennen wir die Aggressivität dieser Großmacht." Ein Vertreter der „Kämpfenden Solidarnosc" legte ein Brikett nach: „Die Perspektive unserer Welt hängt allein davon ab, ob es uns gelingt, eine nukleare Katastrophe zu vermeiden. Und die große Gefahr ist die Sowjetunion, nicht die USA und die Sowjetunion.

(Trampert, Thomas/Ebermann, Rainer: Deutsche Reinigung. In: konkret (1992), S. 10)

Für diese Belege kann eine Lesart *scharfe Kritik üben* angesetzt werden. Alle Belege illustrieren Kontexte, die sensible Themen ansprechen. Eine explizite Nennung des Empfängers der Kritik ist daher nicht angebracht. Es wird durch den Kontext deutlich, dass sich die scharfe Kritik an größere Gruppen oder Institutionen richtet oder vage bleiben soll. Interessanterweise wird die generalisierende Funktion in (27) durch *querbeet* in gewisser Weise wieder rückgängig gemacht. Das könnte ein Indiz dafür sein, dass für den Sprecher bzw. Autor der Malefizient einen Slot in der Struktur des Idioms ausfüllen muss, d.h. obligatorischer Bestandteil des Idioms ist.

b) *jmd. hält jmdm. eine Gardinenpredigt/Moralpredigt/Standpauke*

Schließlich soll das Konstruktionskonzept anhand von *jmd. hält jmdm. eine Gardinenpredigt/Moralpredigt/Standpauke* überprüft werden. Anders als in den phraseologischen Wörterbüchern dargestellt (z.B. Schemann 1993), geht aus den Korpusdaten deutlich hervor, dass die Verbindung dieser Nomina mit dem Verb *halten* nicht fest ist. Sie kommen viel häufiger außerhalb der Verbindung mit diesem Verb vor. Sie erscheinen auch sehr häufig im Plural. Belege (29) bis (31) sind typische Verwendungsweisen dieser Nomina.[8]

> (29) Die geistige Elite Russlands ruft nach der harten Hand. Das Bild des Westens glänzt nicht mehr. Politiker und Beamte sind der **Moralpredigten** aus den Nato-Staaten überdrüssig.
> (Thumann, Michael: Wie der Stahl gehärtet wird. In: Die Zeit, 02.12. 1999, S. 11)

> (30) In der Anfangsphase lief bei Flörsheim überhaupt nichts zusammen, die abwehrstarken Idsteinerinnen zogen aus diesem Blackout schnell Profit und führten mit 4:0. Damit war die Partie fast schon gelaufen, denn einmal mehr offenbarten die Gastgeberinnen erschreckende Schwächen im Rückraum. Da nutzte auch die **Gardinenpredigt** von Schöneich in der Pause nicht viel.
> (o.A.[jo.]: Handball, Frauen. In: Frankfurter Rundschau, 28.01.1997, S. 6)

> (31) Erst mußte Miroslava Ritskiavitchius das Parkett für Silvia Schmitt verlassen, nach gut einer halben Stunde schickte Hoffmann Torhüterin Michaela Schanze und Spielmacherin Franziska Heinz auf die Bank. Zudem gab es in der Halbzeitpause eine deftige **Standpauke**.
> (o.A.[dpa]: Hoffmann fühlt sich bestätigt. In: Frankfurter Rundschau, 05.12.1997, S. 17)

Das Vorkommen der drei hier untersuchten Nomina in Verbindung mit dem Verb *halten* ist stark mit dem Erscheinen einer Dativergänzung verbunden, die den Rezipienten (Malefizienten) der Handlung ausdrückt. Die Tabellen 2 und 3 fassen die Distribution der Nomina im DWDS-Korpus zusammen. Hier ist besonders auf die Verbindung zwischen der Konstruktion mit *halten* und Dativ (grau unterlegt) zu achten.

---

[8] Damit kann auch die Auffassung widerlegt werden, dass diese Nomina unikale Elemente sind, d.h. Elemente, die Distributionsanomalien zeigen, indem sie z.B. nur in Verbindung mit einem bestimmten Verb auftreten. Ihre distributionelle Freiheit ist u.E. durch ihre semantische Transparenz als Komposita begründet. Sie allein sind Träger der Metaphorizität, nicht die gesamte Konstruktion.

Idiome in der Grammatik und im Kontext: Wer brüllt hier die Leviten? 143

Nomen	Gesamtanzahl der Belege	- *halten*[9]	+ *halten*	+ *halten* + Dativ	Nomen im Plural[10]
Moralpredigt	198	164	34	20	93
Gardinenpredigt	131	103	28	23	13
Standpauke	319	248	71	58	33

Tabelle 2: Kookkurrenz der Nomina mit dem Verb *halten* bzw. mit *halten* + Dativergänzung (absolute Zahlen)

Nomen	Gesamtanzahl der Belege	- *halten*	+ *halten*	+ *halten* + Dativ	Nomen im Plural
Moralpredigt	198	83%	17%	59%	47%
Gardinenpredigt	131	79%	21%	82%	10%
Standpauke	319	78%	22%	82%	10%

Tabelle 3: Kookkurrenz der Nomina mit dem Verb *halten* bzw. mit *halten* + Dativergänzung (Prozentzahlen)

Man könnte anhand dieser Zahlen behaupten, dass es sich bei der Verbindung mit „halten" und Dativ um eine Konstruktion handelt, da der Dativ bei *Moralpredigt* signifikant häufig ist, bei *Gardinenpredigt* und *Standpauke* sogar eine starke Präferenz hat. Die Tatsache, dass der Dativ eine Präferenz hat und dass es viele Belege ohne Dativ gibt – anders als bei *jmd. liest jmdm. die Leviten*, wo die Belege ohne Dativ nur 0,5% der Gesamtmenge ausmachten – erlaubt die Bezeichnung der Wortverbindungen eher als Konstruktionen und nicht als Idiome im engen Sinn. Typische Beispiele werden in (32) bis (34) aufgeführt.

(32) Manch einer vermochte seine Schadenfreude nicht zu verhehlen: Ganz recht geschieht den Südostasiaten, die *dem Westen* dauernd hochtrabende **Moralpredigten halten**!
(Sommer, Theo: Asien ist doch kein Modell. In: Die Zeit, 12.09.1997, S. 1)

---

[9] Typischer Gebrauch ist dabei als NP in Subjektposition, in einer PP oder als Objekt mit unterschiedlichen Verben („sich anhören müssen", „jmdm. eine X verpassen", „über sich ergehen lassen" u.v.m.).

[10] Die Nomina erscheinen auch in der Pluralform in Verbindung mit *halten*. Die Erwähnung der Zahlen für das Vorkommen im Plural soll als zusätzliches Indiz dafür dienen, dass diese Nomina keinen Restriktionen hinsichtlich ihres Gebrauchs unterliegen, die Nomina in Idiomen vergleichbar sind.

(33) Sie **haben** *der Mannschaft* schon vorletzte Woche **eine Gardinenpredigt gehalten**, die an die Öffentlichkeit kam.
(o.A.: Hertha-Manager Dieter Hoeneß. In: Süddeutsche Zeitung, 15.09. 1997, S. 20)

(34) In der Pause hatte Weis den Spielern wegen schwächerer Deckungsleistungen **eine** mächtige **Standpauke gehalten**.
(o.A. [hdp]: Zweite Basketball-Bundesliga. In: Frankfurter Rundschau, 09.11.1998, S. 29)

Ein anderes Kriterium für den Status dieser Wortverbindung als Konstruktion ist das Verb *halten*. Es handelt sich um ein Funktionsverb, das im Deutschen in Verbindung mit Nomina erscheint, die eine Sprechhandlung ausdrücken (*einen Vortrag/eine Rede/ein Referat/eine Predigt/... halten*). Die Bedeutung steckt in den Komposita, das Verb hat nur unterstützende Funktion. Der Dativ (Malefizient) wird daher eigentlich durch die Bedeutung der Komposita gefordert. Man könnte das Muster mit anderen semantisch ähnlichen Nomina beliebig erweitern, was zur Produktivität dieses Musters führen würde.

3. Zusammenfassung

In diesem Beitrag haben wir versucht, drei in der Literatur verbreitete Thesen über Idiome anhand des DWDS-Korpus zu überprüfen. Als Beispiele wurden Idiome aus dem Bereich der Kommunikation gewählt. Unsere Beobachtungen lassen sich folgendermaßen zusammenfassen.

Die erste These betrifft den Begriff der Normalform der Idiome, wie er in Lexikografie, Psycholinguistik und Sprachtheorie bisher vorausgesetzt wurde. Dieser Begriff muss aufgrund der starken Variation, die zu beobachten ist, relativiert werden. Aus dem breiten Spektrum der Variation wurde hier näher auf die Variation auf lexikalischer (Substitution von Idiomkomponenten) und syntaktischer Ebene (Modifizierung durch Adjektive) eingegangen. Es wurde gezeigt, dass Variation die Funktion hat a) das Idiom in den Kontext einzubetten und b) zusätzliche Informationen auf ökonomische Weise zu bündeln. Dieser Mechanismus macht i.d.R. Gebrauch von der wörtlichen Bedeutung der Idiomkomponenten.

Die zweite These betrifft Aussagen, die eine enge Verbindung zwischen Transformationen und semantischer Teilbarkeit von Idiomen sehen. In diesem Papier wurde exemplarisch das Passiv näher untersucht. Korpusbelege machen deutlich, dass Passivierung eines Idioms bzw. einer Idiomkomponente mit der Informationsstruktur des Satzes verbunden ist, wobei Topik und Fokus eine zentrale Rolle spielen. Eine direkte Korrelation zwischen Passivierung und semantischer Teilbarkeit wurde nicht bestätigt. Das Thema bedarf einer gründlicheren Untersuchung, bei der jedoch die Funktionen der Transformationen im Diskurs eine Rolle spielen müssen.

Schließlich wurde der Begriff der Konstruktion, der in den letzten Jahren aufgekommen ist, anhand von zwei Beispielen untersucht. Im ersten Beispiel, *jmd. liest jmdm. die Leviten*, ist die Idee der Konstruktion sehr fest, wie an der minimalen Variation zu sehen ist. Das zweite Beispiel illustriert die Konstruktionsidee anhand der unterschiedlichen Nomina, die den Slot für das Objekt füllen: *jmd. hält jmdm. eine Moralpredigt/Gardinenpredigt/ Standpauke*. Der Objekt-Slot kann durch semantisch ähnliche Nomina gefüllt und als Muster produktiv werden. Das Verb erfüllt grammatische Funktionen, während die Nomina die Hauptbedeutung tragen und eine Dativergänzung fordern, die den Empfänger der Kritik ausdrückt. Es gibt also durchaus Wortverbindungen, die die Konstruktionsidee erkennen lassen, obwohl dies nicht für die Mehrzahl der von uns untersuchten Wortverbindungen zutrifft.

4. Literatur

Cacciari, Cristina/Tabossi, Patrizia (1988): The Comprehension of Idioms. In: Journal of Memory and Language 27, S. 668-683.

Cacciari, Cristina/Tabossi, Patrizia (Hg.) (1993): Idioms: Processing, Structure, and Interpretation. Hillsdale.

Duden (2002): Duden. Bd 11: Redewendungen. Wörterbuch der deutschen Idiomatik. 2., neu bearb. u. aktual. Aufl. Mannheim/Leipzig/Wien/Zürich.

Fellbaum, Christiane (Hg.) (2006): Collocations: From Corpus to Electronic Lexical Resource. (= Corpus and Discourse). Birmingham.

Glucksberg, Sam (1993): Idiom Meaning and Allusional Content. In: Cacciari/ Tabossi (Hg.), S. 3-26.

Goldberg, Adele E. (1995): Construction Grammar. Chicago.

Harras, Gisela (1996): Sprechen, reden, sagen – Polysemie und Synonymie. In: Harras/Bierwisch (Hg.), S. 191-216.

Harras, Gisela (Hg.) (2001): Kommunikationsverben. Konzeptuelle Ordnung und semantische Repräsentation. Tübingen.

Harras, Gisela/Bierwisch, Manfred (Hg.) (1996): Wenn die Semantik arbeitet. Klaus Baumgärtner zum 65. Geburtstag. Tübingen.

Harras, Gisela/Winkler, Edeltraut/Erb, Sabine/Proost, Kristel (2004): Handbuch deutscher Kommunikationsverben. (= Schriften des Instituts für Deutsche Sprache 10). Berlin/New York.

Kay, Paul/Fillmore, Charles J. (1999): Grammatical Constructions and Linguistic Generalizations: the What's X doing Y? Construction. In: Language 75, S. 1-33.

Keenan, Edward (1985): Passive in the World's Languages. In: Shopen (Hg.), S. 243-281.

McGlone/Matthew, Glucksberg, Sam/Cacciari, Cristina (1994): Semantic Productivity and Idiom Comprehension. In: Discourse Processes 17, S. 167-190.

Moon, Rosamund (1998): Fixed Expressions and Idioms in English: A Corpus-based Approach. Oxford.

Schemann, Hans (1993): Deutsche Idiomatik. Die deutschen Redewendungen im Kontext. Stuttgart/Dresden.

Shopen, Timothy (Hg.) (1985): Language Typology and Syntactic Description. Bd. 1. Cambridge.

Stathi, Ekaterini (2006): A Corpus-Based Analysis of Adjectival Modification in German Idioms. In: Fellbaum, Christiane (Hg.).

Swinney, David A./Cutler, Anne (1979): The Access and Processing of Idiomatic Expressions. In: Journal of Verbal Learning and Verbal Behavior 18, S. 523-534.

Angelika Storrer

Funktionen von Nominalisierungsverbgefügen im Text
Eine korpusbasierte Fallstudie

1. Einführung

Wenn man Satzpaare wie (1a) vs. (1b) oder (2a) vs. (2b) miteinander vergleicht, ist man schnell geneigt anzunehmen, es handle sich um Sätze mit identischen Wahrheitsbedingungen und nur sehr subtilen stilistischen Unterschieden.

(1a) Paul unterrichtet am Gymnasium.

(1b) Paul erteilt Unterricht am Gymnasium.

(2a) Die Nachbarn halfen beim Löschen des Feuers.

(2b) Die Nachbarn leisteten beim Löschen des Feuers Hilfe.

Vielleicht wird man diese Unterschiede mit dem Gegensatzpaar „Nominalstil" vs. „Verbalstil" beschreiben und die nominale Konstruktion im Vergleich zur verbalen Konstruktion als unnötig kompliziert und unelegant bewerten. In diesem Fall steht man am Ausgangspunkt einer Diskussionslinie um die sog. „Nominalisierungsverbgefüge", wie Konstruktionen vom Typ „Hilfe leisten" oder „Unterricht erteilen" in der germanistischen Linguistik bezeichnet werden. Diese Diskussionslinie entstand aus dem Bemühen, der sprachkritischen Abwertung von Nominalisierungsverbgefügen in Stillehren und Sprachlehrbüchern eine differenzierte linguistische Analyse und Neubewertung entgegenzustellen. Die als „Sprachbeulen", „Zeitwortattrappen", „Verbalhypertrophien" bezeichneten Konstruktionen galten der Sprachkritik als Anzeichen einer „Dingwortseuche", „Umschreibungssucht" und „Verbaphobie"[1]. Es war das Ziel der frühen Arbeiten[2] in diesem Bereich, die speziellen Leistungen der nominalen Konstruktionen gegenüber den verbalen Alternativen herauszustellen. Dabei geriet bald die als „Funktionsverbgefüge" bezeichnete Subklasse der Nominalisierungsverbgefüge in den Mittelpunkt des Interesses: Bei Funktionsverbgefügen wie „in Verbindung treten/ bringen" oder „ins Rollen kommen/bringen" ließ sich besonders gut nach-

---

[1] Daniels (1963, S. 9f.).
[2] Daniels (1963), v. Polenz (1963) und Schmidt (1968).

weisen, dass sie sich durch systematisierbare semantische Eigenschaften von den Konstruktionen mit dem jeweiligen Basisverb, z.B. „verbinden" oder „rollen", unterscheiden. Konstruktionen vom Typ (1b) und (2b) hingegen wurden weniger intensiv untersucht. Implizit oder explizit ging man davon aus, die beiden Konstruktionstypen seien weitgehend synonym und unterschieden sich nur durch „pragmatisch-stilistische Wirkungen" (v. Polenz 1987, S. 170).

Warum leistet sich aber eine Sprache eine derart große Zahl „semantischer Dubletten" und welche Wirkungen lassen sich mit der Wahl des einen oder des anderen Konstruktionstyps erzielen? Hierzu findet man in der Literatur zwar Hypothesen (vgl. Abschnitt 4); mir ist aber keine umfassende Studie bekannt, in der beide Konstruktionstypen systematisch miteinander verglichen werden. Dies mag einerseits daran liegen, dass sich die Forschung schnell auf die Funktionsverbgefüge konzentriert hat, die sich semantisch ja eindeutig von den verbalen Konstruktionen unterscheiden. Ein weiterer Grund liegt aber sicher auch an dem hohen Aufwand, der betrieben werden muss, um zu diesen hochfrequenten Konstruktionen ein aussagekräftiges Korpus zusammenzustellen und dieses in Bezug auf die verschiedenen, für den Phänomenbereich relevanten Aspekte zu analysieren. Die Verfügbarkeit digitalisierter Korpora und entsprechender Werkzeuge zu deren Auswertung erleichtert es inzwischen erheblich, Nominalisierungsverbgefüge in authentischen Verwendungskontexten computergestützt zu untersuchen. Die hier im Artikel referierte korpusbasierte Fallstudie soll zeigen, dass dies ein lohnenswertes Unterfangen ist, speziell, wenn nicht nur nominale Konstruktionen untersucht, sondern nominale und verbale Konstruktionen miteinander verglichen werden. Schon an der relativ klein angelegten Studie wird deutlich, dass sich die Leistungen beider Konstruktionstypen erst in ihrem Gebrauch im konkreten Textzusammenhang erschließen, und dass beide Konstruktionstypen ein jeweils spezifisches Potenzial für die Informationsstrukturierung, für die Kohäsions- und Kohärenzbildung und für die Perspektivierung von Sachverhalten besitzen. Dies wird in der vorliegenden Fallstudie nur exemplarisch und intuitiv, d.h. ohne Bezugnahme auf eine diskurssemantische Theorie, gezeigt. Die Studie dürfte dennoch deutlich machen, dass die korpusbasierte Erforschung dieser Konstruktionen interessante theoretische Fragestellungen im Schnittbereich von Diskurssemantik, Pragmatik und Lexikologie aufwirft.

2. Terminologische Vorbemerkung

In der Literatur zu Nominalisierungsverbgefügen hat das Bemühen um die Abgrenzung des Gegenstandsbereichs viel Raum eingenommen. Wie van Pottelberge (2001) nachgewiesen hat, wird dieses Unterfangen dadurch erschwert, dass die betreffenden Phänomene in der Literatur verschieden terminologisiert sind und die Definitionen für die entsprechenden Termini – Stützverbgefüge, Streckverbgefüge, „light verb", „complex predicate" etc. – auf unterschiedliche Merkmale der Konstruktionen rekurrieren. Ich möchte deshalb einen Abschnitt zu der in diesem Artikel verwendeten Terminologie vorwegschicken.

Als *Nominalisierungsverbgefüge* (*NVG*) bezeichne ich im Anschluss an v. Polenz (1987, S. 170f.) Verbindungen wie „in Verbindung treten", „Hilfe leisten", die aus einer verbalen Komponente („treten", „leisten") und einer nominalen Komponente („Verbindung", „Hilfe") bestehen. Den verbalen Teil des Gefüges nenne ich *Nominalisierungsverb* (*NV*); auf den nominalen Teil werde ich mit dem Ausdruck *prädikatives Nomen* (*PN*) Bezug nehmen.[3] Als *Funktionsverbgefüge* (*FVG*) bezeichne ich nach v. Polenz (1987, S. 170) die Subklasse der NVG, die sich „durch eine systematisch beschreibbare Eigenbedeutung" auszeichnen, d.h., dass FVG wie „in Verbindung treten", „zum Abschluss kommen" im Vergleich zum Basisverb („verbinden", „abschließen") eine systematisierbare grammatische Funktion, z.B. Aspektwechsel oder Passivierung, aufweisen. FVG haben eine Präferenz für den Konstruktionstyp *Funktionsverb* (*FV*) + *Präpositionalphrase*.[4] Abgegrenzt werden die FVG von der weniger präzise bestimmten Komplementärmenge der NVG, also von NVG, die sich nicht durch grammatische Funktionen von entsprechenden Basisverbkonstruktionen unterscheiden: Hierzu gehören auch die in meiner Fallstudie untersuchten Konstruktionen („Unterricht"/ „Absage erteilen", „Hilfe leisten", „Wirkung ausüben"). Wenn das PN eine verbale Ableitungsbasis hat (z.B. „Unterricht" oder „Absage"), dann bezeichne ich das der Ableitung zugrunde liegende Verb (z.B. „unterrichten" oder „absagen") als *Basisverb*. Dabei ist mir natürlich bewusst, dass nicht

---

[3] Darin folge ich der angelsächsischen und französischen Traditionslinie, in der die nominalen Teile als *prädikatives Nomen* (*nom prédicatif*, *predicative noun*) bezeichnet werden, vgl. z.B. Ulrich (2002).

[4] Manche Autoren, z.B. Engelen (1968), Eisenberg (1994, S. 307) nehmen diesen Konstruktionstyp sogar als zentrales Merkmal an.

alle NVG eine verbale Ableitungsbasis besitzen, dass es vielmehr auch NVG mit adjektivischer Ableitungsbasis gibt („in Wut geraten"), sowie auch eine beträchtliche Zahl lexikalisierter NVG, bei denen synchron der Bezug zum Basisverb nicht mehr besteht („Folge leisten", „Abstand halten"). Meine Fallstudie konzentriert sich allerdings genau auf NVG, bei denen ein eindeutiger Bezug zum Basisverb synchron noch besteht, bei denen NVG-Konstruktion und Basisverbkonstruktion also semantisch äquivalent sein können. Soweit in der Fallstudie grammatische Kategorien benötigt werden, orientiere ich mich an der Terminologie der „Grammatik der deutschen Sprache" (GDS).

Um Missverständnisse zu vermeiden, soll darauf hingewiesen werden, dass nicht alle Autoren der in v. Polenz (1987) eingeführten terminologischen Unterscheidung von NVG und FVG folgen, sondern einen weiter gefassten Begriff von *Funktionsverb* bzw. *Funktionsverbgefüge* zugrunde legen, der auch Nominalisierungsverbgefüge, wie die in meiner Fallstudie untersuchten, einschließt. Dazu gehört die Verwendung von *Funktionsverb* in den „Grundzügen einer deutschen Grammatik" (Grundzüge 1981, S. 431-442) ebenso wie die ausführliche Beschreibung der Funktionsverben in der „Deutschen Grammatik" von Helbig/Buscha (1994, S. 78-105).

3. Zum Status der NVG in der Phraseologie

Van Pottelberge (2001) hat mit beeindruckender Akribie den Nachweis geführt, dass sich NVG nicht in allen Fällen mit eindeutigen Kriterien von freien Konstruktionen und von Idiomen abgrenzen lassen, dass die in der Diskussion verwendeten Termini extensionsverschieden sind und dass die angegebenen definitorischen Merkmale nicht in allen Fällen zu den intuitiv gewünschten Klassifikationsergebnissen führen. Dieser Befund ist allerdings nicht untypisch für grammatische Klassifikationsbemühungen und tut der Tatsache keinen Abbruch, dass sich typische NVG[5] (z.B. „in Verbindung treten") sehr wohl durch charakteristische Merkmale von typischen Verb-Nomen-Idiomen (z.B. „auf den Schlips treten") einerseits und von typischen freien Konstruktionen (z.B. „in die Pfütze treten") andererseits unterscheiden. Die Merkmale, die in der Literatur für die Abgrenzung der prototypi-

---

[5] FVG mit dem Baumuster FV+PP gelten als besonders typische Vertreter der NVG, vgl. z.B. Eisenberg (1994, S. 307).

schen Fälle herangezogen werden,⁶ sind: (1) semantische Kompositionalität, (2) Ersetzbarkeit durch bedeutungsgleiche Ausdrücke, (3) morphosyntaktische Anomalien/Beschränkungen.

ad (1): Das auf Frege zurückgehende Kompositionalitätsprinzip besagt, dass sich die Bedeutung eines Satzes aus der Bedeutung seiner Teilausdrücke und der Art ihrer Zusammensetzung ergibt. Prototypische Idiome wie „ins Gras beißen" oder „auf den Schlips treten" sind weder in der Perspektive der Analyse noch in der Perspektive der Generierung aus den Bedeutungen ihrer Bestandteile herleitbar, unterliegen also nicht dem Kompositionalitätsprinzip.⁷ Im Gegensatz dazu sind prototypische NVG semantisch kompositionell in dem Sinne, dass die Bedeutung von „in Verbindung treten" sich durchaus in systematischer Weise aus den Bedeutungen von „treten" als NV und von „in Verbindung" als PN rekonstruieren lässt, auch wenn es typisch für NV ist, dass deren Bedeutung im Vergleich zu den homonymen Vollverben (also zu „treten" als Vollverb) semantisch „reduziert" ist.⁸ In der Perspektive der Generierung ist die Kompositionalität allerdings eingeschränkt: NVG unterliegen ähnlichen kombinatorischen Restriktionen wie prototypische Verb-Nomen-Kollokationen vom Typ „Zähne putzen". So sind die FV „bringen" („in Kontakt bringen") und „setzen" („in Brand setzen") semantisch verwandt; beide haben im Vergleich zu Basisverbkonstruktionen eine kausative Bedeutungskomponente. Dennoch ist eine Bildung wie „in Brand bringen" oder „in Kontakt setzen" nicht üblich. Auch der Austausch bedeutungsähnlicher PN bei konstantem Nominalisierungsverb ist restringiert: So kann man z.B. jemanden „in Wut versetzen" aber nicht „in Glück" und auch weniger gut „in Zorn". Durch diese Restriktionen heben sich die NVG ebenso wie die Verb-Nomen-Kollokationen von kompositionellen Konstruktionen wie „in die Pfütze treten" oder „in den Kinderwagen setzen" ab.

ad (2): Das auf Leibniz zurückgehende Substitutionsprinzip besagt, dass sich der Wahrheitswert eines Satzes nicht ändert, wenn ein Satzteil durch einen bedeutungsgleichen Ausdruck ersetzt wird. In einer semantisch nicht-

---

⁶ Einen detaillierten Überblick über die Abgrenzungsproblematik und die dafür relevanten Kriterien gibt Elsayed (2000).
⁷ Natürlich gibt es auch nicht-prototypische, teilkompositionelle Idiome, z.B. „metaphorisch durchsichtige" Bildungen wie „Perlen vor die Säue werfen"; weiterhin lässt sich die kompositionelle Lesart eines Idioms im Sprachspiel jederzeit reaktivieren; vgl. dazu z.B. Burger/Buhofer/Sialm (1982, S. 68ff.) und Wotjak (1992).
⁸ In der angelsächsischen Literatur spricht man deshalb auch von *light verbs*.

kompositionellen Umgebung lässt sich dieses Prinzip nicht anwenden: Die Komponenten prototypischer Idiome („Schlips" in „auf den Schlips treten") lassen sich nicht durch bedeutungsgleiche (z.B. durch „Krawatte") austauschen – zumindest nicht ohne Auswirkungen auf die Wahrheitsbedingungen des resultierenden Satzes. Die Bestandteile von NVG sind hingegen prinzipiell austauschbar: In der Konstruktion „in Verbindung bringen" lässt sich das Nomen durch ein bedeutungsähnliches Nomen, z.B. „Kontakt", ersetzen. Allerdings gibt es auch hier Einschränkungen, die sich nicht ohne weiteres aus der Bedeutung des PN ableiten lassen: So kann man zwar etwas „zur Verfügung stellen", nicht aber „zu Gebote stellen".[9] Man kann zwar „Hilfe leisten"; „Nachhilfe" wird aber „erteilt" und nicht „geleistet", vermutlich in Analogie zu „Unterricht erteilen". Auch diese Art von Beschränkungen ist für Verb-Nomen-Kollokationen typisch: Man sagt „Zähne putzen" und nicht etwa „Zähne bürsten", obwohl beide Verben zur Bezeichnung der Tätigkeit in Frage kommen.

Wichtig ist der qualitative Unterschied in den Effekten, die bei der Substitution in Idiomen einerseits und in NVG und NV-Kollokationen andererseits erzielt werden: Beim Austausch von „Schlips" durch „Krawatte" im Satz „Peter ist Hans auf den Schlips getreten" kann der entstehende Satz „Peter ist Hans auf die Krawatte getreten" nur noch kompositionell-wörtlich analysiert werden; er erhält damit andere Wahrheitsbedingungen. Beim Austausch von „putzen" durch „bürsten" im Satz „Er putzt seine Zähne" ist der entstehende Satz „Er bürstet seine Zähne" zwar stilistisch unadäquat, hat aber dieselben Wahrheitsbedingungen und gute Chancen, dennoch korrekt interpretiert zu werden.

ad (3): Im Hinblick auf die Kompositionalität und die Substituierbarkeit unterscheiden sich NVG also nicht wesentlich von Verb-Nomen-Kollokationen. Konsequenterweise werden die NVG in manchen Phraseologien auch zu den Kollokationen gerechnet.[10] Allerdings unterscheidet sich vor allem die Subklasse der FVG von anderen Verb-Nomen-Kollokationen durch morphosyntaktische Beschränkungen, wie sie teilweise auch für Idiome wie „auf den Schlips treten" oder „ins Gras beißen" typisch sind. Häufig genannt werden Restriktionen bei der Modifizierbarkeit des PN durch Attributsätze,

---

[9] Beispiel aus Engelen (1968, S. 300).
[10] Z.B. in der Einführung in Burger (1998, S. 51f. u. 149).

Adjektivattribute und Genitivattribute und bei der Negation.[11] Auch die Variabilität des Determinativums und des Numerus ist beim PN häufig eingeschränkt. Weiterhin sind viele PN nicht ohne weiteres durch ein charakteristisches Fragepronomen erfragbar und auch die Möglichkeit, das PN durch ein Pronomen zu ersetzen oder anaphorisch weiterzuführen, ist restringiert. Es ist aber auch bekannt, dass diese Restriktionen nicht bei allen NVG vorhanden sind. Vielmehr gibt es einen engen Zusammenhang zwischen den Beschränkungen und der Lexikalisiertheit bzw. der Idiomatizität der Konstruktion: Eine idiomatische Bildung wie „Folge leisten" unterliegt typischerweise mehr Restriktionen als eine semantisch durchsichtige und teilkompositionelle Bildung wie „Wirkung ausüben". Helbig/Buscha (1994, S. 95f.) unterscheiden deshalb zwischen „lexikalisierten"/„eigentlichen" und „nicht-lexikalisierten"/„uneigentlichen" FVG, die unterschiedlichen morphosyntaktischen Restriktionen unterliegen. Auch Eisenberg (1994, S. 310) thematisiert den Zusammenhang zwischen dem Grad der Lexikalisiertheit der PN und deren Modifizierbarkeit und sieht in der „Nichtreferentialität" der PN die Ursache für Artikelfixierung, fehlende Erfragbarkeit und Pronominalisierbarkeit. Die in Storrer (i.Dr.) durchgeführte korpusbasierte Vergleichsstudie liefert Hinweise darauf, dass sich die Kerngruppe der FVG im Hinblick auf typische Restriktionen systematisch von der Komplementärmenge, also den NVG, die nicht FVG sind, unterscheiden.

4. Annahmen zum Verhältnis von NVG und Basisverbkonstruktionen

Wie bereits in der Einleitung erläutert, war die germanistische Diskussionslinie, in deren Tradition diese Untersuchung steht, durch das Bemühen motiviert, der sprachkritischen Abwertung von NVG in Stillehren und Sprachlehrbüchern eine differenzierte linguistische Analyse und Neubewertung entgegenzustellen. Dabei konzentrierte sich die Forschung bald auf die Subklasse der *Funktionsverbgefüge*,[12] da sich für diese Gruppe besonders überzeugend nachweisen lässt, dass sie sich durch systematisierbare semantische Eigenschaften von den Konstruktionen mit dem jeweiligen Basisverb unter-

---

[11] Z.B. Engelen (1968), Grundzüge (1981, S. 431-442), Helbig/Buscha (1994, S. 78-105) und GDS (1997, S. 53f.).
[12] Engelen (1968), Heringer (1968) und Klein (1968).

scheiden. Die folgenden Belege aus dem DWDS-Korpus[13] zeigen exemplarisch, wie durch die Wahl des FV systematische Effekte auf die Satzbedeutung erzielt werden, die sich unter Rückgriff auf Kategorien wie „Aspekt" (Bsp. (3), (5)), „Kausativierung" (Bsp. (4)), und „Passivierung" (Bsp. (6)) beschreiben lassen.

(3) Die Prinzessin **geriet ins Staunen**, sie sagte: (…). *Bachmann, Ingeborg, Malina, Gütersloh: Bertelsmann 1992 [1971] S. 55*

(4) Schon um Leute zu erschrecken oder wenigstens **zum Staunen zu bringen**. *Walser, Martin, Ein springender Brunnen, Frankfurt a.M.: Suhrkamp 1998, S. 307*

(5) Die Franzer **sind** nur **am Staunen**, Herzliche Grüße und einen lieben Kuß. *Brief von Ernst G. an Irene G. vom 16.06.1940, Feldpost-Archive mkb-fp-0270*

(6) Ein Teil der deutschen Exportzeitschriften kann auf eine langjährige Arbeitszeit zurückblicken, welche zu einem so fleißigen Ausbau ihrer Organisation benutzt worden ist, daß diese Organe nicht nur tatsächlich in die ganze Welt gelangen, sondern auch überall **Beachtung finden**. *Kropeit, Richard, Die Reklame-Schule, Berlin-Schöneberg: Kropeit 1907 [1906] S. 740*

Derartige Zusammenhänge und Bildungsmuster sind zumindest für Grammatiknutzer mit Deutsch als Fremdsprache durchaus relevant. Die entsprechenden Funktionen werden deshalb unter Nutzung unterschiedlicher Kategorieninventare in den Grammatiken des Deutschen beschrieben[14] und sind auch für die maschinelle Sprachverarbeitung und die maschinelle Übersetzung ein seit langem bekanntes Problemfeld.[15]

Anders verhält es sich mit NVG, die weitgehend dieselbe denotative Bedeutung haben wie die entsprechenden Basisverbkonstruktionen, d.h., bei denen das NVG nicht mit einer eindeutigen Funktion wie Aspektwechsel oder Passivierung einhergeht. Wie kann man erklären, dass sich auch solche NVG in beträchtlicher Zahl finden lassen? Weshalb leistet sich die Sprache eine derart große Zahl an „semantischen Dubletten"? Mit dieser Frage, die auch

---

[13] Zum DWDS-Korpus vgl. Kap. 5. Die Belege und die Belegstellenangaben wurden ohne Veränderung aus der DWDS-Textbasis in diesen Text übernommen.

[14] Z.B. Grundzüge (1981, S. 431-442), Helbig/Buscha (1994, S. 78-105 u. 307-314), GDS (1997, S. 53f.) und Eroms (2000, S. 162-170).

[15] Vgl. z.B. Klein (1968), Rothkegel (1969), Mesli (1991), Krenn/Erbach (1994), Storrer/ Schwall (1994) und Ulrich (2002).

unserer Fallstudie zugrunde liegt, hat sich v.a. die frühe Arbeit von Daniels (1963) beschäftigt. Im Anhang seiner Monografie, die in der Tradition der inhaltsbezogenen Sprachforschung steht, werden eine Reihe von syntaktischen und stilistischen Leistungen von NVG-Konstruktionen herausgestellt, die zwar nur exemplarisch belegt und teilweise sehr intuitiv begründet sind, allerdings auf einer großen Belegsammlung basieren, die für das Hauptanliegen der Arbeit, die inhaltsbezogene Klassifikation und Beschreibung der Konstruktionen, zusammengestellt wurde. Zu den Gründen, die für die Wahl einer nominalen Konstruktion sprechen können, zählt Daniels:

1) Den *Gewinn an Übersichtlichkeit*: Dieser entsteht nach Daniels dadurch, dass die nominale Konstruktion die Möglichkeit bietet, die (nominalisierte) Verbbedeutung als zentrales semantisches Element nicht am Ende, sondern im Mittelfeld zu positionieren (Daniels 1963, S. 224f.). Begründet hat er dies mit der Gegenüberstellung von Sätzen mit Verbendstellung wie „Man muss nun die Verordnung, auf die wir schon lange gewartet haben, durchführen." mit der seines Erachtens übersichtlicheren Formulierungsalternative „Man muss die Durchführung der Verordnung, auf die wir schon lange gewartet haben, vornehmen.".[16]

2) Die *Möglichkeit der „Zusammenballung und Konzentration von Aussagen auf engem Raum"* (Daniels 1963, S. 227): Dies belegt Daniels an Beispielen, in denen mehrere PN von demselben Verb „gestützt" werden (Beleg 7) sowie an Beispielen, bei denen mehrere NV koordiniert (Beleg 8) und kontrastiert werden (Beleg 9).

> (7) Wenn man Lessings Dramaturgie als eine Epoche (...) ansieht, (...) so ist Voltaire auch ein deutsches Ereignis, denn erst dieser Gegner *gab* Lessings *Kampf Wucht, Nachdruck, Weite*, wie ihm Shakespeare *Recht, Rückhalt, Fülle gab.*

> (8) Man suchte die *Einflüsse*, die sie *erfuhren* und *ausübten*, klarzulegen.

> (9) (Sie verdiente wohl), in dem Schrein des Herzens eine Zeitlang als eine kleine Heilige aufgestellt zu werden, um ihr jede *Verehrung* zu widmen, welche zu *erteilen* oft mehr Behagen erregt als zu *empfangen*.[17]

3) Die *Möglichkeit, das Nomen durch Adjektivattribute zu modifizieren*: Daniels (1963, S. 230ff.) weist in diesem Zusammenhang auch darauf hin, dass es Konstruktionen, wie z.B. „Anschein geben" oder „Leben füh-

---

[16] Beispiel aus Daniels (1963, S. 224f.).
[17] Beispiele (7)-(9) zit. nach Daniels (1963, S. 228f.); Hervorhebungen von AS.

ren", gibt, in denen eine solche Modifikation nicht nur eine Möglichkeit, sondern sogar die Regel ist.

Die Analysen von Daniels fanden ihren Weg in die Grammatiken und wurden dort als „syntaktische und stilistische Leistungen" tradiert und systematisiert; häufig genannt werden folgende Motivationen für die Verwendung von NVG-Konstruktionen:

- *Vereinheitlichung der Valenz*:[18] Gemeint sind die bereits bei Daniels genannten Möglichkeiten der Koordination und Kontrastierung (s.o.).

- *Aktanteneinsparung* (*Valenzreduzierung*): Hier wird angeführt, dass in der NVG-Konstruktion Komplemente, die in der verbalen Konstruktion obligatorisch sind, weggelassen werden können und sich damit der Fokus auf das verbale Geschehen verschiebt. Dadurch würden „allgemeinere Beschreibungen" (Grundzüge 1981, S. 439) bzw. „allgemeinere Bedeutungen" (Seyfert 2004, S. 105) ausgedrückt als mit der Basisverbkonstruktion.

- *Veränderung oder „Schattierung" der Mitteilungsperspektive*: von Polenz (1987) wies darauf hin, dass die Möglichkeit der Klammerbildung in FVG (vom Typ „leistet (...) Hilfe"), es erlaubt „den sinnwichtigsten Teil" (gemeint ist das PN) „als Rhema wirkungsvoll hochtonig" ans Satzende zu stellen.[19] Dieser Hinweis wird u.a. in Helbig/ Buscha (1994, S. 104) und in Seyfert (2004, S. 106) wieder aufgegriffen und als Motivation für den Gebrauch von NVG genannt. Interessant ist, dass dabei die Möglichkeit zur Klammerbildung anders gewertet wird, als Daniels (1963) dies tut: Daniels begründete den „Gewinn an Übersichtlichkeit" (s.o.) ja gerade damit, dass in NVG das für das Verständnis wichtige verbale Element als PN unmittelbar nach dem finiten Verb im Mittelfeld oder sogar im Vorfeld stehen kann. Der in v. Polenz (1987) diskutierte „Vorteil" von NVG-Konstruktionen soll hingegen genau in der Funktion des PN als rechter Satzklammerteil mit den dafür typischen Betonungsverhältnissen bestehen. Gemeinsamer Nenner beider Ansichten ist, dass die NVG andere Möglichkeiten zur Perspektivierung eines Sachverhalts eröffnen als Basisverbkonstruktionen. Wie diese Unterschiede genutzt werden,

---

[18] Grundzüge (1981, S. 436), auch: Helbig/Buscha (1994, S. 104).
[19] v. Polenz (1987, S. 170).

kann aber erst durch die vergleichende Analyse von NVG-Vorkommen und Basisverbvorkommen in Texten systematisch ermittelt werden.

Bislang ist mir in der NVG-Forschung keine Arbeit bekannt, in der die beiden Konstruktionstypen auf breiter empirischer Basis systematisch miteinander kontrastiert wurden.[20] Die im Folgenden beschriebene Fallstudie soll zeigen, dass sich eine solche vergleichende Analyse lohnt, dass sich zwar einige der in der Literatur gemachten Annahmen bestätigen, dass dabei aber auch neue und bislang unterbelichtete Aspekte ans Licht gebracht werden.

5. NVG-Konstruktionen und Basisverbkonstruktionen: Ein korpusbasierter Vergleich

Für die Fallstudie wurden die folgenden Paarungen von NVG und Basisverbkonstruktionen ausgewählt:

    Absage erteilen – absagen
    Hilfe leisten – helfen
    Unterricht erteilen – unterrichten
    Wirkung ausüben – wirken

Kriterium für die Auswahl war, dass sich für jede Paarung mindestens ein Belegpaar fand, in dem das NVG problemlos mit Hilfe einer entsprechenden Basisverbkonstruktion paraphrasierbar ist und vice versa.[21] Beispiele für solche Paarungen und Vorschläge für Paraphrasen finden sich in Tabelle 1.

Absage erteilen	Der eigentlich Entscheidende sollte der Personalchef Roehner sein, u. der hatte ihm, dem neuen Director, schon eine **Absage erteilt** – ich möge dort aber noch einmal vorsprechen. *Klemperer, Victor, [Tagebuch] 1945, in: ders., So sitze ich denn zwischen allen Stühlen, Berlin: Aufbau-Verl. 1999* → der hatte dem neuen Direktor schon abgesagt

(Fortsetzung nächste Seite)

---

[20] Die korpusgestützten Untersuchungen in Schmidt (1968), So (1991), Mesli (1991) und Seyfert (2004) konzentrieren sich auf die NVG- bzw. FVG-Konstruktionen, ohne diese mit den Basisverbkonstruktionen zu vergleichen.

[21] Es gibt natürlich deutlich mehr Paarungen dieser Art; in der Fallstudie konnten aus Zeitgründen nur diese vier im Detail untersucht werden.

absagen	Gib auch keine nachträgliche Zusage, nachdem du einmal **abgesagt** hast, denn du könntest die Gastgeber damit in große Verlegenheit bringen. *Franken, Konstanze von, Handbuch des guten Tones, Berlin: Hesse 1936* → nachdem du einmal eine Absage erteilt hast
Hilfe leisten	Die Folge war, daß nun Argos sich bedroht und isoliert fühlte; jetzt stand Sparta mit Athen und Böotien im Bunde, und beide waren verpflichtet, ihm **Hilfe** zu **leisten**, wenn es angegriffen würde. *Meyer, Eduard, Geschichte des Altertums Band IV, Stuttgart: Cotta 1901* → ihm zu helfen
helfen	Meist aber sind es die möglichen juristischen Probleme, die Ärzte davon abhalten, kinderlosen Ehepaaren zu **helfen**. *Gerste, Margrit, Nicht ganz der Papa, in: DIE ZEIT 10.03. 1978, S. 48* → kinderlosen Ehepaaren Hilfe zu leisten
Unterricht erteilen	Zahlreiche Gsg.-Meister folgten aufeinander, die den jungen Geistlichen **Unterricht erteilten** und dafür sorgten, daß der Gottesdienst immer »assuré bien et honorablement en musique« war. *Wolff, Félicien, Grenoble, in: Die Musik in Geschichte und Gegenwart Band 16, Kassel: Bärenreiter 1979* → die die jungen Geistlichen unterrichteten
unterrichten	Es geht darin um eine junge Englisch-Lehrerin, die sich in einen Reporter verliebt. Dieser wiederum hat ein Verhältnis mit der Dame des Hauses, in dem sie **unterrichtet**. *Hijiya-Kirschnereit, Irmela, Selbstentblößungsrituale, Wiesbaden: Steiner 1981* → in dem sie Unterricht erteilte
Wirkung ausüben	Darum hat Dr. Dralle's Birkenwasser in der Industrie viele tausende Anhänger, die es nicht nur deshalb schätzen, weil es das Haar gesund und voll erhält, sondern auch darum, weil es eine belebende **Wirkung** auf die Kopfnerven und damit auf den ganzen Organismus **ausübt**. *[Annonce: Im technischen Betriebe ...], in: Vossische Zeitung (Morgen-Ausgabe) 05.03.1925, S. 8* → weil es belebend auf die Kopfnerven und damit auf den ganzen Organismus wirkt.
wirken	Sie soll in einer »biologischen« Disposition bestehen, natürlich zu fühlen, auf die die Industriegesellschaft ebenso wie deren Projektion in die Kulturindustrie ästhetisch abstoßend **wirkt**. *Werckmeister, Otto Karl, Das gelbe Unterseeboot und der eindimensionale Mensch, in: ders., Ende der Ästhetik, Frankfurt a.M.: S. Fischer 1971, S. 105* → wie deren Projektion in die Kulturindustrie eine ästhetisch abstoßende Wirkung ausübt.

Tabelle 1: Belege für problemlose Paraphrasierbarkeit der Paarungen

Der Fallstudie lag das DWDS-Kernkorpus[22] zugrunde, das ca. 100 Millionen Textwörter aus den Textsortenbereichen Belletristik, Gebrauchstexte, Wissenschaftstexte und Zeitungstexte umfasst, die ausgewogen über die Dekaden des 20. Jahrhunderts gestreut sind. Tabelle 2 zeigt das Zählergebnis der Suche nach den NVG-Konstruktionen und Basisverbkonstruktionen in diesem Korpus. Es handelt sich dabei um eine rein quantitative Auszählung der Treffermenge, die vom DWDS-Suchwerkzeug ausgegeben wurde[23].

Absage erteilen	87
absagen	1611
Hilfe leisten	377
helfen	15402
Unterricht erteilen	158
unterrichten	3199
Wirkung ausüben	390
wirken	21701

Tabelle 2: Vorkommenshäufigkeiten im DWDS-Kernkorpus

Wenn man nur die Vorkommenshäufigkeiten in Tabelle 2 betrachtet, gewinnt man den Eindruck, dass die NVG-Konstruktionen wesentlich seltener vorkommen, als die entsprechenden Basisverbkonstruktionen. Bei der Feinanalyse der Belege relativiert sich die höhere Frequenz der Basisverbkonstruktionen allerdings schnell. Dies liegt daran, dass die untersuchten Basisverben meist über mehrere semantische Lesarten verfügen. Die korrespondierenden NVG-Konstruktionen sind im Vergleich dazu stets semantisch spezifischer und auf eine der Basisverblesarten hin spezialisiert. Diesen Befund, der natürlich erhebliche Konsequenzen für die Paraphrasierbarkeit der

---

[22] Das Korpus wurde als Wörterbuchbasis im Rahmen des Projekts „Digitales Wörterbuch der deutschen Sprache des 20. Jahrhunderts (DWDS)" aufgebaut und ist zugänglich unter http://www.dwds-corpus.de.

[23] Die Abfragen wurden im Sommer 2003 in Vorbereitung eines Vortrags auf dem Symposium „Collocations in the Lexicon" gemacht; mein Dank für die Hilfe bei den Abfragen geht an das DWDS-Team, insbesondere an Gerald Neumann und Alexander Geyken. Die damalige Korpuszusammenstellung weicht geringfügig von dem Korpus ab, das inzwischen über die Online-Schnittstelle des DWDS verfügbar ist, und das u.a. auch Dokumente transkribierter gesprochener Sprache enthält.

Basisverbkonstruktionen hat, möchte ich zunächst für die untersuchten Verbpaarungen an Beispielen verdeutlichen.

5.1 Allgemeiner Vergleich des semantischen und kombinatorischen Potenzials

Das Basisverb „unterrichten" hat nach dem entsprechenden Wörterbucheintrag im „Wörterbuch der deutschen Gegenwartssprache (WDG)" zwei Lesarten.[24]

> WDG-Online zu „unterrichten":
> (1) jmdn. u. jmdm. Unterricht geben
> (2) sich, jmdn. über, von etw. u.; sich, jmdn. über, von etw. in Kenntnis setzen; sich, jmdn. über etw. informieren, orientieren

Belege für die beiden Lesarten sind:

> Beleg für Lesart (1):
> Es geht darin um eine junge Englisch-Lehrerin, die sich in einen Reporter verliebt. Dieser wiederum hat ein Verhältnis mit der Dame des Hauses, in dem sie **unterrichtet**. *Hijiya-Kirschnereit, Irmela, Selbstentblößungsrituale, Wiesbaden: Steiner 1981*

> Beleg für Lesart (2):
> 3. Akt: Valentine muss nun doch Nevers heiraten, erfährt aber von einem Komplott gegen Raoul und **unterrichtet** Marcel davon. *Fath, Rolf, Reclams Lexikon der Opernwelt Band 3, Stuttgart: Reclam 1998*

Das NVG „Unterricht erteilen" ist im Vergleich zu „unterrichten" semantisch spezifischer: Es kann grundsätzlich nur im Sinne von Lesart (1) verwendet werden. Bei dieser Paarung erfolgt die Monosemierung des Basisverbs durch das NVG bereits im Zuge der Nominalisierung: „Unterricht" ist immer Instruktion.[25] Für eine nominale Bezugnahme auf Lesart (2) kann nur die Deri-

---

[24] Dass die Entscheidung über die Art und Anzahl der Lesarten eines Verbs in verschiedenen Wörterbüchern unterschiedlich getroffen werden kann, ist mir nicht zuletzt durch die vergleichende Untersuchung von Valenzbeschreibungen in verschiedenen Wörterbüchern (Storrer 1992) bewusst. Ich habe mich deshalb dafür entschieden, mich auf die Einteilung der Lesarten im „Wörterbuch der deutschen Gegenwartssprache" (WDG) zu beziehen, und zwar auf die retrospektiv digitalisierte Online-Version, die zugänglich ist unter: http://www.dwds.de/cgi-bin/dwds/wdg/wdg.pl (Stand: Juli 2005).

[25] Die Bedeutungsparaphrasenangabe zu „Unterricht" im WDG lautet: „(auf der Grundlage von Lehrplänen) unter Führung eines Lehrers organisierte, planmäßige, intensive Vermittlung und Aneignung von (theoretischen) Kenntnissen und praktischen Fertigkeiten".

vation „Unterrichtung" gewählt werden, diese wiederum lässt sich aber nicht mit dem NV „erteilen" verbinden.

Dass die Monosemierung nicht zwangsläufig im Zuge der Nominalisierung erfolgt, zeigt die Gegenüberstellung von „Absage erteilen" und „absagen". Das Basisverb „absagen" verfügt laut WDG über zwei Hauptlesarten, wobei die erste Lesart zwei Bedeutungsfassetten abdeckt:

> WDG-Online zu „absagen":
>
> (1) etw. Geplantes nicht ausführen
>
> (1a) eine Veranstaltung nicht stattfinden lassen
>
> (1b) jmdm. seine Verhinderung mitteilen, Ggs. zusagen
>
> (2) geh.: sich von etw., jmdm. lossagen

Prototypische Beispiele für diese Lesarten sind:

Beleg für Lesart (1a):

Der Herrenfahrerklub und Trabrennverein Mariendorf, der gestern auf seiner Bahn zu Berlin-Mariendorf die diesjährige deutsche Rennsaison eröffnen wollte, sah sich gezwungen, den ersten Renntag **abzusagen**, da das Geläuf durch den starken Nachtfrost unbrauchbar geworden war. *Die ersten Trabrennen abgesagt, in: Berliner Tageblatt* (*Montags-Ausgabe*) *05.03.1917, S. 7*

Beleg für Lesart (1b):

Nachdem Frieder dem Direktor **abgesagt** hatte, blieben ihm noch zwei Wochen bis zu dem Zeitpunkt, an dem er sich den drei Kollegen gegenüber aussprechen mußte. *Sapper, Agnes, Werden und Wachsen, Stuttgart: Gundert 1910*

Beleg für Lesart (2) (mit der Stilmarkierung „gehoben"):

Sondern sie trachteten dort in der Lotophagen Gesellschaft, Lotos pflückend zu bleiben und **abzusagen** der Heimat. *Horkheimer, Max / Adorno, Theodor W., Dialektik der Aufklärung, Amsterdam: Querido 1947*

Die Nominalisierung „Absage" kann prinzipiell sowohl Lesart (1a), als auch Lesart (1b) abdecken: Wenn man die angeführten Beispiele zugrunde legt, ist „die Absage des ersten Renntags" genauso bildbar wie „die Absage an den Direktor" oder „die Absage beim Direktor". Erst wenn „Absage" als PN des NVG „Absage erteilen" auftritt, erfolgt die Monosemierung auf die Lesart (1b): Sätze mit der Lesart (1a) sind generell nie mit der NVG-Konstruktion paraphrasierbar, da das NVG keine Valenzstelle für das entsprechende Argument bereitstellt. Wird das Argument in der NVG-Konstruktion als Dativergänzung realisiert, dann „kippt" der Sinn der Konstruktion: „dem ersten Renntag eine Absage erteilen" würde verstanden als Ablehnung der Entität „Renntag" und nicht als Nachricht über eine Zurücknahme einer zuvor angekündigten Veranstaltung. Anders als bei „Unterricht erteilen" erfolgt bei „Absage erteilen" die Spezialisierung auf Lesart (1b) nur in der NVG-Konstruktion.

Die drei Lesarten von „absagen" haben jeweils einen charakteristischen Subkategorisierungsrahmen und typische sortale Beschränkungen:

- Bei (1a) wird die Veranstaltung (im weitesten Sinne) als Akkusativkomplement angeschlossen.
- Bei (1b) wird der Empfänger der Absage als Dativergänzung realisiert.
- Bei Lesart (2) realisiert die Dativergänzung die abstrakte oder konkrete Entität, von der sich die in der Subjektstelle verbalisierte Person lossagen will.

Bei der Nominalisierung „Absage" unterscheidet das WDG ebenfalls drei Lesarten:

> WDG-Online zu „Absage":
>
> (1) abschlägiger Bescheid, Ggs. Zusage: eine (telegrafische) A. erhalten
>
> (2) geh. Zurückweisung: jmdm. eine (entschiedene, scharfe, unmißverständliche) A. erteilen; eine A. (Ablehnung) an jeglichen Nationalismus
>
> (3) Rundf. Varieté Schlußwort nach einer (künstlerischen) Darbietung, Ggs. Ansage: die A. machen, geben

Diese stehen aber offensichtlich nicht in einer 1:1-Entsprechung zu den Lesarten des Basisverbs „absagen". Vielmehr sind die Lesarten (2) und (3) zu „Absage" bereits so stark lexikalisiert, dass sie synchron gesehen gar nicht mehr mit dem Basisverb paraphrasiert werden können. Allerdings lässt sich, wie die folgenden Belege zeigen, die lexikalisierte Lesart (2) von „Absage" ebenso mit dem NV „erteilen" verbinden, wie Lesart (1), die mit der Lesart (1b) des Basisverbs korrespondiert.[26]

---

[26] Die Wahl der Kompetenzbeispielangaben zu „Absage (2)" im WDG-Artikel ist deshalb nicht ganz glücklich, weil man z.B. als Nicht-Muttersprachler den Eindruck gewinnen kann, die NVG „Absage erteilen" sei nur bei Lesart (2) gebäuchlich.

Beleg zu Lesart (1) von „Absage" (korrespondiert mit Basisverblesart (1b)):
Der eigentlich Entscheidende sollte der Personalchef Roehner sein, u. der hatte ihm, dem neuen Director, schon eine **Absage erteilt** – ich möge dort aber noch einmal vorsprechen. *Klemperer, Victor, [Tagebuch] 1945, in: ders., So sitze ich denn zwischen allen Stühlen, Berlin: Aufbau-Verl. 1999*

Beleg zu Lesart (2) von „Absage" (keine korresponierende Basisverblesart):
Das Manifest verlange nicht nur Frieden für das deutsche Volk, sondern sei gleichzeitig ein Appell an alle Völker, dem Krieg eine endgültige **Absage zu erteilen**. *o.A., Deutsche Demokratische Republik gegründet, in: Berliner Zeitung 08.10.1949, S. 1*

Belege zu „Absage erteilen" im Sinne von Lesart (3) fanden sich übrigens in unseren Daten nicht.

Die Feinanalyse dieser Paarung zeigt, dass das NVG die Lesarten des Basisverbs nicht nur monosemiert, sondern ein eigenständiges und vom Basisverb abweichendes kombinatorisches Potenzial entfaltet hat. Das PN in dem Beleg zu Lesart (2) ist mit dem im Basisverb zwar unter diachronischer Perspektive verwandt. Unter synchroner Perspektive sind die NVG aber mit dem Basisverb gar nicht mehr ausdrückbar: „dem Krieg eine Absage erteilen", bedeutet nicht, „dem Krieg absagen" und schon gar nicht, „den Krieg absagen". Dies liegt daran, dass die jeweiligen Dativkomplemente in den Belegen zu den Lesarten (1) und (2) unterschiedliche Arten von Argumenten mit unterschiedlichen sortalen Beschränkungen realisieren:

– Im Fall von Lesart (1) wird der Rezipient des Kommunikationsverbs „absagen" (1b) angeschlossen,

– im Fall von Lesart (2) der Gegenstand der im FVG ausgedrückten Zurückweisung.

Lesart (2) von „Absage" steht auch in einem anderen semantischen Umfeld als das Basisverb: Es ist ein Antonym zu „Zustimmung" bzw. ein Synonym zu „Ablehnung". Im Gegensatz zu allen Basisverbbedeutungen und zur Lesart (1) von „Absage" präsupponiert die Lesart (2) von „Absage" nicht, dass es jemals eine Zusage, ein angekündigtes Vorhaben oder überhaupt nur eine positive Grundhaltung gegenüber der als Dativkomplement realisierten Entität gegeben hat.

Am Vergleich von „Absage erteilen" und „absagen" wird besonders deutlich, dass NVG dazu tendieren, im Laufe der Zeit ein eigenständiges kombinatorisches Potenzial und typische Kollokationen zu entwickeln. Bei „Absage erteilen" zeigt sich dies auch in einer klaren Präferenz für bestimmte Adjektivattribute: Bei den untersuchten 82 Belegen waren insgesamt 41 durch Adjektivattribute modifiziert (vgl. Tabelle 5). Dabei trat das Adjektiv „klar" mit insgesamt 21 Vorkommen signifikant häufig auf, gefolgt von „deutlich" (4 Vorkommen), „eindeutig" (3), „schroff" (3), „harsch" (2) und „entschieden" (2); die restlichen Adjektive waren Einzelbeispiele.

Die Feinanalyse der anderen Paarungen bestätigte die Beobachtung, dass sich sowohl für die NVG als auch für die Basisverbkonstruktionen typische Kollokationen herausbilden, die dann von der jeweils anderen Konstruktion nicht mehr oder nur mit Mühe paraphrasiert werden können. In vielen Fällen verfügen beide Konstruktionstypen über spezielle Bedeutungsfassetten und gehen typische kollokative oder sogar idiomatische Verbindungen ein.

So finden sich bei den 310 Belegen zu „Hilfe leisten" beispielsweise 25 Belege zu „erste Hilfe leisten", bei denen „erste Hilfe" als idiomatisch einzustufen ist. Die in Beispiel (10) belegte spezielle Bedeutung von „Hilfe leisten" im Kontext des Geräteturnens ist insgesamt 5-mal belegt; auch sie kann mit dem Basisverb nicht mehr exakt wiedergegeben werden.

> (10) Für die Kippe am Reck ist eine Hilfeleistung an Beinen und Rücken zweckmäßig. Wie aber wird an sprunghohen Geräten, bei schwierigen Übungen und Abgängen **Hilfe geleistet**? *Borrmann, Günter / Mügge, Hans, Gerätturnen in der Schule, Berlin: Volk u. Wissen 1957*

Umgekehrt geht auch das Basisverb „helfen" eigenständige kollokative und idiomatische Verbindungen ein, z.B. „sich zu helfen wissen", „jmdm. aus der Not/der Patsche helfen", die mit den kombinatorischen Möglichkeiten von „Hilfe leisten" nicht ausgedrückt werden können. Und auch bei der Paarung „helfen" vs. „Hilfe leisten" greift das NVG nur eine der drei im WDG angegebenen Lesarten für das Basisverb heraus, nämlich Lesart (1):

WDG-Online zu „helfen":

1. jmdn. bei einer Tätigkeit, einem Vorhaben unterstützen, jmdm. behilflich sein

2. etw. hilft (jmdm.), etw. ist (jmdm.) förderlich, etw. nützt (jmdm.)

3. Rat wissen, einen Ausweg finden. (= Wendung „sich zu helfen wissen")

Bei der Paarung „wirken" vs. „Wirkung ausüben" greift das WDG in seiner Bedeutungsparaphrasenangabe zu „wirken" sogar explizit auf die Funktion des NVG als „Monosemierer" zurück: Die von dem NVG abgedeckte Bedeutungsfassette des Basisverbs, nämlich Lesart (3), wird mit Hilfe der NVG-Konstruktion paraphrasiert.

> WDG-Online zu „wirken":
> 1. in einem bestimmten (beruflichen) Bereich tätig sein, arbeiten: er hat lange Zeit als Arzt, Lehrer, Schauspieler in dieser Stadt gewirkt (...)
> 2. etw. erreichen, hervorbringen, vollbringen: etw. Gutes für sein Vaterland, die Menschheit w.; die Aussprache mit ihm hat Wunder gewirkt (...)
> 3. etw. wirkt etw. **übt** auf Grund seiner Beschaffenheit **eine Wirkung aus**: die Naturgesetze w. unabhängig vom Tun oder Wollen der Menschen (...)
> 4. jmd., etw. wirkt; von jmdm., etw. geht eine bestimmte Wirkung aus
>   a) jmd., etw. ruft einen bestimmten Eindruck hervor, erscheint in bestimmter Weise: der Vortragende wirkte nervös und zerfahren.
>   b) etw., jmd. kommt (bei jmdm.) vorteilhaft, mit Erfolg zur Geltung, findet Anklang: dem Regisseur war es vor allem entscheidend, daß das neue Stück auf der Bühne wirkte.

Insgesamt machte die Fallstudie bei allen untersuchten Paarungen deutlich, dass NVG-Konstruktionen im Vergleich zu den Basisverbkonstruktionen semantisch spezifischer sind. Die Phänomene, die bei den FVG mit Kategorien wie „Aspekt", „Aktionsart" und „Passivierung" beschrieben worden sind, können damit als eine spezielle Spielart dieser semantischen Spezialisierung betrachtet werden. Aspektuelle Nuancierungen sind dabei auch bei den in dieser Studie untersuchten Paarungen feststellbar: So betont „Hilfe leisten" im Vergleich zu „helfen" eher das aktive Zu-Hilfe-Kommen. Und auch bei der Paarung „wirken" vs. „Wirkung ausüben" ist in der NVG-Konstruktion das Andauern der Wirkung konturiert. Im Vergleich mit den systematischen Funktionen der FVG-Konstruktionen handelt es sich dabei aber eher um Bedeutungsschattierungen, die je nach Kontext mehr oder weniger deutlich sein können.

5.2 Untersuchungen zur wechselseitigen Paraphrasierbarkeit von NVG- und Basisverbkonstruktionen

Aus dem bisherigen Befund ergibt sich, dass nur solche Basisverbkonstruktionen überhaupt durch ein NVG paraphrasiert werden können, deren Lesart mit der übereinstimmt, auf die sich die NVG-Bedeutung „spezialisiert" hat. Wir haben deshalb für unseren Vergleich der beiden Konstruktionstypen die automatisch erzielte Treffermenge (vgl. Tabelle 2) manuell in mehreren Schritten nachbearbeitet, um sie dann detaillierter zu analysieren.[27]

Schritt 1: Die gesamte Treffermenge der Basisverben war für die manuelle Auswertung in der Fallstudie zu umfangreich. Wir haben uns deshalb für ein Sampling-Verfahren entschieden, bei dem pro Basisverb jeweils 5 Dateien à 50 Beispiele zusammengestellt wurden. Beim Verb „absagen", bei dem die Treffermenge relativ klein war, wurden in einer der Sample-Dateien nur 25 Belege berücksichtigt. Aus den Sample-Dateien wurden dann zunächst irrelevante Treffer ausgesondert, z.B. Treffer zu „auswirken" bei der Suche zu „wirken",[28] ebenso Partizipien wie „geleistete Hilfe". Die dritte Spalte in Tabelle 3 zeigt die Ergebnisse dieses Schrittes.

Basisverb	Anzahl Samples	bereinigte Zahl	davon paraphrasierbar
absagen	225	210	63 (= 30%)
unterrichten	250	247	113 (= 46%)
helfen	250	214	77 (= 36%)
wirken	250	247	108 (= 43%)

Tabelle 3: Bereinigte Tabelle zu den Basisverbkonstruktionen mit Auswertung der Paraphrasierbarkeit

Schritt 2: Bei den verbliebenen Treffern haben wir dann geprüft, ob die Basisverbkonstruktion durch eine NVG-Konstruktion paraphrasierbar ist. Bei dieser Entscheidung haben wir einen sehr weiten Begriff von Paraphrasierbarkeit zugrunde gelegt, der sich an der Lesart des Basisverbs orientiert, und zum Ziel hat, diejenigen Belege auszusondern, in denen die Lesart des Basisverbs semantisch nicht von der korrespondierenden NVG-Konstruktion abgedeckt wird. Als nicht paraphrasierbar galten also Belege wie:

> (11) Philipp, aufs genaueste durch seine Gewährsleute davon **unterrichtet**, was in Griechenland vorging, merkte wohl, daß ein härterer Wille sich Athens bemächtigte, und hätte, zumal nach der Niederlage des Aischines, gern eingelenkt. *Heuß, Alfred, Hellas, in: Propyläen Weltgeschichte Band 3, Berlin: Propyläen-Verl. 1962* [Entspricht WDG-Lesart (2), s.o.]

---

[27] Für die Mithilfe bei der Nachbearbeitung und bei den Detailanalysen bedanke ich mich bei Nadja Astrachabova, Svetlana Kiehn, Birgit Reuter, Claudia Sassen und Nicole Wilkens.

[28] Dies war aber nur bei einer sehr geringen Zahl von Treffern der Fall; in den meisten Fällen war die Präzision des DWDS-Suchwerkzeugs, wie die Zahlen zeigen, recht gut.

(12) Du versäumst morgen deine Reitstunde, hast du sie schon **abgesagt**? *Kafka, Franz, Amerika, München: Wolff 1909 [1911/1914]* [Entspricht WDG-Lesart (1a), s.o.]

(13) Was **hilft** es, das Meer zu durchfahren und von Stadt zu Stadt zu reisen? *Gustav René, Vom Unfug der Unstetigkeit, in: DIE ZEIT 08.03.1968, S. 42* [Entspricht WDG-Lesart (2), s.o.]

(14) Zu diesem Zweck soll – wie auf dem Parteitag dargelegt wurde – die Rolle der Sowjets der Deputierten der Werktätigen, in denen gegenwärtig zwei Millionen Abgeordnete und 25 Millionen freiwillige Helfer **wirken**, weiter ausgebaut und verstärkt werden. *Axen, Hermann, Der XXIV. Parteitag der Kommunistischen Partei der Sowjetunion – ein Ereignis von weltgeschichtlicher Bedeutung, in: Einheit 26 (1971) Nr. 6, S. 645* [Entspricht WDG-Lesart (2), s.o.]

Das Ergebnis dieses Analyseschritts ist in der letzten Spalte in Tabelle 3 dargestellt. Es zeigt sich, dass der rein quantitative Vergleich des Vorkommens der beiden Konstruktionen, wie er in Tabelle 2 festgehalten wurde, zu relativieren ist: Nur ein Teil der Basiverbvorkommen ist semantisch äquivalent zu NVG-Konstruktionen und damit überhaupt durch diese ersetzbar. Wenn man vergleichend untersuchen möchte, wie häufig die beiden Konstruktionstypen vorkommen und für welche Textsorten sie besonders typisch sind, geben im Grunde erst die semantisch disambiguierten Basisverbbelege, die hier ja nur am Sample evaluiert wurden, genauen Aufschluss. Nur an diesen Belegen kann man auch vergleichend untersuchen, welche Möglichkeiten der Informationsstrukturierung die beiden Konstruktionstypen bieten.

Durch diese sehr weite Auffassung von Paraphrasierbarkeit enthält die als paraphrasierbar eingeschätzte Belegmenge immer noch Konstruktionen, bei denen die Paraphrasierung nur mit einem mehr oder weniger hohen Umstrukturierungsaufwand möglich ist. Im Folgenden sollen einige Typen solcher Umstrukturierungen anhand von Belegbeispielen erläutert werden. Dabei habe ich jeweils im Anschluss an den Beleg die Paraphrase angegeben, die semantisch am ehesten dem Ausgangssatz entspricht.[29]

Relativ einfach ist die Umstrukturierung eines als Verbgruppenadverbiale gebrauchten Adjektivs in ein Adjektivattribut, wie in Beispiel (15).

---

[29] Andere Paraphrasen sind denkbar und ich kann natürlich nicht ausschließen, dass mir eine bessere oder elegantere Variante entgangen ist.

(15) Durch diese Entdeckung, die auf den ersten Blick viel unscheinbarer **wirkte** als das eindrucksvolle Wunder der Röntgenstrahlen, erschloß sich der physikochemischen Forschung ein ganzes neues Stoffgebiet. *Schimank, Hans, Vom X-Strahl zum Atommodell, in: DIE ZEIT 14.03. 1946, S. 6*

(15') (…) eine viel unscheinbarere Wirkung ausübte (…).

Andere Beispiele fallen unter die in Abschnitt (4) diskutierte Fallgruppe „Vereinheitlichung der Valenzstruktur", wobei allerdings hier nicht die PN, sondern die Basisverben mit anderen Vollverben koordiniert oder kontrastiert werden. Um dieselben Informationsteile in einer semantisch äquivalenten NVG-Konstruktion anschließen zu können, sind oft erhebliche Umstrukturierungen erforderlich.

(16) Zwar bleiben alle drei Fachrichtungen im Spiel: dennoch ist es erstaunlich, wie unterschiedlich Gemeinschaftskunde in den einzelnen Bundesländern organisiert und **unterrichtet** wird. *Klose, Werner, Harmonie und Konflikt, in: DIE ZEIT 12.03.1976, S. 35*

(16') (…) wie unterschiedlich der Unterricht in Gemeinschaftskunde in den einzelnen Bundesländern erteilt und organisiert wird.

In manchen Konstruktionen ist eine Paraphrasierung überhaupt nicht ohne semantische Verschiebung möglich:

(17) Deshalb **unterrichten** oder „moderieren" in Bochum nicht nur Hochschuldozenten, sondern auch Manager und Unternehmensberater, und zu jedem Lehrgang gehört eine Praxiswoche. *Tanja Stelzer, Pfarrer zu Managern, in: DIE ZEIT 04.03.1999, S. 80*

(17') Nicht nur Hochschullehrer, sondern auch Manager und Unternehmensberater erteilen deshalb in Bochum Unterricht oder „moderieren", (…)

(17")Deshalb erteilen in Bochum nicht nur Hochschuldozenten, sondern auch Manager und Unternehmensberater, Unterricht oder „moderieren" (…)

Die „elegante" Lösung des Problems, nämlich beide Verben zu nominalisieren und die entsprechenden PNs zu koordinieren („Deshalb erteilen in Bochum (…) Unterricht und Moderation."), scheitert daran, dass „Moderation" nicht mit dem NV „erteilen" verbunden werden kann.

Interessant im Hinblick auf die Hypothese, dass sich NVG als semantische „Spezialisten" im Vergleich mit der Basisverbbedeutung etablieren, sind Belege wie (18) und (19):

(18) Schulmusiklehrer aller Schularten haben seit den 1920er Jahren als Teilbeschäftigte in Musikschulen **unterrichtet** und dort insbesondere **Klas-**

senunterricht erteilt** und Musiziergruppen geleitet. *Abel-Struth, Sigrid, Musikschulen, in: Die Musik in Geschichte und Gegenwart Band 16, Kassel: Bärenreiter 1979*

(18') Schulmusiklehrer aller Schularten haben seit den 1920er Jahren als Teilbeschäftigte in Musikschulen Unterricht erteilt und dort insbesondere Klassenunterricht erteilt (...).

(19) Systematisch **unterrichten** heißt im Gerätturnen einen planvollen, geordneten, wissenschaftlichen **Unterricht** zu **erteilen**, der gewährleistet, daß alle wertvollen Fähigkeiten der Schüler entwickelt und gefördert und ganz bestimmte lebensnotwendige Kenntnisse und Fertigkeiten den Schülern folgerichtig vermittelt werden. *Borrmann, Günter / Mügge, Hans, Gerätturnen in der Schule, Berlin: Volk u. Wissen 1957*

(19') Systematischen Unterricht zu erteilen heißt, im Gerätturnen einen planvollen, geordneten, wissenschaftlichen Unterricht zu erteilen, (...)

In beiden Belegen wird zunächst das unspezifischere Basisverb verwendet, das dann im Nachsatz durch die spezifischere NVG-Konstruktion wieder aufgenommen und modifiziert wird: in (18) durch die Bildung eines Kompositums, in (19) durch Adjektivattribute. Paraphrasierungen wie (18') und (19') sind zwar, unter den für die Konstruktion üblichen Umstrukturierungskosten, möglich, der Effekt, der durch den Wechsel von der semantisch unspezifischeren zu der spezifischeren Konstruktion erzielt wird, geht dabei aber verloren; zumindest (18') wirkt dadurch sogar ziemlich merkwürdig.

Wie ist es nun umgekehrt um die Paraphrasierbarkeit der NVG-Konstruktionen mit den Basisverb-Konstruktionen bestellt? Um hierüber Aufschluss zu gewinnen, haben wir in einem weiteren Schritt auch die Treffermenge der NVG-Belege nachbearbeitet. Dabei wurden Treffer mit Partizipien („der erteilte Unterricht") ausgesondert, sowie Treffer, die keine relevanten Belege sind, weil PN und NV nicht in derselben Konstruktion vorkommen, also Fälle wie Beispiel (20).

(20) Da und dort hatte sie bei Verwandten und Bekannten einem Ruf zu häuslicher **Hilfe** Folge **geleistet**, war aber stets gerne wieder heimgekommen. *Sapper, Agnes, Werden und Wachsen, Stuttgart: Gundert 1910*

Tabelle 4 zeigt die Ergebnisse dieses Arbeitsschrittes.

Konstruktion	Trefferzahl	davon relevant
Absage erteilen	87	82
Hilfe leisten	377	310
Unterricht erteilen	158	123
Wirkung ausüben	390	275

Tabelle 4: Bereinigte Tabelle zu den NVG-Konstruktionen

Auch die Paraphrasierung von NVG-Konstruktionen kann mit mehr oder weniger hohem Umstrukturierungsaufwand verbunden sein. Relativ unkompliziert ist die Umstrukturierung von attributiv gebrauchten Adjektiven in adverbial gebrauchte in Beispielen wie (21):

(21) In Lichtenberg sei ein regelmäßiger **Unterricht** von täglich zwei Stunden erteilt worden. *Friedländer, Hugo, Die Vorkommnisse in der Fürsorgeanstalt Mieltschin, in: ders., Interessante Kriminal-Prozesse, Berlin: Directmedia Publ. 2001, S. 1526-1638*

→ regelmäßig zwei Stunden täglich unterrichtet.

Allerdings ist eine solche Umstrukturierung nicht in allen Fällen möglich. Schwierig sind Belege wie (22), in denen das NVG bereits durch ein Satzadverbiale modifiziert ist, das in der NVG-Konstruktion zwar erhalten bleiben sollte, aber nicht mit dem zum Verbgruppenadverbiale umfunktionierten Adjektivattribut des PN koordiniert werden kann.

(22) Die vom Zaren berufene Friedenskonferenz werde ihre segensreichen **Wirkungen** voll ausüben können. *Theo Sommer, Die letzte Chance, in: DIE ZEIT 12.05.1999, S. 80*

(22') ?Die vom Zaren berufene Friedenskonferenz werde voll und segensreich wirken können.

In Fällen wie (23) entsteht bei der Umwandlung des Attributs von „Unterricht" in ein Adverbiale zu „unterrichten" ein anderer Sinn:

(23) Dies also war sechs Jahre vor dem Krieg, und auf der Kriegsschule in Lemberg hatten wir einen alten Feldkurat Przihoda, der einerseits ein etwas wunderliches Deutsch sprach, andererseits aber tschechischen **Unterricht** erteilte. *Sandac-Malecki, Friedrich von, K. und K., in: Vossische Zeitung (Sonntags-Ausgabe) 02.03.1930, S. 28*

(23') (…) der einerseits ein etwas wunderliches Deutsch sprach, andererseits aber tschechisch unterrichtete.

Sehr komplex kann die Umstrukturierung auch dann werden, wenn sowohl die Argumente als auch die Adjunkte des Basisverbs in einer komplexen Nominalphrase komprimiert sind, wie in Beispiel (24):

(24) Der **Unterricht** durch Privatschulen ist in der DDR grundsätzlich ausgeschlossen; **Unterricht** durch Privatpersonen an einzelne Schüler oder Schülergruppen außerhalb des obligatorischen Schulunterrichts in den schulischen Fächern darf nur mit Genehmigung des für die betreffenden Schüler zuständigen Schuldirektors **erteilt** werden. *Zimmermann, Hartmut (Hg.), DDR-Handbuch, Köln: Verlag Wissenschaft u. Politik 1985*

(24') (...) Privatpersonen dürfen einzelne Schüler außerhalb des obligatorischen Schulunterrichts in den schulischen Fächern nur mit Genehmigung des für die betreffenden Schüler zuständigen Schuldirektors unterrichten.

Bei Sätzen wie (24) ist man tatsächlich geneigt, die verbale Konstruktion stilistisch zu präferieren. Allerdings sollte man dabei nicht übersehen, dass die Wiederaufnahme des Ausdrucks „Unterricht" ein Kohäsion stiftendes Mittel ist (sog. „lexikalische Rekkurrenz"), das dabei verloren geht. In einigen Fällen, wie z.B. in Belegbeispiel (25), kann diese Funktion so tragend sein, dass eine Paraphrasierung durch eine Basisverbkonstruktion gar nicht mehr denkbar ist:

(25) Es ist ein Widerspruch in sich selber, wenn eine Körperschaft oder Personen, welche ausserhalb des kirchlichen Bekenntnisses stehen wollen und erklärtermassen an Beseitigung des konfessionellen **Unterrichts** arbeiten, gleichzeitig den Anspruch erheben, denselben konfessionellen **Unterricht** allein **erteilen** und nach ihrem Gutdünken umgestalten zu dürfen. *Leupolt, Edmund, Der Religionskampf im Königreiche Sachsen, in: Jahrbuch des Vereins für Wissenschaftliche Pädagogik 43 (1911) S. 89-124*

Insgesamt ist die Funktion der Herstellung von Kohäsion ein Aspekt, der in der Diskussion um die „Leistungen" von NVG-Konstruktionen bislang wenig beachtet worden ist.[30] Dies könnte damit zusammenhängen, dass man davon ausgeht, dass PN nicht referenziell gebraucht werden, sondern – ähnlich wie die nominalen Teile von Verb-Nomen-Idiomen – Teile von komplexen Prä-

---

[30] Burger (1998, S. 149) hat darauf hingewiesen, dass die Möglichkeit einer pronominalen Wiederaufnahme der PN im Text auch zu den Vorteilen der NVG-Konstruktion zählt. In den Grammatiken, die sich mit den „Leistungen" von NVG beschäftigen, fehlen solche Hinweise üblicherweise. Lediglich Eroms (2000, S. 170) weist darauf hin, dass PN „referentiell eher festmachbar" sind als Verben.

dikaten sind.[31] Die Möglichkeit einer pronominalen Wiederaufnahme des PN, die ja als Indiz für eine referenzielle Zugänglichkeit der PN zu werten ist, spricht gegen diese Sicht und wird deshalb gerne „übersehen", obwohl bereits die empirische Untersuchung von Mesli (1996) entsprechende Belege zu Tage gefördert hat.

Auch in unserer Fallstudie fanden sich Belegbeispiele von diesem Typ, z.B.:

(26) Der **Unterricht** kann nicht gewissermaßen parallelisiert werden, so daß auf die eine Seite die Fachdisziplinen, auf die andere die allgemein bildenden Gegenstände gestellt werden; **er** muß unter einem einheitlichen Gesichtspunkte **erteilt** werden. *Oberbach, Johannes, Zur Errichtung einer Handels-Mittelschule in Berlin, in: Vossische Zeitung 02.03.1911, S. 1*

(27) Den Kindern soll nur **Hilfe geleistet** werden, wenn sie **sie** benötigen. **Sie** erfolgt durch Fragen, die die Jungen und Mädchen anregen, in der Richtung des Handlungsablaufes weiterzudenken. *Brumme, Gertrud-Marie, Muttersprache im Kindergarten, Berlin: Volk u. Wissen 1966*

(28) Die **Wirkung**, die er auf Jahrtausende hinaus, direkt und indirekt, **ausgeübt hat**, wird in der Regel noch immer viel zu gering angeschlagen: **sie** kann gar nicht hoch genug bemessen werden. *Meyer, Eduard, Geschichte des Altertums Band III, Stuttgart: Cotta 1901*

Da das PN als Antezedens für das anaphorische Pronomen fungiert, ist eine Paraphrasierung durch eine Basisverbkonstruktion in keinem dieser Fälle möglich. Allerdings sollte man aufgrund solcher Beispiele die Intuition von der prädikativen Funktion des PN, die im Terminus „prädikatives Nomen" ja mitschwingt, nicht vorschnell ad acta legen. Die Beispiele zeigen aber, dass die in den Grammatiken tradierten Annahmen über die Pronominalisierbarkeit der PN empirisch überprüft und ggf. differenzierter beschrieben und erklärt werden sollten. Zumal auch die Modifikation der PN durch Adjektivattribute, die ebenfalls als Indiz für Referenzfähigkeit gilt (vgl. Kap. 3.), in den Belegsätzen sehr häufig vorkommt, wie die Auszählung der Belege in Tabelle 5 zeigt.

---

[31] Z.B. Grundzüge (1981, S. 431ff.), GDS (1997, S. 702 ff.).

NVG	Adjektiv-Attribut	Relativsatz Typ 1	Relativsatz Typ 2	Gesamt
Hilfe leisten	100[32] (32,3%)	20 (6,5%)	5 (1,6%)	310
Unterricht erteilen	33 (26,8%)	9 (7,3%)	3 (2,4%)	123
Wirkung ausüben	196 (71,3%)	42 (15,3%)	7 (2,5%)	275
Absage erteilen	41 (50%)	1 (1,2%)	0	82

Tabelle 5: Modifizierbarkeit von NVG-Konstruktionen

Auch die Möglichkeit, das PN durch einen Relativsatz zu modifizieren, wird, wie man an Tabelle 5 sieht, relativ häufig genutzt. Dabei lassen sich nach rein formalen Gesichtspunkten zwei Typen unterscheiden: Typ 1, in dem das NV als Prädikat des Relativsatzes fungiert (Beleg (29)) und Typ 2, in dem dies nicht der Fall ist (Beleg (30)); wobei die Zahlen in Tabelle 5 zeigen, dass Typ 1 häufiger auftrat als Typ 2.

Beispiel Typ 1:

(29) Der **Unterricht**, der in öffentlichen und privaten Gebäuden unter staatlicher Aufsicht **erteilt** werden soll, wird religiös neutral sein. *Kirche in der Gegenwart, in: Hubert Jedin (Hg.), Handbuch der Kirchengeschichte, Berlin: Directmedia Publ. 2000*

Beispiel Typ 2:

(30) Der erste dem Namen nach bekannte christliche Lehrer ist der aus Sizilien stammende Pantainos, der um 180 in Alexandrien, genau wie vorher Justin oder Tatian in Rom, ohne kirchlichen Auftrag einen **Unterricht erteilt**, in dem er seine christliche Weltanschauung vorträgt und begründet. *Baus, Karl, Von der Urgemeinde zur frühchristlichen Großkirche, Freiburg i. Br. [u.a.]: Herder 1962*

Derartige Konstruktionen lassen sich nur mit erheblichem Umstrukturierungsaufwand durch Basisverbkonstruktionen paraphrasieren. In manchen Fällen besteht die Möglichkeit, die Vergegenständlichung der verbalen Handlung pronominal zu rekonstruieren, indem z.B. Satz (29) paraphrasiert wird als

---

[32] Die Belege zur idiomatischen Fügung „erste Hilfe", die insgesamt 25 mal vorkam, sind hier *nicht* als Adjektivattribute gezählt.

(29') Das, was in öffentlichen und privaten Gebäuden unter staatlicher Aufsicht unterrichtet werden soll, wird religiös neutral sein.

Stark komprimierte Konstruktionen wie (31) müssen im Allgemeinen in zwei oder mehrere Sätze „zerlegt" werden, wenn sie mit der Basisverbkonstruktion ausgedrückt werden sollen.

(31) Sind die Ziele der PStE. von grundlegend-prägender Bedeutung für Ziele und Inhalte der Bildung und Erziehung in allen gesellschaftlichen Bereichen und auf allen Stufen des Bildungssystems der DDR einschließlich der außerschulischen Einrichtungen und Veranstaltungen und bestimmen sie insbesondere als politisch-ideologische Leitlinien Ziele und Inhalte der Lehrpläne aller Fächer und Klassen (Lehrplanreform), so hat der **Unterricht** in dem Fach Staatsbürgerkunde, der in den Klassen 7-10 (mit 5 Gesamtwochenstunden), 11 und 12 (mit 3 Gesamtwochenstunden) und in der Berufsausbildung (mit insgesamt mindestens 74 Stunden) **erteilt** wird, speziell die Aufgabe, die politisch-ideologischen Kenntnisse der Schüler systematisch zu entwickeln. *Zimmermann, Hartmut (Hg.), DDR-Handbuch, Köln: Verlag Wissenschaft u. Politik 1985*

(31') (…) Das Fach Staatsbürgerkunde wird in den Klassen 7-10 (mit 5 Gesamtwochenstunden), 11 und 12 (mit 3 Gesamtwochenstunden) und in der Berufsausbildung (mit insgesamt mindestens 74 Stunden) unterrichtet. Dabei hat der Unterricht die Aufgabe (...)

Dass es ratsam ist, Hypothesen über die Vorteile der einen oder anderen Konstruktion auf der Basis authentischer Textbeispiele zu entwickeln, zeigt sich auch bei der Überprüfung einer „Leistung" von NVG, die in der Literatur als „Aktanteneinsparung" diskutiert wird (vgl. Kap. 4.). Diese „Leistung" basiert darauf, dass obligatorische Komplemente eines Basisverbs fakultativ werden, wenn sie als Attribute des entsprechenden PN fungieren.[33] Die Fallstudie zeigt allerdings, dass nun gerade bei NVG-Konstruktionen auch der umgekehrte Fall eintreten kann: Komplemente, die bei der Basisverbkonstruktion fakultativ sind, werden zu obligatorischen oder zumindest sehr häufig realisierten Komplementen einer NVG. Dies ist z.B. bei „Absage erteilen" der Fall, bei dem 79 der 82 Belege (also 96%) mit einem Dativkomplement realisiert sind, obwohl das entsprechende Dativkomplement beim Basisverb fakultativ ist („Die Minister haben abgesagt"). Um zu überprüfen, inwieweit vom Potenzial der Aktanten-Einsparung tatsächlich Gebrauch

---

[33] Vgl. die Satzpaare „*Er betritt" vs. „Er wurde am Betreten gehindert". Für NVG-Beispiele vgl. Seyfert (2004, S. 194f.).

gemacht wird, haben wir die Paarung „Unterricht erteilen" vs. „unterrichten" auf ihre Valenzrealisierungen hin untersucht; die Ergebnisse finden sich in Tabelle 6.

Semantische Rolle	Basisverbkonstruktion	NVG-Konstruktion
Wer unterrichtet? (die Instruierenden)	84 / 113 (74%) davon: 76 – Subjekt 8 – PP in Passivkonstruktion	87 / 123 (71%) davon: 74 – Subjekt 13 – PP in Passivkonstruktion
Was wird unterrichtet? (Fach)	36 / 113 (32%) davon: 14 – PP (mit *in*) (*in Mineralogie*) 22 – Akk-Komplement (*Geschichte*)	35 / 123 (28%) davon: 20 – PP (mit *in*) (*in Yoga*) 15 – Komposita (*Turnunterricht*)
Wer wird unterrichtet? (die Instruierten)	55 / 113 (49%) davon: 21 – Subjekt in Passivkonstruktion 34 – Akk-Komplement	28 / 123 (23%) davon: 23 – Dativkomplement 2 – PP (mit *an*) 3 – PP (mit *für*) (*für Frauen*)

Tabelle 6: Vergleich der Argumentrealisierungen von „unterrichten" vs. „Unterricht erteilen"

Man sieht, dass die Unterschiede zumindest bei dieser Paarung nicht besonders auffällig sind, am ehesten treten sie bei der Rolle der Instruierten zu Tage. Natürlich kann man anhand einer einzigen Paarung keine voreiligen Schlüsse ziehen; aus Zeitgründen konnten die anderen Paarungen für diese Untersuchung nicht mehr im Detail ausgewertet werden. Die Durchsicht der Belege spricht aber dafür, dass es sich lohnt, in weiteren Untersuchungen empirisch zu überprüfen, in welchem Ausmaß von diesem „Mehrwert" der NVG-Konstruktion überhaupt Gebrauch gemacht wird. Dass die Valenzverhältnisse in beiden Konstruktionstypen anders sind, dass NVG ein eigenständiges kombinatorisches Potenzial haben, und dass sich dieses vom kombinatorischen Potenzial der Basisverbkonstruktion unterscheidet, daran besteht kein Zweifel. Durch diese Unterschiede ergeben sich für beide Konstruktionstypen andere Möglichkeiten der Informationsstrukturierung und der Perspektivierung. Diese sollten allerdings ohne Rücksicht auf tradierte Vorannahmen für die einzelnen Konstruktionspaarungen vergleichend untersucht werden, bevor man zu generellen Aussagen über „Leistungen" des einen oder anderen Konstruktionstyps übergeht.

6. Fazit

Die Fallstudie zeigt, dass die untersuchten NVG nicht einfach „semantische Dubletten" zu den korrespondierenden Basisverbkonstruktionen sind. Vielmehr lässt sich bei allen untersuchten Paarungen nachweisen, dass die NVG semantisch spezifischer sind, dass sie semantische Lesarten der Basisverbbedeutung herausgreifen, diese präzisieren und in NVG-typischen Kollokationen weiter ausdifferenzieren. Bei der vergleichenden Feinanalyse beider Konstruktionstypen wurde deutlich, dass sowohl die NVG als auch die Basisverbkonstruktionen über spezielle Bedeutungsfassetten verfügen und typische kollokative oder sogar idiomatische Verbindungen eingehen. Schon aus diesem Grund lässt sich die eine Konstruktion nicht immer mit Hilfe der anderen paraphrasieren. Die Sichtweise, es handle sich bei den NVG des untersuchten Typs um reine „Streckformen", die sich von den Basisverbkonstruktionen nur durch pragmatische und stilistische Wirkungen unterscheiden, greift also entschieden zu kurz. Vielmehr besitzen beide Konstruktionstypen ein jeweils spezifisches Potenzial für die Informationsstrukturierung, für die Herstellung von Textkohärenz und für die Perspektivierung von Sachverhalten.

Die spezifischen Ausdrucksmöglichkeiten beider Konstruktionen lassen sich nur anhand von authentischen Sprachdaten und an satzübergreifenden Kontexten systematisch analysieren und beschreiben. Speziell die Rolle der NVG für die Kohäsion von Texten wird erst im konkreten Textzusammenhang erkennbar. Dies gilt für die Möglichkeit der lexikalischen oder pronominalen Wiederaufnahme des prädikativen Nomens in NVG-Konstruktionen ebenso wie für die Möglichkeit, dieses Nomen durch Attribute und Relativsätze zu modifizieren. Es gilt auch für die Beispiele wie (18) und (19), in denen das spezifischere NVG das unspezifischere Basisverb wieder aufgreift und modifiziert. Die Verfügbarkeit digitaler und linguistisch aufbereiteter Textkorpora und entsprechender Suchwerkzeuge vereinfacht derartige Analysen, auch wenn die Detailuntersuchungen immer noch aufwändig sind und einen linguistisch geschulten Kopf erfordern. Dass eine Systematisierung der hier nur intuitiv beschriebenen Phänomene letztlich vor dem Hintergrund einer diskurssemantischen Theorie erfolgen muss, versteht sich. Dennoch wird an den Ergebnissen der Fallstudie deutlich, dass es ratsam ist, sich zunächst nicht von tradierten Annahmen über Merkmale und Vorzüge des einen oder anderen Konstruktionstyps beeinflussen zu lassen, sondern die Daten mit einem theoretisch unvoreingenommenen Blick zu analysieren. Dies gilt insbesondere für Annahmen, die auf selbst konstruierten, kontextfreien Beispielsätzen und nicht auf authentischen Korpusdaten basieren.

7. Literatur

Burger, Harald (1998): Phraseologie: Eine Einführung am Beispiel des Deutschen. Berlin.

Burger, Harald/Buhofer, Annelies/Sialm, Ambros (1982): Handbuch der Phraseologie. Berlin/New York.

Daniels, Karlheinz (1963): Substantivierungstendenzen in der deutschen Gegenwartssprache. Nominaler Ausbau des verbalen Denkkreises. Düsseldorf.

Eisenberg, Peter (1994): Grundriß der deutschen Grammatik. 3. Aufl. Stuttgart/Weimar.

Elsayed, Ahmed (2000): Die Nominalisierungsverbgefüge und die prädikativen Verbgefüge. Eine Untersuchung zur Abgrenzungsproblematik der Funktionsverbgefüge gegenüber verwandten Konstruktionen im Deutschen. Neuried.

Engelen, Bernhard (1968): Zum System der Funktionsverbgefüge. In: Wirkendes Wort 18, S. 289-303.

Eroms, Werner (2000): Syntax der deutschen Sprache. Berlin/New York.

Grundzüge (1981) = Heidolph, Karl Erich/Flämig, Walter/Motsch, Wolfgang u.a.: Grundzüge einer deutschen Grammatik. Berlin.

GDS (1997) = Zifonun, Gisela/Hoffmann, Ludger/Strecker, Bruno (Hg.): Grammatik der deutschen Sprache. 3 Bde. Berlin/New York.

Helbig, Gerhard/Buscha, Joachim (1994). Deutsche Grammatik. 16. Aufl. München.

Heringer, Hans Jürgen (1968): Die Opposition von „kommen" und „bringen" als Funktionsverben. Düsseldorf.

Klein, Wolfgang (1968): Zur Kategorisierung der Funktionsverben. In: Beiträge zur Linguistik und Informationsverarbeitung 13, S. 7-37.

Krenn, Brigitte/Erbach, Gregor (1994): Idioms and Support Verb Constructions. In: Nerbonne, John/Netter, Klaus/Pollard, Carl (Hg.): German in Head-Driven Phrase Structure Grammar. Stanford. S. 365-395.

Mesli, Nadja (1991): Funktionsverbgefüge in der maschinellen Analyse und Übersetzung. Linguistische Beschreibung und Implementierung im CAT2-Formalismus. (= Eurotra-D Working Papers 19). Saarbrücken.

Mesli, Nadja (1996): Zur Pronominalisierung der Funktionsverbgefüge bei Martin Luther. In: Pérennec, Marie-Hèléne (Hg.): Pro-Formen des Deutschen. Tübingen. S. 99-110.

Polenz, Peter v. (1963): Funktionsverben im heutigen Deutsch. Sprache in der rationalisierten Welt. Düsseldorf.

Polenz, Peter v. (1987): Funktionsverben, Funktionsverbgefüge und Verwandtes. Vorschläge zur satzsemantischen Lexikographie. In: Zeitschrift für germanistische Linguistik 15, S. 169-189.

Pottelberge, Jeroen van (2001): Verbonominale Konstruktionen, Funktionsverbgefüge. Vom Sinn und Unsinn eines Untersuchungsgegenstandes. Heidelberg.

Rothkegel, Annely (1969): Funktionsverbgefüge als Gegenstand maschineller Sprachanalysen. In: Beiträge zur Linguistik und Informationsverarbeitung 17, S. 7-26.

Schmidt, Veronika (1968): Die Streckformen des deutschen Verbums. Substantivisch-verbale Wortverbindungen in publizistischen Texten der Jahre 1948-1967. (= Linguistische Studien). Halle.

Seyfert, Jan (2004): Funktionsverbgefüge in der deutschen Gesetzessprache (18.-20. Jahrhundert). Hildesheim/Zürich/New York.

So, Man-Seob (1991): Die deutschen Funktionsverbgefüge in ihrer Entwicklung vom 17. Jahrhundert bis zur Gegenwart. Trier.

Storrer, Angelika (1992): Verbvalenz. Theoretische und methodische Grundlagen ihrer Beschreibung in Grammatikographie und Lexikographie. Tübingen.

Storrer, Angelika (i. Dr.): Zum Status der nominalen Komponenten in Nominalisierungsverbgefügen. In: Breindl, Eva/Gunkel, Lutz/Strecker, Bruno (Hg.): Grammatische Untersuchungen. (= Studien zur deutschen Sprache 36). Tübingen.

Storrer, Angelika/Schwall, Ulrike (1994): Description and Acquisition of Multiword Lexemes. Machine Translation and the Lexicon. 3rd International EAMT Workshop, April 26-28, 1993, Heidelberg, Germany. Berlin/Heidelberg. S. 35-50.

Ulrich, Stefan (2002): Syntax und Semantik prädikativer Nomen. (= Studien zur Informations- und Sprachverarbeitung 5). München.

WDG: Wörterbuch der deutschen Gegenwartssprache. Digitalisierte Online-Version. Internet: `http://www.dwds.de/cgi-bin/dwds/wdg/wdg.pl` (Stand: Juli 2005).

Wotjak, Barbara (1992): Verbale Phraseolexeme in System und Text. Tübingen.

Ludwig M. Eichinger

Wortbildung – ein Haus mit drei Nachbarn

1. Das Zentrum der Wortbildung

1.1 Vorbemerkung

Immer einmal wieder wird versucht, Wortbildungen generell aus einer der dabei beteiligten linguistischen Ebenen allein zu erklären. Das hat wenig Aussicht auf Erfolg. Denn der Terminus „Wortbildung" setzt eigentlich nur einen einigermaßen weiten Rahmen für verschiedene Techniken, um bereits vorhandene sprachliche Einheiten zur effizienteren Konstruktion von Wörtern zu nutzen. Dabei ist hier absichtlich die zu Recht als ungenau erscheinende Redeweise von der „Effizienz" gewählt. Effizienz heißt hier je nach dem betroffenen Typ nicht dasselbe.

Vielleicht kann man am einfachsten klären, was in diesem Zusammenhang Effizienz heißen soll, wenn man sich überlegt, wo denn das Zentrum von Wortbildungsaktivitäten läge. Das ist nicht so einfach gesagt: in irgendeiner Weise geht es immer darum, im jeweiligen syntagmatischen und paradigmatischen Kontext passende Wörter zu finden. Wir wollen in diesem Punkt am Beispiel der Substantive zeigen, was das jeweils heißt.

1.2 Lexemkombinatorik

Die ureigenste Technik der Wortbildung scheint dabei zu sein, dass man zwei oder mehrere Elemente zusammenfügt, die ihrerseits eine nachvollziehbare lexikalische Bedeutung haben, um auf diese Art und Weise eine spezifischere Benennung zu aktualisieren. Das ist die Definition von Komposition.

Im typischsten Fall sagt uns dabei keines der Teile so genau, wie es mit dem oder den anderen zusammenhängt:[1] was zum Beispiel ist ein *Baumpfad*?[2]

---

[1] Dies ist am eindeutigsten der Fall bei dem Typ mit zwei nominalen Elementen, auf den wir uns daher im Folgenden praktisch ausschließlich beziehen; er ist zudem der bei weitem am häufigsten dokumentierte Typ.
[2] Was wir zu den Komposita besprechen, wird an Beispielen abgehandelt werden, die alle Determinativkomposita sind. Das ist nicht nur der bei weitem dominante Typ, die Dis-

Aufgrund dessen, was wir über die grundlegenden Reihenfolgeregelungen des Deutschen wissen, sicherlich irgendeine Art Pfad. Die kontextuelle – also durch syntagmatische Beziehungen nahe gelegte – Auflösung ist dann sicher nicht die zunächst erwartbarste Option; der Beleg stammt aus einem Artikel über die Modernisierung eines Zoos; in diesem Kontext heißt es:

(1) *Ein **Baumpfad** wird zum Beispiel Blickkontakt mit den sanften Orang-Utans ermöglichen.* (mobil 09/05, S. 34)[3]

Gängiger sind vielleicht Belege wie der folgende, in denen *Baumpfad* so etwas wie 'Lehrpfad für Bäume' heißt:

(2) *Im Laufe der Ausstellung wird im Arboretum ein „**Baumpfad**" ausgeschildert, der zu den „Bäumen des Jahres" und anderen speziellen Bäumen, z.B. zum Ginkgo, führen wird.* (Münchner Wochenanzeiger online, 39. Woche 2005)

Es finden sich durchaus in anderen Belegen auch Dokumente für die paradigmatische Einbindung dieses womöglich gängigsten Interpretationsmusters:

(3) *Ein **Baumpfad** im Obertal und ein **Tierpfad** im Blumbach* (Internet-Beleg; Baden.online)

Allerdings sind auch noch andere Lesarten denkbar, etwa Verweise auf die „Verzweigungen" eines Grafikbaums:

(4) *//zeiger auf linken **baumpfad*** (Internet-Beleg; http-Beschreibung)

Bei passendem Kontext sind aber noch indirektere Bezüge denkbar, so wird zu dem Beleg *Keltischer **Baumpfad** Oberachern* im weiteren Text ausgeführt:

(5) *Auf dem Pfad erläutern dann insgesamt 22 Tafeln den „keltischen Baumkreis" – das keltische Horoskop, das vom Mondzyklus abge-*

---

kussion des marginalen Typs der Kopulativkomposita brächte im Hinblick auf unsere Argumentation keine neuen Gesichtspunkte.

[3] Bei allen Beispielen in diesem Text handelt es sich um Originalbelege. Die meisten Beispiele stammen aus Internet-Quellen; wenn nicht eigens vermerkt, sind einigermaßen offiziöse Quellen ausgesucht worden. Je nach den in Frage stehenden Inhalten sind das die Seiten von Orten und Regionen, von (größeren) Print-Medien, von Universitäten und ähnlichen Institutionen. Einzelne Beispiele sind aus der Kundenzeitschrift der Bahn genommen (mobil 09/05).

leitet wurde und sich im Gegensatz zu dem heutigen Horoskop mit seinen Sternzeichen auf die den Kelten bekannten Bäume bezieht.

Aber auch unser Ausgangsbeleg ist offenbar gar nicht so selten; so schreibt die taz am 7.5.2005 unter dem Titel *Baumpfad*:

(6) *Der Pfälzerwald hat einen in der Krone: Es ist Deutschlands erster **Baumwipfelpfad**. Er führt im Dahner Felsenland auf zwei Wegen zu den Wipfeln. Ob sanft oder abenteuerlich – der luftige **Lehrpfad** baut auf Lärchenholz und Stahl: Wipfelstürmer gehen bei ihren Höhenflügen im Zickzackkurs auf Nummer Sicher.* (Internet-Beleg; taz)

Auch hier wird neben der Beschreibung eine Reihe von paradigmatischen Benennungen aufgeführt (*Baumwipfelpfad*; *Lehrpfad*), die bei der Einordnung der anscheinend eher ungewöhnlichen Bildung helfen.

Manchmal sind die Beziehungen verwirrend; so heißt es auf der Seite des „Walderlebnispfades Holzweg":

(7) *Unser Pfad teilt sich in zwei Teile auf, dem [!] **Erlebnispfad** Holzweg und dem [!] **Lehrpfad**.*

Und anschließend steht da:

(8) *Unser **Lehrpfad** beginnt mit einem **Baumpfad** mit verschiedenen einheimischen Bäumen.*

Analog dazu gibt es Pfade zu allerlei anderen Lerngegenständen:

(9) *Am Bahnhof Nettersheim in der Eifel (Bahnstrecke Köln – Gerolstein – Trier) beginnt die Tour. Sie führt (bei 450 m) über den **Vogelpfad** bei Nettersheim in das Hubachtal.*

(10) *Der **Kleintierpfad** führt uns durch all diese Bereiche, vorbei an den verschiedenen Nisthilfen, wie auch den Stein- und Reisighaufen für unsere kleinen „Gartenhelfer".*

(11) *Neue Attraktion auf dem **Pflanzenpfad***

(12) *Anlässlich seines 25jährigen Jubiläums hat der Anglerverein „Forelle" Pfinztal e.V. im Jahr 2001 mit Unterstützung der Gemeinde Pfinztal einen **Fisch-** und **Gewässerpfad** entlang der Pfinz eingerichtet.*

Allerdings ist auch der *Baumpfad* in der erstgenannten Bedeutung 'Pfad in Baumwipfelhöhe' nicht singulär, und wird durch verwandte Bildungen ergänzt und z.T. im selben Text erläutert:

(13) *Unterhalb des **Wipfelpfades** kann man entlang der Sauer wandern und auf 1,5 Kilometern an 14 Stationen den Lebensraum Wasser erforschen.*

Verwandte Muster werden auch spielerisch weiterentwickelt:

(14) *[...] haben sich 40 Gemeinden aus ganz Franken zum **KulTour-Pfad** „Franken im Mittelalter" zusammengeschlossen.*

Viele Pfade und kein eindeutiger Weg zur Interpretation dieser mehr oder minder gebräuchlichen komplexen Wörter.

Immerhin kann man sehen, dass sich die Bildungen an einigen Mustern orientieren, aus denen normalerweise eine Auswahl genommen wird.[4] Gerade am letzten Beispiel sieht man aber auch, dass diese Muster dehnbar sind. Wie auch immer das sein mag, wenn es sich hier um das Zentrum der Wortbildung handelt, dann dient sie primär der Modifikation vorhandener Bildungen und folgt einem Typ von Regeln, der auf jeden Fall nah am Lexikon zu positionieren ist, spielen doch nur Lexemfügungen und entsprechende Musterbildungen eine Rolle. Wir haben genau das nicht, was die Techniken der Grammatik im engeren Verständnis, also von Morphologie und Syntax, ausmacht: junktionale Mittel in grammatischer Funktion und mit mehr oder minder generalisierter Bedeutung.

1.3 Lexemsortierung

Womöglich ist das aber nur die halbe, vielleicht sogar nur ein Drittel der Wahrheit. In unserem Zootext, der oben unsere Beispielreihe eröffnete, heißt es zum Beispiel auch:

(15) *Großzügige, naturnah gestaltete Lebensräume schaffen die **Voraussetzung** für weitgehend artgerechtes Verhalten der **Bewohner**, die **Landschaftsarchitektur** bietet den **Besuchern** viele **Gelegenheiten** zu **Beobachtungen** aus nächster Nähe.* (mobil 09/05, S. 34)

Wenn man hier die Substantive betrachtet, so gibt es zwar einige Komposita, aber eigentlich dominieren die Konstruktionen, in denen ein Lexem mit ei-

---

[4] Vgl. dazu Eichinger (2000, S. 119f.).

nem Morphem verbunden wird, das auf jeden Fall eine allenfalls klassematische lexikalische Bedeutung hat und ansonsten bestenfalls wortartspezifisch ist. Diese Definition – sie erläutert das Konzept der Derivation – trifft aus unserem Text die Wörter *Voraussetzung, Bewohner, Landschaft, Architektur,*[5] *Besucher, Gelegenheit, Beobachtung.*

Am auffälligsten dabei ist der Tatbestand, dass die beteiligten Suffixe der Wortartcharakteristik und einer semantischen Grobklassifikation dienen. Wie die obigen Beispiele zeigen, wird durch {-*er*} ein Verb zum nomen agentis (*Bewohner, Besucher*); es ist ganz deutlich sichtbar, dass wir uns mit solchen Bildungen nur einen Schritt von den flexivischen Möglichkeiten des Verbs entfernen. So befinden wir uns mit der Setzung des Elements {-*en*}, das es erlaubt, infinite 'nominale' Formen eines Verbs zu bilden, die den jeweiligen Vorgang, den Zustand, die Handlung oder die Tätigkeit ausdrücken, den bzw. die der lexikalische Kern transportiert.

(16) *Betreuen durch* **Bewohnen**. *Unser Mitarbeiter bewohnt Ihr Haus bzw. Ihre Wohnung während Ihrer gesamten Abwesenheit.*

(17) *schönes Häuschen* **zu bewohnen**

(18) *Museum* **zum Bewohnen**

(19) **das Bewohnen**

Erkennbar dient hier ein normalerweise der verbalen Flexion zugeordnetes Element unter anderem dazu, den Übergang zwischen Verb und Substantiv zu ermöglichen, und dabei einfach die Verbbedeutung zu transponieren. Man kann an den Belegen von (16) bis (19) auch sehen, dass die Übergänge von der verbalen zur nominalen Form an dieser Stelle fließend sind.[6] Das ist auch nicht überraschend, wechselt doch durch den Konstruktions- und Flexionstyp zwar die Wortart, aber es gibt doch gleichzeitig Verwendungen, die uns in gewissem Umfang im Unklaren lassen. Deutlich wird das etwa bei der Wahl des Typs von Modifizierung:

---

[5] Dieser Beleg steht für den nicht unbedeutenden Teil der deutschen Wortbildung, der Mittel eines gesamteuropäischen Bildungswortschatzes nutzt. Er folgt dabei zum Teil eigenen Gesetzmäßigkeiten – nicht zuletzt, was die Selbstständigkeit der beteiligten Elemente angeht. Da auch eine Diskussion dieser Punkte nicht das Ziel dieses Beitrags ist, wird darauf im Weiteren nicht mehr genauer eingegangen.

[6] Vgl. dazu Eichinger (2000, S. 39f.).

(20) Übungen **zum laut Sprechen** ohne Anstrengung (Internet-Beleg, Vorlesungserläuterung Wintersemester 2004/05)

(21) Übungen **zum lauten Sprechen** ohne Anstrengung (Internet-Beleg; Erläuterungen zur entsprechenden Lehrveranstaltung im Sommersemester 2005)

Bei Verben wie unserem obigen Beispiel *bewohnen* scheinen die Grenzen klarer zu sein, so findet man zwar viele Beispiele mit Adjektiven wie das folgende:

(22) *Eine ständige Wohnstätte setzt nicht **ein ständiges Bewohnen** der Wohnung oder ein Mindestmaß an Nutzung in jedem Veranlagungszeitraum voraus.* (Internet-Beleg)

Es gibt aber offenbar keine Belege mit entsprechenden Adverbien (*?das ständig Bewohnen*). In diesen Fällen scheint die Nominalisierung ohne Übergänge stattzufinden. In dieser Hinsicht stehen die Bildungen mit {-en}-Suffix[7] – gerade bei einem Beispiel wie dem vorliegenden ist das besonders deutlich, weil es keine Vorgangsbildung mit {-ung} gibt – funktional recht nahe an den nomina agentis auf {-er}:

(23) *Die verschiedenen **Bewohner** der Bundesstaaten in Brasilien* (Internet-Beleg)

Und auch an anderen Stellen gibt es zumindest funktionale und semantische Berührungspunkte:

(24) *werden Sie immer in **Gesellschaft** sein* (Internet-Beleg)

(25) ***Unter Leuten** sein ist schön.* (Internet-Beleg)

(26) *nicht ständig **unter Menschen** sein können* (Internet-Beleg)

In gewissem Sinn sind auch die Kollektiva, pluralia tantum und die Pluralbildungen, wie sie in (24) bis (29) belegt sind, einander verwandt. Es wird jeweils durch Suffixe darauf hingewiesen, dass es sich um Klassen handelt, die durch eine Mehrzahl von Elementen definiert sind. Auch das zeigt, wie schon die Form – ein rechts stehendes gebundenes Element mit relativ allgemeiner Bedeutung, hier: 'Mehrzahl' –, dass diese Form der Wortbildung nahe an den sonstigen morphologischen Prozessen steht. In dem konkreten Fall von Kollektivität und Plural würde das auch noch zu jenen seit einiger Zeit wieder aufgekommenen Überlegungen passen, dass die Genera histo-

---

[7] Auf die Eigenständigkeit dieser Bildungen wird schon bei Sandberg (1976) hingewiesen.

risch grammatisch-semantische Klassen eines weiter ausgreifenden Typs darstellten, das Femininum sei dabei die Klasse für die Kollektiva (vgl. Leiss 2000, S. 169). So gesehen ließe sich auch der Plural als eine Art entsprechender Klasse verstehen, wozu passen würde, dass er mit einem dem Femininum nahe stehenden Artikelsatz gebildet wird.

Die Differenz der morphologischen Möglichkeiten von Wortbildung und Flexion ist allerdings normalerweise größer, man muss dazu nur andere als die deverbalen Optionen betrachten. Wir haben oben auch eine Bildung mit dem Suffix {-heit}, mit dem Beispiel *Gelegenheit* allerdings ein recht lexikalisiertes und idiomatisiertes Wort; in seiner generelleren Verwendung dient das Suffix dazu, die in einem adjektivischen Lexem ausgedrückte Eigenschaft substantivisch verfügbar zu machen, sie als syntaktisch besprechbaren Namen zugänglich zu machen. Man kann die Entwicklung dieses Suffixes gut beobachten und erklären.[8] Es ergänzt das in dieser Funktion traditionell vorhandene und nicht mehr produktive {-e}, das sich bei einer Anzahl zentraler Adjektive erhalten hat, es handelt sich um Bildungen wie *Blässe, Gänze, Größe, Höhe, Wärme*. Aus den angedeuteten historischen Gründen[9] prägt eine Bildung wie *Schönheit* den Typ:

(27) *Gilt die vornehme **Blässe** bald wieder als attraktiv?*

(28) *Bei so viel perfektionierter **Schönheit** wundert es nicht, dass [...]*

Man sieht auf jeden Fall, dass hier eine Differenzierung erfolgt ist, durch die der Eigenschaftsname deutlicher kategorisiert erscheint, während der {-e}-Typ nahe an den adjektivischen Umkategorisierungen durch Artikelzuweisung steht:

(29) *Das **Schöne** und das **Hässliche**.*

---

[8] Die historischen Abläufe, die im Gefolge eines Zusammenfalls zweier ehemals unterschiedlicher vokalischer Morpheme zu den Notwendigkeiten der Verdeutlichung durch das 'Art und Weise'-Substantiv *heit* geführt haben, brauchen hier nicht im Einzelnen dokumentiert zu werden.

[9] Vgl. z.B. noch den Eintrag in der Krönitzschen Ökonomischen Enzyklopädie des 18. Jahrhunderts zu *Kleinheit*, in dem die beiden Formen noch als Alternativen auftauchen: „Kleinheit, das Abstractum des Bey=Wortes klein, in seiner eigentlichen Bedeutung, welches für Kleine üblich ist, die Eigenschaft eines Dinges, da es seiner Ausdehnung nach weniger Raum einnimmt, als ein anderes. Die Kleinheit eines Sand=Kornes. Die unbegreifliche Kleinheit mancher Insecten." (http://www.kruenitz1.uni-trier.de/; s.v. *Kleinheit*)

(30) *In der Architektur der Ausstellung gelangen schöne Sichten, auf kleine Dinge und auf das **Große** und **Ganze**.*

Jedenfalls ist es da so, dass die Umkategorisierungen (*das Große, Schöne* usw.) dazu dienen, die Eigenschaft als ein Merkmal von etwas benennbar zu machen, während es bei der Ableitung (*die Größe, Schönheit*) um einen Namen für die Eigenschaft geht. Die Grenzziehung wird auch dadurch verschärft, dass die derivationellen Typen nicht mit derselben formalen Selbstständigkeit zu akzeptablen Formen führen (?*Kindischheit*)[10] und dass sie insgesamt Suffixe mit mehr phonetisch-phonologischem Gewicht entwickeln.

Bei diesen Bildungen handelt es sich dann aber ebenfalls um einen Kombinationstyp, der nur der Wortbildung eigen ist, auch wenn die Nähe zu morphologischen Mitteln der Konstruktion offenkundig ist.

1.4   Lexemfügung

Man kann sich eigentlich vorstellen, was geschieht, wenn eine Bildung vom Derivationstyp, deren Basis ein Verb ist, ihrerseits den Kopf einer hierarchischen lexematischen Konstruktion darstellt. Logischerweise werden für die Kombinatorik Optionen genutzt, die in der Syntax und Semantik des Verbs angelegt sind. Dieser Tatbestand ist für eine typische Art des Ausbaus deutscher Nominalphrasen verantwortlich. Sofern davon Wortbildung betroffen ist, interagiert sie hier mit syntaktischen Mitteln. Ihre Struktur und Bedeutung lässt sich von den syntaktischen Beziehungen ausgehend gut erklären.

(31) *Der **Wiederaufbau** in New Orleans soll nach den Worten von US-Präsident George W. Bush nicht durch **Steuererhöhungen** finanziert werden.*

Man sieht an den beiden einschlägigen Belegen in diesem Text, *Wiederaufbau* und *Steuerhöhung*, dass im Gegensatz zu den „reinen" Komposita, von denen oben die Rede war, hier die Relation zwischen den beiden Elementen angedeutet ist. Sie lässt sich unter Bezug auf die syntaktisch-semantischen Beziehungen rekonstruieren, die für das Verb anzunehmen sind, das in dem Zweitelement solcher Bildungen enthalten ist. Bei unseren beiden Beispielen repräsentiert *Steuererhöhung* einen ziemlich häufigen Typ. Das Erstelement

---

[10]   Vgl. z.B. aus den wenigen zu findenden Belegen das folgende (informelle) Internet-Beispiel: *War echt ein Anfall von **Kindischheit** gibts das Wort?*

Steuer stellt das Objekt für die in dem Verb *erhöhen* ausgedrückte Handlung dar. Dabei ist in diesem Fall durch das Suffix {-*ung*} klargestellt, dass insgesamt über den Vorgang als solchen bzw. fast häufiger noch über sein Ergebnis gesprochen werden soll. Hier sind verschiedene Akzentuierungen des gesamten Schemas vorgesehen, wie sich das an folgendem Beispiel zeigt:

(32) *Welche Fledermausarten sind typische* **Stadtbewohner**?

In diesem Fall ist durch das Suffix {-*er*} die Subjektsposition in dem Schema besetzt, das man um das Verb *bewohnen* aufbauen kann. Das Element *Stadt* repräsentiert auch hier das Objekt. Strukturell gilt das auch für die Bildungen *Steuersenker* und *Steuererhöher* in dem nächsten Beispiel, allerdings wird auf sie aus formalen Gründen später noch zurückzukommen sein.

(33) *Rechte* **Steuersenker** *gegen linke* **Steuererhöher** *– ganz so einfach läuft das diesmal nicht. Fast alle Parteien wollen zu mehr* **Steuereinnahmen** *kommen.* (http://www.zeit.de/2005/33/)

Die Bildung *Steuereinnahmen* in diesem Beleg steht dafür, dass neben der Objektsrelation, die ja hier eigentlich schon in das Zweitelement *Einnahmen* eingegangen ist, eine objektsähnliche Bereichsrelation auftreten kann. Von dieser, fast schon einem restriktiven Adverbial ('Einnahmen, insofern es die Steuern angeht'), ist dann kein weiter Weg zu weiteren adverbialen Modifikationen.[11] Allerdings variiert die Üblichkeit dieser Bildungen sehr stark, auch in Abhängigkeit davon, ob das Zweitelement allein als selbstständiges Lexem existiert bzw. in eine substantivische Paradigmatik eingebunden ist.[12] Das kann man in den Belegen in dem folgenden Beispiel sehen:

(34) *Eher zufällig bin ich, eigentlich* **Nachtarbeiter** *und* **Tagschläfer**, *schon wach.*

So sind die Teile *Nacht* und *Arbeiter* ebenso gängig wie ein Kompositum *Nachtarbeit*, was die Gängigkeit gegenüber dem ihm parallel geschalteten *Tagschläfer* zweifellos erhöht. *Schläfer* gibt es kaum ohne Idiomatisierung ('langsamer, begriffsstutziger Mensch'), *Tagschlaf* ist eine zumindest nicht sehr gängige Bildung. Aber ad hoc ist hier sicherlich Einiges machbar, wie

---

[11] Vgl. dazu den Beleg *Wiederaufbau* in (31); wie in Anm. 1 festgestellt, soll aber hier der Kürze halber nur von Bildungen mit nominalem Erstelement gesprochen werden.

[12] Das gilt neben den hier behandelten deverbalen Bildungen auch für sonstige relationale Substantive: Vom **Jobgipfel** *in die Große Koalition?* (Internet-Beleg). Von ihnen – per definitionem durchweg Rektionskomposita – soll im Folgenden abgesehen werden.

auch der folgende – eher informelle – Interneteintrag zeigt; der {wohner} existiert ja selbstständig gar nicht:

(35) *Wir haben nicht so hohe Löhne und nicht so viele Kulturangebote wie die* **Stadtwohner**.

Das teilt diese Bildung mit den Zweitelementen der oben schon angesprochenen Bildungen *Steuersenker* und *Steuererhöher*, die allerdings durch die gängigen Bildungen *Steuersenkung* und *Steuererhöhung* gestützt werden. Der {senker} kommt jedenfalls nur als fachsprachliches nomen instrumenti vor,[13] der *Erhöher* bedarf offenbar selbst im Kontext der fachlichen Erläuterungen in den Spielregeln der „German Poker Player Association" der Signalisierung seiner Unüblichkeit durch die Anführungszeichen:

(36) *Der ursprüngliche* „**Erhöher**" *kann nicht nochmals erhöhen.*
(http://www.gppa.de/spielregeln/)

Mit diesem Typ sind wir erkennbar ganz nah an der Stelle, bei der die syntaktischen und die Wortbildungs-Regeltypen sehr dicht aneinanderliegen.

Klassischerweise wird das terminologisch gefasst als das Nebeneinander von „Rektionskomposita" (aus potenziell selbstständigen Bestandteilen) und „Zusammenbildungen" (wenn das nicht der Fall ist). Erkennbar passen schon diese Termini nicht zusammen – und auch die Negativdefinition für die Zusammenbildungen mag zwar als Operationalisierung dienen, macht aber den Status dieser Bildungen nicht hinreichend klar.[14] Um den Zusammenhang zwischen diesen Bildungen zu verdeutlichen, wurde in Eichinger (2000) vorgeschlagen, beide Bildungstypen unter dem Oberbegriff der Inkorporation zusammenzufassen.[15] Die Gemeinsamkeit besteht darin, dass in beiden Fällen die syntaktischen Relationen zur Dekodierung genutzt werden. Der Terminus „Inkorporation" sollte andeuten, dass hier zwar unser Wissen

---

[13] Z.B. in der Metallbearbeitung: *Senker sind Werkzeuge, welche vorrangig Bohrungen ansenken oder entgraten* oder in der Botanik: *Senker sind, wie der Name schon sagt, sehr lange Triebe, die schräg nach oben wachsen und dann irgendwann abbiegen und, wenn sie den Boden berühren, Blätter bekommen und eigenständige Pflanzen werden* (Internet-Belege).

[14] Zu terminologischen Fragen in diesem Kontext vgl. Bzdęga (1999, S. 10f.).

[15] Vgl. Eichinger (2000, S. 156ff.); für eine solche Oberkategorie spräche auch, dass die genaue Zuordnung in Einzelfällen nicht eindeutig ist; etwa bei einer Reihe von Bildungen mit {-träg-er}: *Die Demokratie brauche „mehr Führung", postuliert der* **Ordenträger**.; *[…] wuchs die Zahl der* **Ordensträger** *auf mehrere Tausend.*

über die syntaktisch-semantischen Zusammenhänge hilft, diese Arten von komplexen Wörtern zu bilden und zu verstehen, dass aber auf der anderen Seite Mittel gewählt werden, die von den syntaktischen Techniken der Enkodierung verschieden sind. Dabei lehnen sich die Rektionskomposita zweifellos an die Techniken der Komposition an, insofern in Sonderheit das Zweitelement in der einschlägigen Bedeutung auch selbstständig vorkommt. Allerdings ist in funktionaler Sicht zu betonen, dass auch die Rektionskomposita insofern nicht ganz der Struktur der „normalen" Determinativkomposita entsprechen, als Struktur und aussagerelevante Bedeutung der Bestandteile davon abweichen. Wenn in normalen Determinativkomposita eindeutig eine Subklasse des Zweitelements benannt wird (der oben erwähnte *Baumpfad* ist jedenfalls ein *Pfad*), dient ein Rektionskompositum im Text eher zu einer klassematisch passenden Einbettung eines komplexen nominalen Lexems. So ist bei *Steuererhöhung* eigentlich nicht von einer der Subklassen von *Erhöhung* die Rede, vielmehr geht es um eine Vorgangsnominalisierung der Fügung *Steuern erhöhen*, aber genau ohne die Flexive, die daraus Morphosyntax machen. Die Zusammenbildungen stehen wegen der fehlenden lexikalischen Fixierung des Zweitelements näher am Typus der Derivation; man kann sie als Ableitungen von einer Lexemgruppe verstehen, in der sich die Elemente entsprechender syntaktischer Konstruktionen wiederfinden lassen. Namen für Prädikationen in einer bestimmten Fokussierung zu schaffen, ist generell die Aufgabe deverbaler Derivationen: für komplexere Basen leisten das die Zusammenbildungen.[16]

1.5 Wort-Verschiebung

In manche Formen – wie den Infinitiv – ist der Wechsel von einer Wortart in die andere sozusagen eingebaut. Man spricht dann von Umkategorisierung.[17] Gerade für das Substantiv gilt aber, dass das Voranstellen des Artikels ohne weiteres ein Wort aus einer anderen Wortart zum Substantiv machen kann. Die im folgenden Beleg vorkommende Verwendung von *das Grün* ist so ein

---

[16] Dass hier im Einzelnen noch deutlich zu differenzieren wäre, ist offenkundig. So sind offenbar die Vorgangs-Substantive auf {-*ung*}, die ja funktional an die oben besprochenen substantivierten Infinitive anschließen, an wesentlich weniger Voraussetzungen gebunden als z.B. die *nomina agentis* auf {-*er*}. Für die hier verfolgte Argumentation kann dieser Punkt aber beiseite gelassen werden.

[17] Vgl. Eichinger (2000, S. 81f.).

Fall, denn die Umkategorisierung des Adjektivs *grün* führt zu *der/die/das Grüne*.

(37) [...] *dort wo aus der Erde* **das Grün** *herausbricht.* (mobil 09/05, S. 10)

Bei diesem Typ von Farbsubstantiv handelt es sich ebenso um eine lexikalisierte Wortschatzeinheit wie bei den gern zitierten Fachbegriffen der Psychoanalyse:

(38) *Sigmund Freud:* **Das Ich** *und* **das Es**.

Dabei zeigt schon eine weitere dieser terminologischen Fügungen, *das Über-Ich*, dass es hier eigentlich nicht um den Bezug auf andere Wortarten geht, sondern um eine Möglichkeit der deutschen Morphologie, beliebige Elemente zumindest zitatweise durch Setzung von Artikel und entsprechendem Endungsinventar an der syntaktischen Stelle von Substantiven zu verwenden.[18]

(39) **Das Über-Ich** *kann im Freudschen Dreiinstanzenmodell vereinfacht als die moralische Instanz oder auch das Gewissen angesehen werden.* (Wikipedia, `http://www.wikipedia.org`; s.v. *Über-Ich*)

Auf jeden Fall ist bei diesen Typen nicht viel Wortbildungsspezifisches zu entdecken: es handelt sich aber, wie auch immer man es im Einzelnen interpretieren mag, um eine Möglichkeit der syntaktischen Adaptation mit flexivischen Mitteln.

1.6 Zentrales und Peripheres

1.6.1 Zwei Haupttypen

Wortbildung ist am meisten bei sich selbst, wenn sie, so könnte man sagen, nicht viele Worte macht. Zumindest wenn man von den Verhältnissen beim Substantiv ausgeht, wie wir das bisher getan haben, geschieht das an zwei Stellen.

Es ist das einerseits die Komposition, die der Technik einer „lakonischen" Juxtaposition von zwei Lexemen folgt. Es ist das andererseits die Derivation, bei der die wortartbestimmenden Suffixe die Lexeme, die das Erstelement bilden, neu einordnen.

---

[18] Das ist eigentlich auch der Platz für die so genannten Zusammenrückungen vom Typ *Vergissmeinnicht*.

Diesen beiden formalen Möglichkeiten entsprechen zwei zentrale Funktionen. Beide Mittel dienen in ihrer jeweiligen Weise einer Kategorisierung. Die Nutzung der Wortbildung erlaubt die Erstellung von Elementen auf vom jeweiligen Basislexem abweichenden Kategorisierungsebenen, somit die Schaffung entsprechend differenzierender bzw. generalisierender Benennungen, die in der syntaktischen Setzung entsprechend eingesetzt werden.

1.6.2 Die Funktionen

Dabei geht es bei der Komposition um die Benennung von kommunikativ relevanten Subkategorien. Es werden in möglichst effizienter Weise, d.h. in Anlehnung an vorhandene Muster oder die Nutzung auch sonst bedeutsamer Relationen, vom vorhandenen Wortschatz ausgehend Subklassen gebildet. Im Kern handelt es sich dabei um eine lexikalische Technik, die daher auch – in manchmal überraschender Weise – Vorschläge zum Wortschatzausbau macht. Diese Ausbauvorschläge mögen zum Teil nicht über die Dauer des jeweiligen Texts hinaus gedacht sein, dennoch handelt es sich bei ihrer textuellen Formulierung um die Behauptung, damit eine relevante Subklasse einer bekannten Klasse benannt zu haben.

Bei der Derivation geht es um die Bildung von generalisierenden Oberklassen nebst deren wortartmäßiger Festlegung. Diese abstrahierende Klassifikation bezieht sich schwerpunktmäßig auf Lexeme anderer Wortarten, die dann im Hinblick auf diese Klassifikation gelesen werden. Das Inventar der Suffixe ist begrenzt,[19] das Ergebnis einer dadurch stattfindenden Klassifikation nicht überraschend. Zentral dient diese Wortbildungsart dem angemessenen Funktionieren im Satz (und wenn man so will, im Text). Viele der so entstandenen Bildungen sind gängig und finden einen oft auch spezifischen Platz im Lexikon. Dennoch handelt es sich, falls die Bildungen durchsichtig sind, um mehr oder minder nahe Verwandte morphologischer Kategorisierungstypen.

1.6.3 Die Ausweitungen

Beide Zentraltypen kennen je einen nah miteinander verwandten inkorporierenden Typ von Erweiterung. Beide dieser Untertypen von Inkorporation stellen Konsequenzen daraus dar, dass Basislexeme von Derivationen Relationen mit sich bringen, die zum Teil durch die Suffixe angebunden werden,

---

[19] Zum Inventar vgl. die Liste in Barz (2005, S. 731f.).

zum Teil aber – unangebunden – die Möglichkeit lexematischer Verbindung steuern.[20]

Dass sie als Untertypen der beiden Zentraltypen betrachtet werden können, liegt am Charakter der beteiligten Lexeme und Lexemgruppen. Bei den Rektionskomposita ist die relationenstiftende Verbindung von Lexem und Suffix zu einem selbstständig auch vorkommenden Wort geworden, während bei den Zusammenbildungen kein solches Element (in der gleichen Bedeutung) existiert, so dass hier von einer Derivation einer gebundenen Lexemgruppe gesprochen werden kann. Wenn das ein Unterschied ist, dann allerdings nur ein geringer. Beide Wortbildungsarten stellen Erweiterungen aus dem Zentralbereich der Wortbildung in Richtung syntaktischer Lesbarkeit dar, allerdings genau ohne die syntaktischen Techniken.

2. Ein kurzes Wort zum Verb

2.1 Vorbemerkung

Bisher war ausschließlich von Substantiven die Rede und was es bei dieser Wortart heißt, Komplexität ohne im engeren Sinn syntaktische oder morphologische Mittel zu erzeugen. Das wollten wir ja als den Kern von Wortbildung betrachten.

Wenn man im Vergleich dazu das Verb betrachtet, sieht man auf den ersten Blick andere Verhältnisse und andere Größenordnungen. Dass zwei Verben zusammentreten, ist so selten, dass man, wenn man über zentrale Wortbildungsarten nachdenkt, davon eigentlich nicht zu sprechen braucht. Denn eigentlich handelt es sich, wenn man wirklich von Lexemverbindungen spricht, wohl zumeist um eine eher fachsprachliche Nische der Wortbildung wie in dem folgenden Beispiel aus der Produktbeschreibung eines Schleifmittelproduzenten.[21]

(40) *Man unterscheidet deshalb zwischen Innenrund- und Außenrundschleifen, Schleifen zwischen Spitzen und Spitzenlos-(Centerless-) schleifen.* **Pendelschleifen**, **Geradeinstechschleifen**, **Schrägein-**

---

[20] Um die Sache nicht zu sehr zu verwirren, werden die Fälle beiseite gelassen, wo Relationalität nicht auf diesen Typ von Derivation zurückgeht, sondern einem einfachen Lexem inhärent ist; vgl. Barz (2005, S. 728).

[21] Dass in dem folgenden Beleg die Nominalisierungen von Verbformen vorkommen, ändert nichts an dem generellen Befund. Man kann daran zweifeln, ob es sich in diesen Fällen, wie Motsch (^{2}2004, S. 54) annimmt, um Kopulativkomposita handelt.

stechschleifen, Schälschleifen oder auch *Tiefschleifen)* (http://www.krebs-riedel.com/kad-100.pdf)

Schon die im Rahmen der Rechtschreibreformdiskussion ausführlich hin und her erwogenen Fälle wie *kennenlernen, sitzenbleiben* oder *liegenlassen* sind ja nicht von diesem Typ, vielmehr geht es eher darum, wann und unter welchen Umständen ein Infinitiv als eine eigentlich syntaktisch angebundene Form (*kennen lernen, sitzen bleiben, liegen lassen*) so viel an ihrer Selbstständigkeit verloren hat, dass sie als Erstelement einer Wortbildungsfügung gelten kann.[22] Eigentlich kann es in diesen Fällen nur um die Frage der erfolgten oder nicht erfolgten Inkorporation gehen.[23] Was ist daraus genereller zu schließen?

2.2 Von verfestigter Syntax zur Wortbildung

Was bei den genannten Infinitivverbindungen relativ klar ist, nämlich dass hier eigentlich syntaktisch angebundene Elemente auf die eine oder andere Weise ihre Selbstständigkeit verlieren, ist in anderen Fällen nicht so leicht sichtbar, nämlich wenn es sich um nominale, adverbiale oder präpositionsähnliche Elemente handelt, wo die Form auch die syntaktische Anbindung nicht erkennen lässt. Dass all diese Fälle zudem zu den so genannten trennbaren Verben gehören, erschwert die Abgrenzung eher noch. Mit der Stellung dieses für das deutsche Verb zentralen Typs wollen wir uns in diesem abschließenden Kapitel noch beschäftigen.[24]

Natürlich gibt es die klaren Fälle, bei denen eine im Kern adverbiale Bestimmung formal so weit reduziert und funktional-semantisch so weit differenziert ist, dass kein weiterer Zweifel an der Bindung an die Worteinheit besteht. Paradebeispiel dafür sind die (trennbaren) Partikelverben, die bei erkennbar syntaxnaher Strukturierung[25] eigene semantische Muster auspra-

---

[22] Vgl. dazu Motsch (^{2}2004, S. 54).
[23] Wie man das orthografisch zum Ausdruck bringt, ist übrigens nochmals eine andere Frage.
[24] Eine Erörterung der anderen prototypischen Wortbildungsarten der Verben, der Präfixbildung und der Konversion, würde einen Umfang der Darstellung erfordern, der mit dem vorgesehenen Umfang dieses Beitrags nicht verträglich wäre; vgl. die Einordnung der verschiedenen Typen in Barz (2005, S. 696). Zum Verhältnis Partikelverben-Präfixverben vgl. Olsen (1996, S. 274).
[25] Das von Weinrich (1993) entwickelte Konzept der Konstitution, mit dem der Bedeutung der Klammerstruktur für das Deutsche Rechnung getragen werden soll, greift aus diesem Grund weit in syntaktische Konstruktionen über.

gen. Bemerkenswert dabei ist, dass die entstehenden Muster im Wesentlichen von der strukturierenden Kraft der Partikel geprägt sind. Am klarsten ist das, wenn es sich bei den komplexen Verben nicht um deverbale Bildungen handelt, sondern um die Einbettung eines anderen in dem verbalen Schema vorgesehenen Elements, wie z.B. in den folgenden Belegen:

(41) *Und was kann man alles **eindosen**?*

(42) *Man muss dem Volk eine Woche lang **eintrichtern**, dass man 38% erreicht, dann glaubt es das auch.* (Internet-Beleg; FAZ).

(43) *Die Gabelenden sind mit Rollen versehen, um das **Aufgabeln** der Palette zu erleichtern.*

(44) *Evtl. kann ich dich vorher irgendwo **aufgabeln**.*

Man sieht hier zum Ersten, wie bestimmte Handlungen real oder metaphorisch oder übertragen in ein *ein-* bzw. ein *auf-*Muster gebracht werden.[26] Dass die Übertragungen häufig eher kolloquialer Natur sind, passt im Prinzip zu diesem Bildungstyp.

Der gängigerweise zusammengeschriebene Typ mit den Doppelpartikeln vom Typ *herein-*, *hinein-*, dessen Worteinheit weithin eine Univerbierung ohne weitere Bedeutungsveränderung gegenüber dem adverbialen Gebrauch darstellt, hat zweifellos einen syntaktischen Kern, bei dem aber offenbar die Reihenbildung zur Univerbierung führt, so dass hier offenbar die Verwendung als Adverbiale wie die als Verbpartikel[27] als möglich erscheint:[28]

(45) *Über Kioto **hinaus denken***

(46) *Über Soforthilfen **hinausdenken***

Für die Partikel gibt es auch bestimmte Analogienischen, wie sich an dem folgenden Beispiel sehen lässt:

(47) *Wer will ihn denn **hinauskomplimentieren**?*

---

[26] Welche Schwierigkeiten einer eindeutig syntaktischen Lösung im Wege stehen, zeigt eindrücklich Donalies (1999, S. 137ff.).

[27] Es scheint eine etwas vereinfachte Lösung, das ohne weiteres als verbales Kompositum mit einem adverbialen Erstglied zu betrachten. Dazu die Diskussion in Barz/Schröder (2001, S. 212f.).

[28] Dieser und der nächste Typ werden bei Motsch (²2004, S. 52f) als „lexikalisierte syntaktische Fügungen" beschrieben; was gewisse Gebrauchsdifferenzen um der Einheitlichkeit willen eher verdeckt.

Möglicherweise noch ambivalenter ist das Verhältnis – und die Beziehungen zur jeweiligen Schreibung daher auch nicht einfacher – bei den Fügungen mit resultativen Adjektiven im Vorbereich des jeweiligen Verbs, z.B.:

(48) *Eine Kugel formen, in Folie wickeln, eine Stunde* **kaltstellen**

Ähnliche Fälle gibt es auch bei Substantiven.[29]

Es geht hier nicht um Vollständigkeit: klar ist, dass aufgrund der andersartigen Stellung im Satz die Wortbildungsmittel dieses Typs in einem unmittelbaren Übergang zu syntaktischen Konstruktionen stehen. Wortbildung dieser Art besteht deutlich in der Inkorporation syntaktischer Relationen; wie weit das auch zu semantischen Isolierungseffekten führt, variiert bei den einzelnen Typen sehr stark.

Man kann auf jeden Fall sehen, dass die an die Syntax – und Semanto-Syntax – anschließenden Bildungstypen in der bisherigen Behandlung der deutschen Wortbildung eher ein Schattendasein führen bzw. mit ad-hoc-Untergliederungen an den Rand abgeschoben werden, was zumindest für die Verben nicht ihrer realen Bedeutung entspricht.

Der Vorschlag, über die Bedeutung eines Typs „Inkorporation" zu sprechen, ist der Versuch, das zu ändern.

3. Schluss

Wortbildung ist da im Kern ihrer Mittel, wo sie wenig formalen Aufwand betreibt. Das heißt ja eigentlich nur, dass wir als Wortbildung betrachten, was sich im Unterschied zur Lexik nicht mit Einzelwörtern, sondern mit Wort- und Morphemkombinationen befasst, im Unterschied zur Flexionsmorphologie nicht mit der adäquaten morphologischen Gestaltung von Wortformen und im Unterschied zur Syntax nicht mit der formalen Satzfähigkeit verbaler Schemata.

Dennoch: das heißt auch, dass sie Möglichkeiten enthält, die diesen Nachbarschaftsräumen zugewandt und benachbart sind.

Bei einer einigermaßen „in sich gefestigten" Wortart wie dem Substantiv lassen sich die entsprechenden Abgrenzungen ganz gut erkennen; bei einer Wortart wie dem Verb, dessen Aufgabe in relationaler Organisation besteht,

---

[29] Vor allem bei den Fügungen mit inneren Objekten von Typ *Rad fahren*.

sind die Grenzen zur Syntax offener und die Anforderungen an Neubildungen anders akzentuiert. Man sollte nach einer Beschreibungsebene suchen, in der die Vergleichbarkeit über die Wortarten hin ebenso sichtbar würde wie der eigene Charakter der Wortbildung in den verschiedenen Wortarten.

4. Literatur

Barz, Irmhild (2005): Die Wortbildung. In: Duden. Die Grammatik. 7. Aufl. Hrsg. v. d. Dudenredaktion. Mannheim/Leipzig/Wien/Zürich. S. 641-772.

Barz, Irmhild/Schröder, Marianne (2001): Grundzüge der Wortbildung. In: Fleischer, Wolfgang/Helbig, Gerhard/Lerchner, Gotthard (Hg.): Kleine Enzyklopädie Deutsche Sprache. Frankfurt a.M./Berlin/Bern/Wien u.a. S. 178-217.

Bzdęga, Andrzej Zdzisław (1999): Zusammenrückung, -setzung, -bildung. In: Kątny, Andrzej/Schatte, Christoph (Hg.): Das Deutsche von innen und von außen. Ulrich Engel zum 70. Geburtstag. (= Seria Filologia Germańska 44). Poźnan. S. 9-23.

Donalies, Elke (1999): Präfixverben, Halbpräfixverben, Partikelverben, Konstitutionsverben oder verbale Gefüge? – Ein Analyseproblem der deutschen Wortbildung. In: Studia Germanica Universitatis Vespremiensis 3, S. 127-143.

Eichinger, Ludwig M. (2000): Wortbildung. Eine Einführung. Tübingen.

Leiss, Elisabeth (2000): Artikel und Aspekt. Die grammatischen Muster von Definitheit. Berlin/New York.

Motsch, Wolfgang (^{2}2004): Deutsche Wortbildung in Grundzügen. 2. überarb. Aufl. (= Schriften des Instituts für Deutsche Sprache 8). Berlin/New York.

Olsen, Susan (1996): Partikelverben im deutsch-englischen Vergleich. In: Lang, Ewald/Zifonun, Gisela (Hg.): Deutsch – typologisch. (= Jahrbuch 1995 des Instituts für Deutsche Sprache). Berlin/New York. S. 261–288.

Sandberg, Bengt (1976): Die neutrale -(e)n-Ableitung der deutschen Gegenwartssprache. Zu dem Aspekt der Lexikalisierung bei den Verbalsubstantiven. (= Göteborger Germanistische Forschungen 15). Göteborg.

Weinrich, Harald (1993): Textgrammatik der deutschen Sprache. Mannheim/Leipzig/Wien/Zürich.

II. Sprachliches Handeln

Beate Henn-Memmesheimer

Zum Status perlokutiver Akte in verschiedenen sprachwissenschaftlichen Theorien

1.   Thema

John L. Austins posthum 1962 erschienene Vorlesungsreihe „How to Do Things with Words" steht in der Wittgenstein'schen Tradition der „Philosophie der normalen Sprache" und gehört zu den meist zitierten sprachwissenschaftlichen Texten. Die von Austin verwendeten Termini wurden vielfach modifiziert in unterschiedliche Theorien eingebracht. Kritisch ist insbesondere die Verwendung des Terminus *Perlokution*, weil sich die Theorien bezüglich der Integration des Hörers und seiner Leistung signifikant unterscheiden. Dies soll im Folgenden skizziert werden.

2.   Perlokution – der Anfang der Diskussion

Austin resümiert in der 10. Vorlesung von „How to Do Things with Words": „Wir haben unterschieden zwischen dem lokutionären Akt (mit phonetischem, phatischem und rhetischem), sofern die Äußerung *Bedeutung* hat; dem illokutionären Akt, sofern die Äußerung eine gewisse *Rolle* spielt; und dem perlokutionären Akt, sofern durch die Äußerung gewisse *Wirkungen* erzielt werden" (1972, S. 134, Hervorhebungen i. Orig.[1]). Das ist zweifellos eine der bekanntesten Stellen.

In der vorausgehenden Vorlesung (1972, S. 110f.) hatte Austin erläutert, dass er die Äußerung vollständiger Einheiten der Rede als **lokutionären** Akt bezeichne. Der bestehe aus den Akten der Lautäußerung (phonetischer Akt), der Äußerung gewisser Vokabeln, die einer gewissen Grammatik folgen (phatischer Akt) und darin, über etwas etwas zu sagen (rhetischer Akt) – in der Terminologie der analytischen Philosophie: in Bezugnahme (Referenz) und Prädikation. Einen **illokutionären** Akt vollziehe jemand, *indem* er etwas sagt, im Unterschied zu dem Akt, *dass* man etwas sagt; die Theorie der verschiedenen Funktionen, die die Sprache unter diesem Aspekt haben kann, nennt Austin die Theorie der illokutionären Rollen (Austin 1972, S. 112, kursive Hervorhebungen i. Orig.). Relevant ist, dass in der englischen Ter-

---

[1]   Alle Zitate sind nach neuen orthografischen Regeln umgesetzt.

minologie nicht von Rollen, die per definitionem immer auf Institutionen bezogen werden müssen, die Rede ist, sondern von „illocutionary forces". Sie sind abhängig von Gelegenheiten (Austin 1972, S. 112). „Seit einigen Jahren wird uns immer klarer, dass es für die Äußerung wesentlich ist, bei welcher **Gelegenheit** sie getan wird, und dass man die benutzten Worte bis zu einem gewissen Grade durch den »Zusammenhang« zu »erklären« hat, in den sie im Sprachverkehr gehören und in dem sie vorkommen" (ebd., S. 115, spitze Anführungszeichen i. Orig., Hervorhebung H.-M.). Weitergehend ist die Feststellung, dass es „viele besonders haarige Wörter in anscheinend deskriptiven Feststellungen" gibt, die „nicht der Erwähnung eines besonders seltsamen Elementes im berichteten Sachverhalt dienen, sondern [...] **Umstände** anzeigen (nicht berichten), unter denen die Aussage gemacht wird, Einschränkungen, denen man sie unterwirft, dass sie anzeigen, wie sie zu nehmen ist, und dergleichen mehr" (ebd., S. 24, Hervorhebung H.-M.).

Für **perlokutionäre** Akte wird die Situation nicht als konstitutive Bedingung thematisiert: „Wer einen lokutionären und damit einen illokutionären Akt vollzieht, kann in einem dritten Sinne [...] auch noch eine weitere Handlung vollziehen. Wenn etwas gesagt wird, dann wird das oft, ja gewöhnlich gewisse **Wirkungen** auf die Gefühle, Gedanken oder Handlungen des oder der Hörer, des Sprechers oder anderer Personen haben [!!! Wird nicht oft zitiert!]; und die Äußerung kann mit dem Plan, in der Absicht, zu dem Zweck getan worden sein, die Wirkung hervorzubringen. [...] Das Vollziehen einer solchen Handlung wollen wir das Vollziehen eines *perlokutionären* Aktes [...] nennen" (ebd., S.116, kursive Hervorhebungen i. Orig., fett gesetzte H.-M.). Die „Folgewirkungen" bei perlokutionären Akten sind „richtige Wirkungen" und „keine konventionalen Ergebnisse, wie etwa, dass der Sprecher auf Grund seines Versprechens verpflichtet ist (das gehört zum illokutionären Akt)" (ebd., S. 117). Während konventionelle illokutionäre Akte in Formeln wie: „Ich begründe das damit, dass ...", oder: „Ich warne Sie ...", expliziert werden können, ist dies nach Austin für perlokutionäre Akte so nicht möglich: *„Ich überrede Sie dazu, dass ...", *„Ich erschrecke Sie damit, dass ...", *„Ich beunruhige Sie damit, dass ..." (ebd., S. 118f.). Wirkungen von Handlungen werden in anderer Weise beschrieben: „Dadurch, dass ich x getan habe, habe ich y getan." Dennoch bleibt die Grenze zwischen Handlungen und Folgen unklar (ebd., S. 125). „Wir nehmen immer eine kürzere oder längere Kette von »Wirkungen« oder »Folgen« mit herein, wobei einige davon »unbeabsichtigt« sein können" (ebd., S. 121, vgl. auch S. 122).

3. Klassische Handlungsbeschreibungen: Subjekte und Objekte

Es ist kein Zufall, dass klassische (analytische) Handlungstheorien an Beispielen exemplifiziert wurden, die keine Kooperation zulassen: an *das Fenster öffnen, jemanden erschießen, vergiften* etc. (vgl. Harras 2004, Teil 1). Hier gibt es die einfache Konstellation: ein Agens oder – bezogen auf Satzformen – ein Subjekt vollzieht eine Handlung an einem Gegenstand, einem Objekt, einem Patiens. Die Folgen für das Objekt werden, soweit sie nicht als logische Folgen herleitbar sind, als kausale Folgen einer mehr oder weniger detailliert beschreibbaren Handlungssequenz dargestellt. Davor liegt die mit der Handlung umgesetzte Absicht des Handelnden, die zu seiner Episteme gehört. Analog dazu gibt es Beschreibungen des Sprechens, die den Sprecher als Handelnden mit einer Kommunikationsabsicht und den Hörer als passiv Beteiligten, auf den eine kausal zu beschreibende „Wirkung" ausgeübt wird, verstehen. (Vgl. Harras 2004, S.132f.)[2] Daraus ergeben sich ganz spezifische Probleme für den perlokutionären Akt in Austins Terminologie (vgl. Harras 2004, S.130), insbesondere die Frage, ob wir es bei Perlokutionen überhaupt mit Akten (des Sprechers oder des Hörers) oder eben lediglich mit kausalen Wirkungen zu tun haben. Das wirft dann die prinzipiellere Frage auf, ob es in Zusammenhang mit Beschreibungen kommunikativer Handlungen sinnvoll ist, Modelle zu entwickeln, die Kausalität einbeziehen oder ob wir nicht auch Perlokutionen als „sinnhafte" Aktionen rekonstruieren sollten.

4. Klassische Annahme: Regeln und Institutionen als Voraussetzung für Bedeutung und Verstehen

Searle (2003, S. 68f.) referiert Grices Auffassung von „nichtnatürlicher Bedeutung" (Grice 1957): „Der Satz, dass ein Sprecher S mit X etwas meinte, ist gleichbedeutend mit dem Satz, dass S X in der Absicht äußerte, beim Zuhörer H eine bestimmte Wirkung dadurch hervorzurufen, dass dieser S' Absicht erkennt." Searle hält diese Bestimmung zwar nicht für adäquat, aber für einen nützlichen Ansatzpunkt für eine Erklärung des Begriffs der Bedeu-

---

[2] Vgl. zur Interpretation als kausale Folge auch Rolf (1982); Habermas (1999, S. 125): „Die [...] »perlokutionären« Erfolge [...]. So nennen wir ja die Effekte von Sprechhandlungen, die gegebenenfalls auch durch nichtsprachliche Handlungen kausal bewirkt werden können." Dies wird eine Seite später dahingehend modifiziert, dass drei Arten perlokutionärer Effekte unterschieden werden, je nachdem, wie eng sie an die Illokution gebunden sind.

tung, weil sie eine Beziehung zwischen den Begriffen *Bedeutung* und *Intention* herstellt, und weil sie erfasst, dass „der Zuhörer [...] verstanden [hat], was ich sagen will, sobald er erkannt hat, dass die Absicht meiner Äußerung die war, das und das zu sagen" (vgl. Searle 2003, S. 69). Er kritisiert an dieser Auffassung:

1. sie lasse offen, in welchem Ausmaß die Bedeutung von Regeln und Konventionen abhänge, und
2. sie differenziere nicht zwischen illokutionären und perlokutionären Akten, wenn sie Bedeutung unter dem Gesichtspunkt intentionaler Wirkungen definiere.

Etwas zu sagen und es zu meinen ist nach Searle nämlich nicht notwendig mit der Absicht verknüpft, einen perlokutionären Akt zu vollziehen, dagegen untrennbar mit der Absicht, einen illokutionären Akt zu vollziehen (ebd., S. 70). Searle wirft Grice zu Unrecht vor, er behaupte, jeder Satz könne jede beliebige Bedeutung haben, vorausgesetzt, die Umstände erlaubten die geeigneten Intentionen. Grice und die Nachfolger haben zum Thema der in Gesprächssituationen prozedural entwickelten Bedeutungen sehr differenzierte Analysen geliefert.[3]

Searle liegt vor allem daran, die Konventionalität zu betonen (ebd., S. 76). Sprechen ist eine regelgeleitete Form des Verhaltens (ebd., S. 29): „**Institutionen** stellen Systeme **konstitutiver Regeln** dar. [...] Unsere Hypothese, dass eine Sprache zu sprechen bedeutet, in Übereinstimmung mit konstitutiven Regeln Akte zu vollziehen, ist demnach mit der Hypothese verknüpft, dass die Tatsache, dass jemand einen bestimmten Sprechakt vollzogen hat – z. B. ein Versprechen gegeben hat –, eine institutionelle Tatsache darstellt" (ebd., S. 81). Und für Searle ist lediglich der illokutionäre Akt konventionell mit der Äußerung verknüpft: Das Erkennen der Sprecherabsicht, der Illokution, geschieht auf Grund der Tatsache, dass „die Regeln für den Gebrauch der [...] geäußerten Ausdrücke den Ausdruck mit der Hervorbringung jener Wirkung verknüpfen" (ebd., S. 72).

Searle behauptet, es gäbe „zahlreiche zum Vollzug illokutionärer Akte verwendete Sätze, mit deren Bedeutung kein perlokutionärer Effekt verknüpft ist" (Searle 2003, S. 73). Sein Beispiel ist eine Begrüßung mit *hallo*, wo der Hörer nur erkennen soll, dass er gegrüßt wurde. Dagegen: „Die Bedeutung

---

[3] Für einen Überblick vgl. Vlachos (2002).

des Satzes »Raus« verknüpft diesen mit einem bestimmten beabsichtigten perlokutionären Effekt, nämlich dem, dass der Zuhörer sich veranlasst sieht, wegzugehen. Entsprechendes trifft für die Bedeutung von »Hallo« und »Ich verspreche« nicht zu" (ebd., S. 73). Dass diese Unterscheidung kaum haltbar ist, sei dahingestellt. In unserer Argumentation relevant ist: Searle hält es schlicht für uninteressant, perlokutionäre Effekte zu beschreiben, weil sie nach seiner Meinung nicht regelgeleitet sind im Unterschied zu regelkonstituierten illokutionären Akten. „Der vermittels der Bedeutung intendierte Effekt besteht im Verstehen des Zuhörers [...]. Verstehen stellt keinen perlokutionären Effekt dar" (ebd., S. 75), Verstehen wird von Searle als „illokutionärer Effekt" (ebd.) bezeichnet. Regeln sind für Sprache konstitutiv wie Regeln des Footballspiels für das Footballspiel und Sprache ist nur im Rekurs auf ihre Regeln zu erklären (ebd., S. 83 und 76).[4] Damit wird eine Vorgängigkeit sprachlicher Regeln gegenüber dem Sprechen behauptet, die keinen Spielraum für Erklärungen von Innovation und Konventionalisierung sprachlicher Muster lässt.

Searle beschreibt letztlich nicht Sprechakte, sondern vorgängig kodierte Verben, die etwas über die Redesituation vermitteln, im besten Fall: die Redesituation konstituieren bzw. etwas über die Funktion der von ihnen abhängigen Sätze sagen. Damit besteht für ihn weder ein Interesse an der 2. noch an der 3. Person,[5] und auch nicht an einer Analyse des Zustandebringens von handlungsfolgenrelevanten Verbindlichkeiten.

5. Konsequenzen aus der Unterscheidung von institutionalisiertem und nicht institutionalisiertem Verhalten

Geht man in der von Austin und Searle explizierten Weise einerseits von regelgeleiteten, d.h. institutionalisierten illokutionären Akten und andererseits von nicht auf der Ebene der Wortbedeutung zu erfassenden perlokutionären Akten aus, muss man – dies steht nicht bei Austin und Searle – berücksichtigen, dass es daneben konventionalisierte Reaktionen auf Sprechakte gibt.

---

[4] Das hängt zusammen mit Searles hier nicht zu diskutierenden, erkenntnistheoretisch problematischen präkantianischen Unterscheidung zwischen natürlichen Tatsachen, zu denen perlokutionäre Effekte gehören, und institutionellen Tatsachen, zu denen lokutionäre und illokutionäre Akte als regelkonstituierte Akte gehören.

[5] Vgl. Karpenstein-Eßbach (1995), die diese Funktion der präsenten Hörer und Publika z.B. für Habermas herausstellt, allerdings den Unterschied zwischen 2. und 3. Person, den Habermas nicht erst 1999 deutlich ausarbeitet, nivelliert.

Harras (2004) beschreibt diese als 3 **Wirkungen**, die an illokutionäre Akte geknüpft sind:

a) „Das Verstehen des Hörers als konstitutives Merkmal jeder sprachlichen Verständigung [...] möchte [ich] als das *Ergebnis* einer sprachlichen Äußerung als Handlung verstehen" (Harras 2004, S. 134).

b) Die „**Folgen**, die eine sprachliche Äußerung qua Konvention hat" als eingebettete „in eine besondere gesellschaftliche Institution", wie bei 'Taufen' und 'Heiraten', oder als „Teil allgemeiner Sprachkonventionen" wie bei 'Befehlen' und 'Fragen' (ebd.).

c) **Perlokutionäre** Akte, die nicht durch Konventionen abgesichert sind, sind perlokutionäre Ziele (ebd.). Bsp.: durch Argumentieren kann überzeugt werden, durch Trösten erleichtert, durch Befehlen kann jemand zum Ausführen einer Handlung gebracht werden. „Die Äußerung kann unter dem Gesichtspunkt der vom Sprecher beabsichtigten Folge als perlokutionärer Akt beschrieben werden, sowohl für den Fall, dass der Handelnde tatsächlich die beabsichtigte Folge herbeigeführt hat, als auch für den Fall, wo dies offen bleibt" (ebd., S. 135).

Sieht man von „Verstehen" als Wirkung ab, ist also wenigstens eine doppelte Unterscheidung nötig: institutionalisierte und nicht institutionalisierte perlokutionäre Effekte. In der Terminologie von Habermas (1999) sind dies Effekte, die sich „grammatisch aus dem Inhalt eines erfolgreichen illokutionären Aktes" ergeben und Effekte, die als „kontingente Folgen einer Sprechhandlung" (S. 126) auftreten.[6] Dass Habermas den Begriff des perlokutionären Effektes ausdehnt auf Verbindlichkeiten, die nicht nur der Hörer, sondern auch der Sprecher eingeht, zeigen die Beispiele für grammatisch geregelte perlokutionäre Effekte. Sie liegen vor, „wenn ein gültiger Befehl ausgeführt, ein Versprechen gehalten, eine angekündigte Absicht realisiert wird" (ebd.). Das führt zu folgender Differenzierung des Schemas:

---

[6] Habermas nennt darüber hinaus noch eine dritte Art perlokutionärer Effekte: „Sie können nur auf eine für den Adressaten unauffällige Weise erzielt werden." (Habermas 1999, S. 126.) Dies betrifft nicht die hier thematisierte Unterscheidung *institutionalisiert – nicht institutionalisiert*, sondern die zwischen 2. und 3. Person.

Teilakt	Äußerungsakt	Propositionaler (rhetischer) Akt	Illokutionärer Akt	[Hörer-] Reaktion (nicht bei Searle)		Perlokutionärer Akt / Effekt [auf den Hörer]
besteht aus:	Äußerungen von Lauten, Wörtern, Sätzen	Referenz + Prädikation	Aussage, Behauptung, Aufforderung, Warnung, Drohung, Empfehlung Bitte Frage ...	Zustimmen, Ablehnen Befolgen, Zurückweisen Nachkommen, Ablehnen Beantworten Zurückweisen	„bewirkt":	überredet, überzeugt, aufgeklärt, belehrt sein, veranlasst sein etwas zu tun, erschreckt, alarmiert, verlegen sein etwas oder jemand korrekt / angemessen / unangemessen kategorisiert sehen, sich oder jemand beleidigt sehen
wird, wenn die Regeln befolgt werden,	grammatisch wohlgeformt sein	gelingen	gelingen	passend, erwartbar sein		gelingen, zu Stande kommen
	institutionalisiert, konventionell, an Regeln gebunden					nicht institutionalisiert

Dass die institutionalisierten Reaktionen und die nicht institutionalisierten Effekte sowohl Sprecher wie Hörer tangieren, wird üblicher Weise nicht berücksichtigt. Es wird zu zeigen sein, dass sowohl die institutionalisierten wie auch die nicht institutionalisierten Effekte/Reaktionen kommunikativ relevant sind.

6. Erweiterung der Theorie von Bedeutung und Verstehen: Konventionelle und prozedurale Bedeutung. Perlokutionen und Implikaturen: eine Parallele?

Levinson (2000, S. 21-27) stellt mit Bezug auf Grice fest, dass Bedeutung etwas Zusammengesetztes sei, eine Äußerung habe verschiedene Arten von Inhalt: den kodifizierten/konventionalisierten und den erschlossenen Inhalt. Während die Standardauffassung nur zwischen Satzbedeutung („Sentence-meaning") und Äußerungsbedeutung („Speaker-meaning"/„Utterance-token-meaning") unterscheide, habe man drei Ebenen zu unterscheiden:

Sentence-meaning + Utterance-type-meaning
+ Speaker-meaning (Utterance-token-meaning)

Dies habe eine Parallele in Austins Unterscheidung:

lokutionärer Akt + illokutionärer Akt + perlokutionärer Akt.[7]

Die Bedeutung der mittleren Ebene ergibt sich auf der Basis der von Levinson so genannten „generalized Conversational Implicatures", das sind nahezu immer zu erwartende, bereits weitgehend konventionalisierte Implikaturen, genauer: auf der Basis systematischer, pragmatischer Schlüsse und Erwartungen („default inferences") betreffend Sprechakte, Präsuppositionen, Glückensbedingungen, Routineformeln (vgl. Levinson 2000, S. 22). Im Gefolge geläufiger Ausdrucksweisen haben sie ein hohes Maß an Nichtabtrennbarkeit: Beispiele, die Grice in „Logik und Konversation" gibt, sind a) *X trifft sich heute mit einer Frau* (d.h. *nicht die eigene*), b) *ich habe den ganzen Vormittag in einem Auto gesessen* (kann auch das eigene sein), c) *Ich habe letztes Jahr eine Sonnenbrille verloren* (d.h. die eigene). Partikularisierte konversationelle Implikaturen dagegen werden allein durch pragmatische Schlussfolgerungen gefunden, die sich in der Äußerungssituation ergeben, z.B. die Schlussfolgerung, dass ein Ausdruck ironisch zu lesen ist. Konversationale Implikaturen gehören nicht in die Angabe der konventionellen Verwendungsregeln eines Ausdrucks, es ist aber möglich, dass sie konventionalisiert werden.[8]

---

[7] „The perlocutionary [level corresponds] (partly) to the level of speaker meaning (i.e. the speaker's intentions to get the addressee to believe or do something as consequence of the utterance)" (Levinson 2000, S. 22f.).

[8] So ist in *ein schöner Freund, ein sauberer Patron* die ironische Verwendung inzwischen konventionalisiert. (vgl. Fritz 1998, S. 47.) Bei den traditionell nach dem kommunikativen

In einer Anmerkung zu diesem Abschnitt erklärt Levinson, dass für Austin der perlokutionäre Akt eine Restkategorie sei, sicherlich weiter gefasst und weniger gut definiert als *speaker-meaning*. Nichtsdestoweniger sei dies die Austin'sche Kategorie, unter die Grices' partikularisierte konversationelle Implikaturen fallen sollten: der Prototyp ist ein intendierter Effekt: „indem er *x* sagte, tat er *y*" (Levinson 2000, S. 381). Dies passt nahtlos zu Grices' Formulierung „Der Träger der Implikatur ist daher nicht das Gesagte, sondern das Sagen des Gesagten, das „Es-einmal-so-Sagen" (vgl. Grice 1993, S. 264).

Zwar inszeniert Grice einen Perspektivwechsel: Implikaturen sind Ergebnis eines Verfahrens, nach dem der Hörer das Gemeinte rekonstruiert. Es geht aber letztlich um die intendierte Bedeutung der Äußerung des Sprechers. Wir haben also auch hier die klassische Sprecherdominanz, allerdings in eine Handlungstheorie, die, und dies ist für Grice spezifisch, nicht nur mit institutionalisierten Regeln, sondern darüber hinaus auch mit unterstellten Maximen operiert. Bei Levinson haben wir lediglich eine Bedeutungstheorie, die außer der kodierten Bedeutung eine inferierte Bedeutung einbezieht. Es geht Levinson um „Presumptive Meaning", nicht um Sprechakte.[9]

7. Skepsis gegenüber dem Regelbegriff und nach Maximen handelnde Subjekte

Grice versucht die Bedingungen der Möglichkeit des Verstehens über die Grenzen des Kodierten hinaus zu zeigen. Mit Bezug auf Kant[10] spricht Grice nicht von Regeln, sondern von handlungsorientierenden bzw. das Verstehen der Handlungen leitenden Maximen. Weil die von den Logikern beschriebenen „vereinfachten Regeln", „die für ein formales Mittel gelten, [...] mögli-

---

Zusammenhang benannten konzessiven Konjunktionen wie *obwohl* ist die Bedeutung „konzessiv" erst sprachgeschichtlich spät konventionalisiert, vorgängig sind die Verwendungen als konditionale Konjunktion und zur Kennzeichnung des Irrelevanzkonditionals (vgl. Fritz 1998, S. 158).

[9] In ähnlicher Weise geht es Récanati (1989) und Bach (1994a und b) (unter den Titeln „Impliciture" bzw. „Semantic Slack") um Semantik, um die Grenze zwischen Gesagtem, d.h. kodierter Bedeutung und Gemeintem, d.h. prozedualer Bedeutung. Lediglich Sperber/ Wilson (1986) argumentieren in der Tradition von Handlungstheorien mit Relevanzgesichtspunkten.

[10] Grice (1993, S. 249) nennt seinen Kantbezug als Motiv für die Benennung der Maxime nach eben den Kantischen.

cherweise nicht für sein natürliches Gegenstück" gelten (1993, S. 245), will Grice die „allgemeinen Bedingungen, die auf Konversationen als solche, unabhängig von ihrem Gegenstand, zutreffen, untersuchen" (ebd.). Das hat gewisse Ähnlichkeiten mit Wittgensteins Hyperskepsis:[11] „Was nenne ich ›die Regel, nach der er vorgeht‹? [...]" (vgl. Wittgenstein 1967, § 82). Es gibt „eine Auffassung einer Regel [...] die [...] sich, von Fall zu Fall der Anwendung, in dem äußert, was wir ›der Regel folgen‹ und was wir ›ihr entgegenhandeln‹ nennen" (§ 201). „Darum ist der Regel folgen eine Praxis" (§ 202). Der Regelbegriff wird von strukturalistischen Hypostasierungen weg in die Praxis geholt.[12] Regelfolgen ist nicht mehr die Ausübung eines Modells. Verstehen geht über das Nachvollziehen kodifizierter Regeln hinaus. Grice thematisiert keine Wirkungen auf den Hörer, sondern Erwartungen, die der Hörer an den Sprecher hat und die die Basis darstellen für ein Verstehen über das wörtlich Gesagte hinaus. (Vgl. Grice 1993, S. 251: „Ich erwarte, dass du weder mehr noch weniger beiträgst [...]", „ich erwarte, dass du wirklich etwas beiträgst [...]".) Er fasst sie auf als Maximen, als „etwas, woran wir uns vernünftigerweise halten" (Grice 1993, S. 252), d.h. etwas, was aus rationalen Gründen – und das sind mehr als nur ad-hoc zweckrationale Gründe – unterstellt werden muss (ebd., S. 265). Wenn man, wie Levinson das tut, konversationelle Implikaturen und Perlokutionen nahezu gleich setzt, dann müssen Perlokutionen mehr sein als (kausale) Effekte. Es sind semiotisch relevante, bedeutungskonstituierende Beiträge zur Konversation nach dem Schema: „Er hat gesagt, dass p; es gibt keinen Grund anzunehmen, dass er die Maximen oder zumindest das [Kooperationsprinzip] nicht beachtet; [...]; er weiß (und weiß, dass ich weiß, dass er weiß), dass ich feststellen kann, dass die Annahme, dass er glaubt, dass q, nötig ist; [...] er will – oder hat zumindest nichts dagegen –, dass ich denke, dass q; und somit hat er implikatiert, dass q".[13] Sollte es trotzdem, wie manche Autoren annehmen – auch perlokutive Effekte geben, die für den Hörer latent bleiben,[14] dann

---

[11] Vgl. dazu Kripke (1982) und Stegmüller (1986).
[12] Mit besonderer Klarheit analysiert Bourdieu (1980) den Unterschied zwischen der strukturalistischen Sicht, in der Handeln nur als die Ausübung eines vorgängig Modell erklärt werden kann, und einer Theorie der Praxis, die Handeln als vielfältige Strategien von Akteuren erklärt, die sowohl gesamtgesellschaftliche Strukturen berücksichtigen als auch Elemente der Situation.
[13] Grice (1993, S. 255), hier etwas verkürzt und mit der Verwendung von *implikatiert*, das sich als Terminus statt des in der Übersetzung verwendeten *impliziert* durchgesetzt hat.
[14] Habermas (1999, S. 126ff.).

muss man eine dritte Person, ein Publikum, einführen, das den beschriebenen Beitrag leistet, weil ihm die Effekte nicht entgehen.

8. Die Macht des Performativen und der Verzicht auf „Täter" und Perlokutionen

Judith Butler referiert in „Haß spricht" (1998, S. 67): „Bekanntlich unterscheidet Austin zwischen illokutionären und perlokutionären Sprechakten, also zwischen Handlungen, die kraft der Worte, und solchen, die als Folge von Worten ausgeführt werden", und kommentiert: „Diese Unterscheidung ist allerdings heikel und nicht immer stabil. Vom perlokutionären Standpunkt aus sind Worte die Instrumente", mit denen etwas ausgeführt wird, „jedoch nicht die Handlungen selbst". Betrachtet man dagegen den illokutiven Akt, zeigt sich, dass „die sprachliche Bezeichnung selbst performativ ist: Indem sie geäußert wird, führt sie selbst eine Tat aus." Nimmt man den perlokutiven Akt in dieser Weise separat, muss man, wie Butler meint, annehmen, dass der Handlung eine bewusste Absicht vorausgeht. Eine solche Vorstellung, wonach das verletzende Wort als einzelne Tat von einem Täter verursacht wird, reduziert die Äußerung auf ein einmaliges Ereignis. Diese Konsequenz möchte Butler vermeiden. Sie entwirft das Bild der beleidigenden, verletzenden Rede anders: Performative Sprechakte sind konventional. Sie sind immer Zitate (vgl. Villa 2003, S. 29 und 32). Die Sprache formt sich oder setzt sich in einem kontinuierlichen Vorgang, in einer kontinuierlichen Abfolge. Es geht nicht um die empirische Untersuchung von Handlungen, sondern um die diskursive Konstruktion von Identität durch Anrufung, durch Benennung, Beschimpfung. Die Kennzeichnungen konstituieren die Subjekte, bzw. die Subjekte konstituieren sich durch die Benennungen. Benennungen als weiblich: „es ist ein Mädchen", als „schwarz", Benennungen und Selbstkategorisierungen als „schwul" sind Beispiele, die Butler (1998) durchspielt. Personale Identität ist nicht als fixe, substanzielle, ontologische Kategorie zu verstehen, sondern als konstituiert durch die Differenz zu dem, was mit der Benennung diskursiv ausgeschlossen wird (Villa 2003, S. 102). Kennzeichnungen sind in mehrfacher Hinsicht performativ: sie stiften Identität, sie verletzen im Sinne des „hate speech". Diese Wirkungen bezeichnet Butler explizit als performativ und nicht als perlokutiv, weil *perlokutiv* nur auf Personen und deren Handlungen im klassischen Sinne von Austin bezogen werden könne, *performativ* dagegen bezieht sie auf einen poststrukturalistischen Subjektbegriff, der die diskursive Konstituiertheit des Subjekts impliziert (Butler 1998, S. 67-73). Alles ist Text und durch den Text werden die Subjekte konfiguriert. Butler besteht einerseits zu Recht darauf, dass Begriffe „kein Eigentum" sind (ebd., S. 227). Subjekte sind nicht souverän in der Verwendung der Begriffe. Aber andererseits ist die Rechtsprechung ständig gezwungen, die verletzenden Worte einzelnen Tätern zuzuordnen und zum Dritten werden in den Diskursen immer wieder kritische Positionen hervorgebracht: dass Begriffe in offensiven und diskursiven Auseinandersetzungen neu gedeutet werden können, setzt voraus, dass sich „postsouveräne Subjekte" der historischen Prägung der Begriffe bewusst werden können (vgl. Villa 2003, S. 57).[15] Mit dem Terminus *Performativität* wird eine Folge des Kennzeichnens bezeichnet: der Effekte des Kenntlichwerdens, der von der Objektivierung im Diskurs ausgeht. Nur von Performativität zu sprechen, nicht von Perlokutionen, trägt der Tatsache Rechnung, dass die Versuche, Kommunikation durch Rekonstruktion subjektiver Intentionen zu erklären,[16] nicht aufgehen. Die hier vorgeführte objektivistische Auffassung eines autonomen Diskurses, der alle Verhältnisse durchdringt, und die poststrukturalistische Infragestellung des Subjektbegriffs sind aber nur eine mögliche theoretische Konsequenz. Eine Alternative stellen interaktionistische Theorien dar, in denen Handlungen als gemeinsam hergestellter Sinn begriffen werden.

9. Soziales Handeln, symbolische Interaktion

9.1 Sclektivität und Bedeutung

Kommunikation lässt sich als Sequenz von „situationsorientiertem, selektiv und wechselseitig aufeinander bezogenem Tun von Akteuren" beschreiben, hinzu kommen aggregierte Folgen dieses Tuns, die sich als Verhaltenserwartungen zeigen (vgl. Esser 2000, S. 252f.). Die Selektionen, die die Akteure vornehmen, sind abhängig von wechselseitiger Beobachtung und Koordination. Die Bedeutsamkeit der Handlungen ergibt sich aus den Differenzen zu dem, was an Handlungsalternativen zur Verfügung gestanden hätte und nicht selegiert wurde. Sprachliche Kommunikation in dieser Weise nach der Logik

---

[15] Illustratives Beispiel ist die Neuinterpretation von Bezeichnungen wie *black* in *Black is beautiful*.

[16] Viele derzeitige Gesprächsanalysen könnten als Beispiele für Versuche angeführt werden, Kommunikation allein auf die Absichten und die Handlungen der Sprecher zurückzuführen ohne Einbezug der gesellschaftliche Strukturen und des Wissens der Akteure von diesen Strukturen.

der Selektion zu sehen, hat Folgen: Man hat mit mehreren Teilnehmern zu rechnen und diesen sind je eigenständige, selektive Handlungen zuzurechnen, eigenständige Strukturierungen der Situation, von denen aus sie agieren. Es sei hier darauf hingewiesen, dass neue Theorien der Wahrnehmung schon ganz basale Wahrnehmungen in dieser Weise als aktiven Prozess modellieren, als Folge von erwartungsgesteuerten Suchprozessen: als Ausrichtung der Aufmerksamkeit und als Suche nach Kohärenz.[17]

Was heißt das für Perlokutionen? Sie sind nicht im naiven Sinne als gebunden an oder in einem kausalen Sinn als eindeutig hervorgerufen von den Äußerungsakten zu sehen. Bis zu einem gewissen Grad kann ein Sprecher perlokutive Effekte antizipieren, d.h. seine Rede als perlokutiven Akt verstehen. Es gibt – wie oben, Kap. 4. gezeigt – konventionell zu erwartende und aus der Konversationssituation heraus zu erwartende (generalisierte und situativ spezialisierte) Perlokutionen und wahrscheinlich noch eine Reihe von Abstufungen. Dennoch gilt: Die Impulse, die eine Kommunikation setzt, werden von den Hörern verarbeitet gemäß ihrer je eigenen internen Strukturen, ihren Erfahrungen, ihren Erwartungen, ihren Sinnsetzungen. Kommunikationsteilnehmer können immer auch anders und überraschend agieren.

9.2   Flexible Zeichensysteme, die Rolle der 2. Person und des Publikums im strategischen Handeln

Umberto Eco weitete bekanntlich den semiotischen Kode-Begriff aus auf vage, schwache, unvollständige (d.h. aus wenigen, mit jeweils großen Inhaltskomplexen assoziierten Signifikanten bestehende), vorläufige (d.h. schnell wechselnde) und sogar kontradiktorische Kodes wie Kleidung (z.B. Eco 1987). Hier wie auch im Blick auf sprachliche Moden, mit denen sich Mitglieder einer Gruppe virtuos von anderen Gruppen absetzen und ebenso virtuos die Sprechweisen der eigenen Gruppe weiterentwickeln, wird deutlich, welche Rolle flexible Kommunikationsteilnehmer spielen. Perlokutive Effekte und ihre kontinuierliche Beobachtung sind kein Randphänomen, sondern unabdingbar in fluktuierenden, offenen Kommunikationssystemen. Die Beobachtung perlokutiver Effekte, sei es von Beschimpfungen, sei es

---

[17] Vgl. Singer (2003, S. 50-59) zu Ausdrucks- und Rezeptionskompetenz, S. 120-144: „Hirnentwicklung oder die Suche nach Kohärenz", u.a.; Haken/Haken-Krell (1994); einen Bezug zu Gestalttheorien haben sprachwissenschaftliche Thematisierungen von Salienz, selbst wenn es um Anaphern und ε-Operatoren geht wie in v. Heusinger (1996 und 1997).

von Anerkennungen, sei es von Behauptungen etc., ist Voraussetzung für Verhaltenskoordination, für den Aufbau gemeinsamer Erwartungen und für die Übernahme von Verpflichtungen, die man mit seinem Sprechen, mit der Verwendung von Kategorisierungen eingeht.[18]

Wenn die Zeichen und damit die begriffliche Strukturierung der Welt diskursiv entfaltet werden, bedarf es einer „spezifischen Rolle der zweiten Person" (Habermas 1999, S. 173): „Die Intention, die ein Sprecher mit einer Äußerung verbindet, erschöpft sich nicht darin, dass ihm ein Interpret eine entsprechende Meinung zuschreibt, ohne dass er an der Stellungnahme des Interpreten zu dieser Meinung interessiert wäre [...], vielmehr [erhebt der Sprecher gegenüber dem Hörer den Anspruch] öffentlich »Ja« oder »Nein« zu sagen; er erwartet von ihm jedenfalls irgendeine Reaktion, die [...] für beide Seiten interaktionsfolgenrelevante Verbindlichkeiten herstellen kann" (ebd., S. 175). Wenn man sich mit jemandem verständigen will, geht es „um die kalkulierte Anpassung an die Reaktionen anderer, nicht um eine konsensuelle Kooperation" (ebd., S. 176). Unter Rückgriff auf Habermas' Bewertung der 2. Person, aber ohne seine Unterscheidung zwischen kommunikativem Handeln und strategischem Handeln zu übernehmen, kann man perlokutive Effekte als den eigentlich relevanten Akt sichtbar machen. Im Abschnitt „Perlokutionen, folgenorientierter Sprachgebrauch und strategisches Handeln" (ebd., Kapitel „Rationalität der Verständigung") formuliert Habermas: „In strategischen Handlungszusammenhängen funktioniert die Sprache allgemein nach dem Muster von Perlokutionen. Die sprachliche Kommunikation wird hier Imperativen des zweckrationalen Handelns untergeordnet. Strategische Interaktionen sind durch die Entscheidungen von erfolgsorientierten Aktoren bestimmt, die sich wechselseitig beobachten" (ebd., S. 128).[19] Während nun für Habermas „Kommunikatives Handeln" per definitionem keine strategischen Absichten hat, sind nicht nur nach Esser „kommunikative Akte als ein Spezialfall absichtsvollen Handelns zu interpretieren" (Esser 2000, S. 262) und als solche sind sie immer auch strate-

---

[18] Das ist der Kern von Richard Brandoms sog. Inferentialismus (Brandom 2001) und in wesentlichen Teilen bereits in Tugendhat (1976) entwickelt.

[19] Wobei darauf hinzuweisen ist, dass Perlokutionen von Habermas (1999, S. 126) als Sonderfall perlokutionärer Effekte expliziert werden. Dies muss hier nicht nachvollzogen werden.

gisch, d.h., es liegen ihnen Entscheidungen zugrunde, die von Werterwartungen geleitet sind.[20]

Nimmt man das strategische kommunikative Handeln als den prototypischen Fall, sind Perlokutionen die entscheidenden Rückmeldesignale: sie gehen von einer 2. Person (einem Hörer, einem Betroffenen aus) und sie werden von Dritten (dem Publikum) ratifiziert.

Ausweitbar ist das Beschreibungsmodell auf Fälle, wo dem Hörer die Strategie verborgen bleiben soll, wo er z.B. ein sog. Ironie-Opfer ist: hier hat die dritte Person den perlokutionären Akt wahrzunehmen, sonst wird die Ironisierung nicht handlungsrelevant. In Fällen wo der perlokutionäre Effekt auch den Sprecher bindet, offensichtlichstes Beispiel ist das Versprechen, bedarf es zumindest des Einbezugs der 2. Person.

10. Perlokutionen: Modifikationen des Handlungsrahmens

10.1 Umdefinition der Situation

Perlokutionen sind als Intentionen und antizipiertes Ergebnis von Sprechhandlungen darauf ausgerichtet, eine Handlungssituation zu ändern.[21] Die gelungene, zustande gekommene Perlokution schafft eine neue Situation, einen neuen Handlungsrahmen. Von Witzen ist häufig beschrieben worden, dass das Lachen mit einer Umstrukturierung der Wahrnehmungssituation einhergeht: der Effekt besteht z.B. in einer neuen Strukturierung einer politischen Situation beim politischen Witz oder im Umspringen einer narrativ für den Augenblick erzeugten Erwartung. Die vom Ironie-Opfer unbemerkte Ironisierung ändert nicht nur für die dritte Person, die die Ironie versteht, die Situation. Die durch das Versprechen gebundene Person hat die Situation für sich und den anderen neu festgelegt. Die gelungene Beleidigung kategorisiert eine Person neu und zeigt im Eingeständnis des Beleidigtseins die Eignung eben dieser sprachlichen Kategorisierung zum Beleidigen. Eine solche Ratifizierung ist deshalb notwendig, weil es sein kann, dass in der einen

---

[20] Zur Auseinandersetzung mit Habermas' Theorie des Kommunikativen Handelns vgl. Esser (2000, S. 264f. u.a.). Die strenge Form des Werterwartungsmodells, das den Darstellungen von Esser zugrunde liegt, soll in meinem Zusammenhang selbstverständlich nicht verfolgt werden.

[21] Prinzipiell gehen alle sprachlichen Handlungstheorien von Situationsmodifikationen aus, man vergleiche z.B. Bühler (1999 [1934], besonders §10, und da S. 154-158).

Gruppe/Konstellation eine Kategorisierung als Negativkategorisierung gilt, die in der anderen positiv gewertet ist.

In psychologisierenden Handlungstheorien sind Perlokutionen nicht zu greifen: sind es Akte von Seiten des Sprechers, sind es Wirkungen auf den Hörer? Psychische Effekte sind ungewiss und vage und lassen sich nur indirekt feststellen. In einer Theorie der Interaktion und der Handlungsrahmen lässt sich die Perlokution klar verorten: als Änderung der Parameter der Handlungssituation, die interaktiv herbeigeführt wird.

Es liegt also ein gemeinsames, koordiniertes Handeln der Beteiligten vor. Die Handlungen sind – und das ist nur mit soziologischen Kategorien erfassbar – in manchen Fällen institutionell gut abgesichert: in Tauf- und Heiratssituationen z.B.; in anderen Fällen ist die Handlung gefährdeter: bei Drohungen, Beleidigen kann es leicht sein, dass die zum Erreichen der Perlokution notwendige gemeinsame Situationsdefinition nicht zu Stande kommt.

10.2 Soziale Strukturen

Situation ist definiert durch die Akteure und deren Positionen im sozialen Feld und zueinander, deren Absichten, deren Ressourcen und Kompetenzen, Kenntnissen und Anerkennungen. Bourdieu hat dies bereits 1982 (dt. 1990) mit Bezug auf Austin in aller Klarheit analysiert:

> Der wirkliche Ursprung der Magie der performativen Aussage liegt […] in den sozialen Bedingungen der *Institution* des Amtes, die den legitimen Amtsträger […] dazu befähigt, mit Worten auf die soziale Welt Einfluss zu nehmen (Bourdieu 1990, S. 55, Hervorhebung i. Orig.).

> Die Macht der Wörter ist nichts anderes als die *delegierte Macht* des Sprechers, und seine Worte – das heißt untrennbar der Gegenstand seines Diskurses und seine Art zu sprechen – sind allenfalls ein Beweis […] der *Delegationsgarantie*, mit der er versehen ist (ebd., S. 73).

Austin meint, so Bourdieu, Sprachphilosophie zu betreiben, tatsächlich arbeitet er

> an der Theorie einer besonderen Klasse symbolischer Ausdrücke, […] die ihre spezifische Wirkung der Tatsache verdanken, dass sie *an sich* den Ursprung einer Macht zu erhalten scheinen, die in Wirklichkeit auf die institutionellen Bedingungen ihrer Produktion und Rezeption zurückgeht (ebd., S. 77).

> Die symbolische Wirkung der Wörter kommt immer nur in dem Maße zustande, wie derjenige, der ihr unterliegt, denjenigen, der sie ausübt, als den zur Ausübung Berechtigten anerkennt beziehungsweise […] wie er sich selbst in der Unterwerfung als denjenigen vergisst und nicht wiedererkennt, der durch seine Anerkennung dazu beiträgt, dieser Wirkung eine Grundlage zu geben (ebd., S. 83).

Rainer Paris (1998) beschreibt illustrativ die Wirkung des „Machtwortes", das „den Ordnungswert der Macht" in Konflikten zur Geltung bringt. „Prototyp des Machtwortes ist: »Aufhören! Schluss damit! An die Arbeit!« Die erste und wichtigste Funktion des Machtwortes ist Innehalten, Unterbrechen, Zäsur der Situation. […] Die plötzliche Intervention […] zwingt alle Beteiligten zu einer Neubestimmung der Situation" (ebd., S. 1083). Es geht um eine kognitive Neustrukturierung des Handlungsfeldes, um Reduktion der Komplexität der Situation nach den Vorgaben eines Sprechers, dem eine solche Macht zugestanden wird.

Sprachliches Agieren aus institutionell wenig abgesicherten Positionen hat Folgen:

> Misslingt das Machtwort, […] so findet sich der Mächtige plötzlich in einer außerordentlich prekären Situation wieder. Weil das Machtwort eine indirekte Drohung ist, riskiert es auch das für erfolglose Drohungen charakteristische Folgedilemma: […] die Gefahr eines teuren Sanktionsvollzuges […] oder […] Autoritäts- und Gesichtsverlust (Paris 1998, S. 1086).

Dass perlokutive Effekte auch bezogen auf größere Diskurse zu beschreiben sind, illustriert ein weiterer Essay von Rainer Paris 2005. Paris verweist auf die „Desaströse[n] Auswirkungen des feministischen Macht- und Gesellschaftsdiskurses auf die gegenwärtigen Geschlechterverhältnisse" (ebd., S. 10): den Aufbau von Misstrauen, Stigmatisierung und Ins-Raster-Zwingen der Einzelwahrnehmungen und das Schüren von Aggressionen (vgl. ebd.).

Dieser Effekt

> hängt nicht nur von der Anerkennung ab, die demjenigen gewährt wird, der spricht; er hängt auch davon ab, wieweit der Diskurs, der der sozialen Gruppe ihre Identität verkündet, seine Grundlage in der Objektivität dieser Gruppe hat, das heißt ebenso sehr in der Anerkennung und dem Glauben, die ihm von den Angehörigen der Gruppe erwiesen werden, wie in den ökonomischen oder kulturellen Merkmalen, die sie gemeinsam haben, denn nur nach einem bestimmten Relevanzprinzip wird die Beziehung zwischen diesen Merkmalen überhaupt sichtbar (Bourdieu 1990, S. 98).

Prinzipiell geht es – wie auch bei Butler – um die Durchsetzung von Wahrnehmungen und Wahrnehmungskategorien, um sprachliche Manifestationen, mit denen eine soziale Gruppe anderen Gruppen und sich selbst sichtbar wird, um den Anspruch der performativen Aussagen, um letztlich „herbeizuführen, was sie aussprechen" (vgl. Bourdieu 1990, S. 99). Der perlokutive Effekt besteht in der Akzeptanz der vorgeschlagenen Rekonstruktion der Wirklichkeit. Eine Erklärung perlokutiver Effekte hat daher nach den durch die Rede ausgelösten, veränderten neuen Handlungskonstellationen zu fragen.

11. Literatur

Austin, John L. (1972): Zur Theorie der Sprechakte. Dt. Bearb. v. Eike v. Savigny. Stuttgart. [Engl. (1962): How to Do Things with Words. Oxford.]

Bach, Kent (1994a): Conversational Impliciture. In: Mind & Language 9, S. 124-162.

Bach, Kent (1994b): Semantic Slack. What is Said and More. In: Tsohatzidis, Savas (Hg.): Foundation of Speech Act Theory. London/New York. S. 267-291.

Bourdieu, Pierre (1980): Le sens pratique. Paris.

Bourdieu, Pierre (1982): Ce que parler veut dire. L'économie des échanges linguistiques. Paris. [Dt. Übers. (1990): Was heißt sprechen? Die Ökonomie des sprachlichen Tausches. Wien.]

Brandom, Robert B. (2001): Begründen und Begreifen. Eine Einführung in den Inferentialismus. Frankfurt a.M. [Engl. (2000): Articulating Reasons. An Introduction to Inferentialism. Cambridge, MA.]

Bühler, Karl (1999): Sprachtheorie. Die Darstellungsfunktion der Sprache. Stuttgart. [= Ungek. Neudr. der 1. Aufl. Jena 1934.]

Butler, Judith (1998): Haß spricht. Zur Politik des Performativen. Berlin.

Eco, Umberto (1987): Semiotik. Entwurf einer Theorie der Zeichen. München.

Esser, Hartmut (2000): Soziologie. Spezielle Grundlagen. Bd. 3. Soziales Handeln. Frankfurt a.M.

Fritz, Gerd (1998): Historische Semantik. Stuttgart/Weimar.

Grice, H. Paul (1957): Meaning. In: Philosophical Review 66, S. 377-388.

Grice, H. Paul (1993): Logik und Konversation. Übers. v. Andreas Kemmerling. In: Meggle, Georg (Hg.): Handlung, Kommunikation, Bedeutung. Frankfurt a.M. S. 243-265. [Engl.: Logic and Conversation. In: Cole, Peter/Morgan, Jerry (Hg.) (1975): Syntax and Semantics. Bd. 3. New York/San Francisco/London. S. 41-58.]

Habermas, Jürgen (1999): Wahrheit und Rechtfertigung. Philosophische Aufsätze. Frankfurt a.M.

Haken, Hermann/Haken-Krell, Maria (1994): Erfolgsgeheimnisse der Wahrnehmung. Frankfurt a.M./Berlin.

Harras, Gisela (2004): Handlungssprache und Sprechhandlung. Eine Einführung in die theoretischen Grundlagen. 2., durchges. und erw. Aufl. Berlin/New York. [1. Aufl. 1983].

Heusinger, Klaus v. (1996): Definite Kennzeichnungen, Anaphora und Salienz. In: Linguistische Berichte 163, S. 197-226.

Heusinger, Klaus v. (1997): Salienz und Referenz. Der Epsilonoperator in der Semantik der Nominalphrase und anaphorischer Pronomen. (= Studia Grammatica 43). Berlin.

Karpenstein-Eßbach, Christa (1995): Zum Unterschied von Diskursanalysen und Dekonstruktionen. In: Weigel, Sigrid (Hg.): Flaschenpost und Postkarte. Korrespondenzen zwischen Kritischer Theorie und Poststrukturalismus. Köln/Weimar/Wien. S. 127-138.

Kripke, Saul A. (1982): Wittgenstein on Rules and Private Language. Oxford.

Levinson, Steven C. (2000): Presumptive Meanings. A Theory of Generalized Conversational Implicature. Cambridge, MA/London.

Paris, Rainer (1998): Das Machtwort. In: Merkur 52, S. 1083-1088.

Paris, Rainer (2005): Vom Misstrauen. In: Merkur 59, S. 424-430. [Zit. nach der Internetversion: http://www.online-merkur.de, S. 1-13.]

Récanati, François (1989): The Pragmatics of What is Said. In: Mind and Language 4, S. 295-329.

Rolf, Eckard (1982): Perlokutionäre Akte und perlokutionäre Effekte. In: Detering, Klaus/Schmidt-Radefeldt, Jürgen/Sucharowski, Wolfgang (Hg.): Sprache erkennen und verstehen. Akten des 16. Linguistischen Kolloquiums Kiel 1981. Tübingen. S. 262-271.

Searle, John R. (2003): Sprechakte. Ein sprachphilosophischer Essay. Frankfurt a.M. [1. Aufl. 1971. Engl. (1969): Speech Acts. Cambridge.]

Singer, Wolf (2003): Der Beobachter im Gehirn. Essays zur Hirnforschung. Frankfurt a.M.

Sperber, Dan/Wilson, Deirdre (1995): Relevance. Communication and Cognition. 2. Aufl. Oxford/Cambridge. [1. Aufl. 1986].

Stegmüller, Wolfgang (1986): Kripkes Deutung der Spätphilosophie Wittgensteins. Stuttgart.

Tugendhat, Ernst (1976): Vorlesungen zur Einführung in die sprachanalytische Philosophie. Frankfurt a.M.

Villa, Paula-Irene (2003): Judith Butler. Frankfurt a.M.

Vlachos, Dimitrios (2002): Sprachliche Kommunikation und konversationale Koordination. Konzeptuelle und prozedurale Informationen der negativen Äußerungen. Diss. Mannheim. Internet: `http://www.uni-mannheim.de/mateo/verlag/diss/vlachos/vlachos.pdf` (Stand: September 2005).

Wittgenstein, Ludwig (1967): Philosophische Untersuchungen. Frankfurt a.M.

Andreas Böhn

Thesen zum Verhältnis von Indirektheit und Komik

Zur Erklärung des Phänomens Komik wurden bekanntlich eine ganze Reihe teilweise höchst unterschiedlicher Theorieansätze entwickelt. Insbesondere hinsichtlich der Funktion von Komik gehen die Erklärungshypothesen stark auseinander. Schlagwortartig kann man die am stärksten divergierenden Positionen unter die Formel 'Lachen über' vs. 'Lachen mit' fassen. Verfechter der Auffassung, Komik beruhe im Wesentlichen auf einem 'Lachen über (jemanden)', verstehen darunter meist ein Verlachen infolge einer Normverletzung des Verlachten. Ein prominenter Vertreter dieses Lagers ist beispielsweise Henri Bergson. Die Gegenpartei, die das 'Lachen über' als zentrales Konstituens von Komik auffasst, sieht darin in der Regel, etwa im Anschluss an Michail Bachtin, ein Lachen mit jemandem über eine verletzte Norm. Ein größerer Gegensatz in der Erklärung eines sozialen Phänomens lässt sich kaum denken.

Andererseits gehen nicht nur die eher formal argumentierenden Inkongruenztheorien im engeren Sinne, sondern auch die meisten anderen Komiktheorien davon aus, dass Inkongruenz ein konstitutives Merkmal von Komik ist. Inkongruenz kann vorzugsweise zwischen dem tatsächlichen Verhalten einer Person und der Erwartung eines Beobachters gegeben sein, wobei diese Erwartung vor dem Hintergrund von Annahmen über normales bzw. angemessenes Verhalten in der jeweiligen Situation zu sehen ist. Das zu dem erwarteten inkongruente Verhalten kann dann als komisch erscheinen. Inkongruenz ist somit eine notwendige, aber keine hinreichende Bedingung für Komik.

Nun scheint auch indirekte Kommunikation auf einer vergleichbaren Inkongruenz zu beruhen. Wenn das direkt Kommunizierte uns als inkongruent mit dem zu Erwartenden und Angemessenen erscheint, so können wir, wenn wir nicht einfach von einer Fehlleistung des Kommunizierenden ausgehen wollen, diese Kommunikation als indirekte interpretieren. Wir schreiben dem Kommunizierten dann eine andere, nun möglicherweise besser in die Situation passende Bedeutung zu, als wir ihm bei einer Interpretation als direkte Kommunikation zuschreiben würden. Nach Gisela Harras beruht indirekte Kommunikation (wie andere Kommunikation auch) letztlich auf dem von

Grice formulierten Prinzip der Kooperation. Der (scheinbare) Verstoß gegen dieses Prinzip bzw. gegen die aus ihm abgeleiteten Maximen erfolgt von Sprecherseite in einer völlig offenen Form und wird von Hörerseite eben nicht als tatsächlicher Verstoß, sondern als Anzeichen für Indirektheit aufgefasst.

> Die Strategien aller Arten des indirekten Sprechens lassen sich durch die folgenden drei Merkmale charakterisieren:
> (1) Das Aufgeben von Rationalitäts- und Kooperationsprinzipien ist einfach zu kostspielig, um tatsächlich von Sprecherseite praktiziert und von Hörerseite unterstellt werden zu können.
> (2) Unter dieser Voraussetzung wird das, was auf der Ebene des Gesagten gilt, auf der Ebene des Gemeinten aufgehoben.
> (3) Verstöße gegen die Maximen werden mit dem, was gesagt ist, absolut offen angezeigt.
>
> (Harras 2004, S. 245)

Ironie etwa wird landläufig als 'das Gegenteil des Gemeinten sagen' verstanden. Das wörtlich Gesagte wird im Fall der Ironie als nicht situationsadäquat aufgefasst, während sein Gegenteil wesentlich eher erwartbar wäre. Die Interpretation als Ironie löst diese Inkongruenz auf, indem sie das Gegenteil des Gesagten als das Gemeinte nimmt, produziert aber eine neue Inkongruenz, eben die zwischen (wörtlich) Gesagtem und (ironisch) Gemeintem.

Ein anderes Beispiel für indirekte Kommunikation ist das Zitieren. Wenn wir jemanden zitieren, so meinen wir jedenfalls nicht notwendigerweise das, was wir (direkt, wörtlich) sagen, sondern wir teilen mit, dass ein anderer dies gesagt (und gemeint) hat. Auch hier gibt es also eine zumindest potenzielle Inkongruenz zwischen Sagen und Meinen. Eine nur teilweise Kongruenz (und daher immer eine teilweise Inkongruenz) zwischen wörtlicher Bedeutung und indirekt Kommuniziertem finden wir bei Metaphern und Metonymien. Nach Sperber/Wilson (1986) können alle Formen indirekter Kommunikation auf das Zitieren einer tatsächlichen oder einer angenommenen Äußerung zurückgeführt werden. Ironie wäre danach das Zitieren der tatsächlichen oder angenommenen Äußerung einer Person, die das Gegenteil des von mir eigentlich Gemeinten zum Ausdruck bringt. Indem ich diese Äußerung ironisch zitiere, distanziere ich mich von ihr und bringe eine Meinung über das in ihr Gesagte zum Ausdruck, nämlich dass das Gegenteil davon richtig sei.

Unabhängig davon, ob man dieser Konzeption der Indirektheit von Sperber/ Wilson folgt, stellt sich die Frage, was uns jeweils veranlasst, Äußerungen, die wir als Zitieren, Ironie, metaphorisches Sprechen, Tautologie etc. auffassen, als solche und damit als indirekte Kommunikation zu interpretieren. In allen diesen Fällen liegt eine Inkongruenz vor, die sich in zwei Formen ausprägt:

(a) Inkongruenz zwischen tatsächlicher und erwartbarer Kommunikation;

(b) Inkongruenz zwischen Gesagtem und Gemeintem.

Die erste Form der Inkongruenz hat dieselbe Grundstruktur, die wir auch bei der Inkongruenz finden, die Komik konstituiert. Die zweite Form von Inkongruenz tritt zumindest bei bestimmten Typen des Komischen auf. Daher verwundert es nicht, dass indirekte Kommunikation komische Effekte haben kann, beispielsweise im Fall der Ironie. Andererseits muss sie nicht mit Komik verbunden sein. Metaphern etwa sind eher selten komisch. Die bewusst produzierte Komik hat gewisse Erscheinungsformen hervorgebracht, die beide Arten der Inkongruenz, welche bei indirekter Kommunikation auftreten, miteinander verbinden. Vor allem sind hier Parodie und Travestie zu nennen.

Die Parodie reproduziert eine Form und kombiniert sie mit einem nicht erwartbaren Inhalt. Dadurch entsteht Inkongruenz der ersten Art (zwischen tatsächlicher und erwartbarer Kommunikation). Es wird deutlich, dass die Form nicht als solche 'gemeint' ist, sondern nur zitiert wird, um eine andere Bedeutung zu vermitteln als die, die üblicherweise mit dieser Form verbunden wird. Insofern ist auch Inkongruenz der zweiten Art (zwischen Gesagtem und Gemeintem) gegeben. Die Travestie reproduziert einen Inhalt und kombiniert ihn mit einer nicht erwartbaren Form, wodurch ebenfalls Inkongruenz der ersten Art entsteht. Dadurch wird vermittelt, dass der Inhalt nicht 'gemeint' ist, sondern nur zitiert wird, um eine abweichende Bedeutung zu kommunizieren (Inkongruenz der zweiten Art).

In beiden Fällen wird der komische Effekt dadurch erzeugt, dass etwas Hochvalorisiertes herabgesetzt wird. Die Parodie scheint hierbei weniger abhängig von historischen Rahmenbedingungen zu sein als die Travestie, obwohl ihre Wertschätzung starken Schwankungen unterlag. Die Travestie wurde vor allem in Epochen gepflegt, die eine strenge Entsprechung von Form und Inhalt propagierten, wobei Inhalt vor allem durch Handlung, Figuren und deren sozialen Hintergrund bestimmt war. Die Barockpoetik beispielsweise ist durch eine solche enge Verklammerung von sozialem Status und entsprechenden Darstellungsmodalitäten gekennzeichnet. In unserer Gegenwart fehlen derart klar bestimmte und geordnete Beziehungen zwischen Status und Erscheinung, was Probleme für die Travestie mit sich bringt.

Das Verhältnis von Parodie und Travestie und die Rolle der Inkongruenz bei beiden soll nun an einem Fallbeispiel deutlich gemacht werden. Zu den Bereichen, in denen wir trotz aller Anfechtungen und Infragestellungen, die es auch hier gibt, immer noch mit mehr oder weniger erwartbaren und verlässlichen Korrespondenzen zwischen sozial relevanten Merkmalen von Personen und deren Erscheinung rechnen, gehört das Geschlecht. Parodie und Travestie vermögen daher hier besonders gut anzusetzen. Sie können Modelle von Geschlechterrollen jeweils als Form oder Inhalt aufgreifen und dadurch Geschlechtertausch oder Geschlechterrollenwechsel hervorbringen. Beides tritt in komischen Genres häufig auf, sowohl in der älteren Tradition der Theaterkomödie als auch in den modernen Unterhaltungsmedien wie Film und Fernsehen. Die komische Verwendung von Geschlechterrollen beruht dabei auf folgenden Bedingungen:

a) der allgemeinen Annahme, dass Geschlecht im Sinne von 'sex' verlässlich bestimmt werden kann, unabhängig von dem tatsächlich gegebenen Verhalten einer Person;

b) der allgemeinen Annahme, dass jedes Geschlecht im Sinne von 'sex' mit einer spezifischen Erscheinungsweise und einem dazu passenden Verhalten ('gender') verbunden ist (Kongruenz von 'sex' und 'gender');

c) der Tatsache, dass 'sex' und 'gender' auf eine Art kombiniert sind, die dieser angenommenen Entsprechung zuwiderläuft (Inkongruenz von 'sex' und 'gender'), was auf zwei verschiedene Arten geschehen kann:

  i) eine Person von 'sex' A erscheint und verhält sich in einer Weise, die Betrachter dazu führt, ihr 'sex' B zuzuschreiben; das Resultat ist Inkongruenz zweier verschiedener Annahmen über das Geschlecht im Sinne von 'sex' dieser Person (Geschlechtertausch);

ii) eine Person von 'sex' A verhält sich gemäß 'gender' B, zumindest was ein gängiges Geschlechterrollenmuster von 'gender' B betrifft, ohne in ihrer äußeren Erscheinung 'gender' B zu entsprechen; das Resultat ist Inkongruenz zwischen der Annahme über 'sex' und der Annahme über 'gender' der Person, möglicherweise auch Inkongruenz zwischen Erscheinungs- und Verhaltensweise innerhalb des 'gender' B (Geschlechterrollenwechsel).

Entsprechendes gilt für jede stereotype kulturelle Unterscheidung. Geschlechterrollenmuster sind nur ein Beispiel für derartige Unterscheidungsmöglichkeiten, andere wären Nationalität oder Klassen- bzw. Schichtzugehörigkeit, für deren komisierende Verwendung sich analoge Bedingungen mit den nötigen inhaltlichen Veränderungen aufstellen ließen. In allen derartigen Fällen lassen sich die Bedingungen (a) und (b) letztlich auf die noch allgemeinere Annahme der Geregeltheit entsprechender Signifizierungspraktiken zurückführen, deren Grundmodell die Semantik natürlicher Sprachen darstellt. Nur wenn davon ausgegangen wird, dass 'sex' und 'gender' in einer Art und Weise aneinander gekoppelt sind, die hinsichtlich Konventionalisiertheit, Verlässlichkeit und Erwartbarkeit mit der Koppelung eines sprachlichen Ausdrucks und seiner lexikalisierten Bedeutung vergleichbar ist, kann die parodistische oder travestische Komisierung gelingen.

Die Voraussetzung der Komik lässt sich auch so formulieren, dass es sowohl eine feste Erwartung hinsichtlich der Realität geben muss, als auch die Möglichkeit, dass diese Erwartung *nicht* bestätigt wird. Die Enttäuschung der Erwartung wird in Komiktheorien zuweilen auch als hinreichender Grund für Komik bzw. als zentrales Erklärungsmoment für Komik genannt. In dieser allgemeinen Form und ohne Zusatzbedingungen kann dies jedoch nicht gelten, denn sonst wäre indirekte Kommunikation grundsätzlich komisch. Diese beruht ja auch auf vergleichbaren Erwartungen an kommunikatives Handeln, die – zumindest auf den ersten Blick – nicht bestätigt werden. Die Deutung als indirekte Kommunikation führt jedoch letztendlich zu einer Normalisierung. Was zunächst das Gefüge von Regeln, nach dem sich Kommunikation vollzieht und das wir beständig voraussetzen müssen, um kommunizieren zu können, zu durchbrechen scheint, erweist sich bei genauerem Hinsehen als raffinierte – indirekte – Bestätigung dieser Regularitäten. Insbesondere die Konventionalität von Bedeutungen wird durch sie nicht in Frage gestellt. Überträgt man dies nun auf das Feld der Komik, so lässt es alle Konzepte von Komik, die dieser eine generelle Tendenz zuschreiben, kulturelle Ordnungsmuster in Frage zu stellen und zu subvertieren, in einem kritischen Licht erscheinen. Insbesondere in Bezug auf den angesprochenen Beispielbereich 'Geschlecht' wird gerne – etwa von Butler (1990) und dem von ihr inspirierten Teil der 'gender studies' (Garber 1992; Lehnert 1997) – behauptet, dass Parodie und Travestie die Geschlechterordnungen unterlaufen und letztlich aufheben würden. Tatsächlich lässt sich aber eben zeigen, dass sie die entsprechenden Annahmen über die Zuschreibbarkeit von 'sex' und die Kongruenz von 'sex' und 'gender' voraussetzen und die allgemeine Annahme einer Geregeltheit und damit Erwartbarkeit einer Koppelung von 'sex' und 'gender' nicht in Frage stellen, sondern bestätigen.

Intendierte Komik ist ein Effekt kommunikativer Strategien, die mit indirekter Kommunikation gemeinsam haben, dass sie auf einer Inkongruenz von Erwartbarem und tatsächlich Kommuniziertem beruhen. Zunächst scheint dadurch das Konzept von Erwartbarkeit in der Kommunikation und mithin insbesondere die Konventionalität von Bedeutungen in Frage gestellt. In der theoretischen Behandlung komischer Phänomene hat dies teilweise dazu geführt, dass intendierte Komik primär als Strategie zur Subversion kultureller Ordnungen im Sinne kultursemiotischer Regularitäten aufgefasst wurde. Der Abgleich mit den Ergebnissen der Forschung zu indirekter Kommunikation erweist diese Einschätzung als nicht haltbar. Komik setzt die Geregeltheit kultureller Signifizierungspraktiken voraus und bestätigt sie, wenngleich sie deren jeweils spezifische Ausprägungen durchaus in Frage stellen kann.

Literatur

Butler, Judith (1990): Gender Trouble. Feminism and the Subversion of Identity. New York/London.

Harras, Gisela (2004): Auf dem Weg zu einer einheitlichen Theorie der Indirektheit des Sprechens. In: Fohrmann, Jürgen (Hg.): Rhetorik – Figuration und Performanz. DFG-Symposion 2002. Stuttgart. S. 219-245.

Garber, Marjorie (1992): Vested Interests. Cross-Dressing and Cultural Anxiety. New York.

Lehnert, Gertrud (1997): Wenn Frauen Männerkleider tragen. Geschlecht und Maskerade in Literatur und Geschichte. München.

Sperber, Dan/Wilson, Deirdre (1986): Relevance. Communication and Cognition. Oxford.

Jürgen Landwehr

'Gedicht' ist ein performatives Verb
Über Handlungsanweisungen und anderes Performative um und in Gedichten

> Gibt es nicht [...] diese den Worten zugelächelten Anführungszeichen, die vielleicht nicht als Gänsefüßchen, die vielmehr als Hasenöhrchen, das heißt also als etwas nicht ganz furchtlos über sich und die Worte Hinauslauschendes verstanden sein wollen?
>
> (Paul Celan 1981 [1960], S. 101)

0. Erinnerungen

Wir leben in der Zeit nach dem „performative turn" der 1990er-Jahre. Zu dieser Situationsauffassung muss kommen, wer online zu „Performanz/ Performative" etc. recherchiert und neuere und neueste Publikationen und Sammelbände aus den Bereichen der Linguistik und der Kulturwissenschaften zu Rate zieht. Hier ist man versucht zu zitieren: „Spät kommt Ihr – Doch Ihr kommt." (Schiller 1949, S. 59; Die Piccolomini I, 1)

Nicht nur können Austins Harvard Lectures, aus denen posthum „How to Do Things with Words" (Austin 1962) wurde, ihr 50-jähriges Jubiläum feiern. Zu erinnern ist auch daran, dass die Beschäftigung mit dem Performativen von Beginn an fester Bestandteil der linguistischen Pragmatik war – zum Leidwesen oder Anlass zum Spott freilich derer, die auf „reinere", nämlich idealisierte Formen der Sprachmodellierung erpicht waren (vgl. Robinson 2003, S. 24-34). Aus gegebenem Anlass darf der vormals literaturwissenschaftlich Tätige sich und andere daran erinnern, dass das Wissen darum, dass in und mit Literatur gehandelt wird, so neu nicht ist. Dass die Tragödie Handlung *darstellt*, wusste schon Aristoteles (Aristoteles 1982, S. 19); dass das Schicksal der Bücher „von der Auffassung des Lesers" abhängt, Terentianus Maurus um 200 n. Chr. (Terentianus 1961, S. 363, Vers 1286: „Pro captu lectoris habent sua fata libelli"). Und dass Lesen ein (kreatives) Handeln ist, wissen wir (ausdrücklich) spätestens seit Sartre (Sartre 1969, S. 28f.). Und dafür, dass lesend gehandelt werden muss, soll denn das Geschriebene zu Literatur *werden*, zu Schauspielen, Erzählungen, Gedichten, ja schon zu 'verwobenen' *Texten*, ließen sich ganze Zitatkataloge spätestens seit den 1970er-Jahren anführen; Entsprechendes zum Verhältnis von Wahrnehmungs- und Handlungsästhetik. Zuzugeben ist freilich auch, dass aus diesen Einsichten nicht immer die entsprechenden Konsequenzen gezogen wurden – aus Gründen, die im Folgenden zu diskutieren sind.

An ein Vorgehen der Ordinary-Language-Philosophen Wittgenstein und Austin schließt keck auch mein Versuch an, ob man aus Fehlern lernen kann, d.h.:

> solche Fälle zu untersuchen, in denen irgendeine Anomalität oder irgendein Versagen vorgekommen ist; und wie so oft wirft das Anomale auch hier Licht auf das Normale; es hilft uns, den täuschenden Schleier des Leichten und Offenkundigen zu lüften, der den Mechanismus der natürlichen und erfolgreichen Handlung verbirgt. (Austin 1985, S. 13; den Hinweis verdanke ich Gisela Harras (Harras 2004, S. 64f.))

Auch in Sachen des Lesens von Literatur lässt sich oft erst dann erkennen, was hätte erfolgen sollen, wenn etwas schief gegangen ist.

Die folgenden Vorschläge haben 'natürlich' „antizipatorische Plagiatoren" (Merton 1989, S. 32) in Fülle. Bescheidener: Ich versuche, „auf den Schultern von Riesen" (Merton 1989) zu stehen zu kommen bei diesem Versuch zu bestimmen, was es heißen kann, jemanden aufzufordern, ein Schriftstück „als Gedicht" zu lesen, und was dann bei einem „Lesen-als-Gedicht" zu tun ist und wer bzw. was dieses Tun vorschreibt bzw. vorschreiben kann. Ob ich auf den Schultern anderer dann „weiter sehe" (Merton 1989, S. 13 u. durchgängig), haben die LeserInnen dieser Vorschläge zu entscheiden: „Pro captu lectoris ..."

1. Vom Schiefgehen beim Lesen und angemahnten Korrekturen

Bei seinen Reflexionen über den Ausdruck „Sehen als" merkt Wittgenstein (oder sein philosophierendes Ich) an:

> Da fällt mir ein, daß in Gesprächen über ästhetische Gegenstände die Worte gebraucht werden: „Du mußt es *so* sehen, so ist es gemeint"; „Wenn du es *so* siehst, siehst du, wo der Fehler liegt." (Wittgenstein 1971, S. 237)

Hier muss etwas schief gegangen sein, und zwar dergestalt, dass eine Person A beim *Umgang* mit jenen „ästhetischen Gegenständen" einen „Fehler" gemacht hat und dieser Fehler durch eine andere Person B bemerkt worden ist, sei es dadurch, dass A sich über seine Auffassung des Gegenstands, seinen Umgang damit geäußert hat, sei es, dass B den „Fehler" As direkt beobachten konnte wie beim Spielen eines Musikstücks. Und B muss aufgrund seiner Kenntnisse, seiner Fähigkeiten oder auch seiner Position (z.B. als Lehrer) in der Lage sein, den Fehler als solchen zu erkennen, und sich berufen fühlen, A zur Änderung seiner Auffassung, seines Umgangs aufzufordern. B vollzieht eine der direktiven Sprechhandlungen des Anweisens oder Aufforderns, wobei das „Müssen" in „Du musst" anzeigt, dass es hier um mehr geht als um eine Erläuterung. Es muss für B eine Umgangsweise mit dem betreffenden „ästhetischen Gegenstand" geben, die „richtig" ist und so eine Vorgabe oder sogar Norm darstellt, auf die A verpflichtet werden kann und soll – eine Implikation, die nach dem (angeblichen) Ende normativer Ästhetik alles andere als unbedenklich ist.

Gerade wegen dieser Fragwürdigkeit ist untersuchenswert, ob es im Zusammenhang auch mit „Gedichten" Fälle gibt, in denen jemand einen Leser bzw. ein Lesen von Schriftstücken kritisiert mit Äußerungen, die mit den von Wittgenstein angeführten Äußerungen vergleichbar sind, und – entscheidend – ob die Korrekturaufforderungen ohne Rückgriffe auf eine normative Poetik begründbar sind, sodass begründet von „Fehlern" bzw. von einem unrichtigen Lesen gesprochen werden könnte.

Da still Gelesenes sich der Beobachtung und damit jeder Kritik entzieht, können dies nur Fälle sein, in denen sich ein Leser (A) über seine Leseweise oder Leseergebnisse geäußert hat oder sich äußern musste, z.B. im Literaturunterricht in der Schule, im Seminar, in der Prüfung etc. (Dass auch „Lehrende" solche Kritik einholen kann, z.B. bei Bewerbungen, Veröffentlichungen und in anderen Konkurrenzsituationen, sei nur angemerkt.)

Ein Fallbeispiel:

> Ich sitze am Straßenhang.
> Der Fahrer wechselt das Rad.
> Ich bin nicht gern, wo ich herkomme.
> Ich bin nicht gern, wo ich hinfahre.
> Warum sehe ich den Radwechsel
> Mit Ungeduld?
> (Brecht 1973, Bd. 10, S. 1009)

Wenn sich nun ein Leser A über seine Lektüre so äußert, dass erkennbar ist, dass er das Ich dieser Zeilen als Bertolt Brecht identifiziert und – einige Kenntnisse der Brecht-Biografie vorausgesetzt – die dargestellte Situation z.B. in Brechts kalifornischem Exil (wie z.B. auch Walter Jens (!) in seinem Nachwort zu Brecht 1964, S. 87) lokalisiert, wird deutlich, dass A diese Zeilen als eine tagebuchartige Notiz gelesen hat. Die Schlussfrage nach den Gründen der Ungeduld ist dann nichts anderes als ein Indiz von Brechts emotionaler Befindlichkeit dort und damals; die Lektüre ist erkennbar mit der Bestimmung des biografischen Stellenwerts an ein Ende gekommen und kann dem Leser A „geglückt" (im Austin'schen Sinne) und erschöpfend erscheinen.

In einem solchen Falle kann und wird ein „Kenner" (B) (von Literatur, von Lyrik, von Brechts Gedichten) auf diese Lektüre-Beschreibung reagieren mit Äußerungen wie:

(i) Das ist ein Gedicht.

(ii) Du musst das anders lesen, das ist (nämlich) ein Gedicht.

(iii) Du musst das als Gedicht lesen.

Die Parallele zu den von Wittgenstein angeführten Äußerungen ist gegeben (und damit die gleiche Problematik). Zunächst aber verdeutlichen die Äußerungen (ii) und (iii), dass es sich auch bei (i) um einen direktiven Sprechakt (vgl. zum Komplex der Kommunikationsverben Harras/Winkler/Erb/Proost 2004) und nicht nur um eine Feststellung handelt, wobei die Diskussion um das Verhältnis von „konstativ" und „performativ" hier nicht fortgeführt werden kann noch soll. (Vgl. zu einem kritischen Überblick z.B. Robinson 2003.) Die Äußerungen (i) bis (iii) fordern zur Wahl einer anderen Textsorte auf, woraus erkennbar ist, dass die Entscheidung für eine bestimmte Textsorte gleichbedeutend ist mit der Entscheidung für eine bestimmte Leseweise: „als was" das Schriftstück gelesen wird, ist eine Entscheidung, die wiederum die Leseverfahren, die Vertextung des Schriftstücks und die Leseergebnisse bestimmt. (Dieser nachdrückliche Hinweis könnte als überflüssig erscheinen, würde nicht noch in neuesten Standardwerken wie dem Reallexikon der deutschen Literaturwissenschaft (2003) „Textsorte" v.a. als „Klassifikationsbegriff" bestimmt.)

Am Beispiel der „falsch" gelesenen Brecht-Zeilen ist offensichtlich, dass der Leser A einiges „übersehen" hat und der Kenner B einige „gute" Gründe für seine (implizite) Kritik an As Leseweise und seine Aufforderung zur Korrektur der Textsorten-Wahl anführen kann. Gegen die Lektüre als Tagebuchnotiz nämlich sprechen der – oben ausgesparte – Titel „Der Radwechsel" (nicht etwa: „Ein Radwechsel" oder „Der Radwechsel heute am 22.07.1944 bei Santa Monica"). Übersehen sind bei der „prosaischen" Lektüre der Zeilenbruch und seine Effekte, ist der Parallelismus in den Zeilen 3 und 4, sind die Oppositionen (Passivität – Aktivität; Herkommen – Hinfahren; [erzwungenes Warten] – Ungeduld) – Merkmale des Geschriebenen, die nach „gängigem Verständnis" eine andere Schreibweise, die „poetische", indizieren und damit eine andere Leseweise zumindest nahe legen (vgl. auch Weimar 1993, S. 31-34 u. 46-57).

Gegen die Aufforderung Bs, die Zeilen gefälligst als Gedicht zu lesen, könnte Leser A (und nicht nur A!) einwenden, dass hier doch deutlich eine erlebte Situation zum Schreibanlass geworden sei und in Brechts Schriften generell eindeutige Bezüge zu seiner Biografie zu beobachten seien. Wohingegen eine Lektüre „als Gedicht" eine Zumutung sei, allzu bemüht und künstlich, unnötig angestrengt bei diesen doch schlichten und allgemein verständlichen Zeilen. Außerdem sei zu fragen, wer oder was ihn, A, zu einer solch anderen und herbeigezwungenen Leseweise verpflichten könne.

A könnte sich, entsprechende Kenntnisse und Diskussionslust vorausgesetzt, durchaus auf Experten, ja Virtuosen des Lesens, Interpretierens und der Literaturkritik berufen, z.B. auf Peter Wapnewskis Urteil:

> Ein gut Teil dessen, was heute als Lyrik angeboten wird und prosperiert, ist steckengebliebene Prosa, ist Schwundform des Essays, ist Tagebuch im Stammel-Ton. (Wapnewski 1979, S. 30)

Auch ist es ein inzwischen bis zum Überdruss wiederholtes Spiel und eine nahe liegende „didaktische" Übung in Unterrichtsstunden und Seminaren, in Lehrbüchern (Weimar 1993, S. 54) und literaturkritischen Essays (Wapnewski 1979, S. 26ff.), Schriftstücke, die eindeutig „als Gedichte" verfasst sind, ohne Zeilenbruch vorzulegen und umgekehrt Schriftstücke, die nicht „als Gedichte" geschrieben worden sind, in Kurzzeilen umzubrechen und in beiden Fällen nach den Auswirkungen auf das Lesen und seine Ergebnisse zu fragen.

So hat, weil von ihm gleich noch „interpretiert", Wapnewskis „Vergedichtung" einer Reparaturrechnung im Wortsinne Schule gemacht. Die Vorlage:

> Stabilisator aus-
> gebaut und Zugstrebe vorn rechts ersetzt. Vorderachs-
> träger rechts ausgerichtet,
> Gummilager erneuert und Stabilisator
> wieder montiert.
> Bremsjoch hinten

> links ersetzt und Gelenk-
> welle links
> ausgewechselt.
> Fahrzeug optisch
> vermessen.

Die „Interpretation":

> Wer wollte, den Spielcharakter einmal abgerechnet, bestreiten, daß die Umsetzung der technisch-mechanischen Benennungsreihen, heraus aus den Prosa-Längen des DIN-Formats und dann hinein in die Willkür der kurzgebrochenen Zeilen, daß solche Transposition sinnverwandelnde Wirkung hat? „Stabilisator aus-", das ist ein vitalitätsbrechender Appell, wenn er so für sich die Einheit der Zeile behauptet. Und „-träger rechts ausgerichtet", das ist stramm und scharf und kommandiert nicht zwar die Poesie, aber den Leser. Und das „wieder montiert", einen Vers lang, hat Beruhigung in sich und – fast Trost, der indes durch das „Joch" in Bremsjoch hart konterkariert wird, [...] an Last und Kreuz gemahnt. Das erfährt dann seine Klimax im pathetischen Klang des „vermessen", der den Schlußhall setzt: eine Spur von Prometheus. (Wapnewski 1979, S. 32f.)

Und so weiter.

Fortgesetzt wird hier die gleichfalls schon etwas angestaubte Praxis, vorgefundenes Sprachmaterial, objets trouvées, in einen anderen Kontext zu versetzen und so zu „literarisieren" bzw. zu „poetisieren". Anzuführen sind in diesem Zusammenhang schon zwangsläufig Peter Handkes „Die Aufstellung des 1. FC Nürnberg vom 27.1.1968" und andere „Funde" im Band „Die Innenwelt der Außenwelt der Innenwelt" (Handke 1969). Überboten wird diese Praxis durch Wapnewskis Explikation seiner umtextenden Lektüre. Leser A könnte daraus den nicht unberechtigten Schluss ziehen, dass dort, wo anscheinend alles „als Gedicht" gelesen werden kann und die reine Willkür herrscht, nichts mehr zum Lesen-als-Gedicht verpflichte, da solche und ähnliche Schriftstücke schließlich keine „richtigen" Gedichte mehr seien, wenn ihr einziges Merkmal noch sei, dass „rechts noch Platz ist".

Der fiktive Disput zwischen A und B könnte fortgesetzt werden mit Erwiderungen Bs, die darauf hinzielen, A mangelnde Kenntnisse der „modernen" Lyrik und der Gründe für ihre Reduzierung formaler Merkmale wie Reim und Metrum vorzuhalten und As mangelnde Bereitschaft oder Fähigkeit, sich darauf einzulassen, zu tadeln.

Bemerkenswert an dieser Situation erscheint mir zweierlei:

Erstens: Bereits das Wittgenstein'sche „Du *musst*" indiziert oder schafft ein *Gefälle* zwischen dem Auffordernden B und dem „Fehler" machenden A. Denn B kann seine Aufforderung nur äußern, wenn er, zumindest nach eigener Einschätzung, über ein größeres Können und Wissen verfügt, wie mit dem betreffenden Schriftstück „richtig" umzugehen ist: ein Können, das dem „Knowing-how" bei G. Ryle entspricht, während das Wissen im Sinne des Ryle'schen „Knowing-that" B befähigen muss, sein Können zu explizieren (Ryle 1969, S. 26; 30-36). In diesem Falle: B muss in der Lage sein zu explizieren, welche Auswirkungen die Wahl der „richtigen" Textsorte „Gedicht" auf das Lesen des betreffenden Schriftstücks hat, und dies auch exemplarisch zu demonstrieren. Das aber bedeutet, dass B nicht nur in diesem einzelnen Fall, sondern generell mit Schriftstücken, die als Gedichte gelesen werden sollen, „richtig" umgehen können muss – im Unterschied zu A. Und das bedeutet: B muss auch unterschiedlichste Gedichte (als solche) lesen können, muss also die Ausdifferenzierung der Lyrik, ihre formalen Varianten, ihre Traditionen und Konventionen und damit die Geschichte der Lyrik kennen.

Ein solches Kompetenzgefälle führt dann zweitens zu einer weitergehenden Differenzierung, wenn nicht Diskriminierung:

Wer ein Schriftstück, das ganz sicher nicht als Gedicht geschrieben wurde, als solches setzt und/oder liest, gilt im schlimmsten Falle als exzentrisch, weit eher als „avantgardistisch" oder als ein souveräner Spieler. Wer dagegen solche Spiele nicht kann oder gar ausdrücklich verweigert, muss gewärtigen, als inkompetent oder gar als „banausisch" (ein Lieblingsverdikt Adornos) zu gelten.

Ersichtlich geht es bei solchen Kompetenzen nicht nur um Kenntnisse von Textsorten, Konventionen und Traditionen und um das Verfügen über Lesestrategien, sondern es geht auch um soziale Positionen und Differenzierungen, um Werthierarchien von Leseweisen, Textsorten und Kompetenzen.

Hier ist nun zu fragen, ob nicht nur der „Kenner" B Gründe für seine Aufforderung zur Korrektur der Wahl der Textsorte und Leseweise beibringen kann, sondern ob solche Gründe „aus der Sache selbst", d.h. aus der Machart von Gedichten und/oder aus den Verfahren, mittels derer sie „als Gedichte" zu lesen sind, hergeleitet werden können. Nur auf dieser Basis ist dann zu diskutieren, ob und unter welchen Bedingungen das „Lesen-als-Gedicht" mit

Recht als eine höherwertige, z.B. bereichernde Form der Lektüre gelten kann und ob auch hier aus „Fehlern" zu lernen ist.

2. Was es heißt, ein Schriftstück „als Gedicht lesen"

Vorausgesetzt, Kenner B möchte Überzeugungs- und Belehrungsarbeit leisten und A wäre ein lernwilliger Möchtegern-Leser, könnte A fragen, was *genau* er denn tun müsse, um ein „modernes" Schriftstück „als Gedicht lesen" zu können. Als gewiefter Didaktiker rät B, nicht gleich mit dem Schwierigen zu beginnen, sondern mit dem, was A einwendend ein „anständiges Gedicht" genannt hat. B wählt, der Kürze und Prägnanz wegen, Eduard Mörikes

> Septembermorgen
>
> Im Nebel ruhet noch die Welt,
> Noch träumen Wald und Wiesen:
> Bald siehst du, wenn der Schleier fällt,
> Den blauen Himmel unverstellt,
> Herbstkräftig die gedämpfte Welt
> In warmem Golde fließen.
> (Mörike 1997, Bd. 1, S. 743)

Was hier folgen muss, kann in aller Kürze zusammengefasst werden, da es *inhaltlich* in jeder Anleitung zur „Lyrikanalyse" (Binder/Richartz 1984), zu „Wie interpretiere ich ein Gedicht" (Frank, H. 1991; ähnlich Gelfert 1990) zu finden ist, wobei einzig die Reihenfolge der einzubeziehenden Gedicht-Teile, -Ebenen und -Aspekte variiert. Worin sich mein Ansatz grundlegend unterscheidet, ist die *Ausrichtung*: Es geht hier nicht um das „Verstehen", nicht um „Interpretation"; es geht auch nicht um Ergebnisse und Effekte des Lesens aus Gründen, die noch darzulegen sind, sondern es geht hier um das Lesen selbst, genauer: um den Prozess des Lesens, das Lesen als Handeln, als Performanz.

Bs Anleitungen werden wiederum die Form direktiver Sprechhandlungen haben; und sie stellen nichts anderes dar als spezifizierende Explikationen der Aufforderung „Lies dies als Gedicht" und nicht z.B. als eine „Wettervorhersage" („Nach Auflösung örtlicher Frühnebel ...") (wie in einer sehr „didaktischen" Interpretation, die ich leider nicht mehr nachweisen kann). Die Aufforderungen werden die Form haben: „Achte auf X", „beziehe Y ein", „bringe P mit Q und R in Verbindung", „stelle dir S vor" oder auch „denke bei T auch an U" etc., wobei die Aufforderungen auch in Frageform gekleidet sein können („Hast du auch an X gedacht?"). In einigen Fällen dürften sie nur vorschlagenden Charakter haben: „Hier ist es auch möglich, V mit einzubeziehen." Die Variablen X, Y, P, Q etc. stehen dabei für Elemente *und* Relationen im Geschriebenen, aber auch zu (möglichen) Außenbereichen.

Alle möglichen Aufforderungen lassen sich auf wenige Paradigmen zurückführen: (1) auf Akte des (überhaupt) *Wahrnehmens*, sind Gedicht-Schriften doch Vorgaben, die durch entsprechendes Lesen zu „ästhetischen Gegenständen" *werden* sollen und nur so zu diesen werden können (vgl. z.B. Landwehr 1993, S. 476f.); (2) auf Akte des Korrelierens, und zwar (2a) des Korrelierens von Vor-Geschriebenem und im Geschriebenen Vorkorreliertem, also schrift-intern, und (2b) die Korrelierung und Aufladung der schrift-intern herzustellenden und hergestellten Bezüge mit Bereichen außerhalb des Geschriebenen.

Mörikes „Septembermorgen" ist hinreichend bekannt und zur Genüge „analysiert/interpretiert" (vgl. Wild, R. 1982, S. 1161-1167; Kaiser 1988, S. 273ff., Wild, I./Wild, R. 2004, S. 112f.), als dass hier die Details einer (fiktiven) Belehrung durchgespielt werden müssten wie etwa die Stellung und Qualität der Reime, die rhythmischen Variationen des jambischen Grundschemas (Zeilen 2, 3 und 5 mit „schwebend" akzentuierter erster Silbe), die Assonanzen und Alliterationen, die Personifikation der Natur. Mehr könnte eine Lektüre gelenkt werden durch die Frage, wie Leser A sich die *Redesituation* vorstellt: Wer es ist, der da – versteht sich: lyrisch – „spricht", nämlich das „Du" gebraucht, und an wen sich das Du wendet (an den Leser? ein unspezifiziertes Du im Sinne von „man"? eine Selbstanrede?). Und dann in welcher Funktion? (Gewissheit? Trost? Hoffnung?) Und ist es ein eher junges, ein eher älteres Ich? (Die sonst auch und gerade bei Mörike angebrachte Frage „männlich oder weiblich" stellt sich hier, vielleicht bemerkenswerter Weise, nicht.) Keineswegs überflüssig dürften Hinweise darauf sein, dass der, der da geschrieben hat, gerade mal 23 Jahre alt war und das Gedicht im Oktober (!) 1827 verfasst hat. Gewichtiger: Biografische Kurzschlüsse sollte eigentlich schon die *poetische Schreibweise* verbieten, die eben ein „Reden" begründet und ermöglicht, das alles *unmittelbar* Referenzielle suspendieren sollte. So „redet" eben niemand, kann niemand reden außerhalb von Gedicht-Schriften. A muss lernen, dass die poetische Schreibweise das Ich der lyrischen Rede (oder: das lyrische Rede-Ich) erst *hervorbringt*.

Das Gleiche gilt für das, worüber hier die „Rede" ist: den lyrischen *Rede-Gegenstand*. Unser „Kenner" B würde mit Sicherheit A anhalten, zu beachten, dass hier für ihn, den Lesenden, den vorgesehenen Leser, zwei Szenen suggestiv entworfen (nicht: abgebildet!) werden, Szenen, die lesend vorgestellt sein wollen und sollen, damit sie anschaulich und stimmungskräftig (die neologisierende Anleihe sei verstattet) werden: die ruhig-neblige, träumerische und lese-gegenwärtige (!) Eingangsszene und eine zwar nur angekündigte, doch gleichfalls, ja gesteigert der Einbildungskraft des Lesers „Material" und Anreiz gebende, kontrastierend leuchtkräftige, „kräftige" und „warme" zweite Szene, eine Abfolge, die zu denken geben sollte. Und hier müsste B zugestehen, dass ein Bereich und Reich des nicht mehr nur (genauen) „Wahrnehmens" und „Beachtens" und „Vorstellens" beginnt, sondern ein Feld von möglichen, nicht mehr im Geschriebenen allein begründbaren Korrelierungen. Ruhe, Traum, Nebel einerseits, das als gewiss angekündigte Sehen von Bläue, Himmel, (Leucht-)Kraft, Fließen und Gold andererseits – hier öffnet sich ein Feld von nun nicht fixierbaren Bezügen, sondern von Beziehbarkeiten. Und Kenner B wäre, wenn er nicht dogmatisch sein und sich doch auch nicht im Beliebig-„Postmodernen" verlieren soll, aus Sicht einer auf den Leseakt bezogenen poetologischen Reflexion gut beraten, hier nicht nur *eine* und nur eine *bestimmte* Beziehung/Deutung vorzugeben, z.B. als neu erschriebene Möglichkeit von Naturlyrik in Absetzung von der romantischen, als Lebenssumme und Selbstvergewisserung (so vorliegende Deutungen). Mit der Kontrastierung von träumerisch-unerwecktem Zustand und einem „unverstellten" Sehen, mit dem „fallenden Schleier", der ikonografisch hoch besetzten Himmelsbläue und dem symbolgeschichtlich nicht minder aufgeladenen „Golde" (vgl. ein beliebiges Symbollexikon) können auch andere, z.B. theologische oder unorthodoxe transzendentale Bereiche angeschlossen werden: entschleierte „Wahrheiten" (eine Kontrafaktur dann zu Schillers „Das verschleierte Bild zu Sais" (Schiller 1943, Bd. 1, S. 254), das Evozierte als Bild innerweltlicher oder jenseitiger Epiphanien etc.).

Wenn B dem A das *Lesen* beibringen will (und nicht das allgegenwärtige Interpretieren(-Müssen)), und zwar das Lesen-*als-Gedicht* und von Gedichten (wieder: von Gedicht-Schriften und die Vertextung *zum* Gedicht), dann kann und darf B auf alle diese und noch weitere Bezugsmöglichkeiten verweisen und damit auf Möglichkeiten, das Geschriebene mit zusätzlichen Bedeutungen *aufzuladen* (und mit dem, was man so schön „Hintergründe" nennt). Aber B darf A auf keine einzelne dieser Deutungen und Bezüge als die (einzig) „richtige", dem „Gedicht angemessene" festlegen wollen. Im Gegenteil. Die Festlegung wäre Interpretation – und würde die Lektüre *still stellen*. Mit Nachdruck: Eine Interpretation, die Formulierung einer Deutung, ist selbst *kein* „ästhetischer Gegenstand", im Gegenteil: sie bringt ihn zum Verschwinden: das Gedicht als *Gedicht*, als sinnlich wahrgenommenen und wahrzunehmenden Gegenstand, der „ästhetisch" ja nur ist im *Prozess* der Wahrnehmung, im Prozess seiner vielfach korrelierenden Ausarbeitung im Lesen. Obwohl die „Wut des Verstehens" (Hörisch 1988) und Interpretierens allgemein grassiert, dürfte es doch schwer halten, davon zu überzeugen, die Bestimmung der „Aussage" eines Bildes könne das immer wieder erneute Betrachten, das erneute „Lesen" (!) des Bildes ersetzen. Oder ein Musikstück sei dazu da, gedeutet (und nicht gehört) zu werden. Zwar nennt man das *Spielen* eines Musikstücks, die Art seiner Aufführung „Interpretation". Doch gemeint ist damit ja eine der vielen, vielleicht uneingrenzbar vielen Varianten seiner *Vergegenwärtigung* (und keine Deutung in einer *anderen* Sprache). Was gerade nicht ausschließt, dass in der Vorbereitung und noch im Vollzug der Aufführung andere musikalische und außermusikalische Bereiche einbezogen werden. Aber dies, um der *Aufführung* Profil zu geben, um sie zu bereichern, nicht um sie zu „übersetzen". Entscheidend ist also nicht, ob und wie gedeutet wird, sondern ob der Weg vom musikalischen oder literarischen „Gegenstand" und seiner Aufführung/Lektüre einsinnig weg zur Deutung geht – oder aber über die Deutungen und Deutungsmöglichkeiten zurück zur und in die Aufführung/Lektüre führt.

Was in der Musik der „Interpret" vermittelnd tut, tut der Bildbetrachter, der Gedichtleser selbst und für sich selbst. In diesem Sinne sind dann Bildbetrachter und Leser zwar nach außen hin stille, gleichwohl höchst aktive und kreative „Interpreten" (im musikalischen Sinne) und *zugleich* deren „Publikum". Ob sie gut vorbereitete „Interpreten" und ob sie zugleich ihr eigenes wachsames und auch kritisches „Publikum" sind, dürfte über die Qualität ihrer Aufführung und ihres Erlebens dieser Aufführung entscheiden.

Worauf Kenner B in diesem Zusammenhang seinen Gedicht-Adepten A aufmerksam machen müsste, ist ein Merkmal des Lesens generell, des Lesens-als-Gedicht im Besondern. Längst darf als ausgemacht gelten, dass das

Betrachten eines Bildes kein simultanes Ereignis, sondern ein Vorgang in der Zeit ist, mit vielfachen Augenbewegungen, Wahrnehmungs-Abfolgen, Korrelierungen von Bildelementen, gelenkt von aufmerksamkeitsleitenden Vorgaben im Bild. Umgekehrt nun kann B zeigen, dass die Lektüre einer Gedicht-Schrift keineswegs eine nur einsinnig dem Ende zu verlaufende zeitliche Abfolge ist, ein nur linearer Prozess (vgl. zur Kritik der Linearitäts-These Robinson 2003, S. 37), sondern, bei entsprechender Aufmerksamkeit und Schulung, *auch* ein Prozess, der, bild-analog, einen „Raum" schafft. Am Beispiel „Septembermorgen": Das sukzessive Lesen schreitet zwar von der Nebelwelt des Anfangs zum fließenden Golde der herbstkräftigen Welt fort. Zugleich aber „bindet" der Reim „fließen" den Schluss zurück an die träumenden „Wiesen" – Auflösung einer Spannung, Einlösung einer Ankündigung. Und so wäre fortzufahren: Auch Parallelismen und Oppositionen, auch und gerade „Entwicklungen" und andere Veränderungen bedürfen, sollen sie wahrgenommen und eingearbeitet werden, des ständigen Vor- und Rückbezugs. Was dabei entsteht, ist nicht *nur* ein Text-als-Prozess, sondern auch ein Text-als-Raum. Was Gestalter von Figurengedichten und Konkreter Poesie 'immer schon' wussten.

Zu diesem Gedicht-Raum gehört nicht nur die Zusammenschau solcher im Geschriebenen vorgegebenen Teile, sondern auch das, was an Aufladungen und Besetzungen zusätzlich „von außen" einbezogen werden kann, zusammen mit Bedeutungen, Wertungen und emotionalen Färbungen, die dem Lektüreprozess und dem in ihm werdenden Gedicht ihre Wertigkeiten geben. Ja es kann umgekehrt argumentiert und demonstriert werden, dass das Präsenthalten von verschiedenen Bezugs- und Aufladungsbereichen und -mustern diesen Gedicht-Raum erst hervorbringt und präsent hält – lektüreintensivierend, eben ästhetisierend. Was so entsteht, ist eine Gleichzeitigkeit von relativ fixen Bezugspunkten und Relationen und einem höchst dynamischen Oszillieren von Relationen und Werten verschiedener Art. Mit Nachdruck müsste B zu vermitteln versuchen, dass nicht das Ankommen bei einer „Aussage" das Ziel eines „Lesens-als-Gedicht" sein kann, sondern eine Schwebe und Dynamik, die kurioserweise das Produkt einer Leseeinstellung sind und gleichzeitig zu immer neuem Lesen reizen. Das aber heißt: Obwohl niemandem eine „unendliche Lektüre" zugemutet werden kann und soll, – eine solche Lektüre kann nur abgebrochen, zu einem bestimmten Zeitpunkt als „erfüllt/erfüllend" betrachtet und beendet werden, (poeto-)logisch aber nie abgeschlossen werden.

B könnte seinem Adepten A nun zeigen, dass der Grund hierfür in der poetischen Schreibweise selbst liegt. Die diese Schreibweise bestimmenden Ordnungsmuster: im Lautlichen (Assonanzen, Alliterationen und Reime), bei der Intonation (Metrum und Rhythmus), in Zeilenbruch und Strophenform und noch in der Syntax vieler Gedichte – sie alle sind rein *formale* Ordnungsmuster und Vorkorrelierungen, die, für sich genommen, ohne Bedeutung sind. Solange andere tradierte Muster wie rhetorische Präsentationsschemata und allegorische Verfahren der poetischen Bildfindung und Bildlektüre die Schreib- und Leseprozesse vorstrukturierten und koordinierten, also bis ins 18. Jahrhundert und darüber hinaus, konnten die formalen poetischen Mittel der Vorkorrelierung als *zusätzliche* Verfahren betrachtet werden, die den Wert und die Wirkungen der so gestalteten poetischen Schriften unterstreichen und steigern, zumal diese poetischen Muster und Verfahren traditionell vorgegeben und z.T. durch die Vorgaben der präskriptiv verstandenen Poetiken geregelt waren.

Seit aber vorgängige Sinngebungsmuster im Zuge der aufklärerischen Emanzipationsbestrebungen aufgekündigt werden, werden bezeichnenderweise auch die formalen poetischen Ordnungsmuster zumindest teil- und phasenweise revoltierend verworfen wie im Sturm-und-Drang, weil sie (angeblich) der „Sprache des Herzens" entgegenstehen und das dichterische Genie in seinem subjektiven Gestaltungs- und Ausdrucks-Begehren behindern. Reimlose und metrisch nicht vorgeregelte „Freie Rhythmen" sollen jene Genie-Freiheit eröffnen. Doch sie und die phasenweise (keineswegs durchgängig!) zu beobachtenden Reduzierungen, ja Minimalisierungen von poetischen Mustern werden zu einem gleich doppelten Problem für das „Lesen-als-Gedicht".

Zum einen muss B den nun schon sehr geforderten A darauf hinweisen, dass in Gedicht-Schriften die Partikeln und Konjunktionen, die logische Relationen herzustellen erlauben, „immer schon" fehlen oder auf ein Minimum reduziert sind. Verkürzt: Gedichte tendieren zum Asyndeton, zum bloßen Nacheinander, zur Parataxe (vgl. Adorno 1981, S. 447-491). Eine kleine, aber durchaus exemplarische Aufgabe:

In Marie Luise Kaschnitz' Gedicht „Gennazano am Abend" (1965, S. 154) stehen die Zeilen (5-7):

> Hier stand ich am Brunnen
> Hier wusch ich mein Brauthemd
> Hier wusch ich mein Totenhemd.

Als was ist dieses Nacheinander von Braut- und Totenhemd zu lesen? Als eine Aufzählung („und"), ein gleichzeitiges Waschen? Oder eine – wie lange? – unterbrochene Abfolge? Oder gar – kühn – als Identität von Braut- und Totenhemd?

Das durch keine grammatikalischen Signale, durch keine vorgegebene Logik verbundene Neben- und Nacheinander von Satzteilen, Szenen und Sprachbildern in einem Teil der „modern" genannten Lyrik entspricht auf bedenkenswerte Weise den Mustern, wie sie Freud für die „Logik" des Träumens herausgearbeitet hat, mit dem Kuriosum, dass Freud die „Dichtersprache" bemüht, um die Traumsprache zu erläutern (vgl. Freud 1999, S. 345f. u. 671f.), und ich hier B das Umgekehrte tun lasse. Gleichviel: Das bloße Nacheinander in Träumen und Gedichten, in Gedichten und Träumen kann letztlich *jede* logische Relation „ausdrücken" (oder als deren Ausdruck gedeutet werden). Wie es nach Freud im Traum keine (Traum-)Zeichen für Kausalität, Alternative, Ähnlichkeit, ja noch nicht einmal für die Negation gibt (Freud 1999, S. 319-327), wird auch Neben- und Nacheinander-Gestelltes in „modernen" Gedicht-Schriften zum Problem einer Lektüre, die auf logische Stimmigkeit gerichtet ist. Oder umgekehrt: Diese logische Unbestimmtheit macht viele „moderne" Gedicht-Schriften zu Rätseln. Ein wiederum der Kürze und Prägnanz wegen gewähltes Beispiel: Brecht (1973, S. 1012f.):

> Tannen
>
> In der Frühe
> Sind die Tannen kupfern.
> So sah ich sie
> Vor einem halben Jahrhundert
> Vor zwei Weltkriegen
> Mit jungen Augen.

Hier muss nun A alles „verkehrt" erscheinen. Was als unbedingt und dauernd gültige Feststellung über die Farbe der Bäume beginnt, erweist sich als vergangene und subjektive Sehweise, ja als Zitat dieser Sehweise. Das Rätsel aber ist, weshalb nach 50 Jahren und zwei Weltkriegen dem Gedicht-Ich eine solche Sehweise nicht mehr möglich oder angebracht sein soll.

Das Nacheinander von „Vor einem halben Jahrhundert/Vor zwei Weltkriegen" kann als ein Identisch-Setzen gelesen werden und zugleich als Klimax: „Was für ein halbes Jahrhundert, in dem ...!" Und nach diesem Erleben ist dann die Sehweise „mit jungen Augen", die Naivität des Blicks dahin? Doch weshalb dafür gerade das Sehen von am Morgen „kupfern" erscheinenden „Tannen"? Richtet sich die Distanzierung gegen das (poetische) Metaphorisieren von Natur, von Natur-*Eindrücken*? Oder sind die *Bäume* der naive und daher fragwürdige Gegenstand der Aufmerksamkeit? Hätte der Blick gerichtet werden müssen auf Kriegsverursachendes, auf Gesellschaftliches und Politisches? B könnte hier auf Beziehbarkeiten im Werk Brechts verweisen, z.B. auf das Gedicht „An die Nachgeborenen" (1973, Bd. 9, S. 7-23), Zeilen 6-8:

> Was sind das für Zeiten, wo
> Ein Gespräch über Bäume fast ein Verbrechen ist
> Weil es ein Schweigen über so viele Untaten einschließt.

– ein Bezug, der möglich, aber durch nichts ausgewiesen ist.

Oder liegt alles an dem Attribut und Wörtchen „kupfern", das alle Unschuld verloren hat nach zwei Weltkriegen mit Kupfer als kriegswichtigem Metall? Oder all diese Möglichkeiten zusammen und zugleich, diese sechs Zeilen ein – exemplarisches – Lebensbild, ein Geschichtsbild mit weitreichenden Anknüpfungsmöglichkeiten, zugleich eine poetologische Reflexion („Darf man noch Naturlyrik schreiben, wenn ...?"). Dies alles aber nur, muss A lernen, wenn diese Zeilen „als Gedicht" gelesen werden. Wenig Poetisches nötigt dazu, muss aber wahrgenommen und einbezogen werden: Der Titel, der Zeilenbruch, ein formaler (Zeilen 4 und 5) und ein semantisch herstellbarer Parallelismus (Anfangs- und Schlusszeile), ein zunächst rätselhaft-offenes Nach- bzw. Nebeneinander von Satz- bzw. Äußerungsteilen.

Hier ist Bs Belehrung wieder am Ausgangspunkt angekommen, und A kann nun, gewitzt, einwenden, das zweite Problem des „modernen" Lesens-als-Gedicht formulierend: In den „anständigen" älteren Gedichten seien eine Fülle von Vorgaben und Vorkorrelierungen gegeben, die nur aufzugreifen und, ihnen folgend, aufzufüllen seien, während bei solch „modernen" Gedicht-Schriften der Leser wenn nicht alles, so doch das meiste zu leisten habe. Hier kann B nicht widersprechen. Im Gegenteil: Er muss nicht nur zugestehen, dass dies so ist, sondern dass es der Folie jener „alten", überstrukturierten Gedicht-Schriften und des erfahrenen Umgangs mit ihnen

bedarf, um die „modernen" Gedicht-Schriften entsprechend, wenn man will: „richtig/
angemessen" zu lesen und lesen zu können. Denn nur auf dieser Folie konnten sich es die „modernen" Poeten leisten, die poetischen Merkmale weitgehend, ja bis zum Minimum des Zeilenbruchs zu reduzieren. Wer jene „modernen" Gedicht-Schriften, die so simpel erscheinen können wie z.B. Brechts „Tannen", „als Gedicht" lesen will (oder „muss"), muss geschult sein im Lesen jener anderen, „traditionellen", d.h. in hohem Maße vorkorrelierten Gedicht-Schriften, denn nur an ihnen kann man jene Intensität der Wahrnehmung, der Aufmerksamkeit und der Beziehungsarbeit lernen, deren man gerade bei nur minimal vorstrukturierten Gedicht-Schriften bedarf.

Und damit werden, wie B nun zeigen kann, Gedicht-Schriften relativ unabhängig vom Maß ihrer Vorkorreliertheit einander wenn nicht gleich, so doch stark angenähert durch die *Lektüre*, durch das intensive Lesen-als-Gedicht. Gilt es bei den hoch vorkorrelierten Gedicht-Schriften, die Vielzahl der verschiedenen Vorgaben aufzugreifen und zu einem dann hochkomplexen Text zu verweben, ist es in den schwach bis minimal vorkorrelierten Gedicht-Schriften der *Mangel* an Vorgaben, sind es die Leerstellen und Unverbundenheiten, die zu Aufgaben für die Lektüre werden.

In beiden Fällen, verallgemeinert: in allen Schriftstücken, die „als Gedicht" gelesen werden sollen, stellt daher das Geschriebene Vorgaben für die Lektüre dar, und diese Vorgaben sind immer *Aufgaben für die Lektüre*. Zwei reimende Wörter fordern implizit auf: „Beziehe uns aufeinander (und zwar nicht nur lautlich, sondern auch semantisch)"; zwei asyndetisch gereihte, aber parallel konstruierte Zeilen fordern implizit dazu auf: „Finde eine logische Relation, die unserem Neben- und Nacheinander einen Sinn gibt." Das aber heißt: Die Vorgaben des Geschriebenen sind „Inzitive" im Sinne Morris' (vgl. 1981, bes. S. 90-192), nämlich Anreize zur Lektüre, zur 'Arbeit' mit ihnen; und sie sind *implizite Performative*, nämlich Direktive, die nun nicht nur zu einem allgemeinen Lesen-als-Gedicht auffordern, sondern je nach ihrer Art und ihrer Stellung im Geschriebenen ganz *bestimmte* Aufgaben vorgeben und damit zu ganz *bestimmtem* Lesehandeln auffordern. Oder in traditioneller literaturwissenschaftlicher Formulierung: Es ist die „Form" des Geschriebenen selbst, die dazu auffordert: „Lies mich als Gedicht und verwende meine Vorgaben als Aufgaben für dein Lesen-als-Gedicht."

Wenn A bis zu diesem Punkte seinem Mentor B zu folgen bereit war, kann ihm nun aufgehen (oder von B erklärt werden), dass explizite Anweisungen wie „Das musst du als Gedicht lesen" oder auch implizite Anweisungen wie „Gedicht(e)" als Titel oder Untertitel von Einzelschriften, Sammelbänden und Feuilleton-Rubriken nichts anderes formulieren als das, wozu die „Form", die Machart des Geschriebenen *selbst* die unausdrückliche, aber demonstrative Anweisung gibt – im Rahmen von entsprechenden Konventionen. Es ist diese *Form-Vorgabe*, die das „muss" in „Du musst dies als Gedicht lesen!" begründet.

Weil aber diese Form-Vorgabe unausdrücklich ist, können hier (wie bei A) Verwechslungen und Fehlzuordnungen vorkommen aufgrund mangelnder Kenntnisse, aber auch – vor der Folie der Konventionen des 'trainierten' Lesens-als-Gedicht – jene willkürlichen Umdeutungen und Setzungen, die früher einmal provozieren sollten und konnten.

Entscheidend in diesem Zusammenhang ist, dass das Performative in *doppeltem* Sinne vorkommt: (1) das Performative als (implizite) Aufforderung (zum Lesen-als-Gedicht) und (2) die Aufforderung *zu* Performativem, zur „Performance/Performanz", hier im Sinne des Lese-Handelns, des Aufgreifens der vor-geschriebenen Vorgaben als Aufgaben für die Lektüre und die – kreative – Ausführung dieser Aufgaben.

Bei diesem Gebrauch der Begriffe 'Performatives', 'Performance', 'Performanz' liegt der Einwand nahe, dass hier verschiedene Gebrauchsweisen bzw. die Gebrauchsweisen in verschiedenen Disziplinen (Linguistik versus Ethnologie/Kulturwissenschaft) begriffsspielend vermischt werden. Dagegen kann argumentiert werden: Die Anwendung des Begriffs 'performativ' auf Formen des Sprechens, des Sprech-Handelns, ist, bei allen fachspezifischen Zusatz-Bestimmungen, nichts anderes als eine *Unterform* unter den Formen des kulturellen Handelns, die in den Kulturwissenschaften als 'performativ', als 'Performances' bezeichnet werden.

Zwar ist auch und gerade das Lesen-als-Gedicht unbestreitbar ein *sprachliches* Handeln und ein *Handeln* mit Sprache, aber es ist kein *Sprech*-Handeln, sondern ein eigener Handlungstyp, dessen Profil noch genauer zu bestimmen ist, zumal sich in Fragen der Ausrichtung, der Ziele und damit des Wertes dieser Handlungsform zwei 'Schulen' gegenüber stehen, von der die eine (und noch immer dominierende) Richtung die längst erhobenen Einwände der anderen Richtung schlicht nicht zur Kenntnis nimmt – aus Gründen, die nun gerade nicht „in der Sache selbst" begründet sind: weder in den poetischen (und im Weiteren: literarischen) Schriften noch in deren Lektüre(n). Die Alternative ist nicht gleich-gültig, hier ist Position zu beziehen.

3. Das Lesen-als-Gedicht als Performance, Mimesis und Inszenierung: Sympoiesis oder „Der Weg ist das Ziel"

Wenn das bisher Skizzierte seinen Grund „in der Sache selbst" haben sollte, dann unterscheidet sich das Lesen-als-Gedicht grundlegend von anderen Formen des Lesens: von einem Lesen, das „etwas wissen", das *Informationen* einholen will; von einem Lesen, das auf ein *Verstehen* ausgerichtet ist (eines Schriftstücks, eines Autors in welcher Hinsicht auch immer, einer historischen Gemengelage, einer „Tradition" (Gadamer 1975, S. 265-269 u.ö.) oder auch von historischen Brüchen); von einem Lesen, das 'beschäftigt' sein will, das der *Unterhaltung*, dem Zeitvertreib dienen soll; einem Lesen schließlich, das zu einem Ende kommen will, das *zielgerichtet* ist.

Worin die Unterschiede bestehen könnten und sollten, ist an einer nun gerade nicht 'einfachen' Gedicht-Schrift zu exemplifizieren: an Paul Celans „Du liegst" (1983, S. 334), gleichfalls vor-interpretiert in unterschiedlichen Zugangsweisen mit unterschiedlichen Zielen. (Vgl. das Fragment Szondi 1978, S. 390-398; ferner Janz 1976, S. 190-200; Krämer 1979, S. 164-170.)

> DU LIEGST im großen Gelausche,
> umbuscht, umflockt.
>
> Geh du zur Spree, geh zur Havel,
> geh zu den Fleischerhaken,
> zu den roten Äppelstaken
> aus Schweden –
>
> Es kommt der Tisch mit den Gaben,
> er biegt um ein Eden –
>
> Der Mann ward zum Sieb, die Frau
> mußte schwimmen, die Sau,
> für sich, für keinen, für jeden –
>
> Der Landwehrkanal wird nicht rauschen.
>
> Nichts
>   stockt.

– eine Vorlage, in der es an Aufgaben nicht fehlt, deren Rätselcharakter wohl unbestreitbar ist. Hier kann und muss sich das „Lesen-als-Gedicht" bewähren.

Ein Weg wäre, die Informationen einzuholen, die zur Entstehung dieser Zeilen, zur syntaktischen und parataktischen Zusammenstellung dieser Elemente geführt haben. 'Elemente' meint hier: Sätze und Satzteile, die grammatikalisch durchaus 'wohlgeformt' und, *einzeln* gelesen, zum großen Teil 'verständlich' sind. Irritieren mögen zunächst einige Neologismen (Zeilen 1-2) und ungebräuchliche Wendungen (Zeilen 7-8). Blockierend für ein 'normales Verstehen' ist vor allem die Abfolge von 'Äußerungen' (?) bzw. von Sätzen, die – zunächst – keinen logischen Zusammenhang zu haben scheinen.

Die bei einer *so* gerichteten Lektüre interessierenden Informationen stehen für diese Gedicht-Schrift – zufällig – zur Verfügung. Peter Szondi hat Paul Celan bei seinem Berlin-Besuch im Dezember 1967 begleitet, und so sind Entstehungszeit, im Nachhinein getilgte Überschrift („Wintergedicht"), Lokalisierung und Datierung („Berlin, 22./23.12.1967") und Widmung („Hommage für Peter Huchel") ebenso bezeugt wie die gemeinsame Fahrt durch Berlin: Spree, Havel, Plötzensee, Weihnachtsmarkt-Besuch, Übernachtung Celans in der Akademie der Künste mit Blick auf den verschneiten Tiergarten und abendliche Lektüre ... (zu Details vgl. Szondi 1978, S. 390-398). Sind damit die Rätsel dieser Zeilen gelöst, ist die Logik ihres Zusammenhangs gefunden?

Szondi selbst betont: Eine solche Reduktion auf die „Kenntnis des biographisch-historischen Materials" negiere die alles andere als 'zufällige' *Auswahl* aus dem dort und damals von Celan Beobachteten und Erlebten, vor allem die „eigene Logik des Gedichts" (Szondi 1978, S. 395), sodass eine Zuflucht beim Biografischen nichts anderes sei als „Verrat am Gedicht" (ebd., S. 396). Die Umkehrung: Alles Material erfahre auf dem „Weg von den realen Erlebnissen zum Gedicht" eine „Verwandlung" zur „kunstvollen Konstellation", die eine Rückführung auf die Materialien verbiete; vielmehr gelte es, den „Vorgang dieser Kristallisation nachzuvollziehen" (ebd., S. 392).

„Verrat am Gedicht" einerseits, „Konstellation", „Kristallisation", „eigene Logik" andererseits sind emphatische Aussagen. Und doch belegen Szondis Zeugnisse und Urteile einen Weg von der *noch* tagebuchartig rückgebundenen Niederschrift zum Gedicht, das dann, wenn man nun von diesem auktorialen Umwandlungsprozess dank Szondi weiß, in der Tat eine *andere* Lese-Aufgabe stellt. Es hätte freilich dieses Umweges nicht bedurft. Im Gedichtband und als referenzlose Gedichtschrift publiziert, *sind* die Aufgaben andere. Und sie sind (vor-)geschrieben.

In weitestmöglicher Abkürzung: 'Getragen' wird das Vor-Geschriebene von einer Sukzession von Sprechhandlungen in einer großteils nachvollziehbaren Abfolge: Auf eine Anrede, die einen Zustand konstatiert (Zeilen 1-2), folgt die Aufforderung, bestimmte Orte aufzusuchen (Zeilen 3-6), daran schließt die Beschreibung einer Wahrnehmung auf diesem Weg an (Zeilen 7-8). Die Zeilen 9-11 durchbrechen diesen Ablauf in jeder Hinsicht: temporal (Präteritum), stilistisch-poetisch („ward" und dazu hart entgegengesetzt der Reim „Frau – Sau") und logisch (Zeile 11 – was gilt?). Eine merkwürdige, da 'eigentlich' selbstverständliche Prognose (Zeile 12) und ein 'zerbrochenes' Fazit beschließen die Gedicht-Schrift – formal zwar durchaus im Gewohnten (Ausgangslage – Auszug mit Komplikation/Konflikt/Konfrontation (?) – Endlage und Fazit), inhaltlich dagegen zunächst rätselhaft. Das Zusammengestellte läuft in seiner Bruchstückhaftigkeit und Heterogenität jeder vorgängigen Logik, jeder eingespielten Anordnung von Wissensbeständen, jeder „Topik" zuwider. Es bedarf großer Bereitschaft und entschiedener Beziehungsarbeit von Lesern, hier Beziehungsmöglichkeiten zu erarbeiten.

Einige Klammern sind vorgegeben: paradigmatisch die Gewässernamen Spree – Havel – Landwehrkanal (die topografisch „Berlin" umstellen) und – bei entsprechendem Vorwissen – die „Fleischerhaken" *auch* als Bezug auf (die NS-Hinrichtungsstätte) Plötzensee lesen lassen. Zugleich sind die Fleischerhaken lesbar als erste Signifikanten einer Gewalt, die im nur scheinbar harmlosen Reim „Äppelstaken" (Holzreifen mit Spitzen, auf die Äpfel gesteckt werden) doch etymologisch präsent ist und dann im durchsiebten Mann, in der brutal entwerteten Sau-Frau und ihrem Schwimmen-Müssen kulminiert.

Die Zusammenstellung erschossener Mann – geschmähte und ins Wasser geworfene Frau – Landwehrkanal, verbunden mit den „Fleischerhaken", lässt es zu, ein Paradigma „politische Morde" beziehend herzustellen: die Ermordung Karl Liebknechts und Rosa Luxemburgs 1919, der Verschwörer des 20. Juli 1944 in Plötzensee: Berlins 'geschichtsträchtige' Orte, eine „Topografie des Terrors" schon hier. Und dies durchquert vom „Tisch mit den

Gaben", der zusammen mit den „Äppelstaken" auf Weihnachten bezogen werden kann und dann, gelesen zusammen mit „Eden", Ausgangs- und ersten Höhepunkt christlicher Heilsgeschichte indiziert. Die ausgesparte Fortsetzung würde dann zu Karfreitag (und evtl. Ostern) führen, – eine höchst signifikante Leerstelle, die gleichwohl als *markiert* gelesen werden kann im noch zeitnahen *politischen* Märtyrertum einer nun menschlichen Unheilsgeschichte, die Opfertode verzeichnet „für sich, für keinen, für jeden". Auf weitere Korrelierungs*möglichkeiten* in dieser Gedichtschrift wie „Eden – Mann – Frau", „Eden – Schweden", idyllisch-ruhiger und zugleich angespannter Anfang und das gleichsam naturgesetzliche Weitergehen der Geschichte (?) am Schluss sei hier nur verwiesen; sie wären lesend zu bedenken. Hinzu käme das Wissen über die von der Forschung erschlossenen Zitate (ein Gerichtsprotokoll für die Zeilen 9-10 (Hannover-Drück/Hannover 1967, S. 99 u. 129, vgl. Szondi 1978, S. 393f.)), in den Zeilen 12-24 ein 'verkehrtes' Zitat von Luciles Verzweiflungsmonolog in Szene IV, 8 von Büchners „Dantons Tod" (1980, S. 67), kämen die Hinweise Szondis und in den Interpretationen dieser Gedicht-Schrift.

Jedoch lauert gerade hier die Falle des Rätsel-Lösens. Selbstredend lassen sich Beziehungen herstellen und so mit Bedeutungen füllen und untereinander verbinden, dass das Neben- und Nacheinander in der Gedichtschrift zu einer Abfolge wird, die als solche „Sinn macht" und sich in vorgängige Logik einfügt. Was Szondi als „Skandalon" bezeichnet (Szondi 1978, S. 395), nämlich die „zweifache Motivverknüpfung" der politischen Morde bzw. Hinrichtungen mit dem Weihnachtsmotiv, ist, so bezeichnet, schon kein Skandalon mehr, zumal wenn Szondi in solcher Verschränkung Celans „Grunderfahrung" der „In-Differenz" sieht hinsichtlich der „Gegensätze dieser Welt. Sie waren ihm keine". (Szondi 1978, S. 397) Ja *für* die „skandalöse" Verschränkung lassen sich triftige Gründe und Vorbilder genug anführen: Die Stilisierung politisch motivierter Hinrichtung zur „imitatio Christi", zur legendarischen Heiligenvita ist gerade literarisch nichts Neues (vgl. Gryphius „Carolas Stuardus" (Gryphius 1964), Schillers „Maria Stuart" (Schiller 1948) etc.); den Tod für eine politische Überzeugung mit dem Sterben für seinen Glauben, den göttlichen Auftrag ins – zudem unausdrückliche – Verhältnis zu setzen, ist nicht nur plausibel, sondern im Begriff des jeweiligen „Martyriums" längst gängige Sprachmünze.

Bekanntlich bedarf es nur einiger korrelierender Umwege und Spitzfindigkeiten, und jede offene und zunächst noch so widersinnig erscheinende Zusammenstellung lässt sich plausibel interpretieren, wie es ja auch Chomskys – vermeintlichem – „Unsinnssatz" mit den „colorless green ideas" erging (Chomsky 1969, S. 189; vgl. zur Diskussion u.a. Hörmann 1978, S. 62 u.ö.). Unstrittig vermitteln viele Interpretationen neue Sehweisen und Bezugsmöglichkeiten. Aber das Interpretieren *als solches* krankt daran, dass es gar nicht anders kann als das Spannungsvolle, Sperrige, widersinnig Erscheinende zwischen den Einheiten des Gedichts aufzuheben, indem es sie „übersetzt" (vgl. lat. „interpretari") in die *andere* Sprache der Interpretation. Das Ungeschriebene in der Gedicht-Schrift wird sprachlich gefüllt, so dass die Beziehungsmöglichkeiten (und impliziten Beziehungsaufgaben) als „Bezüge" mit bestimmten Werten festgeschrieben werden müssen. Nicht dass die Interpretation das Ästhetische an ihren „Gegenständen" übersetzend aufheben muss, ist das hier Entscheidende, sondern dass sie sie überhaupt zu *Gegenständen* macht. Was nämlich im „Verstehen"(-Wollen), im Gedeuteten blockiert und damit unmöglich gemacht wird, ist das *fortgesetzte Lesen*: das Lesen-als-Handeln, die Lektüre als *Performanz*. Die Interpretation ist aus dieser Sicht die Überführung des Performativen ins Konstative. Ein ständig sich Wandelndes kann nicht beschrieben, nicht verortet werden. So ist die Voraussetzung der Interpretation die Sistierung des Prozesses zur Struktur, des Lesens-als-Gedicht zum „fertigen" Gedicht.

Ein fortgesetztes Lesen-als-Gedicht bedeutete im Falle von Celans „Du liegst" ein fortgesetztes In-Szene-Setzen, und zwar auf allen „Ebenen". In wiederum sehr abkürzender Skizze:

Imaginativ präsent zu halten wäre die lyrische Sprechsituation, die Schwebe zwischen auffordernder Anrede an ein unbestimmtes Du oder an den jeweiligen Leser und ermahnende Selbstanrede, die Aufforderung, einen imaginierten Weg (und nicht erinnerten Weg, wie bei Szondi nahegelegt) zu gehen und bei Verstörendem zu enden.

Lesend zu imaginieren ist dieses Gehen von Station zu Station, von historisch hoch beladenen Orten zum erschreckenden Zitat und zum 'verkehrenden' Schluss, der auch einen Appell anklingen lässt im abgesetzten „stockt".

Und als ein Bild-aus-Sprache zu *sehen* wäre der „Raum", in dem Gegensätzliches und Gleichsinniges, Unvereinbares und Widersinniges zusammengestellt sind, deren Gegen- und Miteinander aufrecht zu erhalten wäre in einer nicht nach Auflösung drängenden Spannung, die das Textgebilde bewegt – und den Leser.

Ein Lesen, das nicht auf ein Ende, auf ein „Ergebnis" ausgerichtet ist, sondern wie das Betrachten eines Bildes dieses und sich selbst wahrnehmen und erfahren will, bedeutet so bei Gedicht-Schriften ein Inszenieren-als-Performanz.

Das Aufstöhnen interpretierender Zuchtmeister ist an dieser Stelle (spätestens) gewiss: „Das öffnet der Willkür Tür und Tor!" Welch abenteuerliche Assoziationen Celans Gedicht auszulösen vermag, hat manche Seminarbesprechung gezeigt. Hier ist an eine auch längst bekannte, freilich eine auch wiederum ein anderes Ziel verfolgende Anleitung zu erinnern: an Adornos Mimesis-Konzept. Längst zu verabschieden sind dabei mehr oder minder 'naive' „Nachahmungs-" oder gar „Widerspiegelungs"-Vorstellungen, die etwas (literarisch) Dargestelltes zu etwas „in der Welt" in ein (Abbildungs-)Verhältnis setzen wollten. Dass Mimesis ein Handeln ist, das „das Objekt ihrer Nachahmung selbst erzeugt" (Iser 1991, S. 492), und das, was sie „nachahmend" erzeugt, ein *Handeln* ist, lässt Iser mit Ricoeur zu dem Schluss kommen, dass Mimesis „eine Handlung über das Handeln" sei und so „Mimesis selbst zum Repräsentanten der Performanz wird." (Iser 1991, S. 494f.) Adorno hatte schon in der „Frühen Einleitung" zu seiner „Ästhetischen Theorie" diesem Handlungscharakter der Mimesis eine grundlegende Funktion in der Befassung mit „Kunstwerken" gegeben. Abgekürzt: Mimesis bedeutet hier, sich im zweiten Schritt eines dreistufigen Prozesses der „Logik der Kunstwerke" „selbstverneinend" anzugleichen, also gerade nicht die eigenen zufälligen und dem Kunstwerk äußerlichen Assoziationen und Logiken diesem überzustülpen (Adorno 1970, S. 514f. u.ö.). Vieles in Adornos von Emphase und Kritikpathos gekennzeichneter Konzeption mag heute sehr vergangen anmuten und führt in eine Richtung, der ich hier gerade nicht das Wort reden möchte: zur zweiten, kunstwerk-geleiteten Reflexion (vgl. Adorno 1970, S. 521f.). Des Erinnerns und Bedenkens wert aber scheint mir, dass es künstlerische, dass es poetische Vor-Schriften gibt, die so gestaltet sind, dass ihre Komposition gerade nicht uns bekannten Mustern folgt – und die gerade darum des Sich-Einlassens wert sind. Ihre Widerständigkeit wird dann zur – implizit performativen – Herausforderung, sich ihnen zu stellen, sich ihrer fremden Logik „mimetisch" anzunähern. Was dann bedeutet, zur vorgegebenen Zusammenstellung eine Logik zu (*er-*)*finden*. Diese andere

Logik wird den eigenen vertrauten Logiken zunächst entgegenzusetzen sein. Indem sie probeweise durchgespielt wird, kann daraus ein Mitspielen werden, das dann die vorgängigen Muster in Bewegung setzt. Der Lesende bringt so selbst das Neue mit hervor. Und dadurch wird der so Lesende zum Ko-Autor, sein Lesen ist *Sympoiesis*, kreative Performanz und performative Kreativität.

Wer aber soll all das wissen, womit uns z.B. Celans „Du liegst" anspielend, zitierend, variierend konfrontiert? Ist das Ziel der Befassung nicht die (fachwissenschaftliche oder didaktisch vorschreibende) Interpretation, sondern die zugleich sich angleichende und entfaltende Lektüre, dann ist die Form, erweiterndes Wissen einzubringen, der *Kommentar*. Besser: Kommentare in zweifacher Ausrichtung. Die eine Form wäre ein 'formaler' Kommentar, der nichts anderes zu vermitteln hätte als auf Vorgaben im Geschriebenen *aufmerksam* zu machen. Der andere, der 'materiale' Kommentar hätte all das zur Verfügung zu stellen, was Lesenden zur Aufladung und Anreicherung ihrer fortgesetzten Lektüre dienen könnte (nicht: muss): Anspielungen, Zitate, Hintergrundinformationen, kurz: *mögliche* (Ein-)Beziehbarkeiten. (Zu Details vgl. Landwehr 1996, S. 28-30.) Denn es bedarf einer nur schlichten Überlegung: Wer alles möglicherweise 'Relevante' in *eine* Lektüre einzubeziehen versuchte, würde ebenso eine „kombinatorische Explosion" (Eisenberg 1980, S. 813) und das Kollabieren der Lesbarkeit erleben wie jemand, der versuchte, alles, was man 'eigentlich' wissen müsste, sich anzueignen. (Zu einem bis zum Absurden getriebenen, aber wohl nicht ironisch gemeinten Katalog für Celans Gedichte vgl. Lyon 1988.) Lesen muss auslesen.

Es bedurfte ersichtlich nicht des „performative turn" in den Kulturwissenschaften der 1990er-Jahre (vgl. z.B. Martschukat/Patzold 2003, Fischer-Lichte 2003), damit (literarisches) Lesen, Mimesis und (Lese-)Inszenierung als Handeln, als „performativ/Performance/Performanz" begriffen wurden. Erinnert sei an Sartres Diktum „Lesen ist gelenktes Schaffen" (Sartre 1969, S. 28f.; Sartre 1979, S. 79), an eine prägnante Formulierung Manfred Franks: „Der Text [? genauer: das Geschriebene] liefert die Partitur: der sie aufführen wird, ist nicht der Autor, sondern der Leser." (Frank, M. 1979, S. 62). Hier könnte eine sehr umfängliche Zitat-Sammlung ähnlicher Ausrichtung folgen. Worin sich mein Plädoyer unterscheidet, ist das *Ziel*. Es geht nicht um das/ein „Verstehen", es geht um das „Aufführen", um ein Lesen-*Können*, Lesen-Wollen und im skizzierten Sinne Lesen-Dürfen: ergebnisoffen und unkontrollierbar.

Damit aber ist aus dem „Du *musst* das als Gedicht lesen" ein „Wenn du das als Gedicht liest (und dabei dies und jenes tust), dann ..." geworden, aus der Aufforderung ein Versprechen, das Versprechen der Erfahrung von Neuem und einer neuen Erfahrung.

4. Zwischen Erwartungsdruck und Utopie

Zugegeben, ein solches Verständnis des „Lesens-als-Gedicht" dürfte kaum „normalen" Gedicht-Lektüren entsprechen. Ein solches Lesen ist nicht „naturwüchsig", es lernt sich nicht von selbst noch nebenbei. Soll nämlich ein solches Lesen-als-Gedicht „glücken" (im Sinne Austins), bedarf es ersichtlich der Leseerfahrung und des Könnens von „Kennern", wenn nicht von Experten. Was mit – schon antiquierter – Emphase als ein emanzipierendes Lesen von Gedichten angepriesen wird, verkehrte sich dann in sein Gegenteil. Die den Gedicht-Schriften unterstellte, vom „Kenner" formulierte Anforderung eines hochkomplizierten Lektüreprozesses entlarvte sich dann als ein ziemlich perfider Erwartungsdruck, da das geforderte Können zwar angeleitet, aber doch nur eigenständig anwendend und zeitaufwändig zu erarbeiten ist. Damit kann die Beherrschung dieser Leseform zum Mittel kultureller und sozialer „Differenzierung" (oder Abgrenzung) werden, zum „symbolischen Kapital" und zu einem der „feinen Unterschiede" nach Bourdieu (1987; 1979, S. 335-357), zu einem Sektor nun eines „Herrschafts-*Könnens*", zu einer „Kompetenz", die zum Kriterium der Auswahl, ja der Erwählung gebraucht (oder missbraucht) werden kann.

Doch genau das dürfte mit diesem – zugegeben: idealisierenden – Modell des Lesens-als-Gedicht nicht gelingen. Ein Handeln, das seine Regeln und seine Logik im Handeln (er-)findet, korrigiert, kombiniert, reflektiert, spielerisch variiert und situativ ändern können muss; Prozesse, die vom immer besonderen, wenn nicht einmaligen *Zusammenspiel* von Subjekt und Objekt bestimmt sind (und somit unbestimmbar sind), Verläufe, die kaum beschreibbar, gewiss nicht festlegbar sind, und „Ergebnisse", die, expliziert, vielleicht interessant und anregend, aber für das *Vollzogene* schon wieder irrelevant sind, – sie alle taugen nicht für soziale Auslese.

Gerade als hoch gehängtes Postulat verweist der Entwurf auf etwas anderes: auf mehr als 2500 Jahre Lyrik, auf eine Fülle von Möglichkeiten, die Vorgaben zu „spielen", die Aufführungsvielfalt von Geheurem und Ungeheurem zu erproben, Nahes und Befremdendes zu inszenieren, kurz: selbsttätig Möglichkeiten und Gedicht-„Lebenswelten" zu erschließen, ein „learning by doing", zu dem es „PISA" nicht gebraucht hat.

Zugegeben, da spuken sie noch: Roland Barthes mit seiner „Lust am Text" (1996; zuerst 1973), Susan Sontag mit ihrem Plädoyer in „Gegen Interpretation": „Statt einer Hermeneutik brauchen wir eine Erotik der Kunst." (1982, S. 22; zuerst 1964). Zu dieser Antiquiertheit bekenne ich mich gerne; was dort z.T. nur Programm und Slogan war, sollte hier in einer Variante skizziert werden. Was beizutragen war, ist eben auch das Erinnern an jene „Utopien".

'Gedicht' und Gedichte *sind* implizite Performative: unvorgreifliche Versprechen einer unvorgreiflichen Performanz.

5. Literatur

Adorno, Theodor W. (1970): Ästhetische Theorie. Frankfurt a.M.

Adorno, Theodor W. (1981): Parataxis. Zur späten Lyrik Hölderlins. In: Adorno, Theodor W.: Noten zur Literatur. Frankfurt a.M. S. 447-491.

Aristoteles (1982): Poetik. Stuttgart.

Austin, John L. (1962): How to Do Things with Words. Cambridge, MA. [Dt. (1972): Zur Theorie der Sprechakte. Stuttgart.]

Austin, John L. (1985): Ein Plädoyer für Entschuldigungen. In: Meggle, Georg (Hg.): Analytische Handlungstheorie. Bd. 1. Frankfurt a.M. S. 8-42.

Barthes, Roland (1996): Die Lust am Text. 8. Aufl. Frankfurt a.M. [1. Aufl. 1973].

Binder, Alwin/Richartz, Heinrich (1984): Lyrikanalyse. Anleitung und Demonstration. Frankfurt a.M.

Bourdieu, Pierre (1979): Entwurf einer Theorie der Praxis. Frankfurt a.M.

Bourdieu, Pierre (1987): Die feinen Unterschiede. Kritik der gesellschaftlichen Urteilskraft. Frankfurt a.M.

Brecht, Bertolt (1964): Ausgewählte Gedichte. Nachwort von Walter Jens. Frankfurt a.M.

Brecht, Bertolt (1973): Gesammelte Werke. 20 Bde. Frankfurt a.M.

Büchner, Georg (1980): Dantons Tod. Frankfurt a.M.

Celan, Paul (1981 [1960]): Der Meridian. Büchner-Preis-Rede 1960. In: Büchner-Preis-Reden 1951-1971. Stuttgart. S. 88-102.

Celan, Paul (1983): Gesammelte Werke. 5 Bde. Frankfurt a.M.

Chomsky, Noam (1969): Aspekte der Syntax-Theorie. Frankfurt a.M.

Eisenberg, Peter (1980): Computerlinguistik. In: Althaus, Hans (Hg.): Lexikon der Germanistischen Linguistik. Bd. 4. Tübingen. S. 808-815.

Fischer-Lichte, Erika (2003): Performance, Inszenierung, Ritual. Zur Klärung kulturwissenschaftlicher Schlüsselbegriffe. In: Martschukat, Jürgen/Patzold, Steffen (Hg.): Geschichtswissenschaft und „performative turn". Ritual, Inszenierung und Performanz vom Mittelalter bis zur Neuzeit. Köln/Weimar/Wien. S. 33-54.

Frank, Horst J. (1991): Wie interpretiere ich ein Gedicht? Eine methodische Anleitung. München.

Frank, Manfred (1979): Was heißt „einen Text verstehen"? In: Nassen, Ulrich (Hg.): Texthermeneutik. Aktualität, Geschichte, Kritik. Paderborn/München/Wien/Zürich. S. 58-77.

Freud, Sigmund (1999): Die Traumdeutung. Über den Traum. In: Freud, Sigmund: Gesammelte Werke. Chronologisch geordnet. Bd. 2/3. Frankfurt a.M.

Gadamer, Hans-Georg (1975): Wahrheit und Methode. 4.Aufl. (unveränd. Nachdr. der 3. erw. Aufl.). Tübingen. [1. Aufl. 1960].

Gelfert, Hans-Dieter (1990): Wie interpretiert man ein Gedicht? Stuttgart.

Gryphius, Andreas (1964): Carolus Stuardus. In: Gryphius, Andreas (1963-1972): Gesamtausgabe der deutschsprachigen Werke. 8 Bde. Bd. 4. Tübingen. S. 1-159.

Handke, Peter (1969): Die Innenwelt der Außenwelt der Innenwelt. Frankfurt a.M.

Hannover-Drück, Elisabeth/Hannover, Heinrich (1967): Der Mord an Rosa Luxemburg und Karl Liebknecht. Dokumentation eines politischen Verbrechens. Frankfurt a.M.

Harras, Gisela (2004): Handlungssprache und Sprechhandlung. Eine Einführung in die theoretischen Grundlagen. 2., durchges. und erw. Aufl. Berlin/New York. [1. Aufl. 1983].

Harras, Gisela/Winkler, Edeltraud/Erb, Sabine/Proost, Kristel (2004): Handbuch deutscher Kommunikationsverben. Bd. 1. Wörterbuch. (= Schriften des Instituts für Deutsche Sprache 10). Berlin/New York.

Hörisch, Jochen (1988): Die Wut des Verstehens. Zur Kritik der Hermeneutik. Frankfurt a.M.

Hörmann, Hans (1978): Meinen und Verstehen. Grundzüge einer psychologischen Semantik. Frankfurt a.M.

Iser, Wolfgang (1991): Das Fiktive und das Imaginäre. Perspektiven literarischer Anthropologie. Frankfurt a.M.

Janz, Marlies (1976): Vom Engagement absoluter Poesie. Zur Lyrik und Ästhetik Paul Celans. Frankfurt a.M.

Kaiser, Gerhard (1988): Geschichte der deutschen Lyrik von Goethe bis Heine. Bd. 1. Frankfurt a.M.

Kaschnitz, Marie Luise (1965): Überallnie. Ausgewählte Gedichte 1928-1965. Hamburg.

Krämer, Heinz Michael (1979): Eine Sprache aus Leiden. Zur Lyrik von Paul Celan. München/Mainz.

Landwehr, Jürgen (1993): Krebsgang oder Tigersprung in die Vergangenheit? Über einige Paradoxien im Umgang mit der Literatur und ihrer Geschichte. In: Laufhütte, Hartmut (Hg.): Literaturgeschichte als Profession. Festschrift für Dietrich Jöns. Tübingen. S. 461-491.

Landwehr, Jürgen (1996): Das suspendierte Formurteil. In: Lenz-Jahrbuch. Sturm-und-Drang-Studien 6, S. 7-61.

Lyon, James K. (1988): „Ganz und gar nicht hermetisch": Überlegungen zum „richtigen" Lesen von Paul Celans Lyrik. In: Strelka, Joseph P. (Hg.): Psalm und Hawdalah. Zum Werk Paul Celans. Akten des Internationalen Paul Celan-Kolloquiums New York 1985. Bern/Frankfurt a.M./New York/Paris. S. 171-191.

Martschukat, Jürgen/Patzold, Steffen (Hg.) (2003): Geschichtswissenschaft und „performative turn". Ritual, Inszenierung und Performanz vom Mittelalter bis zur Neuzeit. Köln/Weimar/Wien.

Merton, Robert K. (1989): Auf den Schultern von Riesen. Ein Leitfaden durch das Labyrinth der Gelehrsamkeit. Frankfurt a.M.

Mörike, Eduard (1997): Sämtliche Werke. 2 Bde. Darmstadt.

Morris, Charles William (1981): Zeichen, Sprache, Verhalten. Frankfurt a.M./Berlin/Wien.

Reallexikon der deutschen Literaturwissenschaft (2003). Bd. 3. Berlin/New York.

Robinson, Douglas (2003): Performative Linguistics. Speaking and Translating as Doing Things with Words. New York/London.

Ryle, Gilbert (1969): Der Begriff des Geistes. Stuttgart.

Sartre, Jean Paul (1969): Was ist Literatur? Ein Essay. Reinbek.

Sartre, Jean Paul (1979): Was kann Literatur? Interviews, Reden, Texte 1960-1976. Reinbek.

Schiller, Friedrich (1943/1948/1949): Schillers Werke. Nationalausgabe. [Bd. 1 (1943): Gedichte; Bd. 9 (1948): Maria Stuart; Bd. 8 (1949): Die Piccolomini.] Weimar.

Sontag, Susan (1982): Gegen Interpretation. In: Sontag, Susan: Kunst und Antikunst. 24 literarische Analysen. Taschenbuchausg. Frankfurt a.M. [1. Aufl. 1964].

Szondi, Peter (1978): Eden. In: Szondi, Peter: Schriften. Hrsg. v. Jean Bollack. Bd. 2. Frankfurt a.M. S. 390-398.

Terentianus Maurus (1961): De Litteris, De Syllabis, De Metris. Liber tres. In: Keil, Heinrich (Hg.): Grammatici Latini. Bd. 6. Hildesheim. S. 313-413.

Wapnewski, Peter (1979): Gedichte sind genaue Form. In: Wapnewski, Peter: Zumutungen. Essays zur Literatur des 20. Jahrhunderts. Düsseldorf. S. 26-42.

Weimar, Klaus (1993): Enzyklopädie der Literaturwissenschaft. 2. Aufl. München. [1. Aufl. 1980].

Wild, Inge/Wild, Reiner (Hg.) (2004): Mörike-Handbuch. Leben – Werk – Wirkung. Stuttgart.

Wild, Reiner (1982): Literatur im Prozeß der Zivilisation. Entwurf einer theoretischen Grundlegung der Literaturwissenschaft. Stuttgart.

Wirth, Uwe (Hg.) (2002): Performanz. Zwischen Sprachphilosophie und Kulturwissenschaften. Frankfurt a.M.

Wittgenstein, Ludwig (1971): Philosophische Untersuchungen. Frankfurt a.M.

Fritz Hermanns

Textsinn, Texterlebnis, symbolisches Handeln

Erklärt am Beispiel eines Gedichtes

Für Gisela Harras und Wolfgang Motsch[*]

„Welchen Einfluß will ich aber", fragt Gisela Harras (1983, S. 170f.), „auf meinen Adressaten ausüben, wenn ich z.B. meine letzten Urlaubserlebnisse erzähle ...?" Kommunikationsversuche haben *immer* die Funktion, auf AdressatInnen Einfluss zu nehmen und bei ihnen *Reaktionen* auszulösen (ebd.). Aber welche beim Erzählen? Ganz genau dieselbe Frage stellt sich bei literarischen Texten: Welche Reaktionen sollen sie bewirken? Anders gefragt: Was ist ihr *Sinn*? Meine Antwort ist, dass ihr Sinn darin besteht, dass sie *Texterlebnisse* vermitteln, d.h. ermöglichen sollen. Diese können auch beschrieben werden als *symbolische Handlungen* (nach Kenneth Burke). Alles dieses wird im Folgenden erläutert.

Und zwar anhand eines Beispiels, des Gedichtes *An die Nachgeborenen* von Bertolt Brecht, das gleich im nächsten Abschnitt dieses Beitrags abgedruckt ist (Kap. 1.). Es folgt eine „Textverlaufsbetrachtung", eine Interpretation dieses Gedichtes, worin ich besonders auf die emotiven Reaktionen achte, die sich bei den Leser- oder HörerInnen im Verlauf des Lesens oder Hörens des Gedichtes mutmaßlich einstellen (Kap. 2.). Sodann wird der Begriff *Texterlebnis* erklärt, wie auch der des *symbolischen Handelns* (Kap. 3.). Eine zweite, diesmal sprechakttheoretisch-textlinguistische Interpretation von Brechts Gedicht soll zeigen, wie weit man damit kommt (Kap. 4.). Zum Schluss eine Art von Fazit: Unsere sprechakttheoretische Texttheorie bedarf einer Ergänzung (Kap. 5.: „Auf dem Weg zu einer Sprechakt- und Texttheorie des Fiktionalen").

---

[*] Einige Abschnitte dieses Beitrags waren Teile eines Vortrags, den ich 1999, von Gisela Harras dazu eingeladen, in einem Kolloquium am Institut für Deutsche Sprache (Mannheim) zu Ehren von Wolfgang Motsch gehalten habe. Deshalb widme ich den Aufsatz beiden KollegInnen.

1. Bertolt Brecht, *An die Nachgeborenen*

Zuerst der Text, auf den alles Folgende Bezug nimmt.[1] Meine LeserInnen bitte ich, ihn sich selbst vorzulesen, denn Gedichte können durch nur stummes Lesen nicht zum Leben erweckt werden. Worauf es hier aber ankommt. Geschrieben wurde das Gedicht im Zeitraum 1934-1938, die Schlussredaktion erfolgte also 1938.[2] Es ist das „wohl bekannteste und meistzitierte aller Brecht-Gedichte" (Schoeps 2001, S. 274). Brecht hat es besonders geschätzt, es ist Schlussgedicht sowohl der *Svendborger Gedichte* (1939) als auch der *Hundert Gedichte. 1918-1950* (1951) von Brecht, die er beide selber herausgegeben hat.

Bertolt Brecht

An die Nachgeborenen

I

Wirklich, ich lebe in finsteren Zeiten!
Das arglose Wort ist töricht. Eine glatte Stirn
Deutet auf Unempfindlichkeit hin. Der Lachende
Hat die furchtbare Nachricht
Nur noch nicht empfangen.

Was sind das für Zeiten, wo
Ein Gespräch über Bäume fast ein Verbrechen ist
Weil es ein Schweigen über so viele Untaten einschließt!
Der dort ruhig über die Straße geht
Ist wohl nicht mehr erreichbar für seine Freunde
Die in Not sind?

Es ist wahr: ich verdiene noch meinen Unterhalt
Aber glaubt mir: das ist nur ein Zufall. Nichts
Von dem, was ich tue, berechtigt mich dazu, mich sattzuessen.
Zufällig bin ich verschont. (Wenn mein Glück aussetzt, bin ich verloren.)

---

[1] Zit. nach: Bertolt Brecht: Gesammelte Werke in 20 Bänden, Frankfurt a.M. 1967, Bd. 9, S. 722-725. Textgleich auch in: Bertolt Brecht: Hundert Gedichte. 1918–1950, Berlin 1951, Neudruck 1961, S. 275-278, also der „Ausgabe letzter Hand" (soweit ich sehe). Unerklärte Textveränderungen enthält die Ausgabe: Bertolt Brecht: Werke. Große kommentierte Berliner und Frankfurter Ausgabe, Berlin und Weimar/Frankfurt a.M. 1988, Bd. 12, S. 85-87.

[2] Die Erstpublikation 1939. Alles dies nach: Bertolt Brecht, Werke, Bd. 12 (vgl. vorige Fußnote), S. 387.

Man sagt mir: Iß und trink du! Sei froh, daß du hast!
Aber wie kann ich essen und trinken, wenn
Ich dem Hungernden entreiße, was ich esse, und
Mein Glas Wasser einem Verdurstenden fehlt?
Und doch esse und trinke ich.

Ich wäre gerne auch weise.
In den alten Büchern steht, was weise ist:
Sich aus dem Streit der Welt halten und die kurze Zeit
Ohne Furcht verbringen
Auch ohne Gewalt auskommen
Böses mit Gutem vergelten
Seine Wünsche nicht erfüllen, sondern vergessen
Gilt für weise.
Alles das kann ich nicht:
Wirklich, ich lebe in finsteren Zeiten!

II

In die Städte kam ich zur Zeit der Unordnung
Als da Hunger herrschte.
Unter die Menschen kam ich zur Zeit des Aufruhrs
Und ich empörte mich mit ihnen.
So verging meine Zeit
Die auf Erden mir gegeben war.

Mein Essen aß ich zwischen den Schlachten
Schlafen legte ich mich unter die Mörder
Der Liebe pflegte ich achtlos
Und die Natur sah ich ohne Geduld.
So verging meine Zeit
Die auf Erden mir gegeben war.

Die Straßen führten in den Sumpf zu meiner Zeit.
Die Sprache verriet mich dem Schlächter.
Ich vermochte nur wenig. Aber die Herrschenden
Saßen ohne mich sicherer, das hoffte ich.
So verging meine Zeit
Die auf Erden mir gegeben war.

Die Kräfte waren gering. Das Ziel
Lag in großer Ferne
Es war deutlich sichtbar, wenn auch für mich
Kaum zu erreichen.
So verging meine Zeit
Die auf Erden mir gegeben war.

III

Ihr, die ihr auftauchen werdet aus der Flut
In der wir untergegangen sind
Gedenkt
Wenn ihr von unseren Schwächen sprecht
Auch der finsteren Zeit
Der ihr entronnen seid.

Gingen wir doch, öfter als die Schuhe die Länder wechselnd
Durch die Kriege der Klassen, verzweifelt
Wenn da nur Unrecht war und keine Empörung.

Dabei wissen wir doch:
Auch der Haß gegen die Niedrigkeit
Verzerrt die Züge.
Auch der Zorn über das Unrecht
Macht die Stimme heiser. Ach, wir
Die wir den Boden bereiten wollten für Freundlichkeit
Konnten selber nicht freundlich sein.

Ihr aber, wenn es so weit sein wird
Daß der Mensch dem Menschen ein Helfer ist
Gedenkt unsrer
Mit Nachsicht.

2. Eine Textverlaufsbetrachtung

Um gleich an das Texterlebnis anzuschließen, das die LeserInnen dieses Beitrags bei ihrer Lektüre von Brechts Gedicht – wenn auch individuell gewiss höchst unterschiedlich – gehabt haben, soll jetzt der Versuch eines Rekonstruierens dieses Erlebnisses gemacht werden. Es folgt also eine Interpretation dieses Gedichtes, aber eine, die auf seine Wirkungen auf seine Leser- oder HörerInnen abhebt.[3] Die Bezeichnung *Textverlaufsbetrachtung* in der Überschrift dieses Kapitels soll sich daher auf den *subjektiv erlebten* Textverlauf beziehen. Wie ich selber ihn wohl früher einmal erlebt habe (aber die Erinnerung ist hier unzuverlässig) und z.T. noch jetzt erlebe, wenn ich dieses Gedicht wieder, wie schon so oft, lese. Dabei ziele ich jedoch nicht ab auf die Besonderheiten meiner eigenen, persönlichen Reaktionen auf den Text,

---

[3] Eine hervorragende literarhistorische Interpretation des Textes ist diejenige von Schoeps (2001): umfassend, auch die Interpretationsgeschichte resümierend, übersichtlich und konzise. Dort ist weitere Literatur zu Brechts Gedicht verzeichnet, die ich z.T. eingesehen habe, aber aus Platzgründen nicht zitiere.

sondern versuche vielmehr, anhand einer Selbstbeobachtung das Texterlebnis eines idealen „impliziten Lesers" (Iser 1972) darzustellen. Dies gewissermaßen in Zeitlupe. Die vom Text erzeugten (das ist eine abkürzende Redeweise, denn in Wirklichkeit ist es der Leser oder Hörer, der sie anhand eines Textes in sich erzeugt) Reaktionen sind *Gedanken und Gefühle*. (So meine Kurzformel dafür; sie wird noch ausgeführt werden.) Im Folgenden werden aber die Gedanken, die der Text von Brecht erweckt, nur z.T. explizit behandelt, denn hauptsächlich geht es mir um die Gefühle, um die Emotionen, wie wir sie im Textverstehensverlauf mutmaßlich ausbilden. Bezeichnungen dafür (und Verwandtes) werde ich durch *Kursivsetzung* hervorheben.

Zuerst lesen oder hören wir den Titel des Gedichtes: *An die Nachgeborenen*. Er ist ambig. Denn der bestimmte Artikel könnte nach den Regeln der deutschen Grammatik sämtliche Personen meinen, die später geboren wurden als das Text-Ich, oder aber eine Teilgruppe von ihnen, die uns dann noch genannt werden müsste. Näherliegend ist hier sicherlich die Variante, dass der Text pauschal an die Jüngeren adressiert ist. Also an uns. So dass wir uns *angesprochen* fühlen. Worauf wir mit einer *Frage* reagieren (aber das ist eine Frage, die sowieso jeder Text, sobald er beginnt, aufwirft): Was wird dieser Text uns sagen? – Dass in Texten immer wieder Fragen aufgeworfen[4] und so *Erwartungen* – Antworterwartungen – geweckt werden, soll an dieser Stelle als etwas Verallgemeinerbares festgehalten werden.

Von den „Nachgeborenen" ist aber dann im Text zuerst gar nicht die Rede. Vielmehr spricht das Text-Ich in Teil I des Textes zuerst einmal nur von sich selbst. (Erst in Teil III des Gedichtes dann auch von „euch", d.h. von „uns"). Mit der *überraschenden* Feststellung: „Ich lebe in finsteren Zeiten" – unterstrichen durch Ausrufezeichen und durch das Wort „wirklich", das Erstaunen ausdrückt und die Aussage zugleich beteuert. Am Anfang dieses Gedichtteils steht also eine (starke) Behauptung. Sie verlangt als solche nach einem Beweis, zumindest nach Erläuterung, die wir daher nunmehr *erwarten*. Selber *erstaunt*, werden wir jetzt wissen wollen: Wer ist dieses Ich, das so etwas behauptet? Und wieso ist die Zeit, in der es lebt, „finster"? *Ich* ist

---

[4] Da es sich bei diesen „Fragen" nicht um explizite Fragen, sondern nur um Informationserwartungen handelt, ist es metaphorisch – allerdings auch bequem, weshalb ich damit fortfahren werde –, wenn man hier von *Fragen* redet. (Dies ein Hinweis von Hanspeter Ortner, mündlich.)

eine deiktische Vokabel und bedarf daher der Referenzfixierung. Vorerst werden wir das *ich* mit dem Verfasser des Gedichtes, also mit Brecht, identifizieren. Denn wir haben bis jetzt keinen Anlass, das Gedicht für ein Rollengedicht zu halten, was sich allerdings im weiteren Verlauf des Textverstehens ändern könnte. Deshalb bleiben wir – wenn auch auf Widerruf – zunächst einmal bei dieser unserer *default*-Vermutung. – Die Vorläufigkeit und Revisionsbereitschaft *allen* Textverstehens wird hier nochmals, wie schon bei der Frage, wer „die" Nachgeborenen sind, deutlich.[5]

Auf die Frage danach, was die Finsternis der Zeiten ausmacht, gibt das Gedicht sofort eine Antwort. Sie besteht in einer Reihe von Beispielen. Deren erstes: „Das arglose Wort ist töricht". Dieser Satz ist zunächst enigmatisch. Was *Faszination* bewirkt, der Satz bringt uns zum Grübeln. Erst nach einer Weile werden wir dann seinen Sinn erkennen: Arglosigkeit – als menschliches Urvertrauen etwas eigentlich sehr Positives – ist in diesen finsteren Zeiten nur noch Dummheit. Ebenso beim zweiten Satz des Textes („Eine glatte Stirn ..."). Hier ist der Sinn: Sogar Schönheit (keine Sorgenfalten) ist in dieser Zeit in ihrem Wert fragwürdig, als mögliches Zeichen mitmenschlicher Kälte. Alle folgenden Aussagen sind nach diesem Muster gemacht. Sie sind allesamt Beweise für eine „verkehrte Welt", sie illustrieren nämlich alle, dass, was wir normalerweise für moralisch richtig halten, in den „finsteren Zeiten" falsch ist; die verkehrte Welt macht aus dem Positiven etwas Negatives und macht Tugenden zu moralischen Defiziten, so dass sie eine moralisch paradoxe Welt ist. Es sind lauter unscheinbare, unauffällige Beispiele aus dem alltäglichen Leben, die uns das vor Augen führen. Heiterkeit (das Lachen des „Lachenden"), Naturliebe („Gespräch über Bäume"), Gemütsruhe (sei es auch nur beim Über-die-Straße-Gehen), selbst das lebensnotwendige Essen und das lebensnotwendige Trinken sind moralisch eigentlich unstatthaft. Praktizierte, tatsächlich gelebte Weisheit – so sehr man sich danach sehnte – kommt in dieser falschen Welt als Lebensziel nicht mehr in Frage: „Alles das kann ich nicht". Denn diese Welt ist moralisch „aus den Fugen" (so heißt es in Shakespeares *Hamlet*). Es kann in ihr kein gutes Gewissen geben, man kann in ihr nicht sein, ohne immer wieder, selbst im alltäglichsten Handeln, neue Schuld auf sich zu laden. Daraus resultiert ein permanen-

---

[5] Zur Vorläufigkeit des Sprachverstehens und anderen Fragen der linguistischen Hermeneutik vgl. u.a. Hermanns (2003).

tes *Schuldbewusstsein*, an dem das Ich des Gedichtes offensichtlich *leidet*. (Und wir, die wir Schuldgefühle nur allzu gut kennen, mit ihm.)

Das wird uns, wie schon gesagt, durch sämtliche Beispiele dieses Teiles des Gedichtes illustriert und eingehämmert. Wenn wir seiner Textanmutung folgen, werden wir daher am Ende dieses ersten Teiles des Gedichtes *deprimiert* und von der Einleitungsbehauptung dieses Gedichtteiles *überzeugt* sein: „Wirklich, ich lebe in finsteren Zeiten". Der – als ein *quod erat demonstrandum* – zum Schluss wiederholte Satz, der anfangs, als wir ihn zum ersten Male lasen oder hörten, nicht gerade klar war – was bedeutet „finster" konkret? –, ist für uns an dieser Stelle des Gedichtsverlaufes aufgeladen mit genauerer Bedeutung. „Finster" heißt nunmehr: moralisch unerträglich, ein *schlechtes Gewissen, moralische Qualen* verursachend. Die wir *nacherleben, miterleben* in dem Maße, wie wir uns auf den Text eingelassen haben. – Auch das ist etwas Verallgemeinerbares. Je nach unserer Identifikationsbereitschaft werden Texte uns emotiv stärker oder schwächer affizieren.

Gänzlich anders ist die Welt, in die wir durch den zweiten Teil des Textes versetzt werden. Von den beiden Tempora der Gegenwart (dem Präsens und dem Perfekt), den Tempora des Besprechens, die im ersten Teil hauptsächlich gebraucht wurden, schaltet das Gedicht zu unserer *Überraschung* auf einmal auf das Präteritum um, auf das Tempus der Vergangenheit und des Erzählens.[6] Das bringt einen Perspektivenwechsel mit sich. Plötzlich ist, was eben noch als Gegenwart dargestellt wurde, in die Ferne gerückt. Diese Gegenwart ist nicht mehr, sie „war". Es wird noch von ihr berichtet: sie sei eine Zeit der „Unordnung" gewesen, eine Zeit des „Hungers", des „Aufruhrs" und der „Empörung". Jetzt jedoch sie ist *vergangen*. Dieses Wort – „verging" – erscheint auf einmal in dem letzten Vers der ersten Strophe des zweiten Gedichtteils, und zwar im Zusammenhang eines in seiner Formulierung *auffälligen* Satzes: „So verging meine Zeit / Die auf Erden mir gegeben war". In modernem Deutsch würde er etwa lauten: „So verging die Zeit, die mir gegeben war". „Auf Erden" (anstatt „auf der Erde") ist archaisierend (biblisch-christlich, also zu Brecht, den wir ja als Atheisten kennen, eigentlich nicht passend; fast schon wie „hienieden") und hört sich wie ein Zitat an (was es – als ein Phraseologismus – auch ist). Ebenso archaisierend ist auch die Wortstellung („die auf Erden mir ..." statt „mir auf Erden gegeben war").

---

[6] Es sei hier daran erinnert, dass die Unterscheidung der Tempora des *Besprechens* und *Erzählens* auf Weinrich (1964) zurückgeht.

Weiterlesend oder -hörend werden wir erkennen, dass der Satz mit seinen beiden Versen ein Refrain ist. Er macht Teil II des Gedichts in seiner Form zu einer Art von Litanei, dem Inhalt und dem Ausdruck nach zu einer Lamentio, zu einer *Klage*. In die wir als Leserinnen oder Hörer, wenn wir dem Text folgen, *miteinstimmen*. Sie ist eine Klage über ein sinnlos verbrachtes Leben.

Das wird in der zweiten Strophe dieses Gedichtteiles unverkennbar. Essen (hastig, nämlich in Kampfpausen, zwischen „Schlachten") sowie Schlafen (unruhig, nämlich unter „Mördern", also in Angst) waren nur Zerrbilder guten Essens, guten Schlafens. Und es kommen wieder Selbstanklagen: Sexualität (nur „achtlos" praktiziert, nicht liebevoll, wie es der „Liebe" angemessen wäre) und „Natur" („ohne Geduld" betrachtet) wurden nicht so getan und erfahren, wie es eigentlich hätte sein sollen. Soweit ist der Teil II des Gedichtes eine Fortsetzung der Liste der Lebensfalschheiten in Teil I des Textes. (Vielleicht nicht in allen, aber doch in manchen der Falschheiten können auch wir uns erkennen.) Der traurige Refrain schärft aber wieder ein, dass dieses falsche Leben schon vorbei ist. Brecht bzw. das Ich des Gedichtes spricht hier über sich bereits als über einen Toten: „So verging meine Zeit ...". Alles das schafft *Mitleid*. Dieser Tote ist zu früh gestorben. Hätte er doch länger gelebt! Alles wäre dann vielleicht anders geworden. Er *dauert uns*, dieser Tote.

Auch die dritte und die vierte Strophe dieses Teiles des Gedichtes haben die Funktion der Selbstdarstellung des Ichs des Gedichtes. Allerdings mit einem neuen Tenor. Wir erfahren, dass es zwar nicht viel „vermocht" hat gegen den oder die „Schlächter" der Zeit, aber damit ist zugleich gesagt, dass es doch immerhin *versucht* hat, diesen oder diese zu bekämpfen. Nicht einmal ganz ohne Erfolg („die Herrschenden / Saßen ohne mich sicherer"). Fast könnten wir dieses Ich *bewundern*. Es gab für dies Ich ein „Ziel", das es zwar nicht „erreichen" konnte, aber trotzdem – soweit seine „Kräfte" eben reichten – aktiv angestrebt hat. Dieses Ziel war „deutlich sichtbar" – wie einst das Gelobte Land für Moses. (Und für Martin Luther King, an dessen Satz „I've *seen* the promised land" heutige LeserInnen denken müssen, wenn sie den Text von Brecht lesen.) Alles das macht uns das Ich des Textes, in das wir uns ja schon vorher intensiv haben einfühlen können, zusätzlich *sympathisch*. Doch das letzte Wort behält auch hier der Refrain mit der Klage über das versäumte Leben. Wir betrauern den, der es gelebt hat, wie er selber sich betrauert. *Trauer* ist daher die hauptsächliche Emotion, die wir empfinden, wenn wir der Anmutung dieses Gedichtteiles folgen.

Eine *Überraschung* ist für uns auch der Beginn von Teil III des Gedichtes. Das im Lebensrückblick in Teil II als eigentlich schon gar nicht mehr von dieser Welt uns dargestellte, fast schon sozusagen totgeglaubte Ich des Textes schwingt sich auf zu einer gänzlich unerwartbaren rhetorischen Gebärde großen Stiles. Bisher war die Sprache des Gedichtes (von Ausnahmen abgesehen) betont schlicht gewesen. Jetzt wird sie pathetisch. „Ihr, die ihr auftauchen werdet ... / Gedenkt ...", heißt es. Das prophetische Futur, die hier zum ersten Mal komplexe Syntax („Ihr, die ihr ...", mit einem nachfolgenden Relativsatz zweiter Stufe) und das feierliche Wort „Gedenkt" wirken zusammen – dahingehend, dass auch wir als Leserinnen oder Hörer *feierlich gestimmt* sein werden. So gestimmt, vernehmen wir den Appell („Gedenkt ...") in der ersten und der letzten Strophe dieses Gedichtteils von vornherein mit *Zustimmungsbereitschaft*. Aber um uns vollends zur Zustimmung zu bewegen, holt das Gedicht noch einmal aus.

Es erinnert uns noch einmal an die „finstere Zeit" und an das Leben des Ichs des Gedichtes. Erst jetzt wird die Zeit historisch charakterisiert als eine Zeit des Klassenkampfes (der „Kriege der Klassen"). Brecht wird als das Ich des Gedichtes erkennbar durch den Hinweis auf sein Emigrantenschicksal („öfter als die Schuhe ..."). Aber darauf kommt es jetzt gar nicht mehr an. Denn aus dem „ich" in Teil I und II des Textes ist ein „wir" geworden. Mit dem wir uns, wie zuvor mit dem „ich", *identifizieren*. Wie auch mit den „Nachgeborenen" des Textes, in die wir uns gleichfalls *hineindenken* und *einfühlen*. Obwohl diese „Nachgeborenen" sich jetzt erweisen, gegen unsere anfängliche Erwartung, als doch ganz bestimmte Nachgeborene, die am Ende aller Zeiten leben werden, in der idealen Zeit, wo zwischen Menschen endlich „Freundlichkeit" obwaltet. In der Zeit der Brüderlichkeit aller Menschen. Das Gedicht sagt nämlich, dass „der Mensch dem Menschen" dann „ein *Helfer*" sein wird. Nicht mehr ein *Wolf*. Was für Hobbes der Mensch in seinem Naturzustand war: *homo homini lupus*. (Die Wortstellung macht zusammen mit dem hier gebrauchten altmodischen Dativ – „dem Menschen ein Helfer" statt, wie es moderner heißen würde, „für den Menschen" – die Anspielung auf die Sentenz von Hobbes unverkennbar.) Das ist eine große, eine schöne *Hoffnung*, wie auch wir sie haben, wenn auch nicht so zuversichtlich wie das Text-Ich. Eine Menschheitshoffnung. Dass sie sich erfüllen wird, macht das Gedicht mit seinem doppelten prophetischen Futur („die ihr auftauchen werdet", „wenn es so weit sein wird") einen Augenblick lang zur Gewissheit. Eine Zeit, die nicht mehr „finster" sein wird – auf sie hofft das Ich des Textes, und wir mit ihm. Sie ist also eine Zeit, in die wir uns vom Text sehr gern hineinversetzen lassen. Wie auch in die „Nachgeborenen", die Menschen jenes glücklichen Zeitalters. Uns nun auch mit ihnen *identifizierend*, also selber *freundlich*, werden wir, wie sie, *geneigt sein*, dem Appell des Gedichts, seiner abschließenden Bitte, zu entsprechen. – Die verstehenstheoretische Verallgemeinerung an dieser Stelle (die jedoch auch vorher schon am Platz gewesen wäre): Man wird in der sprachwissenschaftlichen Theorie des Textverstehens bei literarischen Texten zur Beschreibung unseres Darauf-Reagierens ohne solcherlei Begriffe wie *Identifikation, Sich-Hineindenken, Sich-Einfühlen, Empathie* und ähnliche Begriffe nicht auskommen.

Der das ganze Gedicht abschließenden Bitte – „Gedenkt unsrer / Mit Nachsicht" – ist leicht nachzukommen. Worum werden wir – als „Nachgeborene" – gebeten? Um Verzeihung. Denn „Nachsicht" ist eine Spielart der Vergebung und Verzeihung.[7] Damit appelliert der Text an unsere *Großmut*. Und großmütig sind wir. Wie auch „freundlich". (Vielleicht sind wir sogar auch etwas *geschmeichelt*, dass das Text-Ich uns so wichtig nimmt, dass es uns darum bittet.) Weshalb wir dem Ich des Textes gern verzeihen. Was uns leicht fällt, weil es sowieso nichts Schlimmes ist, was wir verzeihen sollen, es sind ja nur „Schwächen" (wie wir selbst sie nicht mehr haben!). Erst recht eingedenk der „finsteren" Zeiten (die jetzt aber schon weit zurückliegen!), werden wir verzeihen wollen. Es ist ein *erhebender* Gedanke, dass wir jetzt in anderen, in glücklichen Zeiten leben und, selbst frei von Schuld und Schuldgefühlen, einen Menschen, den sie gequält haben, durch Vergebung ebenfalls davon befreien können. Womit aber wir, als Leser- oder HörerInnen des Gedichtes, die wir Schuld und Schuldgefühle durchaus haben, auch uns selbst, wenn auch nur momentan, vergeben. Es ist also eine Wohltat, die uns das Gedicht zum Schluss bereitet.

* * *

In meiner Nachzeichnung des Verlaufs des Textverstehens waren es recht viele und verschiedenartigste Gefühle, die von mir dem impliziten Leser des

---

[7] Duden (2001, s.v.): „*verzeihendes* Verständnis für die Unvollkommenheiten, Schwächen von jemandem ...".

Gedichtes *An die Nachgeborenen* zugeschrieben wurden. (Ob plausibel, müssen die Leser und Leserinnen dieses Beitrags bitte selbst entscheiden.) Darunter auch kognitive Emotionen – oder besser: *Einstellungen* – wie vor allem *Überraschung* und *Erwartung*. Aber auch prototypische Emotionen, zuerst negative, zum Schluss schöne. Diese Emotionen wurden aufgerufen durch ihnen korrespondierende Sprechakte: *Selbstvorwürfe* (implizit in der Aufzählung zahlreicher Beispiele eigenen schuldhaften Verhaltens und Seins; Teil I), *Klage* (Teil II), *Prophezeiung* sowie *Bitte um Verzeihung* (Teil III). In Teil I dieses Gedichtes waren es hauptsächlich *Schuldgefühle*, die in uns als seinen Leserinnen oder Hörern erregt wurden; in Teil II *Mitleid* und *Trauer;* in Teil III dann *Hoffnung* sowie *Großmut* als diejenige Einstellung, die wohl dem Verzeihen entspricht. Es war also eine ganze Serie von Emotionen, die der Text von Brecht in uns erzeugt hat, er hat uns ein wahres Wechselbad verschiedenster Gefühle verschafft. Vielleicht kann man sagen: Es war wie in einer Beichte.[8] Sie begann mit einem Schuldbekenntnis in Form eines Sündenkataloges und mit *Reue* (wenn auch mit dem Hinweis auf die tragische Unmöglichkeit der Umkehr), und sie endete mit einem Gebet, einer Bitte um göttliche Gnade, um *Vergebung* aller gebeichteten Sünden. Dabei ließ uns die Gnadengewissheit, die der Text in uns erzeugt hat, die Vergebung wie als schon erfolgt erfahren. – Neben den Gefühlen sind es, wie schon anfangs gesagt, Ketten von Gedanken, die das Gedicht gleichfalls einen nach dem anderen in uns ausgelöst hat. Beide – die Gedanken und Gefühle – machen insgesamt, im Verbund miteinander und ihrer Folge, das aus, was ich *Texterlebnis* nenne.

3. *Textsinn, Texterlebnis, symbolisches Handeln*

Um Textinterpretationen wie die eben vorgeführte theoretisch einholen zu können, wird die Linguistik ihr begriffliches und damit auch gedankliches Repertoire erweitern müssen. Die Begriffe *Sinn* und *Textsinn*[9] sind ihr zwar

---

[8] Überhaupt ist der christliche Gestus und Gehalt dieses Gedichts des sonst oft schnodderigen Autors Brecht auffällig. Ich erinnere an „ohne Gewalt auskommen", „Böses mit Gutem vergelten" und an „die Zeit / Die auf Erden mir gegeben war". „Auf Erden" impliziert, genau genommen, einen Glauben an ein Jenseits – denn für Atheisten gibt es sowieso ein Leben nur „auf Erden" – und „gegeben" einen Glauben an Gott als den Spender dieses Lebens.

[9] Gebraucht insbesondere von Heinemann, W./Viehweger (1991, passim) und von Heinemann, M./Heinemann, W. (2002, dto.).

geläufig, aber noch nicht der Gedanke, dass der Sinn von vielen Texten – wie etwa Romanen und Gedichten – darin liegt, dass sie Erlebnisse vermitteln, d.h. ermöglichen. Der Sinn also von nicht-pragmatischen Texten, von *literarischen Texten*. Solche Texte sind, so meine ich, *Erlebnisangebote*.[10] Wenn dies zutrifft, braucht die Linguistik, um ihren Sinn bezeichnen zu können, die Begriffe *Texterlebnis* und *Erlebnis*. Diese sollte sie sich durch Gebrauch zu Eigen machen, aber auch im Wege einer handlichen Begriffsbestimmung und begrifflichen Vernetzung mit passenden Ober-, Unter- und Nachbarbegriffen, also durch Einbindung in ein Theoriegefüge, sei dies vorerst auch nur ein rudimentäres.

Da ich selbst noch keine treffende Bestimmung des Begriffs *Erlebnis* kenne, kann ich ihn nur grob erläutern. (Nicht: ihn definieren.) Deutsche Wörterbücher subsumieren den Begriff *Erlebnis* unter den Begriff *Geschehnis* (Klappenbach/Steinitz 1967, s.v.), den Begriff *Geschehen* (Duden 2001, s.v.) oder den Begriff *Ereignis* (Götz/Haensch/Wellmann 1993, s.v.). Dem ist nur hinzuzufügen, dass wir auch Ereignisfolgen als *ein* Erlebnis bezeichnen, nämlich dann, wenn deren Elemente (Einzelereignisse) für uns ein *Gesamterlebnis* bilden, weil sie zusammengehören. So schon bei dem Standardgebrauchsbeispiel deutscher Wörterbücher („Die Reise war ein Erlebnis"). Deshalb können wir bei einem Text von *einem* Texterlebnis reden, obwohl dieses oft in einer Sequenz *vieler* einzelner Erlebnisse besteht. Im Übrigen wird man die Hyperonyma *Geschehnis* und *Ereignis* in der Definition von *Erlebnis* als einleuchtend akzeptieren. Als die *differentia specifica* wird von den Wörterbüchern angegeben, dass dieses Geschehnis, wenn es ein *Erlebnis* sein soll, „als ... beeindruckend erlebt" werden muss (Duden 2001, ähnlich Klappenbach/Steinitz 1967). Das ist dann der Fall, wenn man davon „betroffen" und „in seiner Empfindung beeindruckt" wird (Klappenbach/Steinitz

---

[10] Dieser Terminus in Anlehnung an einen wichtigen Begriff von Fix (2003, S. 82): *Bedeutunsangebote*. Ihn ergänzend, könnte man auch von *Sinnangeboten* sprechen. – Nikula betont (2003), dass „literarische" und pragmatische Texte („Gebrauchstexte") sich formal nicht unterscheiden lassen und sieht das spezifisch Literarische von „Literatur" in deren Rezeption und (wie ich) im Erlebnis: „Wer den Text als literarischen Text liest, 'erlebt' das Dargestellte ausgehend von den Vorstellungen, die bei ihm durch die Lektüre des Textes evoziert werden ..." (ebd., S. 51f.).

1967, s.v. *erleben*, ähnlich Duden 2001).[11] Und auch dieser Charakterisierung der Bedeutung von *Erlebnis* wird man wohl zustimmen.

Was die Wörterbücher damit implizieren, aber nicht explizit sagen, ist, dass ein *Erlebnis* eigentlich aus *zwei* Ereignissen besteht. Aus einem *äußeren Ereignis;* das ist ein Ereignis in der (äußerlichen) Welt der für uns objektiv realen physisch-körperlichen Sachverhalte. Und aus einem *inneren Ereignis*, mit dem auf das äußere Ereignis reagiert wird; dies ist ein Ereignis in der (innerlichen) Welt der für uns ebenfalls realen Subjektivität des Psychischen und des Mentalen. Beide Ereignisse sind für das Zustandekommen eines Erlebnisses unabdingbar, jedenfalls bei einem prototypischen Erlebnis. (Eine wichtige Ausnahme ist das *Traumerlebnis*, wo das äußere Ereignis nicht real, sondern nur *phantasiert* ist.) Als Beispiel für ein Erlebnis nennen deutsche Wörterbücher zuerst u.a. die „große Reise", den „Schulanfang", ein „Konzert", eine „Aufführung", sogar eine „Rede" (sämtlich nach Klappenbach/Steinitz 1967). Zwar ist auch eine „Enttäuschung" oder eine „Freude" (ebd., s.v. *erleben*) ein Erlebnis, aber auch hier wird ein äußeres Ereignis mitgedacht (präsupponiert), wenn auch nicht benannt.[12] Beiderlei Beispiele machen, nimmt man sie zusammen, deutlich, dass es bei dem Wort *Erlebnis* gleichermaßen auf das äußere wie auf das innere Ereignis ankommt.

Halten wir fest: Ein *Erlebnis* ist ein doppeltes Ereignis, ein Doppelereignis, das aus zwei *gleichzeitigen* Ereignissen besteht. Etwas *geschieht* (das *äußere Ereignis*), und ich nehme das wahr (manchmal bin ich sogar selbst involviert). Darauf *reagiere* ich mental und psychisch, und auch diese meine Reaktion ist ein Ereignis (*inneres Ereignis*). Die Wahrnehmung ist die Koppelung der beiden Ereignisse. Worin besteht meine Reaktion? Das sicherlich Auffälligste daran – und deshalb wohl auch das, woran man bei dem Wort *Erlebnis* zuerst denkt – sind *Emotionen;* wie z.B. – außer *Freude* und *Enttäuschung* – etwa *Überraschung, Genugtuung, Schmerz, Entsetzen* (nach Klappenbach/Steinitz 1967, s.v. *erleben*) und sehr viele andere. *Emotionen* sind Zustände „seelischer Erregung" oder der „Gemütsbewegung" (Duden

---

[11] So die Hauptbedeutung von *erleben* und demgemäß von *Erlebnis*, auf die übrigen Bedeutungen brauche ich hier nicht einzugehen. Auf die ziemlich komplizierte philosophisch-psychologische Begriffsgeschichte von *Erlebnis* (dazu Cramer 1972) soll hier ebenfalls nicht eingegangen werden.

[12] Deshalb ist das Wort *Erlebnis* metonymisch polysem (was unsere Wörterbücher nicht vermerken): Beiderlei Ereignis – äußeres (z.B. eine Reise) wie auch inneres (z.B. eine Freude) – nennen wir *Erlebnis*.

2001, s.v.), und sie können uns „aufwühlen". Eng verwandt mit ihnen sind die *Volitionen*, die sich im Erlebnis in uns ebenfalls ausbilden (und die z.T. im Begriff der *Emotion* mitgedacht werden). Beide sind als zentral zu betrachten für das innere Ereignis, das, mit einem äußeren zusammen, ein Erlebnis ausmacht. Doch gehört zum inneren Ereignis auch noch eine Ausbildung von *Kognitionen*. Um nämlich das äußere Ereignis überhaupt nur erkennen zu können, müssen wir ein *kognitives Schema*, ein *mentales Modell* davon in uns aktivieren oder konstruieren, d.h., wie man früher sagte, eine *Vorstellung* von dem Ereignis.[13] Wenn das äußere Ereignis zeitlich ausgedehnt ist – und das ist die Regel – sind es ganze Serien von Vorstellungen, die sich bilden, sich ablösen, manchmal, wenn es schnell geht, sogar jagen, wenn wir auf ein wahrgenommenes Geschehnis reagieren. Dann ist auch die scheinbar statische (das Wort erinnert an ein Bild) *Vorstellung* etwas sehr Bewegtes und Erlebnishaftes.

Emotionen sind in psychologischer Betrachtung Komponenten von *Einstellungen*, von *attitudes*.[14] Auch das Wort *Einstellung* klingt nach Dauerhaftigkeit und Ruhe, aber psychologisch sind Einstellungen dynamisch, denn sie sind aktuale *Dispositionen*, d.h. aktivierte Bereitschaften zu einem jeweils bestimmten (wenn auch jeweils anderen) *Handeln*. Richards (1924 [2001], S. 96) definiert *attitude* treffend als „incipient activity", als ein bereits einsetzendes, beginnendes Verhalten, also als das Anfangsstadium des Handelns. Wenn so-und-so eingestellt, sind wir gewissermaßen schon in den Startlöchern für ein nachfolgendes Handeln, auch wenn es dazu dann nicht kommt. (Handlungsdisponierend sind wohl auch die meisten Emotionen: Angst gibt es kaum ohne Fluchtbereitschaft, Wut wohl nicht ohne Angriffsbereitschaft.) Deshalb lassen Einstellungen sich auch charakterisieren als *Handlungstendenzen*. Auch die Kognitionen sind für die Einstellungspsychologen Komponenten von Einstellungen (so dass für sie Kognitionen, Emotionen, Volitionen eine Einheit bilden), aber das ist, jedenfalls im Deutschen, weder alltags- noch auch bildungssprachlich nachvollziehbar; deshalb

---

[13] Zur partiellen Synonymie dieser sowie ähnlicher Begriffe Hermanns (2002a). Dort auch Literatur dazu.

[14] Jedenfalls in der Sozialpsychologie, soweit sie den Begriff der *Einstellung* modern verwendet. Zum Begriff *Einstellung* und dem dazu Folgenden ausführlich Hermanns (2002b). Dort wird auch das (recht unglückliche) terminologische Verhältnis der Begriffe *Einstellung* und *Emotion* behandelt (S. 78f.). Im Folgenden soll *Einstellung* als der allgemeinere Begriff (Oberbegriff) verwendet werden.

ist es ratsam, bildungssprachlich die Bezeichnung *Vorstellungen und Einstellungen* zu wählen, wenn man das bezeichnen möchte, was vielleicht – altmodisch formuliert – unser gesamtes sowohl Geistes- als auch Seelenleben ausmacht. Dies dahingestellt sein lassend, wird man sagen können, dass jedenfalls ein *Erlebnis* immer, was das innere Ereignis anbetrifft, das essenziell dazugehört, aus *Vor- und Einstellungen* besteht, und aus nichts Anderem; oder, alltagssprachlich: aus *Gedanken und Gefühlen*. Und zwar in der Regel aus *Sequenzen* dieser Vor- und Einstellungen, dieser Gedanken und Gefühle.

Wenn man den Begriff *Erlebnis* für die Linguistik – speziell die Textlinguistik – brauchbar machen möchte, wird man ein Bedeutungsmerkmal, das im alltagssprachlichen Begriff *Erlebnis* mitgemeint ist, streichen müssen, nämlich, dass es sich dabei um ein (besonders) „beeindruckendes" Ereignis handelt (nach Ausweis der Wörterbuchzitate, s.o.). Denn wir brauchen einen Begriff, der auch gänzlich unauffällige Vor- und Einstellungen benennt, wie diese im Prozess nicht nur des Lesens, sondern auch im Fortgang unseres alltäglichen Lebens permanent in uns zustande kommen. Unauffällig sind nämlich die meisten unserer mentalen (Vorstellungen) und psychischen (Einstellungen) Reaktionen ebenso auf Texte wie auf Alltagswahrnehmungen, insofern sie uns – wenn überhaupt – nur momentan bewusst sind und wir uns an sie später nicht mehr erinnern. Sie sind Teil eines „Bewusstseinsstromes", der – beim Lesen wie im Alltagsleben – *flüchtig* ist, so dass das einzelne Erlebnis gleich wieder vergessen wird (nur kurze Zeit in unserem „Kurzzeitgedächtnis" verbleibt). Es ist aber trotzdem für die Zwecke der Textlinguistik günstig und willkommen, dass man den Begriff *Erlebnis* prototypisch so versteht, dass damit ein besonders eindrucksvolles Ereignis gemeint ist. Denn Erlebnisse in diesem Sinne sind es, worauf wir im Leben wie beim Lesen immer wieder aus sind. Starke Erlebnisse. Danach suchen wir, darauf sind wir begierig, um der Langeweile unseres Alltagslebens zu entkommen. Insbesondere deshalb sind wir wohl „neugierig". Offenbar ist es eine anthropologische Konstante, dass wir starke „Anregungen" brauchen, d.h. starke Erlebnisse. Dabei hängt die „Stärke" eines Erlebnisses offenbar ab von der Art und Ausgeprägtheit unserer mentalen und psychischen Reaktionen. Auf spektakuläre, „unerhörte" Geschehnisse werden wir mit starken kognitiven Emotionen reagieren, etwa mit großer Verblüffung, großer Überraschung oder großem Staunen. (Aber eine Überraschung kann auch einfach nur dadurch zustande kommen, dass wir mit einem Ereignis oder mit einer

Wahrnehmung nicht gerechnet hatten.) Manche Vorstellungen werden andere starke Emotionen oder Volitionen in uns wecken: Wünsche, Ängste, Hoffnung und Furcht, Hass und Liebe.

Es ergibt sich eine Schwierigkeit, wenn man den so erläuterten Begriff *Erlebnis* für eine Erklärung des Begriffes *Texterlebnis* nutzen möchte. Denn es fehlt im *Texterlebnis* – wie wir dieses Wort intuitiv sofort verstehen – das, was ich das *äußere Ereignis* genannt habe. Es gibt dabei aber etwas der Wahrnehmung dieses Ereignisses Analoges, nämlich die Lektüre oder das Zuhören. Wie wir aus Erfahrung (Selbsterfahrung) wissen, sind das zwei Aktivitäten, die in uns unweigerlich (man kann nicht anders) Vorstellungen und Einstellungen bewirken, die ein *inneres Ereignis* sind, wie es im prototypischen Erlebnis durch ein äußeres ausgelöst werden würde. Da das äußere Ereignis fehlt, ist hier die Lage ähnlich wie bei einem Traumerlebnis, auch das Texterlebnis ist ein phantasiertes. Deshalb ist es naheliegend, Texterlebnisse als – allerdings im Wachzustand – quasi *geträumte* Erlebnisse anzusehen, also als so etwas wie *Tagträume*. Mit dem Unterschied nur, dass das Texterlebnis – als ein vom Text induziertes – nicht gänzlich spontan ist, sondern z.T. gelenkt (nur zum Teil, weil es durch einen Text nicht schon gänzlich determiniert ist).[15] Deshalb könnte man ein Texterlebnis metaphorisch als einen *gelenkten Traum* oder *gelenkten Tagtraum* charakterisieren. (Wobei auch hier, wie beim Traumerlebnis, das Erlebnis nicht in einem einzelnen Ereignis besteht, sondern in der Serie, in der Abfolge vieler Vor- und Einstellungen, wie wir sie beim Lesen oder Hören eines Textes, darauf reagierend, nacheinander haben.) Um dies plausibel finden zu können, sollten sich die LeserInnen dieses Beitrags bitte an Leseerlebnisse erinnern, wo das Buch so faszinierend war – so „spannend" oder „fesselnd" – dass sie die reale Welt, in der sie dabei wirklich, körperlich, nach wie vor waren, darüber vergessen haben. (Das gilt ebenso natürlich für das Seh- und Hörerlebnis bei Film und Theater.)

Wie bei jedem anderen Erlebnis haben wir im Texterlebnis einerseits bestimmte – aber jeweils immer wieder andere – Vorstellungen (Kognitio-

---

[15] Noch ein Unterschied ist das mögliche Fehlen einer Visualisierung. (Während wohl Schlafträume immer visuell sind.) Zahl und Ausgeprägtheit optischer „Phantasmata" (so Bühler) bei Vorstellungen im Wachzustand sind, scheint es, individuell höchst unterschiedlich, während Einstellungen – auch zu gar nicht visualisierten Einstellungsobjekten – für das Texterlebnis als Traumerlebnis konstitutiv sind.

nen), andererseits bestimmte – aber gleichfalls immer wieder andere – Einstellungen (Emotionen sowie Volitionen). Wir erleben auch hier Furcht und Hoffnung, Freude und Enttäuschung, Glück und Trauer. Wichtig scheint mir, dass wir über den manchmal so starken Emotionen, wie wir sie im Texterlebnis haben können, die manchmal genauso eindrucksvollen Kognitionen nicht vergessen, die wir dabei gleichfalls haben können: *Erkenntnisse* und *Einsichten*, die das Texterlebnis vielleicht überdauern. Emotionen, Volitionen, Kognitionen machen erst zusammen das aus, was ich *Texterlebnis* nenne.

* * *

Alternativ könnten wir das, was das Texterlebnis ist, bezeichnen als ein *symbolisches Handeln*. Allerdings ist, wenn wir diesen Terminus verwenden, unsere Aufmerksamkeit verschoben, und zwar von dem inneren Ereignis, das, als Reaktion auf einen Text, das Texterlebnis ist, auf den Text selber. Kenneth Burke, der diesen Terminus geprägt hat,[16] meint mit ihm sämtliche Manifestationen von Einstellungen (von *attitudes*), soweit sie nicht in wirklichen – dann nicht mehr „symbolischen" – Handlungen bestehen. Mitgemeint sind also auch bloße Verhaltensweisen und sogar rein physisch-körperliche Ausdrucksphänomene, wie ein Zittern in der Stimme oder ein Erröten, insbesondere gemeint sind aber Texte. Anders als wir in der Linguistik heute, weil aus anderem Erkenntnisinteresse, sieht Burke Texte und Sprechakte nicht an als Handlungen *sensu pleno*, sondern nur als Quasi-Handlungen, als eben nur „symbolische" Handlungen. Und zwar eines Autors (an Verfasserinnen denkt er noch nicht), dessen Einstellungen sich in seinem Sprechakt oder Text „austanzen" („dancing of an attitude"), d.h. nicht nur ausdrücken, sondern auch *ausleben*. Was wir Leser- oder HörerInnen – müsste man hier hinzufügen – *nach- und miterleben*, wenn wir den Text oder Sprechakt lesen oder hören. Dieses Miterleben wäre dann nichts

---

[16] In seinem Buch *The Philosophy of Literary Form* (Burke 1941, S. 14). Burke schreibt essayistisch und sein Buch ist wenig systematisch, deshalb ist der Untertitel in der deutschen Übersetzung dieses Buches – „Eine Theorie der Literatur" – irreführend. Was sein kleines Buch berühmt gemacht hat, sind besonders einzelne erhellende Beobachtungen und Gedanken und gelungene, einprägsame Begriffe, wie vor allem der Begriff der *symbolischen Handlung* (der *symbolic action*) und die metaphorische Bestimmung, sie sei „der getanzte Ausdruck" einer „Haltung" (ebd.). (So die deutsche Übersetzung; *Haltung* ist als Übersetzungswort für *attitude* zwar weniger gebräuchlich als *Einstellung*, aber ebenfalls sprachüblich.)

anderes als das *Texterlebnis*, wie ich diesen Begriff zu bestimmen versucht habe. Um auch das zu plausibilisieren, müsste ich noch einen weiteren Begriff einführen und erklären: den der *Empathie*. Doch darauf muss ich hier verzichten.[17]

4. Eine kritisch-pragmatische Analyse des Gedichtes von Brecht

Bei Textinterpretationen ist es immer sinnvoll, pragmatisch zu fragen: *Wer sagt was zu wem worüber wo wann wie warum* und *wozu*? Diese linguistiküblichen Suchfragen können helfen, einen Text genauer zu verstehen, weil wir, wenn wir sie uns stellen, ihn sorgfältiger betrachten als sonst. Eine Probe aufs Exempel ist die nachfolgende – zweite – Textbeschreibung des Gedichtes von Brecht, diesmal anhand solcher pragmatischen Fragen. Kritische Beobachtungen, die sich mir dabei aufgedrängt haben, formuliere ich in aller Schärfe, manchmal sogar zynisch, um so einen maximalen Kontrast zu dem sympathetischen Verstehen, um das ich mich vorher (Kap. 2.) bemüht habe, herzustellen.[18] Trotzdem ist das Folgende im Wesentlichen das Ergebnis einer sachlich-nüchtern durchgeführten linguistisch-philologischen pragmatisch-funktionalen Analyse.

Adressierung. Der Text *An die Nachgeborenen* von Brecht scheint wie gemacht für eine solche Analyse, denn er hat beinahe die Form eines Briefes. Anders als die meisten anderen Gedichte nennt er selber seine Adressaten: „die" *Nachgeborenen* (s.o.). Diese sind die Überlebenden einer entweder Überschwemmungs- oder Seenotkatastrophe, „aufgetaucht" aus metaphorisch so genannten „Fluten", die in Wahrheit Klassenkämpfe waren (s.o.). Das macht Brechts Gedicht zu einer Art von Flaschenpost, hineingeworfen in den Ozean der Zeiten in der – ziemlich unglaubwürdig – optimistischen Erwartung, dass sie dermaleinst gefunden und dass ihre Botschaft dann gelesen werde. Ihre Adressaten werden in dem Endzeitalter (s.o.) leben, auf das die Geschichte zustrebt und in dem sie, als historische Zeit, aufhört. Bei Brecht kann dieses Zeitalter, als ein zweites Paradies, kein anderes sein als das des vollendeten Kommunismus.[19] Womit das Gedicht sich selbst un-

---

[17] Ich empfehle zur Einführung Wulff (2003).
[18] Ich will mich dabei möglichst kurz fassen und verweise deshalb immer wieder – mit dem Kürzel *s.o.* – auf schon in Kap. 2. Gesagtes.
[19] Die kommunistische Gesellschaft „ist die Gesellschaft der schöpferischen Arbeit und des Überflusses für alle, ... des kulturvollen und sinnvollen Lebens für alle, ... der vollen

zweifelhaft erkennbar macht als kommunistisch. Und zugleich die „Nachgeborenen" als Hirngespinste kommunistischen Wunschdenkens.

Sprecher. Der Absender dieser Flaschenpost ist Brecht selbst (s.o.). Das macht insbesondere der Vers „die Länder öfter als die Schuhe wechselnd" deutlich, weil er auf Brechts Emigranten-Schicksal anspielt (s.o.), das ihn nämlich von den weitaus meisten der in Deutschland politisch und rassistisch Verfolgten in der Zeit seit 1933 unterschied, weil diese eine solche vorerst einmal glückliche Option von vornherein nicht hatten. Auch ideologisch zeigt das Ich des Gedichts, zeigt Brecht Flagge. Beide schon genannten Ideologeme (*Klassenkampf* und kommunistische *Endzeiterwartung*) lassen auf den Kommunisten als Verfasser und Ich des Gedichtes schließen, der Brecht seit dem Jahre 1929 in der Tat war.[20] Mit der Selbstdarstellung als der eines Klassenkämpfers („ich empörte mich mit ihnen", „die Herrschenden / Saßen ohne mich sicherer") in der Zeit des „Aufruhrs" (d.h. der *Revolution*, die Teil des Klassenkampfs ist) outet Brecht sich zusätzlich als überzeugten Kommunisten. Allerdings ist ebenfalls zu konstatieren, dass der Autor sich, trotz solcher offensichtlich autobiografischen Bezüge, selbst nicht als *Bertolt Brecht* vor- und darstellt. Gänzlich anders als in dem Gedicht „Vom armen B.B." (1921), dessen Anfang eine Nennung seines Namens war („Ich, Bertolt Brecht, bin aus den schwarzen Wäldern"). Darin liegt ein Hinweis auf eine vom Autor offensichtlich angestrebte Entpragmatisierung, Entkonkretisierung seines Textes.

Zeit und Ort. Dazu passt, dass auch Zeit und Ort in diesem Brief, in dieser Flaschenpost, nicht angegeben werden. Was die Zeit betrifft, erfahren wir nur: Zeit der Klassenkämpfe (s.o.). Die Endredaktion des Textes ist auf 1938 anzusetzen; damals war Brecht noch in Dänemark, in Svendborg (s.o., Kap. 1.). Aber beides sollen offenbar die LeserInnen des Gedichtes gar nicht wissen, denn das Gedicht schweigt darüber. Nicht die Rede ist darin auch von den Zeitumständen, insbesondere nicht von *Weimar*, nicht von *Hitler* usw. Insofern ist dieses Gedicht ort- und zeitlos.

Entwicklung der Persönlichkeit, der Freiheit, Gleichheit und Brüderlichkeit" (Klaus/Buhr 1964, S. 1001).

[20] Völker (1976, S. 164). Von Hecht/Bunge/Rülicke-Weiler (1969, S. 51) wird Brechts „Hinwendung zum Marxismus" auf die Jahre 1927-1929 datiert.

Makrostruktur, Themen, Textinhalte. Wie sofort ersichtlich, besteht der Text aus drei Teilen, die sich auch inhaltlich unterscheiden, aber mehr noch durch ihren Sprachgestus (s.o.).

Teil I handelt von den „finsteren Zeiten" (s.o.). Aber auch hier Entkonkretisierung. Denn die Finsternis der Zeiten besteht im Text nicht, was 1938 für einen deutschen Verfasser naheliegend und konkret gewesen wäre, in der Gewaltherrschaft Hitlers, nicht in Not und Elend, nicht in der Verfolgung, der Verhaftung, Folterung, Vertreibung, Tötung und Entehrung von schon damals Millionen deutscher Sozialdemokraten, Kommunisten, Juden und Sinti und Roma. (Darauf deutet im Text nur das ziemlich vage Wort „Untaten" in der zweiten Strophe des Gedichtes.) Sie besteht nicht in den Konzentrationslagern und nicht in den Nürnberger Rassengesetzen usw. der Epoche. „Finster" sind die Zeiten vielmehr – erstaunlicherweise! – *nur*, weil sie Gewissensqualen verursachen (s.o.). Das ist eine ganz enorme Entkonkretisierung.

Während Teil I des Gedichtes *darstellt*, wird in *Teil II* des Gedichtes *erzählt* (s.o.). Das Gedicht nimmt damit schon die Perspektive der „Nachgeborenen" des dritten Teiles des Gedichtes ein. Ihnen sagt das Gedicht über das Ich des Gedichtes, über das bisher nur Negatives zu berichten war, jetzt endlich etwas Positives: Es war ein Mitkämpfer im Kampf gegen „Sumpf" und „Schlächter" der „finsteren Zeiten", der ein Ziel verfolgt hat (s.o.). Worin dies bestand, bleibt vorerst noch die Frage. Sie wird erst im dritten Teil dieses Gedichtes beantwortet werden: im irreversiblen Sieg des Kommunismus über den Kapitalismus. Das ist für die Nachgeborenen des 21. Jahrhunderts sicherlich nicht leicht zu schlucken.

Unser Kampf wird für uns siegreich enden, so die Prophezeihung in *Teil III* dieses Gedichtes. Sozusagen noch mit letzter Kraft verkündet, fast schon aus dem Grabe, das Ich des Gedichtes, dass ein glückliches Zeitalter kommen werde.[21] Von dem wir hier aber nur erfahren, dass die Menschen sich in ihm nicht mehr bekämpfen, sondern helfen (s.o.). (Auch hier also nichts Konkretes, was jedoch bei einer solchen Utopie auch nicht verwundert.) Wir entnehmen dem Text außerdem, dass Brecht die Nachgeborenen um Nachsicht bittet (s.u.).

---

[21] Eine Anmerkung für literarhistorisch Interessierte: Dieses Ich ist hier insofern ein *remake* von Schillers *Attinghausen* im *Tell*: Sterbend prophezeit, beschwört und appelliert es.

Sprache und lyrische Form. Die Syntax des Textes ist weitgehend einfach. Parataxe ist vorherrschend, syntaktische Parenthesen, die Spannung erzeugen, gibt es nur in Teil III des Gedichtes. Haupt- wie Nebensätze sind meist kurz und meist nur zwei- oder dreiteilig: Subjekt, Prädikat, Ergänzung. (Die elaborierten Sätze in Teil III des Textes sind Ausnahmen.) Auch die Lexik ist weitgehend einfach, nämlich durchweg alltags- und nur manchmal bildungssprachlich und gehoben, letzteres besonders in Form auffälliger Archaismen biblisch-christlichen Charakters (s.o.). Fachsprachliche Wörter (*Klassenkampf* und *Revolution*) fehlen, ebenso Fremdwörter (von *Natur* und *Klasse* abgesehen). *Betont schlicht und einfach* in jeglicher Hinsicht, wenn auch mit Ausnahmen – so lässt sich der sprachliche Befund zusammenfassen. – Lyriktheoretisch ist dieses Gedicht ein Musterbeispiel für die „reimlose Lyrik mit unregelmäßigen Rhythmen" von Brecht.[22] Reime gibt es in dem Gedicht in der Tat nicht, und mir selbst will es bei vielen Versen nicht einmal gelingen, sie, obwohl sie sich dagegen sperren, doch irgendwie so zu sprechen, dass man einen „Rhythmus" hören könnte, ob unregelmäßig oder regelmäßig. Sollte das nicht allein an mir liegen, wären sie gar keine Verse, sondern nurmehr Zeilen, und der Text von Brecht ein Prosagedicht. Was bemerkenswert ist, weil Brecht Reim und Rhythmus virtuos handhaben konnte, wie das viele frühere und spätere Gedichte zeigen. Demnach wäre der Verzicht auf beides vielleicht eine Art Askese, eine Art des lyrischen In-Asche-Gehens, was zur kommunikativen Funktion des Gedichtes passen würde (als Bußübung, s.u.). Auch die Strophen des Gedichtes sind eigentlich keine (außer in Teil II des Textes), sondern lediglich Absätze.[23] *Betont einfach, betont schmucklos* ist der Text daher auch unter formal-lyrischen Aspekten.

Illokution, Funktion, Perlokution. Die hauptsächliche Funktion des Textes von Brecht ist, wie oft bei Texten, erst in dessen letztem Teil, an seinem Ende zu erkennen. (Denn das Ende ist ja das, worauf es mit dem Text „hinausläuft".) Und hier sogar erst im letzten Satz des Textes: „Gedenkt unsrer / Mit Nachsicht". Ein *Appell* ist demnach dessen illokutionäre Absicht, und zwar eine Bitte um Verzeihung (s.o.). Deshalb wird man alles Frühere im Text als funktionale Vorbereitung darauf deuten: als Begründung und Erläuterung

---

[22] So Schoeps (2001, S. 279), der dazu auf den bekannten Aufsatz Brechts mit diesem Titel verweist.

[23] Offenbar sind aber die Enjambements genau berechnet (als Signal für Sprechverzögerungen zwecks Akzentuierung des Beginns der Folgezeile).

der Bitte, in die der Text mündet.[24] Wer um Nachsicht bittet, muss – zumal bei anonymen Adressaten, denn das sind die Nachgeborenen für das Text-Ich – sagen, wofür, und er wird für die Gewährung seiner Bitte stichhaltige Argumente nennen müssen. Beides leisten die ihr vorgeschalteten Textteile. Wofür der Text um Verzeihung bittet, sagt z.T. der Teil III des Gedichtes: „Schwächen". Eigentlich bestehen diese nur in Unschönheiten (den im „Haß" unschön „verzerrten" Gesichtszügen, der im „Zorn" unschön „heiseren" Stimme), außerdem noch darin, dass wir „nicht freundlich sein" konnten.[25] Sie sind also insgesamt nur Kleinigkeiten (s.o.). Zusätzliche Schwächen nennen Teil I und II des Gedichtes. Sie enthalten eine Art *Geständnis* und sind eine Art *Bußübung*. Das Text-Ich ergeht sich darin in *Zerknirschung* über seine moralischen Unzulänglichkeiten und *bereut* sie damit ostentativ.[26] Das sind (auch strafrechtlich) *mildernde Umstände*, und die beiden ersten Gedichtteile machen noch weitere namhaft: Teil I die „finsteren Zeiten", Teil II, dass das Text-Ich sich nach Kräften für die Zeitenwende eingesetzt hat, die dazu geführt hat, dass die Adressaten seiner Bitte im Glück leben (s.o.). Deshalb ist damit zu rechnen, dass sie, alles dies bedenkend, seiner Bitte gern entsprechen werden. (Wenn auch vielleicht erstaunt über diese Bitte, denn sie haben diesem Text-Ich eigentlich ja sowieso nichts zu verzeihen, sie sind dafür sozusagen unzuständig, denn sie sind nicht seine Richter und das Ich hat ihnen auch nichts angetan, im Gegenteil, sie hätten ihm zu danken.) *Perlokutionär* wird deshalb wohl der Sprechakt, der dieses Gedicht ist, Erfolg haben – wenn die Flaschenpost, die er zugleich ist, aller Unwahrscheinlichkeit zum Trotz bei ihren Adressaten ankommt.

Motivation. Rätselhaft ist, wieso dieses Text-Ich seine Bitte um Verzeihung seiner Schwächen ausgerechnet an die doch wohl auch für einen Kommunisten ziemlich märchenhaften Nachgeborenen des prophezeiten fernen (erst kommt noch der Sozialismus) kommunistischen Zeitalters richtet. (Statt etwa

---

[24] Nach Motsch (1996, S. 21ff.) kann man sagen, dass die früheren Textteile der Ausdruck von *subsidiären* (stützenden) *Illokutionen* sind und so der *dominierenden Illokution* des Textes dienen.

[25] Allerdings hat es das Wort *Freundlichkeit* bei Brecht in sich. Es ist ein zentrales Wort auch anderer Gedichte und für ihn, so scheint es, geradezu der Inbegriff für alles, was ein gutes, brüderliches oder schwesterliches Leben wäre. (Daher auch das Wörtchen „ach" – als tiefer Seufzer des Bedauerns oder sogar der Verzweiflung.) Aber das werden die LeserInnen des Gedichtes *An die Nachgeborenen* mehrheitlich wohl nicht wissen.

[26] Versteht man den Text als eine *Beichte* (s.o.), dann zeigt sich das Ich hier als *bußfertig*.

an Zeitgenossen.) Auch die Bitte selbst ist seltsam. Es sind ja nur Kleinigkeiten, die sich das Ich vorwirft. Eigentlich hat es sich ganz normal verhalten, nämlich so, wie auch wir Leserinnen oder Hörer des Gedichtes uns in unserer Welt verhalten, wobei auch wir moralische Unzulänglichkeiten bei uns registrieren müssen, ohne aber irgendwelchen finsteren Zeiten die Schuld dafür zuzuschieben. Auch wir sind nicht „weise", obwohl auch wir gerne weise und gut wären, machen aber davon kein Aufhebens. Es gibt also eigentlich für dieses Ich gar keinen Grund für erhebliche Schuldgefühle. Unter denen dieses Ich jedoch so unerträglich leidet, dass es sich mit einer Bitte um Vergebung sogar an imaginäre potenzielle Vergebende wendet. (Dieser Versuch, von den Schuldgefühlen freizukommen, ist deshalb von vornherein nur ein „Versuch mit untauglichen Mitteln", wie man das juristisch nennen würde.) Wie soll man sich also diesen Sprechakt, dieses zunächst unbegreifliche Verhalten des Text-Ichs erklären? Naheliegend – wenn auch philologisch dem Text selbst nicht zu entnehmen – wäre die Vermutung, dass die Schuldgefühle andere Ursachen haben als die im Gedicht genannten. Vielleicht ganz konkrete.[27] Vielleicht aber auch ganz allgemeine, grundsätzliche, die in einer christlichen Erziehung liegen könnten, die in Brechts Generation – wie auch noch in der meinen – vielen Menschen die Disposition zu Schuldgefühlen eingepflanzt hat. Bei Brecht deutet manches darauf hin, dass diesem Atheisten seine christliche Erziehung unauslöschlich in den Knochen steckte, u.a. seine Sprache (s.o.). Bei Annahme einer (oder beider) dieser möglichen Ursachen wäre das Gedicht als eine Ersatzhandlung zu verstehen, als ein symbolisches Handeln, in dem sich die Schuldgefühle und das Bußbedürfnis des Verfassers wie auch sein Verlangen nach Vergebung symbolisch ausleben.

5. Auf dem Weg zu einer Sprechakt- und Texttheorie des Fiktionalen

Nach gehabter linguistisch-pragmatischer Analyse sieht das Prosagedicht *An die Nachgeborenen* von Brecht wie ein gerupfter Spatz aus. Es hat sich dabei als geradezu absurd erwiesen. Was geht es uns an, wenn Brecht die *Nachge-*

---

[27] Bei Brecht denkt man da sofort an seine Art, mit Frauen umzugehen – in den Rollen von Geliebten, sich ihm aufopfernden Arbeitskräften oder Miturheberinnen und z.T. sogar hauptsächlichen Verfasserinnen seiner Werke, aber ohne Namensnennung und Tantiemen (Fuegi 1997); Schuldgefühle hatte Brecht deswegen aber, scheint es, wenig oder gar nicht (Häntzschel 2002, S. 274).

borenen um Nachsicht bittet? Das ist sein Problem bzw. ihres. Sollen sie doch bitteschön auf Brechts Text reagieren, wie sie wollen; uns kann das egal sein, denn wir sind nun einmal nicht die Adressaten dieses Textes, ob er nun ein Brief ist, eine Bitte, eine Beichte oder alles dies zusammen. Wobei wir an die künftige Existenz von solchen Nachgeborenen in einem fernen Paradies des Kommunismus sowieso nicht glauben. Es kommt noch hinzu, dass wir im Zuge unserer pragmatischen Analyse erkannt haben, wie im Grunde überflüssig doch die Bitte ist, die Brecht (oder das Text-Ich) an die von ihm als schon existent herbeigeträumten *Nachgeborenen* seines Gedichtes richtet. Seinen Hass und seinen Zorn (die aber höchst berechtigt waren, denn sie galten Niedrigkeit und Unrecht!) sollen sie verzeihen, außerdem seine Unfreundlichkeiten. Ferner, dass er aß und trank, als andere Menschen nichts zu essen und zu trinken hatten, Böses nicht mit Gutem vergalt, achtlos aß und achtlos liebte usw. Um Verzeihung für all solche menschlich nicht nur verzeihlichen, sondern – zumal in „finsteren Zeiten" – für uns und für alle anderen Menschen sowieso nicht vermeidbaren Bagatellvergehen gegen eine ideale Ethik bittet er in einem vierundsiebzig Zeilen langen Gedicht umständlich um Nachsicht, die doch jeder halbwegs Vernünftige schon aus dem Grund haben muss, dass er sich sonst selbst mitverdammen müsste. Wozu dieser ganze unnötige Aufwand? Das Gedicht scheint also, pragmatisch betrachtet, wahrlich absurd.

Absurd wird man aber eher diesen Befund finden. Offensichtlich trifft die hier gemachte Analyse den Sinn des Gedichtes von Brecht überhaupt nicht. Sie ist diesbezüglich die *reductio ad absurdum* ihrer selber. Als Fazit zu konstatieren ist daher das folgende Dilemma: Einerseits ist die pragmatische Textinterpretation dieses Gedichtes (hoffe ich zumindest) philologisch, d.h., was die Fakten und Schlussfolgerungen daraus angeht, *richtig*, andererseits aber, was den Sinn des Textes angeht, völlig *verfehlt*.

Der Ausweg aus dieser so auf den Begriff gebrachten Interpretationsmisere liegt in der Feststellung, dass in Wirklichkeit doch *wir* – und nicht die *Nachgeborenen* – die eigentlichen Adressaten des Gedichts sind; weil wir uns zu seinen Adressaten durch das Lesen oder Hören des Gedichtes selber gemacht haben. Oder diejenigen mutmaßlichen Adressaten, die sich Brecht selbst vorgestellt hat – seine „impliziten Leser" – deren Rolle wir hier aber gespielt haben. Und wir hatten beim ersten spontanen Lesen oder Hören das Gedicht ganz anders wahrgenommen und erlebt als bei der zweiten – kritisch-analytischen – Lektüre und Befragung des Gedichtes in der Perspektive und

Distanz von kühlen BeobachterInnen. Dass Brecht in seinem Gedicht erkennbar als ein engagierter Kommunist spricht – sich also zum Kommunismus sozusagen bekennt – hatten wir, wenn überhaupt, dann nur am Rande zur Notiz genommen. Und die *Nachgeborenen* waren für uns nicht Ausgeburten einer kommunistischen Endzeiterwartung, sondern einfach Menschen eines goldenen Zeitalters, wie wir es aus vielen Mythen und aus politischen Utopien kennen. In das wir uns gerne hineindachten, weil auch für uns Freundlichkeit und Brüderlichkeit hohe Ideale menschlichen Zusammenlebens sind und bleiben werden. Auch in den moralischen Paradoxien des Gedichtes (Teil I) konnten wir uns selbst wiedererkennen, weil wir die Gewissensqualen oder -bisse selber haben, wie sie das Gedicht benennt, wenn auch vielleicht nur schwach und nur sporadisch. Ebenso in seiner Trauer (Teil II) über ein versäumtes, nicht sinnvoll gelebtes Leben, obwohl wir uns einer Trauer über unser eigenes, z.T. ebensolches Leben vielleicht nur gelegentlich hingeben. Schließlich konnten wir uns, wie gesagt, auch selbst erkennen in der Hoffnung des Gedichtes (Teil III) auf ein besseres Zeitalter und Vergebung unserer Sünden. Das war unser Texterlebnis. (Wie ich es hier zu rekonstruieren versucht habe.) So ist nämlich unsere *Reaktion* auf das Gedicht gewesen. Und in dieser (oder einer ihr ähnlichen) – und nicht in den Ergebnissen einer gefühlskalten Analyse – liegt wohl der Sinn des Gedichtes.

In der Reaktion von Adressaten liegt *stets* der Sinn eines Textes. Denn sie ist das, worauf jeder Text – als Sprechakt[28] – abzweckt. (Einfache Beispiele für Nicht-Linguisten: Wenn ich dich um etwas bitte, ist der Sinn, dass du es tun sollst; wenn ich dich nach etwas frage, dass du mir antworten mögest; wenn ich dir etwas mitteile – und damit etwas „behaupte", so der *terminus technicus* in der Logik – ist der Sinn, dass du mir glauben sollst, also für wahr hältst, was ich sage.) Und an dieser Einsicht sollten wir festhalten, wenn wir neben den pragmatischen auch nicht-pragmatische Textsorten und Äußerungstypen in die linguistisch-sprechakttheoretische Betrachtung einbezie-

---

[28] Es ist eine Misslichkeit der Terminologie der Linguistik, dass sie (geschriebene) Texte als *Sprechakte* ansieht und gelegentlich bezeichnet. Eigentlich sind Texte *Artefakte* (Bühler: „Werke"), also alles andere als Sprechakte. Die jedoch, wenn sie gelesen werden, in quasi gehörte Äußerungen transformiert und dann wie Sprechakte verstanden werden. (Wenn auch nur prototypische Texte; andere – u.a. das Telefonbuch – liest man und gebraucht man anders.) So wird aus dem Buch, das etwa ein Roman ist, in der Rezeption eine (Art von) Erzählung. Deshalb ist es sinnvoll, Texte *wie* (bzw. *als*) Sprechakte zu betrachten und sie metaphorisch *Sprechakte* zu nennen. Misslich bleibt es trotzdem.

hen: *Immer* haben Äußerungen oder Texte ihren Sinn in einer intendierten Reaktion von Sprechaktadressaten.[29] Die Texttheorie muss also fragen, was für Reaktionen es sind, auf die solche Texte wie Romane und Gedichte zielen. Anders als bei den pragmatischen Textsorten ist ihr Sinn nicht, dass wir praktisch handelnd auf sie reagieren sollen, oder kognitiv, indem wir unser Meinen (als unser „Weltwissen") ändern, wie bei Behauptungen. Sicher scheint nur, dass wir *irgendwie*, in irgendeiner *anderen* Weise auf sie reagieren sollen und tatsächlich reagieren. Aber wie? Auf diese Frage haben Text- und Sprechakttheorie bisher noch keine Antwort, in Bezug darauf sind sie bislang am Ende ihrer Weisheit. Aber das muss nicht so bleiben.

Ein Antwortversuch war dieser Aufsatz, in dem ich die Überlegung vorgetragen habe, dass der Sinn literarischer Texte darin liegen könnte, dass sie Texterlebnisse verschaffen sollen. Diese Überlegung wird vielleicht noch etwas einleuchtender bei Hinzunahme der Beobachtung, dass es sich bei Texten, die wir „literarisch" nennen, ausnahmslos um *fiktionale* Texte handelt.[30] Man pflegt vornehmlich Romane „fiktional" zu nennen (treffend heißt der englische bibliothekarische Klassifikator für Romane *fiction*). Aber fiktional sind außerdem auch alle Dramen. (Und natürlich Filme, außer z.T. „Dokumentarfilme", doch das ist eine Grauzone.) Sowie – das ist eine Einsicht, wenn es eine ist, die ich bei meiner Interpretation von Brechts Gedicht gewonnen habe – sämtliche Gedichte. Denn auch diese sind, als scheinbar wirkliche Sprechakte, immer fiktional in dem Sinn, dass sie stets einen bestimmten Sprechakt – und manchmal mit allem, was dazugehört: Sender, Empfänger, Absicht des Sprechaktes, Medium, Textsorte usw. – simulieren, in den wir als Leser- oder HörerInnen sozusagen als Zaungäste hineinhören

---

[29] So schon Harras (1983, S. 208), die betont hat, „dass mit *jedem* Sprechakt eine Wirkung auf die Adressaten ... ausgeübt werden soll". Zum Sinn „repräsentativer" Äußerungen (Behauptungen) etwa schreibt sie, dass der Adressat mit ihnen „dahingehend beeinflußt werden" solle, „daß er das, was der Sprecher für wahr hält, ebenfalls glaubt" (ebd.).

[30] Diese Generalisierung *en passant* bereits bei Heinemann, W./Viehweger (1991, S. 153): „In allen Texten des *ästhetischen Wirkens* ... wird eine fiktionale Welt erzeugt". – Das gilt auch für fiktionale Texte, die sich als Bericht, etwa als „Tatsachenbericht" oder als „Biografie", nur ausgeben. Was die Rezeption betrifft, ist andererseits anzunehmen, dass auch viele echte Tatsachenberichte und Nachrichten hauptsächlich als literarisch-fiktionale rezipiert, d.h. als solche erlebt, werden sollen und auch erlebt werden.

sollen, um ein Texterlebnis zu erleben.³¹ Wenn das zutrifft, dann sind sowohl Epos als auch Drama wie auch Lyrik fiktional, d.h. das ganze Spektrum literarischer Literatur. Sie wäre demnach insgesamt zwar einerseits pragmatisch strukturiert und auch pragmatisch zu verstehen,³² aber andererseits nur dem Gestus, nicht ihrer Funktion nach, tatsächlich pragmatisch, eine – nicht vorhandene – pragmatische Funktion nur prätendierend.

Weil auch sie pragmatische Strukturen und Funktionen (wenn auch nur fingierte) haben, sollten wir auch literarische – und nicht nur wirklich pragmatische – Texte, wenn wir sie interpretieren wollen, immer einer sorgfältigen systematisch-pragmatischen Analyse unterziehen. Ihr Gewinn ist zwar nicht immer ein sehr großer. Manche einzelnen Befunde mögen sich in einer zweiten Phase des Nachdenkens über den jeweils analysierten Text – nachträglich also – als irrelevant erweisen für dessen Gesamtverständnis. (Dann wird man sie in der redigierten, zur Publikation bestimmten Interpretation des Textes gar nicht erst erwähnen.) Andere Befunde sind hauptsächlich von historischem Interesse, so im Falle meiner Analyse des Gedichtes von Brecht das Ergebnis, dass Brecht hier zugleich als Christ und als Marxist spricht. Wieder andere sind poetologisch, so in der obigen Analyse die Feststellungen zu Form und Sprache des Gedichtes; sie sind Teilerklärungen der durch den Text hervorgebrachten Wirkung. Manchmal sieht der Gewinn einer solchen Analyse auf den ersten Blick hin sogar negativ aus – dafür ist wohl meine pragmatische Analyse des Gedichtes von Brecht ein Paradebeispiel. Sie war irreführend, insofern sie manches Detail dieses Textes überdeutlich – der mutmaßlichen Textintention entgegen – erkennbar gemacht hat. So etwas bedarf dann eines Zurechtrückens sowie der Ergänzung durch die Herausstellung des – für das mutmaßlich intendierte Textverständnis der vom Text mutmaßlich intendierten LeserInnen – Wesentlichen. Immerhin ist dadurch aber eine zweite der Lesarten, die der Text für seine LeserInnen birgt, beschrieben worden. Und nicht nur das. Sondern diese Analyse machte außerdem auch deutlich, dass, wenn wir es bei der pragmatischen Interpretation belassen hätten, wir den Sinn des Textes verfehlt haben würden. Sein

---

[31] Eine treffende Beobachtung von Lausberg (1973, S. 611): Gedichte „können als Fragmente ... einer umfassenderen Erzählung oder eines umfassenderen Dramas aufgefasst werden", in denen ihre Pragmatik klar sein würde.

[32] Sogar scheinbar *absolut* literarische Texte sind primär pragmatisch zu verstehen, so z.B. die des Dada als Wortsalat oder als Gestammel. Dass auch ein solches Gestammel kunstvoll sein kann, ist dann die Pointe derartiger Texte.

Sinn nämlich war das Lese- oder Hörerlebnis – und es wäre noch hinzufügen: oder Sprecherlebnis – zu dem er eine Einladung, ein Sinnangebot war.

6. Literatur

Burke, Kenneth (1941): The Philosophy of Literary Form. Studies in Symbolic Action. Berkeley, CA. [Zit. nach der Übers.: Dichtung als symbolische Handlung. Eine Theorie der Literatur. Frankfurt a.M. 1966.]

Cramer, K. (1972): Erleben, Erlebnis. In: Ritter, Joachim (Hg.): Historisches Wörterbuch der Philosophie. Bd. 2. Basel/Stuttgart. S. 702-711.

Duden (2001): Deutsches Universalwörterbuch. 4. Aufl. Mannheim u.a.

Fix, Ulla (2003): Grammatik des Wortes. Semantik des Textes. Freiräume und Grenzen für die Herstellung von Sinn? In: Jannidis, Fotis u.a. (Hg.): Regeln der Bedeutung. Zur Theorie der Bedeutung literarischer Texte. Berlin/New York. S. 80-102.

Fuegi, John (1997): Brecht & Co. Biographie. Hamburg.

Götz, Dieter/Haensch, Günther/Wellmann, Hans (Hg.) (1993): Langenscheidts Großwörterbuch Deutsch als Fremdsprache. Berlin u.a.

Häntzschel, Hiltrud (2002): Brechts Frauen. Reinbek.

Harras, Gisela (1983): Handlungssprache und Sprechhandlung. Eine Einführung in die handlungstheoretischen Grundlagen. Berlin/New York.

Hecht, Werner/Bunge, Hans-Joachim/Rülicke-Weiler, Käthe (1969): Bertolt Brecht. Sein Leben und Werk. Berlin.

Heinemann, Margot/Heinemann, Wolfgang (2002): Grundlagen der Textlinguistik. Interaktion – Text – Diskurs. Tübingen.

Heinemann, Wolfgang/Viehweger, Dieter (1991): Textlinguistik. Eine Einführung. Tübingen.

Hermanns, Fritz (2002a): „Bilder im Kopf". Zur Wiederauferstehung des Begriffes der Idee und der Vorstellung in den Begriffen des Stereotyps, des Schemas, des frame sowie ähnlicher Begriffe. In: Wiesinger, Peter (Hg.): Akten des X. Internationalen Germanistenkongresses Wien 2000. Bd. 2. Bern u.a. S. 291-297.

Hermanns, Fritz (2002b): Attitude, Einstellung, Haltung. Empfehlung eines psychologischen Begriffs zu linguistischer Verwendung. In: Cherubim, Dieter/Jakob, Karlheinz/Linke, Angelika (Hg.): Neue deutsche Sprachgeschichte. Mentalitäts-, kultur- und sozialgeschichtliche Zusammenhänge. Berlin/New York. S. 65-89.

Hermanns, Fritz (2003): Linguistische Hermeneutik. Überlegungen zur überfälligen Einrichtung eines in der Linguistik bisher fehlenden Teilfaches. In: Linke, Angelika/Ortner, Hanspeter/Portmann-Tselikas, Paul R. (Hg.): Sprache und mehr. Ansichten einer Linguistik der sprachlichen Praxis. Tübingen. S. 125-163.

Iser, Wolfgang (1972): Der implizite Leser. Kommunikationsformen des Romans von Bunyan bis Beckett. München.

Klappenbach, Ruth/Steinitz, Wolfgang (Hg.) (1967): Wörterbuch der deutschen Gegenwartssprache. Bd. 2. Berlin.

Klaus, Georg/Buhr, Manfred (1964): Philosophisches Wörterbuch. 8. Aufl. [Zit. n. d. Ausg. Berlin 1972.]

Lausberg, Heinrich (1973): Handbuch der literarischen Rhetorik. Eine Grundlegung der Literaturwissenschaft. München. [1. Aufl. 1960].

Motsch, Wolfgang (1996): Ebenen der Textstruktur. Begründung eines Forschungsprogramms. In: Motsch, Wolfgang (Hg.): Ebenen der Textstruktur. Sprachliche und kommunikative Prinzipien. Tübingen. S. 3-33.

Nikula, Henrik (2003): Gibt es den literarischen Text? In: Forgács, Erzsébet (Hg.): Germanistik – Traditionspflege und neue Herausforderungen. Szeged. S. 47-54.

Richards, Ivor A. (1924 [2001]): Principles of Literary Criticism. Repr. der Erstausg. London 1924. London/New York.

Schoeps, Karl-Heinz (2001): An die Nachgeborenen. In: Knopf, Jan (Hg.): Brecht-Handbuch. 5 Bde. Bd. 2.: Gedichte. Stuttgart/Weimar. S. 274-281.

Völker, Klaus (1976): Bertolt Brecht. Eine Biographie. München/Wien.

Weinrich, Harald (1964): Tempus. Besprochene und erzählte Welt. Stuttgart.

Wulff, Hans J. (2003): Empathie als Dimension des Filmverstehens. Ein Thesenpapier. In: montage/av 12/1/2003, S. 136-161.

III. Methodologie und Theorievergleich

Wolfgang Teubert

Über den fragwürdigen Nutzen mentaler Konzepte

Die Frage nach der Bedeutung

Der Druckauflage von Hilary Putnams „Vernunft, Wahrheit und Geschichte" (1990a) zufolge, die bei mir immer noch im Regal steht, war es 1990 oder 1991, als Gisela Harras eine Handvoll Leute am Institut für Deutsche Sprache zum Nachdenken über Bedeutung zusammenbrachte. Diese Diskussionen haben auf mich eine bleibende Wirkung gehabt. Sie sind Schuld daran, dass ich seither die Bedeutung von dem, was gesagt ist, für den Kern der Sprache und der Beschäftigung mit ihr halte.

Viele Linguisten haben einen solchen Respekt vor der Frage nach der Bedeutung, dass sie ihr sorgsam aus dem Weg gehen. Im Vergleich zu ihr ist die Grammatik, hilft man ihr nur genug nach, ein Stück Ordnung, wo jedes Ding am Ende seine Schublade findet. Anders die Bedeutungen der Wörter. Was ist das überhaupt: die Bedeutung? Ich erinnere mich an ein Gespräch mit Gisela Harras, noch vor der Putnam-Episode, in dem es um diese Frage ging. Ist das, was ein Wort bedeutet, wieder etwas Sprachliches, so etwas wie eine Wörterbuchdefinition, nur eben vollständiger? Oder ist es etwas Außersprachliches, etwa ein Bild, eine Darstellung oder auch nur eine Vorstellung? Oder ist die Bedeutung eines Wortes wie *Wasser* das, was Wasser 'wirklich' ist? Es ist das Verdienst der kognitiven Linguistik, dass sie die Bedeutungsfrage wieder in den Mittelpunkt sprachwissenschaftlichen Arbeitens gestellt hat.

Ich lasse dabei offen, was kognitive Linguistik ist. Die Standpunkte von Forschern wie Ray Jackendoff auf der einen Seite und Dan Sperber, Deirdre Wilson und Stephen Levinson auf der anderen Seite scheinen unvereinbar. Beide Seiten haben zudem wenig im Sinn mit der kognitiven Linguistik, wie sie von George Lakoff propagiert wird. Jerry Fodor hört auf keinen von ihnen, höchstens auf Noam Chomsky. Doch inwieweit Chomsky, der über viele Jahrzehnte die semantische Interpretation von grammatischen Strukturen als irrelevant abgetan hat, überhaupt der kognitiven Linguistik zuzurechnen ist, muss offen bleiben. Was für mich den Kern der kognitiven Linguistik ausmacht, ist, dass sie die Bedeutung in den Köpfen der Menschen aufsucht; ist also, dass sie Sprache von der mentalen Warte aus untersucht, und nicht etwa, wie die Korpuslinguistik, aus der sozialen Perspektive. Unter diesen mentalen Schirm fallen viele Sprachwissenschaftler, auch solche, die für sich das kognitive Etikett ablehnen würden. Ich bin mir überhaupt nicht sicher, ob sich Gisela Harras gern als kognitive Linguistin bezeichnen lassen würde. Falls nicht, dann habe ich es natürlich nicht so gemeint. Die Kognitive Linguistik hat jedenfalls den Schritt von der sichtbaren Welt der Einzelsprachen in die geheimnisvolle Welt der universalen Sprache des Geistes gewagt. Was dort die Wörter waren, dem entsprachen hier die mentalen Konzepte. Doch wie real sind diese Geister?

In ihrer Veröffentlichung „Concepts in Linguistics – Concepts in Natural Language" gibt Gisela Harras eine Antwort. Sie schreibt: „Concepts ... are considered as abstract and collective entities in contrast to individual mental images, ideas or thoughts. The principles of structuring concepts are part of the human cognitive endowment, they are innate. Linguistic expressions encode concepts as their semantic content cut out of the conceptual pool which is universal, i.e. independent of any existing language." (Harras 2000, S. 14) Konzepte sind hier also zum einen relativ zum 'semantic content' eines einzelsprachlichen Ausdrucks, zum anderen relativ zu einer universalen einzelsprachunabhängigen konzeptuellen Struktur gesehen (die, wie wir weiter unten sehen, heute gewöhnlich als Ontologie bezeichnet wird). Weil diese Sicht zwischen einem einzelsprachlichen semantischen Inhalt (was immer das sein mag) und einer unversalen konzeptuellen Repräsentation differenziert, wird dieser Ansatz, vertreten durch Manfred Bierwisch, Ewald Lang, Dieter Wunderlich und Monika Schwarz, 'two-level semantics' genannt. Die andere Sicht, schreibt sie, „is the view that linguistic forms are immediately related to concepts without any intermediate level of semantic content. It has been worked out by Jackendoff, Lakoff, Fauconnier, Langacker." (ebd.).

Ein Vergleich der beiden Sätze 'Open the bottle' und 'Open the washing machine' bringt Harras zu dem Schluss, dass ein Verb wie *open* unendlich viele Konzepte vermitteln kann. Wir wissen nicht, wie genau die beiden Gegenstände geöffnet werden. Die Flasche mag einen Schraubverschluss haben oder einen Korken. Der Klempner macht die Waschmaschine gewöhnlich an anderer Stelle auf als der Benutzer. Gibt es einen und nur einen 'semantic content' für das englische Verb *open*, oder gibt es deren viele? Jedenfalls fächert sich der semantische Gehalt aus der Perspektive des universalen Konzeptpools in eine Vielzahl von Konzepten auf. Doch wenn es für jeden Einzelfall ein spezielles Konzept gibt, worin besteht dann die Abstraktion, die Harras den Konzepten zuschreibt? Was unterscheidet Konzepte dann noch von *Vorstellungen* (im Sinne von *images*) oder von anderen Gedanken?

Gisela Harras beruft sich in ihren Ausführungen zum Konzeptbegriff vor allem auf Dan Sperber und Deirdre Wilson. Das ist richtig, soweit es um die schiere Unendlichkeit der hypostasierten Konzepte geht. Jedenfalls sehen Sperber und Wilson, im Gegensatz zu Harras, in den Konzepten keine kollektive, sondern eine individuelle Leistung: „A concept, as we understand the term, is an enduring elementary mental structure ... It is arguable that each of us has ineffable concepts [e.g. of a special kind of pain] – perhaps a great many of them ... For the time being, we will restrict ourselves to effable concepts: concepts than can be part of the content of communicable thought ...[T]here are a great many stable and effable mental concepts that do not map onto words." (Sperber/Wilson 1998, S. 189) Was ist das: Etwas, was sagbar (*effable*) ist und doch nicht in Worte gefasst werden kann? Das ist in der Tat der Anspruch, der hier gestellt wird. Der sprachliche Ausdruck ist nichts weiter als ein Reiz, der bestimmte Verarbeitungsmechanismen in Gang setzt, die den Hörer erkennen lassen, was der Sprecher eigentlich gemeint (aber nicht gesagt) hat. Das ist die Kernthese der Relevanztheorie, die Sperber und Wilson von den Grice'schen Maximen abgeleitet haben. Ich werde weiter unten auf diese These in ihrer jüngsten Gestalt zurückkommen. Harras, Sperber und Wilson geben uns einen wichtigen Grund, warum wir uns mehr um Konzepte als um Wörter kümmern sollten. Nach ihrer Auffassung lässt sich das, was uns ein Sprecher mitteilen will, nicht wirklich von den Bedeutungen der Wörter ablesen, in die er seine Äußerung fasst. Das birgt für uns, und, wie ich meine, für die ganze kognitive Linguistik, ein unauflösbares Dilemma. Entweder sie entwickelt sich in eine Wissenschaft des Gedankenlesens (wie das anscheinend Dan Sperber im Sinn hat) oder sie verzichtet darauf, sich um die Absichten von Sprechern zu kümmern.

Wenn wir indessen Konzepte als den gemeinsamen Besitz einer Diskursgemeinschaft ('colletive entities' in Harras' Worten) verstehen, müssen wir sie nicht notwendigerweise in den Köpfen der Menschen suchen. Wir könnten sie ebenso gut in den Texten identifizieren, in denen die Mitglieder einer Diskursgemeinschaft Inhalt austauschen. Denn auf das, was in den Texten gesagt ist, können wir uns leicht verständigen. Was in den Köpfen der Menschen wirklich vorgeht, wissen wir dagegen kaum. Über mentale Konzepte lässt sich trefflich streiten.

Denn, sagt Harras unter Berufung auf Ewald Lang, es ist eine Tatsache, „that the conceptual structure is inaccessible to direct observation" (Harras 2000, S. 18). In der Tat ist es beunruhigend zu sehen, dass es unter Kognitiven Linguisten darüber, was mentale Konzepte wirklich sind, kaum einen gemeinsamen Nenner gibt. Man lässt uns im Unklaren, ob sie holistisch oder zusammengesetzt sind. Wir wissen nicht, ob sie angeboren oder erlernt sind. Es gibt unvereinbare Auffassungen darüber, wie sie sich zu den Wörtern verhalten. Ungeklärt ist schließlich die Frage, ob sie nur aus Inhalt bestehen oder ob sie, wie die Sprachzeichen, material sind.

Ein Wort, so haben wir gelernt, ist ein Zeichen. Aber was ist ein Zeichen? Zeichen sind zuallererst Dinge, materielle Objekte, und erst in zweiter Linie, quasi metaphorisch, können darunter auch Töne oder anderweitig sinnlich wahrnehmbare Dinge fallen, also etwa Pfiffe oder das, was ein Blinder ertasten kann. Für Campe ist ein Zeichen „das Bild einer Sache" oder dann überhaupt ein „sinnliches Ding, welches bestimmt ist, eine bestimmte Vorstellung zu erwecken" (Campe 1969-1970 [1807-1810, 1811]). Das Deutsche Wörterbuch macht klar, dass, soweit wir von einer Vorstellung sprechen, es sich um die „Vorstellung von etwas" handeln muss, die vom Zeichen wachgerufen wird. Ganz allgemein aber sei das Zeichen „das, was auf etwas weist" (Grimm 1984 [^{1}1855ff.]). Diese zweite Bestimmung würde den Beifall von „metaphysischen Realisten" finden, denen sich Putnam zu Zeiten von „The Meaning of 'Meaning'" (Putnam 1975) noch zurechnete, und der nicht müde wurde zu insistieren, dass die Bedeutungen nicht in den Köpfen seien. Sind Konzepte also Zeichen in diesem Sinn?

Wenn jede Diskussion über die Natur mentaler Konzepte in unauflösbaren Aporien enden muss, gilt es zu erwägen, ob wir nicht die mentalen Zustände von Sprechern und Hörern ausklammern sollten. Soweit es um die Bedeutung sprachlicher Ausdrücke geht, ließe sich diese auch ohne Rekurs auf mentale Konzepte erklären. Die Korpuslinguistik macht keine Annahmen über das, was sich in den Köpfen von Sprechern und Hörern abspielt. Die Bedeutung einer Äußerung ist, in diesem Paradigma, das, was im Kollektiv ausgehandelt wird. Wie eine Äußerung individuell gemeint ist und wie sie individuell verstanden wird, geht die Sprachwissenschaft im Prinzip nichts an. Es handelt sich dabei um Ich-Erlebnisse, auf die es keinen Zugriff gibt. Diesen Ansatz habe ich in „My Version of Corpus Linguistics" beschrieben (Teubert 2005).

Gisela Harras und ich haben immer wieder über diese Fragen gesprochen. Das ist nicht selbstverständlich. Denn meistens interessieren sich Korpuslinguisten nicht für die Feinheiten des kognitiven Paradigmas, und die kognitiven Linguisten sehen in der Korpuslinguistik, nicht ganz zu Unrecht, lediglich eine Methodologie in der Angewandten Sprachwissenschaft, nicht aber eine alternative Sprachtheorie. Mir geht es in diesem Beitrag um den Versuch, zusammenzufassen, was ich an der Idee mentaler Konzepte, diesem Grundstein der kognitiven Linguistik, für problematisch halte.

Das Modell des Geistes in den kognitiven Wissenschaften

Es gibt einen recht beunruhigenden Aspekt der Kognitiven Linguistik. Er betrifft die Entstehung der Kognitivistik überhaupt. Die Kognitivistik hat den Behaviorismus mit dem Versprechen abgelöst, den Anspruch an Wissenschaftlichkeit, den der Behaviorismus behauptet hatte, aufrecht zu erhalten, zugleich aber das Funktionieren des Geistes direkt, ohne den Umweg über ambige Stimulus-Response-Situationen, zu erklären. Nun ist es aber nicht so leicht, in die Köpfe der Leute zu schauen. Ein Modell musste her, das das Funktionieren des Denkens abbildete.

Der Computer war gerade erfunden worden, und seine Möglichkeiten schienen unbegrenzt. Letztlich, so glaubte man, war es nur eine Frage der Größe. Mehr Speicher, mehr *operations per second*, komplexere Programme, und schon hatte man im Prinzip ein Modell des Denkens, das es zudem noch ermöglichte, die Emotionalität mit ihren Unberechenbarkeiten quasi auszufiltern. Das war die Geburtsstunde des 'computational mind', also des Geistes, dessen Funktionieren in Analogie zum Computer zu beschreiben ist. Auf die Sprachwissenschaft bezogen hat dieses Modell Ray Jackendoff, auf den sich Gisela Harras beruft, beispielsweise in seinem Buch von 1987 *Consciousness and the Computational Mind*.

Dieses Modell hatte den Appeal der Wissenschaftlichkeit. Die Kognitivistik hat unser Nachdenken über die menschliche Psyche in den 'hard sciences' verortet. Damit bietet sich für die Linguisten die Gelegenheit, sich aus dem Paradigma der Geisteswissenschaften zu verabschieden und auf den Wagen der technologischen Modernität aufzuspringen. Denn dort winken die großen Fördergelder. Dank dem Computermodell ließ sich nun das Geheimnis des Geistes endgültig entschlüsseln. Die neue Linguistik wurde ernst genommen. Denn als die Computerleute nun begannen, über Künstliche Intelligenz nachzudenken, waren sie froh, in den Kognitivisten Gesprächspartner zu finden. Diese waren nur allzu bereit, die Blaupausen, die sie ein paar Jahre früher von den Informatikern kopiert hatten, denselben Computerleuten nun mit ein paar Konkretisierungen als das gesuchte Modell für die mentale Verarbeitung von Inhalt anzudienen. Dieses Modell schien zu erklären, wie Menschen Denkoperationen durchführen und Probleme aller Art lösen. Es wurde die Grundlage der Modellbildung für die Künstliche Intelligenz. Die gegenseitige 'Befruchtung' zwischen Kognitivisten und Informatikern dauert an, ebenso wie die Ignoranz über die Zirkularität. Kaum entwickelten die Informatiker die Vorstellung von parallelen Prozessoren, wurde sie von den Kognitivisten als modularer Aufbau des Geistes übernommen. So lesen wir bei Scaruffi (2003): „On the contrary, a connectionist structure such as our brain works in a non-sequential way: many »nodes« of the network can be triggered at the same time by another node. The result of the computation is a product of the parallel processing of many streams of information." Für John Searle liegt genau in dieser Gleichsetzung von Geist und Computer der fundamentale Irrtum des Kognitivismus:

> If one looks at the books and articles supporting Cognitivism one finds certain common assumptions, often unstated, but nonetheless pervasive. First, it is often assumed that the only alternative to the view that the brain is a digital computer is some form of dualism. The idea is that unless you believe in the existence of immortal Cartesian souls, you must believe that the brain is a computer. Indeed, it often seems to be assumed that the question whether the brain is a physical mechanism determining our mental states and whether the brain is a digital computer are the same question. Rhetorically speaking, the idea is to bully the reader into thinking that unless he accepts the idea that the brain is some kind of computer, he is committed to some weird antiscientific views. Recently the field has opened up a bit to allow that the brain might not be an old fashioned von Neumann style digital computer, but rather a more sophisticated kind of parallel processing computational equipment. Still, to deny that the brain is computational is to risk losing your membership in the scientific community. (Searle 1990)

Doch funktioniert dieses gemeinsame Modell von Kognitivisten und Künstlichen Intelligenzlern? Zweifel sind durchaus erlaubt. Trotz der vielen Milliarden, die in den letzten vierzig Jahren in die Künstliche Intelligenz (und die damit verwandte automatische Übersetzung) geflossen sind, lassen die Ergebnisse zu wünschen übrig. Der epochale Versuch, Computern 'common sense' beizubringen, das megalomanische CYC-Projekt einer umfassenden Wissensontologie (www.opencyc.org), blieb ebenso ergebnislos wie das unter dem Namen EUROTRA bekannte Projekt, das die Automatische Übersetzung von EU-Dokumenten von allen und in alle EU-Sprachen ermöglichen sollte, und in das weit über hundert Millionen Euro (seinerzeit noch Ecu) investiert wurden. War am Ende der theoretische Ansatz falsch?

Auf jeden Fall sehe ich drei Probleme, die mich am Ansatz mentaler Konzepte zweifeln lassen. Da ist zum einen die Frage nach der Natur dieser Konzepte. Sind es Zeichen oder Symbole, also in igendeiner Weise materielle Entitäten, die mit einem zu spezifizierenden Inhalt verbunden sind, oder sind sie Inhalt ohne Wesenhaftigkeit? Da ist des Weiteren die Frage nach der Abgeschlossenheit der Konzepte. Hat ein gegebenes Konzept stets dieselbe Bedeutung, ganz gleich in welchem Kontext es vorkommt? Sind die Konzepte in dem Sinne Universalien, dass sie angeboren sind? Denken wir alle dieselbe Sprache des Geistes? Und schließlich ist da die Frage nach der Intentionalität. Wenn die Konzepte auf der Ebene des Mentalesischen dem entsprechen, was die Wörter auf der Ebene natürlicher Sprachen sind, das heißt, wenn es sich bei ihnen um Entitäten handelt, die verstanden werden wollen, die eine Bedeutung haben, die interpretiert werden müssen, brauche ich dann nicht in meinem Computermodell des Geistes noch eine weitere Instanz, den 'central meaner', von dem Daniel Dennett spricht, oder den 'homunculus' von John Searle (oder den Informatiker, der mit dem Computer interagiert), also etwas oder jemanden, bei dem dann der Inhalt letztendlich 'ankommt'?

Sind Konzepte Zeichen?

Zur ersten Frage. Angenommen, wir stellen uns die mentalen Konzepte als materiale (oder doch wenigstens funktionale) Entitäten (vielleicht als durch Synapsen verbundene Neuronen) vor. Dann sind sie offenbar das, worauf die Wörter einer natürlichen Sprache referieren, bzw. das, was wir, wenn wir sprechen, in Wörter einer natürlichen Sprache überführen. In diesem Fall haben wir sie, denke ich, als Zeichen zu verstehen, als Gebilde also, deren Formaspekt untrennbar mit ihrem Inhaltsaspekt verbunden ist. Zeichen aber verstehen nicht sich selbst; sie werden verstanden. Was kognitive Linguisten üblicherweise tun, ist, dass sie einen natürlichsprachlichen Ausdruck in eine mentale Repräsentation überführen, und umgekehrt. Die kognitive Repräsentation des englischen Verbs *open* wäre etwa gegebenenfalls das Konzept des Entkorkens einer Flasche. Unterstellt man dies, so muss die Frage erlaubt sein, wie sich systematisch eine solche mentale Repräsentation von dem natürlichsprachigen Ausdruck unterscheidet. Wozu benötigt man eine mentale

Repräsentation, die inhaltlich mit dem natürlichsprachigen Ausdruck übereinstimmt? Der Korpuslinguist würde in seinem Korpus Belege finden, in denen die Bedeutung von *open* entsprechend paraphrasiert ist, die uns also sagen, was *open* in diesem Fall bedeutet:

> How to *open* a bottle: It's actually pretty simple to *open* a bottle of wine. These steps are for a double-action, or wing, corkscrew, which has two arms (or wings) that help lever the cork out of the bottle. (http://www.ehow.com/how_1715_open-wine-bottle.html)

Diese Paraphrase spricht aus, was *open* im Kontext von *cork* und *bottle* bedeutet. Selbst wer noch nie eine verkorkte Weinflasche gesehen hat und keine Ahnung hat, wie man sie öffnet, kann sich so instruieren lassen. Das funktioniert, ohne dass man etwas über die Absichten des Sprechers weiß. Wenn wir wissen wollen, was ein Wort wie *open* alles bedeuten kann, müssen wir den Diskurs studieren. Alles, was über die Bedeutung dieses Wortes vermittelbar ist, findet sich dort. Durch Paraphrasen dieser Art lernen Sprachteilhaber die Bedeutung der Wörter. Es ist nicht nötig, sich aus dem Diskurs einer Sprachgemeinschaft heraus und in den Kopf der Menschen hinein zu begeben, um die Polysemie des dekontextualisierten Worts aufzulösen. Mentale Konzepte können nicht mehr als das zu duplizieren, was sich ohnehin schon im Sprachgebrauch findet. Schon Ockham hat uns gelehrt, dass Erklärungen nicht komplizierter sein sollten als unbedingt erforderlich. Eine mentale Repräsentation besteht, genauso wie ein sprachlicher Ausdruck, aus Symbolen und deren Konnektoren. Welchen Vorteil böte es, an die Stelle von natürlichsprachigen Ausdrücken semantisch äquivalente Repräsentationen zu setzen, zumal sich diese Repräsentationen sehr viel weniger erschließen lassen als sprachliche Ausdrücke? Wenn also mentale Konzepte Symbole, d.h. Zeichen, sind, dann müssen sie in irgendeinem Sinn ontologisch relevant sein, sie müssen sowohl Inhalt als auch Form sein.

Der Grund, warum gar manche kognitiven Linguisten lieber mit mentalen Repräsentationen als mit natürlichsprachigen Ausdrücken arbeiten, ist, dass sie hoffen, sich so der semantischen Analyse entheben zu können. Eine wohlgebildete Repräsentation ist ein Ausdruck, der den Regeln des jeweiligen Codes entspricht, wobei die Regelhaftigkeit dieser Repräsentation nicht von ihrer semantischen Interpretation abhängt. Das ist ein eleganter Trick, um die Frage nach der Bedeutung auszuschalten. Spätestens seit dem Mittelalter suchen Philosophen nach einem Code, in dem nur wahre Sätze syntaktisch wohlgeformt sind. Ob der Inhalt eines Ausdrucks zulässig verarbeitet wird (etwa in dem Sinn, dass zutreffende Schlussfolgerungen gezogen werden), ließe sich so über die Kontrolle der Regelhaftigkeit der abgeleiteten Ausdrücke erschließen. Leider war keiner dieser Versuche von Raymond Llull, Athanasius Kircher, John Wilkins, oder Gottfried Wilhelm Leibniz von Erfolg gekrönt. Doch die von Jerry Fodor als Axiom in den Kognitivismus eingebrachte Hypothese von der 'language of thought' greift diesen Gedanken auf. „[T]hought is, roughly, the tokening of a representation that has a syntactic (constituent) structure with an appropriate semantics. Thinking thus consists in syntactic operations defined over such representations."

So heißt es in dem von Haugeland formulierten Motto (Haugeland 1985, S. 106): „If you take care of the syntax of a representational system, its semantics will take care of itself"; oder, in den Worten von Daniel Dennett (zit. nach http://plato.stanford.edu/entries/language-thought/): „we can view the thinking brain as a syntactically driven engine preserving semantic properties of its processes, i.e. driving a semantic engine".

Zum Denken kann man folglich den Inhalt des Gedankens ausklammern. Aber wie bringt man die semantischen Eigenschaften von mentalen Konzepten auf einen syntaktischen Nenner? Das Zauberwort heißt Formalisierung. Interessant an diesem Zitat ist, dass hier diese Konzepte direkt als Symbole, das heißt als Zeichen, bezeichnet werden. In der Stanford Encyclopedia of Philosophy liest sich das so:

> According to this account, reasoning is a process in which the causal determinants are the syntactic properties of the symbols in the "language of thought" (LOT) or "mentalese" ... [F]ormalization shows us how semantic properties of symbols can (sometimes) be encoded in syntactically-based derivation rules, allowing for the possibility of inferences that respect semantic value to be carried out in a fashion that is sensitive only to the syntax, and bypassing the need for the reasoner to have [to] employ semantic intuitions. In short, formalization shows us how to tie semantics to syntax. (http://plato.stanford.edu/entries/computational-mind/)

Wie also bewirkt eine mentale Repräsentation eine Vorstellung, eine Absicht oder eine Überzeugung im Kopf des Hörers? Dazu heißt es in dieser Enyzklopädie:

> The trick to linking semantics to causation is to link them both intermediately to syntax. Formalization shows us how to link semantics to syntax, and computation shows us how to link syntax to causal mechanisms. Therefore, there

> is a consistent model on which bona fide reasoning processes (processes that respect the semantic values of the terms) can be carried out through non-mysterious physical mechanisms: namely, if the mind is a computer in the sense that its mental representations are such that all semantic properties are tracked by corresponding syntactic properties that can be exploited by the "syntactic engine" (Haugeland 1981) that is causally responsible for reasoning. (http://plato.stanford.edu/entries/computational-mind)

Diese Theorie ist sicher nicht die einzige, die in den Zirkeln der 'Philosophie des Geistes' (*philosophy of mind*) diskutiert wird. Aber es ist diese Theorie, die unter kognitiven Linguisten populär ist. So spricht auch Harras von einer 'semantic form', die in einem idealen Lexikoneintrag die Bedeutung eines Lemmas enkodiert:

> The semantic form represented by categorized variables x, y, P, formal components such as ⊂, ⊆, →, ↔, and material components such as CAUSE, BECOME, PLACE. (Harras 2000, S. 18)

Derart formalisierte Ausdrücke sind syntaktischen Regeln unterworfen, die Garant für ihre Grammatikalität sind. Sie lassen sich völlig unabhängig von dem Inhalt, für den sie stehen, verarbeiten. Aber sind sie, sinnentleert wie sie sind, wirklich in der Lage, auszudrücken, was uns der Diskurs über die Bedeutung des zugehörigen Wortes sagt? Ist es diese Abstraktheit, diese Unterwerfung unter die Zwänge eines prokrusteischen Formalismus, der es erforderlich macht, das, was ausgelassen ist, über die Hintertür Grice'scher Maximen zu reimportieren?

Syntaktisch verarbeitbar ist nur, was eine materiale Form hat. Die mentalen Konzepte, mit denen kognitive Linguisten arbeiten, haben folglich ebenso wie Sprachzeichen Materialität. Sie bestehen aus Inhalt und aus Form. Deshalb duplizieren sie das, was wir ohnehin schon in der Sprache, in jeder natürlichen Sprache vorfinden. Doch sind sie, anders als Sprachzeichen, dem direkten Zugriff entzogen. Was gewinnen wir also, wenn wir, statt mit konkreter Sprache, mit Abstraktionen mentaler Repräsentationen arbeiten?

Eine gänzlich andere Option bestünde darin, in mentalen Konzepten Inhalte ohne zugehörige Form zu sehen. Geistige Bilder, Anschaulichkeiten, die Erinnerung an einen Geruch aus der Kindheit, das sind flüchtige Eindrücke, die in dem Augenblick verschwinden, in dem wir versuchen, sie in eine Form zu fassen. Sind das auch *representations*? Für das Englische scheint sich die Frage nach ihrer Natur so nicht zu stellen. Für das Deutsche ist das anders. Soweit sich kognitive Linguisten, über welche Umwege auch immer, auf den frühen Wittgenstein beziehen, müssten sie hier Position beziehen. Denn, wie Toulmin schreibt, macht es im Deutschen sehr wohl einen Unterschied, ob man, wie Wittgenstein, von *Darstellungen* spricht (wie das im „Tractatus" der Fall ist) oder von *Vorstellungen* (die dort nicht vorkommen). „The term *Darstellungen* covers „models" in the widest sense." (Janik/Toulmin 1973, S. 153). Darstellungen haben also, wie Modelle, eine feste Form. Vorstellungen hingegen lassen sich nicht konkretisieren (und somit 'festnageln'), solange sie nicht in eine Darstellung überführt sind. Wären also Konzepte als Vorstellungen zu verstehen, dann wären sie etwas qualitativ anderes als Zeichen: sie wären Inhalt ohne Form. Das schiene mir eine faszinierende Herausforderung für kognitive Linguisten. Doch ließe sich überhaupt mit Inhalt, der nicht an Form gebunden ist, arbeiten? Kann es so etwas wie Bedeutung ohne Form überhaupt geben? Was bliebe von einem Zeichen übrig, wenn es uns nur gelänge, die Form wegzunehmen?

Sind Konzepte vererbt und universal?

Die zweite Frage ist die Frage nach dem behaupteten universellen Charakter der mentalen Konzepte. Für Jerry Fodor steht fest, dass die 'Sprache des Geistes' (*language of thought*) universal ist. Wie wörtlich ist das zu verstehen? In Stephen Pinkers *The Language Instinct* lesen wir:

> People do not think in English or Chinese or Apache; they think in a language of thought. This language of thought probably looks a bit like all these languages; presumably it has symbols for concepts, and arrangements of symbols. ... [C]ompared with any given language, mentalese must be richer in some ways and simpler in others. It must be richer, for example, in that several concepts must correspond to a given English word like stool or stud. ... On the other hand, mentalese must be simpler than spoken languages; conversation-specific words and constructions (like *a* and *the*) are absent, and information about pronouncing words, or even ordering them, is unnecessary. (Pinker 1994, S. 81f.)

Interessant im Zusammenhang mit unserer oben gestellten Frage ist die Aussage, dass es im Mentalesischen offensichtlich Symbole, also Zeichen, gibt, und dass diese Symbole für Konzepte stehen, die also offensichtlich nicht als Symbole oder Zeichen verstanden werden. Das wäre eine weitere Duplizierung: von Sprachzeichen über mentale Konzepte zu mentalesischen Symbolen. Interessanter in jetzigen Zusammenhang ist, dass offensichtlich die mentalesischen Symbole *grosso modo* den Bedeutungen oder *senses* von natürlichsprachigen Wörtern entsprechen. In der Tat hat es in der letzten Dekade nicht an Versuchen gefehlt, multilinguale 'Ontologien' auf der Grundlage dieser Konzepthypothese zu entwickeln. Zu nennen wäre hier vor allem das EU-finanzierte Großprojekt EuroWordNet (www.illc.uva.nl/ EuroWordNet/), das die in einer abgespeckten Version des amerikanischen WordNet (des größten elektronischen Wörterbuchs für das Englische, www.wordnet.princeton.edu/) aufgeführten Wortbedeutungen zum Ausgangspunkt einer multilingualen Taxonomie zu machen versucht. Das geht indessen auch hier nur in einem Prokrustes-Bett. Denn die Wortbedeutungen sind keineswegs universal. Was *Kummer*, *Trauer* und *Gram* unterscheidet, lässt sich nicht auf *grief*, *sorrow* und *mourning* abbilden, ganz unabhängig davon, wie man jedes dieser Wörter in seine Wortbedeutungen aufteilt. Ein großer Teil der Wortbedeutungen einer natürlichen Sprache ist mehr oder weniger sprachspezifisch.

Vernünftigerweise hat Noam Chomsky die semantische Komponente von Sprache aus der Reihe seiner Theorien jahrzehntelang weitestgehend ausgeklammert. Ihm verdanken wir immerhin die Einsicht, dass ein Wissenschaftler vom Mars, zu Besuch auf der Erde, messerscharf schließen würde, dass die Erdlinge, sieht man einmal von den gegenseitig unverständlichen Wortschätzen ab, alle dieselbe Sprache sprechen (Pinker 1994, S. 232). Da wo er sich indessen zur Frage der Universalität von mentalen Konzepten äußert, behauptet er auch hier die Allzuständigkeit des von ihm hypostasierten Sprachorgans, mit weit reichenden Konsequenzen. In seinem ursprünglich 1992 erschienenen Artikel „Language and Interpretation" greift er, in modifizierter Form, Jerry Fodors Auffassung, dass komplexere Konzepte nicht in Basiskonzepte zerlegt werden können, auf, und meint in Übereinstimmung mit ihm, dass alle Konzpte bereits irgendwie im ererbten Sprachorgan verankert seien. „There is, it seems rather clear, a rich conceptual structure determined by the initial state of the language faculty (perhaps drawing from the resources of other genetically determined faculties of mind), waiting to be awakened by experience." (Chomsky 2000 [1992], S. 64). In einem anderen Aufsatz, „Language as a Natural Object", abgedruckt im selben Band, führt er aus, warum das so sein muss:

> The linkage of concept and sound can be acquired [by children] on minimal evidence ... However, the possible sounds are narrowly constrained, and the concepts may be virtually fixed. It is hard to imagine otherwise, given the rate of lexical acquisition, which is about a word an hour from ages two to eight, with lexical items typically acquired on a single exposure, in highly

ambiguous circumstances, but understood in delicate and extraordinary complexity that goes vastly beyond what is recorded in the most comprehensive dictionary, which, like the most comprehensive grammar, merely give hints that suffice for people who basically know the answers, largely innately. (Chomsky 2000 [1994], S. 120)

Das ist, scheint mir, in höchstem Maß spekulativ. Wenn junge Menschen im Alter von acht Jahren wirklich über einen Wortschatz von 15.000 bis 20.000 Wörtern verfügen würden, wäre kaum zu verstehen, warum sie davon so wenig Gebrauch machen. Aber sei dem, wie es will, die Frage, um die es hier geht, ist, was es denn bedeutet, wenn Chomsky meint, dass Konzepte „durch Erfahrung *geweckt* werden", dass sie „so gut wie [virtually] *fixiert*" seien und dass das lexikalische und grammatische Wissen junger Leute so immens sei, dass es sich nur so erklären lässt, dass sie die Antworten als etwas, was „großenteils angeboren ist", bereits zur Hand haben. Hilary Putnam, weiß Chomsky, ist anderer Ansicht, und das lässt mich aufhorchen, denn das dürfte Gisela Harras interessieren. Chomsky schreibt: „Some, for example Hilary Putnam, have argued that it is entirely implausible to suppose that we have 'an innate stock of notions' including carburetor and bureaucrat." (Chomsky 2000 [1992], S. 65). In der Tat. Die zitierte Stelle heißt:

> Mentalists who follow Fodor's lead are committed to the idea that there is an innate stock of semantic representations in terms of which all our concepts can be explicitly defined. ... *How could such concepts as* carburetor *be possibly innate*? Primitive peoples who have had no acquaintance with internal combustion engines show no difficulty in acquiring such concepts. On Fodor's account this means that their 'language of thought' contained the concept 'carburetor' prior to their acquiring a word for that concept, even though nothing in their evolutionary history could account for how the concept 'got there'. (Putnams Hervorhebung, Putnam 1988, S. 15)

Wie lässt sich gegen soviel gesunden Menschenverstand argumentieren? Chomsky argumentiert nicht direkt; er benutzt ein Gleichnis:

> Notice that the argument is invalid from the start. To suppose that, in the course of evolution, humans come to have an innate stock of notions including *carburetor* and *bureaucrat* does not entail that evolution was able to anticipate *every* future physical and cultural contingency – only these contingencies. That aside, notice that a very similar argument had long been accepted in immunology: namely the number of antigens is so immense, including even artificially synthesized substances that had never existed in the world, that it was considered absurd to suppose that evolution had provided

> 'an innate stock of antibodies'; rather, formation of antibodies must be a kind of 'learning process' in which the antigens played an 'instructive role'. But this assumption might well be false. Niels Kaj Jerne won the Nobel Prize for his work challenging this idea, and upholding his own conception that an animal "cannot be stimulated to make specific antibodies, unless it has already made antibodies before the antigen arrives" (Jerne 1985: 1059), so that antibody formation is a selective process in which the antigen plays a selective and amplifying role. (Chomsky 2000 [1992], S. 65)

Folglich würden in dem Augenblick die passenden mentalen Konzepte selegiert, in dem ein bestimmter Reiz erfolgt. Dieser Reiz kann durch die Wahrnehmung von etwas physisch Realem zustande kommen, wie im Falle des Vergasers, oder durch die Vermittlung einer bestimmten Idee wie der (im Fall von *bureaucracy*), dass die Verwaltung oftmals schlicht überflüssig ist. Nicht viele Kognitivisten werden bereit sein, Chomsky so weit zu folgen. Ich weiß nicht, wie realistisch die Geschichte mit den Antikörpern ist. Aber zu glauben, dass sich die ganze Unendlichkeit künftiger Diskursobjekte bereits *in nuce* in unseren Genen fände, hieße die Suggestivität des Chomskyschen Charismas nun doch zu überfordern. Selbst Fodor, mit dem Chomsky die Überzeugung teilt, auch komplexe Konzepte wie das des *carburetor/ Vergaser* müssten holistisch gesehen werden und könnten nicht in ihre Teile, d.h. in semantische Primitive zerlegt werden, würde spätestens seit seinem Buch *Concepts: Where Cognitive Science Went Wrong* so weit nicht mehr gehen. In Hinblick auf die Frage, ob das Konzept 'Vergaser' angeboren ist oder nicht, sagt er nur: „I have no desire to join this game of pick and choose since, as far as I can tell, it hasn't any rules." (Fodor 1998, S. 28). Da, wo er sich detaillierter dazu äußert, verhindert seine Metaphorik, dass klar wird, was nun eigentlich gemeint ist: Allerdings geht es bei Fodor nicht um den Vergaser, sondern um den Türknauf (*doorknob*): „[W]hat has to be innately given to get us locked to doorknobhood is whatever mechanisms are required to come to strike us as such. Put slightly differently: if the locking story about concept possession and the mind-dependence story about the metaphysics of doorknobhood are both true then the kind of nativism about DOORKNOB that an informational atomist has to put up with is perhaps not one of *concepts* but of *mechanisms*." (Fodor 1998, S. 142). Fodor gibt also vor, dass die Frage, ob Türknäufe auf ein angeborenes mentales Konzept treffen, eigentlich falsch gestellt oder irrelevant ist. Es gehe, sagt er, vielmehr um den Mechanismus, mit dem die Verbindung zwischen dem Denotat und dem Konzept hergestellt wird. Damit lässt er sich eine Tür offen. So könnte er immer noch Ruth Millikan zustimmen, wenn sie, wie kürzlich auf einer Tagung, dafür plädiert, dass unsere mentalen Konzepte, damit sie überhaupt für uns irgendwie relevant sind, entsprechende Ich-Erlebnisse voraussetzen: „[A]ll concepts, including logical concepts, are tested *for their very having of content* through ongoing experience ... What can be gained through conceptual analysis is then only what has previously been inductively acquired through experience." (Millikan o.J. [2004], S. 1).

Besonders in Kontinentaleuropa hat es die Sicht, alle Konzepte seien holistisch und nicht reduzierbar, schwer. Viele kognitive Sprachwissenschaftler wie beispielsweise Anna Wierzbicka postulieren zwar auch universale, angeborene Konzepte, doch nehmen sie an, dass es nur eine begrenzte Anzahl davon gibt, nämlich Basiskonzepte, von ihr *semantic primes* genannt, aus denen alle komplexeren Konzepte gebildet sind. Wierzbicka setzt etwa 50 *semantic primes* an, darunter Variable wie *sometimes, someone, something*, Verben wie *think, want, feel, say, happen, move*, vier Adjektive: *good, bad, big, small*, Substantive wie *part, kind, people*, zwei Personalpronomen: *I* und *you*, sowie eine Reihe von Konnektoren wie *where, above, after, if, because* u.v.m. So sieht die Übersetzung des natürlichsprachigen Satzes „X felt guilty" in seiner Repräsentation durch semantische Primitive aus (Wierzbicka 1996, S. 131):

> X felt something
> sometimes a person thinks something like this:
> I did something
> because of this, something bad happened
> because of this, this person feels something bad

Natürlich ist sich Wierzbicka der Problematik eines solchen Konstrukts bewusst. Wenn es wirklich sprachunabhängige mentale Konzepte, primitiver oder komplexer Natur, gäbe, woher wüssten wir, was sie bedeuten und wie sie in natürliche Sprachen zu übersetzen wären? Dass Englisch die Sprache des Geistes sei, ist höchstens in Texas gängige Meinung. So wie die *semantic primes* uns zugänglich sind, sind sie immer schon in natürliche Sprachen übersetzt und werden dadurch sogleich ein Opfer unausrottbarer Ambiguität. Doch selbst wenn wir unterstellen, wir wüssten, was diese mentalesischen Ausdrücke bedeuten, wie können wir sicher sein, dass der natürlichsprachige Ausdruck *X felt guilty* richtig übersetzt ist? Ist er gleichbedeutend mit *X fühlte sich schuldig*? Wie verhielte es sich mit *X hatte ein schlechtes Gewissen, X hatte Gewissensbisse, X spürte Reue*? Wierzbicka würde von der Vorläufigkeit dieses Konstrukts sprechen, und sie würde auch nicht in Anspruch nehmen, dass es sich bei dieser Darstellung um ein tatsächliches Abbild einer mentalen Repäsentation handeln würde. Belesen wie sie ist, stellt sie durchaus den Bezug ihres Ansatzes zu Leibniz her. In ihren Worten liest sich das so (zitiert nach: `http://www.humboldt-foundation.de/kosmos/titel/2002_003.htm`): „Im wesentlichen geht diese Idee auf Leibniz zurück und auf seine Vorsellung 'eines Alphabets menschlichen Denkens', das heißt, 'einen Katalog der Begriffe, die aus sich selber verstanden werden können, und aus deren Kombinationen unsere anderen Vorstellungen entspringen'". Auch wenn Leibniz sich zeit seines Lebens nie von seiner Dissertation „Ars Combinatoria" (1666) distanzierte, war ihr ebenso wenig ein Erfolg beschieden wie allen anderen Bestrebungen der letzten tausend Jahre, eine perfekte Sprache zu schaffen. Das ist das Fazit von Umberto Ecos *Die Suche nach der vollkommenen Sprache* (Eco 1994).

Das Originelle an Wierzbickas Vorschlag ist eine syntaktische Verknüpfbarkeit ihrer semantischen Primitiva, die stark an die Grammatik indoeuropäischer Sprachen erinnert. Haben wir uns so die *language of thought*, das Mentalesische vorzustellen? Finden wir dort etwa finite Verben, wie sie beispielsweise das Chinesische nicht kennt?

Sieht man einmal von Wierzbickas mentalesischer Syntax ab, kann man ihre *semantic primes* in mancher Hinsicht durchaus mit den Semen der Sechziger- und Siebzigerjahre vergleichen, die zum Kern der seinerzeitigen bestimmenden kontinentaleuropäischen Bedeutungstheorie gehörten. Die so genannte Merkmalssemantik wird gewöhnlich auf Louis Hjelmslevs „Prolegomena" (Hjelmslev 1963 [1943]) zurückgeführt. Die phonologische Analyse wird zum Modell für die semantische Analyse. Darauf, wie auch auf dem Strukturalismus der Prager Schule, fußt Bernard Pottier, der die „distinktiven semantischen Merkmale der Lexeme" (Pottier 1978, S. 86) als *Seme* bezeichnet. So ist bei ihm die Bedeutung von *Stuhl* dargestellt:

> *Stuhl:* {s_1, s_2, s_3, s_4} („zum Sitzen, auf Beinen, für eine Person, mit Lehne"). In der Menge, die *Sessel* enthält, ist *Stuhl* relativ definiert als *ohne* das Sem s_5 („mit Armlehnen"), und so fort.

Die Bedeutungsdifferenzierung ergibt sich aus der An- oder Abwesenheit von Semen. Diese Idee der Differenz verbindet diese Theorie mit dem Strukturalismus von de Saussure.

Auch Algirdas Julien Greimas spricht von Semen (Greimas 1966, S. 22ff.). Er unterscheidet zwischen der Anwesenheit eines Sems, der Negation dieser Anwesenheit ('negatives Sem') und dem Zustand, dass ein gegebenes Sem weder positiv noch negativ anwesend ist ('neutrales Sem'). Bei Pottier und Greimas ist das Sem also das kleinste bedeutungsunterscheidende Merkmal (*trait distinctif*), das sich ergibt, wenn man ein Wort, etwa *Stuhl*, mit einem semantisch nah verwandten Wort des gleichen Wortfelds, etwa *Sessel*, vergleicht. Seme sind daher heuristische Konstrukte. In der 2. Auflage des *Linguistischen Wörterbuchs* von Theodor Lewandowski (1976) lesen wir im Eintrag *semantisches Merkmal*:

> Bedeutungsatom, Bedeutungskomponente, Element des Begriffs bzw. Inhalts, der als in sich (mikro)strukturiert aufgefaßt wird, Basis-Element und Konstrukt einer semantischen Theorie, das sich mit Konstrukten wie Atom, Gen usw. vergleichen lässt. Bei der Konzeption des semantischen Merkmals handelt es sich um eine Übertragung des Prinzips der distinktiven Merkmale auf den Bereich der Semantik ...
>
> Bei Bierwisch (1967, 3) sind semantische Merkmale „certain deep seated, innate properties which determine the way in which the universe is conceived, adapted, and worked on." (Lewandowski 1976, Bd. 3, S. 663)

Das Interessante bei diesem Eintrag ist die Naivität, in der semantische Merkmale mit *semantic primes* gleichgesetzt werden. Denn Merkmale sind theoretische Konstrukte, denen, anders als den *semantic primes*, keine ontologische Realität zugeschrieben wird. So findet es sich auch im Eintrag 'Merkmal' von Lewandowskis Wörterbuch:

> Begriffliches Konstrukt, ein Begriff, der für das richtige Verstehen der Sprachstrukturierung unentbehrlich ist (Martinet); für die Konstruktion und Funktion sprachlicher Einheiten als notwendig betrachtete begrifflich-hypothetische Mikroelemente. (Lewandowski 1976, Bd. 2, S. 446)

Was hat Bierwisch dazu zu sagen? In Weiterentwicklung der These von Fodor/Katz, es sei möglich, „eine Metatheorie zu konstruieren, die eine Aufzählung der semantischen Merkmale enthält, der das theoretische Vokabular für jede spezielle semantische Theorie zu entnehmen ist" (Fodor/Katz 1963, S. 208) erklärt Bierwisch

> Das bedeutet natürlich nicht, daß das Lexikon jeder gegebenen Einzelsprache genau dieselben Unterscheidungen wie das jeder anderen Sprache aufweisen muß. ... Wenn wir diese Annahme machen, ergeben sich sofort zwei Fragen:

(1) Welchen theoretischen Status haben die semantischen Universalien? Wie müssen sie interpretiert werden?

(2) Welches sind die Elemente des universellen Inventars und wie können sie aufgestellt werden?

... Die Frage, die uns hier beschäftigt, lautet: in welcher Weise, durch welche Art von Erscheinungen sind [diese Elemente] außerhalb der Sprachstruktur im engeren Sinn motiviert? Mit anderen Worten: wie müssen die semantischen Merkmale interpretiert werden, welche Beziehungen bestehen zwischen ihnen und den kognitiven und perzeptiven Leistungen des Menschen? (Bierwisch 1970, S. 270f.)

Es geht Bierwisch hier indessen nicht um die Frage, ob die semantischen Merkmale theoretische Konstrukte des Sprachwissenschaftlers sind, die er aus der Analyse einer natürlichen Sprache ableitet. Für ihn sind sie, so hat es den Anschein, ontologisch gegeben, verortet in der menschlichen Kognition. Aber sind sie erlernt oder angeboren? Da ist er sich ganz sicher: „Es fehlt nicht nur eine rationale Erklärung dafür, wie semantische Merkmale erlernt werden, es ist auch sehr schwierig, ... alle Lücken zwischen Bedeutung und Wirklichkeit zu erklären." (Bierwisch 1970, S. 272). Und daher entscheidet sich Bierwisch für die Ererbtheitshypothese. Angesichts der Attraktion, die damals von Chomskys Sprachmodell, von der Hypostasierung eines veritablen *language organ* (wie es später gern genannt wird), ausging, war das nicht anders zu erwarten. Damit steht für Bierwisch die Natur semantischer Merkmale fest:

> Es gibt gute Gründe für die Annahme, daß die semantischen Merkmale in einer angemesssenen Beschreibung einer natürlichen Sprache nicht Eigenschaften der uns umgebenden Welt im weitesten Sinne repräsentieren, sondern tief verwurzelte, ererbte Eigenschaften des menschlichen Organismus und des apperzeptiven Apparates, Eigenschaften, die die Art und Weise determinieren, in der das Universum begriffen, adaptiert und verarbeitet wird. (Bierwisch 1970, S. 272)

Es ist dieser angelsächsische Realismus, der, aus dem *common sense* geboren, vor allem die amerikanische analytische Philosophie determiniert, und von dem es kaum eine Brücke zum kontinentaleuropäischen Denken in theoretischen, aber immer virtuellen, Konstrukten gibt. Bierwischs semantische Merkmale entsprechen nicht denen von Pottier oder Greimas. Der zentrale Unterschied, dass es sich bei den Semen um aus einer natürlichen Sprache durch heuristische Prozesse abgeleitete Annahmen handelt, während die mentalen Konzepte der Kognitivisten Seme indessen als angeborene reale

Entitäten darstellen, wird in dem Eintrag in Lewandowskis *Linguistischem Wörterbuch* ausgeklammert. Ob es sinnvoll ist, ein bestimmtes Sem zur Beschreibung des Unterschieds zweier sinnverwandter Wörter anzusetzen, kann verhandelt werden. Ob es jedoch ein angeborenes mentales Konzept etwa des Inhalts „mit Lehne" gibt, ist nicht Verhandlungssache; es muss konkret bewiesen werden.

In diesem entscheidenden Punkt weicht also das Programm der kognitiven Linguistik von dem der kontinentaleuropäischen strukturellen Semantiker ab. Hinter angeborenen mentalen Konzepten steckt der Anspruch der Universalität, mit der wir den Rahmen einzelsprachlicher Untersuchung sprengen und uns vom Gebiet natürlicher Sprachen in die Utopie einer Sprache des Geistes begeben. Hilft das der Sprachwissenschaft wirklich, hinter das Geheimnis von Bedeutung zu kommen? Was gewinnen wir, wenn wir nicht beobachtbare Sprache, sondern ein unüberprüfbares Modell mentaler Sprachverarbeitung zum Gegenstand unserer Analysen machen?

Dabei spielt es kaum eine Rolle, wie wir uns die mentalen Konzepte vorzustellen haben. Mögen sie holistisch gesehen werden wie bei Chomskys Beispiel der angeborenen Fähigkeit, auf den Vergaser mit einem entsprechenden Konzept zu reagieren, oder mögen wir uns komplexere Konzepte als Kompositionen aus Basiskonzepten vorstellen, es fehlt uns stets der direkte Zugang. Wohl daraus ist es zu erklären, dass es unter kognitiven Linguisten keinerlei Übereinstimmung über ihre Natur gibt. Auch ihnen bleibt letztlich nur der Ausweg, auf natürliche Sprachen zu rekurrieren und daraus ihre Schlussfolgerungen zu ziehen.

Natürliche Sprachen lassen viel zu wünschen übrig. Sie sind, so haben wir gelernt, voll von Vagheit und Ambiguität. Sie unterliegen ständigem Wandel, und sie kommen in einer schier unendlichen Vielfalt arealer, situativer, medialer und sozialer Variation vor. Es gehört zu unserer Kultur, zu fragen, was ein Wort denn *eigentlich* bedeutet. Uns allen steckt, so scheint es, die Sehnsucht nach einem Goldenen Zeitalter im Blut, als es zwischen den Wörtern und dem, wofür sie stehen, noch eine natürliche, nicht korrumpierte, Beziehung gegeben hat. Das erklärt die Beliebtheit etymologischer Wörterbücher. Schon Plato hat in seinem Dialog „Kratylos" die Frage erörtert, was denn eine solche natürliche Beziehung ausmache, ohne darauf eine befriedigende Antwort zu finden: So fragt Sokrates: „Denn wir müssen doch klarerweise annehmen, dass die Götter die Dinge bei ihren rechten und natürlichen

Namen zu nennen wissen, nicht wahr?", worauf Hermogenes erwidert: „Sicherlich tun sie das, soweit sie die Dinge überhaupt beim Namen nennen."

Vielleicht lohnt es, sich in der Künstlichen Intelligenz und Maschinellen Übersetzung umzusehen, um herauszufinden, warum Konzepte so viel attraktiver als natürlichsprachige Ausdrücke erscheinen. Denn auch in diesem Forschungsgebiet arbeitet man gerne mit Konzepten, wobei hier jedoch die Frage nach ihrer kognitiven Realität meist ausgeklammert wird. Hier haben die Konzepte einen anderen Hintergrund, der aus der Tradition der Terminologiearbeit entlehnt ist. Konzepte sind Begriffe innerhalb eines Fachgebiets, deren Definition normiert ist und die zueinander in einer spezifizierten Relation stehen. So bilden alle Begriffe eines gegebenen Fachgebiets eine so genannte konzeptuelle Ontologie. Anders als bei Wörtern hat der Wortgebrauch oder der Kontext, in den ein terminologischer Ausdruck eingebettet ist, keinerlei Effekt auf das, wofür er steht. Die Bedeutung ist identisch mit der Definition, die dem Ausdruck nicht sprachintern, sondern von außen zugewiesen wird. Doch die Grenze zwischen eindeutig definierten Fachbegriffen und den übrigen, nicht eindeutig definierbaren Wörtern ist fließend. Diese allgemeinsprachigen Wörter haben allzu oft die unangenehme Eigenschaft, vage und ambig zu sein. Was läge also näher, all das, was stört, auszufiltern und nur mit der eigentlichen, der echten Bedeutung dieser Wörter zu arbeiten? Konzepte erscheinen so als die reinen Seelenwesen der durch ihre Fleischwerdung unrein gewordenen Wörter. Das liest sich so:

> Ontologies describe concepts, not the way these concepts are expressed in words in a natural language. Therefore it is usually assumed that the ontology is language-independent. (Weigand, Hans (1997): A Multilingual Ontology-based Lexicon for News Filtering. Internet: www.uvt.nl/infolab/prj/trevi/trevi.ps)

> Concepts represent the abstract meanings of words, and lexical entries represent the surface realizations of these meanings ... Concepts represent word meanings, whereas the lexical knowledge they have represents ways to express these meanings with words. (Agnesund, Mattias (1997): Representing culture-specific knowledge in a multilingual ontology. Internet: http://svenska.gu.se/~svema/ijcai97.ps)

Konzepte, so scheint es, sind die reinen Bedeutungen, losgelöst von den Verunreinigungen, die sie durch die Zufälligkeiten des Wandels, dem natürliche Sprachen unterworfen sind, erfahren. Das Wissen um die Lexik der Einzelsprachen gestattet uns, diese Bedeutungen dann auch in diesen Einzelsprachen auszudrücken. In einer solchen sprachunabhängigen Ontologie gibt es keine Zweifel, was ein Konzept ist, wie weit es reicht und wo es sich möglicherweise mit einem anderen Konzept überschneidet. Die Konzepte haben ihre immer gleiche Bedeutung unabhängig von dem Kontext, in den sie eingebettet sein mögen. Sie sind weder vage noch ambig. Jede Prädikation ist klar und entscheidbar. Wenn es dann mit der Maschinellen Übersetzung am Ende doch nicht klappen sollte, liegt das nur daran, dass wir eben offenbar noch nicht das nötige lexikalische Wissen haben, um die einzelsprachunabhängige Repräsentation in eine Einzelsprache zu übersetzen.

Was hier in aller Offenheit ausgesprochen ist, macht sicher auch die Attraktivität der Hypothese mentaler angeborener Konzepte aus. Sprache wird, so scheint es, beherrschbar, sobald man sie in eine einzelsprachunabhängige universale Repräsentation überführt. Ist ein natürlichsprachiger Satz erst einmal ins Mentalesische übersetzt, liegt uns ein Ausdruck wie eine mathematische Gleichung vor: eindeutig und entscheidbar richtig oder falsch. Dazu hat dieser Ausdruck den Anspruch des Realen und des Universalen. Hier wirken eherne, unveränderliche Naturgesetze. Die Linguistik ist als reine Wissenschaft gerettet.

Ist Verstehen wirklich so simpel? Unabhängig von der Frage, ob Konzepte angeboren, holistisch gelernt oder aus angeborenen Basiskonzepten zusammengesetzt sind, was eigentlich ist der Inhalt des Konzepts 'Vergaser'? Reicht es zu wissen, dass ein Vergaser ein wichtiges Teil eines Automotors ist, das, wenn es kaputt ist, repariert oder ersetzt werden muss, oder gehört dazu, zu wissen, wie er aussieht, und vielleicht auch etwa, wie er funktioniert? Ist die Bedeutung des Wortes *Vergaser* identisch mit dem Konzeptinhalt, oder worin unterscheiden sie sich? Was lässt uns die Analyse von Konzepten erkennen, was wir nicht auch von der Analyse der Wörter lernen könnten? Wozu sind mentale Repräsentationen oder Konzepte dem Sprachwissenschaftler von Nutzen?

Wer oder was verarbeitet mentale Repräsentationen?

Was ist eigentlich Bedeutung? Wir gehen fortwährend mit Sprache um, als Sprecher und als Hörer. Selten nur stellen wir uns die Frage nach der Bedeutung. Wenn ich einen Zeitungsartikel lese, oder wenn ich dessen Inhalt meiner Partnerin erzähle, bin ich mir höchst selten bewusst, dass die Bedeutung des Gesagten in irgendeiner Weise problematisch ist. Sprache ist ein Teil unseres Lebens, genau wie Treppensteigen; und ebensowenig wie ich über die Kunst des Treppensteigens nachdenke, frage ich mich auch nur eine Sekunde, was das, was ich lese, oder das, was ich erzähle, eigentlich bedeutet. Doch gibt es Unterschiede. Computerisierte Roboter können ohne weiteres Treppensteigen. Können sie sich auch aus einer Zeitung die Artikel zum Lesen herauspicken, an denen sie interessiert sind, und können sie von einem Artikel eine brauchbare Zusammenfassung erstellen? Denkbar ist das in Maßen. Natürlich kann man einem Computer Schlüsselwörter vorgeben, und er wird genau die Artikel auswählen, in denen sie häufig genug vorkommen. Natürlich können Computer längst brauchbare Zusammenfassungen liefern. Ist also der menschliche Verstand ein Computer? Verarbeiten wir Sprache so, wie das die immer klüger werdenden Computer nun auch schon können? Was unterscheidet uns?

Der Computer weiß nicht, was die sprachlichen Äußerungen, die er verarbeitet, bedeuten. Wir wissen es meist auch nicht, und brauchen es in aller Regel auch nicht zu wissen. Aber trotzdem findet etwas in unseren Köpfen statt, was außerhalb der Reichweite von Computern ist. Wenn wir einen Text zur Kenntnis nehmen, stellt sich eine Vorstellung darüber ein, wovon er handelt. Inhalte sind nur für uns Inhalte; nur für uns können sie anschaulich werden. Diese Anschaulichkeit kommt quasi automatisch. Erst wenn sie sich nicht einstellt, oder wenn sie in Frage gestellt wird, fangen wir an, über Bedeutung nachzudenken, geraten wir ins Grübeln. Die Fähigkeit, eine Vorstellung vom Inhalt zu gewinnen und sich in Verständniskrisen immer bewusst machen zu können, was denn der Sinn von etwas ist, nennt man bekanntlich Intentionalität. Eine lediglich syntaktische Verarbeitung von mentalen Repäsentationen ist eine Verarbeitung, die ohne Anschaulichkeit geschieht, ohne dass wir eine Vorstellung davon haben, was es denn ist, was hier verarbeitet wird. Computer können so 'innerhalb ihrer Grenzen', syntaktisch Sprache verarbeiten. Wenn es dabei zu einem Problem kommt, können sie jedoch kaum ins Grübeln geraten. Stattdessen benutzen sie den einprogrammierten Escape-Mechanismus.

Wie wir weiter unten sehen, verbreitet sich heute unter Neurobiologen immer mehr die Ansicht, dass das, was wir immer für unser bewusstes Handeln gehalten haben, in Wirklichkeit die motorische Aufarbeitung von Reizen ist, und dass die Intentionalität etwas auch zeitlich der Verarbeitung Nachgeordnetes ist, eine nachträgliche Rationalisierung unseres Verhaltens. Auch wenn das so wäre, bleibt doch festzuhalten, dass wir, wenn immer es zu einer Krise kommt, das Bewusstsein zuschalten können, d.h. in der Lage sind, unsere Vorstellungen zu Darstellungen zu konkretisieren und zu reflektieren. Wenn wir etwa einen Satz in eine andere Sprache zu übersetzen haben und nicht weiter wissen, können wir uns bewusst machen, wo das Problem liegt, und nach einer Lösung suchen. Wenn wir einen Text für eine bestimmte Person in einer bestimmten Situation zusammenzufassen haben, müssen wir uns die Vorstellung, die er in unseren Köpfen bewirkt, bewusst machen können, damit wir entscheiden können, was wichtig ist und was nicht. Wir müssen den Text verstanden haben. Wie wir von vielen Computerprogrammen wissen, reicht eine lediglich syntaktische Verabeitung aus, um eine Zusammenfassung zu liefern, die ohne Intentionalität zustande kommt. Sie kann etwa feststellen, was diesen Text von einem Korpus anderer Texte in der Vorkommenshäufigkeit bestimmter Phänomene unterscheidet, und diese Phänomene nach ihrer textinternen Frequenz auflisten. Aber das Computerprogramm hat keine Vorstellung vom Inhalt des Textes; es macht sich keine Gedanken, was denn wohl der springende Punkt des Textes ist, es stimmt ihm weder zu noch verwirft es ihn, und es kann nicht vermitteln, was die Stärke oder Schwäche des Texts ausmacht.

Textverstehen, behaupten sowohl Daniel Dennett als auch John Searle, setzt Intentionalität voraus, und Intentionalität gibt es nicht ohne Bewusstsein. Was aber Bewusstsein ist, darüber gehen die Ansichten weit auseinander. Vielleicht müssen wir Colin McGinn Recht geben, der in seinem Buch *The Problem of Consciousness* (1991) sehr überzeugend argumentiert, dass es eine Antwort auf diese Frage für uns selber, die wir am Bewusstsein partizipieren, nicht geben kann. Das ließe sich vielleicht mit Gödels Theorem vergleichen, demzufolge sich axiomatische Sätze nicht innerhalb des symbolischen Systems entscheiden lassen, sondern nur durch die Perspektive von einer Metaebene. Eine solche Ebene gibt es für Träger von Bewusstsein nicht.

Wenngleich also Intentionalität und Bewusstsein rätselhafte Phänomene bleiben werden, die letztlich nur als Ich-Erlebnisse erfahrbar sind, werden sie von der Philosophie des Geistes nicht in Frage gestellt, sondern nur unterschiedlich bewertet. So gibt es im Lager der Eliminativisten, zu denen beispielsweise Paul Churchland gehört, die Vorstellung, dass Intentionalität im Grunde eine Illusion ist, die lediglich mit bestimmten Prozessen wie der syntaktischen Verarbeitung von mentalen Repräsentationen einhergeht, aber mit ihnen nicht in einem kausalen Zusammenhang steht. Andere, wie beispielsweise John Searle, insistieren, dass es eben die Intentionalität ist, die Menschen ein Verstehen ermöglicht, das es für Maschinen prinzipiell nicht gibt. Selbst das neuronale Verarbeiten mentaler Repräsentationen als syntaktische Prozesse setzt für ihn Intentionalität voraus. Deshalb verwahrt er sich dagegen, dass es zulässig wäre zu sagen, Computer könnten syntaktische Prozesse ausführen: „[S]yntax is not intrinsic to physics. The ascription of syntactical properties is always relative to an agent or observer who treats certain physical phenomena as syntactical. ... A digital computer is always relative to an observer who assigns a syntactical interpretation to purely physical features of the system. As applied to the language of thought hypothesis, this has the consequence that this theory is incoherent" (Searle 1992, S. 208, 210). Das, was der Geist, vorgestellt als Computer, tut, kann nur von außen als syntaktischer Prozess interpretiert werden. Nur eine Entität, die über Intentionalität verfügt, kann sagen, was denn der Sinn der elektronischen Vorgänge ist. Der Computer selbst weiß nicht, was er tut. Diese notwendige Entität beschreibt Searle als Homunkulus: „Without a homunculus that stands outside the recursive decomposition, we do not even have a syntax to operate with. The attempt to eliminate the homunculus fallacy through recursive decomposition fails, because the only way to get syntax intrinsic to the physics is to put a homunculus in the system" (Searle 1992, S. 213f., Searles Hervorhebung).

Würden wir Verstehen nur so erklären können, dass wir einen außerhalb des Systems, auf einer Metaebene agierenden Homunkulus ansetzen, hätten wir natürlich gegen Ockhams Prinzip verstoßen. Denn wir müssten dann erklären, wie denn dieser Homunkulus dazu käme, das, was der Computer tut, als syntaktischen Prozess zu interpretieren; d.h., wir müssten ihn seinerseits mit Intentionalität ausstatten, und dazu müssten wir in seinem Hirn/Geist einen weiteren Homunkulus ansetzen, und so fort. Ein Modell, das einen Homunkulus benötigt, muss falsch sein.

Das sieht Daniel Dennett ähnlich, nur nennt er diesen Homunkulus den 'Central Meaner', den Zentralen Versteher. Er scheint unabdingbar: „If there isn't a Central Meaner, where does the meaning come from?" (Dennett 1993, S. 231). Er schreibt: „I used to believe there was no alternative to a Central Meaner" (ebd., S. 246). Aber dann hat er doch ein Modell gefunden, das offenbar auf ihn verzichten kann. In diesem Modell kommen ständig unkontrollierbar Gedanken zustande, teils mehr, teils weniger in Bilder oder Wörter gefasst, die mit der ebenfalls unkontrollierbaren Hirntätigkeit einhergehen. Solche Reize können sich gegenseitig verstärken. Aus diesem Pandämonium entspringen dann unvorhersagbar Versprachlichungen, wohlgemerkt nicht in Mentalesisch, sondern in Englisch:

> There is not one source of meaning, but many shifting sources, opportunistically developed out of the search for the right words. Instead of a determinate content in a particular functional place, waiting to be Englished by subroutines, there is a still-incompletely-determined mind-set distributed around in the brain and constraining a composition process which in the course of time can actually feed back to make adjustments or revisions, further determining the expressive task that set the composition process in motion in the first place. (Dennett 1993, S. 241)

Es ist offensichtlich, wie Dennett hier versucht, jede Berufung auf Intentionalität zu vermeiden. Aber es gelingt ihm nicht völlig. Was ist es denn, was nach 'dem rechten Wort sucht', und wer hat die 'Aufgabe, etwas auszudrücken', gestellt? In jedem Fall ist es ein Fortschritt gegenüber dem auf der Sprache des Geistes beruhenden Modell der Verarbeitung von mentalen Repräsentationen. Vage und unbewiesen mag es sein, aber für Dennett ist das Modell vom Pandämonium

> closer to the truth than a more dignified, bureaucratic model would be, but this has yet to be put to the proper empirical test. ... What I have sketched in this chapter ... is a way in which a torrent of verbal products emerging from thousands of word-making demons in temporary coalitions could exhibit a unity, the unity of an evolving best-fit interpretation, that makes them appear *as if* they were the executed intentions of ... the person, of which the language-producing system is itself a proper part. (Dennett 1993, S. 251; Dennetts Hervorhebung)

Dennett ist bestrebt, das Phänomen der Intentionalität zu relativieren und es in seine Version des 'computational mind' zu integrieren. Er schreibt sein hier zitiertes Buch zu einer Zeit, als parallele Verarbeitung und neuronale Netze hoch im Kurs stehen. Überall wird von einer neuen Generation von Computern gesprochen, die endlich zu Recht als intelligent bezeichnet werden dürfen, Computer, die lernfähig seien und daher noch viel mehr ein Modell des Geistes wären, als dies die Kognitivisten seit jeher schon angenommen haben. Das sind 'virtuelle Maschinen', aufgebaut aus parallel operierenden Prozessoren, in denen die Abläufe, die einen Ausgangszustand mit einem Zielzustand in Verbindung setzen, nicht durch Anweisungen geregelt sind, sondern sich in unvorhersagbarer Weise selbst ausbilden. Diese Methode bezeichnet man als Konnektionismus. In diesem Modell programmieren sich die Computer sozusagen selber, ohne dass von einem handelnden Subjekt (einem Programmierer) genaue Instruktionen vorgegeben werden. Die Aufgabe, die diese Maschinen einmal ausführen müssen, trainieren sie zunächst an großen Datenmengen, in denen Ausgangszustände mit Zielzuständen korreliert werden. Hat die Maschine einmal gelernt, welche Ausgangszustände zu welchen Zielzuständen führen, kann sie mit diesem 'Wissen' zu jedem neuen Ausgangszustand den korrekten Zielzustand finden. Hier scheint der Programmierer und damit die Intentionalität überflüssig zu werden: „Connectionism ... is a fairly recent development in A[rtificial] I[ntelligence] that promises to move cognitive modelling closer to neural modelling, since the elements that are *its* bricks are nodes in parallel networks that are connected up in ways that look *rather* like neural networks in brains" (Dennett 1993, S. 269; Dennetts Hervorhebung).

Ist eine solche virtuelle Maschine ein geeignetes Modell für die Verarbeitung mentaler Repräsentationen? Man könnte sich vorstellen, wie der Konnektionismus Dennetts Pandämonium gerecht werden kann. Es denkt dann in uns (oder in der Maschine), und das funktioniert auch, wenn wir uns nicht bewusst sind, was denn da gedacht wird. Der Rückkopplungseffekt durch die gewaltige Datenmenge, mit der wir Zeit unseres Lebens gefüttert worden sind, sorgt dafür, dass beim Denken, Sprechen und Verstehen schon nicht allzu viel schief geht.

Dieses Modell ist eine modifizierte Variante der 'computational theory of the mind'. Der Computer der Sechzigerjahre ist durch den erträumten Computer der Zukunft ersetzt worden. Indessen hat der Konnektionismus die in ihn gesetzten Erwartungen bislang kaum erfüllt. Nur bei der automatischen Spracherkennung hat er reüssiert. Für die automatische Übersetzung hat er dagegen den Durchbruch nicht gebracht. Dies mag daran liegen, dass neuronale Netze das Arbeiten menschlicher Übersetzer nur zum Teil abbilden können. Was ihnen fehlt, ist immer noch Intentionalität, die Vorstellung darüber, wovon ein Text, ein Satz handelt, und die immer dann einspringen muss, wenn es zwischen Ausgangs- und Zielsprache keine direkte Entsprechung gibt. Immer wo es um Verstehen geht, wird Sprache, werden Texte in Ich-Erlebnisse, in Anschaulichkeit, umgewandelt. Ich-Erlebnisse machen unser Bewusstsein aus. Aber Ich-Erlebnisse sind von außen nicht zugänglich. Wenn immer sie geäußert werden, verwandeln sie sich in Sprache, in textuelle Zeugnisse. Nur in diesem Zustand, nur als Texte, sind uns Inhalte zugänglich. Als Vorstellungen entschwinden sie uns, sobald wir uns ihrer zu bemächtigen versuchen. Es geht deshalb nicht darum, zu analysieren, was in den Köpfen (oder in den Computern) vorgeht. Es kann nur darum gehen, zu analysieren, was zwischen den Köpfen (oder den Computern) an Inhalten ausgetauscht wird. In den Köpfen suchen wir die Bedeutungen vergebens. Sie sind da, aber jeglichem Zugriff entzogen. Welche Alternativen gibt es also, um dem Phänomen der Bedeutung näher zu kommen?

Putnams Umkehr

„Contrary to a doctrine that has been with us since the seventeenth century, meanings just aren't in the head" (Putnam 1981, S. 19; Putnams Hervorhebung). Es ist an der Zeit, auf den Autor zurückzukommen, mit dem mich Gisela Harras in die Sprachphilosophie eingeführt hat. Ich weiß nicht mehr, mit welchem Resultat wir seinerzeit diesen Satz diskutiert haben; unterstrichen ist er jedenfalls in meiner Ausgabe. Damit weist Putnam den ganzen Zuständigkeitsanspruch der Kognitivistik zurück. Es geht bei der Bedeutung nicht um mentale Repräsentationen oder Konzepte: „A Chomskyan theory of the semantic level will say that there are 'semantic representations' in the mind-brain; that these are innate and universal; and that all our concepts are decomposable into such semantic representations. This is the theory I hope to destroy" (Putnam 1988, S. 5). Was ist sein Gegenentwurf? Da tut es Not, den frühen Putnam von dem späten zu unterscheiden. Für den frühen Putnam gab es da keinen Zweifel. Die Bedeutung eines Wortes ist die wirkliche Natur des Denotats. Das Wort *Wasser* bedeutet, was Wasser wirklich ist. Das Wort *Ulme* bedeutet, was eine Ulme wirklich ist. Natürlich kann man nicht von jedem Laien erwarten, dass er Ulmen von Erlen unterscheiden kann. Arbeitsteilung ist angesagt. Es gibt Fachleute für Laubbäume, die garantieren können, dass das Wort *Ulme* korrekt angewendet ist. Auch Fachleute wissen indes nicht alles. Es kann sein, dass es erst künftigen Generationen gelingt, herauszufinden, was Wasser wirklich ist, oder vielleicht werden wir es nie wissen. Das ändert nichts an der Bedeutung des Wortes *Wasser*, außer, dass sie uns vielleicht für immer verschlossen bleibt. Damit ist im groben Umriss die Bedeutungstheorie skizziert, die Putnam in seinem Artikel *The Meaning of 'Meaning'* (1975) entwickelt hat.

Das ist die Position des metaphysischen Realismus. In seiner Einführung zur deutschen Ausgabe *Die Bedeutung von „Bedeutung"* zitiert Wolfgang Spohn Putnam mit den Worten:

> Wissenschaftliche Aussagen sind meiner Ansicht nach entweder wahr oder falsch (auch wenn wir häufig nicht wissen, was von beidem sie sind), und ihre Wahrheit oder Falschheit rührt nicht etwa daher, daß sie äußerst sublimierte Beschreibungen von Regelmäßigkeiten in der menschlichen Erfahrung wären. Die Wirklichkeit ist nicht Teil des menschlichen Geistes: vielmehr ist der menschliche Geist Teil der Wirklichkeit, in der Tat ein winziger Teil. (Putnam 1990b, S. 10)

Der metaphysische Realismus ist als Sprachtheorie denkbar ungeeignet. Er hilft uns nicht nur nicht, eine Linie zu ziehen zwischen dem, was wahr ist und was falsch ist (diese unausrottbare Obsession der Analytischen Philosophie); er hilft uns auch nicht, uns auf die Sprünge zu helfen, wenn wir wissen wollen, was denn eine gegebene Äußerung bedeutet. Denn obwohl niemand weiß, was die Welt im Innersten zusammenhält, hält uns das nicht davon ab, mit Äußerungen sinnvoll umzugehen. Die Frage nach Wahrheit ist letztlich nicht zu beantworten. Was bleibt, ist die Frage nach der Bedeutung. Diese findet ihre Antwort jedoch nicht im Verweis auf die Wirklichkeit an sich, sondern in ihrer Aushandlung durch das Kollektiv der Sprachgemeinschaft. Also machte sich Putnam auf die Suche nach einem neuen Ansatz. Zwischen 1975 und 1985 entwickelt er das Programm des 'internen Realismus', und er verschweigt nicht, dass er dabei einen fundamentalen Wandel durchmacht. „Let me begin by admitting I have long felt an approach/ avoidance conflict where 'metaphysical realism' is concerned. … What I used to find seductive about metaphysical realism is the idea that the way to solve philosophical problems is to construct a better scientific picture of the world. … In working my way through this conflict I found early on that the question of 'intentionality' held a central position" (Putnam 1988, S. 107f.)

Intentionalität ist, ein Bewusstsein davon zu haben, was etwas bedeutet. Computer verfügen (hoffentlich) nicht über diese Fähigkeit. Es ist der Grund dafür, dass in der kognitiven Sprachtheorie die Verarbeitung mentaler Repräsentationen als syntaktischer Prozess und nicht als von Intentionalität gesteuerte Aktivität beschrieben wird. Searle hat gezeigt, dass das die Lösung nicht sein kann. Dass etwas die syntaktische Verarbeitung von etwas ist, kann nur von außen, von einer Metaebene her, behauptet werden. Doch ist diese letztlich vergebene Verlagerung der Bedeutung auf die syntaktische Ebene der Ansatz Chomskys. Ihm wirft Putnam vor, er habe für das Problem der Intentionalität keine Lösung. Das Bewusstsein ist ein Ich-Erlebnis und als solches unzugänglich und unvermittelbar; es ist subjektiv. Mit der Intentionalität des Ich-Erlebnisses lässt sich nicht umgehen. Das Erlebnis als solches lässt sich nicht mitteilen. Doch in der Mitteilung wird es unausweichlich zum Zeugnis. Damit wird es zwar objektiv in dem Sinn, dass andere (nämlich das Kollektiv der Diskursgemeinschaft) darauf zugreifen können, aber gleichzeitig auch relativ, insoweit es verhandelbar ist. Aber auch Texte verfügen über eine (abgeleitete) Intentionalität, insofern wir sie als das Ergebnis intentionalen Handelns begreifen können. Diese Intentionalität der Texte ist sowohl zugreifbar als auch analysierbar. Das ist Putnams Lösung, eine Lösung, die, wie immer schon bei ihm, Hirn und Geist ausklammert, die aber, und das ist neu, die Bedeutung von Texten als das Ergebnis der kollektiven Aushandlung des Sprachgebrauchs und nicht mehr als die Entsprechung diskursexterner Realität versteht:

> The internal realist position is ... that what is (by commonsense standards) the same situation can be described in many different ways, depending on how we use the words. ... The suggestion that I am making, in short, is that a statement is true of a situation just in case it would be correct to use the words of which the statement consists in that way in describing the situation. (Putman 1988, S. 119)

Es ist der Sprachgebrauch, der die Bedeutung determiniert, nicht universale mentale Repräsentationen:

> [K]nowing what the words in a language mean ... is a matter of grasping the way they are used. ... Meanings are not objects in a museum, to which words somehow get attached; to say that two words have 'the same meaning' ... is just to say that it is good interpretative practice to equate their meanings ... But sophisticated interpretative practice presupposes a sophisticated understanding of the way words are used by the community whose words one is interpreting. (ebd.)

Was Putnam hier skizziert, deckt sich weithin mit dem Programm der Korpuslinguistik, wie ich es sehe:

> Meaning is in the discourse. Once we ask what a text segment means, we will find the answer only in the discourse, in past text segments which help to interpret this segment, or in new contributions which respond to our question. Meaning does not concern the world outside the discourse. There is no direct link between the discourse and the 'real world'. It is up to each individual to connect the text segment to their first-person experiences, i.e. to some discourse-external ideation or to the 'real world'. How such a connection works is outside the realm of the corpus linguist. (Teubert 2005, S. 2)

Aus der Perspektive von Putnams internem Realismus verliert das Programm der kognitiven Linguistik seine Erklärungskraft:

> What looked like an innocent formulation of the problem – 'Here are the objects to be referred to. Here are the speakers using words. How can we describe the relation between the speakers and the objects?' – becomes far from innocent when what is wanted is not a 'natural-language processor' that works in some restricted context, but a 'theory of reference.' From an internal realist point of view, the very problem is nonsensical. (Putman 1988, S. 120)

Putnams interner Realismus hat sich erwartungsgemäß im angelsächsischen Raum kaum durchsetzen können. Sowohl die Analytische Philosophie als auch der Kognitivismus sind weiterhin einem materialen Realismus verpflichtet, der konstruktivistische Ideen wie die, dass die Diskursgemeinschaft aushandelt, was sagbar ist, und nicht die Wirklichkeit oder ein in ihr angesiedeltes angeborenes Sprachorgan, schlicht ablehnt. Das Verdammungsurteil des großen alten Mannes der amerikanischen Philosophie, Thomas Nagel, in seinem Buch *The Last Word* (1997) liest sich so:

> A recent example of subjectivism, usually presented as a way of transcending the outmoded subjective-objective distinction, is the view known as 'internal realism', according to which our apparently objective world picture should be understood as essentially a creative product of our language and point of view ... Internal realism fails its own test. (Nagel 1997, S. 88f.)

In einer Fußnote merkt Nagel an, Putnam distanziere sich inzwischen wieder vom internen Realismus:

> More recently still, in his Dewey lectures, Putnam says: "Whether I am still, to some extent, an 'internal realist' is, I guess, as unclear as how much I was including under that unhappy label." (*Journal of Philosophy* 91 [1994], p. 463, n. 41). (ebd.)

Die Sprecher und ihre Absichten

Warum fasziniert uns das Geheimnis so, wie Sprache und Denken zusammenhängen? Warum suchen wir am liebsten nach der Bedeutung einer Aussage im Kopf des Sprechers, und nicht in dem, was er gesagt hat? Warum fragen wir lieber: „Was hast Du gemeint?" als „Was heißt das?"? Der Grund dafür mag in der Evolution von Sprache liegen. Es gab vielleicht einmal eine Zeit, in der das Grunzen, Knurren und Zischen, aus dem sich unsere Sprache entwickelt hat, nur Begleitmusik unserer Tätigkeiten war. Auch als sich die von uns hervorgebrachten Geräusche zu differenzieren begannen, je nachdem, womit wir gerade beschäftigt waren, und nachdem wir schon als Kinder gelernt hatten, welche Geräusche zu welcher Tätigkeit gehörten, waren diese Laute immer noch mit der zugehörigen Tätigkeit verbunden (so wie heute noch in einer informellen Unterhaltungsrunde der Sprecher und das, was er sagt, nicht getrennt sind). Wie sich dies im Einzelnen abgespielt haben könnte, dafür hat Michael Toolan ein überzeugendes Bild gezeichnet. Irgenwann einmal wurde es dann möglich, vom Laut auf die Tätigkeit zu schließen, auch wenn es sich um eine vergangene, zukünftige, dislozierte, jedenfalls eine gedachte und nicht sinnlich unmittelbar wahrgenommene Tätigkeit handelte (ebenso wie wir heute gelernt haben, mit Gesagtem auch dann umzugehen, wenn der Sprecher nicht anwesend ist). Waren aber nun die geäußerten Laute nicht mehr nur Begleitmusik zu einer Tätigkeit, so ging es nun darum, die Absichten des Grunzers zu ergründen. Damit war man da angekommen, wo wir heute noch immer sind, wenn Sprecher und Hörer einander wahrnehmen können, aber nicht unbedingt das vor ihren Augen haben, wovon die Rede ist. Diese plausible Geschichte von der Enstehung von Sprache findet sich in Michael Toolans Buch *Total Speech: An Integrational Linguistic Approach to Languages* (1996). Was also Sprache, gesprochene Sprache zumal, auszumachen scheint, ist, dass sie uns dabei helfen soll, die Absichten des Sprechers zu erkennen.

Damit Sprache als Schlüssel zu den Sprecherabsichten dienen kann, müssen sich Sprecher und Hörer an bestimmte Maximen halten. Damit wären wir bei Herbert Paul Grice und seinen *Studies in the Way of Words* (1989) angekommen. Gisela Harras sagt;

> Following Grice an act of communication can be defined as follows: A speaker S communicates something to hearer H, if
>
> (i)   S intends H to react in a certain way r
>
> (ii)   S intends H to recognize (i)
>
> (iii)   S intends H to react in a way r by means of recognition of (i)"
>
> (Harras 2000, S. 21f.)

Sprecher und Hörer müssen, sagt Grice, zusammen arbeiten, wenn es darum geht, die Intention des Sprechers zu erkennen. Manche mögen eine solche Feststellung als banal ansehen. Doch Harras erinnert uns, dass „Grice himself and legions of linguists consider this principle and the maxims to be a powerful instrument for explaining how people convey and understand relevant information." Ihre Frage ist, ob wir wirklich hoffen dürfen, dass die Grice'schen Maximen es erlauben, semantisch ambige Äußerungen „in accordance to the speaker's meaning" zu interpretieren (Harras 2000, S. 22). Aus ihrer Sicht, und da möchte ich ihr unbedingt zustimmen, gilt das nur sehr bedingt. Es gibt keinen anderen Weg in solchen Fällen als den, den sprachlichen Kontext und individuelles Hintergrundwissen heranzuziehen. Zu beurteilen, ob man im Ergebnis die tieferen Absichten des Sprechers erkannt hat, liegt jedenfalls außerhalb der Kompetenz des Sprachwissenschaftlers.

Oder liegen die Sprecherabsichten doch in unserer Reichweite? Gloria Origgi und Dan Sperber entwickeln in ihrem Artikel *Evolution, Communication and the Proper Function of Language* die Relevanztheorie von Dan Sperber und Deirdre Wilson weiter in eine Auseinandersetzung mit Ruth Millikans gegen Grice gerichtete These, dass Verstehen typischerweise darin liegt, zu glauben, was behauptet ist, oder sich auf das, was von einem gewünscht ist, einzulassen. Origgi und Sperber zitieren Millikan mit einer Aussage, die sich gegen die Grice'sche Maxime der Wahrhaftigkeit richtet:

> A proper function of speakers' acts could be to produce true beliefs in hearers even if the speakers had no concept of mental stages and no understanding of the hidden mechanism whereby rewards result from speaking the truth. (Millikan 1984, S. 62)

Dagegen halten Origgi und Sperber:

> What makes human communication possible at all, however, is human virtuosity in attributing intentions to one another. (Origgi/Sperber o.J. [2002], S. 8)

Für Millikan zähle allein der Inhalt des Gesagten, nicht die Frage nach den Intentionen des Sprechers. Es gehe ihr darum, dass das Sprachvermögen selbst für die Bedeutungen zuständig ist: „All the possible contextual meanings of a linguistic device ... must be conventionally associated with this device" (Origgi/Sperber o.J. [2002], S. 8). Doch die beiden Autoren halten dagegen, dass Millikans Ansatz eine „massive ambiguity" impliziere. Der Ausdruck „Iss!" beispielsweise könne vielfach interpretiert werden, als Befehl, als Bitte, als Ermutigung oder als Rat. Ebenso könne er metaphorisch oder ironisch gemeint sein. Der Grice'sche Ansatz, und in der Folge auch der von Origgi/Sperber, hätte dieses Problem nicht. Danach seien die sprachimmanenten Bedeutungen eines Ausdrucks nur als Anhaltspunkte zu verstehen (die weiter nicht in Unterbedeutungen zu zerlegen seien), die uns helfen, die vom Sprecher intendierte Bedeutung zu erkennen. Eine detaillierte semantische Analyse, wie im Millikanschen Ansatz erforderlich, sei daher überflüssig und könne ohnedies nicht geleistet werden, denn „the more massive the ambiguity implied by the theory, the less plausible that human minds can deal with it" (ebd., S. 9). Was die sprachimmanente Seite angeht, so seien die Äußerungen lediglich als Reize zu werten: „Linguistic comprehension involves, at an intermediate and largely unconscious level, the decoding of linguistic stimuli that are then used as evidence by the hearer, together with the context, to arrive inferentially at the speaker's meaning" (Origgi/Sperber o.J. [2002], S. 15). Ist dann die sprachliche Äußerung nicht nur der Schlüssel zum Gedankenlesen, so wie das Medium gern einen Gegenstand des Verstorbenen berührt, um die Kontaktaufnahme zu erleichtern? Aber ja:

> There is a growing body of evidence and arguments tending to establish that a mindreading ability is an essential ingredient of human cognition. ... What are the relationships between mindreading and the language faculty? Millikan argues that linguistic communication is independent of mindreading, whereas Grice and post-Griceans assume that linguistic communication involves a form of mindreading where, by speaking, the speaker helps the reader to read her mind. (ebd., S. 16)

Wenn es nur nicht so aussichtslos wäre, die wahren Absichten eines Sprechers zu erkennen! Weiß der Sprecher etwa selber, was er eigentlich meint? Oder bildet er sich nur ein, das zu wissen? Die Neurobiologen äußern zunehmend Zweifel an der Fähigkeit des Menschen, absichtsvoll zu handeln, und setzen dagegen, dass es sich bei diesen so genannten Intentionen nur um nachträgliche Rationalisierungen handelt. So zitiert John Searle in seiner Rezension von Christof Kochs neuem Buch den Hirnforscher mit dieser ernüchternden Feststellung:

> [T]he inner world of thoughts and concepts is forever hidden from consciousness, as is the external, physical world, including the body. One consequence of this hypothesis is that many aspects of high-level cognition, such as decision-making, planning, and creativity, are beyond the pale of awareness. These operations are carried out by the no-conscious homunculus residing in the front of the forebrain, receiving information from the sensory regions in the back, and relaying its output to the motor system. A further consequence is that you are not directly conscious of your thoughts. You are conscious only of a re-representation of these in terms of sensory qualities, particularly visual imagery, and inner speech. (Searle 2005, S. 37)

Das erinnert einerseits an die neuerlich viel diskutierte These des Neurologen Wolf Singer, es sei eine Illusion, dass Menschen aus freiem Willen über ihr Handeln bestimmen, und andererseits an das bereits oben zitierte Eingeständnis von Colin McGinn, dass das Rätsel des Bewusstseins wohl prinzipiell unlösbar sei.

Wäre es angesichts der zahlreichen Schwierigkeiten, vor die eine kognitive Linguistik gestellt ist, nicht besser, sich darauf zu konzentrieren, was Texte bedeuten, anstelle darüber zu spekulieren, was sich in den Hirnen von Sprechern und Hörern wohl abspielen mag? Sollten wir uns nicht mehr darum bekümmern, wie wir einen vernünftigen Zugriff auf die in Texten ausgedrückte Bedeutung bekommen? Sollten wir nicht versuchen, zu beschreiben, wie sich die Einmaligkeit der Bedeutung eines Texts zu der Generalisierbarkeit der Bedeutung der Elemente verhält, aus denen dieser Text besteht? Sollten wir uns also nicht eher mit den Bedeutungen der Wörter beschäftigen, soweit Wörter die Bedeutungsträger sind? Wie denn könnte man letztlich Wortbedeutungen von den mentalen Konzepten oder Repräsentationen unterscheiden, um die die Kognitivisten so viel Aufhebens machen? Es gibt zu denken, wenn Jerry Fodor in einem als *draft*, also als Entwurf bezeichneten Text (der mit dem Hinweis versehen ist: „Not for Circulation to Connectionists") sagt:

> *Words* (of, as it might be, English). Words too are symbols. They differ from mental representations in that the former (but maybe not the latter) are expressions in public languages. Typically, words express concepts ("cow" expresses the concept COW), so we may think of a word as satisfied by things in the extension of the concepts it expresses. If we do talk that way, then "cow" applies (is satisfied by; is true of) cows. (Fodor o.J.)

Man kann dies nicht einfach abtun. Denn in seinem Buch *Concepts* schreibt er ganz ähnlich: „Here and elsewhere, I propose to move back and forth pretty freely between concepts and word meanings; however it may turn out in the long run, for purposes of the present investigation word meanings are just concepts" (Fodor 1998, S. 2). Was also nützen uns mentale Konzepte? Sind sie vielleicht nur des Kaisers neue Kleider?

Wenn wir über Sprache reden, meinen wir damit nicht nur das Sprachvermögen der einzelnen Sprecher. Neben dieser Perspektive gibt es noch eine weitere. Sprache ist nicht nur ein psychologisches oder mentales Phänomen, sie ist ebenso ein soziales, ein kollektives Phänomen. Kein Kind lernt eine Sprache in Isolation, ohne den Kontakt zu anderen Menschen. Was die Äußerungen von anderen bedeuten, mit denen wir konfrontiert werden, lernen wir in fortwährender Interaktion, dadurch, dass wir nachfragen, akzeptieren, übernehmen, in Frage stellen und vielleicht schließlich zurückweisen, was wir hören. Nichts spricht dafür, dass wir dabei in größerem Maß von angeborenen Konzepten profitieren. Nichts spricht dafür, dass wir lernen, die Absichten unserer Gesprächspartner durch ererbte Strategien des Gedankenlesens zu erkennen. Was sich in unserem eigenen Kopf und in den Köpfen unserer Partner abspielt, ist unserem Zugriff weitgehend entzogen. Jedes Modell davon kann nur duplizieren, was Sprache ohnehin leistet.

Nichts hindert uns, sprachlichen Inhalt da aufzusuchen, wo er zwischen den Mitgliedern der Diskursgemeinschaft in der Tat ausgehandelt wird, nämlich in den Beiträgen, die in ihrer Gesamtheit den Diskurs ausmachen. Was ein Wort wie *open* bedeutet, hängt vom Kontext ab, und wann immer wir im Zweifel sind, was im Einzelfall gemeint sein könnte, enthält der Diskurs reichlich Belege, die den Inhalt paraphrasieren. Gisela Harras weiß das natürlich. Sie sagt ausdrücklich, dass Äußerungen „immer unter der Voraussetzung eines Kontexts vollzogen werden, der gleichermaßen für den Sprecher und den Adressaten zugänglich ist." Dieser Kontext unfasst auch das „Hintergrundwissen", also das gemeinsame Wissen, über das Sprecher und Hörer verfügen (Harras 2001, S. 905). Was könnte dieses anderes sein als der Diskurs, und zwar in den Ausschnitten, über die Sprecher und Hörer gemeinsam verfügen? Dann ließen sich Konzepte immer noch als die 'kollektiven Entitäten' (Harras 2000, S. 14) verstehen, nur eben dass es die Diskursgemeinschaft ist, die den Inhalt des 'Konzeptpools' bestimmt, und nicht das allen Menschen gemeinsame, angeborene Sprachorgan.

Literatur

Bierwisch, Manfred (1970): Einige semantische Universalien in deutschen Adjektiven. In: Steger, Hugo (Hg.): Vorschläge für eine strukturale Grammatik des Deutschen. Darmstadt. S. 269-318.

Campe, Joachim Heinrich (1969-1970 [1807-1810; 1811]): Wörterbuch der deutschen Sprache. 5 Bde. Hildesheim.

Chomsky, Noam (2000): New Horizons in the Study of Language and Mind. Cambridge [UK].

Chomsky, Noam (2000 [1992]): Language and Interpretation. In: Chomsky (2000), S. 46-75.

Chomsky, Noam (2000 [1994]): Language as a Natural Object. In: Chomsky (2000), S. 106-134.

Dennett, Daniel (1993): Consciousness Explained. London.

Eco, Umberto (1994): Die Suche nach der vollkommenen Sprache. München.

Fodor, Jerry (o.J.): Distributed Representations; Enough Already. Internet: www.nyu.edu/gsas/dept/philo/courses/representation/papers/fodordistributed.pdf (Stand: Juni 2005).

Fodor, Jerry (1998): Concepts: Where Cognitive Science Went Wrong. Oxford.

Fodor, Jerry/Katz, Jerrold (1963): The Structure of a Semantic Theory. In: Language 39, S. 170-210.

Greimas, Algirdas Julien (1966): Sémantique structurale. Paris.

Grice, Herbert Paul (1989): Studies in the Way of Words. Cambridge, MA.

Grimm (1984 [^{1}1855ff.]): Deutsches Wörterbuch von Jacob und Wilhelm Grimm. München. [Fotomechan. Nachdr. d. Erstausg.].

Harras, Gisela (2000): Concepts in Linguistics – Concepts in Natural Language. In: Ganter, Bernhard/Mineau, Guy M. (Hg.): Conceptual Structures: Logical, Linguistic, and Computational Issues. Heidelberg. S. 13-26.

Harras, Gisela (2001): Sprachproduktion als kollektives Handeln: Sprachphilosophische Grundlagen. In: Herrmann, Theo/Grabowski, Joachim (Hg.): Sprachproduktion. Göttingen. S. 899-930.

Haugeland, John (1985): Artificial Intelligence: The Very Idea. Cambridge, MA.

Hjelmslev, Louis (1963 [^{1}1943]): Prolegomena to a Theory of Language. 2. Aufl. Madison.

Jackendoff, Ray (1987): Consciousness and the Computational Mind. Cambridge, MA.

Janik, Allan/Toulmin, Stephen (1973): Wittgenstein's Vienna. New York.

Leibniz, Gottfried Wilhelm (1690): Ars combinatoria, in qua ex arithmeticae fundamentis complicationum ac transpositionum doctrina novis praeceptis exstruitur, et usus ambarum per universum scientiarum orbem ostenditur, nova etiam artis meditandi, seu logicae inventionis semina sparguntur. Diss. Frankfurt a.M.

Lewandowski, Theodor (^{2}1976): Linguistisches Wörterbuch. 3 Bde. Heidelberg.

McGinn, Colin (1991): The Problem of Consciousness. Oxford.

Millikan, Ruth Garrett (1984): Language, Thought and Other Biological Categories. Cambridge, MA.

Millikan, Ruth Garrett (o.J. [2004]): On the Epistemology of Concepts and How It Implicates Metaphysical Realism. Unveröff. Ms.

Nagel, Thomas (1997): The Last Word. Oxford.

Origgi, Gloria/Sperber, Dan (o.J. [2002]): Evolution, Communication and the Proper Function of Language. Internet: http://dan.sperber.com/evo-lang.htm (Stand: Juni 2005).

Pinker, Steven (1994): The Language Instinct. New York.

Pottier, Bernard (1964): Vers une sémantique moderne. In: Travaux de Linguistique et de Littérature II, 1, S. 107-137.

Pottier, Bernard (1978): Entwurf einer modernen Semantik. In: Geckeler, Horst (Hg.): Strukturelle Bedeutungslehre. Darmstadt. S. 45-89. [= Deutsche Übersetzung von Pottier (1964)].

Putnam, Hilary (1975): The Meaning of 'Meaning'. In: Putnam, Hilary: Philosophical Papers. Bd. 2: Mind, Language and Reality. Cambridge [UK]. S. 215-272.

Putman, Hilary (1981): Reason, Truth and History. Cambridge [UK].

Putman, Hilary (1988): Representation and Reality. Cambridge, MA.

Putman, Hilary (1990a): Vernunft, Wahrheit und Geschichte. Frankfurt a.M.

Putman, Hilary (1990b): Die Bedeutung von „Bedeutung". Frankfurt a.M.

Scaruffi, Piero (2003): Thinking about Thought. Internet [Auszug]: www.thymos.com/tat/neural.html (Stand: Juni 2005).

Searle, John R. (1990): Is the Brain a Digital Computer? Internet: www.ecs.soton.ac.uk/~harnad/Papers/Py104/searle.comp.html (Stand: Juni 2005).

Searle, John R. (1992): The Rediscovery of Mind. Cambridge, MA.

Searle, John R. (2005): Consciousness: What We Still Don't Know. In: New York Review of Books LII, 1, S. 36-39.

Sperber, Dan/Wilson, Deirdre (1998): The Mapping between the Mental and the Public Memory. In: Carruthers, Peter/Boucher, Jill (Hg.): Language and Thought: Interdisciplinary Themes. Cambridge [UK]. S. 184-200.

Stanford Encyclopedia of Philosophy: Internet: http://plato.stanford.edu/ (Stand: Juni 2005).

Teubert, Wolfgang (2005): My Version of Corpus Linguistics. In: International Journal of Corpus Linguistics 10, 1, S. 2-16.

Toolan, Michael (1996): Total Speech: An Integrational Linguistic Approach to Language. Durham, NC.

Wierzbicka, Anna (1996): Semantics: Primes and Universals. Oxford.

Wolfgang Motsch

Methodologische Aspekte der neueren Sprachforschung

Die Entwicklung der Sprachwissenschaft seit den 50er-Jahren des 20. Jahrhunderts ist einerseits durch die Einbeziehung neuer Gebiete und Fragestellungen, andererseits aber auch durch das Bestreben geprägt worden, die theoretische Fundierung linguistischer Forschungsgebiete zu vertiefen. Ansätze zu genauer formulierten Theorien gehen viel weiter in die Geschichte der Linguistik zurück. Beide Tendenzen trugen dazu bei, dass wir heute wesentlich mehr über menschliche Sprachen wissen als vor 50 Jahren.

Sowohl die theoretische Fundierung als auch die Erweiterung des Forschungsgebiets hatten die Herausbildung zahlreicher interdisziplinärer Aufgabenstellungen zur Folge. So ergaben sich Berührungspunkte zur kognitiven Psychologie, zu einigen Richtungen der Sprachphilosophie, zur Kommunikationsforschung und zur Soziologie, um nur die wichtigsten Bereiche zu nennen. Auch Beziehungen zur Mathematik, Informatik und zu Computerwissenschaften führten zu eigenständigen linguistischen Forschungsgebieten und -richtungen.

Es ist heute kaum noch möglich, sich einen Überblick über das gesamte Feld von Forschungen, Fragestellungen und Theorieansätzen zu verschaffen, die sich alle mit Aspekten menschlicher Sprachen oder menschlichen Sprachverhaltens befassen. Noch verwirrender wird das Bild, wenn man sich die Vielfalt von unterschiedlichen theoretischen Ansätzen vor Augen führt.

Die Erweiterung sprachwissenschaftlicher Aufgabenstellungen ergab sich paradoxerweise zu einem guten Teil aus der methodologischen Forderung, Forschungsgebiete auszugrenzen, die eine separate Untersuchung der inneren Ordnung der einschlägigen Fakten ermöglichen. Protagonist dieser – bereits in den strukturalistischen Richtungen der ersten Hälfte des 20. Jahrhunderts angelegten – Forschungsstrategie ist Noam Chomsky. Obwohl sich Chomsky in seinen eigenen Forschungen im Wesentlichen mit syntaktischen Problemen befasste, öffneten seine methodologischen Grundprinzipien den Blick für viel komplexere theoretische und empirische Aufgabenstellungen. Ein nicht geringer Teil linguistischer Forschungen in unserer Zeit kann deshalb als Chomsky-Paradigma bezeichnet werden. Dazu gehören nicht nur die von Chomsky mehr oder weniger direkt angeregten Richtungen der Generativen Grammatik, sondern auch linguistische, speziell grammatische, Forschungen mit alternativen Theorien.

Das linguistische Lebenswerk Chomskys wird durch die Hypothese geleitet, dass die biologischen Voraussetzungen für den Erwerb natürlicher Sprachen auf Sprache spezialisierte Komponenten enthalten. Eben diese Komponenten vermutet er in der Syntax natürlicher Sprachen nachweisen zu können. Genauer: in Regeln und Prinzipien, die syntaktischen Erscheinungen aller menschlichen Sprachen zu Grunde liegen. Auf einem längeren Weg systematischer Abstraktionen gelangte Chomsky schließlich zu der Überzeugung, dass sich die Syntax auf zwei Grundoperationen reduzieren lässt, die er 'merge' und 'displacement' nennt (Chomsky 1986, 1995, 1998, 1999). Erste determinieren mögliche hierarchische Ordnungen von Grundeinheiten der Syntax, letzte umfassen die Prinzipien für die Herauslösung einer Einheit aus hierarchischen Strukturen und ihre Platzierung an anderen Stellen syntaktischer Strukturen. Vgl.:

Mary, John likes [*Mary*]

Who does John like [*who*]

Um eine wissenschaftliche Basis für die empirische Begründung seiner Hypothese zu gewinnen, schaltete Chomsky systematisch mögliche linguistische Fragestellungen aus. So zeigte er wenig Interesse an Fragestellungen wie:

– Wie sind Bedeutungen von Ausdrücken natürlicher Sprachen wissenschaftlich zu beschreiben (wie werden Ideen repräsentiert)?

– Wie wird mit Sprache kommuniziert?

Während er eine sehr enge Beziehung der Syntax zur Semantik akzeptiert, vertritt er die – von vielen als provokativ aufgenommene – Meinung, dass der Kern der sprachlichen Regeln völlig unabhängig von Bedingungen der Kommunikation sei. Er beschränkte sich auf den Kern der Syntax, den er als fundamentalen Bestandteil der 'internal language' betrachtet (Chomsky 1986). Die Syntax hat Schnittstellen für den Anschluss des phonologischen und des konzeptuellen Systems. Damit ist ein Feld abgesteckt, das bereits in mehrere Teilkomponenten zerfällt. Es umfasst die traditionellen Gebiete der Grammatik und Semantik: In de Saussures Sinn das Sprachsystem.

Dieses reduktionistische Vorgehen, das von einer Begründung der Selbstständigkeit der Syntax natürlicher Sprachen über die Herausstellung einer universellen Kerngrammatik bis zur Hervorhebung elementarer Prinzipien der Syntax reichte, ermöglichte in jüngster Zeit die Entstehung einer ganz neuen Forschungsrichtung, der 'bio-comparative linguistics' (Hauser/Chomsky/Fisch 2002). Diese Richtung untersucht das Vorhandensein der mit der menschlichen Sprache vorausgesetzten Grundprinzipien im Verhalten anderer Lebewesen. Sie eröffnet damit einen ganz neuen Rahmen für die empirische Überprüfung der Annahme für die Sprache spezifischer biologischer Grundlagen, aber auch für die vergleichende Untersuchung der Verhaltenspotenzen biologischer Organismen. Man hat den Eindruck, dass Chomsky nun eine wichtige Etappe seines wissenschaftlichen Lebensziels erreicht hat.

Die durch Chomskys Abgrenzungsstrategie ausgegliederten Aspekte natürlicher Sprachen müssen keineswegs zu einer Vernachlässigung der einschlägigen Tatsachenbereiche führen. Im Gegenteil, sie erweckten gerade deshalb, weil mit jeder Abgrenzung separat zu studierender Bereiche der Sprache starke Hypothesen verbunden sind, das Interesse an einer Begründung der Abstraktionen durch Hypothesen über Komponenten, die mit den ausgewählten separaten Komponenten interagieren. Der Nachweis von interagierenden Komponenten ist eine starke Stütze für die empirische Relevanz von Abstraktionen. Deshalb lenkte gerade die methodologische Begründung einer Abgrenzung häufig die Aufmerksamkeit auf ausgegliederte Gebiete. Viele, meist jüngere Linguisten, sahen eine Chance, neue Forschungsgebiete mit der für die Grammatik geltenden Strenge zu begründen. So führte die Ausgrenzung der Semantik zur Begründung einer theoretisch höchst anspruchsvollen Erforschung sprachlicher Bedeutungen. Die Unterscheidung zwischen sprachlicher Kompetenz und Performanz führte zu erfolgreichen Ansätzen bei der Erforschung der psychologischen Prozesse des Bildens und Verstehens sprachlicher Äußerungen, d.h. zentraler Aspekte der Performanz.

Man darf heute feststellen, dass gerade die begründete Abgrenzung von als autonom betrachteten Ausschnitten sprachlicher Erscheinungen einerseits größere theoretische Strenge bei der Erforschung der abgegrenzten Gebiete ermöglichte, zugleich aber auch die Notwendigkeit aufzeigte, das Zusammenspiel der ausgegrenzten Erscheinungen mit anderen an der Beschreibung und Erklärung des komplexen Begriffs Sprache beteiligten Systemen aufzudecken.

Als nützlich erwies sich mehr und mehr die Annahme autonomer Systeme, die in bestimmter Weise zusammenwirken und geeignet sind, menschliches Sprachverhalten zu beschreiben und zu erklären. Den Versuch, das modulare Vorgehen zu erklären, d.h. nicht nur als methodologisch vorteilhaften Ansatz zu betrachten, unternahm Fodor (1983). Er führte Gründe für die modulare Organisation der Arbeit des menschlichen Geistes an. Insgesamt betrachtet entwickelte sich auf diesem Wege ein ganz bestimmtes Wissenschaftsideal: Aufgabe der Sprachforschung ist es, das hoch komplexe Sprachverhalten auf separate, zur Interaktion geeignete Systeme zurückzuführen, deren Basis biologisch determiniert ist. Während die biologischen Voraussetzungen für einige Komponenten der Sprachkompetenz nicht spezifisch für diese Komponenten sein müssen, sind – nach Chomsky – die Voraussetzungen für die Syntax auf Sprache beschränkt.

Als Grobgliederung bietet sich an:

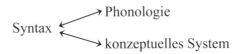

Die Syntax erzeugt in Interaktion mit der Phonologie Lautstrukturen und in Interaktion mit dem konzeptuellen System interpretierte Sätze. Die Eigenständigkeit der phonologischen Grundlagen bedarf keiner weiteren Begründung. Es dürften aber auch kaum Zweifel darüber aufkommen, dass ein konzeptuelles System von der Syntax abzugrenzen ist. Dieses System umfasst, grob gesprochen, die kognitiven Voraussetzungen für die Entwicklung innerer Modelle der Welt. Wobei diese Modelle

– keine statischen Abbildungen der Welt sind, sondern kreative Konstruktionen;

– mindestens zum großen Teil intersubjektiv sind;

– mit Einstellungen wie Wissen, Glauben, Vermuten, Wünschen und Wertungen verbunden sind.

Wenn wir das gesamte Gebiet als Grammatik bezeichnen, kann diese als ein modular organisierter Mechanismus verstanden werden, der Sätze als Paare von Laut- und Bedeutungsstrukturen erzeugt. Bei dieser Darstellung ist die Möglichkeit vorausgesetzt, einzelsprachliche Erscheinungen als zulässige Variationen einer universellen Grammatik abzutrennen. Charakteristisch für das Chomsky-Paradigma ist das strikte Postulat, dass alle theoretischen Annahmen Hypothesen sind, deren empirische Relevanz begründet werden muss, aber auch widerlegt werden kann.

Ein wichtiger Anstoß für die Erweiterung des Aufgabenbereichs linguistischer Forschungen war die so genannte pragmatische Wende, die besonders in den 70er-Jahren des vorigen Jahrhunderts viele Sprachwissenschaftler anzog. Bis zu dieser Wende orientierte sich die Linguistik weitgehend an der für Wissenschaftssprachen entwickelten semiotischen Gliederung sprachlicher Fragestellungen in die Bereiche Syntax, Semantik und Pragmatik. In diesem Sinne pragmatische Fragestellungen wurden in den theoretisch orientierten Richtungen der Linguistik kaum systematisch aufgegriffen. Die pragmatische Wende schuf das geistige Klima für zwei wesentliche Vorstöße in linguistisches Neuland.

Zum einen lenkte sie die Aufmerksamkeit auf Phänomene des Sprachgebrauchs, die sich in der Grammatik und der Interpretation sprachlicher Äußerungen niederschlagen, d.h. auf Phänomene, die insbesondere mit der Referenz, der Deixis, den Personalpronomen, einigen Verbkategorien, den Satzmodi, Modalpartikeln, Satzadverbien verbunden sind. Es handelt sich dabei um Kategorien, die intentionale, raum-zeitliche und soziale Determinanten der Kommunikation reflektieren, vgl. Levinson (1983).

Zum anderen wurde durch die pragmatische Wende die Begrenzung linguistischer Untersuchungen auf Eigenschaften von Sätzen aufgehoben. Ins Blickfeld rückten nun Texte als Mittel zur Erreichung kommunikativer Ziele. Eine Fülle von neuen Aufgaben trat hervor. Um nur einige zu nennen:

– Nach welchen Regeln und Prinzipien sind Texte strukturiert?

– Nach welchen Gesichtspunkten sind Texte zu klassifizieren?

– Nach welchen Regeln und Maximen verläuft Kommunikation?

– Welche Typen von Kommunikation sind zu unterscheiden?

Man kann, ohne das Chomsky-Paradigma zu verlassen, 'pragmatische Wende' als Hinwendung zu pragmatischen Fragestellungen im Sinne der Semiotik verstehen. Nicht wenige Sprachwissenschaftler verstanden 'pragmatische Wende' aber als einen mehr oder weniger radikalen Bruch mit der von Chomsky bevorzugten Forschungsstrategie. Es entstanden Richtungen, die eher die Umkehrung dieser Strategie befürworteten, d.h., möglichst komplexe Phänomene des Sprachverhaltens sind mit möglichst wenigen spezifischen Voraussetzungen zu untersuchen. Auf diese Weise soll ein durch theoretische Vorurteile verzerrter Blick auf die Fakten vermieden werden. Mit großer Skepsis wird vor allem die Annahme betrachtet, dass Grammatik und Semantik von Bedingungen der Kommunikation unabhängige Komponenten des Sprachverhaltens sind. Es fehlt deshalb auch nicht an Versuchen, nachzuweisen, dass grammatische Kategorien erst auf dem Hintergrund kommunikativer Kategorien zu erklären seien. Die aktuelle sprachwissenschaftliche Kommunikationsforschung scheint von der hier nur andeutungsweise skizzierten methodologischen Strategie geleitet zu werden. Trotz nicht zu bestreitender empirischer Erfolge liegt, wie mir scheint, eine mit der Chomskytradition vergleichbare theoretische Fundierung der Forschungen noch in weiter Ferne.

Kehren wir zurück zum Einfluss pragmatischer Aspekte auf die im Chomsky-Paradigma angelegte Semantikforschung. Nach mehreren Ansätzen, eine mit der von Chomsky entwickelten Syntaxtheorie kompatible semantische Komponente auszuarbeiten, entstand ein Vorschlag von Jackendoff, der die aktuelle linguistische Bedeutungsforschung stark beeinflusst hat (Jackendoff 1990, 1997). Jackendoffs Semantiktheorie (Theorie des konzeptuellen Systems) erfasst die zentralen Fragestellungen, die mit der Repräsentation sprachlicher Bedeutungen verbunden sind und zeigt zugleich die Schnittstellen auf, die die Interaktion des konzeptuellen Systems mit der Syntax ermöglichen.

Für die Repräsentation von Bedeutungen ergeben sich nun zwei Problemkreise, die mit pragmatischen Perspektiven verbunden sind, d.h. mit der Interpretation sprachlicher Äußerungen in kommunikativen Kontexten. Der eine betrifft die Frage, wie die in der Regel enorme Diskrepanz zwischen einer notwendigerweise abstrakteren Repräsentation der Bedeutung einer Einheit im Lexikon und den Bedeutungen zu erfassen ist, die diese Einheit in konkreten sprachlichen und kommunikativen Kontexten aufweist. Dieses Problem wird häufig mit der freilich vagen Unterscheidung zwischen sprachlicher und enzyklopädischer Bedeutung umrissen. Während Jackendoff nur eine semantische Komponente vorsieht (Jackendoff 1983, S. 110) und deshalb Lösungen für diesen Problemkreis im Rahmen dieser Komponente finden muss (er erklärt kontextabhängige Bedeutungen durch Präferenzregeln für prototypische Konzepte), schlägt Bierwisch mehrere Komponenten vor, die auch eine Unterscheidung zwischen grammatisch determinierter Bedeutung und Äußerungsbedeutung (d.h. die Interpretation von Äußerungen in Kontexten) ermöglichen (Bierwisch/Schreuder 1992). Bierwischs Vorschlag schafft im Rahmen der vom Chomsky-Paradigma vorausgesetzten Bedingungen einen empirischen Begründungszwang – es werden ja separate Systeme für grammatisch determinierte Bedeutungen und Äußerungsbedeutungen angenommen – aus rein methodologischer Sicht ist er jedoch attraktiv, da er einen Weg zeigt, wie die Unterscheidung zwischen Sprachkenntnissen und Weltwissen definiert werden kann.

Der zweite Problemkreis betrifft die Tatsache, dass sich die mit sprachlichen Ausdrücken unmittelbar verbundene Bedeutung, die wörtliche Bedeutung, von dem, was der Sprecher in einer konkreten Situation meint, grundsätzlich unterscheiden kann. Um ein illustrierendes Beispiel anzuführen:

>Frage von A: *Weißt du, wo Dieter ist?*
>Antwort von B: *Vor der Apotheke steht ein blauer BMW.*

Damit die Antwort auf die Frage sinnvoll wird, muss man annehmen, dass der Sprecher meint und das auch zu verstehen geben will, dass sich Dieter wahrscheinlich in der Apotheke befindet.

Für die Möglichkeit, Interpretationen dieser Art zu vollziehen, hat Grice einen theoretischen Rahmen geschaffen, der in der linguistischen Semantikforschung aufgegriffen wurde (1979a-d; 1989).

Grice macht deutlich, dass die theoretische Fundierung von Fragen der Indirektheit von Bedeutungen die Einführung zentraler Begriffe der Kommunikation wie Kommunikationsversuch (bei Grice 'non-natural meaning'), Kommunikationsmaximen, konversationelle Implikaturen, erforderlich macht. Auf diesem Wege wurden Handlungskategorien in die Beutungsforschung eingebracht.

Die linguistische Relevanz dieses Rahmens hat die Jubilarin in zahlreichen Arbeiten nachgewiesen (Harras 1991, 2000, 2001, 2004; Harras/Winkler/ Erb/Proost 2004). Besonders hervorzuheben ist ihr Beitrag zu einer einheitlichen Theorie der Indirektheit (Harras 2004). Die Jubilarin fasst hier verschiedene Arten des indirekten Redens zusammen und zeigt Möglichkeiten einer einheitlichen theoretischen Basis zur Lösung der mit Indirektheit verbundenen Probleme auf.

Ein weiteres Feld linguistisch relevanter handlungstheoretischer Fragestellungen ist mit den Sprechakttheorien verbunden, die von den Sprachphilosophen Austin und Searle entwickelt wurden. Auch auf diesem Gebiet verdanken wir Gisela Harras Beachtliches. Ihre im Detail ausgearbeitete Beschreibung der Bedeutung von Kommunikationsverben hat neue Maßstäbe für dieses Gebiet geschaffen (Harras/Winkler/Erb/Proost 2004).

Die Einbeziehung kommunikativer Aspekte in die sprachwissenschaftliche Bedeutungsforschung ist wichtig für das Verständnis der Gesamtarchitektur der sprachlichen Kompetenz. Sie ermöglicht ganz neue Einsichten in handlungstheoretisch zu fundierende Komponenten der Bestimmung von Äußerungsbedeutungen. Auch für die Analyse von Aspekten der Textstruktur, der Illokutionsstruktur von Texten, ist der handlungstheoretische Ansatz relevant, vgl. Motsch (1996). Aus methodologischer Sicht kann der zuletzt erwähnte Ansatz als eine Erweiterung des Chomsky-Paradigmas bezeichnet werden. Er schafft auch neue Voraussetzungen für die Diskussion der von Chomsky aufgestellten Behauptung, dass sprachliche Kommunikation ein separates Sprachsystem voraussetzt, wohingegen die Grundlagen des Sprachsystems unabhängig von der sprachlichen Kommunikation sind. Aus dem von Grice skizzierten Rahmen lässt sich nämlich ablesen, dass die fundamentalen Begriffe zur Bestimmung kommunikativer Phänomene nicht auf sprachliche Kommunikation beschränkt sind. Auch der Erklärungshintergrund für Maximen und Implikaturen ist nicht durch im engeren Sinne sprachliche Kategorien bestimmt. Wenn man den von Grice nur relativ vage bestimmten Begriff 'wörtliche Bedeutung' mit Begriffen primär im Chomsky-Paradigma entstandener Semantiktheorien definiert, ergibt sich die direkte Möglichkeit, handlungstheoretisch begründete Fragen der Bedeutung sprachlicher Ausdrücke in dieses Paradigma einzubringen.

Auch auf die Erforschung von Textstrukturen und Typen sprachlicher Kommunikation lässt sich der von Chomsky entwickelte methodologische Ansatz ausdehnen und mit einigem Erfolg auf die Analyse von Textstrukturen ausweiten. Auch in diesem Falle besteht die Forschungsstrategie darin, Aspekte der hochkomplexen sprachlichen Phänomene auszugrenzen, für die eine separate innere Ordnung anzunehmen ist (Motsch 1996). Ansätze zu einer durch diese Strategie begründeten Textanalyse sind bedauerlicherweise in den letzten Jahren in den Hintergrund getreten. Das dürfte nicht zuletzt an der Komplexität und Vielfalt der einschlägigen Systeme liegen, die rasch verwertbare Fortschritte nicht garantieren. Die aktuelle Forschung zur sprachlichen Kommunikation wird durch Fragestellungen dominiert, die sehr komplexe Phänomene durch wenig scharfe Grenzziehungen und theoretische Voraussetzungen aufzuklären versuchen.

Literatur

Bierwisch, Manfred/Schreuder, Robert (1992): From Concepts to Lexical Items. In: Cognition 42, S. 23-60.

Chomsky, Noam (1986): Knowledge of Language. New York.

Chomsky, Noam (1995): The Minimalist Program. Cambridge, MA.

Chomsky, Noam (1998): Minimalist Inquiries: The Framework. (= MIT Working Papers in Linguistics 15). Cambridge, MA.

Chomsky, Noam (1999): Derivation by Phase. (= MIT Working Papers in Linguistics 18). Cambridge, MA.

Fodor, Jerry A. (1983): The Modularity of Mind: An Essay on Faculty Psychology. Cambridge, MA.

Grice, Paul H. (1979a): Intendieren, Meinen, Bedeuten. In: Meggle (Hg.), S. 2-15.

Grice, Paul H. (1979b): Sprecher-Bedeutung und Intention. In: Meggle (Hg.), S. 16-51.

Grice, Paul H. (1979c): Sprecher-Bedeutung, Satz-Bedeutung, Wort-Bedeutung. In: Meggle (Hg.), S. 85-111.

Grice, Paul H. (1979d): Logik und Konversation. In: Meggle (Hg.), S. 243-265.

Grice, Paul H. (1989): Studies in the Way of Words. Cambridge, MA.

Harras, Gisela (1991): Zugänge zu Wortbedeutungen. In: Harras, Gisela/Haß, Ulrike/Strauß, Gerhard (Hg.): Wortbedeutungen und ihre Darstellung im Wörterbuch. (= Schriften des Instituts für Deutsche Sprache 3). Berlin/New York. S. 3-96.

Harras, Gisela (2000): Concepts in Linguistics – Concepts in Natural Language. In: Ganter, Bernhard/Mineau, Guy W. (Hg.): Conceptual Structures: Logical, Linguistic, and Computational Issues. Berlin. S. 13-26.

Harras, Gisela (2001): Performativität, Sprechakte und Sprechaktverben. In: Harras, Gisela (Hg.): Kommunikationsverben. Tübingen. S. 11-32.

Harras, Gisela (2004): Auf dem Wege zu einer einheitlichen Theorie der Indirektheit des Sprechens. In: Fohrmann, Jürgen (Hg.): Rhetorik, Figuration und Performanz. DFG-Kolloquium 2002. Stuttgart/Weimar. S. 219-245.

Harras, Gisela/Winkler, Edeltraud/Erb, Sabine/Proost, Kristel (2004): Handbuch deutscher Kommunikationsverben. (= Schriften des Instituts für Deutsche Sprache 10). Berlin/New York.

Hauser, Marc D./Chomsky, Noam/Fisch, Tecumseh W. (2002): The Faculty of Language: What Is It, Who Has It, and How Did It Evolve? In: Science 298, S. 1569-1579.

Jackendoff, Ray (1983): Semantics and Cognition. Cambridge, MA.

Jackendoff, Ray (1990): Semantic Structures. Cambridge, MA.

Jackendoff, Ray (1997): The Architecture of Language Faculty. Cambridge, MA.

Levinson, Stephen C. (1983): Pragmatics. Cambridge [UK].

Meggle, Georg (Hg.) (1979): Handlung, Kommunikation, Bedeutung. Frankfurt a.M.

Motsch, Wolfgang (1996): Ebenen der Textstruktur. Begründung eines Forschungsprogramms. In: Motsch, Wolfgang (Hg.): Ebenen der Textstruktur. Sprachliche und kommunikative Prinzipien. Tübingen. S. 3-33.

Rudi Keller

Pfade des Bedeutungswandels

0. Vorbemerkung

Linguistik ist eine Form der Selbsterkenntnis: Der Mensch als *animal loquens* erfährt etwas über sich selbst, wenn er etwas über seine Sprache erfährt, und zwar über sich als Individuum, über die Sprachgemeinschaft, der er angehört, und möglicherweise auch etwas über seine Gattung. Zu dieser Form der Selbsterkenntnis kann die Erforschung des Sprachwandels Erhebliches beitragen. Ich will dies an einem Spezialfall des Sprachwandels, dem Bedeutungswandel, deutlich machen.

Warum beschäftigt man sich mit Sprachwandel? Dafür kann es verschiedene Motive geben. Man kann sich beispielsweise dafür interessieren, wie ein früherer Zustand der Sprache – oder eines Ausschnitts davon – ausgesehen haben mag. Das ist das primäre Erkenntnisinteresse des Sprachhistorikers. Man kann aber auch etwas über den gegenwärtigen Zustand der Sprache herausfinden wollen und über die Prinzipien unseres Kommunizierens. Dieses eher systematische und theoretische Interesse liegt dem vorliegenden Beitrag zugrunde. Etwas verkürzt gesagt: Mein Ziel ist, Gegenwärtiges als Gewordenes zu verstehen – und damit etwas über die Prinzipien des Werdens und damit auch über einige Prinzipien unseres Kommunizierens zu erfahren. Der Prozess des Sprachwandels ist ein Beispiel kultureller Evolution, und bei Ergebnissen kultureller Evolution ist es nicht anders als in der belebten Natur: Der gegenwärtige Zustand eines Systems ist eine Funktion komplexer Variations- und Auswahlprozesse, die in der Vergangenheit stattgefunden haben – mit einem großen Unterschied: In der belebten Natur sind es allein die ökologischen Bedingungen, die über die „biologische Fitness" einer bestimmten Variante entscheiden; die Varianten selbst sind Zufallsprodukte. In der Evolution der Sprache hingegen sind es kommunizierende Individuen, die sprachliche Varianten, so genannte Lingueme,[1] zum Teil gezielt erzeugen – den Prozess der Selektion antizipierend – und aus ihrem sprachlichen Repertoire Wahlen treffen. Während in der Evolution der belebten Natur ausschließlich kausale Mechanismen das Wechselspiel von

---

[1] Dieser Terminus wurde laut Croft (2000, S. 28) von Martin Haspelmath geprägt.

Variation und Selektion bestimmen, kommen beim Sprachwandel intentionale Prozesse hinzu.

Dieser Beitrag besteht aus drei Teilen. Ich will zunächst die allgemeine Struktur des Prozesses des Sprachwandels darstellen. In einem zweiten Teil möchte ich erläutern, in welchem Sinne man den Terminus „Bedeutung" verstehen sollte, wenn man über Bedeutungswandel reden will, und im dritten Teil sollen einige Beispiele von sich wandelnden Bedeutungen erörtert werden, Beispiele, die die wesentlichen Pfade des Bedeutungswandels repräsentieren.

1. Wie funktioniert Sprachwandel?

Bei Sprachwandel handelt es sich prinzipiell, diese These habe ich in zahlreichen Veröffentlichungen vertreten (vgl. Keller 1991; 1997; ³2003), um so genannte Invisible-hand-Phänomene. Was heißt das? Invisible-hand-Phänomene sind zunächst einmal Gruppenphänomene, Phänomene, an deren Genese Kollektive beteiligt sind. Das trifft beispielsweise auf den Kölner Dom ebenfalls zu. Was aber den Kölner Dom, an dessen Genese vermutlich Zehntausende von Menschen beteiligt waren, von der deutschen Sprache unterscheidet, ist nicht nur die Dimension der Zahl der Beteiligten: An der Genese des gegenwärtigen Zustands der deutschen Sprache waren Millionen von Sprechern in Hunderten von Generationen beteiligt.[2] Das Unterscheidungsmerkmal, auf das es uns hier ankommt, ist der Bauplan des Architekten! Der Kölner Dom wurde geplant und gezeichnet und sodann (mehr oder weniger) getreu diesem Plan ausgeführt. Er ist somit sowohl Ergebnis menschlicher Handlungen als auch Ziel menschlicher Planung. Ganz anders liegen die Verhältnisse bei einer so genannten natürlichen Sprache. Niemand sagte den Zeitgenossen Walters von der Vogelweide: „Lasst uns so reden, dass aus unserem Mittelhochdeutsch ein Neuhochdeutsch wird!" Aber faktisch haben sie es getan. Und faktisch reden auch wir so, dass aus unserem Neuhochdeutsch ein Spätneuhochdeutsch werden wird. Eine natürliche Sprache ist zwar Ergebnis menschlicher Handlungen, nicht aber Ziel menschlicher Planung.

Gegen diese These kann man einwenden: Aber es gibt doch Fälle, wo Sprachwandel geplant ist und es gibt Beispiele intentionaler Sprachpolitik.

---

[2] Natürlich ist die Zahl beliebig, denn wo wollte man den Anfang des Geneseprozesses ansetzen?

Meine Antwort darauf lautet: Ja, beides gibt es, aber das ändert nichts an der Tatsache, dass Sprachwandel ein Invisible-hand-Phänomen ist. Zum einen sind die sprachlichen Veränderungen, die Ergebnis sprachplanerischer Eingriffe sind, ausgesprochen gering an Zahl. Zum anderen ist prinzipiell offen, welche Auswirkungen sprachpolitische Initiativen im Endeffekt tatsächlich haben. Das Beispiel der sprachpuristisch motivierten Verdeutschungsbestrebungen des 18. Jahrhunderts kann dies verdeutlichen: Der größte Teil der Eindeutschungsvorschläge wurde von der Sprachgemeinschaft nicht angenommen, ein kleinerer Teil führte zu sprachlichen Dubletten der Art „Autor – Schriftsteller", und nur ein ganz kleiner Teil zeitigte das Ergebnis, das sprachpolitisch gewünscht war, den Ersatz des Lehnworts durch den autochthonen Gegenvorschlag (vgl. Daniels 1959). Mit der Sprachpolitik verhält es sich so wie mit der Wirtschaftspolitik in einer freien Marktwirtschaft: Ihre Maßnahmen stellen lediglich einen der vielen Einflussfaktoren dar, unter denen die Sprachakteure bzw. die Wirtschaftsakteure handeln. Der Sprachpolitiker verhält sich zur Sprachgemeinschaft nicht wie der Architekt zur Bautruppe. Er verhält sich eher wie der Präsident der Europäischen Zentralbank zur financial community, wenn er versucht, durch Zinsänderungen den Wechselkurs des Euro zum US-Dollar zu beeinflussen. Das Ergebnis bleibt in jedem Fall ein Invisible-hand-Phänomen.

Sprachen sind in hohem Maße strukturiert und in hohem Maße funktional. Wie kann es sein, dass eine Gruppe von (gegenwärtig) etwa 100 Millionen Deutschsprechern ganz ohne Planung etwas erzeugt (sagen wir das Spätneuhochdeutsche), das nicht nur wohlstrukturiert, sondern auch höchst funktional ist? Dies zu beschreiben und wenn möglich auch zu erklären ist das Ziel einer Invisible-hand-Theorie. Um es auf den Punkt zu bringen: Die Kunst der Erklärung besteht darin zu zeigen, wie koordiniertes Verhalten zustande kommt, ohne dass es einen Koordinator gibt: Koordination ohne Koordinator. Wenn Menschen kreuz und quer über einen Rasen laufen, wie Fußballer über ein Fußballfeld, entsteht nichts Interessantes; wenn sie aber alle auf derselben Spur laufen, entsteht ein Trampelpfad! Trampelpfade entstehen, weil sich Menschen koordiniert verhalten, obwohl es keinen Koordinator gibt. Dieses simple Beispiel macht deutlich, woher die quasi-koordinierende Kraft kommt: Das Bestreben der Menschen, bei ihren Bewegungen Energie zu sparen, führt sie unter bestimmten Rahmenbedingungen dazu, den kürzesten Weg zu wählen, und dies wiederum hat unter bestimmten Rahmenbedingungen die kausale Folge, dass die Graspflanzen auf dieser Spur absterben und keine neuen Pflanzen nachwachsen. Menschen handeln quasi-koordiniert, wenn sie aufgrund ähnlicher Handlungsmaximen (in diesem Falle: „Handle energiesparend!") ähnliche Handlungswahlen treffen. Wenn sie dies tun, kann es sein, dass Phänomene entstehen, ohne dass diejenigen, die zum Entstehen beitrugen, dies wollten oder auch nur merkten. Einige dieser Phänomene sind verheerend – man denke etwa an die Versteppung von Teilen der Sahelzone aufgrund von Überweidung, die durch Tiefbrunnenbohrungen wohlmeinender Entwicklungshelfer erzeugt wurde –, andere sind segensreich. Zu letzteren gehören soziale Institutionen wie Moral, Geld, Märkte, Recht und die Sprache.

Ein Mechanismus, der zu quasi-koordiniertem Verhalten führt, wurde schon früh erkannt: Einer hat eine tolle Idee und wählt ein innovatives sprachliches Mittel, und die anderen machen es nach. Als Maxime könnten wir formulieren: „Imitiere die sprachliche Wahl des anderen, wenn du siehst, dass dessen Wahl erfolgreich war." So hat beispielsweise Eugenio Coseriu bereits im Jahre 1958 den Sprachwandel zurückgeführt auf ein Zusammenspiel von *inovación* und *adopción*[3] und William Croft sah ein halbes Jahrhundert später in den beiden Komponenten *innovation* und *propagation* „necessary components of language change" (Croft 2000, S. 4ff.). Diese Sicht der Dinge ist zu einfach, und sie ist übergeneralisierend. Es ist nicht ausgeschlossen, dass irgendwann ein Jugendlicher auf die Idee kam, sein schönes Moped mit der Metapher „geil" zu belegen, und dass dann auf dem Weg einer epidemischen Übernahme-Kettenreaktion aus einem Tabuwort ein expressiv-evaluatives Adjektiv wurde, das dem Ausdruck der Begeisterung dient. Es ist aber beispielsweise ausgeschlossen, dass zu Beginn des 19. Jahrhunderts einer damit anfing, das Adjektiv „billig", das damals noch 'angemessen' bedeutete, im Sinne von 'niedrig' (bezogen auf Preise) zu interpretieren, und dass die anderen ihm diese Interpretation nachmachten. Und es wäre, wenn auch nicht ausgeschlossen, so doch ausgesprochen unplausibel, anzunehmen, dass etwa ein römischer Kolonialoffizier in Hispanien das lateinische „habent" auf schnoddrige Weise als „han" aussprach und die anderen das so attraktiv fanden, dass sie diese Ausspracheversion übernahmen. Mit anderen Worten: In einigen Fällen spielt Nachahmung eine wichtige Rolle, in vielen anderen Fällen gar keine.

---

[3] „Das heißt, daß letztlich jeder Wandel eine *Übernahme* ist." Coseriu (1958 [1974]), S. 68 (Hervorhebung im Original).

Im Übrigen ist Imitationsverhalten auch nicht wirklich der Faktor, der den Wandel erklärt! Wenn Sprecher systematisch dazu neigen, eine bestimmte Sprachwahl zu übernehmen und andere Wahlen nicht, so ist gerade dies erklärungsbedürftig. Denn die Übernahme selbst ist ja kein Motiv der Sprecher. Die Motive, die einen Sprecher dazu führen, vom bislang orthodoxen Sprachgebrauch abzuweichen (und dabei möglicherweise einem Vorbild zu folgen), können sehr vielfältig sein: Energieersparnis, Höflichkeit, Imponiergehabe und viele andere mehr. Solche Motive lassen sich in Form von Maximen formulieren, etwa der Art: „Rede so, dass du Artikulationsenergie sparst" oder „Rede so, dass du niemanden verletzt". Selbstverständlich wird dabei nicht vorausgesetzt, dass dem Sprecher die Motive seines Handelns bewusst sind. Die Formulierung in Form von Maximen ist einfach ein Darstellungstrick, eine Methode, Handlungsweisen zu beschreiben: Man beschreibt eine Handlung *H*, indem man eine Aufforderung formuliert, die man dadurch erfüllt, dass man *H* tut. Die Kunst, einen speziellen Fall von Sprachwandel zu erklären, besteht zum Teil darin, Maximen zu formulieren, die man unter den gegebenen Rahmenbedingungen des Kommunizierens den beteiligten Kommunikationspartnern billigerweise unterstellen kann. Man muss die Brücke finden von den Handlungsweisen der kommunizierenden Individuen zu dem sprachlichen Phänomen, dessen Genese es zu erklären gilt. Die Bildung einer Metapher stellt noch keinen Bedeutungswandel dar. Erst wenn eine bestimmte Metapher frequent und von vielen gebildet wird, lexikalisiert[4] sie, und erst dann liegt ein Fall von Sprachwandel vor. Jede Erklärung besteht im Grunde genommen aus drei Faktoren, die man streng auseinanderhalten muss:

1. die (unterstellten) Motive der Sprecher (z.B. nicht missverstanden werden wollen)

2. die sprachlichen Mittel der Umsetzung dieser Motive (z.B. Vermeidung eines Wortes in einer von zwei Bedeutungsvarianten)

3. die sprachlichen Folgen (auf der Ebene der Langue), die die Sprecherwahl hervorbringt (z.B. „Homonymenflucht")

Eine genetische Erklärung dieser Art ist kein Alles-oder-nichts-Phänomen. Eine vollständige Erklärung kommt nur dann zustande, wenn alle drei Fakto-

---

[4] Zum Prozess der Lexikalisierung siehe Keller (1995, S. 183ff.).

ren ausgeführt sind. Oft gelingt es nicht oder nur teilweise, den Prozess von der Sprecherwahl zum Sprachwandel zu rekonstruieren.

2. Was ist Bedeutung?

Menschen haben offenbar einen Trick entdeckt, wie sie ihre Artgenossen gezielt beeinflussen können, einen Trick, den andere Tiere nicht beherrschen. Betrachten wir die folgenden drei Typen von Fähigkeiten, über die Tiere verfügen (können). Über den dritten Typus verfügen wohl nur die Menschen, und er macht das aus, was wir die Fähigkeit zum Kommunizieren im menschlichen Sinne nennen.

1. Alle Tiere sind in der Lage, Ereignisse, die sich in ihrer Umgebung abspielen, wahrzunehmen und zu interpretieren. Einige Tierarten können beispielsweise Gerüche wahrnehmen und daraus „schließen", dass sich Beute in ihrer Nähe befindet oder auch ein gefährlicher Jäger. Paviane können ein bestimmtes Bewegungsmuster der Halme des Steppengrases in ihrer Umgebung als Zeichen von Gefahr interpretieren, ein Bewegungsmuster, das typischerweise entsteht, wenn sich eine Raubkatze durchs Gras anschleicht. Zeichentheoretisch gesprochen heißt dies, dass Tiere in der Lage sind, Ereignisse als Symptome zu interpretieren, um diese für sich zu nutzen.

2. Einige Tiere sind in der Lage, etwas zu tun in der Absicht, den anderen zu einer bestimmten Interpretation zu bewegen. So hat man beispielsweise bei Pavianen Folgendes beobachtet, (Sommer 1989, S. 151): Wenn ein Pavian Gefahr wittert und vermutet, dass sich eine Raubkatze durchs Gras anschleicht, so stellt er sich gelegentlich aufrecht auf die Hinterbeine, um einen besseren Überblick zu bekommen. Andere Paviane, die dieses Verhalten beobachten, erkennen, dass der sich aufrecht stellende Artgenosse Gefahr wittert und ziehen sich gegebenenfalls in sichere Gefilde zurück. Diese Paviane können somit die Reaktion ihrer Artgenossen auf ein wahrgenommenes Symptom selbst wieder als Symptom interpretieren. („Die Tatsache, dass du dich auf die Hinterbeine aufrichtest, werte ich als Symptom dafür, dass du ein Symptom für eine herannahende Raubkatze wahrgenommen hast.") Nun kommt es auch in Pavianfamilien bisweilen vor, dass ein jüngeres, halbstarkes Familienmitglied sich mit einem älteren anlegt, dann aber seine Unterlegenheit erkennen muss und die Flucht ergreift. Dabei hat man folgende Szene beobachtet: Der Jünge-

re setzt zur Flucht an, bleibt dann aber unvermittelt stehen, richtet sich auf und späht gebannt in die Ferne. Der stärkere Verfolger hält ebenfalls inne, macht kehrt und ergreift die Flucht. Offenbar interpretierte er das Verhalten des Jüngeren als Symptom dafür, dass dieser ein Symptom für eine Gefahr erspähte. Die Pointe ist jedoch: Es gab weit und breit keine Raubkatze; der Halbstarke hatte „gelogen".

Paviane wissen also, dass Paviane in der Lage sind, eine bestimmte Verhaltensweise als Symptom für die Wahrnehmung eines Symptoms für Gefahr zu interpretieren, und sie sind darüber hinaus dazu in der Lage, dieses Wissen für sich auszubeuten: Sie können ein Symptom simulieren, um den Artgenossen zu einer bestimmten Interpretation zu bewegen. Verhalten dieses Typus hat man offenbar in vielfältiger Weise in der Tierwelt beobachten können. Wir Menschen tun dies natürlich auch, aber wir gehen noch einen Schritt weiter, und das macht unsere artspezifische Kommunikationsfähigkeit aus.

3. Menschen sind in der Lage, den Artgenossen deutlich zu machen, dass sie eine bestimmte Verhaltensweise genau deshalb vollziehen, damit der Andere zu einer bestimmten Interpretation bewegt werde. Was der Pavian lernen müsste, um auf Menschenart kommunizieren zu können, wäre etwa Folgendes: Er müsste die Fähigkeit haben, zu einem Artgenossen hinzugehen, sich vor ihm auf die Hinterbeine zu stellen und in die Richtung der Gefahr zu blicken, um ihm deutlich zu machen: „Schau her, ich richte mich vor dir auf, um dir zu erkennen zu geben, dass aus der Richtung, in die ich blicke, eine Gefahr droht." Das heißt, er müsste die Simulation des Symptoms als Simulation öffentlich machen können, dann wäre der entscheidende Schritt vom Betrug zur Kommunikation im menschlichen Sinne getan. Die Simulation bräuchte mit der Zeit nur noch andeutungsweise vollzogen zu werden, und so entstünde allmählich eine arbiträre Geste der Warnung vor Gefahr. (Und wenn ein betagter Pavian sich vor seinem alten Freund andeutungsweise aufrichtete, den Blick auf ein Mitglied seines Harems gerichtet, so könnte es sein, dass er damit das rhetorische Mittel der Ironie einsetzt.)

Kommunizieren im menschlichen Sinne heißt also, etwas verkürzt gesagt, dem Anderen offen ein Mittel an die Hand zu geben, aus dem er erkennen soll, wozu man ihn bringen möchte.[5] Und woran erkennt der Adressat, wozu der Kommunikator ihn bringen möchte? In unserem Beispiel erkennt er es zunächst daran, dass das Mittel noch hinreichende Ähnlichkeit mit dem ursprünglichen Symptom hat. In dem Maße, in dem der Einsatz des Mittels zur Konvention wird, wird der Aspekt der Ähnlichkeit obsolet, und es entsteht ein unmotiviertes Kommunikationsmittel. Aus einem Symptom ist dann ein Symbol geworden. Ein Symbol können genau diejenigen interpretieren, die die Konvention seiner Verwendung kennen; die also wissen, unter welchen Umständen es zu welchen Zwecken eingesetzt wird. Wenn wir das, was dem Kommunikationspartner erlaubt, ein Symbol zu interpretieren, seine Bedeutung nennen, so können wir sagen: Die Bedeutung eines Symbols ist seine Verwendungskonvention.

Wörter einer Sprache sind Spezialfälle von Symbolen. Da uns, wenn wir von Bedeutungswandel reden, vornehmlich der Bedeutungswandel von Wörtern interessiert, können wir sagen, die Bedeutung eines Wortes ist seine Gebrauchskonvention, oder – in Wittgenstein'scher Diktion – die Regel seines Gebrauchs. Die Bedeutung ist also nicht das, was der Sprecher in einer bestimmten Situation mitteilen möchte, sondern das, was die Mitteilung erlaubt, die Gebrauchsregel.

Wenn wir dem Bedeutungswandel eines Wortes auf die Spur kommen wollen, müssen wir herausfinden, wie und weshalb sich die Gebrauchsregel dieses Wortes verändert hat. Oder weniger verdinglichend gesagt: Wir müssen herausfinden, was es am aktualen Gebrauch der an diesem Prozess beteiligten Sprecher war, das auf lange Sicht zur Veränderung der Gebrauchsregel führte.

Es ist derzeit recht verbreitet, Bedeutungen von Wörtern mit Begriffen oder Konzepten gleichzusetzen.[6] Ich möchte auf diese These hier nicht fundamental eingehen, sondern nur drei Gründe nennen, weshalb ich sie – zumindest für unsere Forschungszwecke – für ungeeignet halte:

1. Alle Wörter einer Sprache haben eine Bedeutung, aber nicht alle Wörter einer Sprache drücken Begriffe oder Konzepte aus. Ausdrücke wie *tschüss*, *mal* und *ob* sind ohne Zweifel bedeutungsvoll. So macht bei-

---

[5] Dies ist eine Formulierung des Griceschen Grundmodells (vgl. Grice 1969 [1979]).
[6] Schwarz/Chur (1993, S. 26): „Jede Bedeutung ist ein Konzept [...]", Löbner (2003, S. 23ff.).

spielsweise der Bedeutungsunterschied zwischen den beiden Sätzen *Ich weiß, dass er kommt* und *Ich weiß, ob er kommt* (*aber ich sage es nicht*) deutlich, dass *dass* und *ob* verschiedene Bedeutungen haben. Diese Bedeutungen lassen sich in Form von Regeln formulieren, begriffliche Entsprechungen haben sie aber nicht. Das gleiche gilt für Wörter, zu deren Bedeutung es gehört, dass der Sprecher damit eine bestimmte Einstellung kundtut, wie etwa *Gesöff* oder *schlank*. (Wenn zwei sich darüber streiten, ob Egon schlank oder mager ist, streiten sie sich nicht über Egons Figur, sondern über ihre Einstellung zu Egons Figur.)

2. Man kann die These, dass alle Bedeutungen Begriffe oder Konzepte sind, eventuell dadurch retten, dass man die Begriffe 'Begriff' und 'Konzept' so definiert, dass sie identisch werden mit dem Begriff 'Bedeutung'. Dann aber hat man lediglich die Terminologie verdoppelt, und der These, dass alle Bedeutungen Begriffe bzw. Konzepte sind, kommt kein Erkenntniswert mehr zu.

3. Dass Verhaltensregeln mit der Zeit einem Wandel unterliegen können, ist uns ein geläufiger Gedanke. Das kommt in allen soziokulturellen Bereichen vor, und dafür gibt es etablierte Erklärungsmuster. Wie und weshalb Millionen von Menschen ein Konzept, das sie mit einem Wort in Verbindung bringen, einigermaßen gleichzeitig durch ein anderes ersetzen, dafür gibt es keine etablierten Erklärungsmuster. Gebrauchsregeln lassen sich lehren, lernen, einüben, einschränken, erweitern, formulieren und vieles andere mehr. Wie man jemandem ein Konzept lehren kann, ohne ihn eine Gebrauchsregel zu lehren, ist mir nicht bekannt. Was wir lernen, sind Gebrauchsregeln, und einige davon sind dergestalt, dass sie in unseren Köpfen begriffliche Korrelate erzeugen. Das sind vor allem die Gebrauchsregeln, deren Gebrauchsbedingungen Wahrheitsbedingungen sind. Wahrheitsbedingungen auf der ontologischen Ebene sind nichts anderes als Gebrauchsbedingungen auf der linguistischen Ebene. Die Aussage „x ist ein Junggeselle genau dann, wenn x menschlich, männlich, erwachsen und unverheiratet ist" lässt sich ohne Rest umformulieren in die Aussage „Das Substantiv *Junggeselle* kannst du verwenden, um auf ein x zu referieren, das menschlich, männlich, erwachsen und unverheiratet ist". Das Fazit ist also: Alle Wörter einer Sprache folgen Gebrauchsregeln, einige davon drücken darüber hinaus Begriffe bzw. Konzepte aus.

Um verstehen zu können, wie Bedeutungen sich ändern können, muss man eine wichtige Unterscheidung einführen: die zwischen der Bedeutung eines Wortes auf der Ebene der Langue und dem Sinn einer Äußerung auf der Ebene der Parole. Den Sinn einer Äußerung verstehen, heißt, verstehen, was der Sprecher in diesem spezifischen Kontext damit meint. Dazu muss er im Allgemeinen die Bedeutung der verwendeten Worte kennen. Mit anderen Worten: Das Ziel des Verstehens ist der Sinn; eine Voraussetzung, zum Verständnis zu gelangen, ist die Kenntnis der Bedeutung. Die Bedeutung ist ein wichtiger Schlüssel zum Verständnis des Sinns einer Äußerung, aber nicht der einzige. Wer eine Äußerung verstehen will, muss natürlich die Syntax kennen und – je nach Äußerung – über mehr oder weniger spezifisches Kontext- und Weltwissen sowie Partnerkenntnis verfügen.

Betrachten wir ein einfaches Beispiel: Wenn einer sagt *Das Wetter ist heute angenehm*, so meint er mit *angenehm* möglicherweise 'trocken und nicht zu heiß'. Wenn jemand sagt *Unser neuer Nachbar ist sehr angenehm*, so meint er mit *angenehm* etwas ganz anderes, nämlich vielleicht 'freundlich und ruhig'. Was von Fall zu Fall mit dem Adjektiv *angenehm* gemeint ist, kann sehr verschieden sein. Dennoch würden wir sagen wollen, dass *angenehm* genau eine Bedeutung hat: *angenehm* wird dazu verwendet, um von etwas zu sagen, dass es Wohlbefinden erzeugt oder zumindest nicht stört. Eben dies zu wissen, heißt, die Bedeutung von *angenehm* zu kennen. Auf der Basis dieses Wissens sowie Partner- und Kontextkenntnissen kann der Adressat erschließen, in welchem Sinn in einer gegebenen Äußerung *angenehm* gemeint ist.

Es ist wichtig, darauf hinzuweisen, dass es sich bei Bedeutung und Sinn um sehr verschiedene Kategorien handelt. Die Bedeutung ist eine Gebrauchsregel. Wer die Bedeutung eines Wortes kennt, verfügt über eine Technik. Der Sinn hingegen ist eine Absicht. Wer den Sinn einer Äußerung verstanden hat, hat erkannt, was der Sprecher der Äußerung damit beabsichtigt, hat verstanden, wozu ihn der Sprecher bringen will. Oder anders ausgedrückt: Wer die Bedeutung eines Ausdrucks kennt, kennt ein Mitteilungsmittel, wer den Sinn einer Äußerung kennt, kennt ihren Mitteilungszweck.

Sprachliche Regeln lernen wir im Bereich der Muttersprache normalerweise nicht durch explizite Unterweisungen. Eine solche gibt es allenfalls beim Erwerb von Fachterminologie. So haben wir beispielsweise das Wort *Primzahl* dadurch gelernt, dass man uns die Gebrauchsbedingungen dieses Wortes nannte: nur durch 1 und durch sich selbst teilbar. Den überwiegenden Teil der Gebrauchsregeln unseres Wortschatzes haben wir im kommunikativen Einsatz erworben. Dabei bilden wir induktiv[7] aus den Gebrauchsinstanzen, mit denen wir in Kontakt gekommen sind, Regelhypothesen. Es gehört zum Wesen konventioneller Regeln, dass Menschen relativ leicht bereit sind, sie zu modifizieren. Denn einer Kommunikationskonvention folgen heißt, das zu tun, wovon man sich den größten Erfolg erwartet. Und das wiederum heißt in den meisten Fällen, dass der Sprecher die Wahl trifft, von der er glaubt, dass sie der Gesprächspartner in einer ähnlichen Situation auch treffen würde, (vgl. Lewis 1969 [1975], Kap.1).

Morphologischer Wandel beginnt meist damit, dass Sprecher – etwa aus „falschen" Analogiegründen – von einer etablierten Regel abweichen und, vereinfacht gesagt, einen Fehler begehen. Wer „im Herbst dies*en* Jahres" sagt, anstatt „im Herbst dies*es* Jahres", der begeht einen Fehler, weil er „dies*en*" analog zu „nächst*en*" oder „vorig*en*" flektiert. Irgendwann machen wir alle diesen „Fehler", und ab dann gilt diese Form nicht mehr als Fehler, sondern eine neue Regel hat sich etabliert. Die systematischen Fehler von heute sind die neuen Regeln von morgen. Bedeutungswandel hingegen beginnt typischerweise nicht als „Fehler". Wie kommt das? Das hat seinen Grund darin, dass die Verwendung eines Wortes jenseits seiner Gebrauchsregel mit hoher Wahrscheinlichkeit zu Missverständnis oder Unverständnis führen würde. Bedeutungswandel entsteht beispielsweise dadurch, dass ein spezieller Gebrauch, der durchaus regelkonform ist, neu verregelt wird. Ich will dies am Beispiel des Adjektivs *angenehm* erläutern: Stellen wir uns vor, die Sprecher würden von nun an – aus welchen Gründen auch immer – dazu neigen, das Adjektiv *angenehm* hauptsächlich auf das Wetter anzuwenden und nicht mehr auf Nachbarn. Der Sinn der Äußerung „heute ist ein angenehmes Wetter" ist hierzulande mit hoher Wahrscheinlichkeit 'heute ist es trocken und warm'. Genau dieser Sinn würde, wenn unser Szenario wirklich werden würde, zur neuen Bedeutung werden. Denn wir bilden unsere Regelhypothese nach der Strategie: „Generalisiere nur so weit, wie es durch den Gebrauch, den du bisher erlebt hast, abgedeckt ist." Dass etwas Ähnliches im Deutschen viele Male tatsächlich immer wieder passiert ist, werden wir

---

[7] In Wahrheit dürfte der Prozess komplizierter sein, da der Interpret abduktiv den Sinn erschließen und induktiv eine Regelhypothese entwickeln muss. Er wird also zwischen Abduktion und Induktion pendeln müssen, bis er zu einem zufriedenstellenden Ergebnis gelangt ist. Zu Induktion und Abduktion vgl. Keller (1995a, S. 139f.).

im nächsten Kapitel sehen. Ein ähnlicher Prozess findet statt, wenn Sprecher dazu übergehen, ein Wort vornehmlich in metaphorischem Sinn zu verwenden. Auch dann stehen die Chancen gut, dass der metaphorische Sinn mit der Zeit – bei hinreichender Frequenz – zu einer neuen Bedeutung verregelt wird. Wichtig in unserem Zusammenhang ist: In beiden Fällen steht am Beginn des Bedeutungswandels nicht ein Regelverstoß, sondern eine durchaus regelkonforme Spezialverwendung. Verallgemeinernd können wir sagen: Bedeutungswandel kommt dadurch zustande, dass ein frequenter Verwendungssinn zu einer neuen Gebrauchskonvention verregelt wird.

3. Einige ausgewählte Beispiele

Ein Problem bei dem Versuch, Invisible-hand-Erklärungen für einzelne Fälle von Bedeutungswandel zu finden, besteht darin, plausible Hypothesen über die Motive der Sprecher zu entwickeln: Was führt die Sprecher dazu, ein bestimmtes Wort so frequent in einem ganz speziellen Sinn zu verwenden, dass dieser zu einer neuen Konvention lexikalisiert werden kann? Sehr oft ist es der Wunsch des Sprechers, sich rücksichtsvoll auszudrücken – oder aus anderer Perspektive betrachtet: sich so auszudrücken, dass er nicht auf eine negative Interpretation festgelegt werden kann. Höflichkeit und Rücksichtnahme bilden häufig den Ausgangspunkt für Bedeutungswandel. Betrachten wir den Fall des Adjektivs *rüstig*: Dieses Wort war noch vor etwas mehr als 100 Jahren auf Menschen jeglichen Alters anwendbar, um von ihnen zu sagen, dass sie vital und kräftig waren. Im *Handwörterbuch der deutschen Sprache* von Daniel Sanders aus dem Jahre 1878[8] findet man unter *rüstig* die Bedeutungsangabe „mit tüchtiger frischer Kraft ausgestattet". So spricht Goethe beispielsweise von einem rüstigen Sohn[9] oder von Enkelkindern, die rüstige und lebensfrohe Personen waren.[10] Heute können wir das Adjektiv *rüstig* im wörtlichen Sinn nur noch auf ältere Menschen anwenden, um zu sagen, dass sie nicht so hinfällig sind, wie man eigentlich angesichts ihres Alters erwarten könnte. Entsprechend finden wir im *Deutschen Universalwörterbuch* des Dudenverlages unter *rüstig* den Eintrag „(trotz Alter) noch fähig, [anstrengende] Aufgaben zu erfüllen; noch nicht hinfällig, sondern frisch und leistungsfähig." (Duden 2001). Hier hat offenbar genau der Prozess stattgefunden, den wir im vorherigen Kapitel von dem Adjektiv *ange-*

---

[8] Daniel Sanders (1878): Handwörterbuch der deutschen Sprache.
[9] Goethe (1990): Dichtung und Wahrheit, 2 338, S. 18-26.
[10] Goethe (1990): Dichtung und Wahrheit, 1 41, S. 14-22.

nehm als fiktives Gedankenspiel vorgestellt haben: Der Gebrauch eines Wortes, das einen relativ umfangreichen Anwendungsbereich hat, wird aus irgendwelchen Gründen auf einen speziellen Bereich der älteren Menschen angewendet, und der spezifische Sinn, der sich aus diesen Verwendungen ergibt, wird zur neuen Bedeutung verregelt. Warum fand dieser Prozess überhaupt statt und warum gerade zu jener Zeit? Das der Ausdruckswahl zugrunde liegende Motiv dürfte das der Schonung gewesen sein. „Noch rüstig" klingt freundlicher als „schon ein bisschen hinfällig". Aber weshalb können wir heute nicht mehr von einem Vierzigjährigen sagen, er sei *rüstig* – etwa im Sinne von 'fit und gesund'? Bedeutungswandel hat oft einen selbstbeschleunigenden Effekt. Mit dem Beginn der Spezialisierung des Gebrauchs auf ältere Leute setzt auch die Gefahr ein, missverstanden zu werden, wenn man das Wort in alter Bedeutung verwendet. Wer sich dieser Gefahr bewusst ist, oder wer den ersten ungewollten Heiterkeitserfolg erzielte, als er seinen vierzigjährigen Nachbarn „rüstig" nannte, der wird diesen Gebrauch vermeiden – und das wiederum wird die Spezialisierung des Anwendungsbereichs samt der Bildung einer neuen Gebrauchsregel beschleunigen. Aber weshalb fand dieser Prozess gerade im letzten Drittel des 19. Jahrhunderts statt? Darüber habe ich keine brauchbare Hypothese. Entstand möglicherweise zu jener Zeit ein neues Bild des alternden Menschen? Hier zeigt sich, wie Bedeutungswandel von soziokulturellem Wandel beeinflusst sein kann – und zwar nicht im Sinne einer platten Spiegelung, sondern in dem Sinne, dass außersprachliche soziokulturelle Faktoren für die Wahl der sprachlichen Mittel eine Rolle spielen können, die wiederum bestimmte unbeabsichtigte Effekte der sprachlichen Evolution zeitigen können (vgl. Keller 1995).

Den Wandel der Bedeutung des Adjektivs *rüstig* hat man traditionellerweise unter die Kategorie „Bedeutungsverengung" gefasst, eine Kategorie, die bereits von Stephen Ullmann kritisiert worden ist: „Was ist schon über 'undertaker' ['Unternehmer' > 'Leichenbestatter' (R.K.)] ausgesagt, wenn wir lediglich erfahren, dass eine Bedeutungsverengung eingetreten ist?"[11]. Ich möchte diesen Wandel „Bedeutungsspezifizierung" nennen, denn charakteristisch für alle Prozesse dieser Art ist Folgendes: Ein Wort, dessen Verwen-

---

[11] Ullmann (1967, S. 190). Wir haben in Keller/Kirschbaum (2003) – um deutlich zu machen, dass unseren Analysen keine klassenlogisch fundierte Auffassung von Semantik zugrunde liegt – in Anlehnung an Bierwischs Terminologie den Terminus „Differenzierung" gewählt.

dung relativ bereichsunabhängig ist, enthält, wie das Beispiel *angenehm* verdeutlichte, einen spezifischen Sinn, wenn es auf einen Gegenstand eines bestimmten Bereichs angewendet wird. Dieser bereichsspezifische Sinn wird zur neuen Bedeutung verregelt, wenn die Sprecher – aus welchen Gründen auch immer – dazu übergehen, das Wort vornehmlich auf Gegenstände dieses Bereichs anzuwenden.

Sprecher natürlicher Sprachen verfügen über ein Kreativprogramm, das ihnen erlaubt, völlig neuen Sinn aus altem Material zu erzeugen. Wir haben die Möglichkeit, sprachliche Ausdrücke in einem nicht-wörtlichen Sinn zu verwenden. Dabei muten wir dem Adressaten einen Umweg bei der Interpretation zu. Er muss das Gesagte im wörtlichen Sinn verstehen, feststellen, dass dieser in der gegebenen Situation bzw. im gegebenen Kontext nicht der intendierte sein kann, und dann nach einem anderen plausiblen Sinn suchen, der mit dem wörtlichen in einer systematischen Beziehung steht. Die prominentesten systematischen Beziehungen, die wir dabei nutzen, sind das metaphorische und das metonymische Verfahren; beide spielen eine wichtige Rolle in Prozessen des Bedeutungswandels. Das kommt nicht von ungefähr, denn sie sind zuverlässige Lösungswege für eine Reihe von Standardproblemen des Kommunizierens: Wer beispielsweise Aufmerksamkeit erwecken will, ist mit einer treffenden Metapher immer auf der richtigen Seite, und wer sich schonend oder euphemistisch ausdrücken möchte, dem bietet sich die metaphorische Ausdrucksweise ebenfalls an. Wenn wir uns etwa unsere umgangssprachliche Terminologie für geistige Schwäche ansehen, so stellen wir fest, dass es sich dabei durchweg um ehemalige Metaphern (*doof* (ndd. 'taub'), *blöd* (fnhd. 'schwach')) oder um Metonymien (*bekloppt*, *behämmert*, *beknackt*) handelt. Bei den beiden Metaphern werden Ausdrücke für körperliche Defizite verwendet, um geistige Defizite zu bezeichnen, und bei den drei Metonymien werden Ursachen genannt ((auf den Kopf) klopfen, hämmern, einen Knacks (= Riss) im Schädel haben), um deren Wirkung zu bezeichnen. Während bei dem Adjektiv *blöd* wohl das Bestreben nach schonender Ausdrucksweise das anfängliche Motiv der Wortwahl war – so wie Lehrer einen Schüler auch heute noch „schwach" nennen – wird vermutlich bei den anderen vier Adjektiven das Motiv der Aufmerksamkeitssuche im Vordergrund gestanden haben.

Wie das metaphorische und das metonymische Verfahren zusammenspielen können, lässt sich an dem Adjektiv *geil* zeigen, das eine ganz erstaunliche Karriere gemacht hat. Ein Blick ins Grimm'sche Wörterbuch sowie in die einschlägigen Arbeiten von Rüdiger Brandt (1989) und von Katrin Wiebusch (2003) macht Folgendes deutlich: Im 12. Jahrhundert wurde das Adjektiv *geil* noch vornehmlich im Sinne von 'froh', 'übermütig' oder auch 'kraftstrotzend' verwendet:

„sô wart er ûz der ahte [überaus] stark, küene unde geil."[12]

„Wer hât walt sîn loup benomen? Daz hât winterlîches twingen. Herbest, dîn geraet der swaere hilfet überwinden michel teil: in wird aber niemer geil, ich verneme ê liebiu maere."[13]

[Wer hat dem Wald sein Laub genommen? Das hat die Macht des Winters getan. Herbst, dein Reichtum hilft, einen großen Teil des Kummers zu überwinden: Ich werde aber nicht eher wieder froh werden, ehe ich nicht liebe Kunde vernehme. (Übersetzung Wiebusch 2003)]

Natürlich konnte aber auch damals schon ein Wort mit der Bedeutung 'übermütig' sowohl im negativen Sinne als auch – gleichsam mit einem Augenzwinkern – mit sexuellem Hintersinn verwendet werden.

„Alsô sprach ein altiu in ir geile. Der was von der minne allez ir gemüete erwagt [erwacht]."[14]

Das lässt aber noch nicht den Schluss zu, dass das Wort *geil* bereits eine sexuelle Bedeutung angenommen hat. Auch heute ließe sich ja beispielsweise das Wort *übermütig* in geeignetem Kontext in erotischem Sinne gebrauchen. Bei Martin Luther und überhaupt im 16. und 17. Jahrhundert hat *geil* jedoch bereits eine abwertende evaluative Bedeutung, wenn auch noch keine ausschließlich sexuelle. Im ersten Beispiel ist eine sexuelle Lesart ausgeschlossen, im zweiten ist sie eher wahrscheinlich:

„Da er [Jakob] aber fett und satt ward, ward er geil."[15]

„Junge witwen, wenn sie geil und fürwitz worden sind, dasz sie das futter sticht, so wollen sie freyen"[16]

---

[12] Ulrich von Zatzikhoven (um 1200) Lanzelet Vers 3969, zitiert nach DWB (1897 [1999], Bd. 4, S. 2582).
[13] Der von Buwenburc, Gedicht 2, Verse 3-8, zitiert nach Bartsch (1917, S. 257f.).
[14] Neidhart, Sommerlied 16, Strophe V, zitiert nach Beyschlag (1975, S. 77).
[15] 5. Mose 32, 15 in der Übersetzung von Martin Luther. In der neuen Bibelübersetzung steht hier „übermütig".
[16] 1. Timotheus 5, 11 in der Übersetzung von Martin Luther. In der neuen Bibelübersetzung heißt es: „Jüngere Witwen [...] wenn sie ihrer Begierde nachgeben ..."

Ab dem Ende des 17. Jahrhunderts ist dann aber festzustellen, dass *geil* nahezu ausschließlich in erotischem oder sexuellem Sinn verwendet wird. Aber wie die folgenden Beispiele zeigen, ist damit noch nicht der Zustand der Tabuisierung erreicht:

> „Hofmannswaldau und Lohenstein aber sind auch in diesem Stücke in die Fußstapfen der geilen Italiener getreten, die ihrer Feder so wenig als ihren Begierden ein Maaß zu setzen wissen"[17]

> „Ist das kindliche Dankbarkeit gegen väterliche Milde? Wer dem geilen Kitzel eines Augenblicks zehn Jahre eures Lebens aufopfert?"[18]

Um welchen Pfad des Wandels es sich hierbei handelt, können wir nicht endgültig entscheiden: Wenn man unterstellt, dass die Bedeutung 'übermütig' den Ausgangspunkt des Wandels hin zur sexuellen Bedeutung darstellte, so handelt es sich um einen Fall von Bedeutungsspezifizierung: *Geil* bedeutet 'übermütig im sexuellen Sinne'. Sollte jedoch die Bedeutung 'froh, ausgelassen' den Ausgangspunkt gebildet haben, so ist eher anzunehmen, dass es sich um eine Metaphorisierung handelt: Sexuelle Lust wird im Lichte seelischen Wohlbefindens betrachtet. In beiden Fällen dürfte die Absicht, sich euphemistisch auszudrücken, das Motiv zur Wahl des sprachlichen Mittels gewesen sein. Es ist auch nicht ausgeschlossen, dass wahlweise beide Pfade beschritten wurden. Wer *geil* eher im kritischen abwertenden Sinne gebrauchte, der konnte die Bedeutung '(zu) übermütig' zum Ausgangspunkt nehmen, und wer deftige Erotik zum Ausdrucke bringen wollte, wie es in der folgenden Passage eines Studentenliedes der Fall ist, der bildete eine Metapher auf der Basis der Bedeutung 'froh, ausgelassen':

> „Komm, mein Engel, lass uns lieben, weil der Lenz der Jahre lacht [...] Unsre Glieder fühlen Feuer, und die Ader schwillt von Blut, Ja, kein Abgang unserer Stärcke schwächt uns in dem geilen Wercke [...]"[19]

In dem Maße, in dem das Adjektiv *geil* – vor allem in der ersten Hälfte des 19. Jahrhunderts – dazu verwendet wird, sexuelle Lust nicht nur zu beschreiben, sondern gar Erregtheit zum Ausdruck zu bringen, wird es obszön und damit zum Tabuwort. Es verschwindet aus der öffentlichen literarischen Sprache – selbst die Wörterbücher meiden es (vgl. Wiebusch 2003, S. 109) –

---

[17] Gottsched (1751), zitiert nach DWB (1897 [1999], Bd. 4, S. 2587).
[18] Schiller: Die Räuber, 1. Akt, 1. Szene, zitiert nach DWB (1897 [1999], Bd. 4, S. 2586).
[19] Günther, Johann Christian: Liebesgedichte und Studentenlieder. Nach der Ausgabe von Krämer, Wilhelm (1930, S. 74), zitiert nach Wiebusch (2003, S. 106).

und es fristet für ein Jahrhundert ein halbverborgenes Dasein in der obszönen Rede und der klandestinen Literatur.

Was macht ein Wort zu einem Tabuwort? Worin besteht die spezifische Eigenschaft der Semantik des Tabus? Diese Fragen sind bislang nach meinem Dafürhalten noch nicht zufriedenstellend beantwortet. Zunächst einmal folgen Tabuwörter – Substantive, Adjektive und Verben – ganz normalen Gebrauchsregeln wie andere Wörter auch. Auf diesen Gebrauchregeln operieren dann aber Vermeidungsgebote sehr rigider Art. So ist es beispielsweise nicht nur verpönt, ein Tabuwort zu gebrauchen, es gehört sich auch nicht, eines zu zitieren.[20] Das ist wohl der Grund dafür, dass Mitte des 19. Jahrhunderts das Adjektiv *geil* aus Wörterbüchern verbannt wird, und wohl auch teilweise der Grund dafür, dass die Semantik des Tabuworts in der Linguistik ein ungelöstes Problemfeld darstellt. Tabuwörter sind offenbar mit einer Verwendungsscheu verbunden, so wie Tabuspeisen mit einem Ekel verbunden sind. Es ist hierzulande ja nicht verboten, frittierte Heuschrecken zu essen (was beispielsweise in Asien allenthalben getan wird); man meidet ihren Verzehr auch nicht etwa deshalb, weil sie einem nicht schmecken. Man weiß gar nicht, wie sie schmecken, und man ekelt sich doch. Denn in Europa ist es tabu, Insekten zu verzehren. Eine ähnliche Scheu ist mit dem Tabuwort verbunden. Es ist nicht einfach verboten, eines zu verwenden, so wie es etwa verboten ist, in der Feuerwehrzone eines Krankenhauses zu parken. Es gibt eine internalisierte Scheu, es im normalen Alltag zu gebrauchen – eine Scheu, die man beim Erwerb eines fremdsprachigen Tabuwortes nicht leicht miterwerben kann. Das unterscheidet das Tabu vom Verbot: Die Unterlassung des Verbotenen ist von außen motiviert, die des Tabuisierten von innen – etwa von Scheu oder Ekel. Wie diese Scheu bedeutungstheoretisch zu erfassen ist, und wie sie im Zuge des Bedeutungswandels entsteht, das weiß ich nicht.

Mit dem Wandel zum Tabuwort wird es schwierig, den weiteren Verlauf der Bedeutungsentwicklung des Wortes *geil* mitzuverfolgen. Tabuwörter werden vornehmlich im mündlichen Sprachgebrauch verwendet und auch da nur in Situationen, die sich naturgemäß der Dokumentation und der Untersuchung weitgehend entziehen. Und so „lebte" dieses Adjektiv im Untergrund weiter,

---

[20] Interessanterweise sind einige Tabuwörter polysem mit einer nicht sexuellen Bedeutungsvariante, deren Gebrauch völlig unbedenklich ist.

bis es schließlich gegen Ende des 20. Jahrhunderts[21] wieder an die Oberfläche kam, und zwar als jugendsprachlicher emotiv-expressiver Ausdruck höchster Wertschätzung: „ein geiles Moped!"[22] Wie konnte das passieren?

Für Jugendliche, die imponieren und Aufmerksamkeit erregen wollen, kann es eine gute Strategie sein, ein sexuelles Tabuwort zu verwenden: Es hat ein hinreichendes Maß an Ausgefallenheit, sein öffentlicher Gebrauch kostet etwas Mut, und außerdem: sex sells. Also bietet es sich an, das Adjektiv *geil* zu verwenden, um seiner Begeisterung Ausdruck zu verleihen. Warum aber machen das beispielsweise weder die englischen und amerikanischen Jugendlichen mit dem Tabuwort *horny* noch die spanischsprechenden Jugendlichen mit dem Tabuwort *caliente*?[23] Oder die französischen Jugendlichen mit dem Tabuwort *chaud*? Die Antwort lautet: Es gibt weder im Englischen noch im Spanischen noch im Französischen ein Wort, das wirklich dem deutschen Adjektiv *geil* entspricht. Denn *geil* hat – vermutlich in der Zeit seines klandestinen Daseins – eine Bedeutungsentwicklung erfahren, die die englische, spanische und französische Entsprechung nicht durchgemacht haben. *Geil* erfuhr, ähnlich wie andere emotiv-expressive Adjektive des Deutschen auch, eine Metonymisierung und wurde dadurch polysem. Betrachten wir zum Beispiel das Adjektiv *irre*. Als „normales" Adjektiv wird *irre* dazu verwendet, von einem Menschen zu sagen, dass er geistig verwirrt ist. Wenn aber jemand von einem Fußballspiel sagt „Das war ein irres Spiel", so meint er damit nicht, dass das Spiel (im metaphorischen Sinne) geistig verwirrt war, sondern dass es so war, dass er, der Zuschauer, (im metaphorischen Sinne) geistig verwirrt wurde! Mit anderen Worten: *Irre* heißt als nicht expressives Adjektiv 'geistig verwirrt' und als expressives Adjektiv 'geistig verwirrend im metaphorischen Sinne'. Damit *irre* sinnvollerweise als Metapher auf ein Fußballspiel anwendbar war, muss es aber die Metonymisierung von 'irre sein' zu 'irre machend' vollzogen haben. Fritz Hermanns nennt Adjektive, die eine derartige Polysemie aufweisen, „ergati-

---

[21] Ich selbst erinnere mich, zum ersten Mal im Jahr 1964 im Zuge meines Wehrdienstes mit der nicht-sexuellen Verwendung des Wortes *geil* in Kontakt gekommen zu sein. Es dauerte aber noch lange, ehe dieser Gebrauch aus dem Bereich des Soldatenjargons in den allgemeinen Jugendjargon übernommen wurde.

[22] Der Eintrag in der 23. Auflage des Rechtschreibduden (Duden 2004) lautet: „geil (*Jugendspr. auch für* großartig, toll)".

[23] Für Informationen über die spanischen Verhältnisse danke ich Marta Panades Guerrero.

ve Adjektive".[24] Was für *irre* gilt, gilt auch für die Adjektive *wahnsinnig*, *verrückt* und eben auch für *geil*: Von einem Moped könnte man nicht sinnvoll sagen, es sei im metaphorischen Sinne sexuell erregt. Aber es ist durchaus sinnvoll, es im metaphorischen Sinne sexuell erregend zu nennen, wobei das Wort *geil* durch den öffentlichen und frequenten Gebrauch und auch durch die Metaphorizität in dieser Gebrauchsweise zunehmend an Tabuwert verloren hat.

Damit sind wir beim gegenwärtigen Zustand der Semantik dieses Wörtchens angelangt. Wie wird es weitergehen? Ernsthafte Prognosen sind bei soziokulturellen Phänomenen prinzipiell nicht möglich, aber es gibt durchaus die Möglichkeit zu rationalen Trendextrapolationen: Da evaluativ-expressive Ausdrücke dazu dienen, den Adressaten nicht nur über die eigene Bewertung zu informieren, sondern auch die eigene Begeisterung auf ihn zu übertragen, ihn „anzustecken",[25] ist hohe Frequenz der natürliche Feind solcher Ausdrücke. Wer begeisterungsheischende Ausdrücke zu häufig verwendet, riskiert seine emotive Glaubwürdigkeit. Das heißt, das emotiv-expressive Adjektiv *geil* wird bei hinreichend frequentem Gebrauch mehr und mehr an Expressivität verlieren. Damit wird auch seine Attraktivität für die Sprachbenutzer nachlassen. Dann wird es entweder ein graues Dasein in der allgemeinen Umgangssprache fristen wie das ehemals expressive Adjektiv *toll*, oder es wird wieder völlig aus unserem Wortschatz verschwinden. Inwiefern davon die nach wie vor tabuisierte sexuelle Gebrauchsweise dieses Wortes tangiert werden wird, lässt sich nicht abschätzen.

4. Fazit

Ich habe – aus Platzgründen – nur wenige Beispiele von Bedeutungsveränderungen auswählen und vorführen können. Aber sie sind durchaus repräsentativ. Die Pfade der Spezifizierung, der Metaphorisierung und der Metonymisierung scheinen die zu sein, die am häufigsten beschritten werden. Mit diesen Beispielen wollte ich dreierlei deutlich machen:

1. Bedeutungswandel heißt: Die Gebrauchsregel eines Wortes verändert sich, und zwar dadurch, dass die Sprecher einen zunächst okkasionellen

---

[24] Hermanns (1998, S. 310ff.) Als weitere ergative Adjektive nennt er: *ärgerlich, froh, freudig, lustig, traurig, glücklich, melancholisch, bange, ernst, behaglich, heiter, munter, scharf* sowie als nicht-emotive Adjektive *gesund* und *warm*.
[25] In Keller/Kirschbaum (2003, S. 145) wurde dies „emotive Persuasion" genannt.

Sinn so häufig erzeugen, dass in der Sprachgemeinschaft mit der Zeit ein Umlernen erfolgt.

2. Eine Erklärung eines Bedeutungswandels besteht darin, dass man versucht, plausible Hypothesen darüber zu entwickeln, weshalb die Sprecher gerade diesem speziellen Sinn den Vorzug geben und weshalb sie es gerade in diesem speziellen Zeitraum tun. Hier wird deutlich, dass bei der Entwicklung einer Sprache auch (fast) immer soziokulturelle Einflussfaktoren eine Rolle spielen. Allerdings darf man dies nicht im Sinne linearen Denkens als schlichte Spiegelung verstehen. Je tiefer wir in die Erklärung einsteigen, desto stärker müssen wir uns mit gesellschaftlichen, ökonomischen und mentalitätsgeschichtlichen Faktoren befassen. Zufallseffekte – gleichsam random clusterings – kann man dabei nie ganz ausschließen.

3. Bedeutungswandel vollzieht sich zwar nicht mit der Konsequenz wie dies beim Lautwandel der Fall war und vermutlich noch ist, aber er vollzieht sich durchaus in „geordneten" Bahnen. Dabei gibt es eine Reihe anderer Bahnen als die, die in unseren Beispielen ein Rolle spielten. Wir können im Einzelfall die Pfade, auf denen sich ein Bedeutungswandel vollzieht, zwar nicht prognostizieren, aber wir sind (bisweilen) durchaus in der Lage, sie im Nachhinein diagnostisch zu rekonstruieren und damit einen Baustein zum Verständnis unserer Sprache sowie der Prinzipien und Prozesse unseres Kommunizierens beizutragen.

5. Literatur

Bartsch, Karl (1917): Die Schweizerischen Minnesänger. Frauenfeld. Leipzig.

Beyschlag, Siegfried (Hg.) (1975): Die Lieder Neidharts. Darmstadt.

Brandt, Rüdiger (1989): Wortgeschichts- und Wortbedeutungsstudien. Frankfurt a.M.

Coseriu, Eugenio (1958 [1974]): Sincronía, diacronía, e historia. El problema del cambio ligüístico. Montevideo. [Dt.: Synchronie, Diachronie und Geschichte. Das Problem des Sprachwandels. München.]

Croft, William (2000): Explaining Language Change. An Evolutionary Approach. Harlow.

Daniels, Karlheinz (1959): Erfolg und Mißerfolg der Fremdwortverdeutschung. Schicksal der Verdeutschungen von J. H. Campe. In: Muttersprache 69, S. 46-54; 105-114; 141-146.

Duden (2001): Duden – Deutsches Universalwörterbuch. 4. neu bearb. u. erw. Aufl. Hrsg. v. d. Dudenredaktion. Mannheim.

Duden (2004): Duden – Die deutsche Rechtschreibung. 23., völl. neu bearb. u. erw. Aufl. Hrsg. v. d. Dudenredaktion. (= Der Duden in zwölf Bänden 1). Mannheim.

DWB (1897 [1999]): Deutsches Wörterbuch von Jacob und Wilhelm Grimm. Leipzig: Hirzel, 1897. [Repr. München: dtv, 1999].

Goethe, Johann Wolfgang v. (1990): Werke. Auf der Textgrundlage der Hamburger Ausgabe. Elektronischer Text hrsg. u. bearb. v. Jones, Randall L./Schanze Helmut/Sondrup, Steven P. (= Elektronische Bibliothek zur deutschen Literatur 1). Tübingen.

Grice, Herbert Paul (1969 [1979]): Utterer's Meaning and Intentions. In: The Philosophical Review 78, S. 147-177. [Dt.: Sprecher-Bedeutung und Intentionen. In: Georg Meggle (Hg.): Handlung, Kommunikation, Bedeutung. Frankfurt a.M. S. 16-51.]

Hermanns, Fritz (1998): Kausative Adjektive. Bericht über eine lexikologisch-lexikographische Recherche. In: Wiegand, Herbert Ernst (Hg.): Wörterbücher in der Diskussion III. (= Lexikographica. Series Maior 84). Tübingen. S. 285-318.

Keller, Rudi (1991): Erklärungsadäquatheit in Sprachtheorie und Sprachgeschichtsschreibung. In: Busse, Dietrich (Hg.): Diachrone Semantik und Pragmatik. Tübingen. S. 117-138.

Keller, Rudi (1995a): Zeichentheorie. Tübingen.

Keller, Rudi (1995b): Sprachwandel, ein Zerrspiegel des Kulturwandels? In: Lönne, Karl-Egon (Hg.): Kulturwandel im Spiegel des Sprachwandels. Tübingen/Basel. S. 207-218.

Keller, Rudi (1997): In What Sense Can Explanations of Language Change be Functional? In: Gvozdanović, Jadranka (Hg.): Language Change and Functional Explanation. Berlin/New York. S. 9-20.

Keller, Rudi (^{3}2003): Sprachwandel. Von der unsichtbaren Hand in der Sprache. 3. durchges. Aufl. Tübingen/Basel.

Keller, Rudi/Kirschbaum, Ilja (2003): Bedeutungswandel. Eine Einführung. Berlin/New York.

Lewis, David (1969 [1975]): Convention. A Philosophical Study. Cambridge, MA. [Dt.: Konventionen. Eine sprachphilosophische Abhandlung. Berlin/New York.]

Löbner, Sebastian (2003): Semantik. Eine Einführung. Berlin/New York.

Sanders, Daniel (1878): Handwörterbuch der deutschen Sprache. 2. Aufl. Leipzig.

Schwarz, Monika/Chur, Jeanette (1993): Semantik. Ein Arbeitsbuch. Tübingen.

Sommer, Volker (1989): Lügen haben lange Beine. In: Geo Wissen 2. Kommunikation, S. 149-152.

Ullmann, Stephen (1967): Grundzüge der Semantik. Die Bedeutung in sprachwissenschaftlicher Sicht. Berlin.

Wiebusch, Katrin (2003): Tabu und Bedeutungswandel. Zur Geschichte des Adjektivs „geil". Mag.arbeit, Phil. Fakultät, Univ. Düsseldorf.

Rainer Wimmer

Sprachkritik und Sprachpflege

1. Vorbemerkungen

Können die beiden im Titel genannten Konzepte „Sprachkritik" und „Sprachpflege" überhaupt zusammengehen? Beide Begriffe werden häufig als Programmvokabeln verwendet, und programmatisch – teilweise auch ideologisch – aufgeladen erscheinen sie vielen heute als konträr und vielleicht sogar unvereinbar. Der Sprachpflegebegriff ist historisch belastet; er hat den Geruch von Nationalismus und Chauvinismus – zumindest in vielen Kontexten, und zwar bis heute; nationalistisch motivierte und orientierte Sprachpflege gibt es bis heute (s. u.). Der Sprachkritikbegriff ist aber auch keineswegs nur positiv „besetzt"; er hat den Geruch von Abweichung, Besserwisserei und Kritikasterei (vgl. Sanders 1992).

Für Sprachkritik und Sprachpflege gibt es heute aber auch komplementäre Aufgabenverteilungen, die sich in der Geschichte der Germanistik in den vergangenen 40 Jahren herausgebildet haben. Um diese Aufgabenverteilung zu verstehen, reicht ein Blick in das größte einsprachige Wörterbuch der deutschen Gegenwartssprache, in den 10-bändigen Duden (vgl. Duden 1999). Dort findet man unter dem Lemma *Sprachpflege* die Bedeutungsbeschreibung: „Gesamtheit der Maßnahmen, die auf einen normgerechten Sprachgebrauch abzielen; Bemühungen um eine Verbesserung der Sprachbewusstheit u. einen kultivierten Sprachgebrauch" (ebd., Bd. 8, S. 3666). Dies ist in der heutigen Gesellschaft weitestgehend konsensfähig; in dieser Formulierung gibt es keine Reminiszenz an nationalistische oder chauvinistische Ziele. Unter einer solchen Definition kann sich deshalb z.B. die „Gesellschaft für deutsche Sprache (GfdS)", die mit Unterstützung der Bundesregierung weltweit die deutsche Sprache fördert und „pflegt", wiederfinden.

Unter dem Lemma *Sprachkritik* wird in Duden (1999) auf verschiedene Bedeutungen verwiesen, u.a. auf „die kritische Beurteilung der sprachlichen Mittel u. der Leistungsfähigkeit einer Sprache", dann aber einfach auch auf „Sprachpflege". Weiter aber auch auf den sprachphilosophischen Hintergrund: „Erkenntnistheoretische Untersuchung von Sprache auf ihren Wirklichkeits- u. Wahrheitsgehalt hin" (ebd., Bd. 8, S. 3665). Hier zeigt sich auch in der lexikografischen Kodifizierung, dass der Sprachkritikbegriff in der sprachtheoretischen Diskussion der letzten hundert Jahre (zumindest seit Frege und Russell) der weiter reichende und umfassendere Begriff ist, der Teile dessen, was man sinnvollerweise unter Sprachpflege versteht, mit einschließt. Der Sprachkritikbegriff enthält seit der Antike zwei Komponenten: Unterscheidung/Analyse einerseits und Bewertung/Beurteilung andererseits – wenn man es denn vereinfachend so plakativ sagen darf. Dominierend ist das analytische Interesse, und dieses hat insbesondere in der Geschichte der Neuzeit immer wieder die wichtigste Rolle gespielt, von Francis Bacons „Novum Organon" (1620) über die Aufklärung im 18. Jahrhundert bis hin zu den Sprachkritikern am Ende des 19. und zu Beginn des 20. Jahrhunderts (u.a. Fritz Mauthner, Karl Kraus) (vgl. Schiewe 1998, v. Polenz 1999; 2000).

Die Sprachpflege ist im Unterschied zur Sprachkritik eher konservierend und konservativ, nach den dominierenden Erscheinungsformen aber auch nicht werte-konservativ (Erhard Eppler), d.h. nicht primär darauf bedacht, bewährte tradierte Werte (ich sage bewusst: welcher Art auch immer) begründet zu vertreten und zu „pflegen". Vielmehr neigt die Sprachpflege dazu, jeweilige „Zeitgeist"-Strömungen aufzugreifen und zu vertreten. Beispielsweise Ende des 19. Jahrhunderts: normativ-nationalistische Tendenzen; heute: sprachpuristische Tendenzen gegen Anglizismen. – Ich werde am Ende dafür plädieren, den Sprachpflege-Begriff in der Sprachpolitik und in der Sprachdidaktik eher nicht zu verwenden und ihn aufzugeben zugunsten der Begriffe Sprachkritik und Sprachberatung.

2. Anmerkungen zum Begriff der Sprachpflege

In der neueren deutschen Sprachgeschichte hat der Begriff der Sprachpflege eine eher als negativ zu bewertende Gebrauchsspur hinterlassen. Als Erstbeleg für den Ausdruck „Sprachpflege" gilt die Verwendung bei Friedrich Ludwig Jahn im Jahre 1833. Ich zitiere den so genannten Turnvater Jahn: „Doch müssen mit strengem Ernst und unerbittlicher Sprachpflege in Acht und Bann getan, ewig verfolgt werden: jene Welschworte, so Seelengift einschwärzen, unsere Grundansicht verdüstern, die Lebensverhältnisse verwirren und durch andersartige, sittliche, rechtliche und staatliche Begriffe das Deutschtum verunstalten, entstellen und schänden" (zit. nach Roth 1998, S. 385). Hier haben wir in einem Zitat alles zusammen, was den Sprachpflegebegriff heute aufgrund seiner über 150-jährigen Geschichte desavouiert: Nationalismus, überzogener Kulturpatriotismus, Chauvinismus, Sprachpurismus, Xenophobie, normative Arroganz. Charakteristisch ist die Herstellung eines allzu engen Zusammenhangs zwischen bestimmten abgelehnten Sprachgebrauchsphänomenen und bestimmten Lebensformen, Sitten sowie kulturellen und rechtlichen Verfasstheiten einer Gesellschaft. Der Sprachpurismus der Fremdwortjäger, als deren Vater Friedrich Ludwig Jahn vielleicht gelten kann, lehnt zusammen mit der Sprache der anderen auch deren Lebensformen, Bräuche, Sitten und Gesetze ab und stellt damit auch deren spezifische Ausprägungen von Existenz in Frage.

Der Sprachpurismus mit dieser Programmatik bestimmte im 19. Jahrhundert keineswegs nur das Wollen und Handeln einiger Weniger, sondern gehörte zum aggressiven Ideologiebestand der Nationalisten in Politik und Gesellschaft – dies allemal in der Wilhelminischen Zeit Ende des Jahrhunderts und um die Jahrhundertwende. Der 1885 gegründete „Allgemeine deutsche Sprachverein" bot mit seinem chauvinistischen Sprachpurismus für nationalistisch eingestellte Bildungsbürger ein willkommenes Diskussionsforum und trug nicht unerheblich dazu bei, dass sprach- und kulturxenophobe Ideologien ins 20. Jahrhundert transportiert wurden (vgl. v. Polenz 1999, S. 274ff.). Der Sprachverein hat sich später den Nazis angedient; seine Ideologie kam nazistischen Vorstellungen durchaus entgegen. Den Nazis ging es aber nicht um die „Pflege" der deutschen Sprache. Die Sprache war nicht wesentlicher Bestandteil ihres Ideologiekonglomerats, erst recht nicht der Rassenideologie. Bereits in „Mein Kampf" hatte Hitler darauf hingewiesen, dass die Sprache für ihn lediglich Mittel zum Zweck, Instrument der Herrschaft war; und es kam ihm überhaupt nicht darauf an, ob die herrschaftsförderliche Sprache germanisch, deutsch oder sonstwie war (vgl. v. Polenz 1999, S. 280ff.). Ein berühmtes Beispiel ist der extensive Gebrauch des „Fremdworts" *fanatisch* durch die Nazis, den Victor Klemperer in seiner „Lingua Tertii Imperii (LTI)" u.a. analysiert hat (vgl. Klemperer 1993, S. 62ff.). Als der Sprachpurismus des „Deutschen Sprachvereins" immer mehr mit den Zielen der Nazis in Konflikt geriet, wurde der Verein 1943 verboten.

Bei der hier angedeuteten Geschichte des „Sprachpflege"-Konzepts kann man sich natürlich fragen, wieso der Ausdruck *Sprachpflege* bis heute als Programmwort, als positiv konnotiertes Fahnenwort verwendet wird, z.B. in der Satzung der Wiesbadener Gesellschaft für deutsche Sprache (GfdS) – und auch von vielen Sprachwissenschaftlern. 1979 schreibt Siegfried Grosse: „Daß Sprachpflege kaum wissenschaftlich begründbar sein kann, haben Peter von Polenz und Werner Betz mehrfach überzeugend dargelegt, und

'Sprachpflege' ist zweifellos ein historisch belasteter Begriff" (Grosse 1979, S. 120). Trotzdem formuliert Grosse im Untertitel seines Aufsatzes, dass er eine „Lanze für die 'Sprachpflege'" brechen will; und er spricht sich dagegen aus, den Sprachpflegebegriff zu tabuisieren. Er will den Sprachpflegebegriff deswegen nicht beiseite schieben, weil er an der „dringenden Empfehlung" festhalten will, „Stilistik, Rhetorik, Sprachbeschreibung und Sprachkritik als Gebiete der angewandten Sprachwissenschaft künftig stärker im germanistischen Studiengang zumindest für Lehramtsanwärter zu berücksichtigen ..." (ebd.). Also: Der Ausdruck „Sprachpflege" wird aufgrund seiner integrativen Funktion geschätzt. Er scheint geeignet, Verbindungen zur Sprachdidaktik, zu Sprachförderprogrammen durch Institutionen und durch den Staat, zur Sprachberatung und zu verschiedenen anderen Anwendungsfeldern der Sprachwissenschaft herzustellen.

Es ist wahrscheinlich so, dass im Sprachgebrauch vieler, die nach dem 2. Weltkrieg aufgewachsen sind, die Belastetheit des Sprachpflegebegriffs nicht mehr virulent ist und dass sie mit einer Definition von *Sprachpflege* leben können, wie sie der Germanist Albrecht Greule, Koautor des Buches mit dem Titel „Germanistische Sprachpflege" (vgl. Greule/Ahlvers-Liebel 1986) gegeben hat: „Unter Sprachpflege verstehen wir nunmehr eine Form der Sprachlenkung, die sich in der Art beratender Handlungsanweisung auf die vom einzelnen Sprecher als notwendig erachtete Verbesserung seiner Sprachkompetenz bezieht" (Greule 1982, S. 287). Diese Formulierung hat „fortschrittliche" Aspekte: Sie zielt auf die Beratung von Sprachbenutzern und auf die Sprachkompetenzerweiterung, die die Sprecher/innen nach ihren eigenen Kriterien verbessern sollen/dürfen. Irritieren mag der Ausdruck *Sprachlenkung*; dieser ist aber dem normativen Aspekt jeder sprachorientierten Einflussnahme geschuldet. Auch Sprachkritik kommt nicht ohne Normen aus, die den sprachkritischen Bewertungen zugrunde liegen. In einer neueren Publikation ist Greule noch weiter gegangen. Er hat von einem neuen Sprachpflege-Paradigma gesprochen: „... weg von der konservativen, defensiv-puristischen, nationalsprachlichen Sprachpflege von einst – hin zu einer offensiven, Internationalität fördernden Sprachkultivierung bzw. Kommunikationskultivierung" (Greule 2002, S. 63). Dies ist die Hinwendung der traditionellen Sprachpflege zu einer offenen Sprachkritik, Sprachförderung und Sprachberatung.

Der Sprachpflegebegriff wird wiederholt mit dem Sprachkulturbegriff in Verbindung gebracht. Der Zusammenhang erscheint auf den ersten Blick unproblematisch und natürlich. Ich zitiere den Romanisten Hans-Martin Gauger, der sich immer wieder mit dem Verhältnis von Sprachwissenschaft und Sprachkritik auseinandergesetzt und dafür plädiert hat, die Sprachkritik als bewertende Tätigkeit eher strikt von einer rein deskriptiven, strukturalen Sprachwissenschaft zu trennen: „Wir brauchen eine Sprachkultur. Man kann es auch „Sprachpflege" nennen, „Pflege" ist die Übersetzung von „Kultur". Es geht um eine Sensibilisierung. Es ist einfach wichtig, dass die Leute ein Gefühl dafür bekommen, dass es nicht egal ist, wie man redet" (Spitzmüller/Roth/Leweling/Frohning (Hg.) 2002, S. 139). Dies ist die Stimme eines Romanisten. Aus germanistischer Sicht kann man nicht völlig außer Acht lassen, dass der Sprachkulturbegriff auch ein historisch aufgeladener Begriff ist. Er steht in der Tradition der Prager Linguistenschule (vgl. Scharnhorst 2002) und ist in dieser Tradition völlig unverdächtig. Sprachkultivierung stand für die Linguisten der Prager Schule in den 20er-Jahren des vorigen Jahrhunderts im Rahmen eines kulturell-politischen Programms, das sich zum Ziel gesetzt hatte, die tschechische Sprache zu fördern und zu einer voll „ausgebauten" Literatursprache zu entwickeln, die in allen Bereichen/Funktionen des gesellschaftlichen Lebens mit Erfolg angewendet werden könnte. In den ideologischen Konfrontationen des „Kalten Krieges" nach dem Zweiten Weltkrieg wurde der Sprachkultur-Begriff aber auch mit politischen Konnotationen „belastet", und zwar dadurch, dass er in der DDR für eine normierende Beeinflussung der Sprachbildung durch den Staat in Anspruch genommen wurde. Das Konzept war, dass es zur Bildung/Ausbildung einer „sozialistischen Persönlichkeit" gehöre, die Standardsprache (die „Literatursprache" im Sinne der Prager Schule) zu beherrschen und dass der Staat eine solche Bildung von all seinen Bürgern einfordern müsse. Demgegenüber war es stets Programm der Bundesrepublik Deutschland im Westen, keinen unmittelbaren Einfluss auf die Sprachnormierung zu nehmen. – Wenn der Sprachkultur-Begriff wegen der hier angedeuteten politisch-kulturellen Konnotationen heute auch selten als Alternativbegriff zum Sprachpflege-Begriff verwendet wird, so ist in der einschlägigen Literatur doch häufig von „Sprachkultivierung" die Rede. „Sprachkultivierung" ist ein Ausdruck, der die politische Terminologisierung nicht mittransportiert und mit dem eher Sensibilisierung für Sprachfragen und Förderung des Sprachbewusstseins assoziiert werden und nicht Sprachnormierung. Der „Deutsche Sprachrat", ein Kooperativgremium der Gesellschaft für deutsche Sprache (GfdS), des Goethe-Instituts (GI) und des Instituts für Deutsche Sprache (IDS), kennzeichnet in seiner Gründungserklärung von 2003 zwar seine Aufgabe als Förderung der „Sprachkultur", erläutert aber sogleich, dass er diese erreichen wolle „durch Sprachkultivierung im Sinne von Information, Aufklärung, Dokumentation und Diskussion über Sprache" (Deutscher Sprachrat 2003, S. 3).

Trotz der jeweils historisch bzw. begriffsgeschichtlich begründeten Einführung von Alternativkonzepten zum Sprachpflege-Begriff ist die Diskussion um die Sprachpflege, auch mit ihren nationalistischen und kulturchauvinistischen Komponenten, bis heute nicht beendet. Ich möchte hier auf den 1997 gegründeten „Verein deutsche Sprache (VDS)" hinweisen, der zunächst „Verein zur Rettung der deutschen Sprache" hieß. Der Verein wird von dem Dortmunder Statistik-Professor Walter Krämer geleitet, der sich auch auf anderen Gebieten als der Sprachpflege durch Publikationen und öffentliche Aktionen einen Namen gemacht hat. Sprachpflege ist nur eines seiner Betätigungsfelder. Er ist ein Spezialist für Antidiskurse in unserer Gesellschaft; so kämpft er gegen zahlreiche „Denkfehler", die in der Öffentlichkeit angeblich verbreitet sind; eine seiner „Diagnosen" bezieht sich auf (eine vermeintliche) „Überfremdung" der deutschen Sprache durch Anglizismen. Der VDS hat nach eigenen Angaben 2003 über 16 000 Mitglieder. Auf einer Homepage im Internet stellt sich der Verein mit dem (programmatischen) Satz vor: „Wir kämpfen für mehr Selbstachtung und Würde aller Menschen, die Deutsch als Muttersprache haben, und versuchen, die Vermanschung des Deutschen mit Englisch zu Denglisch aufzuhalten." Dieser eine Satz lässt bereits die populistische Stilistik und Rhetorik erkennen, die für den VDS charakteristisch ist. Da gibt es die großen Worte: „Selbstachtung und Würde aller Menschen"; wenn man allerdings in den Programmvorschriften des VDS nach Erklärungen sucht, wie die großen Worte mit der „Muttersprache" zusammenhängen sollen oder gar mit dem Kampf gegen „Fremdwörter", so wird man allein gelassen. Der populistisch-anbiedernde Ausdruck „Vermanschung" für „Sprachkontakt" macht deutlich, dass es um die Begründung der „sprachpflegerischen" Ziele des VDS nicht gut bestellt ist. Dabei geht es m.E. gar nicht in erster Linie um die Wissenschaftlichkeit der Begründungen, sondern vielmehr darum, dass die nationalistisch-chauvinistischen Einstellungen und Ziele aus einer Art Fun-Unkultur entstehen, gewissermaßen „emergieren". Man macht sich lustig über das „Denglisch" der Werbebranche und der Industrie, und man knüpft daran die Ziele der Fremdwortjäger des 19. Jahrhunderts. Walter Krämer hat ein Buch mit dem Titel „Modern

Talking auf Deutsch. – Ein populäres Lexikon" publiziert. Zu den Einträgen in diesem „Lexikon" schreibt der Romanist Stammerjohann: „Seine Definitionen, wenn man sie denn so nennen kann, bewegen sich zwischen Komik und Kalau" (Stammerjohann 2001, S. 39; vgl. auch: Schmidt/Wimmer 2001). Krämers „Lexikon" ist frei von dem Versuch, Anglizismen im heutigen Deutsch nach ihrer Herkunft, ihrem Gebrauch, ihrer Wirkung und ihrer Berechtigung zu dokumentieren, zu beschreiben und zu bewerten. Dies alles macht aber die Germanistische Sprachwissenschaft seit Jahrzehnten. Sie macht es bis heute, und zwar ohne nationalistische Anwandlungen und ohne die Befürchtung, das Deutsche werde heute durch Anglizismen „überfremdet" (vgl. z.B. Zifonun 2002). Nach den Forschungen und Dokumentationen der Neologismen-Arbeitsgruppe am Institut für Deutsche Sprache (IDS, Mannheim) sind die meisten neuen Wörter, die in jüngster Zeit in das Deutsche gekommen sind, keineswegs Anglizismen, sondern Wörter, die aus indigenem (deutschen) Sprachmaterial neu gebildet worden sind (vgl. z.B. Steffens 2003). Der überzogene Fremdwortpurismus des VDS ist durch die tatsächliche Sach- bzw. Sprachlage nicht gerechtfertigt und hat seine Basis in einem diffusen Nationalismus, der einer sprachkritischen Analyse und Bewertung bedarf (vgl. Schmidt 2002).

3. Zu den Aufgaben und Zielen der Sprachkritik

Das oberste Ziel der Sprachkritik ist reflektierter Sprachgebrauch. Möglichst viele Sprecher/innen sollen in die Lage versetzt werden, ihren eigenen Sprachgebrauch in relevanten Situationen – z.B. im Falle von Missverständnissen oder Kommunikationskonflikten – zur Diskussion zu stellen. Die Fähigkeit, über Sprache und Sprechen zu reflektieren, ist Teil der normalen Sprachkompetenz. Diese Fähigkeit zu fördern ist nicht nur Sache der Sprachwissenschaft. Sprachkritik wird in vielen Wissenschaften betrieben, z.B. in der Philosophie, in der Wissenschaftstheorie, in der Literaturwissenschaft, in den Erziehungswissenschaften, in der Medienwissenschaft und nicht zuletzt auch tagtäglich in der Alltagskommunikation. Kommentierende Sprachglossen finden sich in allen Tageszeitungen. Die „linguistisch begründete Sprachkritik" (vgl. Dieckmann 1993; Wimmer 2003) geht normalerweise nach folgendem Muster vor: 1. Kritikwürdige (im weitesten Sinne „konfliktäre") Kommunikationsereignisse werden als solche identifiziert. 2. Die Kommunikationsereignisse werden mit linguistischen Methoden analysiert. 3. Die Kommunikationsereignisse werden auf der Grundlage der Analysen bewertet. Dabei bemüht sich die Linguistik grundsätzlich, von sich aus keine Normen für den Sprachgebrauch zu setzen. Die „linguistisch begründete Sprachkritik" ist grundsätzlich normenkritisch. Das heißt: Sie ist auch kritisch in Bezug auf die eigenen Analysemethoden und die normativen Effekte, die von diesen selbst ausgehen mögen. Es ist althergebrachtes Prinzip der deskriptiven Linguistik, nicht in den evolutionär verlaufenden Sprachwandel einzugreifen und jede Norm, die sie von sich aus unvermeidlich auch entwickelt, selbstkritisch zu reflektieren. Die Normenkritik unterscheidet die Sprachkritik wesentlich von der Sprachpflege.

Die folgende Übersicht kann einen Eindruck davon vermitteln, wie sich die Aufgaben und Ziele der Sprachkritik und der Sprachpflege voneinander unterscheiden.

	Sprachkritik	**Sprachpflege**
Ziele	Analyse und Bewertung von sprachlichen Äußerungen	Optimierung von Sprachgebräuchen und Sprachzuständen nach vorgegebenen Normen
Gegenstandsbereiche	alle, die mit Sprache zu tun haben	normative Muster des Sprachgebrauchs
Konzeptgeschichte	von der Antike bis heute; Phasen der Reflexion und Aufklärung	bezogen auf das Deutsche: seit Beginn des 19. Jhs.; Erstbeleg für Sprachpflege 1833; Vorläufer insbesondere seit dem 17. Jh.; Phasen der Sprach„konservierung"
Kriterien/ Maßstäbe	Prinzipien der Rationalität, partikular und universal	partikulare Normen

Die Übersicht macht deutlich, dass die Sprachpflege auf die Festigung und Konservierung von tradierten Sprachgebrauchsnormen konzentriert ist. Die

Sprachkritik nimmt im Prinzip alle Kommunikationskonflikte in der Gesellschaft auf und versucht, diese durch Analyse und Bewertung zu „kultivieren". Dabei fühlt sich die Sprachkritik grundsätzlich einer europäischen Aufklärungstradition verpflichtet.

Ein wesentliches Ziel der linguistischen Sprachkritik („linguistisch begründeten Sprachkritik") sollte sein, die sprachorientierten und sprachwissenschaftlich plausibilisierbaren Kriterien, Maßstäbe und Normen für die Bewertung von kritikwürdigen Sprachereignissen deutlicher herauszuarbeiten. Das würde helfen, viele Debatten um korrekten Sprachgebrauch (auch um „politisch korrekten" Sprachgebrauch) zu versachlichen, und zwar in dem Sinne, dass die Grenzen zwischen sprachkommunikativen Fragen einerseits und allgemein politischen bzw. gesellschaftspolitischen Fragen andererseits klarer gesehen werden können. Viele „Sprachkritiker" benutzen Kritik am Sprachgebrauch als Vehikel für politische Gesellschaftskritik. Hier sollte die Linguistik, wenn sie selbst Sprachkritik betreibt und begründet, wenigstens Grenzlinien markieren. Wenn beispielsweise Walter Krämer, Vorsitzender des „Vereins deutsche Sprache" (früher charakteristischerweise „Verein zur Rettung der deutschen Sprache", s.o.), als Kritiker der Anglizismen im Deutschen schreibt: „Meine Vermutung ist: wir flüchten nicht eigentlich aus unserer Sprache (das ist nur ein Symptom und für die Flüchtenden eher nebensächlich), wir flüchten aus unserer nationalen Haut als Deutsche" (Krämer 2000, S. 261), dann signalisiert das: Sprachkritik wird instrumentalisiert für nationale/nationalistische Ziele. Zugespitzt könnte man sagen: Die bei Intellektuellen tabuisierte Fremdenfeindlichkeit darf sich in der Sprachkritik ausleben.

4. Abschließende Bemerkung

Die Frage, die sich heute immer wieder stellt, ist: Unter welcher programmatischen Vokabel sollen Aktivitäten zur Sprachförderung in der Muttersprache firmieren? Der Sprachpflege-Begriff ist in Bezug auf das Deutsche aus den angeführten Gründen weitgehend desavouiert. Der Sprachkultur-Begriff ist politisch belastet. Bär hat neuerdings vorgeschlagen, einfach von „Spracharbeit" zu sprechen (vgl. Bär 2002). Dies ist jedoch ein sehr weites Etikett, das unspezifisch alles Mögliche zulässt und nichts ausschließt. Ich schlage vor, zu sagen, dass es um die folgenden Aufgaben geht: Sprachberatung (auf die Einzelfälle bezogen) und Sprachkritik.

5. Literatur

Bär, Jochen A. (2002): Darf man als Sprachwissenschaftler die Sprache pflegen wollen? In: Zeitschrift für Germanistische Linguistik 30, S. 222-251.

Deutscher Sprachrat (2003): Was will der Deutsche Sprachrat? In: Sprachreport 3/03, S. 3f.

Dieckmann, Walther (1993): Sprachkritik. (= Studienbibliographien Sprachwissenschaft 3). Heidelberg.

Duden (1999): DUDEN. Das große Wörterbuch der deutschen Sprache in 10 Bänden. Mannheim/Leipzig/Wien/Zürich.

Greule, Albrecht (1982): Theorie und Praxis der germanistischen Sprachpflege. In: Muttersprache 92, S. 265-292.

Greule, Albrecht (2002): Deutsch am Scheideweg: National- oder Internationalsprache? Neue Aspekte der Sprachkultivierung. In: Hoberg, Rudolf (Hg.): Deutsch – Englisch – Europäisch. Impulse für eine neue Sprachpolitik. Bd. 3: Thema Deutsch. Mannheim/Leipzig/Wien/Zürich. S. 54-66.

Greule, Albrecht/Ahlvers-Liebel, Elisabeth (1986): Germanistische Sprachpflege: Geschichte, Praxis, Zielsetzung. Darmstadt.

Grosse, Siegfried (1979): Vorschläge zur Förderung der Kommunikationsfähigkeit oder: Eine Lanze für die „Sprachpflege". In: Löffler, Heinrich/Pestalozzi, Karl/ Stern, Martin (Hg.): Standard und Dialekt. (= Festschrift für Heinz Rupp zum 60. Geburtstag). Bern/München. S. 117-127.

Klemperer, Victor (1993): LTI. Notizbuch eines Philologen. 12. Aufl. Leipzig.

Krämer, Walter (2000): Modern Talking auf deutsch: Ein populäres Lexikon. München/ Zürich.

Polenz, Peter v. (1999): Geschichte der deutschen Sprache vom Spätmittelalter bis zur Gegenwart. Bd. 3: 19. und 20. Jahrhundert. Berlin/New York.

Polenz, Peter v. (2000): Politische Sprachkritik am Anfang und am Ende des 20. Jahrhunderts. In: Henne, Helmut/Kaiser, Christine (Hg.): Fritz Mauthner – Sprache, Literatur. (= Reihe Germanistische Linguistik 224). Tübingen. S. 67-82.

Roth, Klaus-Hinrich (1998): Positionen der Sprachpflege in historischer Sicht. In: Besch, Werner/Betten, Anne/Reichmann, Oskar/Sonderegger, Stefan (Hg.): Sprachgeschichte. Ein Handbuch zur Geschichte der deutschen Sprache und ihrer Erforschung. 1. Teilbd. 2. Aufl. Berlin/New York. S. 383-396.

Sanders, Willy (1992): Sprachkritikastereien und was der „Fachler" dazu sagt. Darmstadt.

Scharnhorst, Jürgen (2002): Zur Geschichte der Sprachkultur. Die Sprachkulturtheorie der Prager Schule. In: Sprachreport 3/02, S. 25-31.

Schiewe, Jürgen (1998): Die Macht der Sprache. Eine Geschichte der Sprachkritik von der Antike bis zur Gegenwart. München.

Schmidt, Andreas (2002): Sprachkritische Analysen zur Programmatik des Vereins Deutsche Sprache e.V. (VDS). Mag.arb., Fachber. II, Univ. Trier.

Schmidt, Andreas/Wimmer, Rainer (2001): Ein Newspeak-Reiter (Writer). Krämers Modern Talking – populär aber kein Lexikon. In: Sprachreport 1/01, S. 20-22.

Spitzmüller, Jürgen/Roth, Kersten Sven/Leweling, Beate/Frohning, Dagmar (Hg.) (2002): Streitfall Sprache. Sprachkritik als angewandte Linguistik? Bremen.

Stammerjohann, Harro (2001): „... Auf einer Glatze Locken drehen". Worte über Worte ... über Worte. In: Schweizer Monatshefte 81, 4, S. 39f.

Steffens, Doris (2003): Nicht nur Anglizismen ... Neue Wörter und Wendungen in unserem Wortschatz. Rundfunkvortrag, SWR 2, 24.08.03.

Wimmer, Rainer (2003): Wie kann man Sprachkritik begründen? In: Linke, Angelika/Ortner, Hanspeter/Portmann-Tselikas, Paul R. (Hg.): Sprache und mehr. Ansichten einer Linguistik der sprachlichen Praxis. Tübingen. S. 417-450.

Zifonun, Gisela (2002): Überfremdung des Deutschen: Panikmache oder echte Gefahr? In: Sprachreport 3/02, S. 2-9.

Michael Grabski

Invarianzen bei der Diskurskohärenz

> In a deeper sense ... the nature of structural properties is not revealed to us by their constancy. We perceive by contrasts. In order for a property dimension to be made visible, we must observe some systematic variation along that dimension; in order to know an object, we must subject it to all sorts of transformations and see how it behaves. A particular event is but one such interrogation. This is why we might expect fish to be the last creature on earth to discover the properties of water, and why a world full of objects of the same shape would teach us nothing about shape as a property dimension.
> (Warren/Shaw 1985, S. 15)

1. Einleitung

Textsemantiken wie *Dynamic Predicate Logic* (*DPL*, vgl. Groenendijk/Stokhof 1991), *Discourse Representation Theory* (*DRT*, vgl. Kamp/Reyle 1993) und *Segmented Discourse Representation Theory* (*SDRT*, vgl. Asher/Lascarides 2003; Asher 1993) haben die Bedeutung von Textäußerungen „relational" definiert: jede Textäußerung φ ist kontextuell vom vorhergehenden Text abhängig und schafft durch ihren Beitrag einen Kontext, der für die nachfolgende Äußerung verbindlich ist. Die Bedeutung von φ besteht dann in dessen *Context Change Potential* (*CCP*), d.h. in der spezifischen Modifikationsleistung, die φ in Bezug auf seinen Eingangskontext erbringt und die bei seiner Verarbeitung zu ermitteln ist. Das betrifft einmal die Verwaltung von Individuen und ihre Charakterisierung durch Prädikate. Für SDRT, das zwischen Textsegmenten so genannte *Kohärenzrelationen* (auch *Diskursrelationen* oder *rhetorische Relationen*) wie *Narration, Elaboration, Explanation* etc. annimmt (vgl. auch Hobbs 1985; Polanyi 1985; Mann/Thompson 1988), kann darüber hinaus der Beitrag, den φ zur Ableitung einer solchen Relation leistet, als Teil von dessen CCP gesehen werden (so Asher/Lascarides 2003). Beispielsweise haben die (b)-Äußerungen in (1) und (2) den gleichen Eingangskontext, reagieren aber auf ihn in unterschiedlicher Weise, d.h. lassen zwei verschiedene Kohärenzrelationen ableiten:

    (1) a. Max fiel hin. b. Hans schubste ihn. (*Explanation*)

    (2) a. Max fiel hin. b. Hans half ihm auf. (*Narration*)

Der in den beiden Texten erzielte Ausgangskontext für nachfolgende Textäußerungen unterscheidet sich tatsächlich deutlich. Ein Unterschied ist die zeitliche Reihenfolge der in (a) und (b) erwähnten Ereignisse.[1] Während für *Narration* gilt, dass die Reihenfolge der Äußerungen auf der Textoberfläche die zeitliche Abfolge der erwähnten Ereignisse spiegelt (vgl. Lascarides/ Asher 1993), ist *Explanation* so definiert, dass das verursachende Ereignis – das zeitlich dem verursachten nicht folgen darf – in der zweiten verknüpften Diskurskonstituente nachgeliefert wird. Die Abfolge der Ereignisse in der außersprachlichen Ontologie wird damit bei dieser Relation umgekehrt. Eine Konsequenz dieses Unterschiedes in den beiden Texten ist, dass ein *dann* in einer nachfolgenden Äußerung sich bei (1) auf das Ereignis in (a), bei (2) auf das Ereignis in (b) beziehen würde.

An der Ableitung der beiden Relationen in (1) und (2) sind sowohl sprachliche Ausdrucksmittel wie Weltwissen beteiligt. Interessanterweise kann die nahe liegende *Explanation*-Deutung in (1) durch das Hinzufügen eines relationssignalisierenden Ausdrucks (eines sog. *cues*) 'überschrieben' werden. Eine solche Funktion hat *dann* in (3.b):

    (3) a. Max fiel hin. b. Dann schubste Hans ihn. (*Narration*)

Diese Funktion von *cues* – 'konnektiven' Ausdrücken diverser Kategorien – lässt sich trotz ihrer prinzipiellen Ambiguität (Sweetser 1990) nutzen, um aus ihnen Kohärenzrelationen abzuleiten (vgl. Knott 1996; Knott/Sanders 1998). Semantische Kontraste zwischen *cues*, die in einer Sprache bestehen, legitimieren dann die Annahme von entsprechend kontrastierenden Relationen. Eingehend sind besonders solche *cues* untersucht worden, die kausale Verknüpfungen zwischen Textäußerungen herstellen (z.B. Pander Maat/Sanders 2000; Pander Maat/Degand 2001; Pit 2003).

Wie (1) und (2) illustrieren, müssen andererseits Relationen nicht durch *cues* repräsentiert sein. Entsprechend wird in SDRT und in Hobbs/Stickel/Appelt/ Martin (1993) die Interaktion von unterschiedlicher sprachlicher Information mit Weltwissen und mit pragmatischen Maximen systematisch berücksichtigt. Nach der Darstellung in Asher/Lascarides (2003) liefert in (1b) das Verb eine sprachliche Information, die eine semantische Beziehung zum Verb in (1a) herstellt; aus ihr kann eine kausale Beziehung zwischen den beiden im Text erwähnten Ereignissen abgeleitet werden. In (2) gibt es bei

---

[1] 'Ereignis' wird hier in dem allgemeinen Sinn von 'eventuality' verwendet.

der Festlegung einer Kohärenzrelation keinen semantischen oder sonstigen Anlass, die Symmetrie zwischen der Abfolge der Ereigniserwähnung und ihrer faktischen zeitlichen Abfolge aufzuheben. Immerhin gibt es für die beiden Textäußerungen einen thematischen Zusammenhang. Das ist anders in (4), das 'out of the blue' weder *Narration* noch eine andere Relation ergibt (der inkohärente Übergang zu (4.b) wird markiert mit „#"):

(4) a. Max fiel hin. b. #Die Sonne ging auf.

Die erforderliche Voraussetzung für *Narration* ist, dass die Ereignisse unter eine implizite Diskurskonstituente (eine sog. *occasion*) subsumierbar sind, bzw. dass eine solche konstruierbar ist (Asher/Lascarides 2003). Bei einer Sichtweise, nach der die Etablierung von Relationen zum CCP von Textäußerungen gehört, lässt sich sagen, dass in (4) das CCP des (b)-Satzes nicht für den Eingangskontext definiert ist, der durch (a) aufgebaut wurde.

Im vorliegenden Papier soll für einige vergleichbare Kohärenzrelationen dargestellt werden, wie die semantischen Effekte ihres jeweiligen Auftretens miteinander kontrastieren. Dabei wird die in SDRT vertretene Idee genutzt, dass den Kohärenzrelationen Typen von sprachlichen Handlungen entsprechen, mit denen unter anderem das klassische Inventar sprachlicher Handlungen, wie es durch Searle (1965) vorgeschlagen wurde, verfeinert werden kann (Asher/Lascarides 2001, 2003). Ich beschränke mich hier gewissermaßen auf die Resultate relationsspezifischer Handlungen und versuche sie nach der Art und Weise zu unterscheiden, in der vorhandene Diskursinformation durch Etablierung der Relation erhalten bzw. verändert wird. Dazu wird eine Anleihe bei einer Theorie der Ereigniswahrnehmung (Warren/Shaw 1985) gemacht, in der Typen von Ereignissen mithilfe von Kontrasten ausdifferenziert werden, die zwischen Invarianzen in Bezug auf ihre Wahrnehmung bestehen. Es entsteht in dem diskutierten Bereich von Ereignissen eine Taxonomie nach zunehmender Differenziertheit der Ereignistypen.

Dieser Ansatz wird in Kap. 3. referiert und dann auf Typen von 'Verknüpfungsereignissen' übertragen. Auch hier ergibt sich eine Taxonomie von Relationen nach ihrer zunehmenden Differenziertheit, abhängig von der Wahl der berücksichtigten Invarianzen.[2]

---

[2] In ähnlicher Weise werden in Grabski (1994) Typen von singulären Termen und von Ellipsen differenziert.

Zunächst werden einige weitere Relationen vorgestellt und das allgemeine Vorgehen in SDRT skizziert.

2. Kohärenzrelationen und ihre Ableitung in SDRT

Wie *Explanation* und *Narration* verknüpfen auch die Relationen in den Texten in (5)-(7) den propositionalen Gehalt der betreffenden Äußerungen; sie sind 'objekt-basiert' (Asher/Lascarides 2003, Anhang D).

(5) a. Max fiel hin. b. Er brach sich seinen linken Arm. (*Result*)

(6) a. Max fiel hin. b. Sein Körper machte eine halbe Drehung. (*Elaboration*)

(7) a. Max fiel hin. b. Gina saß da, ohne etwas zu sagen. (*Background*)

(8) (vorausgehender Text: Die Jungs tummelten sich auf dem Eis.)
a. Max fiel hin. b. Hans flirtete mit Eva. (*Continuation*)

Dagegen nutzen *strukturbasierte Relationen* wie *Parallel* und *Contrast* propositionsinterne Struktur, die an der Textoberfläche verfügbar ist, vgl. (9) und (10):

(9) Max fiel hin, Hans ebenso. (*Parallel*)

(10) Max fiel hin, Hans blieb stehen. (*Contrast*)

Objektbasierte Relationen sollen hier im weiteren Verlauf die Hauptrolle spielen. Sie machen eine zentrale Gruppe unter den Kohärenzrelationen aus. Es besteht Einigkeit darüber, dass generell eine Klassifikation der Relationen nach semantischen Kriterien erhellend ist, u.a. im Hinblick auf systematische Ambiguität von *cues* (vgl. Knott/Sanders 1998; Sweetser 1990). Eine gewisse Ähnlichkeit mit den objektbasierten Relationen *Consequence* und *Explanation* haben z.B. die 'metasprachlichen' Relationen *Consequence** und *Explanation** in (11) und (12), in denen ein Sprechakt abgeleitet bzw. erklärt wird:[3]

(11) Wenn du durch die Prüfung gefallen bist, erzähle es niemandem. (*Consequence**)

(12) a. Mach bitte das Fenster zu. b. Ich friere. (*Explanation**)

---
[3] Übersetzung von Beispielen in Asher/Lascarides (2003), S. 470.

Taxonomien von Relationen sind aufgrund von intuitiven semantischen Ähnlichkeiten (Mann/Thompson 1988) oder aufgrund der Eigenschaften der sie signalisierenden *cues* (Knott/Sanders 1998; Sanders/Spooren/Noordman 1992) aufgestellt worden. Klassifikationen können aber auch die Semantik der Relationen direkt nutzen. Eine Dimension wäre die temporale Anordnung der Ereignisse, die in den verknüpften Diskurskonstituenten α und β erwähnt werden (vgl. Lascarides/Asher 1993). Gilt etwa, wie in (5), *Result*(α,β), dann enthält die erste Diskurskonstituente α das verursachende Ereignis $e_α$, das dem verursachten Ereignis $e_β$ nicht folgen darf. Für *Elaboration*(α,β) und *Background*(α,β) gilt, dass $e_α$ und $e_β$ zeitlich überlappen. Für *Continuation*(α,β) ist durch die Relation die zeitliche Abfolge der verknüpften Ereignisse nicht festgelegt. Das Gleiche gilt für *Parallel*(α,β) und *Contrast*(α,β).

Restriktionen dieser Art werden in SDRT in Form von Axiomen kodiert und zur logischen Ableitung von Kohärenzrelationen benutzt.[4] In einem gegebenen Fall kann eine zeitliche Abfolge das Ergebnis einer Verrechnung von satzinterner Information sein, das zur Relations-Ableitung genutzt wird, wie z.B. in (1) oben. Die Verbsemantik legt dort nahe, dass das zweite Ereignis das erste verursachte, somit die Bedingung für *Explanation*, nicht für *Narration* erfüllt ist. SDRT verwendet sowohl Axiome von einer Struktur wie in (13), aus denen Relationen direkt abgeleitet werden, wie Postulate, die *cue*-Information, d.h. rein sprachliche Information, einbringen, vgl. (14). Mit der letzteren Regel kann die Kohärenzrelation in (3) oben abgeleitet werden.

(13) Wenn an eine Konstituente α eine Konstituente β kohärent anknüpfbar ist und gilt, dass $e_α$ durch $e_β$ verursacht wird, dann gilt normalerweise *Explanation*(α,β).

(14) Wenn an eine Konstituente α eine Konstituente β kohärent anknüpfbar ist und *dann*(α,β) gilt, dann gilt (strikt) *Narration*(α,β).

Der Text wird 'äußerungsweise' und zyklisch verarbeitet: jede Äußerung erhält zunächst eine semantische Interpretation in einem dynamischen Ansatz (meist DRT); damit steht eine neue Diskurskonstituente zur Verfügung. Ihr Effekt auf den bestehenden Diskurs kommt heraus, indem sie in ein tiefer liegendes Logik-Modul, die *Glue Logic*, transportiert wird und dort ggf. mit verfügbarem Weltwissen nach Maßgabe der vorhandenen Axiome inter-

---

[4] Eine Übersicht bietet der Anhang D in Asher/Lascarides (2003).

agiert. In der *Glue Logic* wird, wo immer möglich, eine Kohärenzrelation abgeleitet, die in die bestehende Diskursrepräsentation eingetragen wird. Damit ist ein Eingangskontext für die nächste zu verarbeitende Textäußerung geschaffen und das CCP der verarbeiteten Äußerung für den gegebenen Kontext ausbuchstabiert.

Es sei noch darauf verwiesen, dass in (13) das *normalerweise* andeutet, dass es sich um ein überschreibbares Axiom handelt. Bei einem Vergleich der Beispiele (1) und (3) wird eine Anwendung dieser Formulierung deutlich; das Auftreten von *dann* verlangt nach (14) strikt, dass *Narration* abgeleitet wird, womit das Axiom (13), das eigentlich in (3) ebenfalls erfüllt ist, überschrieben wird.

(1) a. Max fiel hin. b. Hans schubste ihn. (*Explanation*)

(3) a. Max fiel hin. b. Dann schubste Hans ihn. (*Narration*)

Dieser Hinweis soll klar werden lassen, dass in einem Ansatz wie SDRT Relationen sehr wohl miteinander kontrastiert werden. Mit einem Axiomeninventar hat man ein flexibles und veränderbares Werkzeug, um in einem Ableitungskontext die Präferenz für eine Kohärenzrelation über mehrere benachbarte zu modellieren. Taxonomien wie unten vorgeschlagen leisten einen anderen Dienst: je nach Berücksichtigung eines Invarianzen-Inventars kartografieren sie die semantischen Nachbarschaften und Kontraste der beteiligten Relationen selbst. Ein Modell hierfür bietet zunächst die Klassifizierung von Ereignissen 'aus der wahrnehmbaren Welt'.

3. Ein System von 'Halbstarren Ereignissen'

Für eine bestimmte Menge von untereinander ähnlichen Typen von sichtbaren Ereignissen wurde von den Wahrnehmungstheoretikern W. Warren und R. Shaw 1985 eine Modellierung ihrer Differenzierbarkeit nach optisch wahrnehmbaren wiederkehrenden Merkmalen (Invarianzen) vorgeschlagen. Die Idee bei ihnen ist, dass die Wahrnehmbarkeit eines Ereignisses immer gleichzeitig durch zwei Sorten von Invarianzen festgelegt wird: es gibt *Transformationelle Invarianzen*, die die durch das Ereignis bewirkte Veränderung angeben, und *Strukturelle Invarianzen*, die angeben, was charakteristischerweise beim Ablauf des Ereignisses an Struktur erhalten bleibt. Die beiden Sorten von Invarianzen, die zusammen den sog. *style of change* eines Ereignisses ausmachen, spielen ihre Rolle aber nicht in Isolation. Vielmehr setzt die Wahrnehmung einer Strukturellen Invarianz bei einem Ereignistyp voraus, dass es einen benachbarten Ereignistyp gibt, für den gerade eine Veränderung auf dieser Dimension charakteristisch ist; darüber hinaus hat letzterer eine Strukturelle Invarianz aufzuweisen, die durch die Transformationelle Invarianz von ersterem verändert wird.

Ein Beispiel für zwei derart unterscheidbare Ereignistypen sind 'Rotationen' und 'Translationen', etwa ausgeführt durch entsprechende Verschiebungen eines Buches auf einer Tischoberfläche. Die Charakteristika beider Ereignistypen lassen sich so angeben: bei Rotation des Objektes wird seine Starrheit nicht geändert, sie ist eine Strukturelle Invarianz (*SI*) dieses Typs. Ebenso bleibt die Lage eines Punktes des Objektes (des Drehpunktes) konstant. Eine wichtige Transformationelle Invarianz (*TI*) ist dagegen die sich ändernde 'Orientiertheit' des Objektes, d.h. die Ausrichtung der auf ihm definierten Geraden in Bezug auf seine Umgebung (im Beispiel entspricht dem, dass z.B. die Kanten des Buches ihre Ausrichtung in Bezug auf die Kanten des Tisches ändern). Translationen sind Parallelität erhaltende Verschiebungen. Sie erhalten einmal die Starrheit des verschobenen Objektes, darüber hinaus aber auch seine 'Orientiertheit' und weisen dadurch eine SI auf, die bei Rotationen gerade 'gebrochen' wird. Translationen erhalten keinen Punkt des verschobenen Objektes und weisen damit eine TI auf, die eine SI von Rotationen nicht aufrechterhält.

Die beiden so kontrastierten Ereignistypen sind gleichzeitig in einen weiteren Kontext von Typen zu stellen. Sie differenzieren die TI eines vageren Ereignistyps aus, der 'Starren Verschiebungen' (*rigid displacements*), denen in unserem Anwendungsbeispiel entspricht, das Buch 'irgendwie über den Tisch zu schieben' und es dabei nicht zu verbiegen etc. Es ergibt sich eine Konstellation von Ereignistypen wie in Abb. 1:

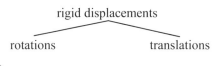

(Abb. 1)

Die strukturellen Eigenschaften von 'Starren Verschiebungen' werden durch Rotationen und Translationen ausdifferenziert. Rotationen und Translationen erfüllen in Bezug auf die TI von 'Starren Verschiebungen' das Schema, das Warren und Shaw in Fortsetzung der eingangs zitierten Passage formulieren:

Thus, information completely specifying a structural property requires contrasting variation in that property, and we propose that it is provided by two dual antisymmetric subgroups of events – „antisymmetric" in that what one preserves the other destroys, „dual" in the strict mathematical sense that they have contrasting, reciprocal effects along a single dimension of change.
(Warren/Shaw 1985, S. 15)

Mit *information* ist hier natürlich visuelle Information gemeint. Die Möglichkeit der Wahrnehmung einer Rotation besteht nur dann, so die These, wenn auch Translationen im Prinzip wahrnehmbar sind, d.h. kontrastierende Veränderungen auf der TI von 'Starren Verschiebungen'. Um letztere zu identifizieren, ist der Kontext für diesen vageren Ereignistyp selbst anzusehen. Auch für ihn gilt, dass er durch Invarianzen mit einem Schwestertyp kontrastiert. D.h., was 'Starre Verschiebungen' systematisch verändern, macht dasjenige aus, was in dem zweiten Element dieses neuen höheren Paares erhalten bleibt, und umgekehrt. Für dieses zweite Element wählen Warren/Shaw den Ereignistyp der 'Biegungen' (*bendings*), der noch vagere übergeordnete Ereignistyp ist der der 'Halbstarren Ereignisse' (*semi-rigid events*), vgl. Abb. 2 (Warren/Shaw 1985, S. 16):

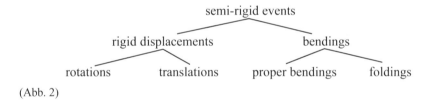

(Abb. 2)

Die Motivation für diese Konstruktion ergibt sich wie folgt: Rotationen und Translationen differenzieren den *transformationellen* Aspekt von 'Starren Verschiebungen' aus. Sie bewahren aber beide die starre Oberfläche des verschobenen Objekts. Das kann als die SI der 'Starren Verschiebungen' aufgefasst werden, die nach unten vererbt wird. 'Biegungen' verändern dagegen systematisch die starre Oberfläche des betroffenen Objektes, sie sind aber strukturerhaltend im Hinblick auf eine gegebene feste Linie von Punkten (Warren/Shaw 1985, S. 17). Dies ergibt ihre SI. Damit wird zugleich die gesuchte TI der 'Starren Verschiebungen' festgelegt: bei ihnen werden alle auf dem Objekt definierten Linien von Punkten systematisch *nicht* erhalten.[5]

---

[5] Auch für 'Halbstarre Ereignisse' sowie 'echte Biegungen' und 'Faltungen' lassen sich jeweils SI und TI formulieren. Die SI von 'echten Biegungen' besteht in der Kontinuität der

4. Invarianzen von Kohärenz-Ereignissen

Für Verknüpfungsereignisse ist ein *style of change* nicht in einem sichtbaren Bereich definierbar. Allerdings abstrahieren auch die von Warren/Shaw formulierten Invarianzen durchaus von den Daten, die dem Perzipienten bei der Wahrnehmung der einzelnen Ereignistypen zur Verfügung stehen. Eine von Gibsonianern[6] wie Warren und Shaw oft gebrauchte Redeweise ist, dass Invarianzen der genannten Art der wahrnehmbaren Umgebung 'entnommen' werden. Diese Ausdrucksweise eignet sich auch, um die hier vertretene Analogie zu formulieren, nämlich dass für jede Kohärenzrelation zwei Arten von semantischen Effekten (auf die Diskursrepräsentation) abgeleitet werden können: solche Effekte, die vorhandene semantische Übereinstimmungen erhalten, und solche, die sie verändern. Erstere können zu den SIen, letztere zu den TIen des entsprechenden Verknüpfungsereignisses gerechnet werden. (Im Folgenden wird oft verkürzt von der SI oder TI einer *Relation* gesprochen.)

Als Beispiel sei ein *style of change* für ein Paar von Relationen aus *Narration* und einer (*Explanation* und *Result* übergeordneten) Relation *Proto-Cause* vorgeschlagen. Sie kontrastieren in folgender Weise: Wenn *Narration* zwischen α und β besteht, entspricht die Abfolge dieser Konstituenten der zeitlichen Abfolge der von ihnen beschriebenen Ereignisse. Diese Restriktion wird in SDRT als obligatorisch definiert.[7] Da sie von der Wahl des spezifischen β unabhängig ist, stellt sie eine SI von *Narration* dar. Die TI von *Narration* kann in der Abhängigkeit dieser Relation von sog. *occasions* gesehen werden. Zur Modellierung dieser Einschränkung wird in SDRT das Vorhandensein einer höheren impliziten Konstituente gefordert, die die *occasion* spezifiziert. Für unsere Zwecke ist relevant, dass die Identität der *occasion* selbst von Information abhängig ist, die durch das hinzukommende β eingeführt wird; die spezifische *occasion* wird erst durch das Verknüpfungsereignis ausgewählt.

Die Invarianzen von *Narration* kontrastieren mit Invarianzen, die man für eine Relation *Proto-Cause* (mit den Töchtern *Result* und *Explanation*) an-

---

Krümmung über das gebogene Objekt hin, die SI von 'Faltungen' im Erhalt des Krümmunggrades der beiden entstandenen Hälften. Beide SIen werden vom jeweils anderen Ereignistyp systematisch 'gebrochen'.

[6] Eine Einführung in die Wahrnehmungstheorie Gibsons findet sich Gibson (1979).
[7] Vgl. Lascarides/Asher (1993).

nehmen kann. *Proto-Cause* ist in Bezug auf eine *occasion* festgelegt, die ein kausatives Ereignis enthält.[8] Diese Invarianz macht die SI der Relation aus, die von der TI von *Narration* 'gebrochen' wird. Andererseits ist *Proto-Cause* nicht in Bezug auf die zeitliche Reihenfolge der Ereignisse in α und β festgelegt. Zwar darf das verursachte Ereignis zeitlich nicht vor dem verursachenden liegen; aber die konkrete zeitliche Anordnung der Ereignisse ergibt sich erst aus der Festlegung ihrer Rolle im kausalen Zusammenhang in α und β; d.h., die Abfolge kann in beide Richtungen gehen. Diese Abhängigkeit bildet eine TI für Kohärenzereignisse mit dieser Relation.

Wenn *Narration* und *Proto-Cause* Schwestern sind, die duale antisymmetrische Invarianzen aufweisen, welche Relation wird durch sie ausdifferenziert? Wie durch die Verschiebungs-Ereignisse im vorigen Abschnitt illustriert, sollte die TI einer solchen Mutter es erlauben, durch die Invarianzen ihrer Töchter spezifiziert zu werden. Ihr eigener *style of change* muss wiederum mit ihrer eigenen Schwester und Mutter interagieren. Eine Kandidatin ist eine Version von *Continuation*, vgl. Abb. 3:

Continuation(α,β)
SI: für α und β gibt es eine gemeinsame höhere Konstituente
TI: die zeitliche Anordnung von e_α bzgl. e_β variiert mit den Inhalten von k_α und k_β

Narration(α,β)
SI: die Reihenfolge der Konstituenten entspricht der zeitl. Abfolge ihrer Ereignisse
TI: der *occasion*-Typ variiert abhängig vom Inhalt von α und β

Proto-Cause(α,β)
SI: *occasion*-Type = *causation*
TI: zeitl. Abfolge der Ereignisse von α und β variiert mit Richtung der Verursachung

(Abb. 3)

---

[8] Die Idee, eine solche Konstituente anzunehmen, nutzt die Arbeit von Degand (2000). In SDRT wird *Proto-Cause* nicht definiert und eine entsprechende höhere Konstituente nicht diskutiert.

Die TI, die hier *Continuation* zugeschrieben wird, bezieht sich auf die zeitliche Abfolge der verknüpften Ereignisse in α und β und spricht den Kontrast zwischen der SI von *Narration* und der TI von *Proto-Cause* an. Die SI von *Continuation* stimmt mit der Semantik überein, die der Relation in SDRT gegeben wird (Asher 1993, Asher/Lascarides 2003). Was erhalten wird, ist die Position eines übergeordneten Topik-Knotens für α und β, *nicht* der Inhalt des Knotens.

Bevor wir eine Relation ansehen, die mit *Continuation* in dieser Hinsicht kontrastiert, soll noch *Proto-Cause* expandiert werden. Letztere Relation soll wie gesagt *Explanation* und *Result* integrieren, wie sie in Asher/Lascarides (2003, Anhang D) charakterisiert sind. Sie werden dort als Konversen beschrieben, mit dem zusätzlichen Unterschied, dass *Result* koordinierend ist, während *Explanation* das verursachende Ereignis in einer untergeordneten Konstituente anknüpft. Dieser Unterschied hat Auswirkungen auf die Salienz des verursachenden Ereignisses: in einer *Explanation*-Konstruktion ist die Konstituente, die dieses Ereignis enthält, auf der rechten äußeren Kante[9] der Diskurs-Struktur und damit 'offen' für Anknüpfung durch eine nachfolgende Relation; in einer *Result*-Konstruktion wird durch Koordinierung diese Konstituente zunächst 'verschlossen'. Vgl. die unterschiedliche Kohärenz der (c)-Äußerung in (15), wo (a) und (b) durch *Explanation* verknüpft sind, und (16), mit Verknüpfung von (a) und (b) durch *Result*:

(15) a. Max brach seinen linken Arm. b. Er fiel über die Schwelle.
c. Sie war gerade höher gesetzt worden.

(16) a. Max fiel über die Schwelle. b. Er brach seinen linken Arm.
$^{??}$c. Sie war gerade höher gesetzt worden.

Explanation erhält so die Salienz beider Ereignisse, während durch eine *Result*-Konstruktion die Salienz von α auf β verschoben wird. Andererseits bewahrt *Result* die zeitliche Anordnung von verursachendem und verursachtem Ereignis, durch *Explanation* wird diese Anordnung vertauscht. *Proto-Cause* wird danach wie folgt ausdifferenziert:

---

[9] Die Diskussion der Rolle der 'Right Frontier' des Text-Baumes geht zurück auf Webber (1991); die dort liegenden Knoten sind 'offen' für Anknüpfung durch Kohärenzrelationen, vgl. Asher (1993, Kap. 4.1).

Proto-Cause(α,β)

SI: *occasion*-Type = *causation*

TI: zeitl. Abfolge der Ereignisse von α und β variiert mit Richtung der Verursachung

Explanation(α,β)
SI: beide Ereignisse bleiben salient
TI: die Reihenfolge der Konstituenten vertauscht die zeitl. Abfolge ihrer Ereignisse

Result(α,β)
SI: die Reihenfolge der Konstituenten entspricht der zeitl. Abfolge ihrer Ereignisse
TI: Salienz der Ereignisse wechselt von e_α zu e_β

(Abb. 4)

Zwar benutzen wir als SI von *Result* eine Invariante, die auch als SI für den Kontrast zwischen *Narration* und *Proto-Cause* weiter oben genutzt wird. Aber da keine höhere SI überschrieben wird, entsteht keine Inkonsistenz. (Das allgemeinere Problem, dass derartige Kreuzklassifikationen vorkommen, ist jedoch noch zu reflektieren.)

Continuation hat eine TI, die es mit anderen Relationen in Kontrast bringt, die zwischen den involvierten Ereignissen eine feste zeitliche Beziehung ansetzen, so besonders *Elaboration* und *Background*. Um diese Konstante einzubringen, wird sie zur SI einer übergeordneten abstrakten Relation *Overlap* gemacht, vgl. unten Abb. 5. Die TI dieser Relation macht die thematische Abhängigkeit zwischen α und β von deren interner Information abhängig und verneint damit die Etablierung eines solchen Topik-Knotens, wie sie von der SI von *Continuation* gefordert wird (vgl. Abb. 5).

Elaboration und *Background* erben beide die zeitliche Überlappung der Ereignisse aus der SI ihrer Mutter. Die Relationen kontrastieren darin, dass *Elaboration* subordinierend ist, wobei die elaborierte Konstituente ein Diskurs-Topik für die subordinierte Konstituente liefert (Asher/Lascarides 2003, Anhang D). Das kann so interpretiert werden, dass die elaborierte Konstituente α durch die Relation eine thematische Prominenz erhält, und dass darin eine SI der Relation besteht. Die thematische Prominenz äußert sich darin, dass die Diskurstopik-Rolle von α bestehen bleibt, wenn es durch mehrere Sätze elaboriert wird, wie unten in Beispiel (20). *Background* ist dagegen koordinierend; dabei kann die Rolle der Vordergrund-Konstituente sowohl von α als auch von β besetzt werden, vgl. (17a versus b):

Overlap(α,β)
SI: zeitl. Überlappung von $e_α$ und $e_β$
TI: thematische Abhängigkeit zwischen
α und β wird relationsintern nach deren
Inhalt definiert

Elaboration(α,β)
SI: α ist die thematisch
prominente Konstituente
TI: Zoom der Prädikation in β,
abhängig von der in α gewählten
Dimension

Background(α,β)
SI: gleiche Granularität der
Prädikation in α und β
TI: thematische Prominenz variiert
mit der Wahl der Vordergrund-
Konstituente

(Abb. 5)

(17) a. Anna kam von der Schule nach Hause. Es regnete.
(Vordergrund: α)

b. Es regnete. Anna kam von der Schule nach Hause.
(Vordergrund: β)

Die Vordergrund-Konstituente ist sicher thematisch prominent.[10] Was Vordergrund- und was Hintergrundkonstituente jeweils ist, ergibt sich aber erst aus dem Inhalt von α und β. Diese Tatsache kann als TI von *Background* interpretiert werden, mit der diese Relation 'bricht', was in der SI von *Elaboration* festgelegt ist.

Elaboration 'zoomt' charakteristischerweise in β zu einem Aspekt auf das Material, das in α präsentiert wird. In (6) wird in β die Art und Weise spezifiziert, in der das Ereignis in α stattfindet.

---

[10] Thematische Prominenz des Vordergrundes äußert sich darin, dass Individuen aus einer vorausgehenden Vordergrund-Konstituente anaphorisch zugänglich bleiben. Zwar ist *Background* koordinierend, und seine zweite Konstituente müsste entsprechend die erste anaphorisch 'versiegeln'. Asher/Lascarides (2003, S.165f.) weisen darauf hin, dass trotzdem die erste Konstituente 'offen' bleibt. In ihrem Textbeispiel (37) besteht *Background* zwischen den ersten beiden Textäußerungen. Das Pronomen in (c) kann auf ein Antezedens in (a) bezogen werden. Dies geht offenbar nicht in (38), wo zwischen (a) und (b) *Narration* besteht.
(37) a. A burglar broke into Mary's appartment. b. Mary was asleep. c. He stole the silver.
(38) a. A burglar broke into Mary's appartment. b. A police woman visited her the next day. c. ??He stole the silver.

(6) a. Max fiel hin. b. Sein Körper machte eine halbe Drehung.

In Grabski (2000, 2001) wird argumentiert, dass generell *Elaboration* die Wahl einer semantischen Dimension involviert, nach der das Material in α klassifiziert werden kann.[11] Diese Wahl wird durch die Prädikation, die in β gemacht wird, induziert, vgl.:

(18) Hamdi wechselt nun die Schule. Er geht aufs Gymnasium. (*Elaboration*, Dimension: Schultyp)

(19) Hamdi wechselt nun die Schule. Er kommt in eine Schule in seinem eigenen Viertel. (*Elaboration*, Dimension: Ort der Schule)

Typischerweise ist die Prädikation in β feinkörniger als die in α gemachte. Die Wahl des Aspekts der Prädikation hängt vom Inhalt von β ab. Daraus ergibt sich eine TI für die Relation. Andererseits scheint *Background* keinen entsprechenden Wechsel der Granularität einzuführen. Dies kann man als eine strukturerhaltende Eigenschaft sehen, d.h. als die SI dieser Relation.

Durch *Overlap* wird die Familie von Relationen mit zeitlicher Überlappung der Ereignisse mit solchen Relationen konstrastiert, die dort inhaltsabhängige zeitliche Beziehungen aufweisen, d.h. die *Continuation*-Familie. Beide Familien differenzieren eine abstrakte Relation aus, *Content-based-link*, die ihrerseits mit einem Zweig von Relationen in Kontrast steht, in dem sich *Contrast* und *Parallel* befinden, 'strukturbasierte' Relationen, vgl. (9) und (10) oben. *Content-based-link* nutzt nicht systematisch strukturelle Ähnlichkeiten zwischen u_α und u_β, den Artikulationen von α und β an der Textoberfläche, was eine TI für diese Relation ergibt. Eine spezifische SI ergäbe sich durch eine eingehendere Diskussion des Typs der strukturbasierten Relationen, die hier unterbleiben muss. In Abb. 6 ist ersatzweise eine noch höhere SI angegeben, die sicher gilt: dass β an α intuitiv kohärent angefügt wird, notiert durch $<\alpha,\beta>$.[12]

Die Ausdifferenzierung dieser Relation ist angegeben in Abb. 6, einen Überblick über die diskutierten Relationen (ohne Angabe der Invarianzen) gibt Abb. 7.

---

[11] 'Dimension' wird dort sehr ähnlich verwendet wie in den Arbeiten von Lutzeier zur Klassifikation von Lexemen in Wortfeldern, etwa in Lutzeier (1981).
[12] Die Notation ist in Lascarides/Asher (1993) erklärt.

Content-based link(α,β)
SI: <τ, α, β>
TI: keine strukturelle Ähnlichkeit zwischen u_α und u_β wird ausgenutzt

Overlap(α,β)
SI: zeitl. Überlappung von e_α und e_β
TI: thematische Abhängigkeit zwischen α und β wird relationsintern definiert

Continuation(α,β)
SI: für α und β gibt es eine gemeinsame höhere Konstituente
TI: die zeitliche Anordnung von e_α bzgl. e_β variiert mit den Inhalten von k_α und k_β

(Abb. 6)

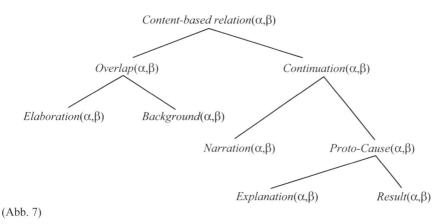

(Abb. 7)

Mit der Struktur von Relationen in Abb. 7 ist ihr wechselseitiger Kontrast festgelegt. Nicht nur Schwestern wie *Elaboration* und *Background* oder *Explanation* und *Result* kontrastieren, sondern in schwächerer Weise auch beliebige Relationen, die nach der obigen Baumstruktur nicht vergleichbar sind. Dies ist deswegen der Fall, weil jedes Element eines Schwesternpaares Information über das andere Element hat, wenn auch über die SI-TI-Beziehung.

Beispielsweise ist *Narration* mit *Elaboration* insofern vergleichbar, als *Narration* die SI von *Continuation* erbt (= 'der *occasion*-Typ variiert abhängig vom Inhalt von α und β'), die eine Entsprechung in der TI von *Overlap* hat (= 'thematische Abhängigkeit zwischen α und β wird relationsintern nach deren Inhalt definiert'). Diese wird durch die SI von *Elaboration* ausdifferenziert (= 'α ist die thematisch prominente Konstituente').

5. Eine alternative Ausdifferenzierung

Ein weiterer Punkt ist, dass die Struktur in Abb. 7 nicht die einzig mögliche ist, die die genannten Kohärenzrelationen konsistent kontrastiert. Auch in der Taxonomie der 'Halbstarren Ereignisse' oben wurden für einen Ereignistyp, *Rotation*, zwei SIen genannt. Die Einführung anderer Invarianzen ändert natürlich die Ausdifferenzierungsstruktur. Das wiederholte Auftreten von Invarianzen, oben bemerkt für die SI von *Narration* und von *Result*, war im Grunde ein Hinweis auf mögliche Alternativen für die Relationen-Hierarchie. Ein Beispiel für den Anfang eines geänderten Baums ist ein Kontrast zwischen *Elaboration* und *Continuation*, in dem die Tatsache genutzt wird, dass *Elaboration* thematisch bei dem Diskurstopik 'verbleibt', das durch ihr erstes Argument α ausgedrückt wird. In der elaborierenden Äußerung zoomt die Relation auf Bestandteile von α und spezifiziert sie genauer (vgl. oben (18), (19)). Dabei folgt sie einer Dimension, die konstant bleiben muss, falls es mehrere elaborierende Äußerungen gibt, und die in ihrer Ausdehnung durch den Inhalt von α festgelegt ist (vgl. Grabski 2001).

(20) a. Die Getränke auf dem Tisch ergaben ein farbenfrohes Bild.
b. Da standen Kannen mit Milch,
c. es gab Orangensaft-Flaschen,
d. #die vier Tischbeine waren rot.

Diese Anforderungen machen eine SI für die Relation aus. Eine TI besteht (vgl. oben Abb. 5) darin, dass durch das Zoomen sich die Granularität der Prädikation in β ändert. *Continuation*, das auch als Elaboration einer impliziten höheren Konstituente aufgefasst werden kann (Asher 1993), führt hingegen in seinem β neue Inhalte ein (TI), ändert aber damit nicht die Granularität (SI). *Continuation* wird dann weiter ausdifferenziert zu *Background* und einer Relation *Proto-Report* (die ihrerseits zu *Narration* und den kausalen Relationen ausdifferenzierbar ist).

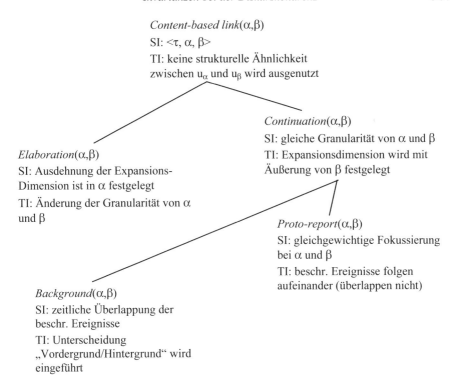

(Abb. 8)

Diese Hierarchie bringt den dualen Charakter von *Elaboration* und *Continuation* heraus, wie er in Asher (1993) betont wird. Dafür kommt eine Ähnlichkeit zwischen *Elaboration* und *Background* nicht heraus, nämlich dass beide ein Zeitintervall für die durch sie verknüpften Ereignisse fixieren. Diese Gemeinsamkeit wurde oben in der Kontraststruktur in Abb. 7 in der SI von *Overlap* berücksichtigt.

Mit den gewählten Invarianzen kann sich also die Ausdifferenzierung beträchtlich ändern. In Abb. 8 differenziert *Elaboration* einen anderen Ereignistyp aus als in Abb. 7 und kontrastiert außerdem mit *Continuation*, in Abb. 7 dagegen mit *Background*. Kontrastbeziehungen zwischen den Kohärenzrelationen sind daher nicht 'once for all'. Vielmehr sind sie abhängig von der Verfügbarkeit (oder: 'Entnehmbarkeit') von Invarianzen aus dem Text. Für die Wahl einer Relation in einer Ableitungssituation stellt eine konstruierbare Ausdifferenzierungshierarchie daher einen Kontext dar, in dem die eventuell im Text intendierte Relation in einer Umgebung von kontrastierenden Relationen repräsentiert ist.

6. Ein Fazit

Was das CCP von Diskursäußerungen betrifft, kann man daher nicht nur die Etablierung einer Kohärenzrelation als Teil ihres jeweiligen CCPs fordern, sondern auch, je nach dem Text entnehmbaren Invarianzen, einen impliziten Kontext von Relationen, die in der jeweils aktualisierten Ausdifferenzierungshierarchie mit der abgeleiteten Relation kontrastieren.

7. Literatur

Asher, Nicholas (1993): Reference to Abstract Objects in Discourse. Dordrecht.

Asher, Nicholas/Lascarides, Alex (2001): Indirect Speech Acts. In: Synthese 128, S. 183-228.

Asher, Nicholas/Lascarides, Alex (2003): Logics of Conversation. Cambridge.

Degand, Liesbeth (2000): Causal Connectives or Causal Prepositions? Discursive Constraints. In: Journal of Pragmatics 32, S. 687-707.

Gibson, James (1979): The Ecological Approach to Visual Perception. Boston. [Dt. (1982): Wahrnehmung und Umwelt. Übers. u. hrsg. v. Gerhard Lücke u. Ivo Kohler. München/Wien/Baltimore.]

Grabski, Michael (1994): Typologien einiger kontextsensitiver Ausdrücke anhand von symmetrieerhaltenden und -brechenden Eigenschaften. In: Robering, Klaus (Hg.): Sorten, Typen und Typenfreiheit. Arbeitspapiere zur Linguistik. Berlin. S. 197-226.

Grabski, Michael (2000): Satztopik und Diskurstopik in Elaboration-Kontexten. In: Schwabe, Kerstin/Meinunger, André/Gasde, Dieter (Hg.): Issues on Topics. (= ZAS Papers in Linguistics 20). Berlin. S. 173-207.

Grabski, Michael (2001): Internals from Elaboration. In: Teuber, Oliver/Fuhrhop, Nanna (Hg.): ZAS Papers in Linguistics 21. Berlin. S. 59-66.

Groenendijk, Jeroen/Stokhof, Martin (1991): Dynamic Predicate Logic. In: Linguistics and Philosophy 14, S. 39-100.

Hobbs, Jerry (1985): On the Coherence and Structure of Discourse. Report No. CSLI-85-37. Stanford.

Hobbs, Jerry/Stickel, Mark/Appelt, Douglas/Martin, Paul (1993): Interpretation as Abduction. In: Artificial Intelligence 63, S. 69-142.

Kamp, Hans/Reyle, Uwe (1993): From Discourse to Logic. Dordrecht.

Knott, Alistair (1996): A Data-Driven Methodology for Motivating a Set of Coherence Relations. PhD Thesis. Dept. of Artificial Intelligence. Edinburgh.

Knott, Alistair/Sanders, Ted H. (1998): The Classification of Coherence Relations and their Linguistic Markers: An Exploration of Two Languages. In: Journal of Pragmatics 30, S. 135-175. [Online unter: http://www.cs.otago.ac.nz/staffpriv/alik/papers/ted.pdf (Stand: Juli 2005).]

Lascarides, Alex/Asher, Nicholas (1993): Temporal Interpretation, Discourse Relations, and Commonsense Entailment. In: Linguistics and Philosophy 16, S. 437-493.

Lutzeier, Peter (1981): Wort und Feld. Tübingen.

Mann, William/Thompson, Sandra (1988): Rhetorical Structure Theory: Toward a functional Theory of text organization. In: Text 8, S. 243-281.

Pander Maat, Henk/Degand, Liesbeth (2001): Scaling Causal Relations and Connectives in Terms of Speaker Involvement. In: Cognitive Linguistics 12, S. 211-45.

Pander Maat, Henk/Sanders, Ted H. (2000): Domains of Use or Subjectivity: The Distribution of Three Dutch Causal Connectives Explained. In: Couper-Kuhlen, Elisabeth/Kortmann, Bernd (Hg.): Cause, Condition, Concession, and Contrast: Cognitive and Discourse Perspectives. Berlin/New York. S. 57-82.

Pit, Mirna (2003): How to Express yourself with a Causal Connective. Subjectivity and Causal Connectives in Dutch, German and French. Amsterdam/New York.

Polanyi, Livia (1985): A Theory of Discourse Structure and Discourse Coherence. In: Eilfort, William H./Kroeber, Paul D./Peterson, Karen L. (Hg): Papers from the General Session at the Twenty-First Regional Meeting of the Chicago Linguistic Society. Chicago. S. 25-27.

Sanders, Ted H./Spooren, Wilbert/Noordman, Leo (1992): Toward a Taxonomy of Coherence Relations. In: Discourse Processes 24, S. 119-147.

Searle, John (1965): What is a Speech Act? In: Black, Max (Hg.): Philosophy in America. Cornell. S. 615-28.

Sweetser, Eve E. (1990): From Etymology to Pragmatics. Cambridge.

Warren, William H./Shaw, Robert E. (1985): Events and Encounters as Units of Analysis for Ecological Psychology. In: Warren, William H./Shaw, Robert E. (Hg.): Persistence and Change. Hillsdale. S. 1-28.

Webber, Bonny (1991): Structure and Ostension in the Interpretation of Discourse Deixis. In: Natural Language and Cognitive Processes 6, S. 107-35.

Kristel Proost

Spuren der Kreolisierung im Lexikon des Afrikaans

1. Einleitung

Wer mit Gisela zusammengearbeitet hat, weiß, dass sie viel und gerne diskutiert. Für ihre Mitarbeiter hatte dies die Konsequenz, dass sie immer ein offenes Ohr für ihre linguistischen oder sonstigen wissenschaftlichen Interessen fanden, auch wenn diese Giselas eigene Forschungsgebiete nicht immer direkt berührten. Zu dem breiten Spektrum der Themen, über die ich immer wieder lustvoll mit Gisela habe diskutieren können, gehört auch die Debatte um den umstrittenen Status des Afrikaans als eine Kreol- oder Semi-Kreolsprache bzw. als eine Sprache, die aus einer Pidgin- und/oder Kreolsprache entstanden ist. Dass es nicht schwer fiel, Giselas Interesse für dieses Thema zu wecken, ist zum einen darauf zurückzuführen, dass sie aufgrund ihrer Niederländischkenntnisse Einblick in die sprachlichen Strukturen hatte, die als Argumente für bzw. gegen die Kreolisierungshypothese angeführt worden sind. Zum anderen interessierten sie auch die politischen Motive, die die linguistische Debatte um den Status des Afrikaans in unseren Augen oft zu lenken schienen.

Dass politische Ansichten wenigstens bis kurz nach dem Ende der Apartheid-Ära eine wesentliche Rolle bei der linguistischen Argumentation spielten, zeigt sich beispielsweise darin, dass die Kreolisierungshypothese als Modell der Entwicklung des Afrikaans vorwiegend von europäischen und nordamerikanischen Linguisten wie etwa Hesseling, Markey und den Besten vertreten worden ist, während sie von den Linguisten der so genannten „South African philological school" – eine von den Besten eingeführte Bezeichnung für eine Gruppe südafrikanischer Linguisten – vehement abgelehnt wurde. Die Vertreter dieser Schule betonen stattdessen die Nähe des Afrikaans zum Niederländischen und behaupten, dass das Afrikaans sich mehr oder weniger linear aus einem niederländischen Dialekt oder einer niederländischen Dialektgruppe entwickelt hat.

Dieser Beitrag befasst sich mit der Frage, ob das Lexikon des Afrikaans Eigenschaften aufweist, die auf ein Pidgin- und/oder Kreolstadium in der Entwicklung dieser Sprache schließen lassen. Es werden lexikalische und morpho-lexikalische Merkmale diskutiert, die als mögliche Indizien für Kreolisierung gelten können. Bevor ich auf die verschiedenen Modelle der Sprachentwicklung am Kap und die Argumente, die für bzw. gegen sie angeführt worden sind, eingehe, werde ich zeigen, welche Merkmale Kontaktsprachen aufweisen müssen, um als Pidgin- bzw. Kreolsprachen gelten zu können.

2. Merkmale von Pidgin- und Kreolsprachen

Romaine definiert Pidgin- und Kreolsprachen als reduzierte Mischsprachen, die keine Autonomie oder Historizität haben und nicht standardisiert sind (vgl. Romaine 1988, S. 42). Mit dieser Definition werden Pidgin- und Kreolsprachen sowohl in formaler als auch in soziolinguistischer Hinsicht von anderen Typen von Kontaktsprachen abgegrenzt. Formal unterscheiden sich Pidgin- und Kreolsprachen von anderen natürlichen Sprachen durch die Eigenschaft der Reduktion. Damit ist gemeint, dass sie im Vergleich zu den Sprachen, aus deren Kontakt sie entstanden sind, vereinfachte phonologische, morphologische und syntaktische Strukturen und ein reduziertes lexikalisches Inventar aufweisen. Das trifft vor allem auf Pidginsprachen zu. Pidginsprachen entstehen als Not- oder Hilfssprachen aus dem Kontakt von Sprechern, die keine gemeinsame Sprache haben (vgl. Todd 1974, S. 1f.; 1984, S. 3; Hellinger 1985, S. 1; Mühlhäusler 1996, S. 642). Der Kontakt beschränkt sich in der Entstehungsphase einer Pidginsprache auf ganz bestimmte Situationen, wie z.B. rudimentäre Handelstransaktionen oder Kriegshandlungen, die keinen detaillierten Austausch von Ideen erfordern. Um die minimalen kommunikativen Bedürfnisse von Sprechern in diesen Situationen zu erfüllen, wird eine Hilfssprache geschaffen, die aus einigen wenigen einfachen Strukturen und einer geringen Anzahl von Wörtern besteht. Welche Inputsprache die Grundlage für das Lexikon und die Grammatik der Pidginsprache bildet, hängt von den Machtverhältnissen zwischen den am Sprachkontakt beteiligten Sprachgemeinschaften ab. Beim Kontakt gleichberechtigter Gruppen entsteht eine Pidginsprache, die Elemente des Lexikons und der Grammatik aller involvierten Sprachen enthält. Ungleiche Machtverhältnisse führen zum Entstehen von Pidginsprachen, deren Lexikon größtenteils aus Wörtern der Superstratsprache (der Sprache der in sozialer Hinsicht überlegenen Gruppe) besteht (vgl. Mühlhäusler 1996, S. 642).

Die vereinfachte Struktur, die typisch für Pidginsprachen ist, zeigt sich beispielsweise darin, dass redundante Markierungen, die in vielen natürlichen

Sprachen vorkommen, in Pidginsprachen getilgt werden. Ein Beispiel einer redundanten Markierung ist die dreifache Pluralmarkierung in (1):

(1) die <u>zwei</u> groß<u>en</u> Zeitung<u>en</u>

In Pidginsprachen wird das Merkmal [Plural] nur einmal, nämlich durch ein Zahlwort, markiert, vgl.:

(2) <u>tupela</u> bikpela pepa[1]
('Die zwei großen Zeitungen')
(Neo-Melanesisches Pidgin; Beispiel aus Todd 1974, S. 2)

(3) di <u>tu</u> big pepa
('Die zwei großen Zeitungen')
(Kamerun Pidgin Englisch; Beispiel aus Todd 1974, S. 2)

Pidginsprachen können sich sowohl in struktureller als auch in funktionaler Hinsicht weiterentwickeln. Traditionell wird zwischen den drei folgenden Typen von Pidginsprachen unterschieden, die sich durch zunehmende Komplexität und funktionale Diversität auszeichnen: Jargons, stabile Pidginsprachen und expandierte Pidginsprachen. Letztere lassen sich im Hinblick auf ihre Komplexität kaum noch von Kreolsprachen unterscheiden (vgl. Mühlhäusler 1986, S. 134-205; 1996, S. 643).

Eine Kreolsprache entsteht, wenn eine Pidginsprache sich zur Muttersprache einer Sprachgemeinschaft entwickelt (vgl. Todd 1974, S. 3; 1984, S. 4). Da Kreolsprachen als Muttersprachen für alle Lebensbereiche verwendbar sein müssen, werden die kommunikativen Funktionen der ursprünglichen Pidginsprache bei deren Entwicklung zur Muttersprache erweitert und differenziert, was zu einer Elaboration der Grammatik und einer Expansion des Wortschatzes der Pidginsprache führt (vgl. Todd 1974, S. 3; Hellinger 1985, S. 1). Die Entwicklung zur größeren Komplexität zeigt sich beispielsweise in einer zunehmenden Variabilität der Wortstellung. Während die Wortstellung in Pidginsprachen meist invariabel ist (vgl. Romaine 1988, S. 29), gibt es in Kreolsprachen die Möglichkeit, bestimmte Konstituenten zu fokussieren, indem sie der Kopula nachgestellt und/oder aus ihrer kanonischen Position herausbewegt und an den Satzanfang gestellt werden (vgl. Bickerton 1981,

---

[1] In diesem Beispiel fungiert -<i>pela</i> als ein Suffix, das die Wortklasse 'attributives Adjektiv' markiert. In den Personalpronomen der 1. und 2. Person Plural realisiert -<i>pela</i> das Pluralmorphem (wie z.B. in Tok Pisin <i>mipela</i> und <i>yupela</i> – 'wir' bzw. 'ihr') (vgl. Mühlhäusler 1986, S. 153f.).

S. 51). Die Subjekt-NP bzw. die Objekt-NP in (4) können beispielsweise fokussiert werden, indem der Satz *Jan bin sii wan uman* ('Jan hatte eine Frau gesehen') in einen Spaltsatz umgewandelt wird:

(4) Jan bin sii wan uman
('Jan hatte eine Frau gesehen.')
(Guyanesisches Kreol; Beispiel aus Bickerton 1981, S. 52)

(4a) a Jan bin sii wan uman
('Es war Jan, der eine Frau gesehen hatte.')

(4b) a uman Jan bin sii
('Es war eine Frau, die Jan gesehen hatte.')

Weitere, aus anderen Sprachen bekannte Mechanismen der Fokussierung wie die Verwendung spezieller Fokussierungspartikel oder Betonungsmuster stehen nach Bickerton in Kreolsprachen nicht zur Verfügung (vgl. ebd., S. 51). Dies bedeutet, dass Kreolsprachen im Hinblick auf die Möglichkeiten der Fokussierung einzelner Konstituenten einerseits komplexer als Pidginsprachen, andererseits aber auch weniger komplex als andere natürliche Sprachen sind. Diese Beobachtung spricht zunächst für die Richtigkeit von Romaines Definition von Pidgin- **und** Kreolsprachen als reduzierte Sprachen („reduced languages"). Kreolsprachen weisen aber auch Merkmale auf, die in anderen natürlichen Sprachen fehlen. Ein Beispiel ist das von Bickerton beobachtete Phänomen, dass sich semantische Eigenschaften von Komplementsätzen in Kreolsprachen häufig auf die Wahl des jeweiligen Komplementierers auswirken: Welcher Komplementierer in welchem Komplementsatz verwendet wird, ist davon abhängig, ob die im Komplementsatz ausgedrückte Handlung vollzogen wurde oder nicht. Dieses Phänomen tritt nach Bickerton in einer großen Anzahl von Kreolsprachen auf, während es in anderen natürlichen Sprachen nicht oder kaum vorkommt (vgl. Bickerton 1981, S. 59-62). Bickerton zitiert ein Beispiel aus mauritianischem Kreol, in dem der Komplementierer *al* (aus dem Französischen *aller*) mit Bezug auf vollzogene und der Komplementierer *pu al* (aus dem Französischen *pour aller*) mit Bezug auf nicht-vollzogene Handlungen verwendet wird, vgl.:

(5) li desid <u>al</u> met posoh ladah
('Sie beschloss, den Fisch in den Teich zu tun' [und sie tat es auch.])
(Beispiel aus Bickerton 1981, S. 60)

Die Verwendung von *al* in diesem Beispiel lässt nur die Interpretation zu, dass die mit *li* bezeichnete handelnde Person den Fisch tatsächlich in den Teich tat. Da das Agens in Beispiel (6) am Ausführen der von ihm beabsichtigten Handlung (das Anzünden eines Hauses) gehindert wird, kann in diesem Fall nur der Komplementierer *pu al* verwendet werden:

(6) li ti pe ale aswar <u>pu al</u> bril lakaz sa garsoh-la me lor sime ban dayin fin atake li
('Er wäre an diesem Abend hingegangen, um das Haus des Jungen anzuzünden, aber unterwegs wurde er von Hexen angegriffen.')
(Beispiel aus Bickerton 1981, S. 61)

Die Tatsache, dass in Kreolsprachen teilweise konzeptuelle Distinktionen ausgedrückt werden, die in anderen natürlichen Sprachen weder lexikalisiert noch grammatikalisiert sind, zeigt, dass Romaines Definition von Pidgin- **und** Kreolsprachen als reduzierte Sprachen zumindest im Hinblick auf Kreolsprachen nicht ganz unproblematisch ist. Todd weist jedenfalls darauf hin, dass Kreolsprachen sich in rein linguistischer Hinsicht oft nur schwer von anderen Muttersprachen unterscheiden lassen. Ihr Status als Kreolsprachen sei häufig nur deswegen gesichert, weil ihre Entstehungsgeschichte bekannt ist (vgl. Todd 1974, S. 4f.).

In soziolinguistischer Hinsicht zeichnen sich Pidgin- und Kreolsprachen nach Romaines Definition dadurch aus, dass sie keine Autonomie oder Historizität haben und nicht standardisiert sind. Eine Sprache gilt als autonom, wenn sie von ihren Sprechern als eine eigenständige Sprache, d.h. nicht als eine Variante einer anderen, angesehen wird (vgl. Romaine 1988, S. 42f.). Substandardvarianten und Pidgin- und Kreolsprachen werden von ihren Sprechern üblicherweise nicht als autonome Sprachen betrachtet, aber es gibt Kreolsprachen und auch einige expandierte Pidginsprachen, die von vielen ihrer Sprecher als einheimische Sprachen angesehen werden. Ein Beispiel ist Tok Pisin, eine Englisch-basierte Pidginsprache, die auf Papua Neu Guinea und Irian Jaya von mehr als einer Million Einwohnern gesprochen wird (vgl. Holm 1989, S. 529). Tok Pisin wird von manchen Sprechern als eine einheimische Sprache, von anderen aber als eine Sprache der Kolonialzeit angesehen (vgl. Romaine 1988, S. 43). Dieses Beispiel zeigt, dass das Kriterium der Autonomie sich nur schwer anwenden lässt, weil individuelle Sprecher unterschiedliche Auffassungen vom Status ihrer Sprache(n) haben. Allerdings gilt Tok Pisin als eine expandierte Pidginsprache, was bedeutet, dass es über eine komplexe Syntax und eine sich entwickelnde Wortbildungskomponente verfügt und es in nahezu allen Bereichen des täglichen Lebens verwendet wird. Expandierte Pidginsprachen sind selten; die bekanntesten Beispiele sind Tok Pisin und Westafrikanisches Pidgin Englisch (vgl. Romaine 1988, S. 138; Mühlhäusler 1986, S. 177). Es scheint plausibel, dass Sprachen, die alle Funktionen erfüllen, die Muttersprachen üblicherweise erfüllen, von ihren Sprechern als autonom empfunden werden. Das gilt sowohl für expandierte Pidginsprachen als auch für Kreolsprachen. Pidginsprachen, die funktional weniger differenziert sind und über eine weniger komplexe Grammatik verfügen, dürften ebenso wenig wie Substandardvarianten von Nicht-Pidgin- und Nicht-Kreolsprachen als autonome Sprachen gelten.

Das Merkmal der Historizität bezieht sich auf die Eigenschaft von Sprachen, sich aus dem Gebrauch durch eine ethnische oder soziale Gruppe entwickelt zu haben. Sprachen, die ein gewisses Maß an Historizität aufweisen, werden von ihren Sprechern als Mittel zum Ausdruck der Identität einer sozialen Gruppe (einer Sprachgemeinschaft) angesehen. Nach Romaine unterscheiden sich Zweitsprachen von Erstsprachen durch ihre Eigenschaft der Nicht-Historizität. Sie würden daher viel weniger als Erstsprachen als Mittel zur Identifikation mit einer sozialen Gruppe angesehen (vgl. Romaine 1988, S. 42). Da Pidginsprachen als Hilfssprachen mit stark eingeschränkten kommunikativen Funktionen entstehen, ist klar, dass sie wenigstens in der Anfangsphase ihres Entstehens keine Historizität haben. Ob Kreolsprachen keine Historizität haben (wie Romaine behauptet), ist fraglich: Es scheint jedenfalls plausibel, dass Kreol-Muttersprachler ihre Kreolsprache als Mittel der Identifikation mit der Sprachgemeinschaft betrachten.

Mit Nicht-Standardisierung, dem dritten Merkmal, in dem sich Pidgin- und Kreolsprachen in funktionaler Hinsicht von anderen natürlichen Sprachen unterscheiden, ist das Fehlen von kodifizierten Normen gemeint, die allgemein akzeptiert sind und die Grundlage für den Unterricht in einer Sprache bilden (vgl. Romaine 1988, S. 42). Das Vorhandensein von Wörterbüchern und Grammatiken reicht nach Romaine nicht aus, damit eine Sprache als standardisiert gelten kann; als standardisiert gelte eine Sprache nur dann, wenn es in der entsprechenden Sprachgemeinschaft eine anerkannte Instanz gibt, die Normverletzungen sanktioniert. Nach Romaine gibt es keine Pidgin- oder Kreolsprache, die diesen Kriterien für Standardisierung genügt.

Aus der Diskussion über die Besonderheiten von Pidgin- und Kreolsprachen können wir Folgendes festhalten: Pidgin- und Kreolsprachen sind nichtstandardisierte Mischsprachen. Pidginsprachen unterscheiden sich von Kreolsprachen durch ihre funktionale Spezialisierung und durch die Eigenschaft der grammatischen und lexikalischen Reduktion. Pidginsprachen haben, vor allem in den früheren Phasen ihrer Entwicklung, keine Historizität und werden von ihren Sprechern nicht als autonome Sprachen angesehen. Kreolsprachen sind strukturell komplexer als Pidginsprachen. Die Eigenschaft der Reduktion trifft nur insofern auf sie zu, als ihre Strukturen im Allgemeinen einfacher als die von anderen natürlichen Sprachen sind. Da Kreolsprachen aber auch ganz besondere kreolspezifische Merkmale aufweisen, die in anderen natürlichen Sprachen fehlen, ist ihre Einstufung als reduzierte Sprachen insgesamt fragwürdig. Als Muttersprachen werden Kreolsprachen für fast alle Bereiche des täglichen Lebens verwendet. Sie sind nicht-standardisiert, werden aber im Unterschied zu Pidginsprachen von ihren Sprechern als autonome Sprachen angesehen. Die von Romaine postulierte Nicht-Historizität von Kreolsprachen ist fraglich.

Nachdem gezeigt wurde, wie sich Pidgin- und Kreolsprachen voneinander sowie von anderen natürlichen Sprachen unterscheiden, werde ich im nächsten Kapitel zwei Modelle der Entwicklung des Afrikaans darstellen. Anschließend werde ich mich mit den (morpho-)lexikalischen Eigenschaften auseinandersetzen, die als Argumente für bzw. gegen diese Modelle angeführt worden sind.

3. Zwei Modelle der Sprachentwicklung am Kap

3.1 Das Modell der linearen Entwicklung aus dem Niederländischen

1652 gründete die „Vereenigde Oostindische Compagnie" (im Folgenden OIK für „Oostindische Kompanie") am Kap der Guten Hoffnung eine Niederlassung, die zunächst nur eine Zwischenstation für die Schiffe der OIK auf ihrer Fahrt nach und von Indien sein sollte. Zu diesem Zeitpunkt hatte weder die OIK noch die niederländische Regierung die Absicht, eine niederländische Kolonie am Kap zu gründen; die OIK beabsichtigte zunächst nur, eine Obst- und Gemüseplantage am Kap anzulegen und eine Garnison mit einem Hospital für kranke Mitglieder der Kompanie zu errichten. Die Anlage erstreckte sich dementsprechend nur auf ein kleines Gebiet, das zunächst von 90 Personen (Männern, Frauen und Kindern) besiedelt wurde. Bis 1662 wuchs die Gesamtbevölkerung der Kapniederlassung allerdings bis auf 463 Personen an (vgl. Raidt 1983, S. 8). Mit der Bevölkerung der OIK-Niederlassung waren bereits verschiedene Varianten des Niederländischen am Kap vertreten: das städtische Niederländisch der OIK-Beamten, das sich um diese Zeit allmählich zur Standardsprache entwickelte, und die Dialekte der OIK-Angestellten. Außer den Dialekten der Provinzen Nord- und Süd-Holland, die am stärksten vertreten waren, waren noch das Seeländische, das Utrechtische, das Flämische und das Brabantische unter der Kapbevölkerung verbreitet (vgl. Kloeke 1950, S. 229-274).

Gegen Ende des 17. Jahrhunderts entstanden die ersten Kontakte zwischen den Holländern und den Stämmen der Khoin, die bereits lange vor der Ankunft der Holländer am Kap ansässig waren. Die Khoin, die oft auch als „Hottentotten" bezeichnet werden, lebten in Zeiten des Überflusses als Viehbesitzer und trieben Tauschhandel mit den Holländern. In Zeiten der Armut lebten sie als Jäger oder traten in den Dienst der Weißen (vgl. Raidt 1983, S. 9-20). Die Khoin wurden von den Holländern nie als Sklaven behandelt; die Kompanie betrachtete sie im Gegenteil als ihre Untertanen und beschützte sie (vgl. ebd., S. 14). Als Hausangestellte der Holländer lernten die Khoin häufig Niederländisch; viele von ihnen waren als Dolmetscher tätig. Die Sprachpolitik der OIK, die den Gebrauch des Niederländischen am Kap unter allen Umständen erzwingen wollte, verhinderte aber, dass die Holländer Khoinsprachen lernten. Der Einfluss blieb deswegen beschränkt und einseitig (vgl. ebd., S. 18). Der Einfluss der Khoinsprachen zeigt sich nach Raidt vor allem auf dem Gebiet des Wortschatzes. Viele Pflanzen- und Tiernamen sowie Ortsnamen und Landschaftsbezeichnungen wurden aus Khoinsprachen übernommen (vgl. Raidt 1983, S. 70f.). Beispiele sind *gogga* ('Insekt'), *kwagga* ('Zebra'), Ortsnamen mit dem Khoisuffix *-dou* ('Weg' oder 'Pforte') wie etwa *Nardou* und *Tradou* sowie Flussnamen mit dem Khoisuffix *-kamma* ('Wasser') wie *Goukamma* und *Keiskamma*. Außerdem fanden verschiedene Khoinausrufe wie *arrie!* (ein Ausdruck der Bewunderung) und *eina!* (ein Ausdruck des Schmerzes) ihren Weg in die allgemeine afrikaanse Umgangssprache (vgl. ebd., S. 71).

Raidt lehnt die Möglichkeit eines direkten Einflusses der Khoinsprachen auf die Morphologie und die Syntax des Afrikaans strikt ab. Sie geht aber davon aus, dass das Niederländisch der Khoin eine wesentliche Rolle bei den Deflexions- und anderen Vereinfachungsprozessen spielte, die sich im Kapniederländischen immer stärker durchsetzten (vgl. ebd., S. 19). Die Untersuchungen von Nienaber zur Herkunft der doppelten Negation im Afrikaans haben jedoch gezeigt, dass der Einfluss der Khoinsprachen nicht auf den Wortschatz des Afrikaans beschränkt blieb, sondern sich auch in sprachlichen Strukturen, wie eben der doppelten Negation bemerkbar machte (vgl. Nienaber 1994, S. 126ff.). Die Satznegation im Afrikaans besteht aus zwei Negationselementen, von denen das erste (*nie, niemand, nooit, geen, …*; 'nicht', 'niemand', 'nie', 'kein', ...) nach dem finiten Verb auftritt; das zweite Negationselement hat immer die Form *nie* und steht am Satzende, auch in komplexen Sätzen, soweit der Nebensatz in den Skopus der Negation fällt (vgl. Raidt 1983, S. 187; Combrink 1978, S. 79-85):

(7) Hy het nie geslaap nie.
    ('Er hat nicht geschlafen.')
    (Beispiel aus Combrink 1978, S. 79)

(8) Sy hou nooit op met werk nie.
    ('Sie hört nie auf, zu arbeiten.')
    (Beispiel aus Raidt 1983, S. 188)

(9) Ons het nêrens stilgehou nie.
    ('Wir haben nirgendwo gehalten.')
    (Beispiel aus Raidt 1983, S. 188)

(10) Hy vra haar om nie te eet nie.
     ('Er bittet sie, nicht zu essen.')
     (Beispiel aus Combrink 1978, S. 80)

(11) 'n Horlosie wat nie loop nie kan ek regmaak.
     ('Eine Uhr, die nicht läuft, kann ich reparieren.')
     (Beispiel aus Combrink 1978, S. 80)

Das zweite Negationswort entfällt, wenn die VP nur aus einem Verb besteht und das Hauptverb als Komplement eines leeren INFL vorkommt:

(12) Sy eet nie.
     ('Sie isst nicht.')
     Struktur: [$_{IP}$ Sy [$_I$ e] [$_V$ eet] nie].

Nienaber weist darauf hin, dass nur das erste Negationswort eine negierende Funktion erfüllt; das zweite Negationswort fungiere nur als verstärkendes Element (vgl. Nienaber 1994, S. 127).

In Bezug auf die Herkunft der doppelten Negation im Afrikaans sind unterschiedliche Positionen vertreten worden. Nach Raidt handelt es sich um eine Konstruktion, die in den niederländischen Dialekten des 17. Jahrhunderts fakultativ war, sich aber am Kap bereits vor 1825 zur festen Regel herausgebildet hatte (vgl. Raidt 1983, S. 190). Ihre These des niederländischen Ursprungs der doppelten Negation begründet Raidt mit dem Argument, dass die doppelte Negation mit *niet* am Satzende auch heute noch in niederländischen Dialekten üblich sei (vgl. ebd., S. 190). Obwohl die doppelte Negation tatsächlich in zahlreichen niederländischen Dialekten gebräuchlich ist, ist die niederländische dialektale Konstruktion nicht ohne weiteres mit der doppelten Negation im Afrikaans vergleichbar. Den Besten weist beispielsweise darauf hin, dass das zweite Negationswort, das in niederländischen Dialekten auftritt, satzintern ist (vgl. den Besten 1989, S. 241). Im niederländischen Beispiel in (13) tritt *nie*, eine dialektale Variante des standardsprachlichen *niet*, vor dem Partizip *beschuldigt* auf, in Beispiel (14) (Afrikaans) folgt *nie* dem Partizip *beskuldig*:

(13) Wij hebben <u>niemand nie</u> beschuldigt.
(Niederländisch/dialektal) (wörtlich: 'Wir haben niemanden nicht beschuldigt.')
('Wir haben niemanden beschuldigt.')

(14) Ons het <u>niemand</u> beskuldig <u>nie</u>.
(Afrikaans) (wörtlich: 'Wir haben niemanden beschuldigt nicht.')
('Wir haben niemanden beschuldigt.')

In niederländischen Dialekten kann *nie* (das zweite Negationswort) nur in Sätzen mit leerem INFL am Satzende auftreten:

(15) Wij beschuldigen <u>niemand nie</u>.
(wörtlich: 'Wir beschuldigen niemanden nicht.')
('Wir beschuldigen niemanden.')

Die doppelte Negation im Afrikaans unterscheidet sich darin von der doppelten Negation im Niederländischen, dass afr. *nie* immer am Satzende steht, während das niederländische *niet* im Mittelfeld auftritt. Die unterschiedliche Stellung des zweiten Negationsworts im Niederländischen spricht gegen die These, dass die doppelte Negation im Afrikaans auf eine niederländische Dialektkonstruktion zurückgeht.

Als Erklärung für die Herkunft der doppelten Negation im Afrikaans kommt vielmehr die These von Nienaber in Frage, nach der *nie* auf Einfluss von Khoinsprachen zurückzuführen sei. Nienabers Untersuchung der Negation in Nama, der einzigen noch existierenden Khoinsprache, hat gezeigt, dass es in dieser Sprache drei Negationspartikel (*ta*, *tamá* und *tíde*) gibt, von denen zwei, nämlich *tamá* und *tíde*, unmittelbar nach dem Verb auftreten. Da Nama eine SOV-Sprache ist, treten die postverbalen Partikel *tamá* und *tíde* immer am Satzende auf (vgl. Nienaber 1994, S. 127). Für die These der Khoinherkunft der doppelten Negation im Afrikaans spricht das Ergebnis von Nienabers Untersuchung der Quellen aus der Zeit von 1830 bis 1844: In dieser Zeit wurde die doppelte Negation wesentlich häufiger von Khoin-Autoren als von holländischen Autoren verwendet (40% vs. 13%) (vgl. Combrink 1978, S. 84). Dieses Beispiel zeigt, dass der Einfluss der Khoinsprachen auf die Strukturen des Afrikaans weitaus bedeutender gewesen sein mag als Raidt annimmt. Wie ich im nächsten Abschnitt zeigen werde, gilt dies auch für Raidts Annahmen über die Herkunft einiger morpho-lexikalischer Strukturen.

Mit der Ankunft ostindischer Sklaven im 17. und 18. Jh. waren auch deren Sprachen am Kap vertreten. Außer ihren Muttersprachen sprachen die Sklaven noch Malaiisch und/oder Kreolportugiesisch; beide hatten sich zur Zeit des portugiesischen Handelsmonopols im 16. Jh. in den Hafenstädten Indonesiens als Handelssprachen entwickelt. Raidt schätzt den Einfluss beider Sprachen auf das Kapniederländische bzw. auf das sich entwickelnde Afrikaans als besonders stark ein. Beide Sprachen hätten eindeutige Spuren im Wortschatz, in der Wortbildung und auf dem Gebiet der Syntax hinterlassen (vgl. Raidt 1983, S. 20). Für Raidt ist das allerdings kein Grund, anzunehmen, dass der Kontakt des Kapniederländischen mit den beiden Kontaktsprachen der Sklaven zum Entstehen einer Pidgin- oder Kreolsprache geführt hätte.

Den Einfluss des Deutschen und des Französischen auf das Afrikaans hält Raidt trotz der zahlenmäßigen Stärke der entsprechenden Bevölkerungsgruppen für sehr gering. Den geringen Einfluss des Deutschen führt sie auf die ausgezeichneten Kenntnisse des Kapniederländischen bei den Deutschen zurück, die sich in den Schriftstücken deutschsprachiger Autoren niedergeschlagen hätten. Raidt sieht den Grund für die guten Kenntnisse des (Kap)niederländischen bei den Deutschen in der Ähnlichkeit des Deutschen mit dem (Kap)niederländischen (vgl. Raidt 1983, S. 20f.). Das Französische habe das Afrikaans nur insofern beeinflusst, als die Fehler der französischen Einwanderer, vor allem in Bezug auf Genusunterschiede und Flexion, zu der für das Afrikaans charakteristischen Tendenz zur Deflexion beigetragen hätten (vgl. ebd., S. 21f.).

Raidt geht von einem Sprachentwicklungsmodell aus, nach dem auf der Grundlage des städtischen Niederländisch der OIK-Beamten und der Dialekte der OIK-Angestellten und unter dem Einfluss der Khoinsprachen, der Kontaktsprachen der Sklaven und des Niederländischen der europäischen Einwanderer um 1740 eine Sprache entstanden sei, die nicht mehr als Niederländisch und noch nicht als Afrikaans gelten könne, und daher als „Kapniederländisch" bezeichnet werden sollte. Die Tendenz zur Deflexion und zur Regularisierung niederländischer irregulärer Formen sei im Kapniederländischen bereits weit fortgeschritten gewesen. Gegen Ende des 18. Jhs. hätte sich eine allgemein gebrauchte Umgangssprache herausgebildet, die in Wortschatz und grammatischer Struktur die typischen Merkmale des Afrikaans zeigte. Raidt geht davon aus, dass das Afrikaans seit 1775 den Status einer eigenständigen Sprache hatte (vgl. Raidt 1983, S. 6). 1925 wurde es zu einer der (damals) zwei offiziellen Landessprachen der Republik Südafrika deklariert. Heute ist Afrikaans eine der elf offiziell anerkannten Amtssprachen der Republik Südafrika. Nach dem Sprachatlas *Language in South Africa: Distribution and Change* (1994) (zit. in van Rensburg et al. 1997, S. 77-82) wird Afrikaans von etwa 5,8 Millionen Einwohnern (15,7% der Bevölkerung Südafrikas) als Muttersprache gesprochen. Damit ist Afrikaans die Sprache mit der drittgrößten Anzahl von Muttersprachlern; nur Zulu und Xhosa werden von mehr Sprechern (von 21,7 bzw. 17,4% der Einwohner Südafrikas) als Muttersprachen gesprochen. Zusätzlich zu den 5,8 Millionen Muttersprachlern verwenden etwa 9 Millionen Einwohner Afrikaans als Zweit- oder Drittsprache (vgl. van Rensburg et al. 1997, S. 83). Raidts Modell der Entwicklung des Afrikaans kann gemäß nebenstehender Abb. 1 dargestellt werden.

Zusammenfassend kann man sagen, dass Raidt von einer linearen Entwicklung des Afrikaans aus zwei Varianten des Niederländischen ausgeht. Auch wenn sie den Einfluss der Khoinsprachen auf das Afrikaans unterschätzt, trägt ihr Sprachentwicklungsmodell dem Einfluss des Malaiischen und des

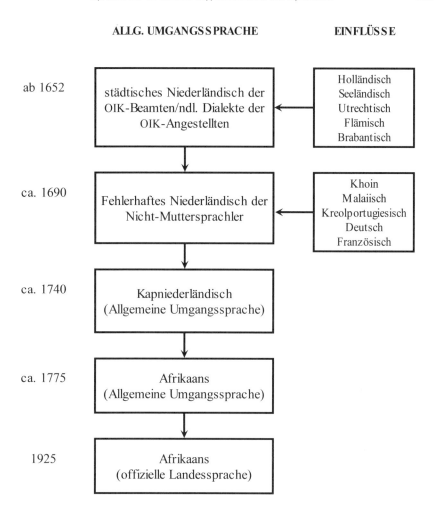

Abb. 1: Entwicklung des Afrikaans nach Raidt (1983)

Kreolportugiesischen (der Kontaktsprachen der Sklaven) sowie des Deutschen und des Französischen ausreichend Rechnung. Die Tendenz zur Reduktion, die sich im Afrikaans am auffälligsten in der verbalen Deflexion, im Verlust bestimmter Tempora, im Verlust starker Verben und im Verlust des grammatischen Genus zeigt, führt Raidt auf Interferenzprozesse, d.h. auf den Einfluss des Niederländischen der Nicht-Muttersprachler, zurück. Interferenzprozesse seien, zusammen mit „normalem" Sprachwandel, die Hauptfaktoren der Entwicklung des Afrikaans (vgl. Raidt 1983, S. 27f.). Obwohl die Vereinfachungen, die das Afrikaans im Vergleich zum Niederländischen auszeichnen, Ähnlichkeiten mit Merkmalen von Pidgin- und Kreolsprachen aufweisen, lehnt Raidt die Annahme eines Pidgin- oder Kreolstadiums in der Entwicklung des Afrikaans ab:

> Obwohl dieselben Merkmale auch und gerade bei Pidgin- und Kreolsprachen vorkommen, und daher, oberflächlich betrachtet, interessante Parallelen zwischen dem Afr. und Kreolsprachen bestehen, beweist die Kontinuität der Quellen, daß es sich beim Afr. nicht um eine Kreolsprache handeln kann. Trotz der Tatsache also, daß die Endresultate in vieler Hinsicht verblüffend ähnlich zu sein scheinen, sind die Ursachen und der Werdegang des Afr. einerseits und der kreol. oder kreolisierten Sprachen andererseits grundlegend verschieden. Das hervorstechendste Kennzeichen der Pidgin- und Kreolsprachen – radikale Strukturveränderung – fehlt im Afr. Außerdem vollzog sich der Sprachwandel ununterbrochen über eine Zeitspanne von ca. 200 Jahren, so daß ein weiteres Hauptmerkmal der Kreolsprachen – plötzlicher Abbruch der Kommunikation und schnelle Entwicklung eines neuen Kommunikationsmittels – nirgendwo in der Geschichte des Afr. nachgewiesen werden kann, während das Gegenteil, nämlich kontinuierliche Veränderung, einwandfrei belegt ist. (Vgl. Raidt 1983, S. 28)

Im nächsten Kapitel werde ich ein alternatives Modell der Entwicklung des Afrikaans diskutieren, das im Unterschied zu dem Modell der linearen Entwicklung davon ausgeht, dass das Afrikaans im Lauf seiner Entwicklung sowohl mehrere Pidginstadien als auch ein Kreolstadium durchlaufen hat.

3.2 Das Konvergenzmodell

Den Besten (1989) befürwortet ein sog. Konvergenzmodell als Erklärung für das Entstehen und die Entwicklung des Afrikaans. Nach diesem Modell entstand das Afrikaans aus dem Kontakt des europäischen Niederländischen mit den niederländisch-basierten Pidginsprachen der Khoin bzw. der Sklaven, die sich um 1660 am Kap entwickelt hatten. Da die Briten und die Holländer von 1590 an sporadisch das Kap besuchten und mit den Khoin Handel trieben, geht den Besten davon aus, dass bereits Ende des 16. Jhs. englisch- bzw. niederländisch-basierte Handelsjargons, die er als „Englisch-Hottentot" bzw. als „Niederländisch-Hottentot" bezeichnet, am Kap verbreitet waren. Aus diesen beiden Handelsjargons hätte sich um 1660 eine hottentot-niederländische Pidginsprache entwickelt, deren Lexikon aus zahlreichen niederländischen und einigen englischen Wörtern bestand und die sich durch eine SOV-Wortfolge, die kanonische Wortfolge der Khoinsprachen, auszeichnete. V1- und V2-Muster, die z.B. im Niederländischen vorkommen, seien in der Pidginsprache der Khoin nicht vorgekommen (vgl. den Besten 1989, S. 218ff.).

Die Sklaven, die von 1658 an von der OIK aus Mosambik, Madagaskar, Ceylon, Indien und Indonesien an das Kap geholt wurden, verwendeten ihre beiden Kontaktsprachen, Malaiisch und Kreolportugiesisch, nicht nur für ihre interne Kommunikation, sondern auch für ihre Kontakte mit den Khoin und den Europäern. Da sich am Kap bereits das europäische Niederländisch der Holländer und die niederländisch-basierte Pidginsprache der Khoin etabliert hatten, geht den Besten davon aus, dass die Sklaven ihrerseits eine Variante des Niederländischen lernten. Im Unterschied zu Raidt nimmt den Besten aber an, dass die Sklaven nicht nur eine Art gebrochenes Niederländisch lernten, sondern ihrerseits eine niederländisch-basierte Pidginsprache entwickelten, die sie als ihre dritte Kontaktsprache verwendeten. Obwohl die meisten Sklaven Sprecher von SVO-Sprachen waren, hätten sie ebenfalls eine Pidginsprache mit einer SOV-Struktur (aber ohne V1- und V2-Muster) entwickelt (vgl. den Besten 1989, S. 222f.).

Aus dem Kontakt der niederländisch-basierten Pidginsprache der Khoin und der niederländisch-basierten Pidginsprache der Sklaven entwickelte sich nach den Besten um 1700 eine niederländisch-basierte Kreolsprache, die er als „Proto-Afrikaans" bezeichnet. Obwohl die kanonische Wortfolge dieser niederländisch-basierten Kreolsprache dem SOV-Muster der Pidginsprachen gefolgt sei, seien auch die V1- und die V2-Wortfolge erlaubt gewesen. Das würde bedeuten, dass die niederländisch-basierte Kreolsprache der Khoin und der Sklaven bereits die Wortstellungsmuster zeigte, die typisch für das moderne Afrikaans wie auch für das Niederländische sind (SOV im Nebensatz, V1 in *ja/nein*-Fragen und Imperativsätzen und V2 in *w*-Fragen) (vgl. den Besten 1989, S. 208f.).

Der wechselseitige Einfluss der niederländisch-basierten Kreolsprache der Khoin und der Sklaven und des Niederländischen der Holländer führte nach den Besten um 1740 zum Entstehen des Kapniederländischen, der Variante des Niederländischen, die von den Holländern und den anderen Europäern am Kap gesprochen wurde. Aus dem Kontakt des Kapniederländischen und der niederländisch-basierten Kreolsprache sei um 1850 das Afrikaans entstanden, das zunächst als allgemeine Umgangssprache von Europäern, Khoin und den Nachfahren der Sklaven gesprochen wurde, und erst um 1930 standardisiert wurde (vgl. den Besten 1989, S. 226). Das Konvergenzmodell von den Besten kann folgendermaßen dargestellt werden:

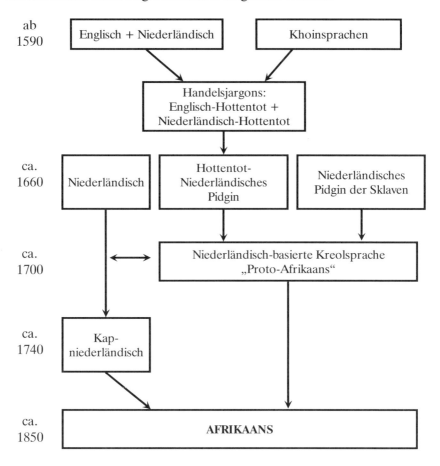

Abb. 2: Entwicklung des Afrikaans nach den Besten (1989)

Die Annahme eines Pidgin- und Kreolstadiums in der Entwicklung des Afrikaans begründet den Besten hauptsächlich mit dem Argument der Wortstellung. Den Bestens Behauptungen zur SOV-Wortstellung in den Pidginsprachen der Khoin und der Sklaven sowie in ihrer gemeinsamen Kreolsprache basieren auf den Äußerungen von Koinsprechern und Sklaven, die aus der Zeit von 1660 bis 1700 überliefert sind. Das Niederländisch der Khoin ist in den Werken von ten Rhyne (1673) und Kolbe (1705-1713) mit ca. 12 kurzen Sätzen belegt; das Niederländisch der Sklaven wurde häufig in Gerichtsakten festgehalten (vgl. Raidt 1983, S. 32).

Nach den Besten führt der spontane (d.h. der nicht durch Unterricht gesteuerte) Erwerb einer SOV-Sprache mit zusätzlichen V1- und V2-Strukturen aufgrund einer Fehlinterpretation der V2-Strukturen bei Lernern zu der Annahme, dass die Zielsprache eine SVO-Sprache ist (vgl. den Besten 1989, S. 222). Dass die Khoin dennoch eine niederländische Pidginsprache mit einer SOV-Struktur (aber ohne V1- und V2-Strukturen) entwickelten, führt den Besten auf die kanonische SOV-Wortfolge der Khoinsprachen zurück; die SOV-Struktur der hottentot-niederländischen Pidginsprache sei ein substratsprachliches Merkmal (vgl. ebd., S. 230). Die Tatsache, dass die Sklaven, die vorwiegend Sprecher von SVO-Sprachen waren, ebenfalls eine niederländische Pidginsprache mit einer SOV-Struktur (ohne V1 und V2-Varianten) entwickelten, lässt darauf schließen, dass sie sich das Niederländisch der Khoin aneigneten. Wenn die Wortstellung in den niederländischen Pidginsprachen tatsächlich SOV (ohne V1 und V2) war, hatten diese Sprachen eine andere Struktur als das Niederländische. Das wäre ein Grund, sie nicht als Varianten des Niederländischen anzusehen. Nach der Interferenz-Hypothese (bzw. dem Modell der linearen Entwicklung aus dem Niederländischen) hätten die Khoin und die Sklaven eine (fehlerhafte) Variante des Niederländischen erworben. Das zu erwartende Wortstellungsmuster dieser Niederländisch-Variante wäre entweder das Muster der Zielsprache (hier SOV, V1 und V2) oder ein SVO-Muster, das aufgrund einer Fehlanalyse von V2-Strukturen bzw. durch den Einfluss der SVO-Struktur der Sklavensprachen hätte zustande kommen können. Für den entsprechenden Zeitraum sind aber weder Sätze mit SVO-Struktur noch solche mit V1- oder V2- Struktur belegt. Für das Fehlen dieser Strukturen in den Quellen aus der Zeit von 1660 bis 1700 bietet die Interferenz-Hypothese keine Erklärung. Die SOV-Wortstellung der Pidginsprachen ist somit ein Argument **für** Pidginisierung (bzw. das Konvergenzmodell) und **gegen** Interferenz (bzw. das Modell der linearen Entwicklung).

Obwohl den Besten sein Konvergenzmodell vorwiegend mit dem Argument der Wortstellung begründet, führt er auch andere syntaktische wie auch (morpho-)lexikalische Eigenschaften des Afrikaans als Argumente für sein Modell an. Im nächsten Abschnitt werden drei (morpho-)lexikalische Strukturen des Afrikaans diskutiert, die den Besten auf das Bestehen eines Pidgin- und/oder Kreolstadiums in der Entstehung des Afrikaans zurückführt: Deflexion, die Verwendung des perfektiven (*al*)*gedaan* und die Bildung doppelter Diminutiva.

4. Morpho-lexikalische Besonderheiten des Afrikaans

4.1 Deflexion

Eines der auffälligsten Merkmale des afrikaansen Verbalsystems ist das Fehlen der Personalendungen bei der Konjugation. Während die Flexionsendungen der Verben im Niederländischen bis heute erhalten sind, kennt das Afrikaans nur eine Verbform für die 1., 2. und 3. Person Singular und Plural, vgl. die Flexionsparadigmen für ndl. *zingen* bzw. afr. *sing* (beides 'singen') im Indikativ Präsens. (Die unter der 2. Person aufgeführte Form *u* ist die Höflichkeitsform.):

NIEDERLÄNDISCH	AFRIKAANS
1. ik zing	ek sing
2. jij zing - **t**	jy sing
u zing - **t**	u sing
3. hij zing - **t**	hy sing
1. wij zing - **en**	ons sing
2. jullie zinge - **en**	julle sing
u zing - **t**	u sing
3. zij zing - **en**	hulle sing

Nach Raidt hat der Verlust der Personalendungen der Verben im Afrikaans seinen Ursprung in der Apokope von Auslaut *-t*, die im umgangssprachlichen Niederländischen des 17. Jhs. weit verbreitet gewesen sei. Diese allgemeine Tendenz habe das verbale System schon im europäischen Niederländischen beeinflusst; am Kap habe sie sich aufgrund des Fehlens sprachregulierender Instanzen umso stärker durchsetzen können (vgl. Raidt 1983, S. 117f.). Ein weiterer Faktor, der nach Raidt den Verlust der Personalendungen begünstigte, war das Niederländisch der Khoin, der Sklaven und der nicht-niederländischen Immigranten. Die frühen Archivtexte belegten, dass alle Nicht-Niederländer Schwierigkeiten beim Erlernen der niederländischen Konjugation gehabt hätten. Da die Fehler in Bezug auf die Personalendungen bei allen Bevölkerungsgruppen mehr oder weniger gleichzeitig vorgekommen seien, könne keine von ihnen als Urheber des Deflexionsprozesses angesehen werden (vgl. ebd., S. 118f.).

Insgesamt erklärt Raidt den Verlust der Personalendungen der Verben im Einklang mit ihrem Modell der linearen Entwicklung durch eine Kombination von „normalem" Sprachwandel (Apokope von Auslaut *-t* im Niederländischen) und Interferenz (Fehler der Nicht-Niederländer in Bezug auf die Personalendungen der Verben). Wenn der Verlust der Personalendungen der Verben im Afrikaans tatsächlich eine Fortsetzung der niederländischen Tendenz zur Apokope von Auslaut *-t* wäre, dann wäre zu erwarten, dass die Verbform, die im Afrikaans für alle Personen verwendet wird, durchgängig der Stamm des entsprechenden niederländischen Verbs wäre. Den Besten weist aber darauf hin, dass dies keineswegs der Fall ist: Die im Afrikaans gebräuchliche Verbform entspricht in manchen Fällen dem Stamm eines niederländischen Verbs (wie in *loop* ('laufen') und *leer* ('lernen' oder 'lehren')), manchmal aber auch einer niederländischen Infinitivform (z.B. *sterwe* ('sterben')), einer synkopierten niederländischen Infinitivform (z.B. *kla* ('klagen') und *kry* ('bekommen')) oder auch der niederländischen Form für die 3. Person Singular (z.B. *behoor*(*t*) ('sollen')). Das afrikaanse Verbalsystem sei damit viel zu chaotisch, um als Fortsetzung der niederländischen Tendenz zur Apokope von Auslaut *-t* gelten zu können. Nach den Besten geht die Vielfalt der im Afrikaans gebräuchlichen Verbformen vielmehr auf die Koexistenz konkurrierender Formen in den niederländischen Pidginsprachen und/oder in den niederländischen Pidginsprachen und der niederländischen Kreolsprache zurück (vgl. den Besten 1989, S. 235f.). Im Rahmen eines Modells, das die Entwicklung des Afrikaans als eine Fortsetzung von Entwicklungen sieht, die bereits im Niederländischen eingesetzt hatten, ist die Vielfalt der Verbformen im Afrikaans nur schwer zu erklären.

4.2   Die Verwendung von (*al*)*gedaan* als Perfektivmerkmal in Orange River Afrikaans

Nach den Besten existierte bereits in den niederländischen Pidginsprachen und der niederländischen Kreolsprache ein Perfektivmerkmal (*al*)*gedaan* (aus dem ndl. *gedaan*, ('getan')), das noch bis etwa 1930 in Orange River Afrikaans, der am stärksten kreolisierten Variante des Afrikaans, verwendet wurde (vgl. den Besten 1989, S. 238). Aus der niederländischen Kreolsprache ist beispielsweise die folgende Äußerung überliefert, in der perfektives *gedaan* mit einer nicht-flektierten Verbform verwendet wird:

(16) Jij mijn Cameraat gedaan vast maken ...
     ('Du meinen Kumpel PERF fest machen')
     (Beispiel von 1720 nach den Besten 1989, S. 225)

Den Bestens Behauptung, dass afr. (*al*)*gedaan* bereits während der Kreolisierungsphase entstanden sei, ist insofern plausibel, als Perfektivmerkmale wie (*al*)*gedaan* stark an die TMA (Tense/Modality/Aspect)-Elemente erinnern, die in Kreolsprachen typischerweise einem nicht-flektierten Verb vorangestellt werden. Die Verwendung von TMA-Elementen in Verbindung mit einem nicht-flektierten Verb gilt als eines der auffälligsten Merkmale von Kreolsprachen (vgl. Bickerton 1981, S. 58f.; Markey 1982, S. 183-191). Auch wenn das Afrikaans keine kreolähnlichen Modalitäts- oder Aspekt-Elemente kennt, hat perfektives (*al*)*gedaan* viele Ähnlichkeiten mit dem Tempus-Element, das in Kreolsprachen üblicherweise die Vorzeitigkeit eines Ereignisses relativ zur Sprechzeit ausdrückt. Außerdem ist die Kodierung von Perfektivität durch Wörter mit der Bedeutung 'schon', 'getan' oder 'vollendet' auch aus anderen Kreolsprachen bekannt. Im Kreolportugiesischen wird *ja* ('schon') beispielsweise in diesem Sinn verwendet. Angesichts der zahlreichen Argumente, die für die Kreolherkunft (*al*)*gedaan* sprechen, dürfte eine Erklärung im Rahmen des Modells der linearen Entwicklung aus dem Niederländischen problematisch sein. Möglich wäre allenfalls eine Erklärung, wonach Konstruktionen mit (*al*)*gedaan* auf den Einfluss des Kreolportugiesischen zurückgeführt würden, das allerdings auch eine Kreolsprache ist. Das Argument der Interferenz liefe in diesem Fall auf eine Erklärung durch Kreolisierung hinaus.

4.3 Die Bildung doppelter Diminutiva

Typisch für das Afrikaans ist die relativ große Anzahl von Diminutiva tantum, d.h. Diminutiva, zu denen es keine Grundform (mehr) gibt. Beispiele sind *bessie* ('Beere'), *mandjie* ('Korb') und *boontjie* ('Bohne'). Im Niederländischen, das auch über Diminutiva tantum verfügt, gibt es neben der Verkleinerungsform für diese Wörter auch eine Grundform: *bes*/*besje*, *mand*/*mandje*, *boon*/*boontje* (vgl. den Besten 1989, S. 236). Zu den Diminutiva tantum haben sich im Afrikaans häufig doppelte Diminutiva (*bessietjie* ('Beerchen'), *mandjietjie* ('Körbchen'), *boontjietjie* ('Böhnchen'), *boompietjie,* ('Bäumchen')) entwickelt. Die Möglichkeit der Bildung doppelter Diminutiva ist eine Besonderheit des Afrikaans; im Niederländischen sind doppelte Diminutiva ungrammatisch (vgl. ebd., S. 237).

Den Besten führt die Möglichkeit zur Bildung doppelter Diminutiva im Afrikaans auf das Fehlen einer Regel der Diminutivbildung in den niederländischen Pidginsprachen der Khoin und der Sklaven zurück: Niederländische

Wörter seien entweder in ihrer Grundform oder in der Verkleinerungsform übernommen worden. Als sich während der Kreolisierungsphase eine Regel der Diminutivbildung herausbildete, sei diese sowohl auf Grundformen als auch auf bereits verkleinerte Formen angewendet worden. Die Anwendung auf bereits verkleinerte Formen habe zur Bildung doppelter Diminutiva geführt (vgl. ebd., S. 236f.).

Das Konvergenzmodell bietet hier eine plausible Erklärung für ein Phänomen, das im Rahmen des Modells der linearen Entwicklung aus dem Niederländischen nur schwer zu erklären sein dürfte. Es ist jedenfalls unklar, wie dieses Modell der Tatsache Rechnung tragen könnte, dass doppelte Diminutiva im Afrikaans grammatisch sind, nicht aber im Niederländischen.

Das Beispiel der Entwicklung doppelter Diminutiva aus einem Pidgin- und einem Kreolstadium zeigt im Übrigen auch, dass Kreolsprachen sich, im Gegensatz zu Raidts Behauptung, nicht notwendigerweise schnell entwickeln (vgl. Abschnitt 3.1).

5. Fazit: Afrikaans als Kreolsprache?

Der Verlust der Personalendungen der Verben, die Verwendung von perfektivem (*al*)*gedaan* und die Möglichkeit der Bildung doppelter Diminutiva sind morpho-lexikalische Besonderheiten des Afrikaans, die nur dann plausibel erklärt werden können, wenn man davon ausgeht, dass das Afrikaans im Lauf seiner Geschichte ein Pidgin- und/oder Kreolstadium durchlaufen hat. Die Erklärung des Verlusts der Personalendungen der Verben als Fortsetzung einer Entwicklungstendenz des Niederländischen ist wegen der formalen Heterogenität der Verbstämme, die im Afrikaans durchgängig für die 1., 2. und 3. Person Singular und Plural verwendet werden, problematisch. Die beiden anderen Merkmale (perfektives (*al*)*gedaan* und doppelte Diminutiva) werden von Raidt nicht berücksichtigt. Dieses Muster ist geradezu charakteristisch für Raidts Vorgehensweise: Die große Mehrzahl der von ihr berücksichtigten Merkmale wird als Ergebnis von Entwicklungstendenzen erklärt, die bereits im Niederländischen des 17. Jhs. eingesetzt haben; Merkmale mit möglicher Kreolherkunft werden entweder ignoriert oder als Resultat von Interferenz dargestellt, womit der Einfluss des fehlerhaften Niederländisch der Nicht-Niederländer gemeint ist. Auch wenn Interferenz in vielen Fällen tatsächlich eine wichtige Rolle bei der Entwicklung des Afrikaans gespielt hat – was sich beispielsweise im Einfluss der Khoinsprachen auf die Entstehung der doppelten Negation zeigt – ist Raidts Zuflucht zur

Interferenz vielfach nicht überzeugend. Das gilt z.B. für ihre Erklärung der Regularisierung der starken Formen des Partizips Perfekt, die sie hauptsächlich auf den fehlerhaften Gebrauch des Niederländischen durch die Hugenotten zurückführt (vgl. Raidt 1983, S. 124). Da die Hugenotten nur einen kleinen Anteil der Kapbevölkerung ausmachten, ist unklar, wie sich ihr Sprachgebrauch in diesem Fall in einer Gemeinschaft von Sprechern durchsetzen konnte, von denen die meisten aufgrund ihrer eigenen Sprache(n) durchaus mit dem Phänomen der starken Verbflexion vertraut waren. Eine Erklärung als Weiterführung einer Entwicklungstendenz des Niederländischen kommt hier ohnehin nicht in Frage, weil die starken Formen des Partizips Perfekt (sowie der Ablaut überhaupt) bis heute in der niederländischen Standardsprache und in den niederländischen Dialekten existieren. Insgesamt entsteht der Eindruck, dass Raidt durch die Selektion der von ihr berücksichtigten Merkmale zwangsweise auf die Schlussfolgerung hinsteuert, dass die Entwicklung des Afrikaans durch „normalen" Sprachwandel (Weiterentwicklung von Tendenzen, die bereits im Niederländischen angelegt waren) und/oder Interferenz (das fehlerhafte Niederländisch der Nicht-Niederländer) gelenkt wird.

Die systematische Ausblendung von Merkmalen mit möglicher Kreolherkunft hat dazu geführt, dass die Vertreter der „Südafrikanischen Philologischen Schule" manchmal des Eurozentrismus und damit auch der Sympathie mit dem Apartheitregime verdächtigt wurden. 1982 äußerte sich Markey beispielsweise folgendermaßen:

> ... [the theory of] change due ... to development of particular (North Holland) dialectal features and inherent tendencies in Dutch grammatical structure ... lauds the „Miracle of Afrikaans", denies linguistic miscegenation, and is exclusively eurocentric: it represents the politically-tinged party-line of white supremacy. (Markey 1982, S. 169)

Wenn Afrikaans tatsächlich Merkmale aufweist, die typisch für Pidgin- und oder Kreolsprachen sind, erhebt sich damit die Frage, ob es auch als Pidgin- oder Kreolsprache eingestuft werden soll oder kann. Diese Frage war der Ausgangspunkt von Markeys Vergleich von formalen Merkmalen des Afrikaans mit denen des Negerhollands, einer auf dem Niederländischen basierten Kreolsprache, die in der 2. Hälfte des 17. Jhs. von den Sklaven auf den westindischen Jungferninseln St. Thomas und St. Jan entwickelt wurde und seit etwa 1980 ausgestorben ist (vgl. Kloss 1978, S. 199f.; Markey 1982, S. 175; Holm 1989, S. 325-329). In Bezug auf die Frage, ob Afrikaans eine

Kreolsprache ist, ist der Vergleich mit dem Negerhollands deswegen sinnvoll, weil dies eine vollständig kreolisierte Sprache war. Markey stellt eine Liste von 11 Merkmalen auf, die er als typisch für Kreolsprachen ansieht, und stellt fest, dass Negerhollands all diese Merkmale aufweist, während Afrikaans sich nur in Bezug auf zwei dieser Merkmale – das Fehlen von Genus- und Kasusunterscheidungen bei Nomina – wie eine Kreolsprache verhält und sich hinsichtlich zweier weiterer Merkmale – der Verwendung substratsprachlicher Konstruktionen zur Bildung des Komparativs und der Verwendung von TMA-Elementen – als kreolähnlich erweist. Aus dieser Beobachtung schließt Markey, dass Afrikaans weder eine echte Kreolsprache noch eine echte Nicht-Kreolsprache ist, sondern eine Übergangssprache („a transitional language"); auf dem Kreolisierungskontinuum nehme es einen Platz zwischen den mit [–kreolisch] und [+kreolisch] markierten Polen ein (vgl. Markey 1982, S. 201-204). Markeys Schlussfolgerung hat Ähnlichkeiten mit der bereits 1899 von Hesseling formulierten Ansicht, dass Afrikaans aufgrund seines Kontakts mit den Sprachen der Sklaven in der 2. Hälfte des 17. Jhs. anfing, zu kreolisieren, aber durch den konservativen Einfluss der neuen Einwanderer aus Holland daran gehindert wurde, sich vollständig zur Kreolsprache zu entwickeln (vgl. Hesseling 1899, zit. in Meijer/Muysken 1977, S. 367).

Auch wenn einige Argumente für die Klassifizierung des Afrikaans als Semi-Kreolsprache sprechen, muss Markeys Schlussfolgerung deswegen relativiert werden, weil sie nur auf Merkmalen der Standardsprache basiert. Gilbert/Makhudu haben beispielsweise darauf hingewiesen, dass die Substandardvarianten, die von den Farbigen und den Schwarzen gesprochen werden, wesentlich mehr Merkmale von Kreolsprachen aufweisen als die Standardsprache (vgl. Gilbert/Makhudu 1984, zit. in Romaine 1988, S. 62). Die geringe Anzahl von Kreolmerkmalen, die die Standardsprache im Vergleich zu den Substandardvarianten aufweist, ist darauf zurückzuführen, dass Standardafrikaans aus Eastern Frontier Afrikaans hervorgegangen ist, der Variante des Afrikaans, die um die Mitte des 19. Jhs. entstand und vorwiegend von den weißen Einwanderern gesprochen wurde. Nachdem diese zum Eastern Frontier migrierten, wurde ihr Dialekt auch im nordöstlichen Kap, Orange Free State, Transvaal und Natal verbreitet. Da das Eastern Frontier Afrikaans im Gegensatz zu den beiden anderen Afrikaansvarianten (Orange River Afrikaans und Kapafrikaans) wenig Kontakt mit anderen Sprachen hatte, blieb es dem Niederländischen immer ähnlicher als die beiden anderen

Dialekte (vgl. Davids 1996, S. 22; Kotzé 2005, S. 5f.).Seit dem Ende der Apartheit-Ära fließen immer mehr Merkmale dieser Substandardvarianten in die allgemeine Umgangssprache ein. Das gilt vor allem für Merkmale des Kap-Afrikaans, der Variante des Afrikaans, die vorwiegend von den Farbigen am westlichen Kap gesprochen wird. Zur allgemeinen Akzeptanz dieser Merkmale trägt nach Kotzé vor allem der Einfluss von Sprechern des Kap-Afrikaans in den Medien bei (vgl. Kotzé 2005, S. 6). Die Tendenz zur Inkorporation substandardsprachlicher Merkmale in die Standardsprache liefe auf eine Verstärkung bereits existierender Vereinfachungstendenzen hinaus. Unter dem Einfluss des Kap-Afrikaans seien beispielsweise die Infinitivformen *hê* ('haben') und *wees* ('sein'), die noch bis vor kurzem als die einzigen Infinitivformen des Afrikaans existierten, zugunsten der entsprechenden Formen des Indikativ Präsens (*het* und *is*) aufgegeben worden. Als Beispiele zitiert Kotzé:

> (17) Nadine Gordimer sê „skrywers moet groot ore het"
> ('Nadine Gordimer sagt: „Schriftsteller müssen große Ohren haben."')
> (Beispiel aus *Die Burger*, zit. in Kotzé 2005, S. 7)

> (18) Dit sal baie moeilik is.
> ('Dies wird sehr schwer werden.')
> (Beispiel aus Kotzé 2005, S. 7)

Wenn solche Vereinfachungstendenzen sich auch in Zukunft in der Standardsprache durchsetzen, wird Afrikaans sich immer mehr zur Kreolsprache entwickeln. In Bezug auf einige Merkmale hatte Raidt noch 1983 eine gegenläufige Tendenz, nämlich eine Tendenz zur größeren Komplexität, festgestellt. Nach dem Wegfall der Vokaländerung bei den ehemals starken Partizipien um die Mitte des 19. Jhs. sei beispielsweise eine Differenzierung zwischen verbalen und adjektivisch gebrauchten Partizipien eingetreten, die durch Vokalalternation markiert wird (z.B. *gebreek* ('gebrochen') als verbales Partizip vs. *gebroke* ('zerbrochen') als adjektivisch gebrauchtes Partizip). Damit verfügt das Afrikaans über ein neues Mittel für eine semantische Differenzierung, die das Niederländische nicht kennt (vgl. Raidt 1983, S. 124f.). Ob sich die Tendenz zur Vereinfachung, die sich im Zuge der sozialen und politischen Veränderungen neuerdings wieder in der Standardsprache durchsetzt, letztendlich als stärker erweisen wird als Tendenzen zur größeren Komplexität, ist im Moment noch nicht abzusehen.

6. Literatur

Bickerton, Derek (1981): Roots of Language. Ann Arbor.

Combrink, Johan (1978): Afrikaans: Its Origin and Development. In: Lanham, Leonard Walter/Prinsloo, K. P. (Hg.): Language and Communication Studies in South Africa: Current Issues and Directions in Research and Inquiry. Cape Town. S. 69-95.

Davids, Achmat (1996): Laying the Lie of the "Boer" Language: An Alternative View of the Genesis of Afrikaans. In: Kriger, Robert/Kriger, Ethel (Hg.): Afrikaans: Recollection, Redefinition, Restitution: Papers held at the 7th Conference on South African Literature. Bad Boll, 25.-27. September 1992. (= Matatu: Zeitschrift für afrikanische Kultur und Gesellschaft 15/16). Amsterdam. S. 13-58.

den Besten, Hans (1989): From Khoekhoe Foreignertalk via Hottentot Dutch to Afrikaans: The Creation of a Novel Grammar. In: Pütz, Martin/Dirven, René (Hg.): Wheels within Wheels: Papers of the Duisburg Symposium on Pidgin and Creole Languages. Frankfurt a.M. S. 207-249.

Hellinger, Marlis (1985): Englisch-orientierte Pidgin- und Kreolsprachen: Entstehung, Geschichte und sprachlicher Wandel. (= Erträge der Forschung 221). Darmstadt.

Holm, John (1989): Pidgins and Creoles. 2 Bde. Cambridge.

Kloeke, Gesinus G. (1950): Herkomst en groei van het Afrikaans. Leiden.

Kloss, Heinz (1978): Die Entwicklung neuer germanischer Kultursprachen seit 1800. (= Schriften des Instituts für deutsche Sprache 37). Düsseldorf.

Kotzé, Ernst (2005): Effects of Attitudinal Changes Towards Creolization in Afrikaans. Internet: http://www.unb.br/il/liv/crioul/textos/ernst.htm (Stand: Oktober 2005).

Markey, Thomas L. (1982): Afrikaans: Creole or Non-Creole? In: Zeitschrift für Dialektologie und Linguistik 49, S. 169-207.

Meijer, Guus/Muysken, Pieter (1977): On the Beginnings of Pidgin and Creole Studies: Schuchardt and Hesseling. In: Valdman, Albert (Hg.): Pidgin and Creole Linguistics. Bloomington/London. S. 21-45.

Mühlhäusler, Peter (1986): Pidgin & Creole Linguistics. (= Language in Society 11). Oxford.

Mühlhäusler, Peter (1996): Pidginization. In: Goebl, Hans/Nelde, Peter/Starý, Zdeněk/Wölck, Wolfgang (Hg.): Kontaktlinguistik: Ein internationales Handbuch zeitgenössischer Forschung. 1. Halbbd. Berlin/New York. S. 642-649.

Nienaber, Gabriël S. (1994): Khoekhoe en Afrikaans in gesprek. (= Suid-Afrikaanse Tydskrif vir Taalkunde, Supplement 21). Pretoria.

Raidt, Edith H. (1983): Einführung in Geschichte und Struktur des Afrikaans. (= Germanistische Einführungen). Darmstadt.

Romaine, Suzanne (1988): Pidgin & Creole Languages. London/New York.

Todd, Loreto (1974): Pidgins and Creoles. (= Language and Society Series). London/Boston.

Todd, Loreto (1984): Modern Englishes: Pidgins & Creoles. (= The Language Library). Oxford.

van Rensburg, Christo/Davids, Achmat/Links, Tony/Prinsloo, Karel (1997): Afrikaans in Afrika. Pretoria.

# IV. Interdisziplinäre Aspekte von Kommunikation

Theo Herrmann

Dilemmata der Sprachpsychologie[*]

1. Der Argumentationsgang

Psychologen befassen sich relativ selten mit sprachlichen Phänomenen. So gibt es hierzulande zwar ausgedehnte Forschungsprogramme zu den grundlegenden psychischen Funktionen der Wahrnehmung, des Gedächtnisses, der Motivation und Emotionalität, des Denkens, Planens, Entscheidens und zu manch anderem psychischen Funktionsbereich, doch wird die ebenso fundamentale Sprachfähigkeit des Menschen von der psychologischen Grundlagenforschung fast ganz ignoriert. Auch den Nachbardisziplinen der Psychologie gibt es zu denken, dass sich die Sprachpsychologie in Deutschland bis auf kleine Reste aus der psychologischen Forschung verabschiedet hat und dass sie auch als Teilcurriculum der Psychologie-Ausbildung meist nur ganz am Rande behandelt wird.

Was macht die Sprache für den Psychologen so sperrig, dass er diesen Problembereich kaum bearbeitet? Im gegenwärtigen Zusammenhang kann ich zu dieser Frage nur einige bruchstückartige Antwortversuche vorstellen. Es gibt mancherlei Schwierigkeiten, die sich einer freudigen und fruchtbaren Beschäftigung der Psychologinnen und Psychologen mit dem Sprachlichen entgegenstellen: Zum Beispiel müssen sich die Sprachpsychologen vor dem Beginn einer Erfolg versprechenden Forschungsarbeit zunächst mit relevanten Teilen der Linguistik befassen, was offensichtlich vielen von ihnen schwer fällt. Hier soll nur von zwei ineinander geschachtelten Dilemmata die Rede sein, mit denen die Sprachpsychologie und übrigens auch die Psycholinguistik als sprachwissenschaftliche Subdisziplin konfrontiert sind. (Ich schreibe hier lediglich aus der Sicht der Sprachpsychologie.) Die beiden Dilemmata werden meines Wissens kaum einmal als solche erkannt und erst recht nicht wissenschaftstheoretisch oder methodologisch reflektiert.

Es handelt sich um das generelle *Vollständigkeits-Geschlossenheits-Dilemma* psychologischer Forschungsprogramme, das auch die Sprachpsychologie als eine der Subdisziplinen der Psychologie betrifft. Das Vollständigkeits-Geschlossenheits-Dilemma manifestiert sich zudem allein in der Sprachpsy-

---

[*] Frau Kollegin Gisela Harras zum 65. Geburtstag gewidmet.

chologie (wie auch in der Psycholinguistik) als spezifisches *Kommunikations-Prozess-Dilemma*. Beide Dilemmata sind also insofern geschachtelt, als sich das zweitgenannte als eine sprachpsychologiespezifische Spezifikation des erstgenannten darstellt. Ich werde die beiden Dilemmata kurz erörtern und kursorische Überlegungen zwar nicht zur theoretischen Auflösung, aber zur pragmatischen *Umgehung* des Kommunikations-Prozess-Dilemmas als einer Spezifikation des generelleren Vollständigkeits-Geschlossenheits-Dilemmas anfügen.

2. Zum Vollständigkeits-Geschlossenheits-Dilemma

Über die unterschiedlichsten philosophischen Menschenbilder hinweg besteht Einigkeit darin, dass das Sprachvermögen zu den fundamentalen Eigenheiten der menschlichen Natur gehört (vgl. Klix 1993; Pinker 1994). Der Mensch ist seit der Griechischen Philosophie immer auch als das *zoon logikon*, das vernünftige und damit auch sprechende Lebewesen, gesehen worden (Aristoteles 1961). Sprachverwendung ist ohne Zweifel von extremer Relevanz für jegliche Kultur und für die individuelle Daseinsbewältigung. Unter diesen Voraussetzungen mag es verwunderlich erscheinen, dass zum einen die Situation der gegenwärtigen Sprachpsychologie zumindest im deutschsprachigen Wissenschaftsbereich als völlig unbefriedigend beurteilt werden muss, und dass zum anderen die Psychologenzunft die Sprachproduktion und Sprachrezeption schon immer sehr viel weniger intensiv behandelt hat als etwa die Wahrnehmung, das Lernen, die Emotion und Motivation, das Gedächtnis, das Denken und die meisten übrigen Fundamentalprobleme der psychologischen Grundlagenforschung.

Was ist an der Sprache, das sie für Psychologen so sperrig macht? Wenn man sich der Beantwortung dieser Frage nähern will, muss man sich zunächst vergegenwärtigen, dass es die Sprache nicht schlechthin als ein vorfindliches, *a priori* streng bestimmtes Phänomen gibt, das es zu erforschen gilt. Dies betrifft die Sprache allerdings nicht allein. Ebenso gibt es zum Beispiel nicht die Persönlichkeit oder das Gedächtnis schlechthin, die man als solche einfach zur Kenntnis nehmen und wissenschaftlich zu bearbeiten beginnen könnte. Was das Wort „Sprache" für jemanden bedeutet, ist vielmehr das Ergebnis seiner jeweiligen *Problemkonstitution*, die ihrerseits von vielen Bedingungen historischer, soziologischer und persönlich-biografischer Art abhängt (Herrmann 1994). Und die Sprache wie auch ihre

Verwendung lassen sich in besonders starkem Maße *unterschiedlich* konstituieren.

Man kann die Sprache als ein artspezifisches mentales Vermögen begreifen. Der Sprachgebrauch ist dann eine dem Menschen eigene, genetisch determinierte beziehungsweise angeborene Fähigkeit. Der Mensch hat einen „Sprachinstinkt" (Pinker 1994). Dieses Vermögen kann man beispielsweise als das Verfügen über eine Universalgrammatik konzipieren, die dem Menschen als Gattungswesen implantiert ist. Eine Sprache zu erlernen bedeutet dann im Wesentlichen nur noch, die immer gleichen Parameter dieser einen Universalgrammatik je nach Einzelsprache unterschiedlich zu instantiieren. Dies unterstellen Chomsky (1968; 1981) und seine Adepten aus der Linguistik und Psychologie. – Ganz anders ist Sprache konstituiert, wenn man sie als neurologisch-physiologisch zu behandelnden Sprechvorgang begreift. Dann untersucht man zum Beispiel evozierte Hirnpotenziale bei der Wortproduktion oder die Interkorrelation von Larynx-Muskeln während des Sprechens (vgl. u.a. Friederici/Pfeifer/Hahne 1993; Höhle 1995). – Oder Sprache ist nach kommunikationstheoretischer (konversations-, gesprächsanalytischer) Problembestimmung das wichtigste Vehikel für die Interaktion mindestens zweier Menschen. Nicht das Individuum, sondern die Kommunikationsdyade ist dann die kleinste analytische Einheit für die wissenschaftliche Behandlung des Sprachlichen (Kallmeyer/Schütze 1976). – Für die heutige Sprachpsychologie ist das Wort „Sprache" überwiegend ein (uneinheitlich verwendetes) Etikett für das Sprechen und das Sprachverstehen als individuelle Verhaltensereignisse beziehungsweise als individuelle Prozesse. Die Verhaltensereignisse kann man messen, beobachten oder über empirische Indikatoren erfassen und beschreiben. Man erforscht ihre Bedingungen und Auswirkungen und rekonstruiert sie theoretisch als neuronale und mentale Prozessstrukturen (vgl. Levelt 1989; Herrmann/Grabowski 1994).

Das im Deutschen mit dem Wort „Sprache" Bezeichnete wird seit de Saussure (1916) bekanntlich wie folgt untergliedert: „la langue" (engl. „language") bedeutet eine Struktur, ein historisch gewordenes Gebilde, ein grammatisch und anderweitig geregeltes System (Beispiel: die italienische Sprache); „la parole" (engl. „speech") bedeutet die raum-zeitlich singuläre Sprechhandlung von Individuen. Es ist ein bis heute ungelöstes Problem, in welcher genauen theoretischen Beziehung „Sprache als Struktur" („la langue") und „Sprache als Handlung" („la parole") zueinander stehen. In ebenso vager wie angreifbarer Weise postulierte zum Beispiel Karl Bühler (1933,

S. 75), dass sich in der Sprechhandlung das „ideelle" Sprachgebilde „realisiert". Die Teilbarkeit von Sprache in „la langue" und „la parole" und die keineswegs einvernehmlichen Vorstellungen zu deren theoretischer Beziehung fügen dem psychologischen Problembereich des Sprachlichen weitere Komplexität hinzu.

Da das „Sprache" Genannte so fassettenreich und so außerordentlich heterogen ist, steht der Sprachpsychologe in besonders gravierender Weise vor einem *Vollständigkeits-Geschlossenheits-Dilemma*: Entweder muss er bedeutsame Problematisierungsfassetten des „Sprache" Genannten beiseite lassen und sein Geschäft konzeptionell und methodologisch stark reduziert betreiben. Oder er versucht, tentativ alle ihm bekannten Problematisierungsfassetten des Sprachlichen oder doch möglichst viele von ihnen zu berücksichtigen. Dann aber opfert er die Geschlossenheit seiner Theoriebildung und die Einheitlichkeit seiner Methodik. Vor allem die theoretische Kohärenz und Konsistenz sind nun aber dasjenige, worauf die heutigen psychologischen Grundlagenforscher und Grundlagenforscherinnen nach den Vorgaben ihrer „disziplinären Matrix" (Kuhn 1962) bei der Planung und Durchführung ihrer Forschungsprogramme keineswegs verzichten dürfen. – Als bedeutsame Problematisierungsfassetten dessen, was ich hier mit dem Terminus „Sprache" bezeichne, verstehe ich bei alledem selbstverständlich keine Merkmale, die ich einem wie auch immer ontologisierten „Sprachding-an-sich" zuschreibe; bedeutsame Problematisierungsfassetten sind für mich die im Alltagsverständnis faktisch vorhandenen oder im Laufe der Wissenschaftsgeschichte faktisch entstandenen Grundmerkmale dessen, was man „Sprache" nannte und nennt.

Sprachpsychologen haben es bisher nicht geschafft, eine empirisch zureichend gestützte Standardtheorie der Sprachverwendung zu erzeugen, in der in kohärenter und konsistenter Weise die kognitiv-mentalen, die neurologisch-physiologischen, die kommunikativen und die übrigen Merkmale dieses Problemmonstrums gleichermaßen berücksichtigt werden. Und es ist auch vorerst nicht zu erwarten, dass sie das schaffen werden. Seit ihren Anfängen fehlen der sprachpsychologischen Forschung und Theoriebildung entweder Problemfassetten, die für das Alltagsverständnis und wissenschaftshistorisch wesentlich sind, oder es mangelt ihnen an der Einheitlichkeit und Geschlossenheit und damit übrigens auch an der erfahrungswissenschaftlichen Prüfbarkeit ihrer Theorien.

Ich kann hier nicht im Einzelnen diskutieren, in welcher Weise die Geschichte der Sprachpsychologie im zwanzigsten Jahrhundert vom Vollständigkeits-Geschlossenheits-Dilemma geprägt war (vgl. Herrmann 2003). Die repräsentativen Vertreter der Sprachpsychologie nahmen entweder sehr starke Problemreduktionen in Kauf – das sind die *Paradigmatiker* –, oder sie ließen es an der nötigen theoretischen Geschlossenheit fehlen – das sind die *Aspektisten*. Zu den namhaftesten sprachpsychologischen Aspektisten rechne ich Wilhelm Wundt (1911/12), Karl Bühler (1934), Hans Hörmann (1976) und Friedrich Kainz (1941ff.); zu den namhaftesten paradigmatischen Sprachpsychologen rechne ich Burrhus F. Skinner (1957), Jerry Fodor (Fodor/Bever/Garrett 1974), Merrill Garrett (1988) und Willem Levelt (1989). Schon bei der Nennung dieser Namen fällt auf, dass in Kontinentaleuropa die Aspektisten überwogen; im angelsächsischen Bereich dominieren die Paradigmatiker. Ich gebe in aller Kürze jeweils ein Beispiel: Hans Hörmann war ein charakteristischer Aspektist. Die psychologischen Adepten des Chomsky-Paradigmas sind charakteristische Paradigmatiker.

Hans Hörmann (1967; 1976) stand ganz in der kontinentaleuropäischen Aspekte-Tradition. Er baute seine Hauptwerke so auf, dass er eine Vielzahl von disparaten wissenschaftlichen Positionen aus ihren jeweiligen Grundannahmen heraus rekonstruierte, ihre Vorzüge und Grenzen aufwies und im Text sozusagen kapitelweise von einer zur anderen Position, Forschungstradition oder Denkrichtung wechselte. Und dies alles war wohlkalkuliert. So schrieb er einmal (Hörmann 1976, S. 11), ein solches „ständiges Hin- und Hergehen" solle dem Leser deutlich machen, „was er berücksichtigen sollte, wenn er über Meinen und Verstehen nachdenkt und wie er dabei besser denken sollte". Grenzüberschreitungen und Aspektwechsel waren sein Arbeitsprogramm. Hörmann hat sich nie einem in sich geschlossenen theoretisch-methodologischen Paradigma verschrieben. So formulierte er (Hörmann 1967, S. vii), er folge der Tendenz, „nicht einen bestimmten Standpunkt einzunehmen und von ihm aus alles zu betrachten, sondern den Leser instand zu setzen, die Aspekte zu wechseln und sich der Implikationen solchen Wechsels bewußt zu werden". Dieser bedeutende Sprachpsychologe war also *ex ovo* ein theoretisch-methodologischer Aspektist.

Seit dem Ende der Fünfzigerjahre des letzten Jahrhunderts gab es zunächst bei angelsächsischen Psycholinguisten und gibt es inzwischen in globalisierter Weise bei fast allen Sprachpsychologen überall auf der Welt nur noch ein einziges geschlossenes Paradigma, das ich kurz als *Chomsky-Paradigma* bezeichnen möchte (vgl. auch Herrmann 2003). (Die Wahl dieser Bezeichnung greift nicht auf den Namen eines Psychologen, sondern mit voller Absicht auf den Namen eines überragenden Linguisten zurück.) Die Paradigmenentwicklung begann mit der linguistischen Revolution des frühen Noam Chomsky, dem Aufbau seiner Generativen Transformationsgrammatik (Chomsky 1965), die durch eine von Katz/Fodor (1963) initiierte semantische Komponente ergänzt wurde. Diese linguistische Entwicklung wurde sogleich von Psychologen genutzt, um eine nach- und anti-behavioristische Sprachpsychologie zu entwickeln. Ein wesentliches Motiv dafür findet sich in Chomskys (1959) vernichtender Kritik an der Sprachtheorie Skinners (1957) und damit am zu jener Zeit zu Ende gehenden behavioristischen Paradigma überhaupt. In dieser Tradition steht zum Beispiel Merrill Garrett (1988). Bei ihm selbst wie auch bei fast allen anderen Proponenten des Chomsky-Paradigmas werden übrigens die Aspektisten Bühler, Kainz und Hörmann nicht genannt, und Wilhelm Wundt kommt ganz selten als eine aus eher ornamentalen Gründen apostrophierte Lehrautorität vor. Die kontinentale aspektistische Sprachpsychologie hat auf das Chomsky-Paradigma keinen erkennbaren Einfluss gewonnen.

Der Paradigmencharakter des in Rede stehenden sprachpsychologischen Traditionszusammenhangs ergibt sich zunächst aus einer angebbaren Liste von seit nunmehr bald einem halben Jahrhundert strikt beibehaltenen Kernannahmen (Herrmann 1994). Von den indisponiblen Kernannahmen des Chomsky-Paradigmas nenne ich hier lediglich die folgenden: Die rekursive Phrasenstrukturgrammatik à la Chomsky (1965) oder eines ihrer strukturellen Äquivalente (vgl. Levelt 1989) gibt nicht nur eine gute wissenschaftliche Beschreibung sprachlicher Gebilde (zum Beispiel der englischen Sprache) her, sondern sie ist als psychophysisches Faktum in den Kopf eines jeden Mitglieds der menschlichen Spezies eingebaut. Das Sprachliche, d.h. primär das Verstehen- und Erzeugenkönnen von beliebig vielen grammatisch „wohlgeformten" Sätzen, ist in seinen wesentlichen Zügen angeboren, es ist im Gehirn fest etabliert. Spracherwerb ist vor allem die einzelsprachenspezifische Fixierung von Parametern einer gattungsspezifischen Universalgrammatik. Gegenüber anderen kognitiven Funktionsmodulen ist das Spracherwerbs- und Sprachverwendungsmodul völlig abgekapselt; so hat auch der Spracherwerb mit der (übrigen) kognitiven Entwicklung nichts zu tun. Die wichtigste sprachpsychologische Analyseeinheit ist der Satz; Sprachrezeption und Sprachproduktion sind primär das Verstehen und Generieren von

Sätzen. Der beobachtbaren Oberflächenstruktur von Sätzen liegen sprachliche Tiefenstrukturen zugrunde. Tiefenstrukturen – man bezeichnet sie in psychologischen Zusammenhängen häufig anders – sind Mind-Brain-Tatsachen, die allen Menschen eigen sind. Die individuelle Sprachverarbeitung besteht beispielsweise bei Garrett (1988) aus streng sequenziellen und nicht rückgekoppelten Teilprozessen: So wird beim Sprechen erst die grammatische Struktur eines Satzes erzeugt, und beim Sprachverstehen wird erst die grammatische Struktur des gehörten Satzes dekodiert, bevor auf dieser Basis einzelne Wortformen produziert bzw. die Wort- und damit dann auch die Satzbedeutung verstanden werden können: „grammar first!". Eine überragende sprachpsychologische Forschungsfrage bezieht sich nach allem auf die mentale Repräsentation und Verarbeitung der Satzgrammatik.

Die theoretische (wie übrigens auch methodische) Geschlossenheit des Chomsky-Paradigmas ist mit einer enormen Reduktion des Probleminteresses erkauft. Paradigmen bzw. Forschungsprogramme kann man ja ohnehin mit Gewinn dadurch kennzeichnen, welche Phänomene bei ihrer Verwendung *ignoriert* werden. Das gilt auch für das Chomsky-Paradigma. Wiederum einige Beispiele: Die Sprachproduktion ist bei der Theoriebildung von der Sprachrezeption abgetrennt; man untersucht das Individuum nicht als integrierten Sprecher/Hörer. Annahmen zum komplizierten und geordneten Wechselspiel von Sprechen, Mimik, Gestik und anderen nonverbalen Kommunikationsmitteln sind nicht vorhanden. Das Sprechen ist überhaupt kaum kommunikativ (siehe unten). Die Sprachproduktion wird vielmehr als eine im „mind" (und auch im „brain") eines Individuums im Grunde immer gleich ablaufende Prozessstruktur verstanden, bei der der Kommunikationspartner, die kommunikative Gesamtsituation, in welcher der Sprecher als eine merkmalsreiche, keineswegs *nur* sprechende Person agiert, sowie in dieser Situation verwirklichte historisch-gesellschaftliche Konventionen keine Rolle spielen. Nach dem Chomsky-Paradigma lässt sich keine Gesprächsdynamik, zum Beispiel kein „face management" (Brown/Levinson, 1987) und auch kein diskursives „Aushandeln" von Bedeutung, darstellen. Es wird kaum erforscht, wie und warum Sprecher beim Vorliegen einer bestimmten Kommunikationssituation genau eine bestimmte Sprachäußerung erzeugen und keine andere; das Sprechen ist insofern unter dem Chomsky-Paradigma nicht „situiert" (Graumann 1992). Zwar gehört die Systematik von Sprechfehlern zu den wichtigsten Wegen, auf denen unter dem Chomsky-Paradigma die Teilprozesse der Sprachproduktion und ihre Abfolge erkannt werden sollen, doch bleibt zum Beispiel jede handlungstheoretische Art, Sprechfehler zu erklären (Sprechfehler als Handlungsfehler), unthematisiert. Die Fähigkeit zur Produktion von „frischen", noch nicht konventionalisierten Metaphern wird trotz ihrer unbezweifelbaren sprachtheoretischen Relevanz kaum behandelt. Die Widerspiegelung des ständigen kollektiven Sprachwandels im Individuum findet keine Berücksichtigung. Generell kommt der theoretische Zusammenhang von Sprecher/Hörer, Konvention, Institution und Gesellschaft so wenig vor wie etwa phänomenologisch-hermeneutische Methodenkonzeptionen. Es fehlt auch jedes für eine so stark nativistische Konzeption nahe liegende Interesse an der Humanethologie oder Evolutionspsychologie.

Ich ziehe das folgende *Fazit*: Der auf die Behandlung möglichst vieler heterogener Problemfassetten des Sprachlichen angelegte kontinentaleuropäische Aspektismus spielt derzeit international und auch hierzulande in der Sprachpsychologie keine merkliche Rolle. Er entspräche wohl auch nicht dem generellen Selbstverständnis und dem Sozialisationshintergrund des heute wissenschaftlich arbeitenden Durchschnittspsychologen. Das derzeit global dominierende Chomsky-Paradigma erkauft wiederum seine anerkennenswerte theoretische und methodologische Geschlossenheit mit einer extremen Problemreduktion, die sich weder mit dem allgemeinen Alltagsverständnis noch damit leicht vermitteln lässt, was auch Psychologen generell als Sprache und Sprachverwendung verstehen. Das Chomsky-Paradigma ignoriert nicht nur ganz wesentliche sprachliche Phänomene. Vielmehr ignorieren seine Proponenten – wie dies für geschlossene Paradigmen charakteristisch ist – auch die Beiträge alternativer Forschungs- und Denktraditionen. Und außerdem werden nach diesem Paradigma, wie berichtet, der Spracherwerb und die Sprachverwendung strikt modular, also als von der sonstigen ontogenetischen Entwicklung und den sonstigen kognitiven Funktionen von Individuen abgekapselt verstanden. Damit fehlt es denn auch an Gelegenheiten zur Kooperation mit dem Hauptstrom heutiger Kognitionspsychologie, mit der Entwicklungspsychologie wie vor allem auch mit der Sozialpsychologie. Es gibt bei der derzeit dominierenden Sprachpsychologie einen empfindlichen Mangel an gemeinsamer Thematik mit diesen und anderen Teildisziplinen der Psychologie.

3. Das Kommunikations-Prozess-Dilemma

Das von den Psychologen kaum reflektierte Vollständigkeits-Geschlossenheits-Dilemma, das man auch für andere Teile der Psychologie aufweisen könnte, ist für die Sprachpsychologie beziehungsweise die Psycholinguistik als *Kommunikations-Prozess-Dilemma* spezifizierbar.

Die Sprachpsychologie kann erst dann eine hinreichend vollständige Problemkonstitution vorweisen, wenn sie zumindest die kommunikativen und die prozeduralen Komponenten ihres wissenschaftlichen Gegenstands begrifflich und in ihren Aussagestrukturen zu unifizieren vermag. Dies möchte ich kurz wie folgt erläutern.

Einerseits: Das menschliche Sprechen ist, auch als Ergebnis seiner Evolution, wesentlich partnerbezogen. Es ist auf den Anderen angelegt; menschliche Sprachäußerungen werden im Regelfall für den Anderen gemacht. Vor allem Graumann (1992) hat auf das Prinzip der *Alterität* des Sprechens und auch des Sprachverstehens in vielen Zusammenhängen immer wieder hingewiesen und hat die Alterität der Sprachverwendung selbst eingehend erforscht. *Sit venia verbo*: Das Sprechen transzendiert den intrapsychischen Bereich insofern, als es nicht nur, wie etwa das Wahrnehmen, überhaupt auf einen intentionalen Gegenstand gerichtet ist, sondern als es in spezifischer Weise auf den *anderen Menschen* als intentionalen Gegenstand bezogen ist. Die Sprachpsychologie muss diese Alterität bei ihrer Theoriebildung berücksichtigen. Aussagen über die menschliche *Kommunikation* sind nun aber Aussagen, die über Dyaden bzw. Kollektive, also über Mehrheiten von Menschen gemacht werden. Zur sprachlichen Kommunikation, zum Diskurs, gehören immer mindestens *zwei interagierende, aufeinander einwirkende Individuen*. Eine Kommunikationsdyade hat mehr Merkmale als die beiden singulären Individuen, die die Dyade konstituieren; Dyaden haben in diesem Sinne ein „intensionales Surplus". Denkt man sich bei der Kommunikation alle Kommunikationsteilnehmer bis auf ein Individuum weg, so hat man wesentliche Merkmale des Begriffs „Kommunikation" verloren. In kommunikationstheoretischen Zusammenhängen ist die Dyade die kleinste Analyseeinheit.

Andererseits: Der seit längerem weitgehend konsensuelle Gegenstand der psycholinguistischen bzw. sprachpsychologischen Modell- und Theoriebildung ist der Sprachproduktions- und der Sprachrezeptionsprozess (zum Beispiel Harley 1997; vgl. auch Rickheit/Herrmann/Deutsch 2003). Diese

Prozesse sind aber zweifellos dem einzelnen *Individuum* zuzuschreiben; so ist etwa die Sprachäußerung das Ergebnis eines *individuellen* psychophysischen Sprachproduktionsprozesses. Jede andere Auffassung vom Sprachverwendungsprozess entspräche nicht unseren wissenschaftlichen Rationalitätskriterien. Generell ist das Substrat der Repräsentations- und Prozesstheorien der Allgemeinen Psychologie das einzelne Individuum. Will man in psychologischen Theorien Aussagen über den Zusammenhang von sprachlichen Prozessen mit anderen kognitiven Prozessen machen, etwa mit dem Denken, mit Gedächtnisprozessen oder mit Planungs- und Entscheidungsprozessen, so können solche Theorien nur konsistent und kohärent sein, wenn das einzelne Individuum, nicht aber die Dyade oder ein anderes kollektives Phänomen die Entität ist, über deren Merkmale, Relationen oder Funktionen Aussagen gemacht werden.

Folgerung: Wenn man die Dinge streng betrachtet, ist keine singuläre sprachpsychologische Theorie möglich, deren Aussagensysteme einerseits *konsistent und kohärent* sind und die andererseits *sowohl* den *individuellen* Sprachverwendungsprozess *als auch* die *dyadische bzw.* die *kollektive* Kommunikativität des Sprechens und Sprachverstehens betreffen. Das Substrat der Prozessbetrachtung ist das Individuum; das Substrat der Alterität ist die Dyade oder das Kollektiv, die, wie diskutiert, nicht auf die Individual-Begrifflichkeit reduzierbar sind. Diese Sachlage führt die Sprachpsychologie in ihr bisher zu wenig diskutiertes *Kommunikations-Prozess-Dilemma*:

Man muss von der Sprachpsychologie im Namen einer hinreichend vollständigen Abbildung ihres Gegenstandbereichs fordern, was im Namen der Konsistenz und Kohärenz der Theoriebildung nicht gefordert werden darf: Die Sprachpsychologie muss nämlich kohärente und konsistente Begrifflichkeiten und Aussagensysteme entwickeln, in denen sowohl etwas über das Individuum als Träger von mentalen Prozessen als aber auch etwas über (zumindest) die Kommunikationsdyade ausgesagt wird, welch letztere *ex definitione* nicht auf die konzeptuelle Ebene menschlicher Individuen reduziert werden kann. *Fazit*: Die Vollständigkeit des Problemgegenstands (hier: Kommunikation plus Prozess) sowie die Konsistenz bzw. Kohärenz seiner Konzeptualisierung und methodologischen Behandlung sind im vorliegenden Fall *unvereinbar*, doch muss beides *gefordert* werden. – Die Sachlage erinnert übrigens an den bekannten deontischen Grundsatz: „Man soll nicht wollen, was man nicht kann."

4. Umgehungsversuche

Nachdem die Sprachverwendung notwendigerweise auf den Anderen, den Partner, bezogen also kommunikativ und situiert ist, sollte man Theorien des individuellen Sprachverwendungsprozesses so gestalten, dass dabei die Kommunikativität des Sprechens und Sprachverstehens so weit wie möglich mitberücksichtigt wird. Zur Zeit dominieren indes, zum Beispiel bei Levelt (1989), Prozesstheorien des Sprechens und, wie etwa bei Walter Kintsch (1998), Prozesstheorien des Sprachverstehens, die ohne jegliche Alterität auskommen. Den Prozesstheorien mit dem einzelnen *Individuum* als Substrat fehlt es an Aussagen zur Alterität beziehungsweise zur Kommunikativität der Sprachverwendung. Die psychologischen Prozesstheorien haben übrigens für die Alterität ebenso wenig Platz, wie die kommunikativen Theorien aus der Sozio- und Pragmalinguistik, der Ethnomethodologie, der Kommunikationswissenschaft und anderen „Alteritätswissenschaften" Platz haben für den vielgliedrigen und kleinteiligen kognitiven Prozess der Sprachproduktion und Sprachrezeption – und das heißt: für diesen *individuellen* Brain-Mind-Prozess.

Wenn man das Kommunikations-Prozess-Dilemma auch nicht auflösen kann, so kann man es doch umgehen. Mein *Umgehungsvorschlag* ist der folgende (vgl. Herrmann/Grabowski 1994; Herrmann 2005): Menschliche Kommunikation ist eine besondere Art von Interaktion, eine wechselseitige sprachliche Beeinflussung mehrerer Menschen; dazu gehören mindestens zwei Individuen. Das kommunikative Zusammenwirken erfordert – zumindest wenn man sich eines radikalen Behaviorismus enthält –, dass jedes beteiligte Individuum den Kommunikationspartner, also etwa den jeweils anderen Teil der Dyade, *mental bzw. kognitiv repräsentiert*. Zur Kommunikation gehört nicht nur, dass es mindestens zwei Beteiligte gibt. Die wechselseitige Einwirkung und Responsivität verlangen vielmehr auch, dass jeder Beteiligte den oder die anderen Beteiligten, ihre Wünsche und Erwartungen mental abbildet und über diesen Abbildungen kognitiv operiert. Eine konsistente und kohärente Prozesstheorie der Sprachverwendung kann und sollte also *spezielle Theoriekomponenten der Partnerrepräsentation* enthalten.

Das zuvor erörterte Dilemma ist auf diese Weise nicht aufgelöst, weil in der soeben genannten Theoriebildung die Dyade als autonomes Theoriesubstrat immer noch fehlt. Verschreibt man sich nämlich einer gemäßigten philosophischen Position und vertritt man zum Beispiel keinen Radikalen Konstruktivismus und auch nicht Berkeleys (1953) Position „Esse est percipi", so kann der Andere nicht auf den *repräsentierten* Anderen *reduziert* werden. (Das ist gewiss ein weites Feld.) Aber man könnte doch zu einer gewissen Vollständigkeit der sprachpsychologischen Theoriebildung kommen, wenn man wie folgt verfährt:

1. Man entwickelt im Rahmen der Sprachpsychologie konsistente und kohärente individualistische Theorien bzw. Annahmensysteme, die mentale *Repräsentationen* des Anderen und das *Operieren über diesen Repräsentationen* wesentlich enthalten, und

2. man fügt diesen individualistischen Annahmen – auf der nächst höheren semantischen Ebene – die folgende *Meta-Annahme* bei: Zur Kommunikation gehören Mehrheiten von Individuen, und für diese Mehrheiten gelten *pro Individuum* die in der individualistischen Theorie behaupteten Repräsentations- und Operationsannahmen.

Wie etwa Carl Graumann (1992) nachgewiesen hat, sind innerhalb einer Dyade die mentalen Repräsentationen und die darüber stattfindenden Operationen von Kommunikationsteilnehmer zu Kommunikationsteilnehmer unterschiedlich. Die mentale Partnerabbildung ist in individuenspezifischer Weise *perspektivisch*, sie ist damit von Kommunikant zu Kommunikant verschieden. Es gibt in diesem Sinne innerhalb von Dyaden oft perspektivische Asymmetrien. Wie ein Partner den anderen Partner mental abbildet, ist unter anderem davon abhängig, wie er meint, vom anderen Partner mental abgebildet zu werden. Und die Beschaffenheit der meist unterschiedlichen Abbildungen kann mannigfaltige Gründe haben.

In einer Dyade entstehen zum Beispiel implizite Vereinbarungen darüber, wovon die Rede sein und wie etwas gemeint sein soll. Bei solchen impliziten Vereinbarungen können auch die soeben genannten perspektivischen Asymmetrien auftreten. Alles das kann ein Beobachter zumal dann schlussfolgern, wenn er die Struktur der Verhaltensfolgen innerhalb der jeweiligen Dyade genau untersucht. Aber: Die zuletzt genannten Annahmen über Dyaden, die Bedeutungsvereinbarungen, die dabei auftretenden Asymmetrien und dergleichen gehören zu einer anderen, nämlich zu einer dyadischen Theorieklasse, und sie können im Lichte der *individualistischen* Theorien der mentalen Partnerrepräsentation höchstens als Meta-Annahmen über theorieimmanente Annahmen herangezogen werden. Sie können also nicht in eine individualistische Theorie strikt einbezogen werden, ohne die diskutierte Konsistenz und Kohärenzforderung zu verletzen. Es muss jedoch sogleich hinzugesetzt werden: Man kann sehr wohl im Rahmen einer konsistenten individualistischen Theorie der Partnerrepräsentation annehmen, ein Individuum *wisse* oder *meine* oder *wünsche*, dass sich im Gespräch eine Übereinstimmung über Bedeutungen und etwa auch über Rollenzuweisungen herausbilde, dass der jeweilige Partner diese Sachlage beeinflussen wolle, usf. Jedes Individuum, übrigens schon ein Schimpanse (Heyes 1998), hat individuelle „mental theories" bezüglich des Glaubens, Wissens und Wünschens des Anderen. Diese individuellen Annahmen über Annahmen (usf.) können durchaus stilrein in individualistischen Repräsentationstheorien behandelt werden. Die individuelle mentale Repräsentation ist semantisch hierarchisch, sie ist rekursiv.

Theorien der individuellen Repräsentation des Partners wie auch der gesamten Kommunikationssituation verstehe ich so, dass die bei einem Individuum ablaufenden Sprachproduktions- und Sprachrezeptionsprozesse *parametrisiert* sind. Die *Prozessparameter*, genauer die Parameter von individuellen Prozess*komponenten*, werden – in regelhafter Weise – spezifisch eingestellt bzw. fixiert: je nach der vom Individuum kognitiv repräsentierten kommunikativen Gesamtsituation einschließlich der kognizierten Kommunikationspartner und nicht zuletzt danach, was bereits gesagt und sonst noch bereits getan wurde.

Ich nenne einige wenige *Beispiele* dafür, wie Parameterstellungen des individuellen Sprachverwendungsprozesses von situativen Bedingungen abhängen (Herrmann 2005). Die Beispiele stehen für sprachpsychologische Sachverhalte, die inzwischen allesamt systematisch, zum Teil in großen Forschungsprojekten erforscht worden sind:

(i) Die Verwendung der *Grammatik* ist hochgradig von der kognitiv repräsentierten Kommunikationssituation und auch vom kognitiv repräsentierten Partner abhängig. So kommt es auf die jeweils kognizierte Situation an, ob der Sprecher zum Beispiel sagt: „Das Kind gab der Mutter die Katze." Oder: „Es ist die Mutter, der das Kind die Katze gab." Oder dialektal und mit vielen Präsuppositionen: „Die hat se von dat Blach gekricht." Alle diese Äußerungen können situationsgerechte Verbalisierungen der etwas bizarren Botschaft sein, dass das Kind der Mutter die Katze gab. – Die Morphosyntax ist auch in hohem Maße verschieden, wenn man je nach Partner entweder die Sie- oder die Du-Semantik verwendet.

(ii) Kommen wir auf die transferierte Katze zurück: Der Sprecher möge die folgende *Frage des Partners* beantworten: „Gab das Kind der Mutter die Katze?" Der Sprecher antwortet *nicht*: „Das Kind gab der Mutter die Katze." Vielmehr sagt er schlicht: „Ja" oder: „Ja, das hat es getan" oder: „Da kannste ganz sicher sein.", oder er erzeugt eine von vielen anderen, ganz unterschiedlichen Äußerungen. Der die ominöse Frage beantwortende Sprecher verbalisiert zwar stets die gedankliche Botschaft, dass das Kind der Mutter die Katze gab, dies aber auf situationsabhängig sehr unterschiedliche Weise.

(iii) Partnerbezogen ist ersichtlich die *Wortwahl*, die *Referenz*. Hier nur ein einziges Beispiel: Wenn der Sprecher zum einen bezüglich eines auf dem Tisch liegenden Blattes Papier sagt: „Der Farbton *rechts* auf der Grafik ist falsch." oder zum anderen: „Der Farbton *links* auf der Grafik ist falsch.", so können sich beide Verbalisierungen korrekterweise auf dasselbe Objekt beziehen. Dies, wenn die Kommunikationspartner *face-to-face* einander gegenübersitzen. Der Farbton wird hier entweder aus dem Blickpunkt des Sprechers oder aus der Sicht des Partners lokalisiert. Ob aber der Sprecher den Farbton sprecher- oder partnerbezogen lokalisiert, hängt unter anderem von der Statusbeziehung von Sprecher und Partner ab: *Ceteris paribus* dominieren partnerbezogene Lokalisationen bei großer Statusüberlegenheit des Partners.

(iv) Selbstverständlich ist auch die *Artikulation* situations- und partnerbezogen verschieden. So kann man flüstern oder laut rufen; entfernt sich der Partner, so steigert man die Stimmintensität; man kann betont artikuliert sprechen oder aus Bequemlichkeit nuscheln. Usf.

(v) Das *Sprachverwendungssystem* als ganzes ist in vielerlei Hinsicht *verschieden eingestellt*, wenn man an einem *Small talk* teilnimmt oder wenn man nach hergebrachter Weise ein Märchen erzählt, wenn man etwas Lustiges zur Unterhaltung beiträgt, wenn man in einer ungewohnten Situation, zum Beispiel als Angehöriger der Angeklagten vor Gericht, seine Äußerungen vorsichtig planen muss oder wenn man ein Gedicht aufsagt. Je nach der Situation, in der sich ein Sprecher äußert, variiert die Wortwahl bezüglich diverser Sprachschichtebenen von der Hoch- bis zur Vulgär- und Intimsprache, entsprechend variiert die morphosyntaktische Überformung; es variieren die Anreden und die sprachlichen Selbstbezüge; es variieren die Verwendung von Einzelsprachen oder die Nutzung entweder der Standardsprache oder der Mundart. Allgemein kann die Äußerungsproduktion mehr oder minder stark einem erlernten Muster folgen (vgl. Märchen, Kochrezept).

Die wenigen Beispiele dürften verdeutlicht haben, was als die bedingungsabhängige Parameterfixierung einzelner Teilsysteme des Sprachverwendungssystems verstanden werden soll. – Die heutigen sprachpsychologischen bzw. psycholinguistischen Theorien des angelsächsisch dominierten sprachpsychologischen *Mainstream* beschreiben und erklären die Sachlage fast immer nur wie folgt: Ein – im Sinne von Graumann kann man sagen: nicht-situierter – Sprecher produziert beim Vorliegen einer bestimmten zur Verbalisierung anstehenden „Botschaft" (einem bestimmten propositionalen Sprachproduktionsinput) *in immer gleicher Weise* beispielsweise die Äußerung: „Das Kind gab der Mutter die Katze." bzw. englisch: „The child gave the mother the cat." (Das Beispiel stammt übrigens aus Levelts epochemachendem Buch „Speaking" (1989) und kann als das Master-Beispiel der heutigen Sprachproduktionsforschung gelten.) Alterität bzw. Kommunikativität kommen in solchen Theorien nicht vor. Die Sprachverwendungsprozesse sind hier eben nicht *partner- und situationsspezifisch parametrisiert*. Mit solchen Prozesstheorien können Kommunikationstheoretiker ersichtlich wenig anfangen. Und da auch die Prozesstheoretiker des sprachpsychologischen *Mainstream* ersichtlich nichts mit Theorien anfangen können, die die Alterität bzw. Kommunikativität implizieren, bleibt es – freundlich formuliert – bei einer theoretischen Arbeitsteilung, eigentlich aber bei wechselseitiger Ignorierung. Das Dilemma wird nicht erkannt. Umgehungen des Dilemmas werden nicht versucht.

Im Unterschied dazu schlage ich individualistische Sprachverwendungstheorien mit der wesentlichen Komponente der bedingungsabhängigen mentalen Partnerrepräsentation und des bedingungsabhängigen mentalen Operierens über dieser Repräsentation vor. Solche parametrisierten Sprachverwendungstheorien erscheinen mir einstweilen als *Ultima ratio*, die Alterität und den individuellen Sprachverwendungsprozess miteinander ins Geschäft zu bringen. Dabei umgeht man das Kommunikations-Prozess-Dilemma, man löst es aber, wie betont, nicht auf: Der Andere ist nämlich (zumindest nach einer plausiblen philosophischen Vorentscheidung) mehr als der *repräsentierte* Andere. Und der Andere ist auch etwas anderes als das *Individuum der All-*

gemeinen Psychologie. Eine individualistische Repräsentationstheorie nebst der zuvor genannten Metaannahme kann jedoch gegebenenfalls als Annäherung an eine konsistente und kohärente sprachpsychologische Theorienbildung mit einem berechtigten *pragmatischen* Vollständigkeitsanspruch verstanden werden. Die Dinge bleiben schwierig.

5. Schluss

Ich schließe mit drei Fragen und einem Kommentar: *Erste Frage*: Rechtfertigt die theoretische Verzwicktheit der Sprachpsychologie mit ihrem Doppelgegenstand (Produktion und Rezeption) und mit ihrem hier diskutierten Kommunikations-Prozess-Dilemma die Tatsache, dass sich die Sprachpsychologie in Deutschland bis auf kleine Reste aus der psychologischen Forschung verabschiedet hat und auch als Teilcurriculum meist nur ganz am Rande behandelt wird? *Zweite Frage*: Können wir Psychologen uns vielleicht einen so komplexen Problemgegenstand einfach nicht mehr als wissenschaftliches Arbeitsgebiet leisten? *Kommentar*: Wir verrichten ja unsere Forschungsarbeit immer mehr, ohne nach rechts und links zu schauen; wir bewältigen unsere Forschungsthemen immer mehr mittels eines zirkumskripten Methodeninventars und mit häufig einer einzigen, annähernd lebenslang fixierten Untersuchungsperspektive auf einen winzigen, aber völlig genau definierten und bewundernswert intensiv bearbeiteten Phänomenbereich. *Dritte Frage*: Legt selbst unter diesen Umständen die Verzwicktheit der Sprachpsychologie es wirklich nahe, dass wir diese Subdisziplin der Psychologie nicht *anders* betreiben, sondern dass wir sie, zumindest hierzulande, so gut wie *gar nicht* betreiben?

6. Literatur

Aristoteles (1961): Über die Seele. In: Gohlke, Paul (Hg.): Aristoteles: Die Lehrschriften. Bd. 6,1. Paderborn.

Berkeley, George (1953): Philosophical Writings. Austin.

Brown, Penelope/Levinson, Stephen C. (1987): Politeness: Some Universals in Language Usage. Cambridge [UK].

Bühler, Karl (1933): Die Axiomatik der Sprachwissenschaften. In: Kantstudien 38, S. 19-120.

Bühler, Karl (1934): Sprachtheorie. Die Darstellungsfunktion der Sprache. Jena.

Chomsky, Noam (1959): Review: Verbal Behaviour. In: Language 35, S. 26-58.

Chomsky, Noam (1965): Aspects of the Theory of Syntax. Cambridge, MA.

Chomsky, Noam (1968): Language and Mind. New York.

Chomsky, Noam (1981): Lectures on Government and Binding. Dordrecht.

Fodor, Jerry A./Bever, Thomas G./Garrett, Merrill F. (1974): The Psychology of Language: An Introduction to Psycholinguistics and Generative Grammar. New York/Frankfurt a.M.

Friederici, Angela D./Pfeifer, Erdmute/Hahne, Anja (1993): Event-related Brain Potentials during Natural Speech Processing: Effects of Semantic, Morphological and Syntactic Violations. In: Cognitive Brain Research 1, S. 183-192.

Garrett, Merrill F. (1988): Processes in Language Production. In: Newmeyer, Frederick J. (Hg.): Language: Psychological and Biological Aspects. Cambridge, MA. S. 69-97.

Graumann, Carl F. (1992): Speaking and Understanding from Viewpoints. Studies in Perspectivity. In: Semin, Günn/Fiedler, Klaus (Hg.): Language, Interaction, and Social Cognition. London. S. 23-255.

Harley, Trevor A. (1997): The Psychology of Language: From Data to Theory. Hove.

Herrmann, Theo (1994): Forschungsprogramme. In: Herrmann, Theo/Tack, Werner (Hg.): Enzyklopädie der Psychologie. Themenbereich B. Serie I. Bd. 1. Methodologische Grundlagen der Psychologie. Göttingen. S. 251-294.

Herrmann, Theo (2003): Sprachpsychologie: Aspekte und Paradigmen. In: Brauns, Horst-Peter (Hg.): Zentenarbetrachtungen. Historische Entwicklungen in der neueren Psychologie bis zum Ende des 20. Jahrhunderts. Frankfurt a.M. S. 83-90.

Herrmann, Theo (2005): Sprache verwenden. Funktionen – Evolution – Prozesse. Stuttgart.

Herrmann, Theo/Grabowski, Joachim (1994): Sprechen. Psychologie der Sprachproduktion. Heidelberg/Berlin/Oxford.

Heyes, Cecilia M. (1998): Theory of Mind in Nonhuman Primates. In: Behavioral and Brain Sciences 21, S. 101-148.

Höhle, Barbara (1995): Aphasie und Sprachproduktion: Sprachstörungen bei Broca- und Wernicke-Aphasikern. Opladen.

Hörmann, Hans (1967): Psychologie der Sprache. 2. Aufl. Heidelberg.

Hörmann, Hans (1976): Meinen und Verstehen. Grundzüge einer psychologischen Semantik. Frankfurt a.M.

Kainz, Friedrich (1941ff.): Psychologie der Sprache. 4 Bde. Stuttgart.

Kallmeyer, Werner/Schütze, Fritz (1976): Konversationsanalyse. In: Studium Linguistik 1, S. 1-28.

Katz, Jerold J./Fodor, Jerry A. (1963): The Structure of Semantic Theory. In: Language 39, S. 170-210.

Kintsch, Walter (1998): Comprehension. A Paradigm for Cognition. Cambridge, MA.

Klix, Friedhart (1993): Erwachendes Denken: Geistige Leistungen aus evolutionspsychologischer Sicht. Heidelberg/Berlin/Oxford.

Kuhn, Thomas (1962): The Structure of Scientific Revolutions. Chicago.

Levelt, Willem J.M. (1989): Speaking. From Intention to Articulation. Cambridge, MA.

Pinker, Steven (1994): The Language Instinct. The New Science of Language and Mind. Harmondsworth.

Rickheit, Gert/Herrmann, Theo/Deutsch, Werner (Hg.) (2003): Psycholinguistik – Psycholinguistics. Ein internationales Handbuch – An International Handbook. (= Handbücher zur Sprach- und Kommunikationswissenschaft 24). Berlin/New York.

Saussure, Ferdinand de (^{1}1916; 1969): Cours de linguistique générale. Paris.

Skinner, Burrhus F. (1957): Verbal Behaviour. New York.

Wundt, Wilhelm (^{1}1900; 1911/1912): Völkerpsychologie. Bde. 1/2: Die Sprache. Leipzig.

Joachim Grabowski

Mit Semantik zum Millionär? – Sprachbezogenes Wissen in Quizshows

> Welches Zeilenpaar ist kein Anagramm?
>
> Germanisten / nisten mager   Man ist gerne / Nistgermane
>
> Sagt er Minne / meint er Sang   Same gerinnt / im argen Nest

1. „Wer wird Millionär" als Prototyp moderner Quizshows

Quizshows als solche sind ein geradezu zeitloses Phänomen des Fernsehens (Hallenberger 1994). Offenbar besitzt es einen hohen Unterhaltungswert, anderen Personen dabei zuzusehen, wie sie ihr Wissen auf den Prüfstand stellen lassen. Da die jeweiligen Kandidatinnen und Kandidaten meistens Menschen aus dem Volke sind, kann man sich – auf dem vergleichsweise sicheren Platz der Wohnzimmercouch – mit ihnen identifizieren und mit ihnen mitfiebern, etwas fürs Selbstbewusstsein tun („Das hätte ich auch gewusst.") oder vielleicht sogar ein wenig Schadenfreude empfinden („Also das hätte sogar ich gewusst.").

Zu den bekanntesten Quizsendungen in der Geschichte des deutschen Fernsehens gehören beispielsweise „Hätten Sie's gewußt?" mit Heinz Maegerlein und „Erkennen Sie die Melodie?" mit Ernst Stankovski (wobei der relevante Wissensbereich auf die Kategorien von Oper, Operette und Musical eingeschränkt war). Im Rahmen der „großen Samstagabend-Unterhaltung" waren „Einer wird gewinnen" mit Hans-Joachim Kulenkampff und „Der große Preis" mit Wim Thoelke im Kern ebenfalls als Kandidatenquiz konzipiert.

Nach der starken quantitativen und qualitativen Diversifizierung des Fernsehangebots, zunächst durch die dritten Programme der ARD und dann vor allem durch das Privatfernsehen, erlebten Quizshows ab dem Ende der

1990er-Jahre einen neuen, bis heute anhaltenden Boom: „Das Quiz" (ARD), „Die Quizshow" (SAT1) und „Die NDR Quizshow" sind nur einige der heute noch laufenden Sendungen. Als erfolgreichstes und zugleich prototypisches Format kann sicherlich „Wer wird Millionär?" (RTL) mit dem Moderator Günther Jauch gelten. Die Staffeln laufen seit 1999 mit ungebremstem Erfolg; das mehrmals wöchentlich zur besten Sendezeit ausgestrahlte Quiz erreicht durchschnittlich um die acht Millionen Zuschauer (und damit über 25 Prozent Marktanteil). Lizenzen für das nicht nur hinsichtlich Spielidee und -ablauf, sondern auch hinsichtlich Farbgebung, Emblemen und Musik identische Format gibt es in fast 100 Ländern; transmediale Klone existieren als Brettspiel, als Computerspiel und in Buchform.

Falls es jemand nicht kennt: Aus einer Vorauswahl von 10 Kandidatinnen und Kandidaten qualifiziert sich zunächst diejenige Person für das eigentliche Spiel, die am schnellsten vier Begriffe in die entsprechend der jeweiligen Fragestellung richtige Reihenfolge bringt. Das Spiel besteht aus maximal 15 Fragen ansteigender Schwierigkeit. Für jede Frage werden vier Antwortalternativen A, B, C und D vorgegeben, von denen eine als die richtige auszuwählen ist. Die Fragen sind von 50 Euro bis 1 Million Euro dotiert. Wird eine Frage falsch beantwortet, ist das Spiel beendet, und der Kandidat erhält den Betrag der höchsten bereits erreichten festen Gewinnstufe (Stufe 5: 500 Euro oder Stufe 10: 16.000 Euro). Kandidaten können auch nach Kenntnis der jeweils nächsten Frage das Spiel abbrechen und erhalten dann den Gewinn der letzten korrekt gelösten Frage. Es gibt drei Joker, die jeweils einmal im Spielverlauf eingesetzt werden dürfen: Beim Publikumsjoker gibt das anwesende Studiopublikum seinen Tipp für die richtige Lösung ab; beim Fifty-fifty-Joker werden zwei falsche Antwortalternativen gestrichen; beim Telefonjoker darf der Kandidat eine von drei vorab benannten Personen telefonisch konsultieren.

Selbst wenn man davon ausgeht, dass ein Kandidat alle drei Joker erfolgreich einsetzen konnte, beträgt die Wahrscheinlichkeit, durch Raten beziehungsweise Zufall die Million zu gewinnen, weniger als 1 zu 33 Millionen ($0{,}25^{12} \times 0{,}5$); das ist gegenüber einem Lottogewinn beim Spiel 6 aus 49 (etwa 1 zu 14 Millionen) fast zweieinhalb Mal unwahrscheinlicher. In den über fünf Jahren Laufzeit gab es dementsprechend gerade einmal vier Personen, die bis zur fünfzehnten Frage erfolgreich waren. Anfängliche Befürchtungen, ein solches Quiz könnte den ausstrahlenden Sender ruinieren, haben sich somit nicht bewahrheitet. Andererseits ließ Günther Jauch beispielsse von den 114 Kandidaten der elften Staffel (Januar bis Mai 2003) aber auch keinen ohne mindestens 500 Euro nach Hause gehen; im Durchschnitt schaffte es diese Kandidatenstichprobe bis zur Gewinnstufe 10 und erzielte einen Gewinn von etwa 35.000 Euro.

Der neuerliche Quizshow-Boom gab Anlass zu einem Forschungsprojekt, welches der Autor zusammen mit Ewald Kiel (Professor für Schulpädagogik an der Universität München) und unter Mitarbeit der Diplom-Psychologinnen Annette Wagner und Swantje Meyer an der Pädagogischen Hochschule Heidelberg unter dem Titel „Quizshow-Wissen als Spiegel kultureller Teilhabe" durchgeführt hat (www.ph-heidelberg.de/org/quizshow/ [Stand: Juni 2005]). Ausgangspunkt war die Beobachtung, dass sich gegenüber den Quizshows der frühen Fernsehära vor allem die inhaltliche Komposition der relevanten Wissensbestände entscheidend verändert hat. In Heinz Maegerleins „Hätten Sie's gewußt?" ging es ausschließlich um Fragen aus dem klassischen Bildungskanon. In „Wer wird Millionär?" und anderen heutigen Quizshows spielt demgegenüber auch populäres Wissen (Storey 2003) eine wichtige Rolle, so dass sich das Bildungsverständnis, welches sich in den Quizfragen widerspiegelt, stark geändert haben dürfte – hin zu einem breiteren Fähigkeitskonzept, wie es beispielsweise als *Cultural Literacy* (Hirsch/Kett/Trefil 2002) beschrieben und diskutiert wird. Damit haben nicht nur populäre Themen aus den Bereichen von Sport, Musik, Film, Fernsehen und der *Goldenes-Blatt*-Welt der Schönen und Reichen Einzug gehalten, sondern auch der in vielen Aspekten vielleicht selbstverständlichste aller Wissensbereiche: Sprache.

Die empirische Grundlage unserer Analysen von „Wer wird Millionär?" bilden 3630 Fragen (= 242 komplette Spiele) aus der Internetdokumentation der Quizshow für die Jahre 2000 bis 2002 sowie die 1960 Fragen der deutschen Brettspielausgabe (Edition 2002). Über die schwierigkeitsabhängige Verteilung dieser Fragen auf die verschiedenen traditionellen und populären Wissensgebiete und die bildungstheoretischen Folgerungen aus diesen Ergebnissen haben wir andernorts bereits berichtet (Kiel/Grabowski/Meyer 2005a, 2005b; Panyr/Kiel/Meyer/Grabowski 2005). Im vorliegenden Aufsatz wird untersucht, welche Rolle *sprachbezogene Wissensbestände* in dem Fragenpool moderner Quizshows spielen: Welche Arten sprachbezogener Wissensbestände lassen sich unterscheiden? Und was sind diese Wissensbestände wert?

2. Sprachbezogenes Wissen

Im Kontext verschiedener theoretischer Entwicklungen der neueren Linguistik sind Versuche unternommen worden, sprachliches Wissen und Weltwissen (oder enzyklopädisches Wissen) zu unterscheiden oder aber ihre prinzipielle Unterscheidungsmöglichkeit zu negieren (vgl. Drever 2004). Diese Versuche stehen – stark vereinfacht gesprochen – im Zusammenhang mit Annahmen über die Universalität versus Erfahrungsabhängigkeit von sprachlichen Wissensbeständen, über grammatische und semantische Eigenschaften von Sprachen und allgemein über die Entwicklung und Beschaffenheit des menschlichen Gehirns und Geistes unter besonderer Berücksichtigung der Tatsache, dass der menschlichen Spezies sprachliche Fähigkeiten gegeben sind (Chomsky 1988).

In Quizshows handelt es sich demgegenüber bei allen involvierten Wissensbeständen um Erlerntes, Bewusstes, Reflektierbares; um Informationen, die – sofern individuell vorhanden – aus dem Gedächtnis abrufbar sind, die in Vergleichs- und Entscheidungsprozesse eingehen können und deren epistemischen Status man beurteilen kann („Ich weiß sicher, dass ..."; „Ich glaube, dass ..."; „Ich weiß nicht, ob ..." etc.). Bei der Beantwortung einer Quizfrage kann es nicht beim impliziten Wissen bleiben, wie es häufig als Charakteristikum muttersprachlicher Kompetenzen angeführt wird. In einem trivialen Sinne haben natürlich alle Fragen in Quizshows mit Sprache zu tun, insofern Sprache das Medium ist, in dem die Fragen gestellt und die Antwortalternativen formuliert werden (anders als beispielsweise bei Lumberjack-Wettbewerben, bei denen sprachfreie Leistungsanforderungen gestellt werden). Dennoch lassen sich die Wissensbereiche, aus denen die Fragen stammen, danach unterscheiden, ob und in welcher Weise sie sich auf Sprachliches beziehen. Beispielsweise sind manche Quizfragen in andere Sprachen übersetzbar und andere nicht. Der Sachverhalt, dass die elektrische Spannung in der Einheit Volt gemessen wird, lässt sich in allen Sprachen und Kulturen gleichermaßen erfragen. Dagegen dürfte es wenig sinnvoll sein, in einer anderen Sprache als dem Deutschen zu fragen, ob man für einen guten Freund seine Hand ins Feuer, Wasser, Grab oder Gefrierfach legt. Wieder anders verhält es sich bei der Frage nach der umgangssprachlichen Bezeichnung für eine schlecht brennende Lampe. Diese Frage lässt sich zwar weltweit stellen; doch ist es ungewiss, ob jede Sprache über eine eigene Lexikalisierung für schlecht brennende Lampen verfügt, und mit Sicherheit bedarf es anderer Antwortalternativen als *Funzel*, *Furunkel*, *Fuffziger* und *Fummel*.

– Zur Abgrenzung gegenüber den oben erwähnten Versuchen der Unterscheidung zwischen sprachlichem und enzyklopädischem Wissen in linguistischen Theorien nennen wir die im vorliegenden Aufsatz thematisierten Kategorien *sprachbezogenes Wissen*.

Grundsätzlich sind die im Quizformat von „Wer wird Millionär?" erscheinenden Wissensbestände durch die formale Gestaltung der Fragen eingeschränkt. Es handelt sich um geschlossene Fragen als Mehrfachwahlaufgaben mit vier Alternativen. Komplexere Sachverhalte, Erklärungen (Kiel 1999) oder andere höhere Verständnis- und Verarbeitungsleistungen etwa im Sinne der Lernzieltaxonomie von Bloom (1972) lassen sich darin nicht abbilden (beziehungsweise wird dies im Allgemeinen nicht versucht). Auch muss die schriftliche Präsentation der Antwortalternativen in das grafische Fragenformat passen, weshalb diese in der Regel nicht mehr als ein oder zwei Wörter umfassen. Insgesamt garantiert dieses restringierte Frageformat die für einen fairen Spielverlauf notwendige eindeutige Beurteilung einer Lösungsalternative als korrekt.[1] Gleichzeitig bekommen Kandidaten durch dieses Auswahlformat die Möglichkeit, sich strategisch auch dann noch behelfen zu können, wenn sie das Gefragte nicht wissen, beispielsweise durch den Ausschluss von Antwortalternativen anhand anderer Kenntnisse, durch logische Schlüsse oder Wahrscheinlichkeitsabwägungen, durch „Bauchurteile" auf der Grundlage von Anmutungsqualitäten der Alternativen und nicht zuletzt auch durch Raten – der Maegerlein'sche Kandidat musste in diesem Fall angesichts des offenen Frageformats ein bitteres „Ich weiß es nicht." einräumen.

Die nachfolgenden vorgestellten Analysekategorien wurden induktiv anhand des untersuchten Fragenkorpus entwickelt, das die deutsche Brettspielausgabe (Edition 2002) umfasst. Für die Gewinnstufen 1 (50 Euro) bis 10 (16.000 Euro) existieren jeweils 160 Fragen; für die obersten fünf Schwierigkeitsstufen, die seltener erreicht werden, nimmt die Zahl der vorhandenen Fragen ab (Stufe 11 – 32.000 Euro: 120 Fragen; Stufe 12 – 64.000 Euro: 90 Fragen; Stufe 13 – 125.000 Euro: 70 Fragen; Stufe 14 – 500.000 Euro: 50 Fragen;

---

[1] Eine Panne gab es in der Show vom 31. Januar 2002, als bei der Frage „Jedes Rechteck ist ein ...?" zwei der vorgegebenen Alternativen *Rhombus, Quadrat, Trapez* und *Parallelogramm* im mathematischen Sinne korrekt waren (Maschewski 2003).

Stufe 15 – 1.000.000 Euro: 30 Fragen).[2] Wir werden diese Stufen für unsere quantitativen Analysen zu den Schwierigkeitsgraden „leicht" (Stufe 1 bis 5; 800 Fragen), „mittel" (Stufe 6 bis 10; 800 Fragen) und „schwer" (Stufe 11 bis 15; 360 Fragen) zusammenfassen; wegen der ungleichen Grundhäufigkeiten müssen Vergleiche auf Prozentanteile bezogen werden.

Erste Klassifikations- und Analyseversuche sprachbezogener Wissensinhalte auf der Grundlage von Stichproben dieser Fragen und der Fragen der amerikanischen Brettspielausgabe stammen von den Mannheimer Studentinnen Kerstin Mehler und Maren Krempin in ihren 2003 vorgelegten Bachelorarbeiten. Wir verdanken diesen Vorarbeiten viele Anregungen. Im Folgenden werden die Ergebnisse einer vollständigen Neuanalyse auf der Grundlage des gesamten Fragenkorpus berichtet.

3. Kategorien des Quizshow-Wissens

Auf einer ersten Ebene unterscheiden wir drei Klassen von Wissensbeständen, auf die sich die Quizshow-Fragen beziehen können: sprachbezogenes Wissen, Eigennamen und Weltwissen. Das sprachbezogene Wissen steht im Zentrum unserer Ausführungen und wird im Folgenden weiter ausdifferenziert. Eigennamen bilden eine Klasse sprachlicher Ausdrücke, deren Beschreibung Anlass zu vielfältigen sprachwissenschaftlichen und -philosophischen Abhandlungen gab (Wolf 1993). Bis auf einige morphologische Variationen bei geografischen Namen variieren Eigennamen (abgesehen von ihrer phonologischen Realisation) in aller Regel nicht einzelsprachspezifisch. Wegen der vom Frageformat erforderten Kürze und Präzision der richtigen Antworten bilden sie in jedem Quiz einen beliebten Fragegegenstand. Eigennamen nehmen zwischen sprach- und weltbezogenem Wissen eine Zwischenstellung ein, wenn man (zugegebenermaßen mit einer gewissen sprachphilosophischen Naivität) annimmt, dass sie sich sowohl als Merkmal einer individuellen Entität als auch als deiktische Abstraktion konzipieren

---

[2] Die vergleichsweise großen Sprünge in den Gewinnsummen der oberen Schwierigkeitskategorien gehen auf die Einführung des Euro zurück. Bei Einführung der Quizshow galt noch die Deutsche Mark als Währung, und die Gewinnskala wuchs von Stufe zu Stufe gleichmäßig ungefähr auf das jeweils Doppelte. Die leichten und mittleren Gewinnoptionen wurden ab der Eurozeit numerisch halbiert; die Konnotation der Million als Maximalgewinn, die ja der ganzen Quizshow ihren Namen gibt, sollte jedoch dabei nicht aufgegeben werden. – Für Vielspieler, die auch mit den schwierigen Fragen bereits vertraut sind, gibt es mittlerweile eine zweite Brettspieledition mit neuen Fragen.

lassen. Als Weltwissen schließlich bezeichnen wir die Restkategorie; das sind alle Fragen, die weder auf ein sprachbezogenes Wissenselement noch auf einen Eigennamen gerichtet sind. (In anderen Definitionszusammenhängen wäre Weltwissen natürlich als Oberkategorie und sprachbezogenes Wissen sowie Eigennamen als Teilmengen des Weltwissens aufzufassen.)

Hier sind Beispiele für die Kategorie *Weltwissen*:[3]

1) Was bedeutet beim Fußball die rote Karte? – Auswechslung; Tor zählt; Platzverweis; Freibier (Schwierigkeitsgrad „leicht"; 50 Euro).

2) Wie groß war 1997 laut Statistischem Bundesamt der Anteil der Deutschen über 64 Jahre? – 4,3 Mio.; 7,6 Mio.; 12,9 Mio.; 23,1 Mio. (Schwierigkeitsgrad „mittel"; 8.000 Euro).

3) In welcher Einheit gibt man die Lichtstärke an? – Lux; Lumen; Nox; Candela (Schwierigkeitsgrad „schwer"; 1.000.000 Euro).

Hier sind Beispiele für die Kategorie *Eigennamen*:

4) Wie heißt das berühmt-berüchtigte Hamburger Amüsierviertel? – Sankt Pauli; Sankt Petersburg; Sankt Moritz; Sankt Kathrein (Schwierigkeitsgrad „leicht"; 200 Euro).

5) Wer stand Modell für die aktuelle Neuauflage der „Marianne"-Büste? – Laetitia Casta; Sophie Marceau; Linda Evangelista; Patricia Kaas (Schwierigkeitsgrad „mittel"; 2.000 Euro).

6) Unter welchem Namen wurde Steveland Morris Judkins weltberühmt? – Cat Stevens; Steve McQueen; Stevie Wonder; Steven Spielberg (Schwierigkeitsgrad „schwer"; 500.000 Euro).

Tabelle 1 zeigt die Häufigkeiten der drei Superkategorien in Abhängigkeit vom Schwierigkeitsgrad der Fragen.

Schon aus dieser groben Häufigkeitsanalyse kann man zumindest dreierlei erkennen: (1) Die Frage nach Eigennamen ist offenbar ein probates Mittel, um vor allem höhere Schwierigkeitsgrade zu realisieren, indem sehr spezifische und kaum durch Strategien erschließbare Wissenselemente angesprochen werden. (2) Sprachbezogene Wissensbestände spielen – zumindest so, wie sie im vorliegenden Zusammenhang aufgefasst und definiert werden –

---

[3] Um den Leserinnen und Lesern vielleicht einen Hauch der Faszination zu vermitteln, welche die Beliebtheit von Quizshows zu begründen scheint, verzichten wir bei allen angeführten Beispielfragen auf die Angabe der korrekten Lösungsalternative.

Schwierigkeitsgrad	Sprachbezogenes Wissen	Eigennamen	Weltwissen
„leicht" (N = 800)	51,3%	22,0%	26,8%
„mittel" (N = 800)	35,1%	39,1%	25,8%
„schwer" (N = 360)	24,7%	50,0%	25,3%
Gesamt (N = 1960)	39,8%	34,1%	26,1%

Tabelle 1: Häufigkeiten von sprachbezogenem Wissen, Weltwissen und Eigennamen im Brettspiel „Wer wird Millionär?"

eine äußerst wichtige Rolle beim Quizshow-Geschehen; sie bilden die am häufigsten besetzte Fragekategorie. (3) Fragen nach sprachbezogenen Wissenselementen scheinen bevorzugt durch eine eher leichte Beantwortbarkeit gekennzeichnet zu sein.

Welcher Art aber sind die sprachbezogenen Wissensbestände, die offenbar gerade in einem Quizkonzept, das neben traditionellem und schulischem „Bildungswissen" (Schwanitz 1999) auch populäres, im Alltag relevantes Wissen mit einbezieht, eine so wichtige Rolle spielen?

4. Kategorien des sprachbezogenen Quizshow-Wissens

Wenn man die in den Quizfragen auffindbaren sprachbezogenen Wissensbestände sozusagen vom Allgemeineren zum Besonderen anordnet, gelangt man von Bedeutungsdefinitionen über Synonymierelationen zu sprachbezogenem Wissen im engeren Sinne.

4.1. Bedeutungsdefinitionen

Hierunter verstehen wir Fragen, in denen der Zusammenhang zwischen einem Wort und einer verbalen Beschreibung beziehungsweise Definition seiner Bedeutung thematisiert wird. Diese Fragen können sowohl in Bedeutungsrichtung („Was ist x?") als auch in Bezeichnungsrichtung (Wie nennt man x?") gestellt werden. Wegen der Notwendigkeit kurzer Antwortalternativen tritt die Bezeichnungsrichtung der Frageformulierung jedoch weit häufiger auf. Hier einige Beispiele:

7) Wie nennt man jemanden, der ohne gültigen Fahrausweis ein öffentliches Verkehrsmittel benutzt? – Schwarzfahrer; Blaumann; Grünschnabel; Weißdorn (Schwierigkeitsgrad „leicht"; 50 Euro).

8) Wie nennt man die kleinste Art getrockneter, kernloser Weinbeeren? – Klementinen; Sultaninen; Printen; Korinthen (Schwierigkeitsgrad „mittel", 4.000 Euro).

9) Was versteht man unter einer Sone? – Maßeinheit für Lautstärke; helle Sauce; leises Musikstück; japanisches Schriftzeichen (Schwierigkeitsgrad „schwer", 500.000 Euro).

Wir haben Fragen dann in die Kategorie der Bedeutungsdefinitionen eingeordnet, wenn die Relation zwischen einem Wort und der Beschreibung seiner Bedeutung thematisiert wird, so wie sie beispielsweise in einem Bedeutungswörterbuch aufgeführt sein könnte: „Ein Schwarzfahrer ist eine Person, die ohne gültigen Fahrausweis ein öffentliches Verkehrsmittel benutzt."

Es finden sich insgesamt 335 (= 17,1%) Fragen nach der Bedeutung von Wörtern. Diese verteilen sich wie folgt auf die Schwierigkeitsgrade: „leicht" 190 (= 23,8% der leichten Fragen), „mittel" 116 (14,5% der mittelschweren Fragen), „schwer" 29 (= 8,2% der schweren Fragen). Etwa ein Viertel der leichten Fragen besteht also darin, zu der verbalen Umschreibung der Bedeutung eines Begriffs den zugehörigen Lexikoneintrag zu identifizieren. Das scheint eine Aufgabe zu sein, die von Sprach- und Kulturteilhabern in aller Regel problemlos bewältigt werden kann. Mit den höheren Schwierigkeitsgraden sinkt der Anteil von Bedeutungsdefinitionen auf unter zehn Prozent. Sicherlich ließen sich auch häufiger die Bedeutungen von Wörtern erfragen, die kaum jemand kennt. Das entspräche aber nicht der Charakteristik des Spiels, Erfolg durch eine Mischung aus guter Allgemeinbildung und aktueller Kulturteilhabe (mit dem zugehörigen populären Wissen) zu ermöglichen (vergleiche das Interview mit dem Millionengewinner Professor Freise in Panyr et al. 2005). Wir halten fest: Die Bedeutung eines Wortes zu (er-)kennen, gilt überwiegend als leicht und erbringt meistens nicht mehr als 500 Euro.

4.2 Synonymierelationen

Während die eben behandelten Bedeutungsdefinitionen eine Relation zwischen sprachlichen und außersprachlichen Gegebenheiten betreffen, bezeichnet Synonymie eine innersprachliche Relation zwischen Wörtern. Wir können im vorliegenden Kontext davon absehen, dass die Dimension variabler Bedeutungsgleichheit zwischen Wörtern einen durchaus problematisierungswürdigen (und komplizierten) Sachverhalt darstellt, wenn es um Theorien der Synonymie geht.

Bei der Analyse der Quizfragen fanden sich sechs verschiedene Unterkategorien des erfragten Synonymiewissens, die sich darauf beziehen, aus welchem Teilwortschatz die Wörter stammen, deren Bedeutungsgleichheit erkannt werden soll.

Eine erste Unterkategorie enthält Fragen nach dem Verhältnis von Wörtern der Standardsprache zu umgangssprachlichen Ausdrücken:

10) Wie lautet die umgangssprachliche Bezeichnung für Tischtennis? – Dingdong; Hingping; Pingpong; Kingkong (Schwierigkeitsgrad „leicht", 50 Euro).

11) Wie bezeichnet man die kosmologische Urknall-Theorie noch? – Big Bang; Big Baff; Big Bum; Big Bug (Schwierigkeitsgrad „mittel", 4.000 Euro).

Eine zweite Kategorie betrifft Synonymie zwischen 'normalen' deutschen Wörtern oder einfachen sprachlichen Ausdrücken:

12) Was ist ein Landwirt? – Bauer; Dorfkneipier; Wurstsorte; Mitglied des Landrates (Schwierigkeitsgrad „leicht", 50 Euro).

13) Wie wird Feldsalat noch genannt? – Rapunzel; Rucola; Radicchio; Ragwurz (Schwierigkeitsgrad „mittel", 1.000 Euro).

Weiterhin kann das Bedeutungsverhältnis zwischen einem Fremdwort und seiner standarddeutschen Bedeutungsentsprechung erfragt werden:

14) Was macht die Erde, wenn sie rotiert? – Sie dreht sich; sie hüpft; sie schmilzt; sie verdunkelt sich (Schwierigkeitsgrad „leicht", 50 Euro).

15) Wie lautet der deutsche Begriff für Planet? – Drehstern; Wandelstern; Laufstern; Kreisstern (Schwierigkeitsgrad „schwer", 500.000 Euro).

Die nächste Kategorie betrifft das Synonymieverhältnis zwischen einem standardsprachlichen Ausdruck und dessen fachsprachlichem, aber deutschem Äquivalent:

16) Wie nennen Jäger einen Tierkadaver? – Morchel; Losung; Balg; Luder (Schwierigkeitsgrad „schwer", 64.000 Euro).

17) Wie wird der Strafstoß beim Fußball auch genannt? – Siebenmeter; Neunmeter; Elfmeter; Sechzehnmeter (Schwierigkeitsgrad „leicht", 50 Euro).

In anderen Fragen wird die Synonymie zwischen einem standardsprachlichen Ausdruck und einem fachsprachlichen Fremdwort thematisiert:

> 18) Was ist eine Pipette? – Flötistin; Spardose; Entenküken; Saugröhrchen (Schwierigkeitsgrad „leicht", 200 Euro).
>
> 19) Wie nennen Politiker einen Einspruch? – Kontra; Veto; Polarität; Korrektur (Schwierigkeitsgrad „leicht", 500 Euro).

Und schließlich gibt es auch Paare von Fremdwörtern, die (annähernd) dasselbe bedeuten:

> 20) Wie nennt man einen Laptop noch? – Browser; Notebook; Screen-Saver; Provider (Schwierigkeitsgrad „leicht", 500 Euro).

Tabelle 2 zeigt die Häufigkeiten der erfragten Synonymierelationen in Abhängigkeit vom Schwierigkeitsgrad der Fragen.

Synonymierelation	leicht (N = 800)	mittel (N = 800)	schwer (N = 360)
Standardsprache – Umgangssprache	8	4	1
Standardsprache – Standardsprache	9	8	1
Standardsprache – Fremdwort	39	27	6
Standardsprache – Fachwort Deutsch	5	2	3
Standardsprache – Fachwort Fremdwort	11	30	9
Fremdwort – Fremdwort	1	0	0
Synonymie gesamt	73 (9,1%)	71 (8,9%)	20 (5,6%)

Tabelle 2: Häufigkeiten von Synonymierelationen im Brettspiel „Wer wird Millionär?"

In fünf bis zehn Prozent der Quizshow-Fragen werden Synonymierelationen thematisiert; ein Wort zu erkennen, welches dasselbe bedeutet wie ein anderes, gilt – anders als bei den Bedeutungsdefinitionen – häufig nicht nur als leicht, sondern auch als mittelschwer. Wir halten fest: Mit Synonymiewissen kann man es leicht auf 16.000 Euro bringen.

4.3 Sprachbezogenes Wissen im engeren Sinne

Unter den Kategorien sprachbezogener Wissensbestände im engeren Sinne verstehen wir Sachverhalte, die unmittelbar in Form von Sprache oder durch Reflexion auf Sprache gegeben sind.

Eine erste Untergruppe betrifft *linguistisches Wissen*, also Fachwissen über Sprache, Sprachen und in der Welt der Sprache gegebene Sachverhalte:

21) Was ist der Genitiv? – Verdauungsschnaps; Grammatischer Fall; Geschlechtskrankheit; Erbmasse (Schwierigkeitsgrad „leicht", 100 Euro).

22) Wie lautet die Mehrzahl des Wortes Lexikon? – Lexikone; Lexika; Lexikeren; Lexiosi (Schwierigkeitsgrad „leicht", 200 Euro).

23) Was kann man in einem Synonymielexikon nachschlagen? – Kochrezepte aus Israel; Bedeutungsgleiche Wörter; Abfahrtszeiten eines Schnellzuges; Künstlernamen (Schwierigkeitsgrad „mittel", 1.000 Euro).

24) Bei welchem dieser vier Wörter hat sich die Schreibweise durch die Rechtschreibreform nicht geändert? – Kuss; Tollpatsch; Känguru; Balletttruppe (Schwierigkeitsgrad „mittel", 8.000 Euro).

25) Welches dieser Wörter ist kein Palindrom? – Reliefpfeiler; Pascha; Rentner; Anna (Schwierigkeitsgrad „mittel"; 16.000 Euro).

26) Zu welcher Sprachfamilie gehört das Rumänische? – westslawische; ostromanische; türkische; finno-ugrische (Schwierigkeitsgrad „schwer", 32.000 Euro).

Als sprachbezogenes Wissen im engeren Sinne haben wir weiterhin Fragen nach *Fremd-, Regional- und Fachsprachenwissen* klassifiziert, sofern der betreffende Wissensbestand nicht bereits als Synonymierelation behandelt wurde:

27) Wie lautet der offizielle Name von Südkorea? – Belu'u era Belau; Ta Chung-hua Min-kuo; Nihon-Koku; Taehan Min'guk (Schwierigkeitsgrad „schwer", 1.000.000 Euro).

28) Was bedeutet der Name der italienischen Nachspeise „Tiramisu" wörtlich? – süß und köstlich; zieh mich hoch; das macht dick; Leckermäulchen (Schwierigkeitsstufe „schwer", 32.000 Euro).

Schließlich ist auch *etymologisches Wissen* im engeren Sinne sprachbezogen:

29) Was bedeutete „Apfelsine" ursprünglich? – Ohne Kern; Apfel aus Siena; Apfel aus China; Schöner Apfel (Schwierigkeitsgrad „schwer", 32.000 Euro).

30) Was bezeichnete das Wort Schabracke ursprünglich? – Schiffswrack; Vogelscheuche; Hafenbecken; Satteldecke (Schwierigkeitsgrad „mittel", 8.000 Euro).

Eine besondere Form des sprachreflexiven Wissens bezieht sich auf die Bedeutung von *Abkürzungen* beziehungsweise auf den zugehörigen sprachlichen Ausdruck in Langform; dazu rechnen wir auch die Kenntnis von Autokennzeichen:

31) Wofür steht das „M" in „MSV Duisburg"? – Männer; Mühlheim; Meiderich; Matrosen (Schwierigkeitsgrad „mittel", 8.000 Euro).

32) Wofür steht das Kürzel ABS? – Airbag-Stopper; Aktivbremsscheiben; Antiblockiersystem; Auto braucht Sprit (Schwierigkeitsgrad „leicht", 200 Euro).

Die letzten vier Kategorien sprachbezogenen Wissens betreffen die Kenntnis feststehender Formulierungen über ein einzelnes Wort hinaus. Hier ist zunächst die Beherrschung von *Phraseologismen* zu nennen, unter die wir mit Harras/Proost (2002) Kollokationen und Idiome fassen:

33) Redensartlich fällt ein Versager durch mit Glanz und ...? – Halleluja; Gloria; Hurra; Hosianna (Schwierigkeitsgrad „leicht", 300 Euro).

34) Für einen guten Freund lege ich meine Hand ins ...? – Grab; Wasser; Feuer; Gefrierfach (Schwierigkeitsgrad „leicht", 50 Euro).

Wissen über invariante Formulierungen betrifft auch die Kenntnis von *Sprichwörtern*:

35) Was kommt sprichwörtlich vor dem Fall? – Hochhaus; Hochmut; Holzbein; Hossa (Schwierigkeitsgrad „leicht", 200 Euro).

Schon im Rahmen eines traditionellen Bildungsverständnisses spielte die Kenntnis von *Zitaten* („geflügelte Worte") eine Rolle; dazu gehören neben Stellen aus bekannten Texten oder Reden auch Liedzeilen:

36) In Goethes „Erlkönig" heißt es: „Und bist du nicht willig, so brauch ich ..."? – 'ne Pistole; 'n Folterknecht; Viagra; Gewalt (Schwierigkeitsgrad „leicht", 50 Euro).

37) Wer sagt zu dem Stachelschwein: „Schön ist es, auf der Welt zu sein"? – Spinne; Biene; Fliege; Ziege (Schwierigkeitsgrad „leicht", 200 Euro).

Die Einbeziehung von populären Wissensbeständen in das Quizkonzept brachte unter anderem einen erhöhten Anteil von medienbezogenen Fragen mit sich: Neben die traditionelle Bildungskategorie der Literatur tritt nun auch gleichberechtigt das Wissen über Filme, Fernsehen und Popmusik. In diesem Zusammenhang entstand eine Kategorie sprachbezogenen Wissens, das sich auf die Formulierung von Titeln bezieht. Dabei kommt es zwar, wie bei Zitaten, auf die Beibehaltung der konkreten Formulierung an, aber Titel sind gleichzeitig auch Namen für abstrakte mediale Entitäten wie Filme, Fernsehsendungen oder Bücher, was ihnen einen anderen referenziellen Status verleiht. Im vorliegenden Kontext bilden *Titelformulierungen* deshalb eine eigene Kategorie:

38) Welches dieser Bücher stammt nicht von Günter Grass? – Hundejahre; Katz und Maus; Die Rättin; Die Hündin (Schwierigkeitsgrad „schwer", 64.000 Euro).

39) Mit welchem Titel landeten Frankie goes to Hollywood, Huey Lewis und Jennifer Rush jeweils Top-Hits? – Love me tender; Love is in the air; Love is all around; The power of love (Schwierigkeitsgrad „mittel", 2.000 Euro).

Tabelle 3 zeigt die Häufigkeiten der Kategorien des sprachbezogenen Wissens im engeren Sinne in Abhängigkeit vom Schwierigkeitsgrad der Fragen.

Kategorie	leicht (N = 800)	mittel (N = 800)	schwer (N = 360)
Linguistisches Wissen	12	12	5
Fremd-/Regional-/Fachsprachenwissen	19	31	7
Etymologisches Wissen	0	11	17
Abkürzungswissen	14	8	4
Wissen über Phraseologismen	23	1	1
Sprichwortwissen	14	0	0
Zitatewissen	27	6	3
Titelformulierungswissen	38	24	3
Sprachbezogenes Wissen gesamt	147 (18,4%)	93 (11,6%)	40 (11,1%)

Tabelle 3: Häufigkeiten sprachbezogener Wissenskategorien im Brettspiel „Wer wird Millionär?"

Neben der Tatsache, dass wie schon zuvor sprachbezogene Wissensbestände am häufigsten in der leichten und am seltensten in der schweren Fragekategorie thematisiert werden, fällt besonders auf, dass Sprichwörter und Phraseologismen generell als leicht gelten. Das sind Wissensbestände, die Menschen in Rahmen ihrer sprachlichen und kulturellen Sozialisation weitestgehend ungesteuert und von selbst erwerben. Man weiß eben, wie man im Deutschen sagt – sofern man in einem entsprechenden sprachlichen Umfeld aufgewachsen ist! Was für den deutschen Sprach- und Kultureinwohner als das Allerleichteste gilt, ist für Menschen aus anderen Kulturen, mögen sie noch so gut Deutsch gelernt haben, manchmal das Schwierigste. Phraseologismen muss man kennen; sie sind nicht begründet ableit- oder vorhersagbar; viele Idiome sind semantisch nicht transparent. Misst man den Wert dieser Wissensbestände an den Gewinnen, die man mit ihnen erzielen kann, ist er gering; mit der Muttersprache und der Kultur, in der diese gesprochen wird, erwirbt man dieses Wissen gleichsam von selbst, weshalb die Fähigkeit, Fragen der entsprechenden Kategorien korrekt zu beantworten, auch ein ganzes Stück weit bildungsunabhängig ist. Insofern sind Quizshows moderner Prägung tatsächlich eine Realisierung des Prinzips der Chancengleichheit – was zu ihrem breiten Erfolg sicherlich beiträgt.

Der Prototyp des schwierigen sprachbezogenen Wissens liegt demgegenüber in der Etymologie. Man muss die Herkunft von Wörtern und ihrer Bedeutung nicht kennen, um sie synchron angemessen verstehen und verwenden zu können; die Frage nach ihrer sprachgeschichtlichen Vergangenheit erlaubt aber immerhin Spekulationen.

Die vorgenommene Klassifikation sprachbezogener Wissensbestände ist aus linguistischer und sprachphilosophischer Perspektive unter manchen Aspekten angreifbar. So ist beispielsweise der Übergang von Bedeutungsdefinitionen und Synonymierelationen in einigen Fällen fließend, und bei einigen Kategorien und ihren Fragen könnte man darüber streiten, ob der thematisierte Wissensbestand tatsächlich einen Sprachbezug aufweist, der über die Trivialität hinausgeht, dass die beteiligten Konzepte im Medium der Sprache bezeichnet werden müssen. Es sollte aber deutlich geworden sein, dass sprachbezogenes Wissen (zumindest in der hier vertretenen weiten Auslegung) eine wichtige Rolle einnimmt bei der Zusammenstellung eines Fragenpools, der Sozialisationswissen, Cultural Literacy und Bildungsinhalte gleichermaßen abzubilden versucht. Wer nur die einen oder nur die anderen Wissensquellen pflegt und beherrscht, hat bei diesem Spiel kaum eine Chance. Insofern kann man den Erfolg von „Wer wird Millionär?" – neben allem medialen Kulturpessimismus – auch als Ermutigung zur kulturellen Teilhabe betrachten. Sprachbezogenes Wissen ist dabei an vielen Stellen inbegriffen, wobei es überwiegend eher als leicht gilt – weil es eben so selbstverständlich ist.

5. Literatur

Bloom, Benjamin S. (1972): Taxonomien von Lernzielen im kognitiven Bereich. Weinheim.

Chomsky, Noam (1988): Language and Problems of Knowledge. Cambridge, MA.

Drever, Torsten (2004): Sprachliches Wissen und Weltwissen. Überlegungen zum englischen Phrasal Verb. In: Zeitschrift für Angewandte Linguistik 40, S. 61-78.

Hallenberger, Gerd (1994): Vom Quiz zur Gameshow: Geschichte und Entwicklung der Wettbewerbsspiele des bundesrepublikanischen Fernsehens. In: Kreuzer, Helmut/Thomsen, Christian (Hg.): Geschichte des Fernsehens in der Bundesrepublik Deutschland. Bd. 4: Unterhaltung, Werbung und Zielgruppenprogramme. München. S. 25f.

Harras, Gisela/Proost, Kristel (2002): Strategien der Lemmatisierung von Idiomen. In: Deutsche Sprache 30, S. 167-182.

Hirsch, Eric D./Kett, Joseph F./Trefil, James (2002): The New Dictionary of Cultural Literacy. Boston/New York.

Kiel, Ewald (1999): Erklären als didaktisches Handeln. Würzburg.

Kiel, Ewald/Grabowski, Joachim/Meyer, Swantje (2005a): Die Quizshow als Kulturphänomen. Zur Dialektik von populärer und nicht populärer Kultur. In: tv diskurs 9, S. 31-59.

Kiel, Ewald/Grabowski, Joachim/Meyer, Swantje (2005b): Quizshow-Wissen als Bildungsgut!? In: Zeitschrift für Pädagogik 51, S. 311-325.

Krempin, Maren (2003): Quizshow-Wissen: Eine linguistische Analyse sprachbezogener Kategorien am Beispiel der US-amerikanischen Brettspiel-Ausgabe zur TV-Quizshow „Who Wants to be a Millionaire?". Bachelorarb., Germanist. Seminar, Univ. Mannheim.

Maschewski, Alexandra (2003): Zweite Chance in Quiz-Show „Wer wird Millionär?". Internet: www.welt.de/data/2003/02/04/38750.html (Stand: Juni 2005).

Mehler, Kerstin (2003): Quizshow-Wissen: Eine linguistische Analyse sprachbezogener Kategorien anhand der deutschen Brettspiel-Ausgabe zur TV-Quizshow „Wer wird Millionär?". Bachelorarb., Germanist. Seminar, Univ. Mannheim.

Panyr, Sylva/Kiel, Ewald/Meyer, Swantje/Grabowski, Joachim (2005): Quizshowwissen vor dem Hintergrund empirischer Bildungsforschung. In: Bildungsforschung 2, 1. Internet: www.bildungsforschung.org/Archiv/2005-01/quiz/ (Stand: Juni 2005).

Schwanitz, Dietrich (1999): Bildung. Alles, was man wissen muss. Frankfurt a.M.

Storey, John (2003): Inventing Popular Culture. Oxford.

Wolf, Ursula (Hg.) (1993): Eigennamen. Dokumentation einer Kontroverse. Frankfurt a.M.

Rudolf Wille / Renate Wille-Henning

Beurteilung von Musikstücken durch Adjektive: Eine begriffsanalytische Exploration

1. Beurteilung von Musikstücken durch Adjektive

Musik-Erleben sprachlich zu beschreiben scheint ein Grundbedürfnis des Menschen zu sein. So ist es durchaus üblich, dass Menschen nach einem gemeinsam besuchten Konzert über die erlebte Musik miteinander sprechen. Menschen diskutieren auch über Musik anhand von Texten, die sie in Konzertführern, Feuilletons, Musikschriften etc. lesen. Das Schreiben über Musik ist vor allem für die Musikforschung eine zentrale Aufgabe. Besonders intensiv wird über Musik im Musikunterricht und auch in Musikproben geredet. Bei allen derartigen sprachlichen Kommunikationen geht es oft um die *Beurteilung von Musikstücken und deren Interpretation.* Insofern ist es für die Musikforschung wichtig zu fragen, welche sprachlichen Mittel sich für die Beurteilung von Musikstücken und deren Aufführungen eignen. Dieser Frage soll in diesem Beitrag im Hinblick auf das sprachliche Mittel der Adjektive nachgegangen werden, wobei als eine neue Untersuchungsmethode von Musik die *Merkmalexploration der Formalen Begriffsanalyse* vorgestellt wird.

Für eine systematische Untersuchung der Beurteilung von Musik entwickelte Kate Hevner (1936) als erste einen *Katalog von 67 Adjektiven*, mit dem verschiedene gefühlsmäßige Reaktionen kategorisiert werden konnten. Sie teilte die Adjektive in 8 Gruppen, die sie auf einem Kreis anordnete, wobei ähnliche Adjektivgruppen nebeneinander und gegensätzliche gegenüber zu liegen kamen. Dieses kreisförmige Versuchsinstrument brachte empirische Befunde über die Beurteilung von Tempo, Tonlagen, Lautstärke und Modalität, doch zeigte sich auch, dass seine zweidimensionale Struktur zu kurz greift, um Eigenschaften erlebter Musik voll zu erfassen. So wurde das Versuchsinstrument von anderen Forschern verändert und schließlich von C. E. Osgood und Mitarbeitern (Osgood/Suci/Tannenbaum 1957) ab 1952 zur Methode des so genannten *Semantischen Differenzials* ausgebaut, das 1955 Peter R. Hofstätter (1957) in den deutschsprachigen Raum als *Polaritätsprofil* einführte. Einem Polaritätsprofil liegt eine Liste von Paaren gegensätzlicher Adjektive zugrunde. Bei jedem dieser Gegensatzpaare müssen die Versuchsteilnehmer eine Entscheidung auf einer sechs- oder siebenstufigen Skala in Bezug auf ein bestimmtes Untersuchungsobjekt treffen. Mit dem Semantischen Differenzial bzw. dem Polaritätsprofil wurde eine Untersuchungsmethode etabliert, die in vielfältiger Weise auf Musik angewandt wurde. Von diesen Anwendungen wird in dem Übersichtsartikel (Motte-Haber 1982) besonders die umfangreiche Untersuchung zur „*Phänomenologie der musikalischen Form*" von Faltin (1979) herausgestellt, in der mit einem standardisierten Semantischen Differenzial vier grundlegende Dimensionen des Musik-Erlebens herausgearbeitet werden, die Faltin „Strukturordnung", „Aktivität", „Klang" und „Ästhetische Wertung" nennt. Wie in vergleichbaren Untersuchungen werden auch bei Faltin Dimensionen des Musik-Erlebens mit dem Verfahren der Faktorenanalyse bestimmt.

Trotz großer Beachtung, die die Untersuchungen mit Polaritätsprofilen gefunden haben, sind sie zu Recht auch *nachhaltig kritisiert* worden. So heben etwa Schneider/Müllensiefen (2001, S. 78) hervor, dass Polaritätsprofile nur Rangdaten liefern, und es deshalb unangemessen sei, arithmetische Mittel und Korrelationskoeffizienten mit solchen Daten zu bestimmen. Erst recht unzulässig ist die Unterstellung einer Vektorraumstruktur für die Mannigfaltigkeit der begrifflich-semantischen Bedeutungen von Musik, um die Faktorenanalyse anwenden zu können (vgl. Wille 1985, S. 18). Wie kritisch überhaupt Anwendungen der Faktorenanalyse zu sehen sind, macht das Urteil des renommierten Statistikers Louis Guttman deutlich, der 1977 schreibt, dass in den Büchern der Faktorenanalyse nach 70 Jahren Forschung noch keine einzige etablierte empirische Erkenntnis aufgeführt werde. Schneider/ Müllensiefen (2001) führen auch A. Welleks Kritik an Polaritätsprofilen, dass in vielen Fällen die verwendeten Adjektivpaare keine echten Gegensätze seien (vgl. Wellek 1969), an. Sie schlagen deshalb die Verwendung unipolarer Adjektivskalen vor, wie sie etwa Günther Batel in seiner Dissertation „*Komponenten musikalischen Erlebens*" (1976) einsetzt. Auf diese Untersuchung soll im Weiteren näher eingegangen werden, da in ihr auch statt der Faktorenanalyse ein robusteres Verfahren der Clusteranalyse angewendet wird.

Für seine experimentalpsychologische Untersuchung entwickelte Batel zunächst mit einer sorgfältig erarbeiteten Liste von *55 Adjektiven* ein neues methodisches Instrument zur Erfassung psychischer Funktionen beim musikalischen Erleben. Dazu wählte er eine begründete Liste von *30 Musikstücken* aus, die näherungsweise das repräsentieren sollen, was wir unter dem

Begriff „Musik" subsumieren. Die *52 musik-geschulten Versuchsteilnehmer* hatten dann für jedes Musikstück und jedes Adjektiv zu entscheiden, unter welche der fünf Kategorien *übereinstimmend, teilweise übereinstimmend, neutral, teilweise gegensätzlich, gegensätzlich* das Adjektiv bzgl. der Eigenschaften des Musikstücks fällt. Für die Antwortverteilung eines jeden Paares, bestehend aus einem Musikstück und einem Adjektiv, wurde nach Auszählung der Antwortbögen der zugehörige *z-Wert* berechnet, womit dann alle *Korrelationen* zwischen den 55 Adjektiven bestimmt wurden. Schließlich wurde basierend auf diesen Korrelationen ein *agglomeratives Verfahren der Clusteranalyse* durchgeführt, das als Ergebnis die in Abb. 1 wiedergegebene Baumstruktur, genannt „Dendrogramm", lieferte.

Das Dendrogramm repräsentiert eine *Ähnlichkeitsstruktur* auf den 55 Adjektiven, die entsteht, indem sukzessiv jeweils die ähnlichsten Adjektive zusammengefasst werden: Es beginnt mit dem Zusammenfassen der Adjektive „abgerundet" und „ausgewogen", die in der Untersuchung mit 0,986307 die größte Korrelation, verstanden als größte „*Ähnlichkeitsstufe*", erreicht haben. Dann folgt die Zusammenfassung von „lebhaft" und „schnell" auf der Ähnlichkeitsstufe 0,984494. Die weiteren Zusammenfassungen haben die Ähnlichkeitsstufen 0,960315, 0,957072, 0,952790 etc., wobei allgemein die Ähnlichkeitsstufe einer Menge von Adjektiven definiert ist als das arithmetische Mittel der Korrelationen aller Adjektivpaare der Menge.

Die eigentliche Aussagefähigkeit des gewonnenen Dendrogramms sieht Batel in der Herausstellung spezifischer Cluster mit relativ hoher Ähnlichkeitsstufe, deren Adjektive sehr ähnliche Bedeutung haben. Er deutet diese Cluster, denen er die Benennung „Ordnung" (0,819933), „Prägnanz" (0,732609), „Temperament" (0,648510), „Erregung" (0,515443), „Fremdartigkeit" (0,575928), „Ruhe" (0,618540) und „Empfindung" (0,676200) gibt, als die gesuchten *Komponenten musikalischen Erlebens*, die einen neuen Ansatzpunkt für eine am musikalischen Erleben orientierte Ästhetik der Musik bieten (Batel 1976, S. 166). Für die Komponenten wird im Gegensatz zu den Dimensionen der faktorenanalytisch ausgewerteten Untersuchungen keine Unabhängigkeit postuliert, sondern sie stellen nach Batel ein System komplexer psychischer Funktionen des musikalischen Hörens dar.

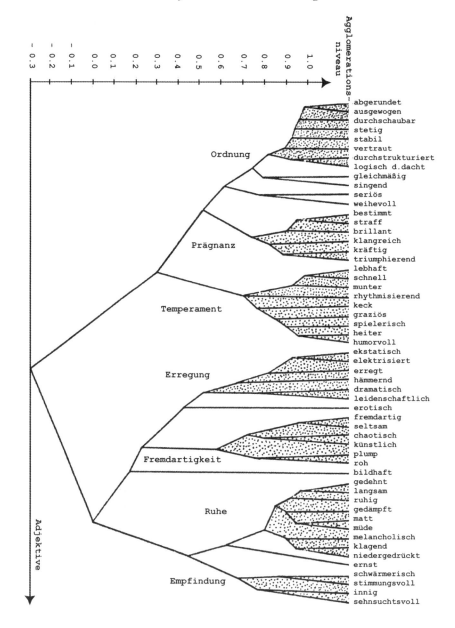

Abb. 1: Dendrogramm über 55 Adjektiven mit 7 markierten Clustern als Komponenten des Musik-Erlebens

Trotz durchaus überzeugender Anteile hat die Batel'sche Untersuchung auch Defizite. So liefert die Untersuchung nur Rangdaten, für die die Transformation in z-Werte und die daran anknüpfende Korrelationsbestimmung nicht zu rechtfertigen sind. Bei der Clusteranalyse ist zu kritisieren, dass viele Ähnlichkeiten nicht erkennbar werden: So haben „gleichmäßig" und „stetig" den Ähnlichkeitswert 0,923163, kommen aber im Dendrogramm erst auf der Ähnlichkeitsstufe 0,742798 zusammen; „lebhaft" aus dem Cluster „Temperament" und „straff" aus dem Cluster „Prägnanz" haben den Ähnlichkeitswert 0,715607, werden aber erst auf der Ähnlichkeitsstufe 0,293437 zusammengefasst. Insgesamt bleibt unklar, wie die Komponenten der dargestellten Ähnlichkeitsstruktur überzeugend begründet werden können, insbesondere auch das Herausfallen der Adjektive „gleichmäßig", „singend", „seriös", „weihevoll", „erotisch" und „bildhaft". Dass Beurteilungen von Musik mit Adjektiven der Batel'schen Liste durch Methoden der Formalen Begriffsanalyse transparenter gemacht werden können, soll im Weiteren erläutert werden.

2. Formale Begriffsanalyse zur Unterstützung der Wissensakquisition

Nach der traditionellen philosophischen Logik hat ein Begriff als Bestimmungsstücke einen Umfang (Extension) und einen Inhalt (Intension), wobei der *Begriffsumfang* aus allen Gegenständen besteht, die unter den Begriff fallen, und der *Begriffsinhalt* aus allen Merkmalen, die all diesen Gegenständen gemein sind (Wagner 1973). Um dieses Begriffsverständnis mathematisch ausdrücken zu können, wird der mathematische Begriff eines *formalen Kontextes* eingeführt, und zwar als eine Mengenstruktur (G,M,I), bei der G und M Mengen sind und I eine binäre Relation zwischen G und M ist; die Elemente von G werden *(formale) Gegenstände*, die von M *(formale) Merkmale* genannt, und gIm wird gelesen: der Gegenstand g hat das Merkmal m.

Ein Beispiel eines formalen Kontextes stellt die nachfolgende Datentabelle dar, die bei einem Experiment zum *Musik-Erleben im Fernsehen* gewonnen wurde (Wille 1989b). Ziel des Experiments war herauszufinden, inwieweit das Musik-Erleben *durch Visuelles beeinflussbar* ist. Im Experiment hatten die Versuchspersonen (43 Musikstudierende, 30 Musiklehrende, 20 Laien) auf Videos wiedergegebene Klaviervorträge vergleichend zu beurteilen. Die Datentabelle gibt eine Zusammenfassung der Beurteilungen eines Vergleiches wieder, bei dem die Vortragenden Birgit und Constantin den Abschiedswalzer von Chopin spielen, wobei die beiden Videos die gleiche Tonspur haben. Der durch die Datentabelle dargestellte Kontext hat als *Gegenstände* 9 Personengruppen und als *Merkmale* 16 Paare bestehend aus einer Person und einem Adjektiv im Komparativ; die *Kontext-Relation* wird in der Tabelle durch die Kreuze angezeigt. So bedeutet das Kreuz in der linken oberen Ecke der Tabelle, dass für die Mehrheit der Studierenden insgesamt der Vortrag von Birgit „eindeutig sicherer" als der Vortrag von Constantin war, und das Kreuz in der rechten unteren Ecke, dass für die Mehrheit der weiblichen Laien der Vortrag von Constantin „eindeutig überzeugender" als der Vortrag von Birgit war.

	Birgit sicherer	Birgit klangvoller	Birgit präziser	Birgit dramatischer	Birgit virtuoser	Birgit ausdrucksvoller	Birgit dynamischer	Birgit überzeugender	Constantin sicherer	Constantin klangvoller	Constantin präziser	Constantin dramatischer	Constantin virtuoser	Constantin ausdrucksvoller	Constantin dynamischer	Constantin überzeugender
Studierende, insgesamt	×	×		×	×	×	×	×								
Studierende, männlich				×	×	×	×									
Studierende, weiblich	×	×		×	×	×	×									
Lehrende, insgesamt				×					×		×			×		×
Lehrende, männlich		×		×					×		×		×	×		
Lehrende, weiblich							×	×		×				×		
Laien, insgesamt									×	×	×	×	×	×		
Laien, männlich									×			×	×	×		
Laien, weiblich										×	×	×	×	×	×	×

Abb. 2: Formaler Kontext „Bewerten von Klavierspielern"

Ein *formaler Begriff* eines formalen Kontextes (G,M,I) wird definiert als ein Paar (A,B), bei dem A, genannt *Begriffsumfang*, eine Teilmenge von G, und B, genannt *Begriffsinhalt*, eine Teilmenge von M ist; zusätzlich gilt: A besteht aus genau den Gegenständen aus G, die alle Merkmale aus B haben, und B besteht aus genau den Merkmalen aus M, die auf alle Gegenstände aus A zutreffen. Die *Unterbegriff-Oberbegriff-Relation* wird mathematisiert durch $(A,B) \leq (C,D) :\Leftrightarrow A \subseteq C \ (\Leftrightarrow B \supseteq D)$, d.h., der (formale) Begriff (A,B)

ist ein *Unterbegriff* des (formalen) Begriffs (*C,D*) genau dann, wenn A eine Untermenge von C ist (was äquivalent ist dazu, dass B eine Obermenge von D ist). Bzgl. dieser Ordnungsrelation bildet die Menge aller formalen Begriffe von (*G,M,I*) stets die mathematische Struktur eines vollständigen Verbandes, und zwar den so genannten *Begriffsverband* des formalen Kontextes (*G,M,I*) (Ganter/Wille 1996).

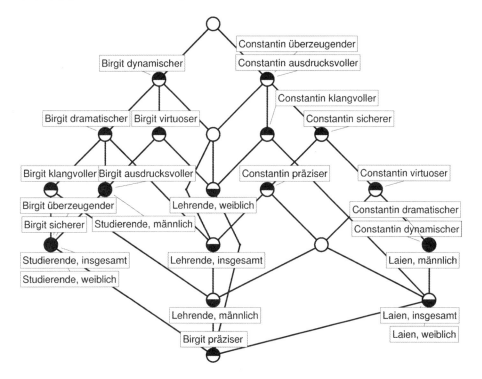

Abb. 3: Begriffsverband des formalen Kontextes „Bewerten von Klavierspielern" in Abb. 2

Der Begriffsverband des formalen Kontextes von Abb. 2 wird in Abb. 3 durch ein Liniendiagramm dargestellt. Die kleinen Kreise im Liniendiagramm repräsentieren die formalen Begriffe des zugehörigen Kontextes und die aufsteigenden Strecken(züge) die Unterbegriff-Oberbegriff-Ordnung. So stellt in Abb. 3 der kleine Kreis, an dem „Studierende, weiblich" steht, einen Unterbegriff des Begriffs dar, der durch den kleinen Kreis mit der Benennung „Birgit dynamischer" repräsentiert wird; damit wird angezeigt, dass die Mehrheit der weiblichen Studierenden Birgits Vortrag „eindeutig dynamischer" finden als Constantins Vortrag. Allgemein können der Umfang und Inhalt eines formalen Begriffs am Liniendiagramm folgendermaßen abgelesen werden: Der Begriffsumfang besteht aus all den Gegenständen, deren Benennungen an einem vom Kreis des Begriffs abwärts laufenden Streckenzug stehen, und der Begriffsinhalt aus all den Merkmalen, deren Benennungen an einem vom Kreis des Begriffs aufwärts laufenden Streckenzug stehen. Demnach repräsentiert in Abb. 3 der kleine Kreis ohne Beschriftung senkrecht unter dem obersten Kreis den formalen Begriff, dessen Umfang die Personengruppen „Lehrende, weiblich", „Lehrende, insgesamt" und „Lehrende, männlich" umfasst und dessen Inhalt die Merkmale „Constantin ausdrucksvoller", „Constantin überzeugender" und „Birgit dynamischer" enthält. Aus dem Erklärten folgt insbesondere, dass aus dem Liniendiagramm der zugrunde liegende Kontext rekonstruiert werden kann, d.h., es gehen keine Daten bei der Erstellung des Begriffsverbands bzw. seines Liniendiagramms verloren.

Mit formalen Kontexten und Begriffsverbänden kann *begriffliches Wissen* repräsentiert und akquiriert werden (Zickwolff 1994). In unserem Beispiel repräsentieren der Kontext und sein Begriffsverband vergleichende Beurteilungen von Musikdarbietungen als ein Grundwissen, mit dem herausgefunden werden soll, inwieweit das Musik-Erleben durch Visuelles beeinflussbar ist. Wie stark der Einfluss des Visuellen sein kann, wird daran deutlich, dass trotz gleicher Tonspur die Beurteilungen eindeutige Unterschiede zwischen den beiden Vortragenden feststellen. Wie am Liniendiagramm des Begriffsverbandes sichtbar wird, bilden die Studierenden, die Lehrenden und die Laien jeweils sogar disjunkte Begriffsumfänge, und zwar der folgenden drei formalen Begriffe:

Begriffsumfang:	Studierende, männlich Studierende, weiblich Studierende, insgesamt	Lehrende, weiblich Lehrende, insgesamt Lehrende, männlich	Laien, männlich Laien, weiblich Laien, insgesamt
Begriffsinhalt:	B. dynamischer B. virtuoser B. dramatischer, B. ausdrucksvoller	C. ausdrucksvoller C. überzeugender B. dynamischer	C. ausdrucksvoller C. überzeugender C. sicherer C. virtuoser C. dramatischer C. dynamischer

Nicht nur die Art und Weise des Zusammenhangs von Begriffen können Begriffsverbände explizit machen, sondern man kann durch sie auch Wissen über begriffliche Inferenzen gewinnen (Wille 1989a). Das soll in diesem Beitrag anhand der *Merkmalimplikationen* von formalen Kontexten erläutert werden. Sind A und B Teilmengen der Merkmalsmenge M eines formalen Kontextes (G,M,I), dann sagt man „A impliziert B" (in Zeichen: $A \to B$), wenn jeder Gegenstand aus G, der alle Merkmale aus A hat, auch alle Merkmale aus B hat (vgl. Ganter/Wille 1996, S. 80). An Abb. 3 kann man z.B. die Merkmalimplikation Birgit dramatischer $\to$ Birgit dynamischer ablesen, denn der Kreis mit der Benennung „Birgit dramatischer" repräsentiert einen Unterbegriff von dem Begriff mit der Benennung „Birgit dynamischer". Analog erkennt man die Merkmalimplikationen Birgit klangvoller $\to$ Birgit dramatischer, Birgit klangvoller $\to$ Birgit dynamischer, Constantin präziser $\to$ Constantin ausdrucksvoller etc. Beispiel für eine Merkmalimplikation mit 2-elementiger Prämisse ist {Birgit dramatischer, Constantin sicherer} $\to$ Constantin präziser, denn der *größte gemeinsame Unterbegriff* der Begriffe, an deren Kreisen im Liniendiagramm die Benennungen „Birgit dramatischer" und „Constantin sicherer" stehen, wird repräsentiert durch den Kreis mit der Benennung „Lehrende, insgesamt", von dem eine Strecke aufwärts zu dem Kreis mit der Benennung „Constantin präziser" führt.

Nun soll der Frage nachgegangen werden, ob sich die Formale Begriffsanalyse auch auf die *Daten der Dissertation von Günther Batel* anwenden lässt. Dafür bietet sich die Tabelle der z-Werte in Batel (1976, S. 99-106) an. Für jedes Paar, bestehend aus einem Musikstück und einem Adjektiv, enthält die Tabelle einen experimentell bestimmten z-Wert, der folgende Interpretation gestattet: Je größer der z-Wert ist, desto mehr stimmen Eigenschaften des Musikstücks mit dem Adjektiv überein. Ein erster Ansatz, aus der Tabelle einen *formalen Kontext abzuleiten*, besteht darin, mit einer geeignet gewählten Zahl s formal festzulegen: Ein Musikstück als Kontext-Gegenstand hat ein Adjektiv als Kontext-Merkmal genau dann, wenn der zugehörige z-Wert größer als s ist. Für $s=1$ erhält man so den formalen Kontext, der in Abb. 4 dargestellt ist (ohne die Spalten, die kein Kreuz enthalten). Ein Liniendiagramm des zugehörigen Begriffsverbandes gibt Abb. 5 wieder.

	abgerundet	ausgewogen	bestimmt	bildhaft	dramatisch	durchschaubar	durchstrukturiert	ernst	erregt	gleichmäßig	heiter	keck	klangreich	kräftig	künstlich	langsam	lebhaft	leidenschaftlich	logisch durchdacht	munter	rhythmisierend	ruhig	schnell	spielerisch	straff	triumphierend	vertraut
Lochheimer LB	X	X				X																					
Praetorius	X	X				X					X					X				X				X			
Corelli	X	X	X			X	X																				X
Händel	X	X				X	X																				
Bach	X	X	X			X	X											X									
Haydn		X				X					X						X			X			X				
Mozart	X	X	X			X	X																				
Beethoven I	X	X	X			X	X																				
Beethoven II			X	X		X			X					X				X	X				X				
Schubert			X			X					X														X		
Schumann	X					X												X									
Berlioz																											
Mendelsohn	X					X	X																				
Brahms																X											
Bizet			X		X									X						X	X				X	X	
Mussorgski				X								X					X			X				X	X		
Mahler	X	X			X				X												X						
Reger																											
Strauß I				X	X								X	X			X								X		
Strauß II							X							X													
Berg																											
Hindemith																											
Webern																											
Messiaen																											
Cage																											
Stockhausen																			X								
Shankar																							X		X		
Mali Musik																											
Pink Floyd																											
Mangelsdorf								X																			

Abb. 4: Formaler Kontext abgeleitet aus Daten von Batel (1976)

Welche Erkenntnisse über musikalisches Erleben und seine Beschreibbarkeit durch Adjektive können aus dem Begriffsverband in Abb. 5 gewonnen werden? Eine Antwort auf diese Frage soll sich hier auf die Betrachtung von Merkmalimplikationen beschränken. An dem Liniendiagramm in Abb. 5 lassen sich eine Fülle von Merkmalimplikationen ablesen. So fallen z.B. folgende, nicht unplausible Implikationsketten ins Auge: leidenschaftlich → kräftig → bestimmt und ausgewogen → abgerundet → durchschaubar. Bei der Äquivalenz langsam ↔ ernst können schon Zweifel aufkommen, ob jedes langsame Musikstück ernst ist bzw. ob jedes ernste Musikstück langsam zu sein hat. Noch kritischer zu hinterfragen sind sicherlich die Merkmalimplikationen klangreich → triumphierend, {heiter, spielerisch} → {abgerundet, durchschaubar} und {schnell, spielerisch} → {bildhaft, keck}. Wie kommt es zu solchen wenig überzeugenden Merkmalimplikationen? Ein hauptsächlicher Grund dafür ist, dass es unter den vorgegebenen Musikstücken zu wenige gibt, die die Merkmale der jeweiligen Prämisse haben. Bei den aufgeführten kritischen Merkmalimplikationen ist es sogar nur ein Musikstück, das die jeweiligen Prämissenmerkmale hat: bei dem Adjektiv „ernst" bzw. „langsam" ist es „Tod und Verklärung" von R. Strauss, bei „klangreich" „Also sprach Zarathustra" von R. Strauss, bei „heiter, spielerisch" „Terpsichore XXXII" von M. Praetorius und bei „schnell, spielerisch" „Tanz der Kücklein" von M. P. Mussorgski. Die Festlegung auf eine stark beschränkte Anzahl von Musikstücken ist wohl die gravierendste Schwäche der Batel'schen Untersuchung. Diese Schwäche kann man überwinden, wenn man mit Adjektiven der Batel'schen Untersuchung die *Merkmalexploration* der Formalen Begriffsanalyse durchführt und damit besser geeignete Musikstücke für den Untersuchungszweck findet. Diese begriffsanalytische Exploration ist Thema des dritten Kapitels dieses Beitrages.

Hier soll nur noch klargestellt werden, dass natürlich der abgeleitete formale Kontext von Abb. 4 und damit auch sein Begriffsverband von der Wahl der Schranke $s=1$ abhängt, mit der festgelegt ist, welche Musikstücke welche Adjektive als Kontext-Merkmale haben. Andere Schranken können durchaus andere Kontexte liefern, allerdings dürften kleinere Änderungen der Schranke in der Regel auch nur kleinere Änderungen bei den resultierenden Kontexten ergeben. Will man noch reichhaltigere begriffliche Differenzierungen bekommen, dann sollte man die Batel'sche Datentabelle nach der *Methode der begrifflichen Skalierung* in einen formalen Kontext verwandeln (vgl. Ganter/Wille 1996, S. 36ff.), worauf hier jedoch nicht weiter eingegangen werden soll. Festzustellen bleibt, dass auch mit differenzierteren Ableitungen von Begriffsverbänden die Schwäche der zu starken Einschränkung durch die vorgegebenen Musikbeispiele nicht beseitigt werden kann.

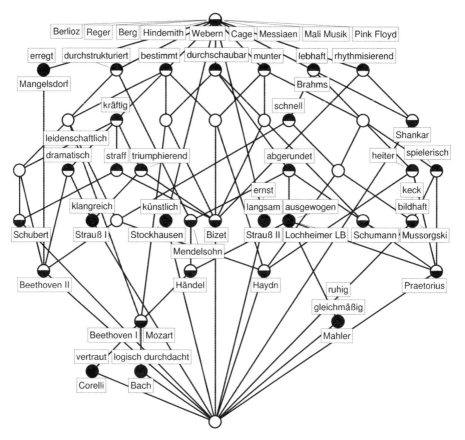

Abb. 5: Begriffsverband des formalen Kontextes in Abb. 4

3. Eine begriffsanalytische Exploration von Wissen über Musik

Da die Struktur eines Begriffsverbandes durch die Merkmalimplikationen des zugehörigen formalen Kontextes eindeutig bestimmt ist (Ganter/Wille 1996, Hilfssatz 20), kann man aus der Kenntnis der Merkmalimplikationen eines zunächst nur implizit gegebenen formalen Kontextes genügend Gegenstände explizit machen, mit denen die Struktur des zugehörigen Begriffsverbandes konstruiert werden kann. Diese für die Merkmalexploration grundlegende Erkenntnis soll zunächst an einem einfachen Beispiel einer *begriffsanalytischen Exploration* verständlich gemacht werden.

Für das Beispiel wird von dem formalen Kontext ausgegangen, der als Gegenstände die natürlichen Zahlen 1, 2, 3, 4, 5, ... hat und als Merkmale die Eigenschaften „gerade" (g), „ungerade" (u), „prim" (p), „Quadratzahl" (q) und „Summe zweier Quadratzahlen" (2q) (eine prime Zahl heißt auch „Primzahl"). Eine Zahl steht dann in der Kontext-Relation zu einer der fünf Eigenschaften, wenn sie die jeweilige Eigenschaft hat (z.B. hat die Zahl 1 die Eigenschaft, Quadratzahl zu sein; also hat der Gegenstand „1" das Merkmal „Quadratzahl"). Der so beschriebene formale Kontext kann offenbar nicht vollständig explizit gemacht werden. Dennoch kann die Struktur des zugehörigen Begriffsverbandes bestimmt werden mit der *Methode der Merkmalexploration*, bei der mit einem Computerprogramm systematisch die Gültigkeit von Merkmalimplikationen abgefragt wird und der Nutzer jeweils sachgerecht antwortet. Für unseren Zahlenkontext ergab ein Programmdurchlauf mit der Software ConImp (Burmeister 2000) folgende Frage-Antwort-Sequenz:

1. Hat jede Zahl die Eigenschaften g, u, p, q, 2q?   Nein: 1 hat nur die Eigenschaften u, q.
2. Hat jede Zahl die Eigenschaften u, q?   Nein: 2 hat nur die Eigenschaften g, p, 2q.
3. Impliziert 2q die Eigenschaften g, p?   Nein: 5 hat nur die Eigenschaften u, p, 2q.
4. Impliziert 2q die Eigenschaft p?   Nein: 8 hat nur die Eigenschaften g, 2q.
5. Impliziert q die Eigenschaft u?   Nein: 4 hat nur die Eigenschaften g, q.
6. Implizieren q, 2q die Eigenschaften g, u, p?   Nein: 25 hat nur die Eigenschaften u, q, 2q.
7. Implizieren q, 2q die Eigenschaft u?   Nein: 100 hat nur die Eigenschaften g, q, 2q.
8. Impliziert p die Eigenschaft 2q?   Nein: 3 hat nur die Eigenschaften u, p.
9. Implizieren p, q die Eigenschaften g, u, 2q?   Ja: keine Zahl hat beide Eigenschaften p, q.
10. Implizieren g, p die Eigenschaft 2q?   Ja: 2 ist die einzige gerade Primzahl.
11. Implizieren g, u die Eigenschaften p, q, 2q?   Ja: keine Zahl hat beide Eigenschaften g, u.

Der benutzte *Abfrage-Algorithmus*, den Bernhard Ganter (1987) entwickelt hat, ist insofern optimal, da die bejahten Implikationen genau die *Stammbasis aller Merkmalimplikationen* des Ausgangskontextes, aber auch des Ergebniskontextes bilden. Für unser Beispiel heißt das, dass alle Merkmalimplikationen der beiden Kontexte aus den Stammbasis-Implikationen 9, 10 und 11 gefolgert werden können (vgl. Ganter/Wille 1996, S. 81 ff.). Die Gegenstände, die bei einer Verneinung jeweils als Begründung anzugeben sind, bilden mit den vorgegebenen Merkmalen den gesuchten Kontext, dessen

Begriffsverband die gleiche Struktur hat wie der unbekannte Begriffsverband des nicht explizierten Ausgangskontextes. Ergebniskontext und Begriffsverband unserer Beispielexploration sind in Abb. 6 dargestellt. Die Auswahl der Gegenstände muss bei einer Merkmalexploration nicht notwendigerweise optimal sein; so ist in unserem Beispiel der Gegenstand „8" überflüssig, was man merkt, wenn man die Frage 4 gleich mit 100 verneint.

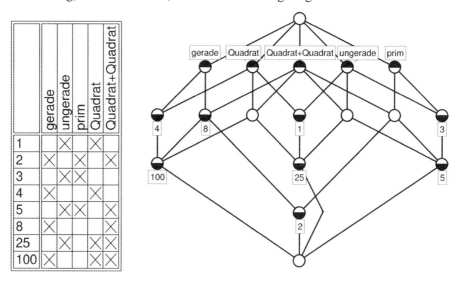

Abb. 6: Ergebniskontext und Begriffsverband einer Merkmalexploration

Nach dieser kurzen Einführung in die Methode der Merkmalimplikation soll wieder das Thema der Beurteilung von Musikstücken durch Adjektive aufgenommen werden. Nahe liegend ist, eine Merkmalexploration mit der Liste der 55 Adjektive durchzuführen, die sich Batel als prägnantes und umfassendes Instrument zur Beurteilung von Musik erarbeitet hat. In der Tat sind schon Merkmalexplorationen mit derart vielen Merkmalen durchgeführt worden (vgl. Reeg/Weiß 1990), doch hat sich gezeigt, dass Explorationen mit so vielen Merkmalen zeitlich sehr aufwändig sind. Auch die 27 Adjektive, die in der Batel'schen Untersuchung bei mindestens einem Musikstück einen z-Wert größer als 1 erreicht haben, dürften für einen ersten Versuch noch zu viel sein. So wurde im Sommer 1987 eine *begriffsanalytische Exploration mit 11 Adjektiven* aus der 27er-Liste mit Teilnehmern eines Musik-Seminars des Instituts für Philosophie der TH Darmstadt durchgeführt (vgl. Wille 1989a). Bei der Auswahl der 11 Adjektive wurden zunächst alle Adjektive weggelassen, die im Kontext von Abb. 6 nur zu einem Musikstück in Relation stehen; ferner wurden noch Adjektive ausgeschlossen, deren Zusammenhang mit Musik als eher randständig anzusehen ist. Schließlich einigte man sich auf folgende Liste von Adjektiven für die Exploration:

> abgerundet – ausgewogen – dramatisch – durchschaubar – durchstrukturiert – kräftig – lebhaft – munter – rhythmisierend – schnell – spielerisch

Als potenzielle Gegenstände wurde grundsätzlich alles zugelassen, auf das die Benennung „Musikstück" zutrifft; allerdings hat sich während der Exploration gezeigt, dass doch nur Werke der E-Musik in Betracht gezogen wurden. Eine typische Frage der Exploration war:

> „Hat jedes Musikstück mit den Merkmalen *dramatisch*, *durchschaubar*, *lebhaft* auch die Merkmale *munter*, *rhythmisierend*, *schnell*?"

Bei derartigen Fragen wurden unter den Seminarteilnehmern mögliche *Gegenbeispiele* intensiv diskutiert und ggf. solche Beispiele auch angehört; nur wenn es nicht zu einem *allgemeinen Konsens* für ein Gegenbeispiel kam, wurde die Möglichkeit einer Bejahung erwogen, für die allerdings ebenfalls der allgemeine Konsens nötig war. Im Fall der angeführten Frage gab es den Konsens, dass der *dritte Satz von Beethovens Mondscheinsonate* ein Gegenbeispiel darstellt, dem die Merkmale *dramatisch*, *durchschaubar*, kräftig, *lebhaft*, rhythmisierend, schnell zugewiesen wurden, aber nicht die Merkmale abgerundet, ausgewogen, durchstrukturiert, *munter*, spielerisch; entscheidend war, dass die Seminarteilnehmer das Beethoven-Stück nicht als *munter* klassifiziert haben.

Insgesamt hat die Exploration vier Stunden gedauert und als Ergebnis den formalen Kontext in Abb. 7 hervorgebracht sowie die Stammbasis der Merkmalimplikationen, die in Abb. 8 aufgelistet ist. Hervorgehoben werden soll, dass die Seminarteilnehmer die jeweilige Bestimmung von konsensfähigen Gegenbeispielen als *anspruchsvolle Herausforderung* empfanden, deren Erfüllung dann jeweils als substanzvoll angesehen wurde. Schon bei der einfachen Exploration der fünf Zahleneigenschaften kann das Finden des Gegenbeispiels 100 zur Frage 7 durchaus ein Hochgefühl auslösen. So wie man gelernt hat, dass es zwischen Zahlen schwer zu entschlüsselnde Zusammenhänge gibt, sollte man auch erwarten, dass sprachlich beschreibbare

Zusammenhänge im Musik-Erleben durchaus komplex sein können. Deshalb ist es äußerst fraglich, ob man auf der Grundlage einer prozentual sehr kleinen Menge von Musikstücken Substanzielles über das Musik-Erleben herausfinden kann. Natürlich kann man Gleiches auch in Bezug auf eine vorgegebene Liste von Adjektiven fragen und auch in diesem Fall methodische Erweiterungen durch geeignete Explorationen fordern. Dafür bietet die Formale Begriffsanalyse die Methoden der *Gegenstand- und Begriffexploration* (Wille 1989a) an, worauf hier jedoch nicht weiter eingegangen werden soll.

	abgerundet	ausgewogen	dramatisch	durchschaubar	durchstrukturiert	kräftig	lebhaft	munter	rhythmisierend	schnell	spielerisch
1. Beethoven: Romanze für Violine und Orchester F-dur	X	X		X	X						X
2. Bach: Contrapunctus I	X	X		X	X	X					
3. Tschaikowsky: Klavierkonzert b-moll, 1. Satz				X			X				
4. Mahler: 2. Sinfonie, 2. Satz						X		X	X	X	X
5. Bartok: Konzert für Orchester							X	X	X	X	
6. Beethoven: 9. Sinfonie, 4. Satz, Presto					X		X			X	X
7. Bach: WTK 1, Präludium c-moll				X		X	X			X	
8. Bach: 3. Brandenburgisches Konzert, 3. Satz	X	X		X		X				X	X
9. Ligeti: Continuum						X				X	X
10. Mahler: 9. Sinfonie, 2. Satz (Ländler)						X	X	X			
11. Beethoven: Mondscheinsonate, 3. Satz			X	X		X	X			X	
12. Hindemith: Kammermusik Nr. 1, Finale					X		X	X	X	X	X
13. Bizet: Arlesienne Suite	X	X		X	X		X			X	
14. Mozart: Ouvertüre zu Figaro	X	X		X	X		X	X		X	X
15. Schubert: Wandererfantasie			X			X	X			X	X
16. Beethoven: Frühlingssonate, 1. Satz	X	X		X	X		X	X		X	X
17. Bach: WTK 1, Fuge c-moll	X	X		X	X		X	X		X	X
18. Schostakowitsch: 15. Sinfonie, 1. Satz						X	X	X			
19. Wagner: Vorspiel zu den Meistersingern	X	X		X	X	X	X			X	
20. Beethoven: Streichquartett op.131, Schlusssatz			X	X	X		X			X	X
21. Johann Strauß: Frühlingsstimmenwalzer	X	X		X			X	X	X	X	
22. Mozart: „Oh, wie will ich triumphieren" (Entführung)			X	X	X	X				X	X
23. Bach: Matthäus Passion, Nr. 5 (Chor)			X	X	X	X	X				
24. Brahms: Intermezzo op. 117, Nr. 2	X	X		X	X	X				X	X
25. Wagner: Walkürenritt						X	X	X	X		
26. Mozart: „Der Hölle Rache tobt ..." (Zauberflöte)			X	X	X	X				X	
27. Mendelsohn: 4. Sinfonie, 4. Satz	X	X		X	X		X	X		X	X
28. Brahms: 4. Sinfonie, 4. Satz	X	X	X	X							
29. Beethoven: Große Fuge op. 133	X	X	X	X	X	X				X	
30. Goretzky: Klageliedersinfonie	X	X	X	X	X						
31. Verdi: Requiem, Dies Irae	X	X	X	X	X	X					X

Abb. 7: Ergebniskontext der Merkmalexploration zum Musik-Erleben

1. schnell, spielerisch → lebhaft
2. munter → lebhaft, spielerisch
3. lebhaft, rhythmisierend, spielerisch → munter
4. kräftig, lebhaft, schnell, spielerisch → durchschaubar
5. durchstrukturiert, kräftig, rhythmisierend, schnell → durchschaubar
6. dramatisch → kräftig
7. dramatisch, durchstrukturiert, kräftig, rhythmisierend → durchschaubar
8. dramatisch, kräftig, spielerisch → durchschaubar, durchstrukturiert, lebhaft, schnell
9. ausgewogen → abgerundet, durchschaubar, durchstrukturiert
10. abgerundet → ausgewogen, durchschaubar, durchstrukturiert
11. durchschaubar, durchstrukturiert, rhythmisierend, spielerisch → abgerundet, ausgewogen
12. abgerundet, ausgewogen, durchschaubar, durchstrukturiert, schnell → lebhaft
13. durchschaubar, durchstrukturiert, lebhaft, rhythmisierend, schnell → abgerundet, ausgewogen
14. durchschaubar, durchstrukturiert, lebhaft, munter, spielerisch → abgerundet, ausgewogen
15. abgerundet, ausgewogen, durchschaubar, durchstrukturiert, lebhaft, spielerisch → munter
16. durchstrukturiert, kräftig, rhythmisierend, spielerisch → abgerundet, ausgewogen, durchschaubar
17. abgerundet, ausgewogen, dramatisch, durchschaubar, durchstrukturiert, kräftig, rhythmisierend → lebhaft
18. abgerundet, ausgewogen, dramatisch, durchschaubar, durchstrukturiert, kräftig, lebhaft, rhythmisierend, schnell → munter, spielerisch
19. abgerundet, ausgewogen, dramatisch, durchschaubar, durchstrukturiert, kräftig, lebhaft, munter, schnell, spielerisch → rhythmisierend

Abb. 8: Stammbasis der Merkmalexplorationen des formalen Kontextes in Abb. 7

Abschließend soll das Ergebnis der Merkmalexploration genauer betrachtet und interpretiert werden. Wie schon im Explorationsbeispiel der natürlichen Zahlen, gibt es auch im formalen Kontext der Abb. 7 im Hinblick auf die Ableitung der Stammbasis für die Merkmalimplikationen und damit auch für die Bestimmung der Struktur des zugehörigen Begriffsverbandes *überflüssige Gegenstände*; das sind die Gegenbeispiele 1, 2, 3, 6, 8, 9, 16, 17, 23, 26 und 30. Demnach genügen 20 passend gewählte Musikstücke, um zwischen den 11 ausgewählten Adjektiven die Implikationen bei der Beurteilung von Musikstücken vollständig zu bestimmen. Die Stammbasis für diese Implikationen, aufgelistet in Abb. 8, weist einen *Zusammenhang zu den Batel'schen Komponenten musikalischen Erlebens* auf. So sind die Komponenten der „Ordnung" und des „Temperaments" unter den Implikationen der Stammbasis abgeschlossen, d.h., wenn die Adjektive der Prämisse einer solchen Implikation zu einer dieser Komponenten gehören, dann gehören auch die Adjektive der Konklusion zu dieser Komponente. Allerdings enthält die Komponente des „Temperaments" nur die Prämissen der Implikationen 1, 2, 3 und die der „Ordnung" nur die Prämissen der Implikationen 9, 10.

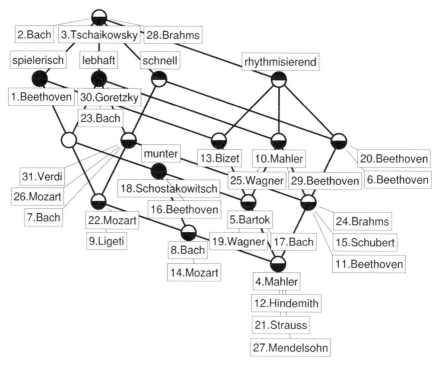

Abb. 9: Begriffsverband der letzten fünf Spalten in Abb. 7

Die Implikationen 1, 2 und 3 bestimmen die Struktur des in Abb. 9 dargestellten Begriffsverbandes, dessen zugehöriger Kontext die Einschränkung des Ergebniskontextes auf die fünf Adjektive „lebhaft", „munter", „rhythmisierend", „schnell", „spielerisch" aus der Komponente „Temperament" ist; dieser Begriffsverband macht die *begriffliche Binnenstruktur* der auf die fünf Adjektive eingeschränkten Komponente transparent. Den Begriffsverband der Einschränkung des Ergebniskontextes auf die übrigen sechs Adjektive stellt Abb. 10 dar; seine Struktur wird durch die Implikationen 6, 9, 10 bestimmt. Während die Implikationen „abgerundet → ausgewogen, durchschaubar, durchstrukturiert" und „ausgewogen → abgerundet, durchschaubar, durchstrukturiert" ein Stück begriffliche Binnenstruktur der Komponente „Ordnung" aufzeigen, macht die Implikation „dramatisch → kräftig" deutlich, dass es auch gewichtige *implikative Zusammenhänge zwischen den Batel'schen Komponenten musikalischen Erlebens* gibt.

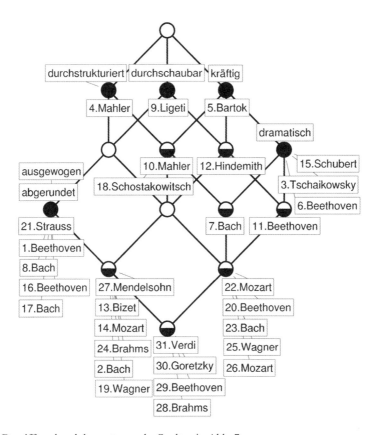

Abb. 10: Begriffsverband der ersten sechs Spalten in Abb. 7

Derartige Zusammenhänge werden noch umfassender sichtbar an dem *gestuften Liniendiagramm vom Begriffsverband des ganzen Ergebniskontextes* in Abb. 11, in dem die geschwärzten Kreise die formalen Begriffe des Ergebniskontextes repräsentieren und die kleinen, ungeschwärzten Kreise jeweils für eine komponentenverbindende Implikation stehen (vgl. Ganter/Wille 1996, S. 75ff.). Beispielsweise steht der linke ungeschwärzte Kreis in der mit „kräftig" bezeichneten Ellipse für die Implikation 4: „kräftig, lebhaft, schnell, spielerisch → durchschaubar". Um so etwas ablesen zu können, muss man wissen, dass das gestufte Liniendiagramm in Abb. 11 aus den zwei Liniendiagrammen in Abb. 9 und 10 konstruiert ist; und zwar sind die Kreise des Liniendiagramms in Abb. 10 jeweils soweit zu Ellipsen vergrößert, dass eine verkleinerte Kopie des Liniendiagramms von Abb. 9 in jede dieser Ellipsen eingefügt werden kann. Das entstehende gestufte Diagramm kann als eine Ausdünnung desjenigen Liniendiagramms verstanden werden, das entsteht, wenn man jede Verbindungsstrecke zwischen zwei Ellipsen jeweils durch 16 Verbindungsstrecken zwischen sich entsprechenden Kreisen in den zwei Ellipsen ersetzt. In dem *vervollständigten Liniendiagramm* gibt es von dem oben betrachteten Beispiel-Kreis aufsteigende Streckenzüge zu Kreisen mit der Benennung „spielerisch", „lebhaft", „schnell" und „kräftig", aber mit keinen anderen Benennungen (Konvention ist, im vervollständigten Liniendiagramm die Bezeichnung einer Ellipse dem höchsten geschwärzten Kreis in der Ellipse zuzuordnen). Von dem höchsten geschwärzten Kreis, von dem es einen aufsteigenden Streckenzug zu dem Beispiel-Kreis gibt (dieser Kreis liegt in der Ellipse direkt unter der Ellipse des Beispiel-Kreises), existiert auch ein aufsteigender Streckenzug zu dem geschwärzten Kreis mit der Benennung „durchschaubar", was die Implikation 4 am Diagramm bestätigt.

Die beispielhaft aufgezeigte begriffliche Strukturierung von explorativ gewonnenen Datenkontexten, die Zuweisungen zwischen Musikstücken und Adjektiven repräsentieren, lässt erkennen, dass die *begriffsanalytische Methode* mit der Batel'schen Vorstellung einer *komponentenmäßigen Aufgliederung musikalischen Erlebens* verbunden werden kann. Was die Formale Begriffsanalyse insbesondere zu leisten vermag, ist zum einen die begriffliche Binnenstrukturierung der einzelnen Komponenten und zum anderen die logischen Zusammenhänge zwischen verschiedenen Komponenten transparent zu machen. Damit erhält man eine *substanzielle Alternative* zu den rigiden, kaum zu rechtfertigenden Vektorraummodellen, die von eindimensionalen, unabhängigen Dimensionen aufgespannt werden. Man kann diese Alternative auch als begriffliches Clustern ansehen, das dem menschlichen Begreifen und Verstehen näher kommt als das statistisch-numerische Clustern. Die entscheidende Differenz zwischen der *Formalen Begriffsanalyse* und der *statistischen Datenanalyse* liegt darin, dass bei der Formalen Be-

Beurteilung von Musikstücken durch Adjektive 473

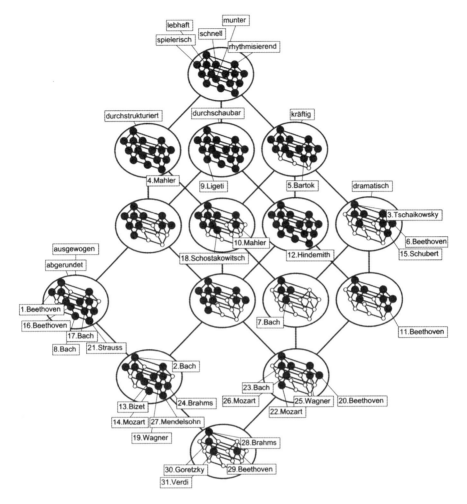

Abb. 11: Gestuftes Liniendiagramm vom Begriffsverband des Ergebniskontextes in Abb. 7

griffsanalyse die Daten durch begriffliche Strukturierung verstehbar gemacht werden und danach immer noch rekonstruierbar bleiben, während die statistische Datenanalyse dem Prinzip folgt, aus Daten durch Reduktion den „wesentlichen" Gehalt zu extrahieren, aus dem jedoch die Ausgangsdaten nicht mehr zurückgewonnen werden können. Besonders bei *Analysen des Musik-Erlebens* sollte die Verbindung zu den zugrunde liegenden Daten stets aufrechterhalten bleiben, da sonst die vielschichtige Differenziertheit des Musik-Erlebens aus dem Blick geraten könnte.

4. Literatur

Batel, Günther (1976): Komponenten musikalischen Erlebens. Eine experimentalpsychologische Untersuchung. (= Göttinger Musikwissenschaftliche Schriften 7). Göttingen.

Burmeister, Peter (2000): ConImp – Ein Programm zur Formalen Begriffsanalyse. In: Stumme, Gerd/Wille, Rudolf (Hg.): Begriffliche Wissensverarbeitung: Methoden und Anwendungen. Berlin/Heidelberg. S. 25-56.

Faltin, Peter (1979): Phänomenologie der musikalischen Form. Eine experimentalpsychologische Untersuchung zur Wahrnehmung des musikalischen Materials und der musikalischen Syntax. Wiesbaden.

Ganter, Bernhard (1987): Algorithmen zur Formalen Begriffsanalyse. In: Ganter, Bernhard/Wille, Rudolf/Wolff, Karl Erich (Hg.): Beiträge zur Begriffsanalyse. Mannheim. S. 241-257.

Ganter, Bernhard/Wille, Rudolf (1996): Formale Begriffsanalyse: Mathematische Grundlagen. Berlin/Heidelberg.

Guttman, Louis (1977): What is not What in Statistics. In: The Statistician 26, S. 81-107.

Hevner, Kate (1936): Experimental Studies of the Elements of Expression in Music. In: American Journal of Psychology 48, S. 246-268.

Hofstätter, Peter R. (1957): Einführung in die Sozialpsychologie. 4. Aufl. Stuttgart.

Motte-Haber, Helga de la (1982): Musikalische Hermeneutik und empirische Forschung. In: Dahlhaus, Carl/Motte-Haber, Helga de la (Hg.): Systematische Musikwissenschaft. Wiesbaden. S. 171-244.

Osgood, Charles Egerton/Suci, George J./Tannenbaum, Percy H. (1957): The Measurement of Meaning. Urbana.

Reeg, Stephan/Weiß, Wolfgang (1990): Properties of Finite Lattices. Dipl.arb. TH Darmstadt.

Schneider, Albrecht/Müllensiefen, Daniel (2001): Musikpsychologie in Hamburg: ein Forschungsbericht (Teil 1). In: Systematische Musikwissenschaft VII, 1-2, S. 59-89.

Wagner, Hans (1973): Begriff. In: Krings, Hermann/Baumgartner, Hans Michael/Wild, Christoph (Hg.): Handbuch philosophischer Grundbegriffe. München. S. 191-209.

Wellek, Albert (1969): Gegenwartsprobleme Systematischer Musikwissenschaft. In: Acta Musicologica 41, S. 213-235.

Wille, Rudolf (1985): Musiktheorie und Mathematik. In: Götze, Heinz/Wille, Rudolf (Hg.): Musik und Mathematik. Salzburger Musikgespräch 1984 unter Vorsitz von Herbert v. Karajan. Berlin/Heidelberg. S. 4-31.

Wille, Rudolf (1989a): Knowledge Acquisition by Methods of Formal Concept Analysis. In: Diday, Edwin (Hg.): Data Analysis and Learning Symbolic and Numeric Knowledge. New York/Budapest. S. 365-380.

Wille, Rudolf (1989b): Formale Begriffsanalyse diskutiert an einem Experiment zum Musikerleben im Fernsehen. In: Behne, Klaus-Ernst/Kleinen, Günter/Motte-Haber, Helga de la (Hg.): Musikpsychologie: empirische Forschungen, ästhetische Experimente. (= Jahrbuch der Deutschen Gesellschaft für Musikpsychologie 6). Wilhelmshaven. S. 121-132.

Zickwolff, Monika (1994): Zur Rolle der Formalen Begriffsanalyse in der Wissensakquisition. In: Wille, Rudolf/Zickwolff, Monika (Hg.): Begriffliche Wissensverarbeitung: Grundfragen und Aufgaben. Mannheim. S. 173-189.

Studien zur deutschen Sprache
FORSCHUNGEN DES INSTITUTS FÜR DEUTSCHE SPRACHE

Ulrich Reitemeier
Aussiedler treffen auf Einheimische
Paradoxien der interaktiven Identitätsarbeit und Vorenthaltung der Marginalitätszuschreibung in Situationen zwischen Aussiedlern und Binnendeutschen

Band 34, 2006, 496 Seiten
ISBN 3-8233-6200-3

Basierend auf Gesprächsaufnahmen, Beobachtungsprotokollen und Interviews untersucht die Studie, was die Identitätsarbeit von Aussiedlern in der Kommunikation mit Hiesigen erschwert bzw. unterstützt, wie sich die Betroffenen auf die Lebenswirklichkeit in Deutschland einstellen, welche Rolle institutionelle Eingliederungsmaßnahmen spielen und welche Probleme dabei der Identitätsentwurf »als Deutsche(r) unter Deutschen leben« bereitet.

Kristel Proost / Gisela Harras / Daniel Glatz
Domänen der Lexikalisierung kommunikativer Konzepte

Band 33, 2006, 178 Seiten
ISBN 3-8233-6199-6

Der Band versammelt drei Beiträge zur Semantik von Sprechaktverben, die Aufschluss über die Art und Weise der Lexikalisierung kommunikativer Konzepte liefern.

Volker Hinnenkamp / Katharina Meng (Hrsg.)
Sprachgrenzen überspringen
Sprachliche Hybridität und polykulturelles Selbstverständnis

Band 32, 2005, 391 Seiten, geb., € 78,–/SFr 131,–
ISBN 3-8233-6145-7

Diese reichhaltige Darstellung unterschiedlichster Aspekte von Sprachkontakten beschäftigt sich mit Mehrsprachigkeit als eigenständigem Diskurs, untersucht polykulturelle Selbstverständnisse und ihre diskursive Stilisierung und zeigt in Fallstudien, wie Mehrsprachigkeit als biografisches und gesellschaftliches Residuum fungiert.

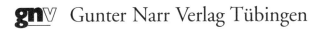

Studien zur deutschen Sprache
FORSCHUNGEN DES INSTITUTS FÜR DEUTSCHE SPRACHE

Helmut Schumacher / Jacqueline Kubczak / Renate Schmidt / Vera de Ruiter
VALBU – Valenzwörterbuch deutscher Verben

Band 31, 2004, 1040 Seiten, geb., € 168,–/SFr 266,–
ISBN 3-8233-6064-7

VALBU ist ein einsprachiges Wörterbuch deutscher Verben. Es enthält eine umfassende semantische und syntaktische Beschreibung von 638 Verben mit ihrer spezifischen Umgebung, ferner Informationen zur Morphologie, Wortbildung, Passivfähigkeit, Phraseologie und Stilistik sowie zahlreiche Verwendungsbeispiele. Die Stichwortauswahl lehnt sich an den Verbbestand in der Wortschatzliste des "Zertifikats Deutsch" (ZD) an.

Reinhard Fiehler / Birgit Barden / Mechthild Elstermann / Barbara Kraft
Eigenschaften gesprochener Sprache

Band 30, 2004, 548 Seiten, geb., € 98,–/SFr 155,–
ISBN 3-8233-6027-2

30 Jahre Forschung auf dem Gebiet der gesprochenen Sprache – eine Bilanz. Zunächst wird die Spezifik gesprochener Sprache charakterisiert. Der zweite Teil behandelt die Frage, ob die Untersuchung gesprochener Sprache besondere Beschreibungskategorien erfordert. Die empirische Untersuchung der Operator-Skopus-Struktur steht im Zentrum des Schlussteils.

Joachim Ballweg
Quantifikation und Nominaltypen im Deutschen

Band 28, 2003, 146 Seiten, € 39,–/SFr 67,50
ISBN 3-8233-5158-3

Das Buch gibt eine Darstellung der Quantifikation im Deutschen. Vor allem wird das Zusammenspiel mit den Nominaltypen dargestellt, insbesondere mit Plural- und Substanznomina. Den syntaktischen Rahmen bietet eine in dem Buch entwickelte flexible Kategorialgrammatik. Diese enthält neben der üblichen Applikationsregel noch die Regel der funktionalen Komposition, der Kommutation und der Reduktion, sowie Verkettungsregeln.

Gunter Narr Verlag Tübingen